ÉTICA GERAL E PROFISSIONAL

Dados Internacionais de Catalogação na Publicação (CIP)
(Câmara Brasileira do Livro, SP, Brasil)

Nalini, José Renato.
Ética geral e profissional / José Renato Nalini. – 9. ed. rev., atual. e ampl. – São Paulo: Editora Revista dos Tribunais, 2012.

ISBN 978-85-203-4332-6

1. Direito e ética 2. Ética profissional I. Título.

12-01549 CDU-170

Índices para catálogo sistemático: 1. Ética : Filosofia 170

José Renato Nalini

ÉTICA GERAL E PROFISSIONAL

9.ª edição
revista, atualizada e ampliada

100 ANOS
EDITORA RT
REVISTA DOS TRIBUNAIS

ÉTICA GERAL E PROFISSIONAL

9.ª edição revista, atualizada e ampliada

JOSÉ RENATO NALINI

1.ª edição: 1997 – *2.ª edição:* 1999 – *3.ª edição:* 2001 –
4.ª edição: 2004 – *5.ª edição:* 2006 – *6.ª edição:* 2008 – *7.ª edição:* 2009 –
8.ª edição: 2011.

EDITORA REVISTA DOS TRIBUNAIS LTDA.

ANTONIO BELINELO
Diretor responsável

Rua do Bosque, 820 – Barra Funda
Tel. 11 3613-8400 – Fax 11 3613-8450
CEP 01136-000 – São Paulo, SP, Brasil

CENTRAL DE RELACIONAMENTO RT
(atendimento, em dias úteis, das 8 às 17 horas)
Tel. 0800-702-2433

e-mail de atendimento ao consumidor: sac@rt.com.br

Visite nosso *site*: www.rt.com.br

Impresso no Brasil [04-2012]

Universitário (complementar)

Fechamento desta edição [03.04.2012]

CÓPIA NÃO AUTORIZADA É CRIME
ABDR
ASSOCIAÇÃO BRASILEIRA DE DIREITOS REPROGRÁFICOS
RESPEITE O DIREITO AUTORAL
EDITORA AFILIADA

0312

ISBN 978-85-203-4332-6

Aos meus netos, Maria Antônia de Oliveira Lima Nalini,
Antonio Carlos Nalini Falcon e Lara Schendel Nalini,
*renovadas e estimulantes razões para persistir
na pregação ética.*

À memória de meus avós,
Anna Rodrigues Barbosa *e* João Barbosa,
Catharina Boaroto Nalini e Jacintho Nalini,
cuja prática moral forjou o caráter de meus saudosos pais,
Benedicta Barbosa Nalini e Baptista Nalini e continua
a inspirar a disciplina de minha existência.

Nota à 9.ª Edição

A nacionalidade parece ter reagido aos descalabros e cobrou mais ética na política. O dia da pátria de 2011 foi reservado a algumas significativas manifestações. Ainda não se conseguiu mobilizar milhões de brasileiros, como acontece no futebol ou na crescente visita de *popstars* internacionais. Mas aquela minoria até então omissa ou passiva foi às ruas, participou de atos de protesto e respondeu à conclamação formulada pelas redes sociais.

Essa é a notável diferença em relação à apatia dos últimos anos. O brasileiro hoje participa das infovias e se comunica virtualmente. São milhões os que encontram no *orkut*, *facebook* e *twitter*, oportunidade para ter voz, aquela voz de que a cidadania precisa para implementar a prometida democracia participativa.

Há esperança de que o uso das redes sociais possa alavancar mudanças de rumo para um país com inúmeros desafios e possa resgatar as suas dívidas para com os hipossuficientes, houvera responsabilidade moral na condução da coisa pública.

Se os movimentos coordenados pela internet conseguiram derrubar sólidas tiranias no oriente, eles podem também servir para conferir maturidade e maior seriedade aos exercentes de poder no ocidente.

Com esse anseio é que revejo e atualizo este *Ética Geral e Profissional*, cuja nona edição testemunha a generosidade com que fora acolhido em múltiplas esferas.

Continuo aberto às contribuições valiosas para o aprimoramento destas reflexões que são fruto de vivência e de entusiasmo para a edificação de um Brasil melhor, pois mais ético.

São Paulo, março de 2012.

José Renato Nalini
jrenatonalini.com.br
jose-nalini@uol.com.br

Nota à 9.ª Edição

Nota à 8.ª Edição

A Ética não perdeu o seu espaço como urgência universal. Existe mesmo quem passa a nutrir um discreto otimismo neste Brasil tão paradoxal. *Teríamos* chegado ao fundo do poço e, agora, só restaria escalá-lo para recobrar parâmetros sufocados pelos maus exemplos.

O movimento nacional pela Ficha Limpa é inspirador. Mostra que, a despeito da timidez do constituinte de 1988, que subordinou a iniciativa popular a requisitos de complexa e dificílima obtenção, o povo – quando quer – pode mostrar a sua vontade e tentar exercê-la.

Esse é um passo rumo à implementação de um novo paradigma para as relações que se estabelecem entre população e pacto republicano. À luz da comunidade aberta de intérpretes da Constituição. O texto fundante promulgado em 05.10.1988 é propício a chamar a cidadania a exercer um protagonismo nem sempre registrado na História do Brasil, rumo à concretização da Democracia Participativa.

Ao retomar o seu lugar na condução da *res publica*, o povo brasileiro não pactuaria com o descaso de alguns homens públicos, cuja atuação tem por objetivo intensificar poder, prestígio e patrimônio e não atender ao bem comum. Por isso é que a Ética se faz a cada momento mais necessária.

Ela deverá inspirar o brasileiro a fiscalizar de maneira séria e constante a atuação estatal em todos os níveis. Desde a participação nas eleições, que se tornaram rotineiras e que a cada dois anos movimentam a nacionalidade, fazem-na despender vultosa parcela dos orçamentos e não podem terminar em escolhas catastróficas.

Mas também no funcionamento dessa máquina tentacular chamada governo. Câmaras Municipais precisam ter acompanhamento efetivo, contínuo e moralizador de parte de todos os que sustentam o Poder Público. O Parlamento é a caixa de ressonância das aspirações populares e necessita da interação com o cidadão para bem funcionar em todas as suas Casas.

O Executivo é outra função a serviço da coletividade e suas opções, seus gastos, o atendimento real às necessidades do povo merecem controle cidadão permanente. O uso das tecnologias da informática permitem acompanhamento de obras, gastos, prioridades e urgências. Mecanismo acessível por indivíduos e por organizações da sociedade civil que já possuem certa experiência a partir do estímulo do constituinte a uma participação gregária eficiente.

O Judiciário também não pode ficar imune à cobrança cidadã. O constituinte já evidenciou que ele tem obrigação de satisfazer à demanda em tempo oportuno. A cidadania tem o dever de reclamar essa eficiência, mas – por outro lado – cabe a ela resolver questiúnculas mediante diálogo e uso de outras alternativas que não somente a invocação de um equipamento dispendioso e burocratizado como o da Justiça.

Se a ética passar a constituir preocupação de cada lar, com a retomada de hábitos excelentes hoje praticamente em extinção, como o da transmissão da melhor educação de berço possível, com certeza o Brasil será outro na próxima década.

Chega de leniência, chega de discurso, chega de boas intenções desacompanhadas de ação corajosa, firme e segura.

Toda a contribuição para escoimar estas reflexões de inadequação ou de inclusão de temas à procura de desenvolvimento, serão sempre muito bem recebidas.

São Paulo, janeiro de 2011.

José Renato Nalini
jrenatonaline@uol.com.br
jose-nalini@uol.com.br

Nota à 7.ª Edição

Chega à 7.ª edição a *Ética geral e profissional*, agora com algumas modificações. A superveniência do Código de Ética da Magistratura Nacional pelo CNJ – Conselho Nacional de Justiça obrigou à revisão de todo o capítulo da ética do juiz. Esta edição ainda marca a introdução de um capítulo novo, destinado a contemplar a atividade cartorária.

As denominadas "serventias do foro extrajudicial" ou "não oficializadas" são entidades que nasceram vinculadas à Justiça e continuam a desempenhar relevante papel na cotidiana prática do justo.

Em cada distrito, subdivisão administrativa do Município no Brasil, pode existir um cartório do registro civil das pessoas naturais. Nem sempre o distrito dispõe de um destacamento policial, ou mesmo de delegacia de polícia. Mas o registrador que lavra o assento de nascimento e de morte das pessoas físicas ali está. Fazia falta contemplar essa atividade no livro *Ética Geral e Profissional*, e a 7.ª edição supre a omissão.

No mais, alguns capítulos foram ampliados, um deles foi excluído e nenhum deles permaneceu como nas edições anteriores. A reflexão ética prossegue fecunda, e os últimos episódios a envolver a vida pública nas altas esferas evidenciam a importância de se edificar uma nacionalidade mais afeiçoada a um proceder moralmente escorreito.

Continuo a acreditar que a ética pessoal é a matéria-prima de que o Brasil se ressente neste início de século e de milênio. Reabilitar a convicção nessa ferramenta de transformação dos usos e costumes é missão de toda criatura provida de discernimento e de vontade de aperfeiçoar o País.

Sou grato às contribuições e sugestões que viabilizam o meu contato com uma legião de leitores, cuja interação me estimula a prosseguir nessa trilha de um constante repensar em busca da perfectibilidade humana possível.

Continuo aberto às críticas e contribuições, na certeza de que o debate propicia correção de rumos e robustece as convicções partilhadas.

Agradeço a quantos me ensinam com suas lições de vida e, com seu testemunho, fazem mais forte a crença num Planeta mais fraterno e solidário.

São Paulo, agosto de 2009.

JOSÉ RENATO NALINI
jrenatonaline@uol.com.br
jose-nalini@uol.com.br

SUMÁRIO

CONCEITO DE ÉTICA 1

SUMÁRIO: 1.1 Introdução – 1.2 Conceito de Ética – 1.3 Moral absoluta ou relativa? – 1.4 Concepções contemporâneas da Ética.

1.1 INTRODUÇÃO

Estar no turbilhão dos acontecimentos dificulta uma análise precisa daquilo que se vivencia. Como será que os historiadores do futuro chamarão este primeiro século do terceiro milênio da *Era Cristã?*

Talvez o comparem à Idade Média, na concepção hoje ultrapassada, que considerava tal fase um período estático ou dormente e de poucas luzes no pensamento dos homens. Reformulou-se a percepção, de maneira a valorizar a maturação das ideias então desenvolvidas. A Idade Moderna não poderia prescindir daquele estágio de imersão meditativa. Todavia, o presente bem poderá ser simplesmente chamado de *era do obscurantismo*, período de *retrocesso moral*, fase do *declínio civilizatório*. Há um desalento geral em relação ao verdadeiro progresso da humanidade. Tende-se a desconfiar de que a espécie humana está a perder a sua característica distintiva em relação aos demais animais. Já não se comporta consoante os ditames da razão.

Não se consegue exercer futurologia com nível ótimo de acerto. A História registra previsões que nunca se concretizaram e surpresas imprevisíveis. O certo é que a humanidade tem muito a lamentar se estiver atenta ao que ocorre em todo o planeta. Em nível macro e no plano micro. Nos Estados, nas nações, nos grupos étnicos, nas maiorias e nas minorias. Mas também na família, no convívio social ou na situação de quem vive só. O desconforto é generalizado e habita o recôndito de consciências que não perderam a capacidade de pensar.

Tal sentimento decorre de um diagnóstico bastante conhecido: a falta de algo muito repetido e pouco praticado: a ética. Não que ela tenha deixado de frequentar as promessas. Ao contrário: a ética aparece em todos os discursos. É apontada como *aquilo que falta* para o mundo ser melhor. A cada desatino, – e são tantos – alteiam-se as vozes dos moralistas a invocar a necessidade de um repensar comportamental. Ética, infelizmente, é moeda em curso até para os que não costumam se portar eticamente. Na verdade, quem menos tem ética, mais a cobra dos outros. Não raro, as proclamações morais mais enérgicas proveem de pessoas que nunca levaram ética a sério. Compreensível, por isso, que muitos já não acreditem na validade desse propósito. Trivializou-se o apelo à Ética, para servir a objetivos os mais diversos, nem todos eles compatíveis com o seu significado. Perdeu-se, no trajeto, fidelidade ao núcleo conceitual que a palavra pretende transmitir. Além disso, a utilização excessiva de certas expressões compromete o seu sentido, como se o emprego frequente implicasse em debilidade semântica. Ética, no Brasil, sofre de anemia. Já se disse que ela é anoréxica![1] Fenômeno que parece ocorrer também com outros vocábulos, quais *justiça, liberdade, igualdade, solidariedade* e *direitos humanos*.

A invocação exagerada a tais vocábulos, em contextos os mais diversos, conseguiu banalizar seu conteúdo. Encontram-se em todos os discursos, ensaios e manifestações. Debilitam-se as fronteiras de sentido e eles passam a ser conceitos ocos. Todos querem se valer do prestígio de seu conteúdo. Ante a mera pronúncia de tais verbetes, os ouvidos se refugiam na blindagem da insensibilidade. Os apelos já não se mostram suscetíveis de causar emoção. A repetição tende a reduzir possível impacto. Acredita-se desnecessária a reiteração. Tanto se diz o mesmo, quanto se age ao contrário. Ora, aquilo que parece servir para tudo, na verdade, para nada mais serve. Os conceitos reiterados por vozes que não inspiram confiança, longe de gerarem assimilação, causam efeito inverso. Ouvir falar em ética irrita, cansa, incomoda. A reação vai da insensibilidade ao desprezo. Há quem chegue a exprimir desconforto físico ao ouvir falar em ética. Ética é ficção, é abstração, nada tem que possa motivar mudança de hábitos arraigados.

Ocorre com essas palavras tão frequentes e por isso tão gastas, uma perda de substância semântica. Em regra, o núcleo comum a todos esses verbetes enfermos é sua evidente carga emotiva. São expressões que se impregnam de sentimento. Distanciam-se do racional. Adicione-se tratar-se de locuções de enunciado nada singelo. Encerram a complexidade própria às questões filosóficas. Seu uso frequente reforça a convicção "de que o objeto próprio da filosofia é o estudo sistemático das noções confusas. Com efeito, quanto mais uma

1. A expressão é de Jayme Vita Roso, autor de *Anorexia da ética*.

noção simboliza um valor, quanto mais numerosos são os sentidos conceituais que tentam defini-la, mais confusa ela parece".[2]

A dimensão linguística não deve desanimar quem estiver real e seriamente interessado em refletir sobre a ética, incorporá-la em sua rotina e retomá-la como alternativa ao caos moral. As possibilidades da linguagem são infinitas e, se os problemas semânticos, sintáticos e pragmáticos não devem ser ignorados, eles são insuscetíveis de comprometer o encontro com o tema. O século passado poderia ser chamado "*o século da linguagem*", e não se desconhece que, além de outros profissionais, o jurista "a cada passo deve determinar e criar significados, reconhecer, construir ou reconstruir relações semânticas, sintáticas e pragmáticas".[3] É preciso atentar para o risco de se envolver "em discussões que giram mais sobre palavras do que sobre conceitos ou realidades, dado que chamamos coisas distintas com termos iguais, ou vice-versa".[4] Neste campo, que interessa é a ação, não a discussão teórica.

O essencial é reconhecer: nunca foi tão urgente, como hoje se evidencia, reabilitar a *ética* em toda a sua compreensão e alcance. A crise da humanidade é uma crise de ordem moral. Os descaminhos da criatura humana, refletidos na violência, na exclusão, no egoísmo e na indiferença pela sorte do semelhante, assentam-se na perda de valores morais. Alimentam-se da frouxidão de conduta. A insensibilidade no trato com a natureza denota a contaminação da consciência humana pelo vírus da mais cruel insensatez. A humanidade escolheu o suicídio ao destruir seu hábitat. É paradoxal assistir à proclamação enfática dos direitos humanos, simultânea à intensificação do desrespeito por todos eles.[5] De pouco vale enfatizar a *dignidade da pessoa*, insculpida como princípio fundamental da República, se a conduta de cada qual não se pauta por ela.

O agravamento de todas as grandes questões mundiais prenuncia uma tragédia a curto prazo. Agora já não é uma questão de sensatez, mas de sobrevivência. Tudo passa por uma conversão ética. Encarar com seriedade o desafio de salvar o Planeta e a espécie humana é a urgência moral posta às criaturas neste início turbulento de século XXI. O naufrágio axiológico se fez acompanhar de sequelas gravíssimas. Haverá condições de recomposição

---

2. Chaïm Perelman, *Ética e direito*, p. 6.
3. U. Scarpelli, Semantica giuridica, *Novissimo Digesto Italiano*, t. XVI, 1969, p. 994, citado por Rodolfo Luis Vigo, *Interpretação jurídica* – Do modelo juspositivista-legalista do século XIX às novas perspectivas, p. 44.
4. Rodolfo Luis Vigo, idem, p. 44-45.
5. A propósito, recomenda-se a leitura de meu livro *Direitos que a cidade esqueceu*, São Paulo, Ed. RT, 2012.

do referencial de valores básicos para reorientar o comportamento? Sem esse resgate, devidamente acompanhado de efetiva alteração de conduta individual e social, não haverá futuro para a vida na Terra.

A aceleração na derrocada dos valores parece apostar corrida com a destruição da natureza. A catástrofe ambiental reflete a falência do convívio ético entre as pessoas. E pensar que os antigos alimentavam o ideal de um futuro promissor para a humanidade, ante as vitórias da ciência que fariam o ser humano dominar o mundo. Hoje, essa humanidade vê-se perplexa diante de um inesgotável incremento das descobertas científicas, de um indescritível avanço tecnológico, mas tudo insuficiente a tornar as pessoas mais felizes. O homem descobre os segredos do cosmos, é capaz de dominar tecnologias as mais avançadas, mas não se desvencilha da inclinação para o mal. Continua atormentado pelas permanentes e insolúveis dúvidas existenciais. A espécie encontra-se ainda envolta no drama de não se conhecer em profundidade, na luta resultante da incapacidade de superação das angústias primárias, a fugir da morte e da infelicidade.

O ser humano se desconhece como finitude. Ilude-se com a pretensão à permanência. Age sob o impulso de satisfazer os sentidos, como se a intensidade momentânea compensasse o inevitável encontro consigo mesmo. Procura submergi-la, mas a consciência reage e o fustiga. Luta contra ela durante a existência toda. Quase sempre parece ignorar que a vida tem a duração de algumas décadas, quando muito. Nada mais.

O estado do planeta, ultrapassada a primeira década do século XXI, é eloquente demonstração disso. Prometia-se um terceiro milênio de paz, harmonia e ócio saudável. Os bens da vida estariam disponíveis a todos. Duas Guerras Mundiais no século XX teriam legado à espécie humana, além de destruição e carnificina, a lição de que lutar é inglório. Em lugar disso, a criatura não se emenda. Continua a alimentar desavenças, complica o que poderia ser simples. Sua inconsequência faz com que o inesperado surja para aturdir. Violência e medo se aliam para trazer carga adicional de angústia às almas. Sobrevém uma sólida sensação de falência dos esquemas civilizatórios, o que equivale à derrota da moral coletiva. Não foi apenas o 11.09.2001[6] a mostrar a vulnerabilidade de todos os pretensiosos sistemas de uma inviável segurança absoluta. O terror mostra suas garras afiadas de inúmeras formas. E não é preciso ir muito longe. Não são as etnias exóticas as campeãs dos confrontos. Perto de nós a delinquência se sofistica, atua com desenvoltura e produz vítimas em série. O vício comprova a sua invencibilidade, pois gera lucro e este excita, atordoa e

6. Dia do ataque às Torres Gêmeas do World Trade Center em Nova Iorque.

insensibiliza. Legiões de usuários de substâncias entorpecentes ocupam espaços centrais na megalópole; famílias se desfazem tangidas pelo poder devastador do craque, da cocaína e de outras drogas. O álcool, de consumo tolerado, prossegue sua vocação *dissolvente de lares*. Os conflitos fundiários se intensificam. A intolerância ataca minorias e o fanatismo ocupa o vazio fabricado por uma educação em crescente déficit.

O Poder Público mostra-se ineficiente para atuar em todas as frentes. O Estado assenhoreou-se de inúmeras atribuições e é incapaz de se desincumbir a contento. As promessas eleiçoeiras continuam edificantes. Mas a tragédia continua a produzir vítimas. As políticas públicas não têm continuidade. A cada nova gestão, "reinventa-se a roda". Impera o personalismo e mesmo as melhores práticas são interrompidas, para não se prestigiar o antecessor. A disputa por orçamentos e por poder suplanta as propaladas boas intenções.

Se a ética está em desuso, é porque a educação não é levada a sério. Não falta dinheiro. Falta foco, falta vontade, falta seriedade. A educação prioriza a quantidade em detrimento da qualidade. Relega-se a formação integral como se fora incumbência exclusiva da família. Alimenta-se a ilusão de um lar idealizado, com pais conscientes e próximos aos filhos e ao seu processo de aprendizado, raridade cada vez menos detectável. . A família brasileira hoje não sabe mais educar. Fenômeno constatável pelos especialistas e pela mídia. "A família não educa mais", diz Ethevaldo Siqueira: "Não é só a educação formal das escolas que naufragou, no Brasil e no mundo. Mas, principalmente, a educação ministrada no lar, pela família".[7] Os pais abonados entendem que transmitir noções triviais de polidez, convívio e até higiene, seja missão da escola, regiamente remunerada para tanto. A escola pressupõe que a educação vem do berço, ou seja, do âmbito doméstico. Nesse impasse, estudantes de todos os níveis esqueceram a civilidade, os bons modos e se canibalizam. O magistério da rede pública é a primeira vítima do sistema. Parcela considerável de professores está afastada por estresse, síndrome do pânico, invencível desânimo ou simples medo de apanhar. A violência no âmbito das escolas é algo que expõe a fratura da convivência.

O psicologismo proíbe proibir. As crianças tudo podem. Convertem-se em pequenos, mas nem por isso menos cruéis, tiranetes. Daí para a juventude sem freios é um passo. Abuso de álcool, de velocidade, de prazeres, incluído o sexo, não encontra limites. O número de mortes que o trânsito produz anualmente no Brasil é superior à soma de todas as guerras locais ainda em curso.

---

7. Ethevaldo Siqueira, *A família não educa mais*, in OESP, 25.12.2011, p. B5. Seu conselho aos pais é simples: "Deem mais atenção a seus filhos".

Em 2010, foram 40 mil as vidas ceifadas pelos excessos, apenas no setor dos automotores. Outras tantas resultam de procedimentos que uma boa e consistente educação inibiria. O que é o delito, senão uma quebra do padrão moral?

Para coibir a violência, cuja intensidade é crescente, planos se sucedem, projetos se elaboram, tudo aparentemente em vão. Combatem-se os sintomas, sem o enfrentamento das causas. Confere-se ênfase na repressão, renovam-se as propostas de construção de mais presídios, propõe-se a redução da maioridade penal e agravamento do sistema sancionatório. Multiplicam-se as tipificações penais. Em inúmeras leis de rubricas insuspeitas, embutem-se novos tipos criminais. De que adianta tudo isso?

São estratégias paliativas, que deixam incólumes as causas do desastre: a devastação moral. Dentre estas, não é das menores a insuficiência do papel familiar na transmissão de valores. O lar perdeu a titularidade de formador da cidadania, na edificação de uma nova elite moral. A confissão religiosa serve a rotular o mero simpatizante sem compromisso real com a crença. Mesmo assim, o caos seria ainda mais grave, não fora o papel da evangelização que atinge os mais simples. Nas periferias proliferam os templos que atraem inúmeros jovens também disputados pela criminalidade organizada.

Há uma descrença geral na política. Os maus exemplos fizeram a sua parte na contrapropaganda do sistema. A juventude está pronta a acorrer aos *shows* ou aos espetáculos futebolísticos, mas não se empolga com a participação político-partidária. Nem poderia ser seduzida por um discurso inautêntico. Grassa a convicção de que a política serve exclusivamente ao desiderato do seu profissional, aquele que despende numa campanha muito mais do que perceberá como subsídios durante toda a legislatura. Como confiar na boa-fé de tais candidatos?

A incompetência dos responsáveis por políticas públicas de redenção dos segregados à cidadania é fato consumado. Tem início com a inadequação da educação formal para incluir a vasta legião daqueles chamados "excluídos", mas que, na verdade, nunca chegaram a ser incluídos na sociedade cidadã. A preocupação governamental é com os índices e com as avaliações. Por sinal, sempre mal sucedidas. A sexta economia mundial está em 84.º lugar no IDH e em 54.º no exame PISA, que avalia a performance dos educandos de algumas dezenas de países.

Estas causas, sem eliminação de outras, encontram-se à espera de imprescindível enfrentamento. Permeia todas as análises, como espectro sombrio, a carência ética de uma sociedade cada vez mais egoísta, materialista e consumista. Uma sociedade bem desperta para os seus direitos, ávida por fruí-los, mas que se olvida dos seus deveres.

Cumpre *dar um choque ético* na sociedade brasileira! É passada a hora de acordá-la de sua anestesia moral. Extraí-la da letargia é missão de quem procura enxergar além dos estreitíssimos limites de suas próprias conveniências. A salvação da humanidade em risco grave e não remoto de desaparecimento, está na consciência de quem não se conforma com a passividade de muitos, a inconsequência de tantos e o regime de *salve-se quem puder*, instaurado nas últimas décadas.

A sociedade humana está enferma. Praticamente na UTI. A doença moral deixou-a em coma. Há quem diga que o estágio é irreversível.

Despertá-la para uma reação é premente. Urge fazer com que toda pessoa se compenetre de sua responsabilidade individual, cidadã e social. Esse é o papel reservado à *ética* neste terceiro milênio. Era de incertezas, que não parece corresponder às expectativas dos otimistas, mas reservar prenúncios nada animadores para a família humana.

1.2 Conceito de Ética

Para se gostar de algo ou de alguém, há de primeiro conhecê-lo bem. O primeiro passo para o conhecimento é aproximar-se do objeto cognoscível e adquirir dele uma noção adequada. Quem não gosta de ética é porque não sabe o que ética significa.

O que se entende por ética? Ética é o mesmo que moral?

Há quem não faça distinção entre ética e moral. Assim Luc Ferry, para quem ambos os termos são intercambiáveis. Em uma de suas obras, inicia com "uma observação a respeito de terminologia, para que se evitem mal-entendidos. Deve-se dizer 'moral' ou 'ética', e que diferença existe entre os dois termos? Resposta simples e clara: *a priori*, nenhuma, e você pode utilizá-los indiferentemente. A palavra 'moral' vem da palavra latina que significa 'costumes', e a palavra 'ética', da palavra grega que também significa 'costumes'. São, pois, sinônimos perfeitos e só diferem pela língua de origem. Apesar disso, alguns filósofos aproveitaram o fato de que havia dois termos e lhes deram sentidos diferentes. Em Kant, por exemplo, a moral designa o conjunto dos princípios gerais, e a ética, sua aplicação concreta. Outros pensadores ainda concordarão em designar por 'moral' a teoria dos deveres para com os outros, e por 'ética', a doutrina da salvação e da sabedoria".[8]

---

8. Luc Ferry, *Aprender a viver-filosofia para os novos tempos*, Rio de Janeiro, Objetiva, 2007, p. 31, nota 4.

Edouard Delruelle emprega os verbetes com sentidos diferentes: "o termo *ética* permite delimitar uma dimensão do comportamento que escapa à moral... é a dimensão subjetiva e ponderada dos valores e das normas; a forma como cada um se conduz, como cada um se define enquanto sujeito moral".[9] Por que não? Nada impede de se utilizar essas duas palavras dando-lhes sentidos diferentes. Mas nada obriga, porém, a fazê-lo".[10] O mais importante é conferir valor, relevância e extrair consequências concretas para esse encontro com a ética, que se pretende definitivo. Conceituar não é o mais importante. Na linguagem rotineira, é comum o uso indistinto, seja do verbete moral, seja da palavra ética. Exprimem o cerne idêntico. Etimologicamente, como visto, provêm da mesma origem. Todavia, para fins de erudição, convém precisar o conceito. Há várias vertentes para se definir ética. Há quem afirme: "A ética, tal como a entendo, é o estudo lógico da linguagem da moral".[11]

Numa visão pragmática, há quem sustente que a moral é ampla e abrangente. Quando suas normas são positivadas, está-se a falar de ética. Por isso é que existem "Códigos de Ética" e não "Códigos de Moral".

Mas para melhor adentrar ao universo ético, é mister conhecer o que outros pensadores dizem sobre ética.

Ética é a ciência do comportamento moral dos homens em sociedade.[12] É uma *ciência*, pois tem objeto próprio, leis próprias e método próprio, na singela identificação do caráter científico de um determinado ramo do conhecimento.[13] O objeto da Ética é a *moral*. A moral é um dos aspectos do comportamento humano. A expressão moral deriva da palavra romana *mores*, com o sentido de *costumes*, conjunto de normas adquiridas pelo hábito reiterado de sua prática.

---

9. Édouard Delruelle, *Metamorfose do Sujeito* – A ética filosófica de Sócrates a Focault, p. 16.
10. Luc Ferry, *Aprender a viver – Filosofia para os novos tempos*, p. 31.
11. R. M. Hare, *A linguagem da moral*, p. 7.
12. Adolfo Sánchez Vázquez, *Ética*, p. 12. Para o autor, Ética seria a *teoria* ou ciência do comportamento moral dos homens em sociedade.
13. Ciência, recorda Miguel Reale, é termo que "pode ser tomado em duas acepções fundamentais distintas: a) como 'todo conjunto de conhecimentos ordenados coerentemente segundo princípios'; b) como 'todo conjunto de conhecimentos dotados de certeza por se fundar em relações objetivas, confirmadas por métodos de verificação definida, suscetível de levar quantos os cultivam a conclusões ou resultados concordantes'" (*Filosofia do direito*, p. 73, ao citar o *Vocabulaire de la philosophie*, de Lalande).

Com exatidão maior, o objeto da ética é a *moralidade positiva*, ou seja, "o conjunto de regras de comportamento e formas de vida através das quais tende o homem a realizar o valor do bem".[14] A distinção conceitual não elimina o uso corrente das duas expressões como sinônimas. A origem etimológica de Ética é o vocábulo grego "ethos", a significar "morada", "lugar onde se habita". Mas também quer dizer "modo de ser" ou "caráter". Esse "modo de ser" é a aquisição de características resultantes da nossa forma de vida. A reiteração de certos hábitos nos faz virtuosos ou viciados. Dessa forma, "o *ethos* é o caráter impresso na alma por hábito".[15] Como os hábitos se sucedem, tornam-se por sua vez fonte de novos hábitos. O caráter seria essa *segunda natureza* que os homens adquirem mediante a reiteração de conduta.

Sob essa vertente, "moral" e "ética" significam algo muito semelhante. Por isso a aparente sinonímia das expressões "valor moral" e "valor ético", "normas morais" e "normas éticas". Todavia, a conceituação de ética ora adotada autoriza distingui-la da moral, pese embora aparente identidade etimológica de significado. *Ethos*, em grego, e *mos*, em latim, querem dizer *costume*. Nesse sentido, a ética seria uma *teoria dos costumes*. Ou melhor, a ética é a *ciência dos costumes*. Já a moral não é ciência, senão objeto da ciência. Como ciência, a ética procura extrair dos fatos morais os princípios gerais a eles aplicáveis. "Enquanto conhecimento científico, a ética deve aspirar à racionalidade e objetividade mais completas e, ao mesmo tempo, deve proporcionar conhecimentos sistemáticos, metódicos e, no limite do possível, comprováveis".[16]

Poder-se-ia mesmo indagar: "Por que, aliás, *ética* e não *moral*? Impõem-se aqui algumas definições, suficientemente abertas e flexíveis, para não congelar, desde o princípio, a análise. A etimologia não poderia nos guiar em nada nesta tarefa: *ta êthé* (em grego, os costumes) e *mores* (em latim, hábitos) possuem, com efeito, acepções muito próximas uma da outra: se o termo 'ética' é de origem grega e o moral, de origem latina, ambos remetem a conteúdos vizinhos, à ideia de costumes, de hábitos, de modos de agir determinados pelo uso".[17] A distinção mais compreensível entre ambas seria a de que a ética reveste conteúdo mais teórico do que a moral. Pretende-se a ética mais direcionada a uma reflexão sobre os fundamentos do que a moral, de sentido mais pragmático. O que designaria a ética seria não apenas uma moral, conjunto de regras próprias

---

14. Eduardo García Máynez, *Ética – Ética empírica. Ética de bens. Ética formal. Ética valorativa*, p. 12.
15. Adela Cortina, *Ética aplicada y democracia radical*, p. 162.
16. Idem, ibidem.
17. Jacqueline Russ, *Pensamento ético contemporâneo*, p. 7-8.

de uma cultura, mas uma verdadeira "metamoral", uma doutrina situada além da moral. Daí a primazia da ética sobre a moral: a ética é desconstrutora e fundadora, enunciadora de princípios ou de fundamentos últimos.

A ética é uma disciplina normativa, não por *criar normas*, mas por descobri-las e elucidá-las. Seu conteúdo mostra às pessoas os valores e princípios que devem nortear sua existência. A Ética aprimora e desenvolve o sentido moral do comportamento e influencia a conduta humana.[18] Aliás, identificar as *tarefas da Ética* pode clarificar o seu conceito. Para Adela Cortina, "entre as tarefas da ética como filosofia moral são essenciais as que seguem: 1) elucidar *em que consiste* o moral, que não se identifica com os restantes saberes práticos (com o jurídico, o político ou o religioso), ainda que esteja estreitamente conectado com eles; 2) tentar *fundamentar* o moral; ou seja, inquirir as razões para que haja moral ou denunciar que não as há. Distintos modelos filosóficos, valendo-se de métodos específicos, oferecem respostas diversas, que vão desde afirmar a impossibilidade ou inclusive a indesejabilidade de fundamentar racionalmente o moral, até oferecer um fundamento; 3) tentar uma *aplicação* dos princípios éticos descobertos aos distintos âmbitos da vida cotidiana".[19]

Se a ética é a doutrina do valor do bem e da conduta humana que tem por objetivo realizar esse valor,[20] a nossa ciência "não é senão uma das formas de *atualização ou de experiência de valores* ou, por outras palavras, um dos aspectos da *Axiologia* ou *Teoria dos Valores*".[21] Assim, o complexo de normas éticas se alicerça em *valores*, normalmente designados *valores do bom*. Há conexão indissolúvel entre o *dever* e o *valioso*. Pois à pergunta "*o que devemos fazer?*" só se poderá responder depois de saber a resposta à indagação "*o que é valioso na vida?*"[22]

Toda norma pressupõe uma valoração e, ao apreciá-la, surge o conceito do bom – correspondente ao valioso – e do mau – no sentido de desvalioso. E *norma é regra de conduta que postula dever*.[23] Todo juízo normativo é regra

---

18. Nicolai Hartmann, *Ethik*, 2. ed. Berlin, p. 34, apud Eduardo García Máynez, op. cit., p. 15.
19. Op. cit., p. 164.
20. Miguel Reale, *Filosofia*... cit., p. 37.
21. Idem, ibidem.
22. "Todo dever ser está fundado sobre os valores; ao contrário, os valores não estão fundados, de nenhum modo, sobre o dever ser" (Max Scheler, *Ética*, trad. Hilario Rodríguez Sanz. Madrid: Revista de Occidente, 1941, p. 267, apud Eduardo García Máynez, *Ética*... cit., p. 16).
23. Idem, p. 19.

de conduta, mas nem toda regra de conduta é uma norma, pois algumas das regras de conduta têm caráter obrigatório, enquanto outras são facultativas. As regras a serem observadas para acessar a internet ou para viabilizar um programa de *software*, por exemplo, são de ordem prática e exprimem uma *necessidade condicionada.*[24] Elas se incluem no conceito de *regras técnicas*, ou seja, *preceitos que assinalam meios para a obtenção de finalidades*. Às *regras técnicas* contrapõem-se as *normas, preceitos cuja observância implica um dever para o destinatário.*

A noção de *norma* pode ganhar em clareza se comparada com a de *lei natural*, lembra García Máynez. As leis naturais, ou *leis físicas*, são juízos enunciativos que assinalam relações constantes entre os fenômenos. Sob o enfoque da *finalidade*, as *leis físicas têm fim explicativo* e as *normas têm fim prático*. As normas não pretendem explicar nada, mas provocar um comportamento. As leis físicas, ao contrário, referem-se à ordem da realidade e tratam de torná-la compreensível. O investigador da natureza não faz juízos de valor. Simplesmente se pergunta a que leis obedecem os fenômenos. Ao formulador de normas do comportamento não importa o proceder real da pessoa, senão a explicitação dos princípios a que sua atividade *deve* estar sujeita.[25]

A norma exprime um *dever* e se dirige a seres capazes de cumpri-la ou de violá-la. Sustenta-a o suposto filosófico da liberdade. Se o indivíduo não pudesse deixar de fazer o que ela prescreve, não seria norma genuína, mas lei natural. De maneira análoga, careceria de sentido declarar que a distância mais curta entre dois pontos *deve* ser a linha reta, porque isso não é obrigatório, senão necessário e evidente. É da essência da norma a possibilidade de sua violação.

Outra diferença pode ser apontada entre a *norma* e a *lei natural ou física*. A lei física é suscetível de ser provada pelos fatos e a norma vale independentemente de sua violação ou observância. A ordem normativa é insuscetível de comprovação empírica. "As normas não valem enquanto são eficazes, senão na medida em que expressam um dever ser".[26] Aquilo que *deve ser* pode não haver sido, não ser atualmente nem chegar a ser nunca, mas perdurará como algo obrigatório.

Torna-se mais fácil compreender a distinção quando se acena com o ideal da *paz perpétua* ou da *absoluta harmonia* entre os homens. É quase certo não se

---

24. R. Laun, Recht und sittlichkeit. 2. ed. Hamburg: Verlag von C. Boysen, 1927, apud Eduardo García Máynez, idem, p. 20.
25. Idem, p. 21.
26. Eduardo García Máynez, idem, p. 22.

convertam nunca em realidade, mas a aspiração a atingi-las é plenamente justificável, pois tendente a concretizar algo valioso. Não há relação necessária entre *validez* e *eficácia* da norma. "A validez dos preceitos reitores da ação humana não está condicionada por sua eficácia, nem pode ser destruída pelo fato de que sejam infringidos. A norma que é violada segue sendo norma, e o imperativo que nos manda ser sinceros conserva sua obrigatoriedade, apesar dos mendazes e dos hipócritas. Por isso se diz que *as exceções à eficácia de uma norma não são exceções à sua validez*".[27] Já as leis naturais só se validam se a experiência as não desmentir.

A possibilidade de inobservância, infringência ou indiferença humana pelas normas não deve desalentar aqueles que acreditam na sua imprescindibilidade para ordenar o convívio. O homem é um ser perfectível. Pressupõe-se que ele seja recuperável. Esse pressuposto adquire relevância extrema numa era em que as criaturas se comportam em desacordo com as normas. Nada obstante a multiplicação de maus exemplos, a crença original persiste. A hipótese de trabalho é a de que todo ser humano – por integrar a espécie – pode tornar-se cada dia melhor. E essa é sua vocação espontânea. A criatura tende naturalmente para o bem. O papel confiado aos cultores da ciência normativa é reforçar essa tendência, fazendo reduzir o nível de inobservância, transgressão ou indiferença perante a ordem do dever ser. Ainda que o índice de espontâneo cumprimento dos ditames éticos não seja o ideal, há sempre possibilidade de sua otimização, mediante o compromisso íntimo de observá-los na vida individual. E o grupo tem de atuar no sentido de estimular a boa prática, no auxílio àquele que se afastou do trajeto, para reconduzi-lo à senda original.

A potencialidade de conversão de um ser humano – matéria frágil, vulnerável às tentações –, para comportar-se eticamente em seu universo, é uma hipótese significativa de trabalho. Ainda que aparentemente a experiência possa demonstrar o contrário, a humanidade só avança no processo de resgate do semelhante se a maioria se convencer de que o homem pode ser recuperado. A luta da parcela sensível da humanidade é ampliar esse espaço de trabalho comunitário, e, por diminuta que possa parecer tal dimensão, tantos e tão desalentadores os maus exemplos, o bom combate continua válido. Sob esse prisma se justificam o estudo, a pregação e a vivência ética.

1.3 Moral absoluta ou relativa?

Um dos sintomas de que a sociedade não anda bem é a facilidade com que o relativismo fascina as pessoas, notadamente as mais jovens. "Todos pos-

---

27. Idem, p. 23.

suem os próprios "valores", e sobre eles é impossível discutir".[28] Essa postura sustenta uma posição moral: "não se deve contestar os valores dos outros. Isso é problema deles, a escolha de vida deles, e deve ser respeitado.[29] O perigo do relativismo é que ele se funda em um princípio de respeito mútuo, o que parece bastante conforme à ética.

A opção relativista reflete o individualismo da autorrealização, que "envolve um centramento no *self* e um desligamento concomitante, ou mesmo ignorância, de questões e preocupações mais importantes que transcendem o *self*, sejam elas religiosas, políticas ou históricas. Como consequência, a vida é estreitada ou nivelada."[30] Não é preciso ir mais longe para sobrevir a preocupação com as desastrosas consequências políticas dessa mudança cultural. Se, a partir das minhas inclinações, faço as minhas escolhas, quem poderá garantir que estas não colidam com as escolhas alheias? Qual o parâmetro para avaliar o acerto ético de minhas opções?

O relativismo que impera com desenvoltura se apropriou da discussão moral. É o que leva as pessoas a escolherem, qual num cardápio, as posturas que mais lhes convenham. Com isso, afagam a consciência que poderia impactar as más escolhas. E torna o convívio mais difícil, pois nunca se sabe qual é a seleção moral do próximo. Por que posturas se pautará? O que ele entende por ético, adequado, conforme com sua visão de mundo?

Esse fenômeno conduz a examinar a viabilidade de adoção de alguns preceitos morais *absolutos*. Ou seja: válidos para todas as pessoas, de todos os quadrantes, em todos os tempos. Será que isso é possível?

Moral é expressão por todos conhecida, embora nem sempre observada. Adela Cortina sublinha a adequação de se servir do verbete na versão masculina. Para ela, portanto, "o moral, mais que a moral, posto se tratar de um fenômeno e não de uma doutrina, acompanha a vida dos homens e é captado pela reflexão filosófica em várias dimensões".[31] Na filosofia do ser, a dimensão humana pode ser definida como *dimensão moral*; na filosofia da consciência, fala-se em *consciência moral* e aceita-se mesmo um tipo de linguagem que pode ser identificado como *linguagem moral*. Integram essa linguagem expressões de uso corrente, como *justo*, *mentira*, *lealdade*. É intuitiva a qualquer pessoa considerada normal, no sentido de higidez mental,

---

28. Charles Taylor, *A ética da autenticidade*, São Paulo, É Realizações Editora, 2011, p. 23.
29. Charles Taylor, op. cit., idem, ibidem.
30. Charles Taylor, op. cit., idem, p. 24.
31. Op cit., p. 178.

sem qualquer patologia, a compreensão do que se pretende dizer quando se pronuncia a palavra *moral*.

A intuição moral é tão presente na consciência humana que se pode sustentar carecer de sentido a expressão *amoralismo*. Ou seja, "pode haver homens imorais em relação a determinados códigos vigentes, mas não existem homens 'amorais', não existem homens para os quais careça de sentido a linguagem moral".[32] Todos têm uma determinada moral e a qualquer pessoa é importante manter preservado o seu moral. Para simplificar, moral é a formação do caráter individual. É aquilo que leva as pessoas a enfrentar a vida com um estado de ânimo capaz de enfrentar os revezes da existência.

Um *relativismo suave* seria a adoção da *ética da autenticidade*. A racionalidade desengajada de Descartes pressupõe a exigência de que cada pessoa pense de maneira autorresponsável por si mesma. É racional supor "que os seres humanos são dotados de um senso moral, um sentimento intuitivo do que é certo e errado. O propósito original dessa doutrina era combater uma visão rival de que saber o certo e o errado era uma questão de calcular as consequências, em particular aquelas relacionadas a recompensas ou castigos divinos. A noção era de que compreender certo e errado não era uma questão de puro cálculo, mas estava fincada em nossos sentimentos. A moralidade tem, em certo sentido, uma voz interna".[33] A conclusão é muito instigante como fator de amadurecimento pessoal. Nas visões morais anteriores, sempre havia uma fonte exterior – Deus, a ideia do bem, o idealismo – a inspirar a conduta ética. A partir da *ética da autenticidade*, ingressa-se numa nova forma de interioridade. O homem é levado a pensar em si mesmo como ser dotado de profundidade interior. E isso não o exclui do contato com a divindade, pois Santo Agostinho via o caminho para Deus a atravessar a própria consciência reflexiva de si mesmo.

Mas retorne-se à moral como objeto da ética. A moral como o conteúdo básico desta ciência do comportamento das pessoas em sociedade.

Os preceitos éticos são imperativos. Para serem racionalmente aceitos pelos destinatários, precisam estes acreditar derivem de justificativa consistente. A norma de conduta moral provém de um valor objetivo ou decorre de uma fixação arbitrária? Ela é norma válida para todos, em todos os tempos e lugares, ou sua validade é historicamente condicionada?

---

32. Adela Cortina (idem, p. 178), a sustentar que amoralismo é um conceito vazio. Não há homens amorais porque todos compreendem a linguagem moral. Para quem pretende aprofundar-se no tema, consultar X. Zubiri, *Sobre o homem*.

33. Charles Taylor, op.cit., idem, p.35.

Existem ao menos duas posições antagônicas: uma *absolutista e apriorista* e outra *relativista e empirista*. De acordo com o empirismo, a norma ética tem vigência puramente convencional e é mutável. Já para a postura absolutista, a validez é atemporal e imutável. Uma outra diferença entre ambas: a corrente absolutista proclama o conhecimento da norma ética *a priori*. Ela sempre existiu, foi igual durante toda a civilização, é permanente e de todos conhecida. A relativista acredita que a norma ética seja mutante, se altere com o passar do tempo, o que equivale a dizer que ela é empírica. O empirismo advoga a existência de várias morais e, portanto, do subjetivismo. O absolutismo, em lugar disso, propõe a *moral universal objetiva*.

Para o absolutista, cada ser humano – ao menos o humano considerado normal pelo senso comum, ou seja, e reitere-se, aquele poupado de qualquer estado patológico – é provido de certa *bússola natural* que o predispõe a discernir, naturalmente, entre o que é certo ou errado. A figura do *semáforo moral* é elucidativa. Cada pessoa dotada de um mínimo de consciência já se defrontou com esse fenômeno íntimo. Em oportunidades múltiplas da existência, a pessoa sabe que precisa se definir e optar. Sente-se e identifica-se um sinal *verde* a indicar passagem livre, um sinal *amarelo* a determinar precaução e uma luz *vermelha* com o significado de vedação. Cada pessoa sabe que tanto pode observar como deixar de atender aos sinais. Basta atentar para a sua *consciência estimativa*, onde reside o seu *sentido de valor*. Por isso é que, entendendo-a como sensação, Hemingway conceituou moral de maneira bem compreensível, como aquilo "que nos faz sentir-nos bem depois e imoral aquilo que nos faz sentir-nos mal depois".[34]

O "intuicionismo" bergsoniano também conduziria a esse estado de espontânea descoberta daquilo que é certo ou errado. Intuição, o *sexto sentido*, modo de conhecimento super ou supraintelectual que permite se detecte a realidade por dentro, de modo absoluto e singelo. Seria necessário consultar um código para intuir que matar é contra a natureza, contra a razão ou o senso comum dos seres racionais?

Não se poderia falar do bom e do mau, da virtude e do vício, não houvesse um critério de estimação e uma instância – a consciência humana – capaz de intuir o que realmente vale. Sem essa noção, não há como prosseguir no estudo da ética.

Já os relativistas entendem não haver sentido falar-se em valores à margem da subjetividade humana. Cada qual saberia estabelecer a sua hierarquia

---

34. *Morte na tarde*, citado por Mauricio Antonio Ribeiro Lopes, *Ética e administração pública*, p. 14.

valorativa, de acordo com as circunstâncias personalíssimas. Afinal, já afirmava Ortega y Gasset, uma pessoa não é só ela, mas é também o conjunto de suas circunstâncias. Haver nascido numa época, num lugar, no seio de uma família, com uma confissão religiosa – esse conjunto de fatores predispõe a criatura a tornar-se uma individualidade heterogênea. Além disso, cada qual tem sua experiência de vida: seu aprendizado, o controle de suas emoções, as decepções, dissabores, tudo passa a caracterizar a personalidade. Ela é que delimitará o que é certo e o que é errado, a partir de tudo isso. O bom e o mau não significam algo que valha por si, mas são palavras cujo conteúdo é condicionado por referenciais de tempo e espaço. O bem é fruto de criação subjetiva e a norma moral é mero convencionalismo.

O resultado dessa contraposição de ideias é que "a tese objetivista conduz, no terreno epistemológico, à conclusão de que não há criação nem transmutação de valores, senão descobrimento ou ignorância dos mesmos. Os valores não se criam nem se transformam; se descobrem ou se ignoram. Uma das missões capitais da ética consiste precisamente em afinar no homem o órgão moral que torna possível tal descobrimento".[35] Enquanto isso, a tese subjetivista postula autêntica criação de valores por vontade dos homens. Estes formulam, à medida do necessário ou do oportuno, a escala que lhes servirá de parâmetro na conduta inserta naquele momento histórico e de acordo com o estamento a que pertencerem, além de outros fatores condicionantes da opção concreta em cada oportunidade.

Inexiste a possibilidade de se utilizar uma definição científica para concluir com quem está a razão. Detectar o que é permanente e o que é contingente é a missão de cada ser humano. O desafio é perene e deve trazer ao menos certa angústia ao homem imerso numa sociedade em que o relativismo abrange dimensões inesperadas. Uma das características da contemporaneidade é conferir ao *foro íntimo* uma supervalia. Como se todas as escolhas se justificassem diante da irrestrita autonomia da vontade. À pessoa ética deveria corresponder uma conduta compatível com um núcleo comum de valores, consensualmente aceitos e com permanência na história da humanidade, em lugar da lassidão extrema dos *achismos*. A legitimar-se toda e qualquer ação, em nome da liberdade de escolha, corresponderá a deslegitimação da normatividade. Não apenas na esfera ética, mas na sua expressão jurídica. Seria a porta de retorno ao caos e à barbárie.

Legitimar, com respaldo na mais absoluta autonomia de vontade, que cada qual faça o que quiser em todos os setores da vida, além de parecer ilógi-

---

35. Eduardo García Máynez, *Ética*... cit., p. 26.

co, afigura-se irracional e perigoso. Um teor mínimo de sensatez é suficiente para o convencimento de que o relativismo ético é um grande risco para a humanidade. Haveria condições de se lutar contra o relativismo sem radicalizações ou fanatismos? Primeiro, observe-se que "a relatividade das morais – e, portanto, das suas normas e códigos – não leva necessariamente ao relativismo ético, isto é, à concepção de que todas, por sua relatividade, são igualmente válidas. Determinados sistemas morais, sem deixar de ser relativos e transitórios, contêm elementos que sobrevivem e se integram posteriormente numa moral mais elevada".[36]

Essa é uma atitude otimista. Pressupõe que a humanidade se encontra em franca evolução moral. Há quem se alimente dessa crença: "Existe um progresso rumo a uma moral verdadeiramente universal e humanista, que parte das morais primitivas e que passa pelas morais de classe com as suas limitações e particularismos. E se pode falar de progresso, de elevação a níveis morais mais altos, na medida em que se afirmam os aspectos propriamente morais: domínio de si mesmo, decisão livre e consciente, responsabilidade pessoal, harmonização do individual e do coletivo, libertação da coação externa, predomínio da convicção interna sobre a adesão externa e formal às normas, ampliação da esfera moral na vida social, primazia dos estímulos morais sobre os materiais nas nossas atividades etc.".[37]

Inexiste consenso a respeito, o que é próprio das questões intrincadas. Se alguns pensam que a espécie caminha rumo à perfectibilidade, outros há que enxergam na contemporaneidade evidente retrocesso moral, notadamente em países emergentes e periféricos. Nas nações de civilização mais aprimorada, os homens que veem descobertas as suas infrações éticas chegam a praticar o suicídio. Diversamente de outros rincões, dos quais já se dizia há séculos inexistir linha distintiva entre o certo e o errado, entre a virtude e o vício, entre o mérito e o pecado. Estaria o Brasil em tal situação? Por sua escassa tradição e apoucada experiência, seria condenado a não cultivar a ética? Teria razão Claude Lévi-Strauss, a quem se atribui a afirmação, quando de seu retorno ao País depois de 30 anos, de que o Brasil entrara em declínio sem ter atingido o ápice?

Tudo isso depende das novas gerações. Os modelos atuais são frágeis. Não se estimula a melhor conduta. Prestigia-se a esperteza, presume-se a má-fé, generaliza-se o achincalhe geral. Mas há pessoas que não se vergam à irresponsabilidade predominante e preservam padrões hígidos de conduta.

---

36. Adolfo Sánchez Vásquez, op. cit., p. 232.
37. Idem, p. 232-233.

Os maus exemplos morais não abrem espaço favorável, a não ser na divagação e na retórica, para uma euforia moral. O máximo permitido à lucidez seria um discreto e prudente otimismo. Seja como for, cumpre examinar como é que se tem estudado a ética no decorrer da História.

A devastação axiológica resultante do excessivo individualismo, da exacerbação do egoísmo, explica a qualificação da ética em inúmeras concepções, quais sejam as conveniências do interessado. O ponto de equilíbrio é a adoção de certas invariantes morais que permanecem quais marcos perenes na civilização e com as quais não se pode transigir. Em abono a essa concepção, a Constituição do Brasil de 05.10.1988, a primeira a explicitar o princípio da *moralidade*, tem alguns princípios regedores da República, dentre os quais o da *dignidade da pessoa humana*. Esse é um signo emblemático da moralidade absoluta. Significa a impossibilidade de se desrespeitar qualquer ser humano. Exatamente conforme previu Kant, a proclamar que as pessoas são sempre o fim último e nunca podem ser utilizadas como se fossem instrumentos, meios ou alternativas para se alcançar outros objetivos.

A tentativa de muitos pensadores é conferir uma justificação racional para a ética. Essa tentativa reveste-se de significado, "porque uma ética que seja válida para todos os seres humanos, quer dizer, que abranja toda a Terra, não pode fundamentar-se sobre a intuição nem sobre a religião ou a tradição, já que estas são diferentes em diferentes povos e diferentes sociedades e culturas".[38]

A preservação do convívio civilizado num planeta cada vez menor e mais frágil está condicionada à igual validez de postulados éticos em todos os quadrantes da Terra. Isso porque "a ciência moderna e sua aplicação técnica conferiu à ação humana uma dimensão e uma amplitude não conhecidas antes. Na época das armas atômicas e da energia nuclear, a ação de um indivíduo, ou de uns poucos, pode ter efeitos sobre toda a humanidade, em toda a vida sobre a terra. Os problemas que hoje nos acossam não estão no âmbito da família e da vizinhança, senão no da política e da sociedade, num 'macroâmbito' que abrange o destino de toda a humanidade. Isso requer padrões éticos que valham para todos os homens, enquanto que hoje, na prática diária, recorrendo a expressões como política realista ou política de interesses, as questões de política nacional ficam dispensadas de qualquer valoração moral".[39]

Estudar ética não é, por si só, condição suficiente para fazer com que todos os brasileiros sejam éticos ou, mais ainda, que o procedimento moral

38. Ubiratan Borges de Macedo, A aventura da ética filosófica no século XX, in José Maurício de Carvalho (org.). *Problemas e teorias da ética contemporânea*, p. 31.

39. Idem, ibidem.

da população seja irrepreensível. Todavia, pode motivar uma reflexão e fazer com que a ética seja levada mais a sério, pois se isso não ocorrer, os riscos já suportados pela humanidade se tornarão ainda maiores, mais intensos e muito mais sérios.

1.4 Concepções contemporâneas da Ética

A rápida e profunda modificação do mundo comportamental não poderia deixar de alterar também a maneira de se conceber e de vivenciar a ética. Se antigamente ela era indissoluvelmente ligada à confissão religiosa, os tempos modernos focaram a separação entre moral e religião como um dos eixos do debate.

A preocupação com o ambiente, a vulnerabilidade da política, a ascensão da empresa, o poder das comunicações, tudo se impregnou de preocupação ética. Houve um eclipse axiológico no século passado, que assistiu a dois cruentos conflitos mundiais, o totalitarismo a vedar questionamentos morais, visto não haver "moral individual nesses regimes; tudo subordina-se ao Estado e sua ideologia e a moral pública cifram-se na obediência ao último comando da autoridade, sem qualquer preocupação de coerência ou respeito a valores diversos de um decisionismo que funda a política, o direito e a moral".[40] Os muitos genocídios perpetrados sob aparente passividade geral, o ressurgimento de fundamentalismos, do fanatismo e do terrorismo, a exclusão infligida a legiões de párias famintos, tudo propiciou, "além das violências contra a pessoa, uma promiscuidade e um afrouxamento dos costumes e da responsabilidade moral, ensejados, ou melhor, reforçados pela pílula anticoncepcional e pela maior eficiência da medicina contra as moléstias venéreas. A mídia eletrônica provocaria também uma queda na civilidade que tornou mais difícil o comportamento moral".[41]

Como se posicionaram os pensadores contemporâneos a respeito das exigências éticas desta era?

Muito se escreve sobre ética, exatamente porque ela está em falta. Um percurso por todos os que se detiveram sobre o assunto é missão impossível no âmbito deste trabalho. O intuito singelo desta reflexão é trazer o pensamento de alguns intelectuais sobre a moral no pós-modernismo, sem dispensar a mescla com autores mais antigos. Inicie-se com Fernando Savater que, logo no prólogo de um de seus livros, faz uma advertência original: "Este livro não é um manual de ética

40. Idem, p. 33.
41. Idem, p. 33-34.

para alunos do colegial. Não contém informações sobre os autores mais notáveis e movimentos mais importantes da teoria moral ao longo da história. Não tive intenção de colocar o imperativo categórico ao alcance de todos os públicos... Também não se trata de um receituário de respostas moralizantes aos problemas cotidianos que podemos encontrar no jornal e na rua, do aborto à objeção de consciência, passando pelo preservativo. Não creio que a ética sirva para solucionar nenhum debate, embora seu ofício seja colaborar para iniciar todos eles (...)"[42]

Para Savater, nós, os seres humanos, podemos "inventar e escolher, em parte, nossa forma de vida. Podemos optar pelo que nos parece bom, ou seja, conveniente para nós, em oposição ao que nos parece mau e inconveniente. Como podemos inventar e escolher, podemos nos enganar (...) De modo que parece prudente atentarmos bem para o que fazemos, procurando adquirir um certo saber-viver que nos permita acertar. Esse saber-viver, ou arte de viver, (...) é o que se chama de ética".[43] Indubitável que a ética é relevante e essencial para todos. "A moral, como a vida a que ela serve e dá sentido, nunca pode ser deixada para mais tarde".[44]

Aquiescer a tal postulado não significa facilidade para reconhecer o que é moral ou contrário a ela. Não é suficiente afirmar que ser ético é imperativo da razão. Muitos dos mais entusiastas "partidários da razão não veem mais remédio senão abraçar um ceticismo ético, ou seja, a crença de que não existem métodos racionais para determinar a validade de juízos valorativos ou morais, e, em consequência, se veem obrigados a concluir que não há, em última instância, melhores argumentos para defender a concepção que propicia a liberdade necessária para o exercício da razão que para defender concepções adversas a esse exercício".[45]

O risco do ceticismo ético é considerar ética ou moral um verbete vazio de conteúdo, que pode ser preenchido com qualquer opção, à luz do subjetivismo imperante. É o que explica o achismo de grande parte das pessoas propensas a enfrentar tais temas. Servem-se elas de regras morais a seu talante, como se estivessem diante de um *self service* e pudessem compor a sua refeição ética à *la carte*.

É preciso encontrar aquele núcleo comum consensual, exigível a todos, pois por todos reconhecidos como inafastável para o mínimo de previsibili-

---

42. Fernando Savater, *Ética Para Meu Filho*, p. 9.
43. Idem, p. 31.
44. Fernando Savater, *Ética como...* cit., p. 289.
45. Carlos Santiago Nino, *Ética y Derechos Humanos*, p. 50.

dade no convívio entre as pessoas. A busca de uma concepção que admita a possibilidade de justificar racionalmente princípios morais é a missão a que se devem devotar os preocupados com os rumos previsíveis que a humanidade toma nestes dias.

A visão de Luc Ferry é singela e facilmente compreensível. Se não podemos viver senão em companhia dos outros, "como viver com o outro, que regras adotar, como nos comportar de modo 'vivível', útil, digno, de maneira 'justa' em nossas relações com os outros? Essa é a questão da segunda parte da filosofia, a parte não mais teórica, mas *prática*, a que pertence, em sentido lato, à esfera *ética*".[46] Muito mais simples do que a visão kantiana, exposta na *Lição sobre ética*, onde se afirma que "a necessidade moral consiste na bondade absoluta da ação", mas que chega ao paradoxo ético enunciado simplesmente como "é bom fazer o que é bom".[47]

Toda pessoa de boa vontade pode contribuir para alargar as veredas já abertas por pensadores de inúmeros matizes ideológicos. Alguns bem conhecidos, outros nem tanto. Warnock, por exemplo, reforça a importância das virtudes de caráter. E expõe sua tese de maneira tão singela quanto objetiva: "Se algumas das coisas que podem ser feitas para atenuar a dificuldade básica da vida humana vão ser, efetivamente, feitas, então não só é necessário compelir as pessoas para que façam coisas que não estão naturalmente dispostas a fazer de qualquer modo; elas têm que atuar às vezes voluntariamente, sem coerção, de um modo diferente ao que estão naturalmente dispostos. É necessário que a gente adquira, e se proponha também que outros adquiram, o que se poderia chamar boas disposições; ou seja, o estar pronto, em algumas ocasiões, a fazer as coisas desejáveis que nem todos os seres humanos estão naturalmente dispostos a fazer de todos os modos e, similarmente, a não fazer coisas danosas".[48]

Agir bem, atuar com beneficência e evitar a maleficência deveria ser a inclinação natural de todo humano. Se não for, cumpre à família – a primeira treinadora social – mostrar a inclinação. Quando esta falha, incumbiria à escola corrigir o trajeto. Para isso é utilizado o discurso moral, cujo contexto apresenta poucas variantes. Quem já não ouviu a pergunta: "O que aconteceria se todos se portassem como você?" ou "Você gostaria de que outros fizessem o mesmo com você?" e "Coloque-se no meu lugar!". Tais traços formais distinguem o discurso moral de outros discursos. Nele, "estão excluídos argu-

---

46. Luc Ferry, op. cit., idem, p. 33.

47. Jacob Rogozinski, *O dom da lei - Kant e o enigma da ética*, São Paulo, Dis curso Editorial-Paulus, 2008, p.146.

48. G. Warnock, *The object of morality*, p. 71.

mentos, formas de persuasão ou técnicas de motivação baseados na obediência dogmática a certas autoridades..., o recurso a ameaças de danos ou a ofertas de benefícios, o engano, o condicionamento através da propaganda. Todos coincidiriam em que, se empregados estes recursos, estar-se-ia a perverter ou a abusar do discurso moral, o que poderia viciar os resultados obtidos".[49] Pois "o discurso moral está dirigido a obter uma convergência em ações e atitudes, através de uma aceitação livre por parte dos indivíduos, de princípios para guiar suas ações e suas atitudes frente a ações de outros".[50]

A simplicidade do asserto evidencia que ética não necessita de sofisticação, embora seja fácil tornar complexa e prolixa tal exigência de tão desartificiosa prática. Por sinal que Peter Singer, autor que prega a exequibilidade da ética, considera "que uma questão ética é pertinente se se trata de um tema que qualquer pessoa racional deve enfrentar".[51] E exemplifica: "Quais são nossas responsabilidades pessoais com respeito aos pobres? Temos justificação ao tratar animais como meras máquinas produtoras de carne para alimentar-nos? Deveríamos usar papel não reciclado? E, de todas as formas, por que deveríamos molestar-nos em atuar de acordo com os princípios morais?"[52]

Ao conceituar ética, Singer começa por dizer o que a ética não é. "Algumas pessoas creem que a moralidade está antiquada. Consideram a moralidade como um sistema de molestas proibições puritanas, fundamentalmente desenhadas para evitar que as pessoas se divirtam. Os moralistas tradicionais pretendem ser os defensores da moralidade em geral, mas na realidade o que defendem é um código moral particular".[53]

É verdade que o sexo oferece desafios morais muito intensos. Energia que motiva parte expressiva das ações humanas, o sexo pode questionar comportamentos que envolvem quase todas as virtudes: franqueza, honradez, honestidade, prudência, humildade e demais atributos. Mas a ética é muito mais importante do que a moral sexual.

Depois de rechaçar o relativismo que em regra se vincula à postura ética, Peter Singer afirma que sua visão da ética vai conceder à razão um importante papel. "Não é a única visão possível da ética, mas resulta convincente".[54]

---

49. Carlos Santiago Nino, op. cit., p. 109.
50. Idem, ibidem.
51. Peter Singer, *Ética prática*. 2. ed. Trad. espanhola por Rafael Herrera Bonet, p. 9,
52. Idem, ibidem.
53. Idem, p. 1-2.
54. Idem. p. 10.

O humano se vangloria de ser a única criatura racional no reino animal. Mas a sua conduta nem sempre reflete um uso adequado desse predicado. Singer dá o exemplo de algumas questões que apenas um bem elaborado e melhor vivenciado conceito de ética poderá responder: "Que é realmente fazer um juízo moral, ou discutir sobre uma questão ética, ou viver de acordo com os valores éticos? Qual é a diferença entre os juízos morais e outro tipo de juízos a nível prático? Por que consideramos que a decisão de abortar de uma mulher coloca uma questão ética e não ocorre o mesmo com sua decisão de mudar de trabalho? O que distingue uma pessoa que vive sob valores éticos e uma que os rejeite?".[55]

Há inúmeras referências a uma ética insuscetível de ser considerada verdadeiramente ética. Assim se usa do verbete para contemplar o procedimento do infrator – a ética do ladrão, a ética do estelionatário, a ética do ímprobo. Essa não é a verdadeira ética. Ao contrário, é preciso revolver a história e constatar que, desde os tempos mais remotos, os pensadores propõem que a conduta só pode ser ética se ostentar um núcleo de universalidade.

Haveria condições de se enxergar algo de verdadeiramente universal no mundo plural, complexo e heterogêneo do século XXI?

Ser ético é superar os interesses pessoais e procurar não apenas compreender, mas – se possível – colaborar para que os interesses alheios também sejam considerados. É a ideia conhecida como "regra de ouro", atribuida a Moisés, contida no livro Levítico, repetida por Jesus e depois por Kant e Chaïn Perelman: desejar ao próximo o que se deseja para si mesmo.

Os estoicos também sustentavam que ser ético é obedecer a uma lei natural universal. Ideia desenvolvida por Kant na clássica fórmula de agir somente seguindo a máxima individual tão inquestionável que, ao mesmo tempo, é suscetível de se converter em lei universal. Enfim, "a ética, ainda que não criada de forma consciente, é um produto da vida social que tem a função de fomentar valores comuns aos membros da sociedade".[56]

Desde os mais remotos tempos, não há pensador que tenha deixado de meditar sobre o acerto ou desacerto dos atos humanos. Não é só o direito que se preocupa com eles, mas não há ciência que possa prescindir do questionamento sobre acerto ou erro. Errar tem consequências e, nas ciências ditas "exatas", isso pode sacrificar vidas. Basta pensar no erro médico, no erro da engenharia, no controle de voos, na gestão informatizada de complexos sistemas de fornecimento de energia – sob todas as matrizes – e na disciplina do fluxo de

55. Idem, p. 11.

56. Idem, p. 403-404.

meios de transporte. Mas o erro nas disciplinas humanas também pode gerar resultados nefastos. O erro de julgamento, as avaliações errôneas, o mau juízo, a maledicência. Isto guarda a mais íntima pertinência com o universo da ética. Fundamental que cada pessoa formule o seu próprio conceito de ética, para aferir sua conformidade ou desconformidade com o que acredita seja válido.

É interessante recordar que filósofos britânicos do século XVIII, como Hutcheson, Hume e Adam Smith, chegaram a recorrer a um "espectador imparcial" imaginário, com o intuito de balizar as condutas morais. Esse "espectador imparcial", também chamado de "observador ideal", seria a nota característica da universalidade.

Será que o "espectador imparcial" ou "observador ideal" não poderia também ser denominado "consciência"? É aquele tribunal severo que me faz pensar se, em cada coisa que faço, ao invés de pensar exclusivamente nos meus interesses, eu me forço a atuar de forma a maximizar os interesses dos afetados pela minha conduta.

Essa visão poderia sugerir mero utilitarismo: cotejo dos interesses em confronto. Mas a ética precisa levar em conta outros ideais, como os direitos individuais, a benevolência, a justiça, a pureza, a generosidade, a solidariedade.

Não se trata, pois, de reivindicar a busca da felicidade como bem-estar, nem de justificar se invoque a benevolência em detrimento da responsabilidade e justiça. O pluralismo reinante reserva espaço para o resgate de um ideal estoico da dignidade moral e das inevitáveis práticas de automodelação virtuosa que se encontram em discursos eruditos e na prolífica literatura de autoajuda. Aquilo que parece residir apenas no íntimo das cogitações da consciência individual pode repercutir na formulação de uma verdadeira política pública de reversão de práticas imorais e antiéticas. Parece impossível reverter o ritmo alucinante do desenfreado consumismo desta era, mas "o ascetismo virtuoso do sábio concilia elementos de autoeducação e de autocontenção que seriam relevantes na hora de formular estratégias morais e políticas para o presente".[57]

Caberia a uma comunidade formular estratégias morais? A essa indagação se responde ante a constatação de que a comunidade lúcida se cansou do descalabro das condutas públicas distanciadas da ética. Geradoras de desalento, multiplicadoras de uma teia prolífica de desmandos em todas as esferas.

Para responder à urgência de uma reversão à queda acentuada dos valores, é essencial que a juventude – principalmente a juventude, pois a maturi-

57. Carlos Thiebaut, Neoaristotelismos contemporâneos, in Victoria Camps et alii, *Concepciones de la ética*, p. 48.

dade se mostrou inapta a inaugurar tal processo – venha a se interessar decisivamente por ética. Talvez auxilie a reflexão e estimule uma atuação eficaz, a retomada de um interesse pela teoria do contrato. Aquela formulação clássica dos séculos XVII e XVIII e ainda objeto de estudo nos escritos de Hobbes, o mais pessimista, de Locke, em estado intermédio e de Rousseau, o ingênuo e idílico inventor do bom selvagem, pode ser revitalizada.

A proposta pode ser atraente para os mais novos e ainda idealistas: "a linguagem dos direitos e a liberdade do indivíduo, junto com a ideia de um acordo racional ou razoável – baseado no interesse ou na reciprocidade – fruto do consentimento e para benefício de todos, constitui o atrativo de uma tradição cujo postulado básico será o de que as relações sociais livres adotam a forma de um contrato aceito livremente e reconhecido publicamente".[58]

Quem se interessar por reabilitar a ideia de avença social deve começar pela leitura de John Rawls, cuja Teoria da Justiça completa 40 anos e continua a suscitar discussões. O papel da consciência reta é insubstituível para a adoção das melhores opções éticas. Não há código que possa suprir a saudável formação de um juízo crítico reflexivo que sirva de parâmetro para todas as horas. Para Rawls, "as opiniões reflexivas das pessoas competentes podem ser explicadas por um conjunto de princípios gerais, e... podemos pensar nestes princípios como possíveis fundamentos da racionalidade ordinária, mas tal explicação, se é satisfatória, não deve confundir-se com um código de regras morais definitivo, explícito e ao qual constantemente se possa recorrer".[59]

À falta de um código de ética suficientemente eficaz para abarcar todas as potencialidades de erro/acerto da conduta humana, resta à pessoa sensível determinar quais os princípios de moralidade e justiça que nortearão sua vida. Com a finalidade de formular tais princípios, Rawls propõe se parta de condições comumente aceitas, quais sejam: "a) as circunstâncias de justiça: escassez moderada e desinteresse mútuo; b) as restrições formais do conceito do justo: generalidade, universalidade, publicidade, ordenação e definitividade; c) o véu da ignorância: as partes na posição original têm limitações de conhecimento e motivação; d) a racionalidade das partes".[60]

---

58. Maria José Agra Romero, Etica Neocontractualista, in Victoria Camps et alii, idem, p. 247.

59. John Rawls. An examination of the place of reason in ethics. In *The Philosophical Review*, 60, London, p. 576.

60. Maria José Agra Romero, op. cit., p. 255. É óbvio que esta menção ao pensamento de Rawls constitui mero estímulo a que a obra seja lida no original. Recomenda-se, sobretudo, a leitura anotada e meditada de *Uma Teoria da Justiça*. São Paulo: Martins Fontes, 2000.

Cada condição mereceria análise autônoma, insuscetível de se fazer nesta introdução. Mas é interessante ao menos antecipar que a racionalidade das partes supriria o véu da ignorância, maior ou menor carência de informações sobre o que é o certo e o considerado errado, com a invocação a uma teoria específica do bem. Ninguém pode ignorar que há bens primários, aquelas coisas que se supõe toda pessoa normal aspire: direitos e liberdades, poderes e oportunidades, recursos e demais bens materiais, autorrespeito e respeito ao próximo.

A qualquer humano ocorre perseguir os bens da vida e a suportar, se não puder evitá-los, os males da vida. Há condições, maiores ou menores, para que os primeiros sejam buscados e que a inevitabilidade dos segundos venha a se amenizar com boa dose de paciência, conformismo e humildade. É o paradoxo da liberdade, que Spinoza e Schopenhauer tanto exploraram. O ser humano sabe que ser é viver, viver é querer viver e querer viver nem sempre – ou quase nunca – é saber viver.

A ética é justamente saber discernir entre o devido e o indevido, o bom e o mau, o bem e o mal, o correto e o incorreto, o certo e o errado.

Parece simples? Ocorre que para o ser pensante, sua vida é algo que tem limites. A significação da vida está marcada pela consciência permanente da possibilidade da morte: "o ser humano é o único vivente que antecipa a inexorabilidade de sua morte, que espia sem sossego os anúncios da morte e seus efeitos prévios. Assim brota nossa experiência do tempo, entendido não como medida, senão como duração: pois dura o que há de cessar, só permanece o que ainda permanece, o contingente".[61]

O tempo é a constante vivência do inconstante. "Enquanto é algo mais que registro ou memória de dados sensoriais, a consciência do homem é constância da aniquilação do homem e também rebeldia (seja como negação da evidência ou busca de paliativos que a remedeiem) contra dita aniquilação. A consciência atesta nossa mortalidade e trata de idealizar expedientes para retardar ou edulcorar socialmente a morte; mas algo não consciente que sustenta e põe em marcha a consciência bloqueia toda representação positiva da morte e se obstina em não vincular-se mais que com a vida, conquanto é vida. Esse vitalismo pré-consciente é a referência final de todo o complexíssimo empenho simbólico de negação da morte chamado cultura".[62]

Para o que interessa nesta reflexão introdutória, é lembrar que não se dispõe de todo o tempo, em sua infinitude, para cuidar de ser bom e de fazer o bem. Há um limite certo, a ocorrer em data incerta: a morte.

---

61. Fernando Savater, Vitalismo, in Victoria Camps et allii, idem, p. 300.

62. Idem, ibidem.

A responsabilidade maior é daqueles aos quais foi dada a oportunidade de enxergar. O intelectual é chamado a um protagonismo que não se reclama ao rústico. E intelectual, numa nação periférica, é aquele que chega à Universidade. Karl Popper tem uma passagem impressionante que a todos deve interessar: "Todo intelectual tem uma responsabilidade muito especial. Tem o privilégio e a oportunidade de estudar. Em troca, deve apresentar a seus congêneres (ou 'à sociedade') os resultados de seu estudo o mais simples, claro e modestamente que possa. O pior que podem fazer os intelectuais – o pecado cardeal – é intentar estabelecer-se como grandes profetas em relação aos seus congêneres e impressionar-lhes com filosofias desconcertantes. Qualquer um que não saiba falar de forma simples e com clareza não deveria dizer nada e continuar trabalhando até que possa fazê-lo".[63]

Cumpre aos lúcidos sensíveis procurar a correção de rumos, autoaperfeiçoar-se para, com isso, aperfeiçoar o mundo. A falta de compostura é cada vez mais evidente e desenvolta. A perda progressiva da capacidade de indignação depõe contra a humanidade. Aqueles que têm discernimento podem fazer a diferença, começando por si próprios e disseminando a cultura de uma vida mais ética, mais voltada ao bem de todos e não exclusivamente ao próprio bem.

Ao menos, é isso o que deve ocorrer a qualquer pessoa considerada saudável, hígida em termos físicos e mentais. A natureza humana é múltipla e complexa. Nem todos podem ser considerados em plena e absoluta higidez. Talvez o número das patologias seja muito maior do que a vã imaginação exteriorizada nas estatísticas.

O que ocorre, por exemplo, com a consciência dos psicopatas? "Os psiquiatras utilizam este termo para definir a uma pessoa associal, impulsiva, egocêntrica, impassível, carente de sentimentos de remorso, vergonha ou culpa, e aparentemente incapaz de manter relações pessoais profundas e duradouras. Os psicopatas são certamente anormais, mas que seja correto dizer que estejam mentalmente enfermos é outra questão".[64]

São aparentemente normais, a despeito da ausência de qualquer arrependimento daquilo que de mal fazem aos outros. Curar-se não entra em sua cogitação. E a existência de seres humanos psicopatas parece destruir a opinião de que a benevolência, a compaixão e os sentimentos de culpa residam em todas as mentes.

---

63. Karl Popper, *En busca de un mundo mejor*, p. 114, citado por Paulo Eduardo de Oliveira, *Da ética à ciência - Uma nova leitura de Karl Popper*, São Paulo, Paulus, 2011, p.150.

64. Peter Singer, op. cit., p. 410.

Todavia, é mais gratificante não ser psicopata. Afligir-se com a dor alheia. Arrepender-se das más práticas. Procurar corrigir-se. Experimentar os sentimentos que definem o que é uma criatura humana: alegria e tristeza, prazer e sofrimento, sensação do dever cumprido, sensação de haver falhado.

Os psicopatas "se aborrecem porque sua pobreza emocional os impede interessar-se por, ou obter satisfação daquilo que, para os demais, são as coisas mais importantes: o amor, a família, o êxito nos negócios ou na vida profissional. Estas coisas simplesmente não lhes importam. Sua conduta imprevisível e antissocial constitui um intento por aliviar o que, de outra forma, seria uma existência tediosa".[65]

A trajetória de cada qual pela aventura – longa ou curta – pela existência, propiciará encontros com pessoas assim: caminham pela vida se omitindo de toda classe de princípios. São os que não veem sentido na existência, muito menos na conduta ética. Para estas, não adiantará falar em ética. Nem conceituar ética. São aqueles seres para os quais o discurso moral é aborrecido, que debocham de quem tem escrúpulos e que não se envergonham de sua insensibilidade.

Para os demais, interessar-se pela ética, a partir de sua conceituação, faz parte do crescimento em maturidade. Seja qual for a idade cronológica, haverá sempre espaço para crescer em sapiência e dignidade. É isso o que realmente vale a pena.

Para reflexão em grupo

1. Por que é importante conceituar ética?
2. Depois da leitura deste capítulo, qual o seu conceito próprio de ética?
3. Há algum sentido em se utilizar o verbete ética para condutas antiéticas, tais como ética do terror, ética do crime, ética do mais forte?
4. O que se entende por vazio ético?
5. Qual a relação entre a ética e a morte?
6. Qual o papel contemporâneo da ética?
7. Seria viável um novo contrato social com finalidades éticas?
8. Como reverter a acelerada queda dos valores?
9. O século XXI é um século ético?
10. Por que se deve ser ético?

---

65. Idem, p. 412.

A Classificação da Ética 2

Sumário: 2.1 Introdução - 2.2 A Ética empírica: 2.2.1 A Ética anarquista; 2.2.2 A Ética utilitarista; 2.2.3 A Ética ceticista; 2.2.4 A Ética subjetivista - 2.3 A Ética dos bens: 2.3.1 O eudemonismo, o idealismo ético e o hedonismo; 2.3.2 Uma palavra sobre os gregos - 2.4 A Ética formal: 2.4.1 Os principais conceitos kantianos - 2.5 A Ética dos valores: 2.5.1 A existência do valor; 2.5.2 O conhecimento dos valores; 2.5.3 A realização dos valores; 2.5.4 A liberdade moral - 2.6 A Ética pós-moderna - 2.7 À guisa de arremate.

2.1 Introdução

Classificar não se mostra essencial para uma reflexão ética. É apenas um instrumento propiciador da memorização na tentativa de sistematização do tema. Em síntese, classificar é armazenar, de forma tão racional quanto se consiga, as principais contribuições dos filósofos no decorrer da edificação do conceito de ética. Toda classificação é convencional. Depende do formulador e de seus critérios. Tanto que será muito fácil perceber certa indistinção ontológica entre as tipologias. A compartimentação é fruto da vontade, não absoluta. Outras tantas classes poderiam se mostrar igualmente adequadas.

A ciência dos deveres admite tantas classificações quantas as escolas, ideologias ou correntes de pensamento existentes. A classificação exposta a seguir é uma das muitas tantas suscetíveis de servirem ao objetivo deste ponto da reflexão. Parte ela do principal enfoque levado em consideração por Eduardo García Máynez, que as divide em **ética empírica**, **ética dos bens**, **ética formal** e **ética valorativa**.[1]

O agrupamento das doutrinas morais sob essas quatro denominações tende a considerar o desenvolvimento do pensamento moral sob uma visão particu-

1. *Ética* – Ética empírica. Ética de bens. Ética formal. Ética valorativa, 18. ed., p. 30.

lar do autor. É uma escolha, dentre múltiplas possíveis. Não há intenção de se excluir qualquer outra classificação, adotada por outros pensadores. Ao se estudar ética, o mais importante é fazer com que o ser humano se conscientize da necessidade de desenvolver uma consciência moral cada vez mais convicta e exigente do que sistematizar, organizar o assunto ou semear erudição.

Classificar, enfatize-se, é apenas compartimentar o conhecimento para que ele seja facilmente encontrado nos escaninhos da memória, quando se mostrar necessária a sua recuperação. Por isso a arbitrariedade das classificações. Não se deve confiar, também, na ortodoxia dos critérios distintivos entre cada classe. Os diferentes tipos se interpenetram e podem se apresentar como formas ecléticas. O sentido da separação é tentar facilitar o estudo da Ética, mediante contemplação do aspecto preponderante a ela conferido por certas doutrinas. Aliás, a advertência serve a qualquer classificação. Ao classificar, reitere-se, a pretensão do classificador é delimitar as áreas do conhecimento e sistematizá-las, de maneira a tornar mais facilitada a sua localização. As subdivisões atendem ainda a uma finalidade pedagógica: o treino da capacidade de memorização e da estratégia de ordenamento das informações, com vistas à sua utilidade futura e permanente.

Que a presente classificação seja um estímulo para que o interessado procure conhecer melhor a ética e mais adequadamente incorporá-la a seus hábitos e atitudes cotidianos. A classificação, nesta obra, deve se prestar a *esclarecer*, no sentido proposto por Adorno e Horkheimer, que concebem esclarecimento como "o processo pelo qual uma pessoa vence as trevas da ignorância e do preconceito em questões de ordem prática".[2] Por sinal que a mesma dupla de pensadores é precisa ao abordar o que seja uma classificação: "A classificação é a condição do conhecimento, não o próprio conhecimento, e o conhecimento por sua vez destrói a classificação."[3] Ou seja: não se espera que a classificação venha a servir para treino de memorização, senão para dar uma ideia de quão sofisticadas podem ser as tentativas de sistematização da ética.

2.2 A Ética empírica

Todos já têm uma ideia do que significa **empirismo**. É a doutrina segundo a qual todo conhecimento provém unicamente da experiência, limitando-se ao que pode ser captado pelo mundo externo, pelos sentidos, ou do mundo

---

2. Theodor W. Adorno e Max Horkheimer, *Dialética do Esclarecimento - Fragmentos Filosóficos*, Rio de Janeiro, Jorge Zahar Editor Ltda., reimpressão de 2006, nota preliminar do tradutor Guido Antonio de Almeida, p. 7.
3. Theodor W. Adorno e Max Horkheimer, op. cit., p.181.

subjetivo, pela introspecção, sendo geralmente descartadas as verdades reveladas e transcendentes do misticismo, ou apriorísticas e inatas ao racionalismo.[4] Aliás, é ideia exatamente antagônica à de **racionalismo.** A construção distintiva entre **filosofia empírica** e **filosofia pura** se deve a Kant. Para ele, empírica é a filosofia baseada na experiência e pura a fundada em princípios racionais. Singelamente, **ética empírica é aquela que pretende derivar seus princípios da mera observação dos fatos.**

Sustentam os empiristas que as teorias da conduta se baseiam na constatação da vida moral dos humanos. Os preceitos disciplinadores do comportamento estão implícitos no próprio modo de se comportar. Não se deve questionar o que o homem **deve fazer**, senão examinar o que o homem **normalmente faz.** Pois **o homem deve ser como naturalmente é**, e não se conduzir como as normas queiram que ele seja.

Seria confiável este critério? Quem se satisfaria em adotar por norma ética válida aquela resultante da observação da conduta costumeira das pessoas? É óbvio que a proposta oferece atrativos. Não é necessário estudar, formular normas, avaliar sua facticidade e viabilidade. Vale aquilo que é. Aquilo que normalmente ocorre.

Por mais singela e sedutora possa parecer esta tese, ela é insegura. Mais do que isso, é perigosa e atentaria contra os próprios objetivos da ética, ou seja: fazer com que a conduta de cada qual seja a mais apropriada para atender também às necessidades e anseios do outro. Não é suficiente observar o que acontece no mundo moral para se extraírem daí os princípios da moralidade. Numa sociedade em que a desmoralização parece a regra, a conclusão poderia chegar à consagração da falta de qualquer moral como conduta desejável.

Mas não é só o aspecto pragmático o que aqui importa. Doutrinariamente, o empirismo vai desaguar no relativismo. A fragilidade humana é manifesta. Não há garantias perenes de boa conduta. Oscila e titubeia o comportamento humano, de acordo com inúmeras condicionantes. Pense-se na variação temporal e na mudança de latitude, no grau de desenvolvimento da sociedade examinada e no poder das mídias. Torna-se temerário sustentar que todo comportamento moral observado seja o parâmetro ideal. É impossível para o empirista defender a existência de uma moral universal ou encontrar critérios axiológicos absolutos. O adepto do empirismo não tem como sustentar senão a validez do subjetivismo ético.

O **subjetivismo** ético ou **subjetivismo moral** é uma das principais variantes da ética empírica. Cada sujeito estabelece o padrão ético que lhe convém. O

---

4. Antônio Houaiss, *Dicionário Houaiss da língua portuguesa*, p. 1126.

que resulta disso? "Se as ideias morais variam de indivíduo a indivíduo ou de sociedade a sociedade, o bem e o mal carecerão de existência objetiva, já que dependem dos juízos estimativos dos homens. Assim aparecem, por um lado, o **subjetivismo ético individualista** e, por outro, o **subjetivismo ético social**, também chamado **antropologismo** ou **subjetivismo ético específico**".[5]

A partir daí não será difícil chegar ao **ceticismo** e ao **niilismo**. O cético desconfia de tudo, o niilista em nada crê. Se aquilo que é bom para alguém pode ser mau para outrem, o bem nada significa e a moral é produzida pela convenção arbitrária. Não haveria sentido algum em se formular juízo estimativo ou estabelecer valores com pretensão de objetividade. Sem parâmetros confiáveis, como se obter uma certeza ética? Depositar essa responsabilidade sobre a própria consciência é arriscado. Qual o critério para se aferir a *retidão da consciência*? Não é impossível se chegar à constatação de que, se tudo vale, por que não se concluir também que nada tem valor?

Em outras palavras, se nada é **absolutamente bom**, o caminho aberto é procurar condutas que pareçam mais benéficas à sociedade e ao indivíduo, fazendo do **útil** o preceito moral supremo.

Ainda que superficialmente, examine-se uma tríplice configuração da **Ética empírica: a ética anarquista, a ética utilitarista e a ética ceticista**.

2.2.1 A Ética anarquista

O vocábulo *anarquismo*, a que se associa a expressão corrente e pejorativa *anarquia*, originou-se do grego e significa a teoria social de que o grupamento humano prescinde de autoridade e pode bem se desenvolver *sem autoridade ou governo*. A inspiração primária é sedutora: o impulso instintivo para a liberdade. Por anarquismo se entende "o movimento que atribui, ao homem como indivíduo e à coletividade, o direito de usufruir toda a liberdade, sem limitação de normas, de espaço e de tempo, fora dos limites existenciais do próprio indivíduo: liberdade de agir sem ser oprimido por qualquer tipo de autoridade, admitindo unicamente os obstáculos da natureza, da opinião, do senso comum e da vontade da comunidade geral – aos quais o indivíduo se adapta sem constrangimento, por um ato livre de vontade".[6]

O anarquismo repudia toda norma e todo valor. Direito, moral, convencionalismos sociais, religião, tudo constitui exigência arbitrária, nascida da

---

5. Estas expressões foram propostas por Husserl, em suas *Investigações lógicas*, t. I, p. 126, apud Eduardo García Máynez, *Ética*... cit., p. 37.

6. Norberto Bobbio, Nicola Matteucci e Gianfranco Pasquino, *Dicionário de política*, p. 23.

ignorância, da maldade e do medo.[7] Assim, as leis não são legítimas, sejam morais, sejam jurídicas. Elas desrespeitam a autonomia da vontade de cada um. A única regra a ser seguida é a determinação individual.

O anarquismo é uma doutrina egoísta.[8] Prepondera em sua concepção a álea imprevisível da vontade humana, e esta varia de indivíduo para indivíduo. Farão prevalecer sua decisão, baseada em sua exclusiva vontade, apenas os mais fortes. Aos fracos restará a submissão à lei do mais potente. Além disso, o anarquismo reveste uma tendência hedonista: buscar o prazer e evitar a dor é sua lei suprema. Na maior parte das vezes, a busca do próprio prazer não respeita a dor alheia. Todavia, mesmo quando o prazer é encontrado no fazer o bem a outrem – o que é uma exceção na espécie humana –, o essencial continua a ser a obtenção do conforto pessoal. Sob essa ótica, o egoísmo se disfarça de altruísmo.

Modernamente, o anarquismo pode se apresentar como **anarquismo individualista** ou como **anarquismo comunista** ou **libertário**. Coincidem ambos em dois pontos: 1) a liberdade absoluta é a aspiração suprema do indivíduo; 2) toda organização política da sociedade deve desaparecer, por contrariar as exigências da natureza. E os dois postulados derivam do mesmo princípio: "Só tem valor o que não contraria as tendências e impulsos naturais. A ordem jurídica, como organização social de tipo coercível, se opõe à liberdade e representa, por isso, um mal que deve ser combatido".[9] Esse combate se trava sem tréguas contra o aparato estatal.

Divergem os individualistas dos comunistas em relação ao método na luta contra o Estado. Os primeiros acreditam no progresso lento e gradual da razão. Os segundos pugnam pela violência, cujo uso é lícito se direcionada à recuperação da verdadeira liberdade.

A propriedade privada, para os comunistas, tende a desaparecer. A natureza não destinou seus bens à apropriação de quem quer que seja. Tudo é comum e deve ser utilizado por todos. O natural para os homens é viver em regime de cooperação espontânea, com vistas ao "*mais completo desenvolvimento da individualidade, unido ao desenvolvimento mais completo da associação*".[10]

---

7. Eduardo García Máynez, *Ética*... cit., p. 51.
8. Fala-se aqui na noção vulgar de **egoísmo**, não de egoísmo como um dos métodos da Ética e que pode ser estudado como egoísmo psicológico, ético e racional. Para o egoísmo ético, devo, segundo me dita a moral, atuar egoisticamente (v. Martín Diego Farrel, *Métodos de la ética*, p. 17 e ss.).
9. Eduardo García Máynez, *Ética*... cit., p. 64.
10. Kropotkin. A moral anarquista. Apud Eduardo García Maynez, idem, p. 64-65.

Os individualistas não abominam a propriedade privada e renegam o associativismo. Propõem a **livre associação de egoístas**,[11] que, embora não jungidos a um estrito ordenamento, poderiam sobreviver sem regras e sem a onipotência estatal.

Equivocam-se os anarquistas quando acreditam existir uma **liberdade natural**, se a vida em coletividade obriga a admitir que a liberdade não é senão um **direito**, pois não existe **direito** sem um sistema normativo e, mais, um sistema provido de força capaz de assegurá-lo, quando quem quer que seja pretenda vulnerá-lo.[12]

O anarquismo se manifestou concretamente no Brasil, como reivindicação tópica do operariado, integrado em sua maior parte pelo imigrante europeu. A imigração foi incentivada para substituir a mão de obra escrava e se radicou de preferência em São Paulo, nas duas primeiras décadas do século passado. O movimento registrou certa revivescência na década de sessenta na Europa e ainda é uma utopia recorrente nos discursos dos contestadores da ordem considerada iníqua. Para Bobbio, ao perder sua caracterização social, "o Anarquismo fez uma opção qualitativamente importante: de uma teoria típica de países atrasados e de grupos explorados passou a ser, genericamente, a expressão dos 'rejeitados', dos desclassificados intelectuais e de todas as outras classes da sociedade altamente industrializada".[13] Os rejeitados da sociedade de consumo tendem a se unir por contingências da pós-modernidade. O desafio de resgatá-los e de incluí-los numa sociedade de elite entrópica e de vocação excludente será enfrentado pelas atuais e futuras gerações.

O anarquismo, em regra infenso a qualquer subordinação normativa, praticamente desapareceu como organização coletiva. Podem restar alguns anarquistas de discurso, mas qualquer atuação exteriorizada dessa opção resultaria em eficaz resposta dos equipamentos de segurança estatal. A concepção anarquista guarda um pouco de reminiscência histórica e de intenção de se subtrair à onipotência dos poderes. Mas não reveste perigo para a consolidada e inafastável ideia de ordem jurídica organizada sob a forma de Estado.

Na esfera pragmática, a ética anarquista é a menos comprometida com qualquer padrão de conduta. Para quem não legitima o poder ou a ordem, a única regra a ser observada é sua própria conveniência. Por isso que, ao se falar em anarquismo ético, não se estará longe de contemplar o estágio

11. Idem, p. 65.

12. Para conhecer melhor a moral anarquista, ler Piotr Kropotkin, *A moral anarquista*; e Platão, *Górgias* ou *Da retórica*.

13. Bobbio, Matteucci e Pasquino, op. cit., p. 28.

atual de sociedades emergentes, em que o único interesse de cada qual é satisfazer sua vontade, sem preocupação maior com a satisfação das aspirações alheias.

No registro de episódios contemporâneos como a destruição do Haiti, de guerras somalis e mesmo de predomínio da vontade dos *contra a lei* que não permitem o ingresso do Estado em alguns nichos, pode se enxergar uma feição do *anarquismo ético*. Seria a ética do detentor de poder, que impõe sua vontade, executa as suas ordens e estabelece os *tribunais ad hoc* da vontade do chefe. À evidência, isto não pode caracterizar os postulados de uma ética revestida de caracteres de universalidade.

A ética anarquista poderia também ser considerada, em outra vertente, expressão muito nítida do individualismo da sociedade contemporânea. O individualismo é tema assíduo nas cogitações filosóficas. "Para uns se trata da mais alta conquista do homem pós-industrial e pós-moderno, livre por fim ou em via de se libertar das ataduras do coletivismo estatista que limitou suas possibilidades concorrenciais em nome de algum totalitarismo ou até do *welfare state*. Outros opinam que é uma perigosa recaída na insolidariedade atomizada que coloca todos contra todos, esmaga os fracos e enche a burra das pouco escrupulosas multinacionais capitalistas".[14]

Embora as posturas individualistas sejam frequentes, no discurso o individualismo perde espaço. O marxismo confiou muito nas virtudes do individualismo, aparentemente sem recordar que a sociedade não é um agregado de indivíduos inconexos e indiferenciados, mas pode ostentar coesão baseada em sólidos vínculos, aparentemente em dissonância com o excessivo apego ao individual. O individualismo não precisa ser banido das cogitações filosóficas. Prestigiar o indivíduo, reforçar na pessoa o seu caráter distintivo, não equivale "ao desinteresse pelo coletivo: um dos traços presentes em numerosos vitalismos é o seu caráter expansivo, inclusive heroico, seu afã de cunhar ideais e empreender projetos que possam galvanizar a inércia comunitária, revigorando a languidez majoritária do grupo e remediando nele as taras da representação da morte".[15]

Cada qual, se houver interesse e afinco no estudo, é capaz de concluir por si só como conceber o individualismo, seja para adotar uma das posições superficialmente mencionadas, seja para formular outras propostas.

---

14. Fernando Savater, *Ética como amor-próprio*, p. 145.

15. Fernando Savater, Vitalismo, in Victoria Camps et alii, *Concepciones de la ética*, p. 305.

2.2.2 A Ética utilitarista

O verbete *utilitarismo* se presta a vários sentidos, tantos quantos se possa atribuir ao vocábulo "utilidade". Foi Jeremy Bentham quem formulou o mais disseminado conceito de utilidade. Para ele, "por utilidade se entende aquela propriedade, em qualquer objeto, mediante a qual ele tende a produzir benefício, vantagem, prazer, bem ou felicidade (tudo isto no caso presente é a mesma coisa) ou (o que novamente é a mesma coisa) a prevenir que ocorra um dano, dor, mal ou infelicidade à parte cujo interesse é considerado".[16]

Várias etapas antecederam a formulação – por Bentham – do princípio da "máxima felicidade". A primeira residiria na sátira de Horácio, *Utilitas*. Para ele, a utilidade é mãe da justiça e da equidade. A utilidade não é simplesmente meio para um fim, senão o próprio fim, a que devem servir a equidade e a justiça.

A segunda está na alusão de *Fedro* à utilidade em sua fábula: a não ser que seja útil o que realizas, a glória que se te adjudica é vã. São estágios embrionários da doutrina utilitarista, conforme observa Esperanza Guisan.[17] A terceira etapa, diz o próprio Bentham, é o ano de 1742, quando surgem os Ensaios de Hume e é empregada a palavra *usefulness*, ainda que de forma ambígua. Significa às vezes "o que conduz à felicidade" e outras como sinônimo do "que conduz ao fim ou propósito proposto". Em 1749 a quarta etapa, na obra de Hartley,[18] na qual se oferece, pela primeira vez, a visão da conexão do valor da palavra *felicidade*, com os termos *dor* e *prazer*, acompanhados de uma relação de prazeres e dores paralelos. A quinta etapa é o ano de 1758, com a publicação da obra de Helvetius,[19] na qual se leva a cabo o início da aplicação do princípio de utilidade a usos práticos. Não terminam aí as etapas, ora mencionadas como exemplo da utilidade na arqueologia dos conceitos. Anote-se que a sexta etapa corresponde ao período entre 1762 e 1769, etapa de surgimento do panfleto do Dr. Priestley, em cuja última página se encontra, pela primeira vez, a expressão que sintetiza o credo utilitarista: a maior felicidade do maior número.

Nada obstante, foi Stuart Mill o formulador do utilitarismo em sua forma acabada, madura e matizada. Embora influenciado por Bentham, Stuart Mill se abeberou em outras fontes. São múltiplos os *pais* do utilitarismo ético, dentre

---

16. Jeremy Bentham, *An introduction to the principles of morals and legislation*, p. 125.
17. Esperanza Guisan, Utilitarismo, in Victoria Camps, op. cit., p. 271.
18. "Observations on Man his Frame, his Duty and his Expectations", London, 1749, apud Esperanza Guisan, idem, ibidem.
19. *Sur l'esprit* , apud Esperanza Guisan, idem, ibidem.

os quais o neopositivista Moritz Schlick. E a base comum a todos, seria uma parelha de princípios utilitaristas:

a) a felicidade é o valor mais importante (nesta ou em outra vida) em nível individual;

b) a utilidade geral, o bem comum, o bem-estar coletivo, é desde Cícero a Tomás de Aquino, a meta desejável para a missão dos governos e dos políticos.

Não existe consenso a respeito dos conceitos contidos na doutrina utilitarista. Já se sustentou que utilidade seria simplesmente a abreviatura do princípio da maior felicidade. Ou tratar-se de um conceito muito complexo e indefinível. Ainda hoje prevalecem algumas dúvidas. Tanto que Amartya Sen afirma que se deve aceitar o fato de que em economia, em ética e em filosofia política é muito fácil encontrar o termo "utilidade" empregado em sentidos muito diferentes, ora como representação de preferências, ora como cumprimento de desejos, como prazer e dor, ou como felicidade. Isso significa para o estudioso que a multiplicidade de sentidos não permite uma opção radical, que exclua os demais em favor de apenas um deles.[20]

De qualquer forma, pode "aceitar-se sem maior discussão que Bentham foi o primeiro filósofo que vinculou sistematicamente a utilidade (ou, com maior precisão, a felicidade) com a correção moral das ações. O utilitarismo em sentido estrito, então, começa com Bentham".[21] Amadurece e se sistematiza com Stuart Mill. A ideia de *utilidade* foi desenvolvida anteriormente, entretanto, por Hobbes, Locke e David Hume, entre outros. Francis Hutcheson, menos citado, é o autor da conhecida frase: a melhor ação é a que procura a maior felicidade para o maior número.

Em linhas singelas, o utilitarismo se caracteriza por considerar bom o que é útil. Haveria perfeita identidade entre o útil e o bom. Em termos éticos, significaria que a conduta ética desejável é a conduta útil. Isso satisfaria as exigências de uma explicação racional para a necessidade do comportamento ético? Adota-se uma postura ética apenas porque isso se mostra de alguma utilidade?

Não se mostra suficiente a resposta dos utilitaristas, pois a utilidade é mero atributo de um instrumento. Uma faca é útil se efetivamente corta, um revólver é útil se dispara. Com um ou outro se pode praticar o mal. Todavia, a faca em si não tem destinação nociva. Serve para descascar laranjas. Já o revólver, difícil sustentar-se a dignidade de sua vocação. Invocar o instituto da legítima defesa expõe uma exceção, não a regra. Revólver existe para matar.

---

20. Amartya Sen, Utility: ideas and terminology. *Economics and Philosophy* 7, p. 280-281.
21. Martín Diego Farrell, *Métodos de la ética*, p. 192.

Essa a destinação ínsita da arma.[22] Basta essa constatação para se concluir que o *útil* não se confunde com o *bom*.

Ou seja: a eficácia técnica dos meios não corresponde ao valor ético dos fins. Sob o enfoque do êxito dos instrumentos, os meios mais úteis podem estar a serviço das finalidades mais nefandas. A arma utilizada para abater o animal a ser sacrificado em decorrência de portar enfermidade grave é tão útil como aquela de que se serve o assaltante para liquidar sua vítima. Em ambos os casos, "os meios possuem igual eficácia, e sua utilidade é alheia à significação dos desígnios a que servem e, sobretudo, ao valor ético dos móveis que conduziram à sua eleição e aplicação".[23]

Seguido literalmente, o ideário utilitarista resultaria em:

"a) todo o mundo deseja sua felicidade (*hedonismo psicológico*);

b) é desejável que todo o mundo busque sua felicidade (*hedonismo ético egoísta*);

c) é desejável que todo o mundo busque a felicidade de todo o mundo, incluída a sua própria (*hedonismo ético universal*)".[24]

Certa concepção do utilitarismo serve a demonstrar a falácia da afirmativa "*o fim justifica os meios*". Os meios, adverte García Máynez, não requerem justificação. São meros instrumentos de ação. Sua essência cinge-se à utilidade. Se carecem de utilidade, deixam de ser meios autênticos e desembocam no fracasso. Dos meios pode-se dizer que são adequados ou ineficazes, mas não tem sentido indagar se eles se justificam, pois a justificação pertence ao terreno da ética e só pode ser colocada em relação à capacidade de se conduzir de maneira responsável.[25]

A teoria da moral utilitarista só é aproveitável se conciliada com a teoria das **finalidades úteis**. Por isso, os ensinamentos do utilitarista John Stuart Mill não concernem exclusivamente aos **meios**, mas revestem uma verdadeira **ética de fins**. Basta atentar para a frase: "A doutrina utilitarista afirma que a felicidade é desejável, é a única coisa desejável como fim, sendo todas as demais desejáveis só como meios para esse fim"; ou de outro excerto de sua obra: "A felicidade é o único fim da ação humana e sua consecução o critério para julgar

---

22. Sobre a opinião do autor a respeito do uso de armas, consultar José Renato Nalini, A nova lei e as demandas judiciais – Reflexos no Poder Judiciário, *Estatuto do desarmamento*, p. 177-204.

23. Eduardo García Máynez, *Ética*... cit., p. 73.

24. Esperanza Guisan, op. cit., p. 278.

25. *Ética*... cit., p. 75.

toda conduta; donde necessariamente se segue que tem que ser o critério da moralidade, já que a parte encontra-se incluída no todo".[26]

Não existe consistência inquestionável no utilitarismo, como explicação para a necessidade de uma conduta ética dos homens, salvo se referente a uma finalidade: a obtenção do supremo bem, a felicidade das pessoas. Mostra-se de todo conveniente conhecer melhor o utilitarismo. Distinguir entre o utilitarismo de atos e o utilitarismo de regras, sobretudo para enfrentamento da generalização utilitarista. Pois são inconfundíveis o utilitarismo de regras e a generalização utilitarista. "Esta não se refere a regras senão a classes de ações. Harrison mostra as vantagens desta teoria frente à versão do utilitarismo de regras. 1) O utilitarismo de efeitos acumulativos diz por que às vezes não se deve realizar uma ação, ainda que os efeitos de realizá-la sejam bons, e por que devemos realizar uma ação ainda que os efeitos de realizá-la sejam maus. Não se deve realizar a primeira ação porque os efeitos de que todos a realizaram seriam maus, e deve-se realizar a segunda porque os efeitos de que todos a realizaram serão bons. 2) Diversamente do utilitarismo de regras, o utilitarismo de efeitos acumulativos diz como se deve comportar quando não há regras, tanto como quando as há. 3) O utilitarismo de regras é irracional, na medida em que é um contrassenso obedecer a uma regra social útil naquelas circunstâncias nas quais obedecê-la produz mais dano do que bem. O utilitarismo de efeitos acumulativos, ao contrário, não tem este elemento de irracionalidade. Não diz que se deva obedecer a regras inclusive quando quebrando-as se pode impedir um dano maior, só porque esta ação pertence a uma classe de ações tais que se todos a realizassem se produziria um dano como resultado. Agrega a exigência de que os membros desta classe devem estar relacionados de um modo tal que omitir mais de um certo número dos atos daninhos impediria a realização de uma classe de atos que produziriam um bem. Em outras palavras: se estas ações não são realizadas na maioria dos casos, então elas não produziriam boas consequências em nenhum".[27]

Outro risco a se evitar é aderir ao utilitarismo seletivo. Consiste numa versão utilitarista na qual se faz discriminação entre as preferências, mediante seleção daquelas que permitam obter os resultados desejados. Afirma Diego Farrell que esse é o caso de Ronald Dworkin e fornece um exemplo interessante, a reviver tendências nazistas e arianas em confronto com as raças perseguidas.[28] Existe ainda uma feição de utilitarismo negativo. Teria sido sugerida por

---

26. John Stuart Mill, *Utilitarismo*. Londres, Everyman's Library, 1936, p. 32 e 36, apud Eduardo Garcia Máynez, *Ética*... cit., p. 78.

27. Martín Diego Farrell, op. cit., p. 207.

28. Idem, p. 208-209.

Karl Popper, embora não explicitamente. Observa Popper que o homem criou novos universos: a linguagem, a música, a poesia, a ciência e – com maior importância ainda – a ética, com sua exigência moral de igualdade, liberdade e ajuda aos necessitados. Daí se extrairia a regra utilitarista: aspire-se a uma maior quantidade de felicidade para o maior número de pessoas. Mais sinteticamente: aumente-se a felicidade, com redução à menor quantidade possível de dor para todos. Mais reducionista ainda: diminua-se a dor. Popper crê que essa fórmula simples pode se converter num dos princípios fundamentais da política pública. Tal pensamento conduziria a um utilitarismo negativo: a única missão humana seria minimizar a dor.[29]

Penetrar, histórica e densamente, no utilitarismo e em suas irradiações pelo pensamento ocidental é saudável exercício rumo à formação de uma consciência ética. A presente incursão é superficial e o único intuito é despertar no leitor o interesse por aprofundar-se no tema. Descobrir-se-ão sendas instigantes, como a do utilitarismo não maximizador, na formulação de Diego Farrell: "O consequencialismo subordina o correto ao bom: o correto é aquilo que permite alcançar o bom. Em realidade, o correto é algo mais do que isso: é aquilo que permite alcançar **mais** do que é bom. Como o utilitarismo é uma espécie dentro do gênero das teorias consequencialistas, também subordina o correto ao bom: o correto é aquilo que permite alcançar mais prazer ou mais felicidade. De maneira que é de um modo natural que o utilitarismo se apresenta como uma teoria maximizadora, como uma teoria que não considera que uma ação é correta se estava ao alcance do agente outra ação disponível que permitiria alcançar um grau maior de felicidade".[30]

O utilitarismo só tem sentido na vida moral se entendido como **prudente emprego dos meios aptos à consecução de fins moralmente valiosos**.[31] Sob esse ângulo, nenhuma teoria da conduta poderá dispor do elemento utilidade. Não se confunda **utilidade**, porém, com o **conteúdo mesmo da moral**. "Como tal, a utilidade é em todas as partes idêntica. Constitui uma categoria geral da prática a forma de relação de meios e finalidades. Por isso não tem sentido fazer da utilidade um utilitarismo. Isso equivale a converter os meios em fim, o dependente em princípio, e uma banalidade em conteúdo da vida".[32]

---

29. Karl R. Popper, *A sociedade aberta e seus inimigos*, p. 534.
30. Martín Diego Farrell, op. cit., p. 217.
31. Idem, p. 80.
32. Nicolai Hartmann, *Ethik*, 2. ed., p. 80, apud Eduardo Garcia Máynez, *Ética*... cit., p. 80.

O utilitarismo como sistema ético demandaria aprofundamento. Primeiro, é uma concepção normativa monística, pois não distingue entre o agir individual e o agir coletivo. Para Norberto Bobbio, "o Utilitarismo atualiza duas questões fundamentais. A primeira refere-se ao valor das consequências, valor que, apesar das reclamações dos instrumentalistas, deve ser concebido como valor **intrínseco** (...). O utilitarista deve, portanto, fornecer um princípio ou critério com base no qual seja possível estabelecer quais as consequências que são boas em si próprias e não somente como meio para provar consequências ulteriores, e ainda quais as que são más em si mesmas. A segunda questão refere-se, ao contrário, ao modo pelo qual, mais precisamente, a justeza e a obrigatoriedade moral de uma ação dependem das consequências a ela conexas".[33]

Resulta dessas questões um divisionismo entre os utilitaristas hedonísticos e os utilitaristas não hedonísticos ou idealistas. Para os primeiros, todo prazer é intrinsecamente bom e toda dor é intrinsecamente má. Ou, numa outra vertente, *somente* o prazer é intrinsecamente bom e *somente* a dor é intrinsecamente má. Por isso, para o utilitarista hedonístico, a única obrigação moral é produzir o maior excedente possível de prazer sobre a dor. Ou seja, a ideia utópica de *maximizar* a felicidade, concebida como presença de prazer e ausência de dor.

Já o utilitarismo não hedonístico ou idealista propõe que a única obrigação moral é produzir o máximo excedente possível de estados de consciência bons sobre os maus. Pois não é só o prazer que conta, mas sentimentos como o amor, a virtude moral, a sensação estética. Nem esgota a dor, em si mesma, todo o mal. Este poderia se encontrar na ignorância, no ódio, no vício, na insensibilidade. Seria conveniente o aprofundamento no estudo do *utilitarismo* e de suas interessantes decorrências. Suas implicações auxiliam a formação de uma consciência ética mais preparada ao enfrentamento das questões morais postas quais desafios crescentes à contemporaneidade.[34]

2.2.3 A Ética ceticista

O cético é aquele que duvida. Ceticismo, em regra, é a corrente do pensamento que se contrapõe ao dogmatismo. Na lição de Miguel Reale, "enquanto

---

33. Bobbio, Matteucci e Pasquino, op. cit., p. 1277.

34. O Utilitarismo pode ser estudado em Jeremy Bentham, sobretudo em *Fragment on government and introduction to the principles of morals and legislation*; em John Stuart Mill, *Utilitarismo*; Karl Popper, *A sociedade aberta e seus inimigos*; e John Rawls, no conhecido livro *Uma teoria da justiça*.

o dogmatismo afirma a possibilidade de atingir-se a verdade com certeza e sem limites *a priori*, o ceticismo implica uma constante atitude dubitativa ou em todos os graus e formas de conhecimento, convertendo a 'incerteza' em característico essencial dos enunciados tanto da Ciência como da Filosofia".[35]

O ceticismo foi bem elaborado por Pirro de Élida (365-275 a.C). Semanticamente, deriva de *skepsis* que significa observação, reflexão e, por deslocação de sentido, dúvida, hesitação. Por isso a doutrina é também conhecida por *pirronismo*. "Pirro, como Diógenes, é uma espécie de Sócrates, algo extravagante que não ensina, não escreve sequer, contentando-se em adotar um certo *ethos*, um certo estilo de vida (muitas vezes bizarro) que os seus discípulos simplesmente se esforçam por imitar. A sua filosofia consiste, essencialmente, na cultura da dúvida, como reação à tendência dogmática do estoicismo".[36]

O cético não acredita em nada, ou desacredita de tudo. Seu pensamento se reduz a um pêndulo a oscilar entre polos dogmáticos opostos, sem se deter em qualquer deles. E "a dúvida não implica o conhecimento. É mera suspensão do juízo. Cético não é o que nega, nem o que afirma, senão o que se abstém de julgar".[37]

A divisa de Sócrates – "**só sei que nada sei**" – sustenta que algo se sabe com certeza: sabe-se, ao menos, que nada se sabe. Esse o primeiro passo na senda do conhecimento. Sócrates compreendeu o valor da dúvida como método dialético. Cumpre distinguir entre **dúvida metódica** e **dúvida sistemática**.

Utilizada como método, a dúvida serve à eliminação de possíveis erros. É uma atitude provisória, a **transitória suspensão do juízo** como medida de segurança contra o risco de equivocar-se, na linguagem de García Máynez.[38] Mas duvidar por algum tempo, apenas como pausa para atingir a certeza, é postura dogmática, não cética. Procede de maneira sensata quem assim duvida. A boa decisão não pode prescindir de um tempo de serenidade para refletir. Essa a dúvida saudável. Não é a dúvida atroz, que angustia, mas a dúvida refletida, porta de acesso à certeza. Já a "verdadeira dúvida, a dúvida metafísica, não é criação consciente do sujeito, senão angústia ou perplexidade que este sofre, doloroso estado cuja desaparição anela".[39] Duvidar como instrumento metó-

35. Miguel Reale, *Filosofia do direito*. 19. ed., p. 162.
36. Édouard Delruelle, *Metamorfose do Sujeito* – A ética filosófica de Sócrates a Foucault, p. 97.
37. Eduardo García Máynez, *Ética*... cit., p. 83.
38. Idem, p. 85.
39. Idem, ibidem.

dico leva a um saber induvidoso e, portanto, a um índice maior de certeza. O homem que analisa tudo o que sabe não pode duvidar de seu próprio pensamento. Se duvida, pensa; se pensa, existe.[40]

Já a **dúvida sistemática** é a própria dos céticos que duvidam de tudo e de forma permanente. Eles declaram não crer em coisa alguma, e aqui já erram, pois fossem realmente céticos e duvidariam até mesmo da sua afirmação de que em nada creem. E isso implicaria um regresso infinito, pois haveriam de duvidar, da dúvida, da dúvida, e assim sucessivamente.

Mostra-se o **ceticismo** ainda mais falível quando em ação. Pode sustentar-se uma dúvida permanente em teoria, mas não se pode convertê-la em critério orientador de conduta. Pois isso equivaleria à completa paralisação. Na dúvida sobre o que é certo ou errado, nada se faz. Ou, "dito de maneira mais simples: a única atitude consequente com o credo cético consistiria em abster-se de adotar uma atitude".[41] E isso é impossível na prática: a atitude de nada fazer já seria uma atitude. É a atitude da omissão. Em termos éticos, nefasta e indesejável. Basta mencionar a imperativa necessidade de agir em certas circunstâncias. Sem a ação, pode-se até cometer delito, os crimes omissivos. A mera intenção de evitar qualquer atitude equivaleria a uma atitude muito bem definida. Assim, se o ceticismo é impensável como teoria, é incompatível com a ação e impraticável como regra moral.

Na verdade, os céticos não pregavam o ceticismo absoluto.[42] Admitiam a existência de alguns valores e a necessidade de uma moral. As lições de Sexto Empírico o demonstram, pois aceitava ele algumas regras propiciadoras de uma relativa felicidade: 1. seguir as indicações da natureza; 2. ceder aos impulsos das disposições passivas: o cético só come se tem fome, só bebe se está sedento; 3. submeter-se às leis e costumes do país onde se vive; 4. não permanecer inativo e cultivar alguma das artes.[43]

Pondera García Máynez que tais regras se fundam em critérios axiológicos. A primeira repousa sobre o suposto de que o valioso é o que tem origem na

---

40. Verificar, como o recomenda Eduardo García Máynez (idem, p. 86), a obra de Descartes, *Discurso do método e meditações metafísicas*.

41. Idem, p. 93.

42. Embora para fins teóricos se admita dividir o ceticismo em total e parcial. Para Miguel Reale (op. cit., p. 163), "o ceticismo absoluto é conhecido também como *pirronismo*, em razão do filósofo da Grécia, Pirron (360-270 a.C.), que pregava a necessidade da suspensão do juízo (*epogé*), dada a impossibilidade de qualquer conhecimento certo: o ceticismo absoluto envolve tanto as verdades metafísicas como as relativas ao mundo dos fenômenos".

43. Eduardo García Máynez, *Ética*... cit., p. 94.

natureza. A segunda se baseia na ideia de que as necessidades humanas devem ser satisfeitas com moderação. A terceira implica o reconhecimento de que as leis e os costumes do país merecem acatamento e respeito. A última condena a inatividade e exalta a dignidade do trabalho. Assim, mesmo quando se negue, teoricamente, a existência de critérios sólidos de certeza, na prática se admite a necessidade da moral e se prega que há formas de vida a serem realizadas e outras que convém evitar.[44]

A postura ceticista seria inversa à racionalista. Racionalismo, dizia Karl Popper, "é uma atitude em que predomina a disposição a escutar os argumentos críticos e a aprender com a experiência".[45] O racionalismo guarda conexão estreita com o liberalismo, pois com o autoritarismo é que ele não pode se conciliar. Isso porque "a argumentação – incluída a crítica e a arte de escutar a crítica – é a base da racionalidade".[46] O que equivale a dizer que, "em última instância, o racionalismo se acha vinculado com o reconhecimento da necessidade de instituições sociais destinadas a proteger a liberdade de crítica, a liberdade de pensamento e, desta maneira, a liberdade dos homens".[47]

É verdade que o racionalismo pode conduzir a uma autodescrença. Se os racionalistas procuram determinar se a crença na validez de uma concepção política e moral satisfaz realmente as regras epistemológicas, não raro chegam à desalentadora conclusão negativa. Nem tudo em que se acredita pode ser comprovado. Essa realidade leva "muitos fervorosos partidários da razão a abraçar um ceticismo ético, ou seja, a crença de que não existem métodos racionais para determinar a validez de juízos valorativos ou morais, e, em consequência, se veem obrigados a concluir que não há, em última instância, melhores argumentos para defender a concepção que propicia a liberdade necessária para o exercício da razão que para defender concepções adversas a esse exercício".[48]

Esse fenômeno ocorreu com o chamado positivismo lógico do Círculo de Viena, com seu critério empírico de significado. Tal critério se nutre da regra segundo a qual "um enunciado carece de significado se não é verificável (em algum sentido) de forma empírica, ou seja, através das observações dos sentidos. Este critério foi aplicado, por alguns representantes do movimento (ainda que não todos), para condenar como 'sem sentidos' os enunciados éticos ou,

---

44. Idem, p. 94-95.
45. Karl R. Popper, op. cit., p. 314.
46. Idem, p. 317.
47. Idem, p. 336.
48. Carlos Santiago Nino, *Ética y derechos humanos*, p. 50.

em todo caso, para relegá-los (junto aos enunciados teológicos e às manifestações poéticas) à subalterna categoria de 'expressões de emoções', categoria que ocupa o âmbito em que a razão é inerte para determinar a aceitabilidade de expressões linguísticas".[49]

Interessante observar que Hans Kelsen, de certa maneira, reforça esse entendimento ao dissertar sobre a Justiça. Diz ele: "Se há algo que a história do conhecimento humano pode ensinar é a inutilidade de encontrar por meios racionais uma norma de conduta justa que tenha validez absoluta, quer dizer, uma norma que exclua a possibilidade de considerar como justa a conduta oposta. Se há algo que se possa aprender da experiência espiritual do passado é que a razão humana só pode conceber valores relativos, isto é, que o juízo com que se julga algo como justo não pode pretender jamais excluir a possibilidade de um juízo de valor oposto. A justiça absoluta é um ideal irracional... Mas qual a moral desta filosofia relativista da justiça? Não tem moral alguma? É por acaso o relativismo amoral ou imoral como muitos afirmam? É que não tem moral alguma? Não o creio. O princípio moral fundamental que subjaz a uma teoria relativista dos valores, ou que da mesma se possa deduzir, é o princípio da tolerância, quer dizer, a exigência de boa vontade para compreender as concepções religiosas ou políticas dos demais, ainda quando não se lhas compartilhe, ou, melhor dito, precisamente por não compartilhá-las e, portanto, não impedir sua exteriorização pacífica. É claro que de uma concepção relativista não se pode deduzir direito algum a uma tolerância absoluta, senão unicamente a uma tolerância dentro de uma ordem positiva que garanta a paz aos a ela submetidos e lhes proíbe a utilização da violência, mas não limita a exteriorização pacífica de suas opiniões".[50]

A extensa citação kelseniana é importante para quem se proponha a aprofundar esta parte introdutória da ética e se aperceber de que algumas classificações consideradas longevas têm influência na própria concepção de direito e justiça com que se atuará no mundo concreto. Em outro texto, Kelsen reafirma seu olhar cético, de todo consequente com a formulação de uma Teoria Pura do Direito: "Uma teoria do direito positivista, isto é, realista, não afirma – e isto importa acentuar sempre – que não haja qualquer justiça, mas que de fato se pressupõem muitas normas de justiça, diferentes umas das outras e possivelmente contraditórias entre si. Ela não nega que a elaboração de uma ordem jurídica positiva possa ser determinada – e, em regra, o é – de fato – pela representação de qualquer das muitas normas de justiça. Especialmente, não

49. Idem, p. 51.

50. Hans Kelsen, *Qué es la justicia*, p. 75-81.

nega que toda ordem jurídica positiva – quer dizer, os atos através dos quais as suas normas são postas – pode ser apreciada ou valorada, segundo uma destas normas de justiça, como justa ou injusta. Mantém, todavia, que estes critérios de medida têm um caráter meramente relativo e que, portanto, os atos através dos quais uma e mesma ordem jurídica positiva foi posta podem, quando apreciados por um critério, ser fundamentados como justos e já, quando apreciados segundo outro critério, ser condenados como injustos – sustentando ao mesmo tempo em que uma ordem jurídica positiva é, quanto à sua validade, independente da norma de justiça pela qual possam ser apreciados os atos que põem as suas normas. Assim se mostra, pois, que uma teoria jurídica positivista, isto é, uma teoria do direito positivo, nada tem a ver com uma apreciação ou valoração do seu objeto".[51]

O ceticismo ético poderia ressurgir com força numa era de desalento como este início do século XXI? A falência da moral nas elites, o desrespeito à dignidade humana, a cruel competitividade em todos os setores, a aparente vitória do mal justificariam a crença inabalável nos valores morais?

Rememorar o que já aconteceu na história da humanidade talvez reconforte os compreensivelmente desalentados. Atitudes céticas análogas já prosperaram no mundo. Miguel Reale chama de "ceticismo da velhice" aquele que aparece nas épocas em que uma civilização perde consciência de seu próprio destino ou de seus valores. É o ceticismo do cansaço, do desânimo, do descoroçoamento. Em contraposição, existe o *ceticismo da mocidade*, que é o das épocas adolescentes. A imaturidade moral estimula notável empenho da vontade para revigorar as fibras éticas de uma sociedade indolente. Nossa era é de turbulências, mas com prenúncios de eclosão de uma nova fase em que venham a prevalecer o bem, a solidariedade, a compreensão de que a vida é frágil e de que todas as criaturas, ao reconhecerem quão efêmera é a existência, confiram a esta curta trajetória o mais elevado grau de qualidade ética.

O ceticismo provisório só se legitima se vier a concluir pela possibilidade de superação das amarguras e angústias e pela viabilidade de edificação de um nível novo de convivência em fraterna harmonia.

2.2.4 A Ética subjetivista

Atente-se ao fato de que os rótulos apostos a cada concepção destas examinadas podem variar conforme os autores e às vezes parecer intercambiáveis. Conforme a fonte consultada, ouvir-se-á menção a relativismo ético, aceticis-

51. Hans Kelsen, *A justiça e o direito natural*, p. 92-93.

mo ou subjetivismo como se foram conceitos idênticos. Foram desenvolvidas teses diversas, de acordo com o nível do discurso ético em que elas são defendidas. Num contexto de ética descritiva ou sociológica, investigam-se as pautas morais para encontrar diferenças temporais e espaciais. No plano da ética normativa ou substantiva, opta-se pela conduta considerada a mais correta. Já num nível da ética analítica ou metaética, em que se analisa o caráter dos juízos morais e de sua fundamentação, o relativismo se confunde com o subjetivismo ou com o emotivismo, também chamado prescritivismo. No subjetivismo, os juízos morais refletem atitudes individuais ou do grupo e no emotivismo enfatiza-se o papel da emoção na escolha ética.

O importante é apreender que a tônica de todas as concepções é considerar o indivíduo como fonte da conduta moral, focar no sujeito o ponto de partida para elaboração das várias explicações para as exteriorizações com que o comportamento ético sói se apresentar na experiência concreta do convívio entre os homens.

Sob essa ótica, pode-se afirmar que a manifestação mais comum e corriqueira da ética empírica é o subjetivismo. Significa a tendência a encarar todas as coisas por um ângulo de visão estritamente pessoal. O ângulo do próprio observador, do sujeito mesmo que observa. Eticamente, consiste em cada qual adotar para si a conduta ética mais conveniente com a sua própria escala de valores. Pode-se falar em subjetivismo **individualista** e em subjetivismo **social** ou **específico**.

A origem do subjetivismo está em Protágoras, para quem "**o homem é a medida de todas as coisas; da existência das que existem e da não existência das que não existem**". De acordo com esse postulado, cada homem é a medida do real. Ou, em outras palavras, a verdade não é objetiva, mas há tantas verdades quantos sujeitos cognoscentes. O que é verdade para um pode ser falsidade para outro. A apreensão da verdade varia de acordo com o sujeito.

A teoria de Protágoras conduziria ao agnosticismo. É a impossibilidade de se conhecer tudo aquilo insuscetível de comprovação empírica. Todas as opiniões seriam igualmente verdadeiras e, se tudo é verdade, nada é certo, pois o que a uma pessoa parece evidente, a outra pode parecer falso. Levada a extremo, essa concepção invalidaria o conhecimento. Tudo seria incognoscível, inacessível a um verdadeiro conhecimento. Não poderia sequer existir ciência, pois ausente um critério sólido de certeza.

Aplicada à ordem moral, a noção subjetivista multiplicará as explicações satisfatórias para a conduta humana. Só terá valor para um indivíduo aquilo que ele – individualmente – entender valioso. Cada homem é a medida do bem e do mal e seu próprio parâmetro. Vive-se uma época em que não é difícil demonstrar o alcance dessa compreensão do mundo. Interessante observar que o subjetivismo não só permanece na pós-modernidade, como se espraiou em todos os setores da existência humana: "Não só há um subjetivismo epistemológico e um subjetivismo moral; também existem o subjetivismo estético, o religioso, o jurídico etc. Para este último, por exemplo, não é a justiça valor desligado das apreciações humanas, senão produto, mais ou menos arbitrário, dos juízos estimativos dos homens".[52] Compreender o tsunami de subjetivismo que tomou conta do pensamento universal pode auxiliar no enfrentamento do "vale-tudo" contemporâneo, em que os temas os mais diversos, desde os aparentemente singelos até os mais complexos, adquirem versões as mais díspares, a depender do ângulo de visão de quem os analise.

Numa sociedade heterogênea como a brasileira, em que a educação investe na quantificação, no acúmulo de titulações e nas práticas avaliatórias, muito menos do que em busca de qualidade, o fenômeno é mais evidente. Todos entendem de tudo. Todos se manifestam sobre a imensidão de assuntos que inflacionam todas as mídias e as infovias. Especialistas em generalidades são chamados a se posicionar e os julgamentos temerários, feitos com superficialidade e ao sabor da emoção, substituem a validez dos esquemas formais de aplicação da norma. Isso vale para a moral permissiva ou até para o direito, sempre questionado em todos os círculos. O Brasil dispõe de um quadro imenso de especialistas em moral, bons costumes, ética, direito e demais matérias. A livre manifestação do pensamento é uma conquista irrecusável neste início de século e de milênio.

Há uma vertente mais moderada do subjetivismo, direcionada a impedir que haja tantas éticas quantos são os indivíduos. É o chamado **subjetivismo ético social**. Ele propõe uma tentativa de edificação de uma ética resultante da convergência de opiniões sobre alguns temas básicos. Esta postura relativista se identifica às vezes com o convencionalismo moral. Significa, singelamente, que a forma normalmente escolhida pelo grupo social para seu comportamento passa a representar uma convenção moral. A partir de sua reiteração, é o convencional, o aceito sem discussões, por refletir uma espécie de consenso naquele grupo.

O **subjetivismo ético social** pretende ser uma teoria **objetiva**, pois os valores éticos seriam produzidos pela apreciação coletiva. Em linguagem bastante simples, se uma parcela significativa da humanidade considera algo valioso, então isso é realmente valioso. Seria mesmo assim?

Haverá de se ingressar com cautela nesse terreno. Nem sempre a maioria está com a razão. Parece existir uma confusão nesse enfoque. Objetividade não

52. Idem, p. 100.

é critério estatístico. Uma estimação é objetiva quando afirma como valioso o que realmente vale. Não importa se o reconhecimento é de um, de poucos, de muitos ou de todos. Ou mesmo se ninguém o reconheça.

Um exemplo servirá a aclarar a compreensão. Diante de crimes cometidos por inimputáveis, menores de dezoito anos, intensifica-se o debate sobre a redução da maioridade penal. Se realizada uma pesquisa, sem dúvida a maioridade seria fixada bem antes dos dezoito anos. Só por isso se reconheceria o acerto da medida? E assim também ocorre com outros temas polêmicos, tais como a pena de morte, o aborto, a eutanásia, o casamento de homossexuais, a clonagem, a transgenia, a manipulação genética, só para mencionar algumas questões recorrentes neste início de século.

As maiorias também podem errar, e é frequente o exemplo histórico. A população alemã legitimou o nazismo, de tão trágicas consequências. Os seguidores de um líder religioso aceitaram o suicídio coletivo que levou centenas de pessoas à morte nas Guianas, no último quarto do século passado.. O eleitorado norte-americano acredita que a guerra do Iraque seja imperativo moral, de se levar a democracia a territórios que não podem fruir desse ideal. Só que não existe consenso a respeito disso. Não são poucos os que pensam contrariamente. E a opinião pública é plástica e cambiante, haja vista o fenômeno do neo-nazismo, o fundamentalismo crescente e a força com que as minorias conseguem espaço midiático para postular suas pretensões.

A busca do consenso ético é permanente. Em lugar da utópica obtenção da unanimidade, o subjetivismo deveria abrir espaço para a tolerância, para o respeito em relação às diferenças e para a concreta implementação do princípio da *dignidade humana*, parâmetro inspirador desta república. Sem abdicar de persuadir o próximo no sentido da consecução do *consenso mínimo*, propiciador de uma vida em sociedade sem traumas e óbices intransponíveis ao ideal do respeito mútuo.

Podem ser apontados como **subjetivistas éticos específicos** os sociólogos franceses Durkheim e Bouglé. Sua doutrina poderia ser assim resumida, com a singeleza despretensiosa desta análise: "A sociedade não é redutível à pura psicologia individual. As instituições não se explicam pelo puramente subjetivo. Se algo, por exemplo, fora útil para um homem só, não seria útil universalmente, não seria **o útil**. Mas como todos os homens têm as mesmas necessidades, esta universalidade determina a objetividade do valor **utilidade**".[53] Essa reflexão se faz também em relação ao verdadeiro, ao bom, ao justo. Se algo é

53. Antonio Caso, El concepto de la historia universal y la filosofía de los valores, México, 1933, p. 82, apud Eduardo Garcia Máynez, *Ética* cit., p. 102.

verdadeiro para um é também verdadeiro para outrem, ou não é verdadeiro. Existe uma relação de identidade na afirmação da mesma verdade. Assim, o verdadeiro é o socialmente verdadeiro, o bom é o socialmente bom e o justo, o socialmente justo.

Embora sedutora a tese, inviável concluir-se assim. A aceitar-se que o social é essencial ao verdadeiro, ter-se-ia de admitir: 1) inconcebível a existência de um erro social; 2) inconcebível a verdade conhecida só por um indivíduo.[54] Perfilhar a orientação do subjetivismo ético social levará à impossibilidade de se admitir a existência de aberrações éticas socialmente difundidas, assim como se legitimaria o repúdio social devotado ao valor moral de atitudes individuais. Seria suficiente indicar a quase repulsa sofrida por quem, na sociedade contemporânea, se levanta a defender a virgindade antes do casamento, a castidade, a ascese, a moderação, o comedimento. Quem ousa afrontar o deboche e o acinte chega a ser moralmente linchado pelos adeptos da cultura dominante.

Qualquer espécie de subjetivismo, seja o individual ou o ético específico, parece na prática redundar em relativismo absoluto. A crítica mais acerba ao subjetivismo foi elaborada por Edmundo Husserl. A relatividade chegaria ao ponto de atingir a existência do universo, "pois este é a **unidade objetiva total, que corresponde ao sistema ideal de todas as verdades de fato**. Ao fazer da verdade algo puramente subjetivo, o universo inteiro resulta subjetivado, quer dizer, negado como existente em si e por si".[55]

Fácil é concluir-se que esse relativismo absoluto não pode presidir as relações humanas, seja na esfera moral, seja na esfera jurídica. A moralidade intrínseca de um ato independe dos juízos estimativos sobre ele – o que é bom é bom em si, seja ou não assim considerado. Importante meditar detidamente sobre isso. Nem sempre aquele único a marchar em descompasso com o restante do batalhão está errado. Quem estiver alimentado pela certeza, depois de detida concentração mental sobre sua postura, precisa se retro nutrir pela

---

54. "A verdade de um juízo não só não é idêntica a seu reconhecimento por todos os homens, senão que é totalmente independente deste. Os juízos verdadeiros têm, necessariamente, validez geral no sentido de que querem ser válidos para todos os homens e inclusive para todos os seres pensantes. Porém, não no sentido de que, de fato, sejam tidos por verdadeiros por todos os seres pensantes. Quando um juízo é verdadeiro, em nada prejudica a sua verdade o não ser acatado por todos os homens; quando é falso, o reconhecimento de todos os homens em nada o ajuda a ser verdadeiro" (A. Pfaender, *Lógica*, 2. ed. Trad. J. Pérez Bances, Buenos Aires-México: Espasa-Calpe Argentina, p. 91, apud Eduardo García Máynez, *Ética* cit., p. 103).

55. Edmundo Husserl, Investigaciones lógicas. Trad. Morente y Gaos, I, p. 122, apud Eduardo García Máynez, *Ética* cit., p. 108.

coragem de perseverar e de tentar convencer os demais. A convicção de ser detentor da verdade entusiasma e estimula. A partir daí, a pregação é a alternativa. Essa a luta ética que vale realmente a pena.

2.3 A Ética dos bens

O **bem** é a força ordenadora da Ética e momento culminante da vida espiritual, na lição de Miguel Reale.[56] A vida humana é o percurso em busca do bem. Toda ética deveria conter a receita da consecução do bem. Daí não fazer sentido o uso do verbete *ética* para designar a *ética do banditismo, a ética do crime, a ética da pedofilia* e outras aberrações semânticas de uso corrente. Em tese, toda ética é a *ética dos bens*. Ou deveria ser concebida como a ética do bem a conduta dirigida à consecução daquilo que pode ser considerado bom.

Ao contrário do relativismo, esta formulação sustenta a existência de um valor fundamental denominado **bem supremo**. Examine-se a estrutura teleológica do atuar humano. A criatura humana é a única provida de capacidade de se propor fins, eleger meios e colocar em prática os últimos, para alcançar os primeiros. A vida é um caminhar rumo a um objetivo. Ou, pelo menos, deveria ser assim. Aqueles que não descobrem a direção a seguir são expelidos do sistema. Em regra, o que alimenta a rotina é a certeza de que se faz alguma coisa tendente a reduzir a distância entre a pessoa considerada e o ideal que ela se propôs.

Análise válida para toda e qualquer atividade. Todo esforço se justifica para a consecução de bens da vida. Luta-se para atingir um ideal, e este é o nutriente que faz suportar as agruras da existência. Trabalha-se para conseguir uma vida digna. Ingressa-se na universidade para se aprimorar no processo educativo e para obter maior qualidade de vida. Prossegue-se na formação educativa, à luz do conceito de educação continuada, porque se reconhece a insuficiência de apenas um curso. Casa-se para constituir família, para viver em plenitude o amor conjugal e para gerar uma prole perpetuadora da espécie. Ama-se, não só porque essa é a vocação humana, mas ainda para partilhar sonhos e transformar a fantasia do convívio solidário em realidade.

E assim é a totalidade da existência. O supremo bem da vida consistirá na realização do fim próprio da criatura humana. Esse objetivo, na hierarquia dos bens, é o que se chama **bem supremo**.

Toda pessoa deveria, de quando em quando, autoindagar-se sobre o seu supremo bem. Qual o seu objetivo de vida? Quais as suas metas próximas,

---

56. Op. cit., p. 271.

mediatas e remotas? Sua vida está pautada rumo à consecução de tais finalidades?

Para se estabelecer a hierarquia dos fins, basta verificar qual deles pode ser, simultaneamente, fim e meio para a obtenção de outro fim. Quando alguém se defronta com um bem que não pode ser meio de qualquer outro, então esse é o seu **bem supremo**.

Vale a pena incursionar, ainda que de maneira sintética, sobre a origem e o desenvolvimento das formulações teóricas da ética dos bens.

2.3.1 O eudemonismo, o idealismo ético e o hedonismo

As manifestações mais significativas da **ética dos bens** ou **ética dos fins** são o **eudemonismo**, o **idealismo ético** e o **hedonismo**.

Eudemonismo deriva de **eudemonia**, em grego, felicidade. Os eudêmones eram os habitantes da Arábia Feliz. Eudemonismo é a doutrina que considera a busca de uma vida feliz o princípio e fundamento dos valores morais. O eudemonismo avalia como eticamente positivas todas as atitudes que aproximem o homem daquilo que ele considera felicidade. Incluem-se nessa compreensão as doutrinas que fazem da ventura o valor supremo. Partem do pressuposto de que a tendência à felicidade é inata ao homem. Segundo Aristóteles, a felicidade é o bem supremo, pois constitui um fim que já não possui o caráter de meio. Todos os outros bens da vida podem ser meios para a obtenção daquele que é o **eternamente apetecível em si**, insuscetível de se converter em meio para uma finalidade que fosse ainda superior a ela.

Torna-se mais compreensível, neste estágio da reflexão, o asserto de que "o bem é a finalidade da ética. Ou seja, como disciplina, a ética procura determinar os meios para atingir o bem. Mas pode-se dizer também, de maneira muito mais ampla, que o bem é a finalidade de todas as atividades humanas".[57]

Para o **idealismo**, a finalidade última do homem é a **prática do bem**. O estoico, por exemplo, não aspira a ser feliz, mas a ser bom. A virtude é fim, não meio. Impõe-se à criatura ser virtuosa, ainda que disso não extraia prazer algum. A história do homem está repleta de modelos idealistas. No passado e mesmo no presente, ainda podem ser apontadas figuras que oferecem o seu esforço, o seu talento e a sua dedicação a uma causa. Quem se animaria a apontar exemplos de pessoas idealistas que sirvam de paradigma para a infância e a juventude desta era? A multiplicação de maus exemplos não deve inibir

57. Gabriel Chalita, *Os dez mandamentos da ética*, p. 36.

a coragem de identificar as condutas que sirvam de padrão e que devam ser disseminadas, aplaudidas e reiteradas.

Já para o **hedonismo**, a felicidade está no prazer. Seja ele o prazer sensual, seja a fruição da tranquilidade extraída do deleite, no exercício de atividade intelectual ou artística. A sociedade contemporânea é considerada hedonista porque troca todos os demais objetivos pela busca frenética pelo prazer. O prazer sensual, o prazer carnal, o prazer desacompanhado de qualquer outra conotação que não seja o gozo. São muitas as doutrinas que poderiam ser acolhidas sob o título "hedonismo", cada qual a enfatizar um particular aspecto do deleite, associado à tentativa de redução de qualquer espécie de desprazer ou desconforto.

Essas três **formas puras** da ética dos bens podem se combinar para fazer surgir as **formas mistas**. Há o **eudemonismo idealista**, para o qual a felicidade é o fim supremo, mas o caminho único a atingi-la é a virtude. O **eudemonismo hedonista** elegeu a felicidade como fim, mas o prazer como meio.

2.3.2 Uma palavra sobre os gregos

Esta brevíssima incursão a respeito da classificação da ética não cumpriria a finalidade de propiciar a aproximação do interessado com a profundidade do tema se não mencionasse a contribuição helênica para a evolução do pensamento moral.

Não seria herético afirmar-se que, depois dos filósofos gregos, pouco se criou em termos de ética. Foi essa gigantesca civilização, que teve seu apogeu no século VI a.C., que forneceu à humanidade o edifício perene para a compreensão do mundo. Os mais cáusticos dentre os pensadores costumam dizer que depois de Sócrates, Platão e Aristóteles não surgiram mais filósofos. Todos os demais percorrem trilhas já desvendadas e procuram explicá-las com outras palavras. Mas os únicos merecedores desse título – *filósofos* – são esses pontos culminantes da excelência da espécie humana.

Daí a necessidade de menção ao seu notável contributo para o assunto de nosso interesse.

Advirta-se que filosofia sempre foi cogitação humana, mesmo antes dos gregos. "O "milagre grego" é algo que não existe. Não é verdade que antes do advento da filosofia a humanidade estivesse mergulhada nas trevas e na ilusão e que a Razão tenha surgido repentinamente, como uma espécie de revelação".[58]

---

58. Edouard Delruelle, op. cit., p. 27.

Todavia, a culminância da produção helênica para o mundo da filosofia foi atingida com o pensamento desse trio: Sócrates, Platão e Aristóteles.

2.3.2.1 A Ética socrática

Atribui-se a Sócrates (470 ou 469 a 399 a.C.), que nada deixou escrito, iniciar o chamado período ático da filosofia grega. Os testemunhos sobre Sócrates foram legados por Platão e Xenofonte, que cultuaram seus ensinamentos, e por Aristófanes, que o ridicularizara. Sócrates serviu-se de um método muito peculiar – hoje, por isso mesmo, denominado socrático – para a discussão das questões do saber. Congregava ouvintes nas praças e com eles dialogava, sem receber paga por suas aulas. O método socrático se caracterizava pelas contínuas indagações. Fazia uma pergunta e a cada resposta do interlocutor procedia a uma nova indagação. Respondia perguntas com outras perguntas. Tudo de maneira a fazer o interlocutor pensar sobre o objeto das indagações.

"Como procede Sócrates? Interpela um 'notável", um homem de grande prestígio na cidade, alguém que se sente seguro do seu saber – um professor, magistrado, comerciante, político etc. Em seguida, submete-o a um interrogatório irônico, provocador, que faça ressaltar as contradições e o vazio do seu pensamento, destruindo, assim, a autoridade sobre o qual o mesmo se assenta. Sócrates ridiculariza tudo o que os seus interlocutores receberam, passivamente, da tradição. Coloca-os numa situação indefensável, provocando neles um tal desconforto que os leva a tomar consciência da fragilidade das suas opiniões. Este método crítico característico de Sócrates é designado por *maiêutica* (de dar à luz, parir; a mãe de Sócrates era parteira)".[59]

Sócrates "não estava preocupado com a sua própria concentração, mas com a dos espectadores reunidos. Para gozar o pleno benefício de seu pensamento, os homens precisavam aprender a ouvir. Precisavam prestar rigorosa atenção ao conteúdo de perguntas e respostas em vez de simplesmente se maravilhar com seu mérito estético. Frasear as próprias afirmações na forma de perguntas é uma tática de debate reconhecida pelos sofistas de hoje, mas não é em razão de suas habilidades retóricas que Sócrates é considerado o fundador da filosofia ocidental. O objetivo do método socrático não é meramente ganhar a discussão, mas descobrir a verdade absoluta da matéria".[60]

A permanência do método socrático é que ele ensina de forma *não magistral*. Não pretende ser mestre. O que ele pretende é incitar o interlocutor a

---

59. Idem, p. 40.
60. Nicholas Fearn, *Aprendendo a filosofar em 25 lições* – Do poço de Tales à desconstrução de Derrida, p. 33.

descobrir a verdade por si mesmo. A pensar por si próprio. É um docente do autodidatismo. Sua intenção é fazer com que o educando prescinda do mestre: "Os que comigo privam parecem, a princípio, ignorantes, alguns deles completamente ignorantes até; com o convívio, porém, e com os favores de Deus, é maravilhoso ver como todos progridem , quer aos seus próprios olhos, quer aos olhos de outrem; o que é, além disso, claro é que de mim nada aprenderam e que foi dentro deles mesmos que fizeram muitas e belas descobertas, por eles próprios geradas".[61]

Costuma-se, num reducionismo tão característico ao nosso tempo, resumir o pensamento socrático em duas máximas: "**só sei que nada sei**" e "**conhece-te a ti mesmo**". Mediante a primeira máxima, "quis apenas mostrar que o homem da ciência deve adotar postura de humildade diante do universo do saber".[62] Respeitado como alguém que dizia coisas pertinentes, "Sócrates declarava com toda franqueza sua própria posição – que era, afirmava, uma posição de ignorância. Foi porque admitia isso de bom grado que, num episódio célebre, o Oráculo de Delfos o declarou o homem mais sábio da Grécia. Se, como ele sustentava, a única coisa que sabia era que nada sabia, isso não o impedia de expor detalhadamente suas opiniões. Sua modéstia, não raro, é ironia, ao passo que seu louvor à sabedoria alheia, em geral, é sarcasmo. Num sentido mais profundo, contudo, sua modéstia revela verdadeira integridade. Tendo insistido que devemos 'seguir a argumentação até onde ela leva', faz sentido que considerasse também que não devemos nos apegar dogmaticamente a qualquer crença com que tenhamos começado a discussão. Isso significa estar pronto a aceitar críticas, bem como a fundamentar proposições".[63]

A segunda proposição – **conhece-te a ti mesmo** – continua a ser um comando válido. É um projeto incessante de vida. Há pessoas que chegam à maturidade cronológica e ainda não se conhecem. É fundamental conhecer-se em profundidade, antes de qualquer outra missão. Só quem se conhece tem condições de conhecer qualquer outra coisa. Sem o autoconhecimento, ninguém poderá desvendar o verdadeiro conhecimento.

Qual o significado desse princípio: o *conhece-te a ti mesmo?*

O seu sentido original, "Sócrates toma de empréstimo à velha sabedoria popular grega. Esta frase, que se encontrava no frontão de um templo em Delfos, significa: conhece as tuas capacidades, os teus *limites*. Isto não quer dizer

---

61. Platão, *Teeteto*. Trad. do grego de Adriana Manuela Nogueira e Marcelo Boeri, p. 150d.
62. Paulo Nader, *Filosofia do direito*, 10. ed., p. 136.
63. Nicholas Fearn, op. cit., p. 34.

que somos a base de todas as coisas, mas sim que somos apenas mortais, seres finitos, e não devemos tomar-nos por deuses. Mais do que a uma psicologia do inconsciente, ela apela a uma sabedoria da *finitude*".[64] Mas não é só isso. O comando é indissociável "de outra fórmula, muito mais específica no que diz respeito à compreensão do pensamento socrático: "Cuida de ti mesmo". Cuidar de si é pormo-nos em movimento no sentido de testar nossos limites. Sócrates apresenta-se aos seus concidadãos como aquele que exorta os outros a cuidarem de si mesmos, a manterem-se animados por um princípio de inquietação, de busca ativa".[65] E busca do quê? Do conhecimento.

Para Sócrates, o verdadeiro objeto do conhecimento é a alma humana. A verdade vive oculta no espírito humano. Ao diluir os próprios erros, é possível a cada ser descobri-la. A missão do filósofo é conduzir os homens ao conhecimento, e **o moralista é o parteiro da alma**. Sócrates se comparava a uma parteira, pois seu método fazia nascer a verdade. Essa conotação deriva de uma circunstância histórica: a mãe de Sócrates exercia a função de parteira, considerada missão religiosa, e daí sua familiaridade ao invocar o exemplo. Assim como a profissional da obstetrícia não *cria* o ser, mas apenas o auxilia a vir à luz, também o moralista apenas ajuda a pessoa em busca de orientação moral a defrontar-se com a verdade.

A bondade é resultado do saber. Para alguém ser feliz é necessário ser bom e para ser bom é preciso ser sábio. Aquele que encontrou a verdade oculta em sua alma sente-se obrigado a ajustar com ela sua conduta. Assim, o conhecimento do bem determina a prática da virtude. Não existem pessoas más, senão extraviadas. A maldade é produto da ignorância.

O princípio "**a virtude é saber**" é considerado por García Máynez a pedra angular da ética socrática. "Ao lado do racionalismo, há em sua ética um aspecto eudemonista. Como a maioria dos pensadores helênicos, faz da felicidade o desiderato da existência; mas acredita que à ventura só pode chegar-se pelo caminho reto. Na moral socrática se dá uma estreita relação entre essas três noções: **o saber, a virtude e a felicidade**. O conhecimento do bem implica a prática da virtude e o exercício desta faz felizes os homens. A sabedoria é o valor supremo, já que é condicionante dos outros dois".[66]

Sócrates forneceu material para que Aristóteles e Platão desenvolvessem suas doutrinas políticas. Todos os três consideram o homem não como ente

---

64. Edouard Delruelle, op. cit., p. 42.
65. Edouard Delruelle, op. cit., p. 42-43.
66. Eduardo García Máynez, *Ética*... cit., p. 126-127.

isolado, mas como **ser social**. Ou, na expressão aristotélica clássica, o homem é o **animal político** por natureza.

O aperfeiçoamento não é trilha a se percorrer sozinho. O indivíduo só se aprimorará na convivência comunitária. Assim, entre ética e política existe correlação íntima. O homem perfeito não é unicamente o homem bom, mas o bom cidadão.[67]

A maiêutica, método de Sócrates, oferece o espetáculo da *interrogação contínua*, ou da busca insaciável da verdade, pois não há soluções satisfatórias para as indagações humanas. O segredo é a busca, a procura, o infatigável percurso das respostas que saciem a eterna perplexidade das criaturas. Por essa forma, "chegou Sócrates à conclusão de que existem normas de conduta de validade absoluta, que todos podem conhecer quando a si mesmos se interrogam ou quando conferem os seus juízos com os dos outros homens, animados de boa vontade. Era tal a sua fé na virtude do conhecimento, que o levou a um rigoroso intelectualismo ético: a moral reduz-se ao conhecimento do bem; só por ignorância se comete o mal".[68]

2.3.2.2 A Ética platônica

Platão (427-347 a.C.) era de nobre estirpe ateniense. Conheceu Sócrates aos vinte anos e essa influência ditou os rumos de sua vida. Sua obra aperfeiçoou o método socrático da interrogação. Fez da maiêutica[69] a sua dialética. "A dialética consiste, para Platão, numa contraposição de intuições sucessivas, cada uma das quais aspira a ser a intuição plena da ideia, do conceito, da essência; mas, como não pode sê-lo, a intuição seguinte, contraposta à anterior, retifica e aperfeiçoa essa anterior. E assim sucessivamente, em diálogo ou contraposição de uma intuição à outra, chega-se a purificar, a depurar o mais possível esta vista intelectual, esta vista dos olhos do espírito,

---

67. É importante ainda examinar a influência exercida por Sócrates sobre seus contemporâneos e sucessores, analisando a obra dos chamados **socráticos menores**, em oposição a Aristóteles, considerado **socrático maior**. Assim, ao menos Antístines e Aristipo devem ser estudados. Ver Diógenes Laércio, *Vidas de los filósofos ilustres*, recomendado por Eduardo García Máynez, *Ética* cit., p. 129.
68. Antônio Truyol y Serra, *História da filosofia do direito e do estado*, v. 1, p. 110.
69. Por **maiêutica** se designa o método socrático de ensino/aprendizado, consistente na multiplicação de perguntas e indução do interlocutor a descobrir suas próprias verdades. Por extensão, compreende-se o conceito como método heurístico, ciência ou método do parto, em que o conteúdo do ensino é parido no curso do diálogo.

até aproximar-se o mais possível dessas essências ideais que constituem a verdade absoluta".[70]

Platão desenvolveu a teoria das ideias. Para ele, a alma descobre nela mesma os conceitos universais. Isso não depende da experiência sensível, porque esta é pálido reflexo da realidade superior: o mundo inteligível. Vale a pena tentar penetrar nessa concepção platônica. O mundo sensível é o reino do mutável, do relativo, do contingente. O mundo inteligível é o reino do imutável, do absoluto e necessário. "O mundo sensível, que desliza entre o ser e o não ser, só tem realidade na medida em que participa do mundo inteligível; as coisas singulares, que nos rodeiam, são como as sombras das ideias, isto é, das suas formas primordiais e arquétipos eternos. Daí que os sentidos não forneçam um saber verdadeiro, mas apenas uma mera opinião, uma doxa. O saber verdadeiro é uma árdua conquista da razão, quando, em luta com os sentidos, consegue superar as enganosas aparências e elevar-se até à contemplação das ideias".[71] Por isso é que se impõe subordinar os sentidos à razão. Estabelece-se uma hierarquia ontológica entre os dois mundos, paralela à hierarquia axiológica.

Descobrir-se e descobrir a realidade, ou a verdade, é a eterna luta do homem nesta curta aventura humana. A alegoria da Caverna, no Livro VII da República, mostra-se atual até hoje. Mostra o desafio no caminho da luz, contraposta à ignorância e servidão da caverna. Também evidencia o preço da lucidez, renegada e repudiada pelos que não a possuem. "A alegoria da caverna ilustra a metamorfose por que o sujeito terá de passar para alcançar o domínio de si próprio e dos outros, a 'dinâmica' subjacente a todo o processo *epistemológico* (da ignorância ao saber), *ontológico* (do não ser ao ser) e *ético* (da vileza ao Bem)".[72]

Só se compreenderá a **ética platônica** se inserta nos supostos metafísicos, epistemológicos, políticos e psicológicos sobre que se apoia. A intenção de Platão era conferir à teoria da conduta uma base inquebrantável. A moral só se poderia fundamentar se os objetos do conhecimento fossem incorruptíveis e imutáveis. As ideias, por não ocuparem lugar no espaço e no tempo, revestem esses atributos.

O processo de conhecimento pode recorrer à intuição sensível. Assim como a contemplação do retrato evoca a imagem da pessoa retratada, aquela

70. Manuel Garcia Morente, *Fundamentos de filosofia* – Lições preliminares.

71. Antonio Truyol y Serra, op. cit., p. 120-121.

72. Edouard Delruelle, op. cit., p. 65.

dos objetos corpóreos dá origem à reminiscência da ideia. Conhecer é, para Platão, recordar o que já se sabia.

A alma é imortal e seu destino, depois da existência terrena, está condicionado ao grau de liberação alcançado diante das incitações da sensibilidade e das impurezas da matéria.

Platão estabelece uma hierarquia das ideias e o lugar supremo está reservado ao **bem**. "A subordinação das restantes a esta ideia suprema – **sol do mundo inteligível**, como a chama o autor de ***A República*** – não é somente **subordinação lógica** do particular ao genérico, senão **teleológica do meio a respeito de seu fim**".[73] Esse raciocínio é facilmente assimilável. Ora, se as ideias constituem a única e verdadeira realidade, a mais relevante das ideias é a do Bem. Este é, para o mundo inteligível, o que é o Sol para o mundo sensível. Não é difícil identificar o Sol, a Verdade, a Luz, com a própria Divindade. Por isso a influência de Platão no cristianismo, facilitada pelo neoplatonismo com Plotino, que facilitou a incorporação do pensamento platônico na mística cristã medieval.

Sobre o Bem é oportuno deixar o próprio Platão falar: "De todas as ideias, a Ideia do Bem é a mais valiosa, é por isto que de todas as ciências a mais nobre a ser ensinada deverá ser justamente esta, pois da Ideia do Bem dependerão todas as demais virtudes. Ainda não conhecemos suficientemente essa Ideia. Se não a conhecemos, de nada nos serve, da mesma maneira que nada possuímos, se não tivermos o Bem. De nada vale possuir qualquer coisa que seja, se ela não for boa".[74]

Interessa observar, na ética platônica, a relação entre as partes da alma e a doutrina das virtudes. Cada uma das partes da alma têm função especial e virtude própria. À inteligência corresponde a sabedoria; à vontade, o valor; aos apetites, a temperança. São virtudes que atuam em coordenação e cuja harmonia constitui a justiça. A justiça é, para Platão, a harmonização das atividades da alma e de suas respectivas virtudes.

Há um idealismo moral intenso na ética platônica, para quem a virtude vale tanto quanto a felicidade. A ética é um aspecto, apenas, da filosofia prática do fundador da academia. O outro aspecto é a política. Por isso, o problema moral não é individual, mas coletivo. A formação espiritual do homem cabe ao Estado, entidade que não é meramente organização de poder, mas **instituto**

73. Windelband, Lehrbuch der Geschichte der Philosophie. Tübingen, 1935, p. 101, apud Eduardo García Máynez, *Ética*... cit., p. 137.

74. Platão, *A República*, p. 505-a.

de educação, cuja finalidade última é realizar a ideia do homem e conduzir os indivíduos ao conhecimento e prática das virtudes que deverão torná-los felizes.[75]

A missão do homem é arremeter-se do sensível ao inteligível. Isso ele alcançará por meio da dialética. A dialética libertará os prisioneiros – alegoria da caverna – que só conhecem da realidade as sombras bruxuleantes de quem não se defrontou com a luz da verdade. Nesse percurso, a humanidade passará por quatro momentos: a sensação, a percepção, o conhecimento discursivo-matemático e o conhecimento intuitivo-filosófico.

Platão é um utopista, no sentido que a expressão adquiriu após a obra de Thomas Morus. Ele propõe, no diálogo *A República*, uma formulação ideal de convívio urbano. "Trata-se de um texto simultaneamente político e ético que tem como tema a questão da *justiça*. Platão explica, desde logo, que a mesma pode ser abordada de duas formas: a) de forma individual (*ética:* modo de subjetivação): qual o comportamento do homem justo? O que é um homem justo, isto é, um sujeito realizado? b) de forma coletiva (*política:* modo de subordinação): de que modo deve estar organizada a cidade, de maneira a efetivar a justiça entre os homens? O que é essencial à organização da cidade?".[76]

Em *A República*, Platão desenvolveu o postulado de que a vida humana só alcança o seu fim último no seio da cidade. A cidade tem por missão tornar virtuoso o homem. O convívio social deve criar as condições para o aperfeiçoamento da humanidade. A concepção pedagógica da comunidade política é ainda hoje instigante. Por sinal que a preocupação platônica é com a formação integral do ser humano, não apenas com a educação formal. Seu projeto pedagógico merece reflexão em nossos dias. "O nível de competitividade e a preocupação com o mercado enfatizaram uma educação cada vez mais técnica e intelectual, não se preocupando, com a mesma intensidade, com a dimensão afetiva, ética e transcendente do homem. Uma educação que não tivesse presente a dimensão da transcendência do ser humano não seria incompleta?"[77]

A ideia recorrente de que mais escolas tornam despiciendos mais hospitais e mais prisões já fora sustentada por Platão. Para ele, o objetivo do educador seria tornar as instituições como nosocômios e tribunais supérfluas no interior da Polis. Saliente-se o trecho significativo: "E acaso se arranjará prova maior do vício e da educação vergonhosa numa cidade do que serem necessários mé-

---

75. Consultar Eduardo García Máynez, *El derecho natural en la época de Sócrates*.
76. Edouard Delruelle, op. cit., p. 55.
77. Evilázio F. Borges Teixeira, *A educação do homem segundo Platão*, p. 8.

dicos e juízes eminentes, não só para as pessoas de pouca monta e os artífices, mas também para os que se dão ares de terem sido criados em grande estadão? Ou não julgas uma vergonha e um grande sinal de falta de educação ser-se forçado a recorrer a uma justiça importada de outrem, como se eles fossem amos e juízes, por falta de justiça própria?".[78] Na verdade, fossem os humanos racionais e se compenetrassem de que sua existência fragílima é transitória e a sociedade poderia dispensar a força para mantê-la sob a ordem possível.

Platão permanece atual e instigante, não só diante da perenidade das questões por ele enfrentadas, mas também devido ao uso da metáfora e da analogia. Seus diálogos constituem assunto atemporal, próprio à natureza humana. Elaborou a **teoria das formas**, e segundo esta "o mundo físico das imagens e impressões é uma pálida imitação de um mundo mais elevado de conhecimento e verdade... Sob seus termos, não podemos conhecer coisas como árvores e animais, já que o mundo das aparências que elas povoam não se presta a um conhecimento propriamente dito. Na visão de Platão, só podemos conhecer realmente aquilo que é verdadeiramente real, e esse critério só é satisfeito por objetos perfeitos e imutáveis. Em algum lugar, ele afirmava, existe uma árvore ideal que fixa o padrão, e é dela que as árvores comuns derivam sua forma".[79]

No pensamento de Platão, o dever da filosofia é treinar a humanidade a usar a razão. A razão é o "olho intelectual" que, se utilizada de maneira adequada, guiará o homem até à descoberta do conhecimento. Há uma analogia interessante entre o sol e a verdade, entre a luz e o bem. A luz do sol e a luz da razão se prestam a comparações facilmente compreensíveis. Enquanto a escuridão da noite equivale às trevas da ignorância. Isso é intuitivo, mas é também platônico.

2.3.2.3 A Ética aristotélica

Aristóteles (384-324 ou 322 a.C.) foi discípulo de Platão e seguidor de suas ideias. Nasceu em Estagira, cidade macedônia de população grega, filho de Nicômaco, médico assistente do Rei. Aos dezessete anos foi viver em Atenas e entrou para a Academia do já sexagenário Platão. Mais tarde, em 335, fundou o Liceu, onde ensina com independência doutrinal em relação ao pensamento platônico. Embora aluno, há divergências filosóficas entre Aristóteles e seu mestre Platão. O pintor Rafael (século XVI) no quadro *A Escola de Atenas*, procurou refletir essa diferença: "Nele, Platão é retratado com o dedo apontado

78. Platão, *A República*... cit., p. 405-b.

79. Nicholas Fearn, op. cit., p. 41.

para o céu e Aristóteles com o seu apontado para o chão. O pintor pretende sugerir que, ao contrário de Platão, cujo pensamento está fortemente centrado no céu das Ideias, Aristóteles procura compreender o mundo a partir da sua realidade concreta".[80]

Não adotou um método único aplicável a todo o seu pensamento. "A seu ver, cada área de estudo requeria procedimentos de investigação e padrões de exatidão próprios. Como escreveu a respeito da ética, 'nossa discussão será adequada se tiver tanta clareza quanto o tema permita, pois a precisão não deve ser buscada sempre da mesma maneira em todas as discussões, assim como não o pode ser em todos os produtos dos ofícios".[81]

A finalidade da ética é descobrir o **bem absoluto**, a meta definitiva, que é ponto de convergência e chegada e não pode ser ponto de partida de mais nada. O bem é a plenitude da essência. O homem busca naturalmente a essência e consegue uma felicidade imperfeita, na também falível hierarquia de bens que estabelece para si. Só será plenamente feliz quando atingir o bem supremo. Esse é o bem absoluto ou a verdadeira **felicidade**. Para alcançá-la, há de se contemplar a verdade e aderir a ela.

Como se chega à felicidade? O meio para consegui-la são as virtudes, ou seja, os hábitos ou disposições humanas graças aos quais realizará as obras que lhe são próprias. O homem deve se impor o exercício, firme e constante, da **virtude**. Não basta um ato virtuoso de quando em quando. A virtude é a atualização do que lhe é próprio. O homem virtuoso é aquele que mergulha no desenvolvimento integral de suas faculdades. "A virtude, em Aristóteles, significa a ação. Significa uma prática, e não uma natureza. O homem virtuoso, portanto, é o homem ativo, que aprendeu pela prática a desempenhar um papel social dentro da sua comunidade; ele é o homem político".[82] Há duas espécies de virtudes: as dianoéticas ou intelectuais e as éticas ou morais. As primeiras dependem do entendimento e se adquirem por via teorética, mediante o ensino. As virtudes éticas ou morais residem na vontade e só depende da vontade desenvolvê-las. Na concepção aristotélica, a ética só depende da vontade da pessoa. Para distinguir entre virtudes intelectuais e virtudes morais, Aristóteles exemplifica de maneira ainda hoje clara e apreensível: "Não é, pois, por natureza, nem contrariando a natureza que as virtudes se geram em nós. Diga-se, antes, que somos adaptados por natureza a recebê-las e nos tornamos perfeitos pelo hábito. Por outro lado, de todas as coisas que nos vêm

80. Edouard Delruelle, op. cit., p. 71.

81. Idem, p. 46.

82. Gabriel Chalita, op. cit., p. 32.

por natureza, primeiro adquirimos a potência e mais tarde exteriorizamos os atos. Isso é evidente no caso dos sentidos, pois não foi por ver ou ouvir frequentemente que adquirimos a visão e a audição, mas, pelo contrário, nós as possuímos antes de usá-las, e não entramos na posse delas pelo uso. Com as virtudes dá-se exatamente o oposto: adquirimo-las pelo exercício, como também sucede com as artes. Com efeito, as coisas que temos de aprender antes de poder fazê-las, aprendemo-las fazendo; por exemplo, os homens tornam-se arquitetos construindo e tocadores de lira tangendo esse instrumento. Da mesma forma, tornamo-nos justos praticando atos justos, e assim com a temperança, a bravura etc".[83] É uma solene proclamação de que a criatura humana dispõe de livre arbítrio e pode imprimir à sua vida o rumo que bem quiser.

Aristóteles também separa a virtude dos instintos e emoções. Estes, involuntários; aquela, volitiva. Nem se confunda virtude com faculdades ou aptidões. A virtude se obtém mediante o exercício: é um hábito. As aptidões, intelectuais ou físicas, são inatas. Para Aristóteles, a razão não basta. É preciso cultivar o hábito da virtude. De tanto praticar, o homem chega a ser virtuoso. "As virtudes morais (ou cardeais: prudência, fortaleza, temperança e a sua síntese, a justiça) consistem no **justo meio**, que evita os excessos. Superior às virtudes éticas são as virtudes dianoéticas (sabedoria, contemplação)".[84]

A mencionada teoria do **justo meio** é uma das formulações mais interessantes de Aristóteles. A virtude é o **justo meio** entre dois vícios extremos. A temperança é o meio-termo entre o desenfreio e o embotamento. O valor, entre a temeridade e a covardia. A liberalidade, entre a prodigalidade e a avareza. A partir disso, conclui-se que a virtude não está sempre em situação rigorosamente equidistante dos extremos viciosos.[85] Viver bem, ou bem viver, é conseguir o equilíbrio – o **justo meio** – entre duas condutas extremas, uma por excesso, outra por defeito:

"A virtude é, pois, uma disposição para agir de forma deliberada; situa-se numa posição intermédia em relação a nós, definida racionalmente, como se fosse definida pelo homem prudente. Trata-se, no entanto, de uma posição en-

83. Aristóteles, *Ética a Nicômaco*, p. 267.

84. Gianfranco Morra, *Filosofia para todos*, p. 122.

85. Para conhecer a ética aristotélica há necessidade de estudar três obras: a *Ética a Nicômaco*, a *Ética eudemia* e a *Moral magna*. As duas primeiras são atribuídas a Aristóteles, enquanto a terceira seria resumo das outras, feito por um discípulo da escola peripatética. Eduardo García Máynez (*Ética*... cit., p. 140) recomenda a leitura de Jaeger: *Aristotle* – Fundamentals of the history of his development. Oxford: Clarendon Press, 1934, cap. IX, p. 228.

tre dois vícios, um por excesso e outro por defeito, e também de uma posição intermédia no sentido em que certos vícios se encontram aquém e outros além 'do que é devido', tanto no domínio das afecções como no das ações, enquanto a virtude descobre e escolhe a posição intermédia".[86]

A síntese de todas as virtudes seria a justiça. A nota característica da virtude justiça é a alteridade. Justiça é sempre uma relação de alguém com outrem. Em sentido estrito, justiça é uma virtude ética particular. Além da alteridade, ela precisa pressupor a igualdade. Como a igualdade pode ser aplicada de mais de uma maneira, classifica-se a justiça em distributiva e corretiva ou sinalagmática. Esta última subclassifica-se em comutativa e judicial.

Tudo se completa com a concepção da equidade (*epiekeia*), princípio até hoje relevante para a aplicação da lei. A previsibilidade do legislador não alcança a complexidade do mundo real. Os casos particulares precisam de uma adaptação da lei, elaborada em abstrato e incapaz de antever situações futuras. A tensão permanente entre a generalidade abstrata da lei e a singularidade concreta dos casos reais atenua-se com a equidade, aplicação da lei com uma consciência mais plástica, tendente à realização do justo, mais do que a fria observância da rigidez formal da lei. Equidade é a ideia mais aproximada à de justiça natural, predomínio do bom senso e do equilíbrio e contrária à inflexibilidade literal das normas convencionalmente postas pela civilização para manter a ordem a qualquer custo.

Perquirir os **fins últimos** foi recorrente na volumosa obra de Aristóteles. A teleologia foi tema predileto: a ideia de que o presente pode ser compreendido por referência ao futuro. "A natureza de uma coisa – fosse uma semente ou um homem – era inextricavelmente ligada a seu **telos**, sua meta ou fim último. O fim último de um objeto dá forma à sua natureza e essa natureza, subsequentemente, o compele rumo à sua meta".[87] Qual o fim último do homem?

A meditação presente enquadra-se no exame da **ética dos bens**. O fim último do ser humano seria a consecução do bem. Por isso é que "Aristóteles via a depravação moral como um abandono de nossa função, uma negação de nossa essência e fim último. Uma boa pessoa, por outro lado, é aquela que desempenha bem sua função, tal como uma boa faca é aquela que corta bem".[88] A função da humanidade sobre o planeta é aquela parte da natureza dos seres humanos que é exclusiva deles. O uso da razão, conducente à felicidade. Ser feliz é agir de conformidade com a razão.

---

86. Aristóteles, *Ética a Nicômaco*.
87. Nicholas Fearn, op. cit., p. 46.
88. Idem, p. 52.

2.3.2.4 A Ética epicurista

Após Platão e Aristóteles, a filosofia toma outra feição. Despede-se das ideias e das formas. Os principais antagonistas são os epicuristas e os estoicos. Divergem sobre a natureza do fim ou do bem supremo. Para os primeiros, a finalidade humana é o prazer. Para os estoicos, a humanidade existe para cultivar a virtude. Se fora necessário resumir a diferença entre estoicismo e epicurismo, dir-se-ia "que se o estoicismo visava *reduzir* ao máximo o conjunto dos *desprazeres*, o epicurismo tinha por objetivo *aumentar* o número de *prazeres*".[89]

Para Epicuro, (342 ou 341-271 ou 270 a.C.), considerado por seus discípulos Mestre e Sábio perfeito, o universo provém de ordens mecanicistas e materialistas. Predomina o acaso ou a cegueira do Cosmos. Tudo é contingente e há uma pluralidade de mundos perecíveis. Não se faz referência à Divindade. Não que Epicuro professe o ateísmo teórico, pois não nega a existência dos deuses. Mas perfilha um ateísmo prático, ao sustentar que as esferas divina e humana são alheias entre si. Uma das máximas de Epicuro: "o único fruto a colher do conhecimento dos fenômenos celestes é a paz de alma".[90] A humanidade se perturba porque imagina o universo governado por forças obscuras. A libertação virá pela desmistificação do universo, que não é senão o resultado mecânico do choque entre átomos. Daí a doutrina do *atomismo*, criada por Demócrito, filósofo bem anterior a Epicuro.

O ideal ético do epicurismo é o hedonismo rejuvenescido. O homem deve procurar o prazer e o gozo da vida. Pois a felicidade é o bem último da existência e consiste, exatamente, no prazer. Mas existe uma hierarquia entre os prazeres. Não se deve perseguir o prazer sensual, a luxúria, o gozo insensato. Atinge-se o prazer mediante inúmeras fruições, dentre as quais as mais elevadas são as do espírito. O sábio identificará a hierarquia dos valores e priorizará o prazer intelectual ao sensível, o sereno ao violento, o estético ao grotesco. Via Epicuro na amizade um dos gozos mais intensos e mais puros da vida.

Os prazeres são **naturais e necessários**, **naturais e não necessários**, ou **nem naturais nem necessários**. Os primeiros podem ser exemplificados como a satisfação moderada dos apetites. Dos segundos, o exemplo é a gula. Tipo dos terceiros seria a glória. Os prazeres são ainda corporais e espirituais, violentos e serenos.

---

89. Edouard Delruelle, op. cit., p. 90.

90. Epicuro, *Cartas e Máximas*. Trad. francesa de M. Conche, XI/XII.

O ser humano precisa renegar os prazeres não naturais e não necessários, como o excesso de bens materiais e as glórias, limitar a fruição dos prazeres naturais e não necessários, tais como a gula e a embriaguez. O ideal é conduzir--se pelo natural e necessário.

A dor é inevitável e muitas vezes pode ser o caminho para prazeres mais intensos. A virtude do homem sábio é a prudência e ela o auxiliará a escolher o melhor caminho. As finalidades da ética são duas: uma **crítica**, outra **construtiva**. A finalidade **crítica** consiste no aniquilamento das superstições que afligem os mortais. A finalidade **construtiva** é assinalar as regras que farão feliz o indivíduo.

Na busca da felicidade há dois obstáculos: o medo da morte e o temor aos deuses. Não se deve temer a morte, pois ela não concerne ao homem vivo. **A morte nada é para nós, pois enquanto somos, ela não é, e quando ela chega, já não somos**. Vale a pena reproduzir o texto integral de que se costuma extrair pequena parte: "Habitua-te a pensar que a morte não é nada em relação a nós; pois todo bem – e todo mal – está na sensação: ora, a morte é privação de sensação. Segue-se que o justo conhecimento de que a morte não é nada em relação a nós torna feliz a condição mortal da vida, não acrescentando a ela um tempo infinito, mas subtraindo da condição mortal o desejo de imortalidade. Pois não existe nada de temível na vida para quem verdadeiramente compreendeu que não há nada a se temer na não vida".[91]

Igualmente, não se deve temer os deuses, pois, seres perfeitos e distantes, não estão preocupados com a imperfeição humana. O pensamento de Epicuro é instigante: "Em sua felicidade, os deuses existem fora do mundo, do qual não se ocupam. Isto é comprovado pela existência do mal no mundo: se Deus o conhece e não consegue evitá-lo, então é impotente; se o conhece e não o evita, ele é mau; ou talvez ocorram ambas as coisas ao mesmo tempo; mas certamente ele não é onipotente e bom, dado que o mal existe".[92] Os deuses encontram-se entregues continuamente às suas próprias virtudes e acolhem exclusivamente seus semelhantes. Consideram estranho tudo o que não é semelhante a eles.

A ética é o ponto culminante do epicurismo. Epicuro não pregou uma escola de libertinagem. Ele propõe uma sabedoria cujo critério é o prazer, mas cuja preocupação é o temor. Disseminou a ideia da imprescindibilidade da re-

91. Epicuro, Máximas capitais, § 124, apud Jean-Paul Dumont, *Elementos de história da filosofia antiga*, p. 544-545.

92. Gianfranco Morra, op. cit., p. 123.

flexão ética: "Que ninguém, sendo jovem, tarde a filosofar, nem velho, se canse da filosofia. Pois não é, para ninguém, nem muito cedo nem muito tarde para assegurar a saúde da alma. Aquele que diz que o tempo de filosofar ainda não chegou ou que já passou se parece com aquele que diz que o tempo da felicidade ainda não chegou ou que não mais existe".[93]

A ética epicurista se inclina para um sentido individualista. A conduta é problema pessoal, não coletivo. Ao sábio interessam seu bem-estar e sua virtude, não a dos outros. Esse individualismo tende a ser egocêntrico. A pessoa deve procurar seu próprio bem, sem se preocupar com os outros. E há nela certo utilitarismo, em antecipação à versão inglesa, com sua aritmética do prazer. Os homens viviam como feras, à margem da lei, e decidiram um dia unir-se para pôr um paradeiro naquele estado de beligerância. Surgiu assim a justiça, conceito negativo de não prejudicar os semelhantes, em troca do dever recíproco e idêntico destes.

A justiça é o fruto de um pacto de utilidade. Cada indivíduo desiste de molestar os demais, em troca de também não ser molestado. O Estado tem o dever de velar pelo cumprimento do contrato social e punir seus infratores. Vê-se, assim, que a ética epicurista é um **eudemonismo hedonista**, além de ser **individualista** e **egoísta**. Além de tudo, o filósofo não deve fazer política. Para Epicuro, o lema era "viva escondido".

Vale mencionar o **quádruplo remédio** ou *tétrapharmakon*, o conjunto de preceitos cujo objetivo é liberar a humanidade do temor aos deuses, do medo da morte, do sofrimento e da dor. São eles:

"I – O ser bem-aventurado e incorruptível, não tem ele mesmo preocupações e não as causa em outrem; de forma que ele não está sujeito nem à cólera nem à benevolência: pois tudo isso é próprio de um ser fraco.

"II – A morte não é nada em relação a nós; pois o que é dissolvido não sente, e o que não sente não é nada em relação a nós.

"III – O limite da grandeza dos prazeres é a eliminação de toda dor. Por toda parte em que se encontre o prazer, durante o tempo que ele dura, não há lugar para a dor, ou o sofrimento, ou os deuses ao mesmo tempo.

"IV – A dor não dura de uma maneira ininterrupta na carne, mas naquela que é extrema, o tempo não é mais breve, e aquela que apenas ultrapassa o prazer corpóreo não dura inúmeros dias; quanto às doenças de longa duração, elas se acompanham para a carne mais de prazer do que de dor".[94]

---

93. Epicuro, Carta a Meneceu, § 122, op. cit., p. 543.

94. Epicuro, *Máximas capitais*, I-IV, op. cit., p. 549-550.

2.3.2.5 A Ética estoica[95]

A filosofia estoica tem seu nome derivado de *Stoa* (o Pórtico), local de Atenas onde se reuniam discípulos de Zenão. A doutrina teve início por volta do ano 300 a.C. e dominou a cena, primeiro na Grécia, depois na Roma imperial.

Foram cinco séculos de labor filosófico, daí ser natural a constatação de três grandes fases na escola estoica: o Estoicismo Antigo, com Zenão de Cítio, Cleantes e Crisipo; o Estoicismo Médio, de Panécio e Possidónio; o Estoicismo Novo, de Sêneca, Musónio Rufo, Epicteto e Marco Aurélio. O Estoicismo Antigo foi fundado pelo Fenízio Zenão (336 ou 332-264 ou 263 a.C.), natural de Cicio, em Chipre. De sua obra só restam alguns fragmentos.

Sintetiza-se a ética estoica em duas fórmulas: **vive de acordo contigo mesmo** e **vive de acordo com a natureza**. A natureza humana se submete à razão. Logo, viver de acordo com a natureza equivale a viver de acordo com a razão. "A virtude consiste no império da razão sobre os sentidos e na eliminação das paixões, vituperadas pelos estoicos como doenças da alma. Assim entendida, a virtude é o único bem, e o vício, seu oposto, o único mal. Tudo o mais é indiferente. A virtude, segundo Crisipo, pode definir-se como a disposição constante que realiza o acordo do indivíduo consigo mesmo e com a Natureza".[96] Viver virtuosamente é viver de acordo com a natureza, mas não a natureza biológica, senão a natureza concebida pela razão.

O mundo é regido por uma ordem universal. Tudo nasce e morre num ciclo predeterminado, chamado "ano cósmico". Tudo se repete, na concepção de "eterno retorno". Nesse universo, o homem deve se inserir com indiferença – *apatia* –, e o ideal é desejar as coisas como elas são, nunca desejar que sejam como ele deseja.

O homem é naturalmente provido de razão, mas também existe a patologia humana. Esta se exterioriza por inclinações e afetos, dos quais é necessário libertar-se. **Libertar-se das afeições** é um dos ideais estoicos. Através de vínculos afetivos, o homem se escraviza. Deve desligar-se das coisas do mundo exterior, apagando-as até atingir a **apatia**.[97]

---

95. O estoicismo antigo está representado por Zenão de Citium (336-264 a.C.); Cleantes de Troas (331-233 a.C.); Crisipo de Soli (280-207 a.C.); Diógenes, o Babilônio. Entre os estoicos que exerceram sua atividade em Roma, devem ser mencionados Sêneca (4-95), Epicteto (século I d.C.) e Marco Aurélio (121-180). Além disso, o estoicismo se refletiu de maneira considerável no Cristianismo.

96. António Truyol y Serra, op. cit., p. 149.

97. *Apatia* não quer dizer "carência de sentimentos característica a uma estátua". O sábio tem impulsos moderados. Apatia é a subordinação das afeições à parte diretora da

O prazer deve ser evitado, pois pertence às afeições. É um **adereço falso**, como dizia Cleantes. A virtude é **autárquica**. Em que consiste a **autarquia da virtude**? A virtude é **autossuficiente**. Basta-se a si mesma. O verdadeiro sábio nela encontra defesa para as angústias do mundo exterior e dela extrai sua força.

A virtude é única – nisso fundam-se em Sócrates –, e entre a virtude, bem único, e o vício, único mal, não há meio-termo. Tudo o mais vem a ser eticamente indiferente – **adiaforas**. Esse rigorismo foi temperado pelos discípulos de Zenão, ao distinguir entre bens **desejáveis** e bens **condenáveis**. Não se confunde o desejável com o eticamente bom. Mas ostenta valor enquanto estimula a prática da virtude. O **censurável**, ou condenável, não se confunde com o mal, mas representa empecilho ao exercício da atividade virtuosa.

O estoicismo teve ramificação romana com Sêneca (4 a.C.-65 d.C.), Epícteto (50-138) e Marco Aurélio (121-180). Marco Túlio Cícero (106-43 a.C.), filósofo eclético, conjugou elementos estoicos e platônicos, e defendeu um igualitarismo social nitidamente estoico. Sustenta que todos os homens têm uma essencial dignidade. Todos possuem razão e conhecem o honesto e o desonesto, conseguem distinguir o justo do injusto. É frequente em sua obra o uso da expressão "*humanitas*", no sentido da formação humana e espiritual, signo da elevada condição do homem. Por isso é que ele alimenta generosa confiança na natureza humana. Sua influência foi grande porque durante os séculos seguintes houve disseminação de seu pensamento e das doutrinas do estoicismo, em especial no pertinente ao Direito Natural. Importante enfatizar que o estoicismo – na sua submissão às dores e ao sofrimento – está presente e é perfeitamente identificável no Cristianismo. Mesmo porque o pensamento ciceroniano alimentou a obra dos Padres da Igreja Ocidental, especialmente Lactâncio, Santo Ambrósio e Santo Agostinho.

Uma conotação estoica de singular interesse é a concepção de que o ser humano é uma criatura intermediária e, portanto, sujeita a vicissitudes. Tanto é suscetível a se tornar virtuoso como, com frequência maior, a se converter num viciado. "Entre os seres, uns não participam nem da virtude, nem do vício, como as plantas e as bestas brutas: as primeiras não têm alma e são providas de uma natureza à qual falta a representação; as últimas são privadas de intelecto e de razão; o intelecto e a razão são, por assim dizer, a sede do vício e da virtude, que são naturalmente dispostos a aí residir. Outros só têm comu-

---

alma que é atormentada por elas e que, como reação, mediante a virtude, cumpre seu natural destino (Paul Barth, Los estoicos, trad. Luis Recaséns Siches, Madrid, Revista de Occidente, 1930, p. 150-151, apud Eduardo García Máynez, *Ética*... cit., p. 153).

nhão com a virtude, e não participam de nenhum vício, como os astros: estes últimos são, diz-se, viventes, e viventes inteligentes. Outros, enfim, têm uma natureza misturada, como o homem, que é sujeito, assim como outros contrários, à virtude e ao vício".[98]

Esse amálgama entre o bem e o mal, entre a fragilidade e a força, faz da criatura humana algo plástico, moldável e suscetível a transformações que o aprimorem, ou que o deteriorem. A ética seria o caminho à busca da virtude. Mas deve-se dizer "a virtude" ou "as virtudes"?

"A virtude é uma, e se ela se manifesta sob a forma de disposições diversas da alma, é à unidade da alma sábia e virtuosa que essa diversidade remete".[99] A virtude seria uma espécie de **saúde da alma** ou uma **força da alma**, com exteriorizações múltiplas. Zenão admitia várias virtudes e acompanhava Platão ao denominá-las prudência, coragem, temperança e justiça. Elas poderiam ser conceituadas como Plutarco o fez: "A coragem é a prudência nas coisas a suportar; a justiça, a prudência nas coisas a atribuir".[100] Ou como se exprimiu, lapidarmente, Cleantes, após afirmar que o esforço é um choque do fogo, que se chama força e potência, quando capaz de produzir impressões na alma: "Essa força ou potência, quando ela se aplica a perseverar, é o domínio de si; quando ela se aplica a suportar, é a coragem; quando ela se refere ao mérito, a justiça; quando ela conduz a escolher ou a evitar, a temperança".[101]

Para o estoicismo, o homem não pode alterar o curso das coisas. Não tem o poder de modificar o mundo exterior, físico ou histórico. Este é fruto da Providência, que se encarrega das *coisas que não dependem de nós*. Quanto à ética, ela é obrigação do ser humano, potente em relação às *coisas que dependem de nós*. O texto de Epícteto é eloquente:

"Há coisas que dependem de nós, outras não. O que depende de nós são os nossos juízos, as nossas tendências, os nossos desejos, as nossas aversões; numa palavra, todas as obras que nos pertencem. O que não depende de nós é o nosso corpo, a riqueza, a fama, o poder; numa palavra, todas as obras que não nos pertencem".[102]

---

98. Fílon, filósofo de Alexandria do início do século I, *Da criação*, 73, apud Jean-Paul Dumont, op. cit., p. 631.
99. Jean-Paul Dumont, op. cit., p. 652.
100. Plutarco, Das contradições dos estoicos, VII, 1034 C, apud Jean-Paul Dumont, *Elementos*... cit., p. 652.
101. Idem, p. 653.
102. Epícteto, *Manual de Epícteto*. Trad. e prefácio de Pedro Alvim,, § 1.º, p. 28

A partir dessa distinção, não seria difícil à humanidade afastar aquilo que mais a angustia:

"O que perturba os homens não são as coisas, mas os juízos que eles fazem sobre as coisas. A morte, por exemplo, não é nada de temível, já que nem a Sócrates pareceu sê-lo. O juízo que fazemos sobre a morte, porém, declarando-a temível, esse sim é temível. Assim, quando somos contrariados, perturbados, atormentados, nunca devemos atribuir culpas aos outros, mas a nós próprios, ou seja, aos nossos juízos. Culpar os outros pelas nossas infelicidades é coisa de um homem ignorante; atribuí-las a nós próprios é próprio de um homem que começa a instruir-se; e não culpar nem os outros nem a nós próprios é próprio de um homem perfeitamente instruído".[103]

Sob a ótica estoica, bem absorvida pelo Cristianismo, o bem é estar de acordo consigo próprio. Ou seja: a harmonia entre a vontade de cada homem e a Razão universal. O mal, deixar-se arrastar pelas paixões. O mal não é do mundo, mas do nosso espírito.

2.4 A Ética formal

As duas classificações anteriores – **ética empírica** e **ética dos bens** – se prendem a **resultados** do atuar humano. O empirismo só se atém ao que **realmente ocorre**, a partir, portanto, do efeito concreto da atuação humana. A Ética dos bens se preocupa com a relação estabelecida entre o proceder individual e o supremo fim da existência humana.

Já para Immanuel Kant (1724-1804), em sua filosofia prática, a significação moral do comportamento não reside em resultados externos, mas na **pureza da vontade** e na **retidão dos propósitos** do agente considerado. Afere-se a moralidade de um ato a partir do **foro íntimo** da pessoa. "A **boa vontade** não é boa pelo que efetue ou realize, não é boa por sua adequação para alcançar algum fim que nos tenhamos proposto; é boa só pelo querer, quer dizer, é boa em si mesma. Considerada por si mesma, é, sem comparação, muitíssimo mais valiosa do que tudo aquilo que por meio dela pudéssemos realizar em proveito ou graça de alguma inclinação e, sequer, da soma de todas as inclinações".[104]

A compatibilidade externa entre a conduta e a norma é mera **legalidade**, sem repercussão no valor ético da ação. Moralmente valioso é o atuar que, além da concordância com aquilo que a norma impõe, exprime o cumprimen-

---

103. Epícteto, idem, § 5.º, p. 113

104. Immanuel Kant, *Fundamentação da metafísica dos costumes*. Trad. García Morente. Madrid: Calpe, 1921, p. 22, apud Eduardo Garcia Máynez, *Ética*... cit., p. 178.

to do dever pelo dever, ou seja, por respeito à exigência ética. Kant propõe, como critério distintivo entre moral e direito, o motivo da ação. A moral é autônoma, o direito é heterônomo. Enquanto a maior parte dos filósofos vê no cerne da moral o conceito de **bem**, o filósofo de Könisberg situa "no centro desta, em vez do bem, o dever: a moralidade da ação não se funda no seu objeto ou conteúdo, mas apenas na sua forma, isto é, no seu móbil".[105]

O fundamento da lei moral não está na experiência, mas se apoia em princípios racionais apriorísticos. A lei, cuja exteriorização deve representar o móvel da conduta eticamente boa, é o **imperativo categórico**, o critério supremo da moralidade: "Age sempre de tal modo que a máxima de tua ação possa ser elevada, por sua vontade, à categoria de lei de universal observância".[106]

Na lição de García Máynez, esse enunciado exprime duas exigências: 1) a exigência da autonomia; e 2) a exigência da universalidade. O ato só é moralmente valioso quando representa observância de uma norma que o sujeito se deu a si mesmo. Se a conduta não atende a um mandato oriundo da vontade própria, mas procedente de vontade alheia, carece de valor do ponto de vista ético. E para que o ato valha moralmente, é indispensável possa aplicar-se a todo ser racional. A lei moral não pode ter fundamento subjetivo, contingente e empírico, mas deverá estar racionalmente fundada. E o fundamento objetivo dela somente pode encontrar-se no conceito da **dignidade pessoal**.[107]

Dentre as várias atividades espirituais desenvolvidas pela criatura pensante, uma delas pode ser condensada "no nome de **consciência moral**. A consciência moral contém dentro de si um certo número de princípios em virtude dos quais os homens regem sua vida. Ajustam sua conduta a esses princípios e, de outra parte, têm neles uma base para formular juízos morais acerca de si mesmos e de quanto os rodeia".[108] A **consciência moral** dispõe de princípios evidentes, lógicos e claros. A partir desses princípios, os homens podem apreender os objetos metafísicos. E a esse conjunto de princípios Kant denomina **razão prática**. A denominação original é de Aristóteles e Kant a ressuscita. E da análise desses princípios Kant chega aos qualificativos morais: bom, mau, moral, imoral, meritório, pecaminoso, atributos que não podem ser aplicados às coisas, senão à vontade humana. A única coisa qualificável de boa ou má é a vontade humana.

---

105. Mário Bitotte Chorão, *O conceito de direito*, Introdução ao direito, v. 1, p. 197.

106. Fundamentação da metafísica dos costumes, apud Eduardo Garcia Máynez, *Ética*... cit., p. 67.

107. Eduardo García Máynez. idem, p. 45.

108. Manuel Garcia Morente, op. cit., p. 254.

A **razão prática** subordina a **razão pura**. O bom atuar é mais importante do que a razão. Raciocinar nem sempre significa concluir no sentido do bem. Bem que Emmanuel Kant perseguiu e que motivou toda a sua gigantesca obra. "O céu estrelado acima de mim e a lei moral dentro de mim" eram as duas coisas que, segundo ele, "enchem a mente de admiração e assombro sempre novos e crescentes, quanto mais e mais constantemente refletimos sobre elas".

Na verdade, Kant "desejou descobrir um novo caminho entre as duas linhas da filosofia do século XVIII. Os racionalistas haviam sustentado que a razão pode compreender o mundo sem o auxílio dos sentidos, enquanto os empiristas afirmavam que todo conhecimento deve ancorar-se firmemente na experiência. Ambos tinham suas fraquezas – o conhecimento obtido através da razão pura pode ser indubitavelmente verdadeiro, mas diz pouco sobre como é o mundo. Já o conhecimento empírico, se pode dizer muito sobre o mundo, em troca sacrifica a certeza. Os esforços de Kant promoveram nada menos que uma revolução na filosofia. Onde os filósofos haviam falado previamente dos objetos ou das percepções que deles tínhamos, Kant compreendeu que o meio pelo qual essas duas coisas se encontram é especialmente importante". É por isso que, em relação a Kant, pode-se concordar com ele, divergir de seu pensamento, mas nunca ignorá-lo.

É necessário deter-se um pouco mais sobre o pensamento de Kant.[109]

2.4.1 Os principais conceitos kantianos

A intenção de Kant foi demonstrar a falsidade de qualquer doutrina moral de base empírica e conferir à ética um fundamento exclusivamente racional. Ele se declara de acordo com a classificação grega das disciplinas filosóficas, tripartidas em **lógica**, **física** e **ética**.

Auxilia a penetrar no kantismo, reler o que ele afirmou sobre o que era o iluminismo:

"A saída do homem da sua *menoridade*, pela qual ele próprio é responsável. A menoridade, isto é, a incapacidade de se servir do seu entendimento sem a orientação de outrem, uma menoridade pela qual *ele próprio é responsável*, pois a causa não reside num defeito do entendimento, mas na ausência de decisão e coragem para dele se servir sem a orientação de outrem. ***Sapere***

---

109. Para penetrar no pensamento kantiano, recomenda-se a leitura de *Fundamentação da metafísica dos costumes* (1785), *Crítica da razão prática* (1788) e *Metafísica dos costumes* (1797).

aude! Tem a coragem de usar o teu próprio entendimento. É este o lema do Iluminismo".[110]

Sua ética é calcada no combate consigo mesmo pela libertação de todas as modalidades de heteronomia e de servidão interior impostas pelo poder. Ele funda o *tribunal da razão*, que permitirá a cada um criticar a sua tríplice relação com o mundo, com os outros e consigo mesmo. As três questões fundamentais da filosofia se resumem a: 1) o que posso saber? (metafísica); 2. o que devo fazer? (moral) e 3. o que me é permitido esperar? (religião). Para responder à primeira questão, escreveu *A Crítica da Razão Pura;* para responder à segunda, produziu *A Crítica da Razão Prática* e *A Crítica da Faculdade de Julgar* responderia à terceira. Uma quarta indagação é a síntese das três primeiras: O que é o homem? E a resposta virá por meio da antropologia.

Talvez o conceito mais importante da obra de Kant seja o de **boa vontade**: "Nem no mundo, nem, em geral, fora do mundo, é possível pensar nada bom sem restrição, a não ser tão só uma boa vontade".[111] Até então, a moral se avaliava por seus resultados. Era a **ética do êxito** ou a **moral pragmática**. A partir de Kant, só se considera a **atitude interior** da pessoa. O centro de gravidade da vida moral é a pureza das intenções. E **boa vontade** se define como "aquela que obra não só conforme ao dever, senão também por dever".[112] Essa concepção se apoia sobre a classificação tríplice dos atos humanos elaborada por Kant. As atitudes da pessoa, diante da moral, podem ser: 1) ações conformes com o dever, mas que não são realizadas por dever; 2) ações realizadas por dever; 3) ações contrárias ao dever.

Um exemplo pode simplificar a compreensão: conservar a vida é um dever. Se nos preocupamos apenas com isso, nossa conduta fica reduzida de significação moral. Se atentamos contra ela, descumprimos o dever. Mas se alguém perdeu todo o apego à vida e, mesmo não temendo, ou até desejando, a morte, conserva a existência para não descumprir o dever de conservar a vida, sua conduta coincide externa e internamente com a lei moral e possui valor moral pleno.

Outro conceito-chave é o dos **imperativos**. Enquanto os fenômenos da natureza decorrem das leis naturais, os fenômenos humanos derivam de **princípios**. A determinação da vontade por leis objetivas se chama **constrição**. A representação de um princípio objetivo constritivo para a razão se formula

110. Immanuel Kant, *La Philosophie de l'histoire*. Trad. de Piobetta, p. 46.

111. Immanuel Kant, Fundamentação da metafísica dos costumes, apud Eduardo García Máynez, *Ética* cit., p. 162.

112. Idem, p. 163.

através de um imperativo. O imperativo se exterioriza sob a forma de um **dever ser** e se divide em **categórico e hipotético**. O imperativo categórico impõe uma conduta por si mesma, enquanto o imperativo hipotético ordena comportamento como meio para atingir uma finalidade. Exemplo: deves amar a teus pais – imperativo categórico; se queres ir de um ponto a outro pelo caminho mais curto, deves seguir a linha reta – imperativo hipotético.[113]

A fórmula do **imperativo categórico** é célebre: "Age só segundo uma máxima tal que possas querer ao mesmo tempo que se torne lei universal".[114] Isso significa que a pessoa deve agir espontaneamente, com ação produzida por sua vontade e não por vontade alheia. E para que o comportamento seja eticamente valioso, ele deve revestir valor universal. Quando se fala em **valor universal**, quer-se dizer **validade objetiva**.

Kant distingue **máxima** e **lei moral**. "A máxima é o **princípio subjetivo** da ação, quer dizer, a regra de acordo com a qual procede o sujeito; a lei, ao contrário, constitui o **princípio objetivo**, universalmente válido, de acordo com o qual a pessoa **deve conduzir-se**. O que o imperativo categórico reclama é que a máxima (**princípio subjetivo**) seja de tal natureza que possa ser elevada à categoria de lei de universal observância. Universalidade e valor objetivo são, na terminologia de Kant, expressões equivalentes".[115]

Uma questão tormentosa é a existência efetiva dos imperativos categóricos. Poderiam ser meras hipóteses, desprovidas de concreção. Para resolvê-la, Kant propõe um valor absoluto, hábil a servir como fundamento objetivo dos imperativos. E esse valor absoluto é a **pessoa humana**. Os objetos de nossas aspirações têm valor relativo, servindo como meios. Só o homem tem valor absoluto.

As coisas têm preço, disse Kant. Somente as pessoas têm dignidade. "O imperativo prático será, pois, como segue: **age de tal modo que uses a humanidade, tanto em tua pessoa como na pessoa de qualquer outro, sempre**

---

113. Exemplos de Eduardo García Máynez, *Ética*... cit., p. 173. Como os desígnios da pessoa podem ser reais ou meramente possíveis, os imperativos hipotéticos dividem-se em *assertórico-práticos* e *problemático-práticos*. Estes assinalam os meios idôneos à consecução de um objetivo possível. São as *regras técnicas* ou *imperativos da habilidade*. Os *assertóricos* não prescrevem meios para a consecução de uma finalidade meramente possível, mas refletem o anseio pela felicidade. São os *conselhos da sagacidade* ou *imperativos pragmáticos*.

114. Textualmente: Age de maneira que a máxima da tua vontade possa valer, ao mesmo tempo, como princípio de uma legislação universal (*Crítica da razão prática*. Trad. de Artur Morão, p. 30).

115. Idem, p. 177.

como um fim ao mesmo tempo e nunca somente como um meio".[116] Vale a pena insistir sobre a questão, ainda com base textual em Kant: "No reino dos fins tudo tem ou um preço ou uma dignidade. Quando uma coisa tem um preço, pode-se pôr em vez dela qualquer outra como equivalente; mas quando uma coisa está acima de todo preço, e portanto não permite equivalente, então tem ela dignidade".[117]

A ideia de **autonomia** e **heteronomia**, conforme já asseverado, é também importante no pensamento kantiano. Somente reveste valor ético a conduta autônoma, fruto da vontade do agente. A conduta heterônoma, proveniente de vontade alheia, é desprovida de valor moral. "A dignidade humana exige que o indivíduo não obedeça mais normas do que as que ele mesmo se autoimpôs, usando de seu alvedrio. Receber a lei do exterior equivale a renunciar à capacidade de autodeterminação normativa e implica o abandono de um dos atributos da personalidade em sentido ético".[118]

O critério elaborado por Kant na teoria da autonomia e da heteronomia é uma das suas maiores contribuições para o pensamento, no dizer de Miguel Reale: "Na doutrina de Kant, autonomia indica a exigência suprema que existe no plano moral de uma adequação ou de uma conformidade absoluta entre a regra e a vontade pura do sujeito obrigado. Quando um sujeito age de tal sorte que a vontade da lei se torna a vontade dele mesmo, enquanto sujeito universal, temos um ato moral. A moralidade realiza-se, pois, como autonomia, que é o dever e a possibilidade que a vontade tem de pôr a si mesma a sua lei. Ditar a própria lei, não no sentido de que a lei deva ser materialmente elaborada pelo próprio agente, mas no sentido de que ele a reconheceu, a tornou **sua**, em virtude de identificação absoluta entre a vontade pura e o enunciado da regra moral".[119]

A inflexibilidade de Kant ao estabelecer os limites do ato moral levou muitos autores a denominarem sua doutrina de *rigorismo moral*. Todavia, o seu raciocínio é lógico. Se a observância a uma regra moral se dá por outros mo-

---

116. Immanuel Kant, Fundamentação da metafísica dos costumes, apud Eduardo García Maynez, *Ética*... cit., p. 182.

117. Immanuel Kant. *Fundamentação da metafísica dos costumes*. Trad. Paulo Quintela, p. 77.

118. "Fichte expressou esse pensamento fundamental da ética kantiana com uma frase terminante: quem obedece a uma autoridade exterior atua necessariamente sem consciência" (O. Külpe. Trad. Domingo Miral López. 3. ed., p. 132, apud Eduardo García Máynez, *Ética*... cit., p. 183).

119. Miguel Reale, *Filosofia*... cit., p. 658.

tivos ou finalidades, que não a subordinação à racionalidade do preceito, essa obediência não é de moralidade pura. Pode-se atender a uma regra moral por interesse, por hipocrisia, por vaidade, por vergonha, por tantos outros motivos que não seja a legitimidade que a consciência do agente empresta ao conteúdo da norma. Seja como for, estas últimas hipóteses revestem um vício que elimina todo o mérito da conduta moral.

A Moral é autônoma. Basta a si mesma com os seus fundamentos. A conduta moral é aquela resultante da harmonia entre a consciência e a observância. Já o direito é heterônomo. Satisfaz-se com a conformidade exterior. Não necessita da adesão da consciência. A legalidade é extrínseca, a moral é intrínseca.

Todavia, "apesar das diferenças que separam a moral e o Direito, ambos perseguem o mesmo fim último, pois pretendem assegurar a liberdade do homem, impedindo que este possa ser rebaixado ao nível de simples meio. O que acontece é que, ao passo que a moral procura a liberdade interior, a independência do sujeito para com todo e qualquer móbil que não seja o dever autônomo, o Direito realiza a liberdade do agir externo na convivência com os outros. Daí a famosa definição kantiana do Direito como 'o conjunto das condições sob as quais o arbítrio de cada um se pode conciliar com o arbítrio dos outros de acordo com uma lei universal de liberdade'".[120]

Um aprofundamento nas formulações éticas de Kant, desejável, mas por ora, inviável no âmbito e propósito desta obra, se complementaria com o estudo das objeções levantadas principalmente por Hartmann e Scheler.[121] Todavia, permanece o maravilhoso contributo de Kant ao aprimoramento da reflexão ética, com o seu idealismo transcendental. Iniciar-se no pensamento kantiano seria a leitura de um livro que escreveu sob o título *Prolegômenos a toda metafísica futura*.

Para o que nos interessa, no domínio da Ética, Kant dissocia a moral das ideias de prazer e de utilidade. A conduta é valiosa no plano moral quando a sua motivação consiste apenas no reconhecimento ao bem. Se o agente atuou com vistas à obtenção de alguma recompensa, sua ação não pode ser reputada positiva. E, no âmbito do direito, Kant posicionou a liberdade como o valor supremo: "O direito é o conjunto de condições segundo as quais o arbítrio de cada um pode coexistir com o arbítrio dos demais, de harmonia com uma lei universal de liberdade". Sob a influência de Cristiano Tomásio, distinguiu

---

120. António Truyol y Serra, op. cit., p. 365.

121. Hartmann, *Ethik*, e Scheler. *Ética*.

a moral do direito, entendendo que a primeira se ocuparia com o motivo da ação, que deveria identificar-se com o amor ao bem, enquanto para o segundo, o relevante seria o plano exterior das ações. Os direitos naturais, que identificou com a liberdade, poderiam ser conhecidos *a priori* pela razão e independeriam da legislação externa. O direito positivo, em contrapartida, "não vincula sem uma legislação externa".[122]

2.5 A ÉTICA DOS VALORES

A classificação *Ética dos valores* representa uma aparente inversão da tese kantiana. Para Kant, o valor de uma ação depende da relação da conduta com o princípio do dever, o imperativo categórico. Kant pretendeu evitar o relativismo histórico e o eudemonismo através de uma ética formal. Já Max Scheler adota outro roteiro: acredita ser possível assegurar a universalidade da ética mediante a experiência dos valores.[123] Para a filosofia valorativa, o valor moral não se baseia na ideia de dever, mas dá-se o inverso: **todo dever encontra fundamento em um valor**.

Só **deve ser** aquilo que é valioso e tudo o que é valioso **deve ser**. A noção de valor passa a ser o conceito ético essencial. E valor não arbitrariamente convencionado. Pois o que é valioso vale por si, ainda quando seu valor não seja conhecido nem apreciado. "A filosofia valorativa separa cuidadosamente o problema da intuição dos valores – que é **epistemológico** – daquele da existência do valor – que é **ontológico**".[124] É nossa consciência que nos adverte da existência dos valores. Mas não foram **criados** por ela, senão por ela **descobertos**. Só pode ser **descoberto** o que já **existe**.

Quase impossível conceituar-se o valor, como já o reconheceu Mestre Reale: "Deveríamos, à primeira vista, ter começado por uma definição do que seja valor. Na realidade, porém, há impossibilidade de defini-lo segundo as exigências lógico-formais de gênero próximo e de diferença específica. Nesse sentido, legítimo que fosse o propósito de uma definição rigorosa, diríamos com Lotze que do valor se pode dizer apenas que vale. O seu 'ser' é o 'valer'. Da mesma forma que dizemos que 'ser é o que é', temos que dizer que o 'valor é o que vale'. Por que isto? Porque **ser** e **valer** são duas categorias fundamentais,

---

122. Paulo Nader, op. cit., p. 145. Os textos entre aspas são de Immanuel Kant, *Introducción a la teoria del derecho*, 1. ed. reimpr., Madrid, Centro de Estudios Constitucionales, 1978, p. 101.

123. José Maurício de Carvalho, Experiência moral e valores no pensamento ético de Max Scheler, *Problemas e teorias da ética contemporânea*, p. 48.

124. Eduardo García Máynez, *Ética*... cit., p. 46.

duas posições primordiais do espírito perante a realidade. Ou vemos as coisas enquanto elas **são**, ou as vemos enquanto **valem**; e, porque valem, **devem ser**. Não existe terceira posição equivalente".[125]

A discussão a respeito de **valor** e de seu conceito é interminável e complexa. Primeiro porque **valor** é um daqueles termos que tiveram o seu significado bastante inflacionado. Tentou-se fundamentar uma teoria do conhecimento, em especial da história e das ciências sociais, com recurso à existência de **valores objetivos** ancorados na razão prática. Foi H. Rickert, neokantista logo seguido por Max Weber, o formulador dessa tese. Weber, talvez sob influência de Nietzsche, passou a declarar a relatividade de todos os valores, inclusive os epistemológicos. Foi a sociologia funcionalista de Talcot Parsons que, recebendo à sua maneira a perspectiva weberiana, terminou esvaziando o termo de todo significado referencial para transformá-lo em vocábulo operacional: "Um valor é uma concepção, explícita ou implícita, própria de um indivíduo ou característica de um grupo, da desiderabilidade que influencia a seleção das formas, dos meios e dos fins da ação".[126]

Ora, o relativismo atual do sentido de valor pode abrigar toda e qualquer ordem de preferências. Nem tudo o que se escolhe é valioso. Quem não dispõe da **reta razão** pode fazer – e frequentemente faz – escolhas desvaliosas. É preciso treinar o juízo para fazer escolhas fundadas em justificação razoável. Se as coisas valiosas dependem de juízos de avaliação, terão seu valor estabelecido em relação ao fim ou plano último fixado para a vida de quem as elegeu. Foi o que John Rawls já deixou assente: "Ora, os talentos do espírito, as qualidades de temperamento e os dons da fortuna podem ser extremamente maus quando a vontade que faz uso deles não é uma boa vontade".[127]

Um dos propósitos do aprendizado ético é permitir que os critérios de avaliação venham a ser aperfeiçoados, para que as escolhas – resultantes da autonomia pessoal – recaiam sobre autênticos **valores**, aqueles sobre os quais houver um consenso possível numa sociedade humana cada vez mais globalizada e cada dia mais complexa.

2.5.1 A existência do valor

Embora o valor seja indefinível, ele é perceptível. A percepção dos valores se faz por suas qualidades. "Os valores correspondem a qualida-

---

125. Miguel Reale, *Filosofia*... cit., p. 187-188.

126. Osvaldo Guariglia, *Una ética para el siglo XXI – Ética y derechos humanos en un tiempo posmetafísico*, p. 85-86.

127. John Rawls, *História da filosofia moral*, p. 178.

des que todos conhecemos: agradável, bom, mau, valente, trágico etc.; formam, na visão de Scheler, uma esfera de objetos com conexões e relações especiais. Acham-se ordenados segundo uma hierarquia *a priori*, independente dos bens em que aparecem. Não são abstrações das coisas, nem suas propriedades".[128]

Estudo elementar, como o presente, apenas aflora as questões éticas, remetendo os interessados a obras mais vastas. O propósito primordial é tentar semear o gérmen da paixão por esses temas. A reflexão sobre o valor é uma das mais instigantes para estimular o interesse pela ética. Pois uma questão recorrente no repensar de uma nova ética é a organização de conceitos ou princípios axiológicos novos, sobre os quais ela se fundará. "Nenhuma sociedade pode sobreviver sem um código moral fundado em valores compreendidos, aceitos e respeitados pela maioria de seus membros. Nós não temos mais nada disto. As sociedades modernas poderiam dominar indefinidamente os poderes fantásticos que a ciência lhes deu com o critério de um vago humanismo colorido por uma espécie de hedonismo otimista e materialista? Poderiam, nessas bases, resolver suas intoleráveis tensões? Onde vão desmoronar?"[129] Adentrar nesse debate interessa ainda aos estudiosos de Ciências Humanas e, sobretudo, àqueles que necessitam do Direito. O início do século XXI evidencia a abertura da filosofia do direito aos valores ético-políticos. Resulta da crise do positivismo jurídico a superação da rígida distinção entre direito e moral, e essa ruptura já registra vários êxitos, "dentre os quais os mais significativos parecem residir na teoria constitucionalista ou neoconstitucionalismo e na nova teoria do direito natural".[130] Essas teorias revisitadas põem no seu próprio núcleo a dimensão de correção moral do direito e afirmam não ser ela redutível ao direito válido, segundo a velha perspectiva positivista, em termos meramente formais. "A conexão entre direito e moral surge como argumento de base do processo de inclusão de conteúdos morais no direito expresso pelos princípios e nos direitos invioláveis do indivíduo. A presença dos princípios se traduz na abertura do direito a conteúdos morais e, paralelamente, determina o desenvolvimento de novas formas (balanceamento) de decisões judiciais".[131] A pauta axiológica interessa, portanto, não apenas à ética, mas ao direito concretamente considerado, vez que ele recuperou sua identidade de técnica essencialmente moral.

128. Antonio Paim, *A problemática do culturalismo*, p. 23.

129. Jacques Monod, La science et ses valeurs, Pour une éthique de la connaissance, la découverte, p. 146, apud Jacqueline Russ, *Pensamento ético contemporâneo*, p. 19.

130. Carla Faralli, *La filosofia del diritto contemporaneo*, p. 16.

131. Idem, ibidem.

Os valores dão dignidade à vida e "são imprescindíveis para o homem. Que é este sem a consciência dos valores? Em que se fundamentaria o homem ao perdê-los, ou deles duvidar? Sem o valor desaparece o homem".[132] É a adequada consciência valorativa que propiciará à criatura se definir pela melhor opção quando se encontrar diante de uma escolha.

As grandes questões da axiologia clássica podem ser resumidas a quatro, e são elas que merecerão agora ligeiro exame.

Existem os valores? Eles existem, e isso é facilmente constatável por qualquer pensante. Não se vinculam a qualquer forma de exteriorização. Podem ser meramente sentidos ou intuídos. Isso explica a simpatia ou antipatia natural diante de uma pessoa ou a emoção perante uma obra de arte.

É longeva a distinção entre o mundo da matéria e a ordem do ideal. Os valores integram a esfera suprassensível do mundo imaterial que, suscetível de ser intelectualmente concebido, não se pode visualizar ou submeter ao tato. "A filosofia atual reconhece dois tipos de existência: o ser real e o ser ideal. Pertencem ao primeiro todas as coisas e sucessos que ocupam lugar no espaço ou no tempo. O ser real se encontra, por isso, espacial e temporalmente localizado. Por sua mesma índole, pode ser objeto de um conhecimento sensível. Na esfera prática têm essa forma de existência os atos humanos, ou, mais precisamente, as múltiplas manifestações do agir: intenções, propósitos, decisões voluntárias, juízos estimativos, sentido de responsabilidade, consciência da culpa etc.".[133] Já os valores não integram a ordem da realidade. Diante dela, situam-se como **ideais**.

O perigo é concluir que só **existe** o que é **real**. Assim, o **ideal** não teria **existência**. Isso é pensamento ingênuo, como também o seria confundir-se **idealidade** com **subjetivismo**. Ideal não é só aquilo que é objeto da representação. Na ordem lógica e matemática, a tese da idealidade tem alicerces consistentes. Quando se afirma **o todo é maior do que a parte**, independentemente de alguém imaginá-lo ou pensar assim, o postulado continua válido e existente.

Embora intuitiva a apreensão do valor, torna-se facilmente assimilável a sua existência, a partir de suas características. Estas podem ser elencadas como "a imutabilidade, a bipolaridade, a irrealidade, a objetividade, a escalaridade ou gradação, a referibilidade, a preferibilidade, a implicabilidade, a historicidade, a inexauribilidade, a não autoexecutoriedade, a realizabili-

132. Mário Ferreira dos Santos, *Filosofia concreta dos valores*, p. 77.

133. Eduardo García Máynez, *Ética*... cit., p. 217.

dade, a heterogeneidade, a intemporalidade, a difusividade".[134] Além disso, os valores são absolutos enquanto *ser* e *relativos* quanto à sua apreensão. A consciência é a instância encarregada de confrontar os valores morais e de inspirar a ação.

Os valores submetem-se a uma hierarquia. "O moralista procura determinar o valor 'bem moral' e extrair daí normas para a ação prática. Tais normas serão o metro para medir, neste ponto de vista, os atos humanos. Aquilo que lhe interessa é precisamente poder demonstrar que tal valor é positivo, tal outro é negativo; e, se for positivo, fixar a sua altura numa escala axiológica com relação a todos os outros, marcando-lhes a sua hierarquia".[135] Não que possam ser eleitos, mas a hierarquia é objetiva. Entre os critérios determinativos dessa escala, indica Scheler os seguintes: "Um valor é tanto mais alto: a) quanto mais **duradouro** é; b) quanto menos participa da **extensão** e da **divisibilidade**; c) quanto mais profunda é a **satisfação** ligada à intuição do mesmo; d) quanto menos fundamentado se acha por outros valores; e) quanto menos relativa seja sua percepção sentimental à **posição** de seu depositário".[136]

A **durabilidade** do valor tem a ideia de **permanência**. Não teria sentido o amante declarar que ama **agora** ou durante certo tempo. O valor é mais elevado quanto menor a necessidade de dividi-lo com outrem. A obra de arte é **indivisível**. Inimaginável repartir-se uma tela em múltiplas peças, para que cada destinatário detenha uma parcela de seu valor originário. Entre os valores também surge a possibilidade de relações de **fundamentação**. O valor **fundamentado** em outro é sempre inferior ao **fundamentante**. Assim, a vida, entre os direitos fundamentais, é o bem por excelência. Todos os demais direitos são **bens da vida**, nesta fundamentados e, portanto, inferiores à própria vida.

A **satisfação** coincide com a **vivência de cumprimento**, não com o estado de prazer gerado pela posse do valor. E a **escala de relatividade dos valores** auxilia a aferir o grau de superioridade dele. Há valores vinculados ao **agradável**, os valores da vida que são **relativos** aos seres viventes, e há valores puros, como os **valores morais**, que têm caráter absoluto, não relativo.

Max Scheler esboçou uma classificação dos valores sob enfoque hierárquico, distinguindo-os em: a) valores do agradável e do desagradável; b) valo-

---

134. Francisco Meton Marques de Lima, As implicações recíprocas entre os valores e o direito, *Constituição e democracia – Estudos em homenagem ao Professor J. J. Gomes Canotilho*, p. 198.

135. Johannes Hessen, *Filosofia dos valores*, p. 46.

136. Idem, p. 229.

res vitais; c) valores espirituais; d) valores religiosos.[137] Ignorar ou subverter essa hierarquia é fonte de não pequenos nem simples problemas da sociedade contemporânea. O amor ocupa lugar privilegiado nessa hierarquia. "Do seu intuicionismo emocional, Scheler deriva as teorias da hierarquia dos valores e do amor. A escala hierárquica dos valores ascende dos valores da afetividade sensível aos valores religiosos. O homem no manifestar um valor deve agir de modo que esta realização favoreça e não impeça a manifestação do valor superior, e da mesma forma para cada valor até ao valor supremo que é Deus".[138]

O tema axiológico é dos mais relevantes no turbulento início do século XXI, em que se vive um tsunami derruidor de valores. Para o jurista, a existência de valores acolhidos nas Constituições é um parâmetro útil para arrostar o fenômeno. O pacto fundante não é apenas jurídico, mas também social, político, econômico, histórico, ético, sem deixar de ser jurídico. "O valor representa mais um marco evolutivo na caminhada do Direito, que primeiro admitiu a força preceptiva dos princípios – a estes fazendo expressa referência os textos legais – e agora vem assumir de público o seu conteúdo axiológico, que lhe é inerente, e vindicar a consideração deles em sua realização".[139]

Qual a função dos valores numa Constituição?

A ordem de valores fundantes das normas jurídicas é social, humana, científica e dialética, e, sob o critério sociológico, os valores cumprem três funções: a) dão coerência e sentido ao código de normas e modelo destas; b) coagem, racional e psiquicamente, os destinatários; c) contribuem para a integração social da comunidade.[140] Sob essa vertente, a hermenêutica do texto constitucional pode concebê-lo menos como um sistema de regras estruturado por princípios, mas – prioritariamente – como uma **ordem concreta de valores**.[141]

2.5.2 O conhecimento dos valores

Os valores constituem condição de existência dos bens. Existem bens porque existem valores, não o contrário.

---

137. Max Scheler, O formalismo na ética e a ética material valorativa, apud Eduardo García Máynez, *Ética*... cit., p. 233.
138. Michele Federico Sciacca, *História da filosofia*, v. 3, p. 263.
139. Francisco Meton Marques de Lima, op. cit., p. 194.
140. Francisco Javier Diaz Revorio, *Los valores superiores en la Constitución española*, p. 34.
141. É a concepção de Jürgen Habermas, *Faticidade e validade*, p. 315.

Em regra, todo ser humano tem a experiência de conferir a determinadas coisas ou ações valoração que as qualifica como boas, más, úteis, agradáveis, nobres ou belas. Esse experimento pressupõe uma escala estimativa. Ela propiciará identificar, nas coisas ou atos, os valores compatíveis com essa pauta prévia.

Essa pauta é apriorística, e, embora se afirme baseada na imitação, ou na índole intuitiva e emocional do conhecimento, ela existe em toda sã consciência. A intuição dos valores não é completa, nem perfeita. Hartmann dá a esse fato o nome de **estreiteza do sentido do valor**.[142] Nenhuma pessoa é capaz de intuir todos os valores. Quando os intui, nem sempre pode fazê-lo de forma nítida. Mas é viável o crescimento nessa arte. A missão do pedagogo e do moralista é desenvolver a sensibilidade para o conhecimento daquilo que é eticamente relevante.

Na verdade, a problemática axiológica pode oferecer perplexidade. Pois, "para quem se situe a um nível alheado de todo e qualquer dogmatismo, nem sempre o reconhecimento de valor será indiscutível, incontrovertível. Nem mesmo quando se trata de coisas por quase todos julgadas 'valiosas', porque indispensáveis à conservação da vida. Um cético, ou um niilista, perguntará por que razão será benéfico conservar a vida. E poderá negar o valor dessas coisas geralmente julgadas valiosas. Por negar também valor à respectiva finalidade".[143] O valor, portanto, depende de uma estimativa, de um juízo, de atribuição de uma determinada importância ao objeto a ser avaliado.

Não se subestime a capacidade humana de se enganar. De conferir valor ao que não tem e de negar valor ao valioso. A história tem sido pródiga em exemplos de **cegueira valorativa**, não apenas em relação aos indivíduos, mas característica a toda uma sociedade ou a toda uma época. Recorda Ortega y Gasset que "o estimar é uma função psíquica real – como o enxergar, como o entender – em que os valores se nos fazem patentes. E vice-versa, os valores não existem senão para sujeitos dotados de capacidade estimativa, do mesmo modo que a igualdade e a diferença só existem para seres capazes de comparar. Neste sentido, e só neste sentido, pode falar-se de certa subjetividade no valor".[144] É por isso que existem sábios cegos para os padrões axiológicos e ignorantes sensíveis à autêntica valoração. Seria adequado, neste ponto, pene-

---

142. Idem, p. 246.

143. Pedro Mário Soares Martínez, *Filosofia do direito*, p. 273.

144. Ortega y Gasset, Que são valores. As etapas do cristianismo ao racionalismo e outros ensaios. Santiago do Chile: Pax, p. 56, apud Eduardo García Máynez, *Ética*... cit., p. 247.

trar no intuicionismo bergsoniano.[145] A intuição, de que se conhece tão pouco, explica a existência de "homens que, mesmo ignorantes, inábeis para a construção lógica ou para a argumentação dialética, pela sua sensibilidade se revelam permeáveis à luminosidade dos valores. Porque se sentem atraídos para o que é belo e são capazes de captar os reflexos de uma beleza imperecível, ou porque são bons, ou porque a sua sensibilidade distingue, com nitidez, o justo do injusto".[146] O pensador e poeta Paulo Bomfim tem uma expressão adequada para essas pessoas privilegiadas: chama-as *elite espiritual*, a verdadeira elite, predestinada a servir de luzeiro ou de balizas morais para os coetâneos e para a posteridade.

A existência dessas primícias do gênero humano compensam a indigência moral que em aparência predomina em consideradas altas esferas. A insensibilidade dos que amealham poder, dinheiro e glória em relação aos semelhantes que não chegaram a ser incluídos no fantástico mundo do consumo caracteriza uma *viela ética* ou uma inadmissível *estreiteza moral*. Tal estreiteza, mesmo a **cegueira valorativa** ou a **miopia moral**, não se mostra capaz de destruir a doutrina da objetividade dos valores. As variações da intuição estimativa em desvio moral não alteram o valor, que permanece íntegro, à espera da descoberta. É elucidativa a ideia de García Máynez do cone de luz projetado no horizonte. A consciência de cada homem e de cada época descobre sob essa luz alguns valores. Se não atenta para outros, não é porque eles não existam. O cone de luz ilumina, mas não cria o horizonte.

2.5.3 *A realização dos valores*

O ideal coincide ou não com o real. Na ordem moral essa relação é bastante peculiar. O ser em si dos valores subsiste mesmo se não forem realizados. Mas os valores são princípios da esfera ética atual, não apenas princípios da

---

145. O termo bergsoniano designa o pensamento de Henri Bergson, filósofo francês que partiu do positivismo característico do século XIX e foi influenciado por Stuart Mill e Herbert Spencer. Mas em sua tese de doutorado, *Ensaio sobre os dados imediatos da consciência*, de 1889, pela análise do tempo interior e pela hipótese de definição intuitiva da realidade íntima, da consciência da própria personalidade, pôs em dúvida o positivismo de Auguste Comte, o agnosticismo de Spencer e os relativismos kantianos e neo-kantianos. Desenvolveu sua concepção intuicionista nas obras *Matéria e memória* (1896); *A evolução criadora* (1907) e *As duas fontes da moral e da religião* (1932). O evolucionismo bergsoniano acaba por conduzir a um misticismo, a uma tentativa de reencontro com Deus, que o aproximou do entendimento da vida dos pensadores católicos.

146. Pedro Mário Soares Martínez, op. cit., p. 280.

esfera ética ideal, observou Hartmann. É a consciência estimativa que dá o testemunho da atualidade dos valores. Ela sinaliza o sentido primário do valioso, determina o juízo moral, o sentimento de responsabilidade e a consciência da culpa.

Mais ainda, os valores são princípios da **esfera ética real**. São forças determinantes da conduta humana num sentido criador. "A possibilidade que o homem tem de converter as urgências do ideal em forças modeladoras do existente condiciona, segundo Hartmann, a grandeza de nossa linhagem. Como administrador dos valores no mundo, o homem adquire uma significação demiúrgica, convertendo-se deste modo em copartícipe da grande obra de Deus".[147]

Adquire especial relevo na doutrina da realização de valores a noção do **dever ser**. É uma noção kantiana suprema e, portanto, indefinível. Todo valor ético deriva da subordinação da vontade ao imperativo categórico. Já Scheler e Hartmann invertem a proposição: o valor moral não se funda no dever, mas ocorre o inverso: todo dever pressupõe a existência dos valores.

Para eles, não haveria sentido dizer que algo **deve ser**, se o que se postula como devido **não fosse valioso**. Caridade, justiça, temperança e outras virtudes **devem ser**, enquanto **valem**. Carecessem de valor e não deveriam ser.

O **dever ser** hartmanniano tem os seguintes elementos: a) a existência de um valor; b) o dever ser ideal do mesmo; c) a atualização de tal dever (dever ser **atual**); d) a existência de um ser capaz de realizar o valioso. O mundo real não é em si plenamente valioso, nem completamente desvalioso. Nele se realizam múltiplos valores e outros quedam irrealizados. Mas há sempre a possibilidade de novas realizações valorativas.

Mas como pode o homem realizar o valioso? Realizar o valioso consiste, para o homem, num **dever**. E o dever impõe uma conduta teleológica. Se quero acatar uma norma, devo converter tal acatamento em finalidade de minha conduta. A realização dos valores se consuma através de um processo de dúplice etapa: a **determinação primária** e a **determinação secundária**. A primeira é a intuição; a segunda, a deliberação da vontade.

É verdade que o nexo teleológico é mais complexo do que o nexo causal. O nexo causal é a relação entre dois fenômenos, o primeiro dos quais, chamado **causa**, determina de forma necessária a produção do outro, chamado **efeito**. Já o nexo teleológico admite três momentos:

1. **Postulação do fim**. Alguém se propõe a realizar determinada finalidade. É a projeção interior de seu atuar futuro.

---

147. Hartmann, *Ethik*, p. 149, apud Eduardo García Máynez, *Ética*... cit., p. 256.

2. **Eleição dos meios**. A realização dos fins pressupõe a seleção e emprego de procedimentos a eles conducentes: os meios.

3. **Realização**. Esta a etapa inserta no fluxo do futuro. Aqui existe uma similitude entre o **nexo causal** e o **nexo teleológico**. O meio é causa e o fim é efeito.

Para bem apreender essa possibilidade, a criatura deve ter presente que a realização de fins não é um processo inflexível e imodificável, totalmente fechado à intervenção de determinações heterogêneas e mais complexas. "Se o homem é capaz de propor-se um alvo e alcançá-lo, isso se deve a que o acontecer causal não se orienta de maneira inexorável até uma meta estabelecida de antemão, senão que pode ser desviado, ao menos dentro de certos limites. Para desviá-lo só faz falta o conhecimento das relações entre os fenômenos. Isto é o que expressa o velho aforismo: **à natureza não se domina, senão obedecendo-a**. E obedecê-la é orientar suas forças na direção de nossos desígnios".[148]

A realização individual de valores só se concebe numa visão de mundo em que coexistam a causalidade e a teleologia. Numa existência sem leis, em que tudo fosse fortuito e contingente, não haveria a possibilidade de estipulação de fins e de sua realização. E a pessoa deve ter consciência de que há um momento inicial de **liberdade moral**, sem o qual nada lhe será possível crescer em termos éticos.

2.5.4 A liberdade moral

Liberdade é um desses verbetes surrados pelo uso, sem que se consiga definir o seu sentido. Para um estudo sobre a ética, a liberdade é a ausência de obstáculos postos a quem se proponha a praticar o bem. Pois, numa concepção de ordem ética, a liberdade só pode ser orientada para o bem. Nada obstante, há quem consiga conceituá-la em termos desvinculados de qualquer ética e por via negativa. Ou seja, liberdade para estes seria a ausência de óbices à realização da vontade de cada um. Poderia ser também não sujeição da vontade própria a qualquer vontade alheia.

A experiência da liberdade já foi provada por qualquer pessoa higidamente equilibrada. Quem ainda não experimentou a possibilidade de optar entre ir e ficar, entre comprar e não comprar, entre dizer e calar-se? Apenas a anomalia mental priva a pessoa de qualquer possibilidade de escolha, ou seja, de ausência total de liberdade.

---

148. Hartmann, apud Eduardo García Máynez, *Ética*... cit., p. 266.

Se a liberdade existe, a conduta humana tem significado moral pleno. Se não existe, a pessoa não pode responder por seu comportamento nem pode, a rigor, ser chamada **pessoa**.

A **liberdade moral** não se confunde com a **liberdade jurídica**. Esta é faculdade puramente normativa. A liberdade jurídica é mais um âmbito espacial de atividade exterior, que a lei limita e protege. Já a **liberdade moral** é atributo real da vontade. "A jurídica termina onde o dever principia; a moral é pensada como um poder capaz de traspassar o linde do permitido".[149] Nem se confunda **livre-arbítrio** com **liberdade de ação**. Esta é mero atributo da decisão. Aquele é capaz de decidir.

A liberdade humana revela-se, então, como função ontológica da posição que o homem ocupa ante dois tipos de determinação. Na qualidade de **ente natural**, acha-se casualmente determinado por suas tendências, afetos e inclinações. Como **pessoa**, é portador de outra determinação, oriunda do reino ideal dos valores. Esta determinação lhe permite eleger finalidades, optar por meios e colocá-los em ação para chegar àquelas. É que "a liberdade pressupõe ciência adequada, conhecimento. E também educação, respeito do semelhante, que nem sempre é adquirido pela aprendizagem de índole técnica".[150]

Entre causalidade e liberdade inexiste oposição. A liberdade está radicada na autonomia dos princípios. A lei moral é a autolegislação da razão prática, dizia Kant. Se o homem se submete às leis que de sua razão promanam, evidente sua liberdade. Há um aspecto falho: a vontade pode dar a si mesma suas normas, mas não se vê forçada a cumpri-las. A pessoa não está inevitavelmente vinculada à exigência ética. Isso conduz às **aporias** da liberdade moral, examinadas por Hartmann,[151] que conclui ser indemonstrável a liberdade da vontade. É uma questão metafísica, insuscetível de ser **demonstrada**, ou de ser **refutada**. Só pode ser **discutida**.

Em favor da existência de uma **vontade livre**, existe a **consciência da autodeterminação**. Há uma convicção individual de que, diante de determinada situação, a pessoa pode escolher entre fazer e deixar de fazer. A decisão, no caso concreto, depende de cada um.

---

149. Eduardo García Máynez, *Ética*... cit., p. 272. Recomenda-se também a leitura de seu ensaio *Liberdade, como direito e como poder*, México, 1941, e de seu livro *Introdução à lógica jurídica*, México, Fondo de Cultura Económica, 1951, cap. VI, onde as ideias receberam desenvolvimento maior.

150. Pedro Mário Soares Martínez, op. cit., p. 39.

151. Eduardo García Máynez, *Ética*... cit., p. 296-300.

É verdade que da consciência da autodeterminação não se infere a autodeterminação da consciência. Mas também não se pode concluir em sentido contrário. Se não existisse liberdade humana, somente se poderia adotar o ceticismo ético e a negação da moralidade. Mas há outro indício de que existe **liberdade moral**: a existência da **responsabilidade**.

A responsabilidade não é só aparência ou fenômeno. É fato real da vida ética. E quase sempre acompanhada da **consciência de culpa**. É consequência da ação, filha da violação moral e testemunho de existência da liberdade. A culpa, diz Hartmann, "irrompe como uma fatalidade na vida humana. O sujeito não pode livrar-se dela. Aparece de súbito, julgadora, negativa, dominante. E o homem não experimenta essa irrupção como algo estranho. Em seu próprio ser há uma instância que o delata. O que na responsabilidade se encontrava já preparado, a situação interna do tribunal ante o qual o indivíduo comparece, encontra na consciência da culpa sua forma mais drástica, sua realidade interior mais convincente".[152]

2.6 A Ética pós-moderna

Deve-se a Zygmunt Bauman a expressão Ética pós-moderna. Esse o título de seu livro,[153] hoje bastante citado pelos estudiosos. O autor se detém sobre os problemas desconhecidos das gerações passadas ou por elas não percebidos. Para Bauman, "a 'agenda moral' de nossos tempos está cheia de itens em que escritores éticos do passado mal ou sequer tocaram, e por boa razão: em sua época eles não eram articulados como parte da experiência humana".[154] Os exemplos são muitos: as novas configurações familiares, os avanços da biogenética e até da neuropsicologia.

Critica o professor emérito de sociologia da Universidade de Leeds o pensamento dos moralistas modernos de "que a moralidade, antes de ser 'traço natural' da vida humana, é algo que se precisa planejar e inocular na conduta humana". Por isso a frustração na tentativa de se elaborar um código de ética insuscetível de falhas. A ética pós-moderna deriva da descrença nesse modelo.

As marcas da condição moral seriam:

a) Assertos mutuamente contraditórios, mas proclamados com a mesma convicção: "Os seres humanos são essencialmente bons, e apenas precisam de

---

152. Nicolai Hartmann, Ethik. 2. ed., p. 673, apud Eduardo García Máynez, *Ética*... cit., p. 311.

153. Zygmunt Bauman, *Ética pós-moderna*, 3. ed.

154. Idem, p. 5.

ajuda para agir segundo sua natureza"; e "Os seres humanos são essencialmente maus, e devem ser prevenidos de agir segundo seus impulsos".[155] Ambos errôneos, porque o ser humano é ambivalente.

b) Fenômenos morais são intrinsecamente "não racionais". "Não são regulares, repetitivos, monótonos ou previsíveis de forma que lhes permitisse ser representados como guiados por regras".[156]

c) A moralidade é incuravelmente aporética.[157] "Poucas escolhas (e apenas as que são relativamente triviais e de menor importância existencial) são boas sem ambiguidade. A maior parte das escolhas morais são feitas entre impulsos contraditórios".[158]

d) A moralidade não é universalizável. O que não significa acatar o relativismo moral, ou seja, de que a moralidade é um costume local e temporário. O que se pretende é reforçar o "eu moral" e não propor regras éticas heterônomas, que sufoquem a autonomia moral.

e) Sob a ótica da "ordem racional", a moralidade tende a permanecer "irracional". Se a totalidade social se inclina à uniformidade e a buscar ação disciplinada e coordenada, a autonomia "teimosa e elástica do eu moral constitui escândalo".[159] Por isso "a endêmica ambivalência no tratamento do eu moral por parte da administração societária: deve-se cultivar o eu moral sem se lhe soltar as rédeas; precisa ser constantemente desbastado e mantido na forma desejada sem que se sufoque seu crescimento e se desseque sua vitalidade".[160]

É instigante a leitura da obra de Bauman, para quem parece impossível elaborar um regramento ético. Por sinal que ele adverte logo no início da obra: "O leitor ficará de sobreaviso: não emergirá nenhum código ético no fim dessa exploração (...). É improvável que a espécie de entendimento da condição moral do eu, que permite o ponto de vista pós-moderno, torne a vida moral mais fácil. O mais com que se pode sonhar é torná-la um pouco mais moral".[161]

155. Idem, p. 16.

156. Idem, ibidem.

157. De **aporia**, uma contradição que não se pode superar, uma contradição que resulta em conflito que não se pode resolver, dificuldade ou dúvida racional derivada da impossibilidade de se resolver satisfatoriamente uma indagação filosófica.

158. Zygmunt Bauman, op. cit., p. 17.

159. Idem, p. 18.

160. Idem, p. 19.

161. Idem, p. 21.

O percurso cronológico pelas concepções éticas superficialmente mencionadas neste capítulo inicial há de servir para evidenciar que o tema sempre mereceu análise da filosofia. E continua a merecer detida apreciação, pois, se o mundo presente é o da incerteza, a incerteza moral não é o menor desafio.

Enquanto a ciência avança e a cada minuto surpreende, o território moral parece mergulhar em penumbra, senão em completa escuridão. Mesmo assim, temos de caminhar e prosseguir a jornada. "Nessa vida, precisamos de conhecimento e capacidades morais com mais frequência, e com mais urgência, que de qualquer conhecimento das 'leis da natureza' ou de capacidades técnicas. Todavia, não sabemos onde consegui-los; e quando se nos oferecem, raramente estamos seguros de que neles podemos confiar com firmeza. Como Hans Jonas, um dos mais profundos analistas de nosso presente predicamento moral, observou: 'Nunca houve tanto poder ligado com tão pouca orientação para seu uso... Precisamos mais de sabedoria quando menos cremos nela'".[162]

2.7 À GUISA DE ARREMATE

O objetivo do presente capítulo, inicial à tentativa de se penetrar no conhecimento da moral profissional, foi demonstrar que a ética é tema permanente. Nunca deixou de preocupar a humanidade. Ao menos a parte dela preocupada com a redução dos desatinos. Não há filósofo que tenha deixado de examiná-la. O interessado em se aprimorar nos estudos éticos encontrará campo fecundo em numerosas obras de notáveis pensadores, todas impregnadas de consistente meditação moral.

Não se pretendeu sintetizar tudo o que existe, pois não é esse o intuito do presente trabalho. A era em que se vive tem a característica da acessibilidade e disponibilidade plena de todo o conhecimento amealhado pelo homem. A *navegação* pela internet permite ingressar nas maiores bibliotecas e nas maiores universidades do mundo. Obras clássicas em domínio público são disponíveis e podem ser acessadas e consultadas. Basta a vontade de pesquisar. Nesta *porta de entrada*, abordaram-se partículas, verdadeira amostragem de um universo muito mais denso e de exuberante riqueza. O objetivo foi despertar o interesse e estimular o leitor para o desenvolvimento de um aprendizado mais abrangente e sistemático.

Se inexiste, portanto, uma conclusão no aspecto ético **conceitual**, tema do primeiro capítulo, as classificações também poderiam ser multiplicadas. Pense-se, por exemplo, o que se poderia dizer sobre ética analítica ou metaé-

162. Idem, p. 24.

tica, ética do autointeresse, ética descritiva, ética normativa, ética sociológica, ética substantiva, dentre muitas outras. As inúmeras formulações teóricas e a **permanência** do tema na preocupação filosófica da humanidade conduzem à certeza de sua relevância e de sua atualidade. Atualidade cada vez mais premente para um Brasil que depende de ética para encontrar seu rumo neste início de século e de milênio.

Depois de milhões de anos de existência sobre a Terra, continua a criatura humana a defrontar-se com os mesmos problemas comportamentais que sempre a afligiram: o egoísmo, o desrespeito, a insensibilidade e a inadmissível prática da violência.

Estudar ética poderá ser alternativa eficaz para o enfrentamento dessas misérias da condição humana. Ética se aprende e ética se pode ensinar. O abandono da ética não fez bem ao processo educativo, nem à humanidade.

Em todo o Planeta, a experiência contemporânea constatou que os estudos universitários – sobretudo os do direito, mas não apenas estes – mostram-se inadequados às exigências que o mundo moderno põe às profissões universitárias.[163] Eles não padecem de falta de extensão ou profundidade. Contaminaram-se, substancialmente, de negligência ética. Deficiências éticas não podem ser coibidas depois do curso. É o banco acadêmico a instância própria à transmissão dessa cultura comportamental cuja carência põe em risco não apenas a dignidade, senão a própria subsistência da profissão.

A advertência é válida, portanto, para todas as carreiras e profissões, notadamente aquelas que pressupõem a passagem pela universidade. O privilegiado universo das minorias que têm acesso ao ensino superior tem condições de reverter o quadro de não inclusão e de aprofundamento da miséria material e moral. Investe-se hoje na acumulação de informações e descuida-se do essencial, que é a formação da alma. O espírito é sempre desprezado pelo dinheiro. A Ética deve servir para atenuar essa tragédia.

De pouco ou quase nada vale o conhecimento técnico, sem o compromisso do crescimento ético. Quais os valores que o profissional deve ter em conta? "A retitude da consciência é mil vezes mais importante que o tesouro dos conhecimentos. Primeiro é ser bom; logo ser firme, depois ser prudente; e, por último, a ilustração e a perícia".[164] As qualidades essencialmente humanas,

---

163. Aloisio R. G, La formazione dei giovani come problema fondamentale dell'avvocatura, *Giur. It.* 1988, IV, c. 56, apud Pasquale Giannitì, Principi di deontologia forense, *I grandi orientamenti della giurisprudenza civile e commerciale*, p. 50.

164. Angel Osorio, A alma da toga, apud Rufino Larraud, *Curso de derecho notarial*, p. 66.

consideradas sob o prisma ético, devem ser privilegiadas. Mesmo em detrimento dos objetivos científicos e de não indesejada habilidade pericial.

Despertar para a Ética é acudir a todas as demais necessidades de uma adequada formação integral. O primeiro compromisso ético de quem se dispõe a abraçar uma carreira é bem conhecê-la. Reforce-se o caráter e atile-se a consciência. O estudo sério das disciplinas necessárias ao bom desempenho profissional virá por acréscimo.

Não se concebe consciência ética que se não devote ao permanente estudo. Ele é processo fundamental na consecução do crescimento humano, a caminho da perfectibilidade. Já o conhecimento técnico ou científico desacompanhado de vontade moral é vão conhecimento. A cultura divorciada da moral pouco ou nada poderá fazer para tornar mais digno o gênero humano.

Uma derradeira observação se impõe. De nada vale conhecer as classificações da ética, se não houver empenho em tornar-se mais ético. Cada pensador procurou oferecer a sua contribuição para o aprofundamento da discussão. Os filósofos honraram o repto: "Uma moral como sistema, com princípios e conclusões, uma lógica férrea e a possibilidade de uma aplicação segura a todo dilema moral – eis aí o que se pede aos filósofos. Em geral, eles responderam a essa expectativa Mesmo quando não estabeleceram um sistema prático ou uma casuística elaborada, eles conseguiram deduzir do sistema teórico a obediência à autoridade. Na maioria das vezes, voltaram a fundamentar, valendo-se dos recursos da lógica, da intuição e da evidência, toda a escala dos valores tal como já a sancionara a prática pública. 'Honrai os deuses com a religião legada por vossos ancestrais', diz Epicuro, e o próprio Hegel secundou-o".[165] Toda a produção intelectual se mostrou insuficiente a solucionar os problemas éticos, pois a palavra fornece argumentos, mas não é dona da vontade. Há quem não queira abrir mão do pensamento em benefício da prática, mas também não falta a postura contrária. Viver eticamente é um compromisso renovado a cada dia. Não faltarão obstáculos, a cuja superação rasgar o véu da ignorância pode auxiliar. Mas não se pode garantir que apenas a erudição se mostre suficiente a tanto.

Para reflexão em grupo

1. Pesquise, em outros autores, classificações de ética não contidas no capítulo.
2. O que se entende por metaética?

---

165. Theodor W. Adorno e Max Horkheimer, op. cit., p. 195.

3. Conceitue ética normativa.
4. Qual a influência de autores como Spinoza, Nietzsche, Wittgenstein, Heidegger, Lévinas, Habermas e outros pensadores modernos para a melhor compreensão dos presentes desafios éticos?
5. Compare as éticas da imanência com as éticas da transcendência religiosa.
6. Qual o papel contemporâneo da ética?
7. É possível ser ético sem a alavanca da crença?
8. A justiça continua a ser a virtude mais importante?
9. Continuam atuais as lições dos pré-socráticos, dos estoicos e dos epicuristas?
10. Qual a atualidade de Kant no século XXI?

A Ética do Cristianismo 3

Sumário: 3.1 A civilização cristã – 3.2 A lei moral do Cristianismo – 3.3 O ateísmo e a lei moral marxista – 3.4 O comportamento cristão – 3.5 As virtudes cardeais – 3.6 O pensamento ético do Cristianismo: 3.6.1 Santo Agostinho; 3.6.2 Santo Tomás de Aquino; 3.6.3 Jacques Maritain; 3.6.4 Pierre Teilhard de Chardin – 3.7 Conclusão.

3.1 A civilização cristã

A chamada **civilização ocidental** ainda é conhecida como **civilização cristã.**[1] Os valores sobre os quais ela se erigiu são aqueles fornecidos pelo Cristianismo, nutrido em sólida tradição judaica. Concorde-se ou não com o asserto, a civilização de que o Brasil se abebera é de inspiração nitidamente **cristã**. Decorre disso que a **crise dos valores**, constatável na sociedade moderna é também

1. O crescimento do islamismo é uma realidade que merece maior aprofundamento. Para o especialista na história do Islã, o acadêmico britânico Bernard Lewis, radicado nos Estados Unidos, há uma rivalidade de mais de quatorze séculos entre as civilizações cristã e islâmica. Ele foi o primeiro a se utilizar da expressão "choque de civilizações", suposto confronto secular entre Ocidente e Oriente. Em seguida, o cientista político americano Samuel Huntington desenvolveu o conceito. O mundo muçulmano inicia no século XXI da Era Cristã o seu século XV. Se para o Ocidente o termo "Cruzada" tornou-se inaceitável, a idéia de guerra religiosa para o islamismo é factível. Das várias religiões no mundo, apenas o Cristianismo e o Islamismo acreditam guardar a verdadeira fé. Daí a Evangelização: a fé deve ser partilhada. A luta continua em fases consecutivas: a primeira é remover os infiéis da terra do Islã. A segunda é recuperar o que foi perdido: Israel, Espanha, Portugal, Sicília, Bálcãs e Índia. A fase final é levar a guerra para a terra dos infiéis e estabelecer a dominação universal baseada na verdade religiosa. É o que se convencionou chamar de "fundamentalismo", força muito superior a qualquer convicção político-partidária. Caberia uma reflexão: qual a ética do fundamentalismo?

resultado do abandono ou leniência dos **valores cristãos**. Até mesmo para os ateus, a principiologia cristã inspira condutas de uma ética inequívoca. O crente possui uma alavanca a mais para comportar-se moralmente. Quando a fé vacila, ela costuma arrastar consigo outras práticas. Resgatar a fé pode ser considerada uma via de regeneração da ética. E a recuperação de tais crenças passa, necessariamente, pelo resgate das fontes que sustentaram o Cristianismo. Autores cristãos, em todos os tempos produziram consistente material no pensamento filosófico. Eles formularam uma verdadeira **filosofia cristã**, da qual se extrai a **moral cristã**, na concepção de que a moral é parte integrante da filosofia. E o que é **filosofia cristã**? "É cristã toda filosofia que, criada por cristãos convictos, distingue entre os domínios da ciência e da fé, demonstra suas proposições com razões naturais, e não obstante vê na revelação cristã um auxílio valioso, e até certo ponto mesmo moralmente necessário para a razão."[2] É preciso que o preconceito não impeça à juventude abeberar-se de lições contidas em livros escritos por religiosos, como se estes se resumissem à apologética.

Joseph Ratzinger, o atual Papa Bento XVI, é um intelectual de erudição sedimentada. Em seus livros sobre Jesus de Nazaré, não se limita a uma cronologia histórica, nem ao proselitismo puro e simples. Para ele, uma coisa parece óbvia: "em 200 anos de trabalho exegético, a interpretação histórico-crítica já deu o que de essencial tinha para dar. Se a exegese bíblica científica não quer exaurir-se em hipóteses sempre novas, tornando-se teologicamente insignificante, deve realizar um passo metodologicamente novo e voltar a reconhecer-se como disciplina teológica, sem renunciar ao seu caráter histórico. Deve aprender que a hermenêutica positivista de que parte não é expressão da razão exclusivamente válida que se encontrou definitivamente a si mesma, mas constitui uma determinada espécie de razoabilidade historicamente condicionada, capaz de correção e acréscimos, e necessitada deles. Tal exegese deve reconhecer que uma hermenêutica da fé, desenvolvida de forma justa, é conforme ao texto e pode unir-se com uma hermenêutica histórica ciente dos próprios limites para formar um todo metodológico".[3] Ou seja, ler os doutos cristãos facilita a compreensão da história, da filosofia, do pensamento ocidental. Jesus não é apenas um personagem histórico, mas é *também* uma figura verdadeiramente histórica. Conhecer a história de um homem cujo nascimento definiu uma era deve ser interesse de qualquer ser humano, independentemente de sua confissão religiosa ou da inexistência dela.

---

2. Etienne Gilson e Philoteus Boehner, *História da filosofia cristã*, p. 9.
3. Joseph Ratzinger, Bento XVI, *Jesus de Nazaré – Da entrada em Jerusalém até a ressurreição*, São Paulo, Ed. Planeta do Brasil, 2011, p. 12.

A **moral cristã** orientou as formulações éticas elaboradas a partir da nova era (a era antiga é hoje conhecida como a.C. – antes de Cristo) e exerceu nítida influência sobre outras éticas não cristãs. Não há quem possa recusar valia ao pensamento de Santo Agostinho, de Santo Tomás de Aquino, de Teilhard de Chardin, de Jacques Maritain e, recentemente, de Karol Woytila e Joseph Ratzinger. No Brasil, o pensamento de Gustavo Corção, Alceu Amoroso Lima, D. Hélder Câmara, Frei Beto, dentre muitos outros, evidencia a contribuição cristã para o redesenho do convívio social.

A primeira fonte da moral cristã é a Bíblia, conhecida por todo o universo cristão como as Sagradas Escrituras. Os fatos nela narrados têm intenção moralizadora e, conforme diz Chaïm, "é muito difícil distinguir o elemento religioso do elemento moral".[4] Deus é o ideal supremo a ser imitado pelo homem, a mais especial de suas criaturas. Criado por um sopro divino, o homem adquire uma **dignidade própria** e passa a ser considerado **filho de Deus**, feito por Este à Sua imagem e semelhança.

Observe-se aqui, a sólida contribuição do Cristianismo para a universalização dos direitos humanos. A partir do reconhecimento de que todos os seres pensantes são *filhos de Deus*, não faz sentido qualquer descriminação ou preconceito. Quando se introjeta o pensamento de que o mero fato de se nascer como integrante da espécie humana confere um *selo de dignidade* a cada criatura, torna-se mais fácil repudiar qualquer traço de desigualdade entre os homens. Esse germe de *individualismo* que se introduz na História pelo Cristianismo, não significa afirmar que *todos são iguais*. "É evidente que os indivíduos apenas são iguais numa dimensão mística, espiritual e não terrena. As desigualdades sociais e políticas são mantidas e em certo sentido justificadas, quanto mais não seja porque, no baixo mundo em que vivemos, nada é realmente importante".[5]

As histórias bíblicas são prenhes de ensinamentos. A incorreção humana gera o castigo. O capítulo da responsabilidade e das sanções pode ser estudado à luz da história sacra. A expulsão do Paraíso, o pecado original, o fratricídio de Abel, a condenação a viver do trabalho, a morte, a destruição Sodoma e Gomorra, a punição ao orgulho de Babel, o dilúvio, as pragas e a mão severa de um Deus que nada deixava passar sem resposta. Mas também acolhe a **esperança**, a aliança com o Criador, a promessa da eternidade, instância atemporal

4. Chaïm Perelman, *Introduction historique à la philosophie morale*, p. 70.
5. Edouard Delruelle, *Metamorfose do Sujeito* – A ética filosófica de Sócrates a Focault, p. 112.

onde não haverá dor nem sofrimento, mas muitas moradas para os que se portarem bem.

A pregação cristã é muito simples e convincente. A conduta humana é a redentora. Os homens têm de ser **santos**, como Deus é santo.[6] E a forma para se alcançar a santidade é a obediência aos mandamentos. O decálogo não é apenas um elenco de deveres **religiosos e jurídicos**, mas também de preceitos **morais**. A Bíblia ensina também a interpretar. A atualidade dos preceitos se mantém ante a capacidade dos exegetas de traduzir, para a contemporaneidade, as regras editadas no antanho. Pois o homem, ontologicamente, continua a ser aquela criatura invariável: sensível às dores, às apreensões, mas ainda capaz de sonhar, de ter esperança e de se entusiasmar.

O nascimento de Cristo e sua missão salvífica não vêm romper com a moral das velhas escrituras, mas sua mensagem vai enfatizar dois mandamentos: "Amarás o Senhor, teu Deus, de todo o coração, com toda a tua alma e com toda a força,[7] e ao próximo como a ti mesmo".[8] Ninguém pode recusar a atualidade desse preceito. Bastaria a sua observância para a desnecessidade de qualquer outro comando ético ou legal. A intensidade da mensagem faz com que até os agnósticos reconheçam: "O Evangelho é uma mensagem social dotada de sagrado rigor e de uma força avassaladora".[9]

Jesus é muito corajoso, desafiador e objetivo quando manda o homem amar seu semelhante. Não é apenas o amigo, o que é fácil até para o desalmado, mas também o inimigo. Isso é viável? Nem se mostra suficiente o formalismo. É necessário o amor entranhado e fundamental à regra da reciprocidade: "Tudo aquilo que quereis que os homens vos façam, fazei-o também por eles".[10] É exatamente o que Perelman considera **a regra de ouro** do convívio humano.[11] Essa norma, se fora cumprida, salvaria o mundo. Cada qual, sem transigir com as próprias aspirações e necessidades, cuidaria de concretizar os desejos e as carências do outro. Pois alguém só "é cristão quando aceita incondicionalmen-

---

6. Idem, p. 73. No Levítico, XIX, 2, está o texto que consagra a *idéia moral da santidade*, inexistente na moral grega: *Sede santos, pois Eu sou santo, eu Javé, vosso Deus.*
7. Deuteronômio, VI, 5.
8. Levítico, XIX, 18.
9. Bruno Forte, *A essência do cristianismo*, p. 192, a citar A. von Harnack, *Das Wesen des Christentums*, Leipzig, Heinrich Verlag, 1901, trad. italiana *L'essenza del cristianesimo*, por G. Bonola, 2. ed., editoriais de G. Bonola e P. C. Bori, Brescia, Queriniana, 1992, p. 138.
10. Mateus, VII, 12.
11. Chaïm Perelman, *Introduction historique*... cit., p. 78.

te a soberania do Outro sobre sua própria vida, descartando o mito moderno da absoluta autonomia do sujeito para aceitar a única dependência que é capaz de fazer o ser humano verdadeiramente livre: a do Mediador em quem Deus se revelou".[12]

São Paulo, o chamado **apóstolo dos gentios**, faz com que o Cristianismo, de crença que se baseava nas obras, passasse a ser religião fundada na fé. Escreve ele aos romanos que o homem será justificado pela sua fé, independentemente das obras da lei.[13] Ao lado das quatro virtudes filosóficas – a **sapiência**, a **temperança**, a **coragem** e a **justiça** – instaura-se uma nova moral, calcada sobre três virtudes agora chamadas teologais: a **fé**, a **esperança** e a **caridade**.[14] Ao contemplar o **amor** como a mais importante das virtudes, o Cristianismo reconhece que somente precisa de moral quem não tem amor. "O amor é portanto primeiro, não em absoluto, sem dúvida (pois então seria Deus), mas em relação à moral, ao dever, à lei. É o alfa e ômega de toda virtude."[15]

O Cristianismo também se valeu de alicerces da filosofia grega. "Platão definiu como principais quatro virtudes humanas: a prudência, a justiça, a fortaleza e a temperança, ou autodomínio. São as chamadas virtudes cardeais (do latim, *cardo* ou 'gonzo'), porque nelas se baseiam as demais virtudes. Cada uma das virtudes não cardeais está ligada a uma das virtudes cardeais e dela depende".[16] A elas pode se acrescentar um outro *duo*: a magnanimidade e a humildade.

O *eros* dos antigos transforma-se no *amor* da revelação cristã. "O aprofundamento e a sublimação da ideia de Deus, concebido como o amor, não poderia deixar de reformar (...) a concepção das relações do homem para com Deus, e bem assim as relações mútuas dos homens entre si; numa palavra, era forçoso que surgisse uma nova atitude ética. A teologia do amor constitui o fundamento para uma ética da caridade."[17] Se Deus, o Todo Poderoso, o onipotente, onisciente e onipresente, eterno e infinito, é capaz de amor, os homens

12. Bruno Forte, op. cit., p. 200.

13. Epístola aos Romanos, III, 28.

14. Chaïm Perelman, *Introduction historique*... cit., p. 79. Das três, a mais importante é a **caridade**, nome que pode ser substituído pelo **amor**. Examinar, a respeito, a Epístola de São Paulo aos Coríntios, XIII, 1 a 7, onde Paulo examina os atributos do amor.

15. André Comte-Sponville, *Pequeno tratado das grandes virtudes*, p. 245. São João já chegou a afirmar que **Deus é amor**.

16. Alexandre Havard, *Virtudes & liderança – A sabedoria das virtudes aplicada ao trabalho*, São Paulo, Quadrante, 2011, p. 14.

17. Etienne Gilson e Philoteus Boehner, *História*... cit., p. 17.

não podem deixar de se amar mutuamente. É a única postura conveniente para os filhos do mesmo Pai celeste, irmanados em Cristo Jesus.

A consciência dos cristãos não pode restar insensível aos apelos contemporâneos voltados a um protagonismo responsável. O contributo de cidadãos e de crentes à edificação de uma civilização que possa vir a ser chamada de "cristã", sem o risco de ostentação indevida desse distintivo, é a esperança deste novo milênio. Consoante muitas vezes assinalou o Cardeal Carlo Maria Martini, "o nosso momento histórico exige homens capazes de saber conjugar, com especial sabedoria, a virtude da prudência com a grande coragem de escolhas ricas de verdadeira novidade e de real eficácia histórica para interpretar as mudanças que se estão realizando".[18]

Uma civilização inspirada pelos ensinamentos de Cristo não pode se afastar tanto da pregação evangélica, assim como parece hoje ocorrer. Aos olhos de muitos inconformados, parecem chegados os tempos apocalípticos. O Apocalipse encerra os Livros Santos com uma linguagem estranha. Anuncia e descreve catástrofes, imagens arrepiantes e cenas aterradoras. Há quem veja no Apocalipse "uma obra de caráter sobretudo escatológico: um anúncio figurado do fim dos tempos. As imagens e as calamidades descritas seriam os sinais precursores do fim do mundo, embora admitindo que de algum modo o fim dos tempos já começou com a primeira vinda de Cristo".[19] Quando se assiste à morte trivializada, pais matando seus filhos e estes cometendo parricídio, netos torturando avós para obter dinheiro para comprar droga, abandono de incapazes e pessoas frágeis, a insensibilidade para com o desvalido, crianças morrendo de fome e o vergonhoso aumento dos moradores de rua, os mais sensíveis pensam estar presenciando sinais do fim dos tempos. Mas o Apocalipse, bem interpretado, não deixa de emitir promessas e esperanças.

A verdade cristã é um celeiro permanente de renovação da vontade de participar do grandioso projeto de transformação da história. Inúmeros textos pontificais apontam nesse sentido. Mencione-se, como exemplo, o número 42 da Exortação Apostólica *Christifideles Laici*: "A caridade que ama e serve a pessoa nunca poderá estar dissociada da justiça; uma e outra, cada uma a seu modo, exigem o pleno reconhecimento efetivo dos direitos da pessoa, para a qual está ordenada a sociedade com todas as suas estruturas e instituições".[20]

---

18. Carlo Maria Martini, *Viagem pelo vocabulário da ética*, p. 57.
19. Geraldo Morujão, *Apocalipse – Um guia de leitura para hoje*, São Paulo, Quadrante, 2010, p. 19.
20. Idem, p. 67.

A participação efetiva na política humana é instrumento essencial para esse verdadeiro heroísmo. A consequência dessa reflexão deveria ser o compromisso, assumido pelo leigo, de aceitar o direito-dever de participar da política: "Para animar cristãmente a ordem temporal, no sentido já afirmado de servir a pessoa e a sociedade, os fiéis leigos não podem abdicar de participar na política, ou seja, da multíplice e variada ação econômica, social, legislativa, administrativa e cultural, destinada a promover organicamente o bem comum. Como repetidamente afirmaram os padres sinodais, todos têm o direito e o dever de participar na política, ainda que com diversidade e complementaridade de formas, níveis, funções e responsabilidades".[21]

A leitura do riquíssimo e extenso material produzido pelas confissões religiosas só pode auxiliar na tomada de posição em face da urgente necessidade de reformulação do pacto ético regedor da convivência humana neste maltratado planeta. O que falta ao mundo é amor. E o Cristianismo é a religião da fé e do amor, pois todo o Decálogo é reconduzido ao amor universal:

"Nada devais, a não ser o amor de uns para com os outros, pois quem ama o próximo cumpre a Lei. Os mandamentos dizem: Não cometerás adultério, não matarás, não roubarás, não cobiçarás, mas todos eles se resumem num só: Ama o teu próximo como a ti mesmo. A caridade não faz mal ao próximo, pois ela é o cumprimento total da Lei".[22]

3.2 A LEI MORAL DO CRISTIANISMO

Para os monoteístas – e para o Cristianismo especificamente –, o mundo não resultou de um *big-bang* ou de geração espontânea. Tudo o que existe foi criado por Deus. E a criatura humana é a obra mais perfeita da divindade. Guarda uma centelha de identidade com o Criador.

Provido de **livre arbítrio**, o ser humano pode escolher entre o bem e o mal. Chame-se **razão**, **instinto**, ou como se quiser chamar, essa característica dos homens permite um contínuo questionamento de consciência a respeito das opções. É da experiência mais rotineira a noção de liberdade de escolha. Todo ser higidamente saudável tem a noção quase palpável de que existe um certo e um errado "reais e objetivos. Podemos às vezes estar enganados a respeito de um e outro, tal como às vezes nos enganamos nas somas e subtrações, mas nem por isso o certo e o errado passam a ser uma questão de simples gosto

---

21. Idem, ibidem.
22. Paulo, Epístola aos Romanos, XIII, 8-10.

ou de opinião pessoal, como não o é a tabuada de multiplicar".[23] Hoje se substituiria a extinta tabuada pela sofisticada maquinaria de calcular, disponível em computadores, *i-pods*, *i-pads* e até em celulares.

Consciência tal legitima não apenas a crença na transcendência, mas ainda o prestígio do direito natural. Queira-se ou não, a pessoa considerada normal acredita na lei natural. "Se não acreditássemos que existe um comportamento correto, por que nos apressaríamos tanto a desculpar-nos por não nos termos comportado corretamente? A verdade é que acreditamos tanto na decência, sentimos essa regra ou lei pesar sobre nós com tal intensidade, que não suportamos encarar de frente o fato de que a infringimos e, em consequência, procuramos fugir da responsabilidade."[24] Qualquer habitante do Brasil de hoje sabe que até os mais envolvidos em negociatas, falcatruas, corrupções ou imoralidades procuram uma escusa suficiente para justificar sua conduta e para reduzir sua culpa.

A noção de estar errado aflige qualquer pessoa que não ostente um estado de patologia que a prive de qualquer freio ético. Essas são duas "curiosas características peculiares à raça humana: a de que os homens não conseguem afastar a ideia de que há determinado comportamento que deveriam observar, aquilo a que chamam honestidade, decência, moral ou lei natural; e a de que, na prática, não cumprem essa lei".[25]

Parece óbvio que a crença pode não ser a única explicação para esse fenômeno. Há quem sustente que essas noções possam provir de um vigoroso **instinto gregário** ou representem meras **convenções sociais**, inculcadas na mente humana para permitir um convívio harmônico. O agnóstico pode também ser ético e isso é meritório. Restaria insatisfeito, contudo, se tivesse de aprofundar a razão de sua conduta moralmente idônea. Estaria perante a frequente indagação: por que devo me comportar bem? E teria como resposta: porque isso é bom para a sociedade. Mas em seguida se encontraria diante da indagação: por que devo escolher o bem da sociedade e não o meu próprio bem, nem sempre coincidente com a primeira opção? E a resposta só poderia ser: porque preciso me comportar bem.

Esse raciocínio é insatisfatório. Volta, indefinidamente, ao ponto de partida.

Já o crente possui uma alavanca de estímulo à sua conduta moralmente correta. Esta se ajusta à ordem cósmica, provinda de um espírito superior.

---

23. Clive Staples Lewis, *Mero cristianismo*, p. 22.
24. Idem, p. 23.
25. Idem, p. 31.

Uma fagulha da divindade está no meu interior e me permite distinguir entre o bem e o mal. Não se fale ainda de Cristianismo ou do Deus Cristão. Quem acredita que o universo não é fruto do acaso dispõe "apenas de duas evidências a respeito desse Alguém (que criou o Cosmos). Uma é o universo que Ele fez. Se houvesse apenas essa pista, penso que teríamos de concluir que se trata de um grande artista – porque o universo é um lugar muito belo –, mas também de um artista absolutamente impiedoso e pouco amigo dos homens – porque o universo é um lugar extremamente perigoso e aterrador".[26]

Diante desse choque é que a **lei moral** se torna a outra pista para concluir, pela singela utilização do instrumental humano – a **razão** –, que o Universo não foi fruto do caos. "E esta evidência é melhor do que a primeira, porque é informação 'interna'. Descobrimos mais sobre Deus a partir da lei moral do que a partir do universo em geral, da mesma forma que conhecemos melhor uma pessoa prestando atenção ao que ela diz do que observando uma casa que tenha construído. Ora, desta segunda evidência concluímos que o Ser que está por trás do universo alimenta um profundo interesse pelo comportamento correto: pelo jogo limpo, pelo altruísmo, coragem, boa-fé, honestidade e veracidade."[27]

Aceitar a realidade da **lei moral** é que permite a alguém adentrar no Cristianismo. Este não faz sentido enquanto não se enfrentar esta realidade. "O Cristianismo recomenda às pessoas que se arrependam e promete-lhes o perdão; portanto, nada tem a dizer, que eu saiba, àqueles que não têm consciência de ter feito algo de que deveriam arrepender-se e que não se sentem necessitados de perdão. É só depois de compreendermos que existe uma verdadeira lei moral, e um Poder por detrás dessa lei, e que infringimos essa lei e nos tornamos culpados diante desse Poder – é só depois de tudo isso, e não antes, que o Cristianismo passa a ter algo a dizer-nos."[28] Da mesma forma que só se procura o médico depois de se sentir doente, enquanto não houver a sensação de erro ou de conduta irregular não haverá preocupação maior com a busca de uma explicação convincente para a existência e para a legitimidade da submissão à lei moral.

A concreta realidade da lei moral é confiável parâmetro para avaliar a conduta. Cumpre advertir que a lei moral é exterior ao homem, ao passo que a consciência é elemento interior ao ser humano. Por isso é que a conformidade ou desconformidade de um ato com a lei moral representa a bondade ou

---

26. Idem, p. 43.
27. Idem, p. 43-44.
28. Idem, p. 45.

malícia **material**, e, em relação à consciência, constituirá bondade ou malícia **formal**. "De acordo com isto, um ato pode ser:

"a) **material e formalmente bom**: quando há conformidade com a lei e com a consciência;

"b) **material e formalmente mau**: quando há desconformidade com a lei e com a consciência;

"c) **materialmente bom e formalmente mau**: quando julgamos má uma ação que a lei não proíbe;

"d) **materialmente mau e formalmente bom**: quando julgamos boa uma ação proibida pela lei."[29]

A partir dessa classificação, seria interessante que cada qual procurasse aferir a conformidade de seus atos com a lei moral e com a consciência. Não é mero exercício lúdico, mas treino para cotejar o quão afinado se encontra o órgão moral e se é certo que podemos nos qualificar de *seres autenticamente morais*.

3.3 O ATEÍSMO E A LEI MORAL MARXISTA

Nem todas as pessoas têm crença. O falso dilema ciência/religião conduz muitas delas a descrer do criacionismo, considerado explicação pueril para o surgimento da vida na Terra e a se apoiar em outras teorias, das quais o darwinismo – vida como processo evolutivo natural – ou o *Big Bang*, grande explosão que deu origem ao processo vital.

O ateísmo sempre existiu e muita vez é fruto da exigência de mudanças sociais e políticas radicais. Na Europa do século XIX, por exemplo, "como parte do corrupto antigo regime, as igrejas tinham de desaparecer, juntamente com o Deus que sustentava o sistema".[30] A crise econômica geradora das privações em 1840 foi o clima propício a que Ludwig Feuerbach publicasse "A Essência do Cristianismo", lido avidamente por milhares de desiludidos. "Se a ideia de um Deus distante e externo era tão alienadora, por que não eliminá-la de uma vez? Para Feuerbach, Deus não passava de um opressivo constructo humano. As pessoas projetaram suas qualidades humanas num ser imaginário que era um mero reflexo delas mesmas".[31]

---

29. Ricardo Sada e Alfonso Monroy, *Curso de teologia moral*, p. 43.

30. Karen Armstrong, *Em Defesa de Deus – O que a religião realmente significa*, São Paulo, Companhia das Letras, 2011, p. 240.

31. Idem, ibidem.

Em seguida, Marx escreve o seu "Manifesto Comunista" em 1848 e, convicto da inexistência de Deus, sequer justificou seu ateísmo. Seu intuito era aliviar a miséria humana. Para ele, Deus era uma ilusão consoladora, produzido pelo capitalismo injusto.

Como contraponto, examine-se – ainda que superficialmente – como é que o materialismo dialético, e o marxismo em especial, explicam a necessidade de uma lei moral.

Mencione-se, de início e de forma singela, em que consiste o pensamento de Karl Marx: "A estrutura econômica da sociedade – forças produtivas, relações de produção e sua interação dialética – forma a base real de todo o processo social. Sobre essa base emerge uma superestrutura e, em primeiro lugar, uma superestrutura político-jurídica que vive numa dependência imediata em relação à base (assim, estado e direito não são outra coisa senão instrumentos da classe economicamente dominante) e, em segundo lugar, uma 'superestrutura ideológica' sob a forma de filosofia, ciência, arte, moral e religião".[32]

Marx se afasta de Hegel ao propor um deslocamento do olhar: "a história não é feita pelos 'heróis" de Hegel, pelos chefes militares ou de Estado, nem pelos padres ou pelos filósofos, mas sim pelos operários, os camponeses, os escravos, ou seja, todos aqueles que os nossos esquemas de pensamento mais antigos rejeitam e atiram para o inframundo dos 'produtores'".[33] Não se pense que Marx se compadece dos desvalidos. O seu livro é "*O Capital*" e não "*O Comunismo*". Ele se limita a analisar a racionalidade do sistema que os explora e as contradições assim geradas.

O pensamento de Karl Marx é o *materialismo*. Mas "não se trata propriamente de um materialismo da *matéria*, que proclame o primado de uma substância material (o átomo, a vida etc.), mas de um materialismo de *atividade* e da *relação*. O primordial para Marx são as *relações* que os homens estabelecem uns com os outros ao mesmo tempo que criam condições para a sua existência".[34]

A concepção ética marxista tende ao reducionismo. Concorda em conceituar a ética como o ramo mais prático da Filosofia. Mas vincula a ética à economia. Pois se a ética "ocupa-se imediatamente das ações dos homens, e como estão em grande parte dirigidas para a obtenção dos meios de vida e para assegurar a continuação da vida humana, a Ética está intimamente associada

---

32. Hans Joachim Störig, *História geral da filosofia*, p. 542.
33. Edouard Delruelle, op. cit., p. 288.
34. Idem, p. 289.

à base econômica da sociedade".[35] A moral está completamente subordinada aos interesses da luta de classes. O comunismo primitivo equiparava a moral burguesa ao princípio do individualismo e do egoísmo, em posição antagônica à moral proletária. O Programa do Partido Comunista da URSS de 1961 prevê as normas éticas mais fundamentais do ser humano, "normas que concordam com as exigências da moral socialista porque foram desenvolvidas pelas massas populares no transcurso de milênios, 'na luta contra a escravidão social e contra os vícios éticos'".[36]

A partir da coincidência verbal das expressões "valores" e "bens", embora com diferentes conotações, no contexto da filosofia moral e da economia política, o pensamento marxista conclui que "as questões de caráter ético podem ser traduzidas pelos seus equivalentes econômicos mais próximos".[37]

O conceito de **valor**, tão presente na reflexão ética, se resume a **valor econômico**. Os marxistas distinguem as sentenças **descritivas**, nas quais **bom** surge como adjetivo qualificativo do objeto a ser usado ou do estado psicológico de seu uso, das sentenças **prescritivas**, nas quais **bom** tem força avaliativa. No primeiro caso, a percepção é a do primeiro momento do pensamento e, no segundo, a percepção é do segundo momento.

Para elucidar o que significam primeiro e segundo momento, recorre-se a ideólogos como Mao Tsé-Tung: "O primeiro passo no processo do conhecimento é o contato com as coisas do mundo externo; isso pertence à fase da percepção. O segundo passo é uma síntese dos dados da percepção, com uma redisposição ou reconstrução; isso pertence à fase de concepção, julgamento e dedução... Mas o processo de conhecimento não termina aqui... O terceiro passo é a aplicação prática de conclusões teóricas. O conhecimento parte da prática, alcança o plano teórico pela prática e em seguida tem de voltar à prática".[38]

Lênin também observou que o idealismo é uma fase do processo de conhecimento e só pode ser tachado de absurdo se considerado fora desse contexto: "O idealismo filosófico só é absurdo do ponto de vista do materialismo grosseiro, simples e metafísico. Do ponto de vista do materialismo dialético, o idealismo filosófico é uma evolução unilateral, exagerada, de uma das características, aspectos, facetas do conhecimento, fazendo deste uma questão absoluta, divorciada da matéria, da natureza apoteotizada".[39]

---

35. William Ash, *Marxismo e moral*, p. 17.
36. Hans Joachim Störig, op. cit., p. 544.
37. Idem, ibidem.
38. Mao Tsé-Tung, *Da prática*, Obras Escolhidas, v. 1, apud William Ash, op. cit., p. 51.
39. Lênin, *Obras completas*, v. 38, apud William Ash, idem, p. 51.

O marxismo prevê uma transformação revolucionária das condições materiais de vida. "Na sociedade sem classes do futuro, quando toda exploração através da propriedade privada dos meios de produção tiver sido eliminada, os homens se dedicarão a um esforço cooperativo social, dando a todos plena oportunidade de autoexpressão no trabalho criador e ao mesmo tempo proporcionando o fundo de bens de onde todos poderão atender às suas necessidades".[40] Quando isso ocorrer, a palavra-valor **bom** só poderá ter a singeleza de sentido a ela atribuída por Karl Marx: "... a subordinação escravizadora do indivíduo à divisão do trabalho, e com ela a antítese entre trabalho mental e físico, tiver desaparecido; quando o trabalho já não for apenas um meio de vida, mas se tiver transformado na principal necessidade da vida; quando as forças produtivas também tiverem crescido com o desenvolvimento geral do indivíduo, e todas as fontes da riqueza cooperativa fluírem com abundância...".[41] Está implícita nesse texto a pressuposição de que a ideia do trabalho como inutilidade penosa e desagradável em si mesma é resultado das condições reais a que submetido o trabalhador. Além disso, a intelectualidade nutre preconceito contra o trabalho manual e atribui a mais-valia ao fruto do intelecto.

Um pensamento assim elaborado não poderia conviver com uma **lei natural** que fosse o DNA da divindade impresso na inteligência humana. O materialismo marxista reconhece a secularização das práticas comerciais e a renúncia da Igreja a legislar moralmente para o mercado. Mas não renunciou a exercitar uma função social. "Nas sociedades divididas em classes, é necessário encontrar uma forma de preservar a ideia de uma vida social integrada, para contrabalançar as tendências centrífugas dos interesses que se opõem diretamente. A religião não procura dar fim a tais divisões de classes, mas tornar possível alguma forma de vida comunal, apesar da realidade da exploração econômica."[42] Para o marxista, a religião oferece aos desfavorecidos a esperança, embora deixe tudo como está. Para a classe dominante, a Igreja distrai as massas das políticas para melhorar sua sorte, impõe deveres que os subservientes devem obedecer e tranquiliza as consciências, sem que os favorecidos abram mão de seus privilégios. Para os excluídos, a religião é uma fonte de consolo. "Marx comparava-a às flores colocadas nas cadeias das massas sofredoras, que ocultam seus elos. Não basta arrancar as flores, é preciso romper as cadeias. 'A abolição da religião, como a felicidade ilusória dos homens, é uma exigência de

---

40. William Ash, idem, p. 52.
41. Karl Marx e Friedrich Engels, *Crítica ao programa de gota*, apud William Ash, idem, p. 53.
42. William Ash, idem, p. 75.

sua felicidade real. O chamado ao abandono de suas ilusões sobre sua condição é um chamado ao abandono das condições que exigem ilusões.'"[43]

O conceito do materialismo dialético marxista sobre a religião é a de proporcionar "uma reconciliação espúria das sociedades divididas, pela qual Dimas e Lázaro podem ajoelhar-se na mesma comunhão, o primeiro satisfeito de seus bens terrenos e o segundo prevendo uma inversão das fortunas, numa hipotética vida futura".[44]

Não é verdade que a religião se descuide da vida terrena. Ao contrário, esta peregrinação já significa a aproximação da atemporalidade. Pode-se iniciar o Paraíso já neste mundo, sem esquecer que, se estivermos atentos ao céu, receberemos a terra *por acréscimo*.[45]

Na verdade, "a religião assume uma posição particular e única no interior da doutrina marxista da base e da superestrutura. Enquanto a arte e a moral – mesmo a filosofia e a ciência – são matizadas, deslocadas e desfiguradas por meio da ideologia das lutas de classe e só se desdobram puramente em sua plena florescência na sociedade socialista sem classes, a religião é, segundo a sua essência mais íntima, simplesmente um 'falso' reflexo do ser na consciência. Por isso, ela não florescerá nas sociedades sem classes, mas se mostrará definitivamente como uma ilusão e perecerá".[46] Qual será a leitura feita pelos marxistas do ressurgimento da religiosidade assim que pulverizada a URSS? Se o Cristianismo é a religião da classe dos exploradores, como é que ela sobreviveu mesmo em solo que assistiu à mais longa experiência socialista?

A utilidade do marxismo, além de favorecer o tirocínio, a capacidade de cotejo entre antagonismos, é salientar que o trabalho humano tem sua valia, qualquer que seja ele. E pregar, paradoxalmente – e nisso se aproxima ao ideal cristão –, que o ser humano não pode ser meio para nada, pois é o fim de tudo.

---

43. Idem, p. 75, a citar Marx em *Crítica à filosofia do direito de Hegel*.

44. Idem, ibidem. A citação a Dimas e a Lázaro parece parcialmente incorreta. Lázaro era o miserável que no Evangelho se alimentava das migalhas do banquete do rico. Só que o homem rico não tem nome nos Evangelhos. Dimas é o "bom ladrão", aquele crucificado ao lado de Cristo, que se arrependeu de seus pecados e mereceu o Paraíso. A citação a Dimas como se fora o homem rico e impiedoso parece defluir de pouca familiaridade com as Sagradas Escrituras.

45. Evangelho de São Mateus, 6-33: *Buscai, pois, em primeiro lugar, o reino de Deus e a sua justiça, e todas estas coisas vos serão dadas por acréscimo*. O próximo versículo recomenda a tranquilidade para não antecipar aflições: *Não queirais, pois, andar demasiadamente inquietos pelo dia de amanhã. Porque o dia de amanhã cuidará de si; a cada dia basta o seu cuidado*.

46. Hans Joachim Störig, op. cit.

É também uma espécie de libelo contra o consumismo, era em que se sabe o preço de tudo e o valor de nada.

No mais, a ética marxista é antípoda à ética cristã. Indagado sobre se o marxismo era ético, Lênin respondeu: "É claro que existe uma ética comunista... Mas repudiamos toda a moral derivada de conceitos não humanos e não fundamentados em classes... Dizemos que *nossa moral* é totalmente subordinada aos interesses da luta de classes do proletariado... Nossa moral serve ao objetivo de ajudar a sociedade humana a ascender a um nível mais elevado e a livrar-se da exploração do trabalho".[47]

Uma ética focada num só objetivo e destituída de qualquer sustentáculo que não o desse objetivo em tese tangível é uma ética submetida a um reducionismo que a enfraquece e a depaupera se confrontada com a ética alimentada pelos valores cristãos. Mesmo assim, louve-se aquele que, desprovido de fé, persevera na prática do bem. Satisfaz-se com observar regras impostas apenas por sua consciência, sem o acréscimo das futuras recompensas na eternidade.

O ateísmo continua operante e um elevado contingente de obras se propõe a disseminá-lo. Em 2011, Alain de Boton, um desses autores, esteve no Brasil para participar do projeto "Fronteiras do Pensamento" e reconheceu a contribuição do Cristianismo para as artes, para a filosofia, para a educação, para o sentido de comunhão e até para o turismo das peregrinações. Se tudo isso foi resultante da religião católica, qual o sentido de se extrair apenas Deus do conjunto? Foi a crença o motor dessa elaboração profícua e sem ela, com certeza a humanidade seria outra.

Diferente do ateísmo é a religiosidade de fachada. No Brasil é costume servir-se da Igreja para ocasiões especiais. Batiza-se, crisma-se, faz-se a Primeira Comunhão, casa-se na Igreja. Os templos católicos são quase sempre heráldicos, servem de cenário para o sacramento que para muitos é um contrato temporário. Também a Igreja serve para as missas de sétimo dia. Legiões comparecem, não sabem acompanhar a cerimônia, não sabem responder às orações. São frequentadores "sociais" da Casa de Deus. Grande parte dos que se dizem professar uma religião, na verdade não participam de cultos ou liturgia. "Há pessoas que sentem a necessidade de preencher a sua vida com algo espiritual, mas que se recusam a aproximar-se da Igreja por considerá-la uma instituição opressiva e antiquada".[48] Assim como se faz com o capítulo moral

---

47. Lênin, *As tarefas das ligas da juventude*, Obras Escolhidas, v. 2, apud William Ash, op. cit., p. 104.

48. Alfonso Aguiló, *Luzes e sombras na igreja – Pontos discutidos sobre a história e a vida da igreja*, São Paulo, Quadrante, 2011.

que não interessa cumprir, escolhe-se do "menu" aquilo que convém, na oportunidade de fazer valer a conveniência. Os religiosos omissos são menos éticos do que os ateus ou agnósticos. Estes ainda têm por si a autenticidade. Não crêem, não têm por que se submeter a ritos e liturgias. Para eles, Deus nunca existiu ou, se existiu, já morreu.

Não constitui novidade o decreto da morte de Deus. Fê-lo Nietzsche, enquanto Fukuyama reconheceu a morte da História e Foucault afirmou a morte do homem. Com tudo isso, continua a humanidade a sua marcha, até quando Deus quiser...

3.4 O COMPORTAMENTO CRISTÃO

Para muitos dos imersos nesta sociedade hedonista, em que o prazer é a única regra e o próprio interesse a exclusiva preocupação, obedecer a regras morais alicerçadas no cristianismo pode parecer insano. A ideia de Deus seria aceitar a existência de um ser castrador, infalível na anotação de nossos erros, inflexível ao se servir da balança para aferir o peso de nossos pecados. Mas "Deus não é um simples observador que se limite a tomar nota da nossa maneira de viver. É o autor da salvação e diz-nos: *Não há outro deus que salve a não ser eu. A tua conversão é coisa minha, não temas*."[49]

A moral não existe para fabricar infelizes. "Na realidade, as regras morais são 'instruções do fabricante' destinadas a ajudar-nos a manejar corretamente a máquina humana. Cada uma dessas regras existe para prevenir um curto-circuito geral, ou, pelo menos, uma tensão ou um atrito no funcionamento dessa máquina."[50] Para o cristão, a alegria provém da virtude, sobretudo da esperança. É natural à criatura humana ter esperança: "Sempre procuramos em nós mesmos alguma coisa a que agarrar-nos, esperando de uma resolução nascida da nossa vontade o triunfo nas nossas lutas interiores".[51]

O nascimento é um fato natural. Não se nasce com garantia de fábrica, nem a criança se faz acompanhar de um "manual de utilização". Essa máquina humana é falível e "costuma sofrer dois tipos de avarias: o primeiro ocorre quando os indivíduos se afastam uns dos outros ou colidem entre si, prejudicando-se mutuamente – por exemplo, envolvendo-se em brigas ou fraudes; o segundo, quando as coisas vão mal dentro do próprio indivíduo, quando as diferentes partes que

---

49. Pius-Aimone Reggio, *Por que a alegria?*, p. 39, a citar Blaise Pascal, *Mystère de Jésus: "C'est mon affaire que la conversión; ne crains point"*.

50. Clive Staples Lewis, op. cit., p. 76.

51. Pius-Aimone Reggio, op. cit., p. 47.

o compõem – as suas diversas potências ou capacidades, os seus desejos etc. – funcionam cada qual por sua conta ou interferem umas com as outras".[52] Uma terceira preocupação deve ocupar um espaço na inteligência dos humanos: para onde esta máquina vai? Ela um dia não funcionará mais. Será apenas material descartável, o pó que ao pó retorna, sem qualquer outra destinação?

A moral serve para cuidar desses três aspectos da natureza humana: "Primeiro, da justiça e da harmonia entre os indivíduos. Segundo, daquilo que poderíamos chamar a limpeza ou arrumação interior de cada indivíduo. Terceiro, da finalidade central da vida humana como um todo: aquilo **para que** fomos criados".[53] Conclui-se com espontaneidade que a moral alicerçada numa confissão religiosa – notadamente a fé cristã – é absorvida de forma natural pela espécie humana que se dispuser a se servir do instrumental da razão. Mais importante ainda, o cumprimento das regras morais do Cristianismo é resultado consciente e inafastável da crença autêntica. Proceder que se libera dos conflitos semeados no caminho dos ateus. Afinal, se Deus não existe, por que procurar atender à Sua vontade?

3.5 As virtudes cardeais

Os gregos, pela voz de Aristóteles, já legaram o patrimônio valioso de considerar a **virtude** um **hábito** e não um dom inato. Adquire-se a virtude mediante a prática virtuosa. A reiteração de atos virtuosos constrói uma pessoa virtuosa. Da mesma forma que a prática reiterada de atos distanciados da virtude edifica uma personalidade viciada ou corrompida.

Para uma concepção singela da moral cristã, ela poderia se resumir em sete virtudes. Quatro delas são as **virtudes cardeais** e três são chamadas **virtudes teologais**. Chamam-se **cardeais** por derivarem de **cardo**, nome dos eixos de uma porta. Significam, portanto, o **eixo** central da moralidade. São elas a **prudência**, a **temperança**, a **justiça** e a **fortaleza**.

Prudência, qualidade reclamada a todo ser humano, não se afasta do senso comum. É a capacidade prática de analisar as consequências de um ato antes de sua prática. Para o cristão, cabe recordar que Jesus Cristo ensinou que os homens deveriam ser simples como as pombas, mas também **prudentes** como as serpentes.[54]

---

52. Idem, p. 78.
53. Idem, p. 79.
54. Evangelho de São Mateus, Capítulo 10, versículo 16: *Eis que eu vos mando como ovelhas no meio de lobos. Sede, pois, prudentes como as serpentes e simples como as pombas* (Bíblia Sagrada, São Paulo, Edições Paulinas, 1953, p. 1177).

A **temperança** tem o sentido de moderação, frugalidade. A etimologia ajuda a compreender: **tempero** é alguma coisa a se utilizar com comedimento. Pouco sal, reduzida pimenta. Assim, a vida humana deve evitar os excessos. A ideia aproximada é o **justo meio** aristotélico. Nem a embriaguez, nem necessariamente a abstemia.

Justiça como virtude cardeal não equivale ao resultado do funcionamento dos Tribunais. O significado é muito mais denso. É o que poderia ser chamado de **jogo limpo**. Implica em correção, transparência, imparcialidade, honestidade, reciprocidade, veracidade, lealdade. Todo um conjunto de atributos tão ausentes da vida pública nos últimos melancólicos tempos nacionais.

Fortaleza é a qualidade do destemido, do valoroso, do ser humano excepcionalmente provido de coragem. Poderia ser traduzida como **fibra moral**, consistência, energia, firmeza, força, resistência, rigor ou robustez. Fortaleza é o talento dos homens seguros, valorosos e vigorosos. Daqueles que sabem suportar as vicissitudes e as intempéries sempre companheiras da aventura humana.

As virtudes **teologais** são a **fé**, a **esperança** e a **caridade**.

Fé é sinônimo de **crença**. Seria mesmo uma virtude acreditar em algo? A concepção humana de virtude parece estranhar que a crença possa representar uma virtude. No sentido cristão, a **fé** como virtude representa mais o conteúdo de **crença inabalável**. Uma crença que não se dilui diante do infortúnio. Uma fé que não se abala se a opção por Deus resultar num calvário. Ou seja, quem quer seguir a Cristo precisa deixar sua família, seus bens, apanhar sua cruz e abandonar-se – em plena disponibilidade e confiança – à vontade divina.

O **abandono em Deus** representa um grau mais elevado da virtude da fé. Não é apenas a aceitação da verdade revelada, mas exige humildade e desapego. Por isso é que as efusivas proclamações da crença não traduzem – necessariamente – a consistência da fé.

A **esperança** é ter confiança no futuro e nas promessas que a redenção propiciou aos crentes. Como virtude teologal, a **esperança** é algo mais do que o otimismo. Não é a simplória ideia de que a esperança é a última que morre. Esperança é certeza no porvir. É vinculada à fé, pois a criatura humana foi criada para a transcendência e sua individualidade não desaparecerá com a morte. O ser humano é predestinado a perdurar. Essa a esperança cristã.

Por fim, a **caridade** não é filantropia. Não é dar esmolas, embora o caridoso seja também generoso. Caridade, no sentido cristão, é **amor**. Tanto assim que a **regra de ouro** do Cristianismo – e que serve como regra de ouro para a Humanidade – é **amai-vos uns aos outros**. Solicitado a sintetizar os mandamentos, foi o próprio Cristo quem afirmou que eles se resumiriam ao amor a

Deus, com todas as forças, e ao amor ao próximo, na medida idêntica ao amor-próprio.

A literatura cristã sobre o amor é imensa. Inclui o amor carnal, o amor que une homem e mulher para a partilha de vida e para perpetuar a obra divina. Para Fulton J. Sheen, "no amor são necessários três elementos, pois o amante e o ser amado são unidos na terra por um ideal exterior a ambos. Se nós fôssemos absolutamente perfeitos, não teríamos necessidade de amar ninguém além de nós mesmos. A consciência de satisfazer-nos plenamente não deixaria margem a que desejássemos algo que não possuímos. Mas o próprio amor começa com o desejo de algum bem. Deus é bom. Deus é o ser e, portanto, não tem necessidade de nada fora dele. Mas nós **temos** o ser: a Criação pode ser definida como a introdução do verbo **ter** no universo".[55]

Deus é Amor. Tal asserto é recorrente no Cristianismo. A partir de inúmeras passagens das escrituras sagradas. Tais como: "Dou-vos um novo mandamento: que vos ameis uns aos outros, e que, assim como eu vos amei, vos ameis também uns aos outros. Nisto conhecerão todos que sois meus discípulos, se tiverdes amor uns aos outros".[56] Lição tão forte, que explicitamente reiterada: "O meu preceito é este: que vos ameis uns aos outros, como eu vos amei. Ninguém tem maior amor que o daquele que dá a sua vida por seus amigos".[57]

O asserto mais contundente a respeito encontra-se na Primeira Epístola de São João: "E nós conhecemos e cremos no amor que Deus tem por nós. Deus é amor, e quem permanece no amor, permanece em Deus e Deus nele".[58]

3.6 O pensamento ético do Cristianismo

Alimentados pela crença, inúmeros pensadores se devotaram a meditar sobre a moral e legaram patrimônio hoje fruído por toda a Humanidade. Por crentes e não crentes. Nenhum estudo sério de filosofia poderá desconsiderar Agostinho, Tomás de Aquino, Teilhard de Chardin, Jacques Maritain e outros escritores inebriados no Cristianismo.

Os autores que seguem não excluem inúmeros outros, que podem e devem ser lidos, discutidos e, o quão possível, também seguidos.

---

55. Fulton J. Sheen, *O mistério do amor*, p. 31.
56. Evangelho de São João, 13, 34-35, Bíblia Sagrada, p. 1292.
57. Evangelho de São João, 15, 12, Bíblia Sagrada, p. 1293.
58. Primeira Epístola de São João, capítulo 4, versículo 16, Bíblia Sagrada, p. 1469.

3.6.1 Santo Agostinho

Agostinho (354-430) nasceu de pai pagão e mãe cristã, Santa Mônica, a quem se deve sua conversão. Tornou-se bispo de Hipona e em 398 publica suas *Confissões*, espécie de autobiografia. A primeira parte, mais extensa, contém sua ética. A segunda, filosófica e instigante, é sua meditação mais abstrata acerca do tempo e da memória. Perelman o considera precursor dos filósofos existenciais contemporâneos, pois elabora suas teorias a partir de experiências vivenciadas.[59] É o primeiro *homem moderno*, pois "a autocrítica que ele faz de si mesmo nas *Confissões* indica a maturidade psicológica da sua análise existencial".[60]

Seu relato sobre a busca de algo que não conhecia pode servir à reflexão que tantas pessoas no século XXI deveriam fazer. Embora provido de bens materiais, um privilegiado na existência de tantas vicissitudes, por que o sentimento de desconforto, algo que faz falta e não se consegue definir? É através da reflexão filosófica que ele sente o chamado de Deus: "como era intenso, meu Deus, o desejo de me desligar das coisas terrenas para me elevar até Ti, sem que eu soubesse, no entanto, para onde me encaminhava este amor pela sabedoria que me concedias? Pois é em Ti que está este amor pela sabedoria a que os gregos chamam filosofia".[61]

O combate diuturno e desigual que o homem trava consigo mesmo dura toda uma existência. Por isso considera-se a antropologia agostiniana bastante sombria: "Sem Deus, o homem não é senão miséria, lama, um ser imerso no erro e no pecado. Enquanto os filósofos entendiam a infelicidade como uma imperfeição do conhecimento, Agostinho diagnostica uma perversão da vontade".[62] Mas aí onde reside a dificuldade, encontra-se também o remédio. Se a infelicidade é fruto da vontade, o *querer humano* pode afastá-la. Cada pessoa saberá encontrar dentro de si o caminho para a serenidade, para a aceitação daquelas coisas imutáveis e com as quais se há de conviver por todo o período previsto para a trajetória neste planeta.

---

59. Carlo Maria Martini, *Viagem...* cit., p. 81. O professor belga recomenda a leitura de Etienne Gilson, *Introduction à l'étude de Saint Augustin*, e Bernard Roland-Gosselin, *La morale de Saint Augustin*.

60. Antonio Hortelano, *Moral responsável*, p. 31.

61. Agostinho, *Confissões*, tradução e notas de Arnaldo do Espírito Santo, João Beato e Maria Cristina de Castro-Maia de Sousa Pimentel, Lisboa, Imprensa Nacional-Casa da Moeda, 2000, Livro III, cap. 4, p. 158.

62. Edouard Delruelle, op. cit., p. 119.

Agostinho teve o mérito de integrar ao Cristianismo a teoria platônica das ideias. A lei natural que já tinha sido objeto de atenção de São Paulo é um aspecto particular da lei eterna. E lei eterna, para ele, é a razão divina e a vontade de Deus que manda respeitar a ordem natural e proíbe perturbá-la. "O mesmo Deus que criou as coisas deu-lhes um princípio regulador, uma lei, que, se nos seres irracionais opera de modo necessário, pelo homem, criatura racional, deve ser livremente acatada."[63] A lei natural está insculpida na consciência humana. É a participação da criatura racional na ordem divina do universo. A lei eterna reflete-se na razão dos homens como uma lei ética natural. Nenhuma maldade é suficiente para apagar essa lei impressa no coração humano.

Para Agostinho, todo homem quer a felicidade e sai à sua procura. Se não chega a alcançá-la, não é feliz. Mas as coisas materiais e humanas não trazem a felicidade. O homem foi feito para Deus e só Nele encontrará a verdadeira alegria. De qualquer forma, cumpre ao ser humano perseguir o bem-estar terreno. Antes de tudo, convém escolher bem o objeto do seu amor. É preciso amar, mas tomar tento àquilo que se ama. O homem será bom ou mau de acordo com o objeto bom ou mau de seu amor.

As noções centrais da moral agostiniana são o amor e a vontade. Sua fórmula célebre diz: "**Ama e faz o que quiser**". Expressão bastante divulgada, muito invocada por quem acredita que o amor sensual, o amor paixão, o amor carnal, é superior a tudo. A frase deve ser adequadamente analisada. O amor verdadeiro é o Criador. Deus não se autodefiniu apenas como Caminho, Verdade e Vida. Também admitiu, pela palavra dos profetas e do Evangelho, identificar-se com o amor. A caminhada dos homens pelo Planeta é a busca do verdadeiro amor. E no caminho para Deus, o cristão ascenderá por vários degraus. "A fé, que dá a crença em Deus, é o começo da sabedoria. A piedade, que corresponde à virtude da justiça, nos trará o saber, a ciência, a prudência, a força, isto é, a coragem, a pureza de coração. A sabedoria nos conduzirá à contemplação. A temperança, a força ou coragem, e a justiça são definidas em função do amor. A temperança é o amor que se doa inteiramente àquele que ama. A força é o amor que tolera tudo por aquele que ama."[64]

Em sua obra *A cidade de Deus*, Agostinho formula a concepção de que a sociedade se baseia sobre um desejo comum, ideia que é a generalização de uma definição da amizade atribuída a Cícero. Pois Cícero dizia que a verdadeira amizade consistia em amar as mesmas coisas e se opor às mesmas coisas. Toda sociedade humana, segundo Agostinho, procura a paz. Enquanto a ci-

63. António Truyol y Serra, *História da filosofia do direito e do estado*, p. 216.

64. Chaïm Perelman, *Introduction historique*... cit., p. 84.

dade humana a busca na dominação e no gozo de bens materiais, a cidade de Deus realiza a paz mediante a união no amor de Deus. Diante da divergência de valores, as duas cidades estão em luta.

Muitos tentaram ver na **Cidade de Deus** a **Igreja**, enquanto a **Cidade Terrestre** seria o **Estado**. Não seria esse o pensamento de Santo Agostinho, para quem nem todos os membros da Igreja serão salvos, nem todos os cidadãos condenados. A concepção é mais profunda. Há quem, mergulhado na Terra, viva autêntica vida de **cidadão de Deus**, enquanto outros, integrando a Igreja, digladiam-se como **cidadãos terrestres**. "Há filhos da Igreja ocultos entre os ímpios", proclamava Agostinho. Assim como "há falsos cristãos dentro da Igreja". O enquadramento, em uma ou outra cidade, depende da moral que a cada qual orienta e da pureza de propósitos que o anima.

A concepção das *duas cidades* é baseada na constatação de que, seja no plano político, seja no plano ético, existe um confronto entre duas dinâmicas afetivas. Aquela que impele para a miséria e a corrupção e outra que impulsiona para o bem e a verdade.

"Dois amores construíram, então, as duas cidades: a cidade terrestre, pelo amor de si até ao desprezo por Deus, e a cidade celeste, pelo amor de Deus até ao desprezo por si. Uma glorifica-se em si própria, a outra no Senhor. Uma pede aos homens a sua glória, a outra deposita em Deus a mais cara das suas glórias, testemunho da sua consciência. Uma, levada pelo orgulho da sua glória, caminha de cabeça erguida, a outra diz ao seu Deus: 'tu és a minha glória, tu levantas a minha cabeça' (Salmos, 3:4). Aquela, nos seus chefes, nas suas vitórias sobre as outras nações, deixa-se dominar pela paixão de dominar. Esta apresenta-nos os seus cidadãos unidos na caridade, servindo-se uns aos outros, governantes dirigindo, súditos obedecendo. Aquela, nos seus príncipes, ama a sua própria força. Esta diz ao seu Deus: 'Amar-te-ei, Senhor, minha única fortaleza' (Salmos,17:2)".[65]

Reflexão oportuna implica em analisar a sociedade atual, sobretudo a conduta das lideranças políticas e econômicas. À primeira vista, a sensação é a de que a *Cidade dos homens* domina a cena e sufocou a *Cidade de Deus*. Não é preciso ser cristão ou ter alguma crença para essa constatação. Por sinal, é interessante sublinhar que os filósofos ateus consideram Agostinho figura imprescindível em qualquer compêndio filosófico. Reconhecem a valia intrínseca de sua obra. Compreendem que Agostinho criticava os filósofos pela sua arrogância. O que interessa, a partir do Cristianismo, é a humildade dos sim-

---

65. Agostinho, *A Cidade de Deus*, tradução e prefácio de J. Dias Pereira, Lisboa, Fundação Calouste Gulbenkian, 1996, Livro XIV, p. 28.

ples. Podem ser citadas "inúmeras passagens em que Agostinho, em especial, denuncia o orgulho e a vaidade dos filósofos que não quiseram aceitar que Cristo pudesse ser a encarnação do Verbo, do divino, que não admitiram a modéstia de uma divindade reduzida ao estatuto de humilde mortal, suscetível ao sofrimento e à morte. Como diz num de seus principais livros, **A Cidade de Deus**, dirigindo-se aos filósofos: '*Os soberbos desdenharam de tomar esse Deus como senhor, porque o "Verbo se fez carne e habitou entre nós", e isso eles não podiam admitir. Por que? Porque seria necessário que eles deixassem a inteligência e a razão no vestiário e as substituíssem pela confiança e pela fé*'".[66]

O insuspeito ateísta Luc Ferry enxerga na religião uma **dupla humildade** que se opõe à filosofia grega. "Por um lado a humildade, se ouso dizer, 'objetiva', de um *logos divino*, que fica 'reduzido', com Jesus, ao estatuto de modesto ser humano (o que parece muito pouco para os gregos). Por outro, a humildade 'subjetiva' de nosso próprio pensamento, que é obrigado pelos crentes a 'se soltar', a abandonar a razão para ter confiança, para dar lugar à fé."[67] Essa dúplice humildade fez com que Agostinho caçoasse dos filósofos: "*Inchados de orgulho pela alta opinião que têm de sua ciência, eles não ouvem o Cristo quando diz: aprendei de mim porque sou manso e humilde de coração, e encontrareis repouso para vossas almas*".

Se a mensagem inicial do Cristianismo foi sofrendo mutações – próprias da falibilidade humana –, é sempre saudável revisar o pensamento mais próximo à chegada do Cristo. Agostinho, Doutor da Igreja, soube encontrar em Paulo, o romano Saulo de Tarso, que não conheceu Jesus, fundamento para as lições até hoje plenas de verdade para quem queira ser cristão. Deus não é algo distante, complexo, difícil e inacessível. "Paulo descreve a imagem, inaudita na época, de um Deus que não é mais grandioso: não é nem colérico, nem terrível, nem cheio de poder como o dos judeus, mas fraco e misericordioso a ponto de se deixar crucificar – o que, aos olhos do judaísmo da época, bastaria para provar que não tinha nada de divino! Mas ele também não é nem cósmico nem sublime como o dos gregos que, de modo panteísta, fazem dele a estrutura perfeita do Todo do universo. E é justamente esse escândalo e essa loucura que constituem sua força: é por sua humildade, e exigindo-a dos que vão crer nele, que ele vai se tornar o porta-voz dos fracos, dos pequenos, dos subalternos. Centenas de milhões de pessoas se reconhecem, ainda hoje, na estranha força dessa fraqueza mesma."[68]

---

66. Luc Ferry, *Aprender a viver* – Filosofia para os novos tempos, p. 83-84.
67. Idem, p. 84.
68. Idem, p. 85.

O exemplo de Agostinho deve servir de inspiração a todos aqueles que almejam atingir a verdade. Se foi no neoplatonismo que ele encontrou o que procurava, não descansou em seguida. "Convenceu-se, de súbito, da existência de uma realidade suprassensível, isto é: de um mundo espiritual, e, acima deste, de um Deus, Verdade segura e Luz imutável."[69] Mas quem sofrera a experiência dolorida da dúvida e da desesperança produziu obras para auxiliar o semelhante a combater o ceticismo. Outra lição agostiniana imperecível é que nunca divorciou a teoria da prática. "Sua filosofia é uma interpretação de sua própria vida, e esta se resume numa busca ininterrupta de Deus. Decerto, sua busca não foi vã, nem lhe faltaram grandes descobertas; ainda assim, não cessou de procurar até o fim de sua vida."[70] A nenhuma criatura que se autoproclama "racional" é escusável desistir de procurar a verdade. Reside nessa busca a essência da aventura humana. De maneira mais trivial, o postulado justifica a tese da **educação continuada** ou **permanente.**

A juventude contemporânea, que tanto pronuncia a palavra **amor**, deveria se aprofundar em Agostinho. Na sua concepção de ordem moral, a força motriz que a concretiza é o amor. O amor como força motriz da vontade. De onde decorrem consequências importantes: "O amor é a própria essência do homem, e por isso ele não encontra repouso enquanto não encontrar o seu 'lugar'. (...) O amor é a alegria ontológica mais profunda".[71] Mesmo na sua fase pecaminosa, Agostinho era impelido pelo amor. Sempre "amou o amor".

O ser humano é incapaz de viver se amor. E "o problema central da moralidade é... o da reta escolha das coisas a serem amadas... O amor a uma pessoa difere do amor a uma simples coisa. Amamos as coisas em atenção à nossa própria pessoa, a cujo serviço elas perdem sua existência, como sucede com uma iguaria que se ama e se consome. O amor puro, sincero e generoso a um ser pessoal, ao contrário, visa a pessoa como tal e em si mesma".[72] Extrai-se daqui algo que o Direito propõe e consagra como bem fundamental: a igualdade. Pois amar alguém significa estimá-lo como a si mesmo. Isso só é possível no plano da igualdade. Seja mediante elevação do ser amado ao próprio nível, seja elevando-se ao nível da pessoa amada.

Isso não é impossível para o ser humano, já que, para Agostinho, "*o homem é uma alma racional que se serve de um corpo*".[73]

---

69. Etienne Gilson e Philoteus Boehner, *História*... cit., p. 149.
70. Idem, p. 151.
71. Idem, p. 189.
72. Idem, ibidem.
73. Etienne Gilson, *Introdução ao estudo de Santo Agostinho*, p. 98.

3.6.2 Santo Tomás de Aquino

Coube a Tomás de Aquino (1225-1274) redescobrir o pensamento aristotélico e neoplatônico, adaptando-o à doutrina cristã. O **tomismo** é considerado a doutrina filosófica de maior influência no seio da Igreja, com repercussão fora dela. Ocorre que "a obra e a importância de Santo Tomás devem ser encaradas, não à luz do triunfo posterior do tomismo, e sim, exclusivamente, no ambiente histórico do século XIII. Pois bem: o aristotelismo se corrobora a ponto de tornar necessária uma tomada de posição: ou seria posto a serviço da Teologia, ou, ao contrário, transformar-se-ia numa ameaça aos próprios fundamentos da visão cristã do mundo".[74]

Santo Tomás é nitidamente tributário de Santo Agostinho. Também para ele, o universo é uma ordem dentro da qual cada ser ocupa um lugar determinado, com propriedades e funções específicas. Distingue-se, porém, o pensamento de Tomás de Aquino do esposado por Agostinho, pois para este "as virtudes teologais eram o fundamento das virtudes cardeais (ou filosóficas). Para Santo Tomás, ao contrário, estas últimas têm uma existência própria e podem se manifestar entre os pagãos. Mas são virtudes imperfeitas no sentido em que elas não são suficientes para uma vida moral. É assim que um homem pervertido pode, entretanto, ser corajoso. Não há coerência entre as virtudes. Só a fé pode tornar tais virtudes perfeitas e procurar uma vida moral coerente".[75] Foi Tomás de Aquino quem definiu a virtude como *hábito operativo bom*. "Isto quer dizer que as virtudes são um tipo de qualidades estáveis e por isso são hábitos e não meras disposições ou qualidades transeuntes. São inerentes a uma potência operativa e isto as distingue dos *hábitos entitativos*, inerentes na natureza de uma coisa: a saúde é um hábito entitativo do corpo."[76]

O homem, para Tomás de Aquino, "é o ponto de convergência de toda a criação. Nele se encerram, de algum modo, todas as coisas".[77] Já em relação a Aristóteles, Santo Tomás se utiliza de seu pensamento, de sua terminologia, inclusive das mesmas frases, mas com interpretação própria. Limita-se a imprimir direção cristã quando isso lhe parece necessário.

Para ambos, Aristóteles e Tomás de Aquino, cada ser tende à realização de sua essência. O objetivo de uma vida moral é alcançar a perfeição. Toda operação propiciadora dessa aproximação do homem com seu destino natu-

---

74. Etienne Gilson e Philoteus Boehner, *História...* cit., p. 447.
75. Luc Ferry, *Aprender...* cit., p. 88.
76. Angel Rodriguez Luño, *Ética general*, p. 262.
77. Etienne Gilson e Philoteus Boehner, *História...* cit., p. 467.

ral é considerada bem moral. A vida virtuosa das pessoas, que é o ideal da ordem ética natural, aproxima a humanidade de seu objetivo último: a posse eterna de Deus. A paixão pode ser boa ou má, de acordo com a regência ou não da razão.

Em Tomás de Aquino, o imperativo moral consiste em que o homem se obrigue livremente a voltar-se para Deus. "A moral de Santo Tomás é uma moral dinâmica, baseada na liberdade interior. Não está centrada na lei, nem no dever em si mesmo, mas na razão pessoal. A consciência moral é para Santo Tomás de Aquino um ato de inteligência em virtude do qual nos sentimos responsáveis pelas nossas ações diante de nós mesmos e diante de Deus."[78]

Santo Tomás admite que o homem tende, espontaneamente, ao bem, na concepção tradicional da sabedoria grega. Se a humanidade é naturalmente conduzida rumo ao bem, como enfrentar a questão da liberdade? A resposta é a de que, tendendo ao bem universal como fim, o homem tem pleno arbítrio para escolher os meios necessários a alcançar esse fim. Os meios necessários são bens particulares e específicos.

Um outro aspecto ainda se mostra relevante. Existe para Tomás de Aquino uma **verdade moral**, que elimina a pluralidade de regras. Todas as concepções não cristãs são repudiadas, pois a noção de bem e de verdade se assimilam. "Santo Tomás identifica a verdade, dada a conhecer por Deus aos homens, com essa espécie de luz natural que lhes permite conhecer os princípios fundamentais da ação e que ele chama de **syndérese**. A razão humana, que é nossa participação na razão eterna, nos fornece os princípios fundamentais tanto no domínio teórico como no domínio da ação. Sabemos, graças a ela, que é preciso procurar o bem e evitar o mal, que temos obrigações naturais para com os membros de nossa família etc."[79]

Esta a contribuição de Tomás de Aquino para a formulação de uma nova teoria de direito natural. As concepções a ele precedentes são as de Sócrates, para quem o direito positivo se confunde com o direito natural, ou as estoicas, que admitem a existência de uma moral atuando supletivamente ao direito positivo. Já a concepção cristiana é a de que há regras impostas por Deus e que não se deve obedecer ao direito positivo quando ele se opõe às leis divinas. Isso estabelece nítido primado da **lei natural** sobre a **lei positiva**.

As relações entre a religião e a moral são postas por Tomás de Aquino da seguinte maneira:

---

78. Antonio Hortelano, op. cit., p. 33-34.

79. Luc Ferry, *Aprender*... cit., p. 89-90.

1. Deus é o legislador e os padres são os intérpretes da lei. A lei divina não deve ser considerada injusta. Ela não pode ser criticada, mas interpretada de forma a ser adaptada às circunstâncias do caso concreto.

2. Deus é o juiz supremo, que tudo vê e controla todos os nossos atos. A noção de felicidade, fundamental na filosofia grega, se transforma em noção de beatitude. À felicidade terrestre se opõe uma felicidade eterna que deve determinar nossa obediência à lei de Deus. Essa ideia estimula o comportamento moral, pois um ser perfeito – adivinha até os pensamentos – está nos acompanhando e verificando a compatibilidade de nossa conduta com a reta via em direção à beatitude.

3. Deus nos serve de modelo. Um Deus personificado. Deus amor, razão, luz eterna, onisciência. Ele conhece a solução para todos os problemas e devemos procurar esta solução que é a única absolutamente válida. Diante da verdade divina, não há lugar para a tolerância nem para o pluralismo.[80]

A consequência das vertentes agostiniana e tomista também varia. Se a religião determina as regras morais, o homem não tem autonomia. Não pode escolher entre obediência e desobediência. Se as regras devem ser interpretadas, é a Igreja que fornecerá esta interpretação.

O abrandamento da doutrina virá, em certa medida, pela possibilidade de interpretar os comandos. Maior ou menor progresso dependerá da liberdade de interpretação.

Lembra António Truyol y Serra que é significativa a obra de Tomás de Aquino, pese embora sua curta existência terrena, para marcar a história do pensamento e garantir sua presença na atualidade filosófica: "Mais do que pela novidade ou o brilho das ideias, o Aquinense impôs-se à posteridade pelo seu prodigioso sentido de sistema, que sabe harmonizar as verdades parciais de procedência diversa, num conjunto bem elaborado, em que todas se entrelaçam para obterem o sentido autêntico. Fruto de maravilhoso poder de síntese, que soube conciliar elementos que a outros pareciam inconciliáveis, e de um equilíbrio metodológico em que ordenadamente convivem a especulação racional e a observação, a autoridade da tradição recebida e a investigação pessoal, o sistema do Doutor Angélico impôs-se luminosamente ao pensamento católico posterior".[81]

---

80. Chaïm Perelman, *Introduction historique...* cit., p. 92. O autor recomenda a leitura de: Monseigneur Leclercq, *La philosophie morale de Saint Thomas devant la pensée contemporaine*; Etienne Gilson, *Le thomisme, introduction au système de Saint Thomas d'Aquin*, Paris, Vrin, 1923; Sertillanges, *La philosophie morale de Saint Thomas d'Aquin*, Paris, 1916.

81. António Truyol y Serra, op. cit., p. 304-305.

A ética tomista estrutura-se na excelência da humanidade. "Como todos os demais seres, o homem foi feito para um determinado fim. Contudo, além de tender a este fim, o homem é capaz de conhecê-lo. Como ser dotado de conhecimento espiritual e de tendência racional, o ser humano se insere no reino da moralidade."[82] A vida moral é viável porque a vontade é o princípio ativo que move as diversas potências da alma. A vontade é livre. Ela é que determina o ato humano, cuja estrutura apresenta quatro graus distintos: a intenção, o conselho, o consentimento e a eleição. A conclusão é bastante racional: há quatro etapas a percorrer, antes que o ser humano pratique um mal. Basta retroceder em uma delas e o mal será evitado.

3.6.3 Jacques Maritain

O interesse na reabilitação dos fundamentos da **ética cristã**, numa era em que o mundo sente nítida tentativa de **descristianização** dos costumes, recomenda a inclusão de ao menos mais dois pensadores, cuja filosofia moral fornece argumentos ainda válidos para os que ousam resistir à sanha da desmoralização. O primeiro deles é Maritain.

Jacques Maritain (1882-1973) escreveu muitos livros,[83] e sua obra mereceria ressurgir no vácuo das ideias passageiras, da facilidade com que se substituem paradigmas para prestígio do mais insensato relativismo. Maritain é um tomista moderno, seu pensamento evidencia que as lições de Tomás de Aquino permitem uma experiência pessoal e inventiva. O tomismo resiste ao embate com todas as grandes veredas – ou desvios – da filosofia contemporânea.

O extrato a seguir é também útil como revisão e síntese sobre os diversos sistemas da filosofia moral. Maritain estabelece, como as grandes categorias dos sistemas éticos, a *ética cósmico-realista da tradição clássica*, *a ética acósmica e idealista de Kant* e a *filosofia moral pós-kantiana.*

A ética cósmico-realista é *cósmica*, pois fundada numa visão da situação do homem no mundo. É *realista*, pois baseada em realidades que constituem o objeto de uma metafísica e de uma filosofia da natureza. É uma ética de caráter experimental e normativo. O objeto moral é bom em si, intrinsecamente bom, quando conforme à razão. Existem um *bem* e um *mal* intrínsecos – conformi-

---

82. Etienne Gilson e Philoteus Boehner, *História*... cit., p. 476.

83. Consultem-se, de Jacques Maritain: *Cristianismo e democracia*; *A filosofia moral* – Exame histórico e crítico dos grandes sistemas; *O homem e o Estado*; *A igreja de Cristo* – A pessoa da igreja e seu pessoal; *Introdução geral à filosofia*; *Lógica menor* e *rumos da educação*, *Sobre a filosofia da história*, dentre outros livros.

dade ou não com a razão –, e a bondade da ação moral depende da bondade do objeto.

A ética acósmica e idealista de Kant é uma grande mudança de rumo. Kant propõe uma ética sem fim último, uma ética do imperativo categórico, na qual o universo da moralidade ou da liberdade é totalmente separado do universo da natureza. Diz Maritain que, "a propósito da revolução kantiana, (...) ela redunda numa **ética acósmico-idealista**, construída independentemente de toda concepção sobre a situação do homem no mundo e no universo, e que não pretende ter fundamento nem na metafísica nem na filosofia da natureza; ética que tem um caráter **dedutivo-normativo**".[84]

Na *filosofia moral pós-kantiana*, o estágio foi de crise permanente, na visão de Maritain. Três linhas de evolução poderiam ser identificadas: as fundadas numa metafísica idealista e apriorista, como os sistemas éticos do romantismo alemão; uma segunda linha de reação contra Kant, de que é exemplo a teoria ética segundo o modelo das ciências naturais, como o sociologismo francês; e uma terceira linha de evolução, a assinalar um retorno a uma concepção cósmica autenticamente filosófica.

Para estabelecer os fundamentos de uma filosofia moral autêntica, é necessário estudar os conceitos fundamentais da ética. Também são três as suas categorias: conceitos fundamentais sistemáticos, conceitos fundamentais práticos e conceitos fundamentais pré-requeridos.

Os conceitos fundamentais sistemáticos são os mais próximos à metafísica, e o primeiro de todos é o conceito do **bem**, tão comum e tão enigmático. O segundo conceito é o de **valor moral**, aspecto primordial do conceito de bem. Para Maritain, "o valor moral é a qualidade que faz com que uma ação humana seja intrinsecamente boa, atraente por sua própria bondade".[85] Também sistemático é o conceito de **fim**, no sentido de **fim último** da vida humana. Finalmente, é sistemático e fundamental o conceito de **norma**. Não é demais recordar que o conceito de **norma** estava presente em toda a filosofia moral grega, mas com o sentido de regra prescrita pela razão ordenada à obtenção de certos fins – em particular a felicidade. Só com o Cristianismo surgiu a concepção de se conferir caráter sagrado à lei moral, pois a norma seria a expressão da vontade de Deus, muita vez insculpida naturalmente no coração dos homens.

Os conceitos fundamentais práticos são os de **direito** e de **dever**, de **falta moral**, de **mérito**, de **sanção**, de **punição** e de **recompensa**. Revestem uma

---

84. Jacques Maritain, *Problemas fundamentais da filosofia moral*, p. 19.

85. Idem, p. 35.

pureza ética em relação aos conceitos precedentes e estão impregnados de conotações culturais, sociais, religiosas e jurídicas. Seu significado, portanto, não é ortodoxamente racional.

Por último, os conceitos fundamentais pré-requeridos são os pressupostos a quem se proponha estudar ética, filosofia especulativa e metafísica: a **existência de Deus**, a **alma humana**, a **pessoa**, a **liberdade**. E, principalmente, o conceito de **verdade**. Sobre a grave questão da **verdade**, indaga Maritain: "Será este um conceito unívoco, que só teria sentido no domínio das ciências matemáticas ou naturais? Ou, pelo contrário, seria um conceito análogo e transcendental, que tanto tem sentido no domínio do senso comum como no da inteligência filosófica e científica, no domínio da filosofia e da metafísica como no domínio das ciências, ou no domínio da virtude de prudência, ou no da arte e da poesia, ou no domínio da fé religiosa? É um conceito válido, e intrinsecamente variado, nos diversos graus de conhecimento prático? Somente a miopia da inteligência contemporânea pode pô-lo em dúvida".[86]

Quem pretender aprofundar-se no conhecimento ético, sempre com a finalidade de intensificar a **vivência ética**, precisa se debruçar sobre esses conceitos e tentar identificar qual a concepção a que se filia. É muito importante saber pensar e agir de acordo com o que se pensa. Sob o risco, sempre presente, de começar a se pensar de acordo como se age, sem a prévia e detida reflexão.

O estudo atento e meditado, com verdadeiro interesse, provindo da certeza de que ele tornará o interessado **um ser humano melhor**, fará com que a pessoa compreenda o sentido da **obrigação moral** que o presente está a cobrar de todos. Em sua essência, "a obrigação moral é a forma da razão que se impõe como a regra (regra-piloto) imediata dos nossos atos, pelo próprio fato de, sendo homens, termos de agir como homens, e de a razão de ser naturalmente feita para medir nossas ações. A primeira expressão da obrigação moral é o primeiro princípio: **o bem deve ser feito, o mal deve ser evitado**, mas sob a forma de um preceito, o preceito fundamental: **faze o bem e evita o mal**".[87] No mundo em que o mal ganha espaço e o bem precisa recuar, é urgente e essencial reforçar o time da bondade com a adesão daqueles que acreditam ser possível mudar o jogo.

Jacques Maritain transmite uma lição de otimismo. Para ele, a obrigação moral deveria surgir como coação exterior, imposta pela razão. Mas "perde ela esse caráter de coação externa na medida em que nos convertemos numa **nova**

86. Jacques Maritain, *Problemas fundamentais*... cit., p. 38-39.

87. Idem, p. 177.

criatura, transformados pelo amor e querendo espontaneamente o bem, o bem que é conformidade com a razão".[88]

Maritain faz uma interessante leitura de um texto de São Paulo que foi utilizado na Idade Média para robustecer a doutrina do *direito divino do monarca*. Os reis, enfraquecidos pela concorrência do poder feudal, redescobriram o trecho da Epístola aos Romanos, que diz: "Toda a autoridade provém de Deus".[89] Para Jacques Maritain, "Paulo veio para evangelizar e pregar o reino de Deus, não para reformar a cidade temporal. Não trata diretamente da ordem temporal, a ela só se refere em relação ao reino de Deus. Mas por isso mesmo seu ensino toca certos princípios muito elevados dessa ordem".[90]

Então não se interessaria o Apóstolo dos Gentios pela vida comum, pela rotina dos homens? Ao contrário. O mais importante é viver o Evangelho: "O fermento evangélico, uma vez deposto na massa, trabalhará interiormente o mundo e provocará, a longo prazo, mudanças na própria ordem temporal. É justamente por esta razão que o evangelista, como tal, não tem que se preocupar com melhorar as coisas da cidade terrestre, deixando este cuidado a outros. O essencial para ele é trazer um fermento puro, para a vida eterna. Paulo fez mais pela abolição da escravidão, ensinando a essencial igualdade diante de Deus, do escravo e do senhor, do que se tivesse atacado de frente as instituições jurídicas de seu tempo".[91]

Em relação ao tempo, a lição de Maritain observa que "a matéria da Filosofia da História é o desenrolar-se do tempo, a própria sucessão do tempo. Aqui estamos em face não apenas da singularidade do curso inteiro dos acontecimentos. História que jamais se repete, história única. E o objeto formal da Filosofia da História é o significado, tanto quanto possível inteligível, desse desenrolar-se, dessa evolução do tempo".[92] Nem todos têm uma noção clara

---

88. Idem, ibidem.
89. Epístola aos Romanos, Capítulo XIII, versículos de 1 a 7: *Todo homem esteja sujeito às autoridades superiores; porque não há autoridade que não proceda de Deus; e as autoridades que existem foram por Ele instituídas*. A leitura que Dalmo de Abreu Dallari faz desse trecho é o de tentativa de se combater a tendência anarquista dos primeiros cristãos. Testemunhas dos fenômenos do limiar da cristandade, teriam razões para pensar que o "fim dos tempos" estaria próximo e que não era mais necessário trabalhar ou cuidar de coisas terrenas. O mais importante seria aguardar a nova vinda de Cristo, embora no convívio fraterno que inspirou os não-cristãos a afirmarem: "Vede como se amam...".
90. Jacques Maritain, *O pensamento vivo de São Paulo*, p. 152.
91. Idem, p. 154.
92. Jacques Maritain, *Sobre a Filosofia da História*, p. 47.

do que seja o tempo: "O tempo não é um quarto de despejo onde homens práticos catariam oportunidades mais ou menos rendosas. O tempo tem um significado e uma direção. A história humana é feita de períodos, dotados, cada um, de particular estrutura inteligível e, portanto, de exigências fundamentais particulares".[93] Maritain chama esses períodos de *climas históricos* ou *constelações históricas*, cada qual a guardar distinção com os anteriores. E o mais importante é a irreversibilidade do tempo: na vida não se ensaia! Tudo é definitivo. Se todos tivéssemos essa realidade em mente, quiçá não errássemos tanto por insensatez, teimosia ou irresponsabilidade.

3.6.4 Pierre Teilhard de Chardin

A exuberância do pensamento judaico-cristão para quem se proponha a levar ética a sério impõe a inclusão de mais um filósofo do Cristianismo: o sacerdote católico Pierre Teilhard de Chardin. Ele é estudado no mundo todo porque sua personalidade é multifária. Simultaneamente cientista, paleontólogo, geólogo, antropólogo, conciliou tudo isso com a santidade e uma vida mística. Nasceu em 1.º de maio de 1881, em Sarcenat, numa propriedade familiar, perto de Clermont-Ferrand, na França. Aluno dos jesuítas no ginásio de Mongré, nas proximidades de Lyon, encontrou sua vocação religiosa e entrou para a Companhia de Jesus aos 18 anos. Estudou em Jersey, fez o professorado no Cairo, terminou estudos religiosos em Hastings, na Inglaterra, onde foi ordenado padre em 1911. Recebeu na Sorbonne, em 1922, o título de Doutor em Ciências Naturais e faz profícua carreira científica, inaugurada por uma expedição de dois anos na China. Participaria de inúmeras outras: a conhecida viagem *Cruzeiro amarelo*, assim chamada por incursionar por vários países habitados pela raça amarela, escavações na Índia, na Birmânia, e especializou-se em paleontologia. Passou seus últimos anos em Nova York, onde morreu no domingo de Páscoa, em 10 de abril de 1955.[94]

Suas principais obras são: *O fenômeno humano*,[95] *O meio divino: ensaio da vida interior*,[96] *Ser mais*, *Hino do universo*,[97] *O padre*, *Notas de retiro*, *Sobre o sofrimento*, *Sobre a felicidade*, *Sobre a felicidade, sobre o amor*,[98] dentre inúmeras outras.

---

93. Idem, p. 47-48.
94. Síntese extraída do livro de Edith de la Héronnière, *Teilhard de Chardin* – Une mystique de la traversée.
95. Pierre Teilhard de Chardin, *O fenômeno humano*.
96. Pierre Teilhard de Chardin, *O meio divino*: ensaio da vida interior.
97. Pierre Teilhard de Chardin, *Hino do universo*.
98. Pierre Teilhard de Chardin, *Sobre a felicidade, sobre o amor*.

O fenômeno humano, título de sua principal obra, constitui um momento capital na história do pensamento do século XX. Em seu prólogo, o jesuíta transmite a importância de se voltar o olhar para o objeto humano. Na verdade, o *ver teilhardiano* vai muito além da aparência, signo característico desta era do efêmero. "*Ver.* Poderíamos dizer que a Vida inteira está ali... Procurar ver mais e melhor não é pois um capricho, uma curiosidade, um luxo. Ver ou perecer. Essa é a situação, imposta pelo misterioso dom da existência, a tudo quanto é elemento do Universo. E, consequentemente, num grau superior, a condição humana. (...) Se, realmente, ver é ser mais, olhemos o Homem e viveremos mais."[99]

Espírito privilegiado, Teilhard de Chardin era extremamente lúcido em relação ao futuro do homem: "Uma primeira coisa que dá a pensar, quando observamos os progressos à nossa volta, da coletivização humana, é o que eu chamaria de caráter inelutável de um fenômeno que resulta imediatamente e automaticamente do encontro de dois fatores igualmente estruturais: de um lado, a superfície restrita da Terra; e, de outro lado, a multiplicação incessante, nessa extensão restrita, de unidades humanas dotadas (como consequência dos meios cada vez mais rápidos de comunicação) de um raio de ação rapidamente crescente, sem contar que são eminentemente capazes, devido a seu psiquismo elevado, de se influenciar e interpenetrar mutuamente".[100]

A formação desse conglomerado humano é previsível e gradual. Tudo foi fruto de um evolucionismo que não elimina a participação divina. A coletivização acelerada da espécie humana "nada mais é do que a forma superior adotada pelo trabalho de molecularização na superfície de nosso planeta".[101] O resultado – de que somos todos protagonistas – é a "planetização da humanidade, ligada a um agrupamento fechado de pessoas: a humanidade, nascida neste planeta e espalhada por todo o planeta, formando, pouco a pouco, em torno de sua matriz terrestre, uma única unidade orgânica maior, fechada sobre ela mesma, uma única arquimolécula hipercomplexa, hipercentrada e hiperconsciente, coextensiva ao astro no qual nasceu".[102]

A elaboração erudita e cientificamente avançada do pensamento teilhardiano foi atento também à Moral, quando cuidou da apologética. Ele compreendia, como uma das faces mais importantes da hominização, a ascensão das

---

99. Pierre Teilhard de Chardin, *Em outras palavras*, p. 3-4.
100. Idem, p. 33-34.
101. Idem, p. 34.
102. Idem, p. 35. Impossível não extrair desse texto a inspiração teilhardiana em pensadores contemporâneos como Gilles Lipovetsky, autor de *Les temps hypermodernes*.

realidades biológicas ao domínio das realidades morais. "A moral nasceu, de modo geral, como uma defesa empírica do indivíduo e da sociedade. Assim que os seres inteligentes começaram a se pôr em contato e, consequentemente, em atrito, sentiram a necessidade de se proteger contra seus abusos mútuos. E, assim que se estabeleceu, pelo uso, uma organização que garantia mais ou menos a cada um o que lhe era devido, esse próprio sistema sentiu a necessidade de se garantir contra as mudanças que viriam questionar as soluções admitidas e perturbar a ordem social estabelecida."[103] Daí chamar-se moral todo sistema coerente de ação, que se aceite por necessidade ou por convenção. "No sentido restrito, uma 'moral' é um sistema coerente de ação, que deve ser universal (regular toda a atividade humana) e categórico (envolver alguma forma de obrigação)."[104]

Para Teilhard de Chardin, por moral se entendera sempre um sistema definido de direitos e deveres, com vistas a estabelecer entre indivíduos um equilíbrio estático, resultante da limitação das energias. Sua concepção é a de que o moralista, até então um jurista – ou um equilibrista –, venha a se tornar um técnico. Na verdade, um "engenheiro das energias espirituais do Mundo. A mais alta moral é, a partir de agora, aquela que melhor souber desenvolver até seus limites superiores, o Fenômeno natural. Não mais proteger, mas desenvolver, pelo despertar e pela convergência, as riquezas individuais da Terra".[105]

Disso resulta que três princípios definem o valor dos atos humanos: a) em última instância, só é bom o que concorre para o incremento do Espírito na Terra; b) é bom, ao menos parcialmente, o que proporciona um incremento espiritual na Terra; c) o melhor é o que garante às potências espirituais da Terra seu mais alto desenvolvimento. Em virtude deste último princípio é que se desvela "a noção de uma nova *moralização*, entendida como a descoberta e a conquista, indefinidamente continuadas, das potências animadas da Terra. Para a moral de equilíbrio ('moral fechada'), o Mundo moral podia parecer um domínio definitivamente circunscrito. Para a moral de movimento ('moral aberta'), esse mesmo Mundo se apresenta como uma esfera superior do Universo bem mais rica em potencialidades desconhecidas e combinações insólitas que as esferas inferiores da Matéria. Será no Oceano misterioso das energias morais a serem exploradas e humanizadas que se lançarão os mais ousados navegadores de amanhã".[106]

103. Idem, p. 139.

104. Idem, p. 139-140.

105. Idem, p. 142-143.

106. Idem, p. 144-145.

A história da filosofia identifica em Pierre Teilhard de Chardin um dos teólogos católicos mais representativos do século XX. Coube a ele "conciliar a visão evolutiva do universo ("creio que o Universo seja uma Evolução") com uma concepção espiritualista ("creio que a Evolução vá rumo ao Espírito, creio que o Espírito encontra o seu termo em algo de Pessoal, creio que o Pessoal supremo seja o Cristo-Universal)".[107]

É evidente a necessidade de aprofundamento na obra consistente, desafiadora, mas apaixonante, do jesuíta Pierre Teilhard de Chardin, para apreensão menos superficial da riqueza de sua formulação. Mas os reduzidos textos desse edifício parecem suficientes para os propósitos desta reflexão: demonstrar que o texto "*em casa de meus pais há muitas moradas*" se presta a inúmeras interpretações e propicia a opção por explorar sendas as mais aparentemente distintas, mas todas convergentes ao reconhecimento de que a moral judaico-cristã encontra-se nos alicerces de nossa cultura. Quem quer que se não satisfaça com os rudimentos da moral impositiva, categórica, insuscetível de contra-argumentos, poderá explorar a elaboração erudita e muito mais exigente em termos de reflexão de filósofos como Teilhard de Chardin, igualmente cristãos, mas voltados a espíritos ousados, sequiosos da verdadeira sabedoria e para os quais a perquirição é permanente. Como permanentes são os reptos postos a quem se proponha a penetrar no infinito da filosofia.

3.7 Conclusão

Existe, portanto, uma *ética cristã*. E ela não é a mesma coisa que *teologia moral*. "A Teologia Moral pressupõe o exercício da fé por parte de quem a elabora. A *Ética Cristã* é uma reflexão filosófica sobre uma vida moral, sobre uma cultura, sobre uma sociedade, sobre manifestações artísticas, jurídicas e literárias etc., que são consequência da aceitação e prática da fé por parte dos homens."[108] E se existe uma *Ética Cristã*, existe também uma Ética Maometana ou Islâmica, uma Ética Budista, uma Ética das Religiões Primitivas etc.

A partir de uma visão meramente filosófica, é possível comparar a excelência da vida e das virtudes propostas pelos diversos credos religiosos. Todas as religiões buscam o sentido da existência. Essa a razão da reflexão humana, o fundamento último do exercício perene do pensamento: a procura de explicações para as finalidades da existência humana sobre o Planeta.

---

107. Giovanni Reale e Dario Antiseri, *História da filosofia*, v. 3, p. 750.
108. Angel Rodriguez Luño, op. cit., p. 102.

Embora esta era do efêmero permita a constatação de que a humanidade procura o prazer, há quem sustente que a característica fundamental da realidade humana é a qualidade *autotranscendente*. "Em virtude do que chamo uma autocompreensão ontológica pré-reflexiva, sabe que, precisamente na medida em que se esqueça de si mesmo, será capaz de ser mais sincero consigo mesmo. E o homem se esquece de si mesmo quando se dá a si mesmo, seja ao servir a uma causa que está mais além de si mesmo, seja amando a outra pessoa diferente de si mesmo. Certamente, a autotranscendência é a essência da existência humana".[109]

O *desejo de significado* está presente na história da humanidade. É verdade que "hoje em dia o desejo de significado se vê frustrado a nível mundial. Cada vez há mais gente obcecada por um sentimento de falta de sentido, que amiúde vem acompanhado por um forte sentimento de vazio ou, como o chamo, um vazio existencial".[110] Esse *vazio existencial* toma a forma de aborrecimento e apatia. Aborrecimento que indica uma perda de interesse pelo mundo e apatia reveladora de total falta de iniciativa na hora de fazer algo para mudar alguma coisa no mundo.

Esse fenômeno se verifica em todas as nações – as adiantadas e as periféricas –, em todas as faixas etárias. A juventude parece a mais desgarrada, ante os maus exemplos da vida pública, o desemprego, a ineficácia de se cursar uma universidade, a derrota do bem e da honestidade. O desencanto justificaria a vitória da droga sobre a ascese? Qual a magia dos estupefacientes e dos alucinógenos para levar tantos jovens rumo à ruína?

A crença é uma poderosa aliada na epopeia de se conferir sentido à vida. Por isso é que a maioria das pessoas se considera *crente*, nada obstante desvinculada de qualquer compromisso religioso. Mesmo assim, existem pessoas não religiosas, embora Freud tenha afirmado um dia: "O homem não só é mais imortal do que possa crer, senão, amiúde, muito mais moral do que acredite".[111] A religião é onipresente em todos os tempos. E "esta onipresença da religião (no sentido mais amplo possível), sua ubiquação no inconsciente, pode sustentar que aquelas pessoas que se consideram a si mesmas como não religiosas não são menos capazes de encontrar sentido em suas vidas do que aquelas que se consideram religiosas".[112] Assertiva que pode se apoiar em numerosas evidências empíricas e estatísticas.

A religião é um fenômeno onipresente em todas as épocas e em todos os lugares. Interessa a todo humanista perscrutar o significado da crença e a cons-

---

109. Viktor E. Frankl, *El hombre en busca del sentido último*, p. 184.

110. Idem, p. 186.

111. Idem, p. 201.

112. Idem, ibidem.

tatação de suas consequências no convívio entre as pessoas. Albert Einstein, sobre religião, afirmou: "Ser religioso consiste em haver encontrado uma resposta à pergunta: qual é o sentido da vida?" E Ludwig Wittgenstein, na mesma linha, disse um dia: "Crer em Deus é comprovar que a vida tem um sentido".

Um físico e um filósofo partilham de análogo pensamento. A religião é, para a maior parcela da humanidade, a alternativa à angústia e ao niilismo. Não seria fácil para o indivíduo suportar todo o peso de sua existência solitariamente. "O homem" – diz Kant – "é suficientemente profano, mas a humanidade nele é sagrada. Mas Rousseau, que possui certamente uma forte sensibilidade para as diferenças individuais, as vê, no entanto, como um fenômeno superficial. Quanto mais o homem retorne ao próprio coração, em vez de dedicar-se a relações externas, e compreenda sua própria interioridade absoluta, tanto mais deságua nele, ou seja, em cada um de nós da mesma forma, a parte da bondade e felicidade."[113]

Para o crente, essa é a centelha divina que a criatura leva como sinal indelével do Criador. Agostinho só encontrou a tranquilidade quando conheceu o amor de Deus. Antes disso, foi alguém que falhou eticamente. Mas teve tempo de se converter e de se tornar santo e filósofo.

Até mesmo pensadores ateus reconhecem a importância de se conhecerem o significado e a relevância da religião na história da humanidade. "Mesmo quando não se é crente, com muito mais razão quando se é hostil às religiões, como veremos em Nietzsche, não temos o direito de ignorá-las. Mesmo que seja para criticá-las, é preciso ao menos conhecê-las e saber um pouco do que falam. Sem contar que elas ainda explicam uma infinidade de aspectos do mundo no qual vivemos, que saiu inteiramente do universo religioso. Não existe museu de obra de arte, mesmo contemporâneo, que não exija um mínimo de conhecimento teológico. Não há também um só conflito no mundo que não esteja mais ou menos secretamente ligado à história das comunidades religiosas: católicas e protestantes na Irlanda, muçulmanas, ortodoxas e católicas nos Bálcãs, animistas, cristãs e islamitas na África etc."[114]

Diverso não é o pensar de Michel Villey. Depois de mencionar que a Bíblia não é obra de *filósofos*, mas se propõe a traduzir a palavra de Deus, afirma que "nela encontraremos ao menos uma *linguagem* que estruturará o mundo, sobre a qual filosofaram muitos *teólogos*".[115] Considera imprescindível ouvir também a voz dos teólogos: "Nosso ensino laico silencia sobre um mundo de textos

113. Jessé Souza e Berthold Öelze, *Simmel e a modernidade*, p. 110-111.

114. Luc Ferry, *Aprender*... cit., p. 73-74.

115. Michel Villey, *Filosofia do direito* – Definições e fins do direito – Os meios do direito, p. 101.

sem os quais não compreendemos nem nossa moral, nem nossas artes, nem, por exemplo, nosso sentido da história. A chamada cultura ocidental nasceu primordialmente nos monastérios nos quais, conforme o programa estabelecido por Santo Agostinho em *De Doctrina Christiana*, o essencial era meditar sobre a Bíblia e sobre os Santos Doutores; as "Artes" (gramática, retórica, matemática etc.) não passavam de instrumentos. A universidade medieval dará precedência à Bíblia. Mas ainda no século XVII não existe nenhum grande filósofo, escritor, artista ou cientista que dela não se tenha nutrido. Sem contar que ainda hoje a Bíblia continua um *best seller*".[116]

As religiões são fundamentais na história da humanidade. "O ser humano é o início da religião, o ser humano é o centro da religião, o ser humano é o fim da religião. A religião é a relação que o ser humano, tendo-se segregado do mundo, estabelece com a própria essência."[117] O Cristianismo é uma presença consistente no Brasil contemporâneo. Imprescindível, portanto, deter-se com vagar e interesse perante uma **ética cristã**.

Para reflexão em grupo

1. Qual a importância do Cristianismo para a ética ocidental?
2. Qual a importância da ética judaica para os dias atuais?
3. Em que se fundamenta uma ética agnóstica?
4. Quais outros pensadores éticos atuais cuja obra tem fundamento religioso?
5. Existe alguma convergência entre as éticas religiosas?
6. Toda religião possui os mesmos fundamentos éticos?
7. Qual a contribuição do islamismo para a ética do século XXI?
8. Os documentos pontifícios servem de parâmetro ético para os não crentes?
9. Qual o ponto de convergência entre a ética religiosa e a ética dos não crentes?
10. Quais seriam os paradigmas éticos do século XXI e como distinguir os não ancorados na crença?

---

116. Idem, ibidem.

117. Bruno Forte, op. cit., p. 186, a citar L. Feuerbach, *Das Wesen des Christentemus*, Berlin, Akademie-Verlag, 1967, p. 198.

Relação da Ética com outras ciências e esferas do pensamento

4

4.1 Um olhar para o quintal alheio

O século XXI se caracteriza pelo conhecimento interdisciplinar. Não é suficiente conhecer profundamente um assunto, sem contextualizá-lo. O especialista parece aquele estudioso que de tanto se aprofundar num tema, ignora todos os demais. Saber muito sobre cada vez menos é desconhecer o todo cada vez mais.

Por isso impõe-se relacionar ética – um capítulo da filosofia – com tudo o mais que não pode prescindir de sua incidência. Tarefa praticamente impossível, pois não há um campo imune à conotação ética. Por amostragem, adota-se o rol estrito daquelas áreas mais comumente relacionadas com a postura ética. Isso não exclui a necessidade de se ampliar esse rol, até exaurir os campos de atuação humana.

Um exercício instigante seria o leitor procurar, a partir desta enunciação aleatória, aquelas áreas de seu interesse ainda aqui não contempladas e sugerir reflexões condizentes com o intuito do livro, que é suscitar a meditação e estimular a adoção de comportamentos que não vulnerem a ética.

4.2 A Ética e a Filosofia

A ética é considerada parte integrante da filosofia. Há três dimensões da Filosofia: a inteligência do que é, "o que se chama comumente de 'teoria' –, assim como sobre o que deveria ser ou o que se deveria fazer – o que se designa habitualmente pelo nome de moral ou ética".[1] A terceira dimensão da filosofia justifica o esforço de quem persegue a sabedoria. Para que se empenhar no aprendizado constante, para que desvendar os mistérios do mundo? Essa é a parte da filosofia que se poderia chamar de **busca da salvação** ou a **procura da sabedoria**.

A partir dessa concepção, fácil justificar a causa do depauperamento ético no mundo. A Filosofia não se preordena a confortar o seu devoto. Ao contrário: quase sempre o angustia. Recoloca as questões insolúveis: por que nasci? O que estou a fazer neste planeta? Tudo estará terminado com a morte? Para onde vou depois que eu morrer?[2]

O encontro com a finitude faz com que as pessoas fujam da reflexão. Abomina-se o estudo da filosofia. Isso não melhora quando o sistema a converte em disciplina obrigatória. A Filosofia precisa ser objeto de paixão e não instrumento de suplício. Com isso, abandona-se a meditação filosófica. E ao lançarem-na fora do interesse e da cogitação da maior parte das pessoas, jogam fora com ela também a sua parte não teórica, mas eminentemente prática: a ética.

Filosofia "é a arte de formar, de inventar, de fabricar conceitos",[3] reservada aos amigos da sabedoria. O filósofo é aquele que procura pelo saber, talvez durante toda a vida, porque ainda o não possui formalmente. Assim também a ética. É uma busca permanente, mesmo porque, ninguém possui certificado de garantia de que permanecerá íntegro, com o seu caráter hígido e sem mácula, durante toda a existência terrena.

Para o efeito meramente didático de se distinguir entre Filosofia e Ética, cabe ainda outra explicação. Concebida como conjunto sistemático de conhecimentos racionais e objetivos concernentes ao comportamento moral humano, a Ética já não é mero capítulo da Filosofia: a Ética passa a ser verdadeira ciência. Autonomia adquirida a partir de Aristóteles.

Contra a autonomia científica da Ética argumenta-se que ela tão-só elabora **juízos de valor**, não proposições objetivamente válidas. Essa objeção valeria apenas para uma parte da ética: a **ética normativa**. Mas a ética é muito mais

---

1. Luc Ferry, *Aprender a viver* – Filosofia para os novos tempos, p. 31.
2. Recomendo a leitura de meu *Reflexões Jurídico-Filosóficas sobre a Morte. Pronto Para Partir?*, São Paulo, Ed. RT, 2011.
3. Gilles Deleuze e Félix Guattari, *O que é a Filosofia?*, 3. ed., São Paulo, Ed. 34 Ltda., p. 8.

abrangente, não se resumindo a editar recomendações e formular prescrições morais.

Também não é verdade que a Ética seja parcela da Filosofia especulativa, elaborada acientificamente e sem preocupação com a realidade moral humana. E, ainda que as questões éticas tenham sido sempre estudadas pelos filósofos, hoje elas adquiriram autonomia científica.

A conquista de foros científicos não torna a Ética totalmente desvinculada da Filosofia. Essa autonomia não é absoluta em relação aos demais ramos de saber. Pois "uma ética científica pressupõe necessariamente uma concepção filosófica imanentista e racionalista do mundo e do homem, na qual se eliminem instâncias ou fatores extramundanos ou super-humanos e irracionais".[4] As questões éticas fundamentais não prescindem dos pressupostos filosóficos básicos. A ética não poderá deixar de considerar a **moral concreta** do homem, posicionado num determinado contexto histórico. E se a moral é inseparável da vida humana rotineira, a ética nunca poderá deixar de se alicerçar numa concepção filosófica propiciadora de uma compreensão integral da criatura como ser social, histórico e criador. No mais, há quem conceitue a Ética a partir da Filosofia: "A Ética Filosófica, ou Filosofia Moral, é a parte da Filosofia que estuda a vida moral do homem, quer dizer, seu comportamento livre. A Ética é, pois, uma disciplina filosófica, isto é, uma investigação racional e sistemática que estuda seu objeto próprio (a vida moral) de uma perspectiva de totalidade e com o propósito de trazer à luz seus aspectos mais profundos e universais".[5]

4.3 A Ética e a Moral

A moral é **objeto** da Ética. Mas a relação que se estabelece entre a Ética, um dos capítulos da teoria da conduta, e a moralidade positiva, como fato cultural, é a mesma que pode ser encontrada entre uma doutrina científica e seu objeto.

Poder-se-ia afirmar ser a moral a matéria-prima da ética. Aclara a ideia recorrer ao exemplo de García Máynez: a estética, teoria do belo, não se confunde com as criações artísticas. As obras de arte produzidas pela humanidade no curso da história representam o esforço orientado até à realização da beleza. Vinculadas por essa aspiração comum, pode-se considerá-las, pese a enorme variedade dos estilos, como facetas diversas de um mesmo impulso criador. "Esta unidade de sentido permite a reflexão unitária sobre o fenômeno artístico

4. Adolfo Sánchez Vázquez, *Ética*, p. 17.
5. Angel Rodriguez Luño, *Ética general*, p. 17.

e torna possível a estética, ou teoria filosófica da beleza".[6] Em sentido análogo, o direito positivo dos diversos países pode ser claramente distinguido da ciência e da filosofia jurídica, ainda quando estas últimas não sejam senão teorias destinadas a entender o direito positivado.

Tais sistemas divergem bastante entre si. Basta mencionar a existência de um grande ramo – o direito anglo-saxônico – ao lado de um outro – o direito romano-latino ou continental. Mas todos podem ser concebidos e unitariamente explicados, pois representam a tentativa humana de realizar a justiça.

Salienta García Máynez que o afirmado quanto à arte e ao direito vale igualmente para todos os fenômenos culturais. Se cultura é "esforço humano orientado à realização do valioso",[7] as suas múltiplas exteriorizações tendem à mesma direção e, nesse caminho de ascensão, convergem. Admitem elas uma concepção unitária, tornando possível o estudo da ética, da filosofia do direito, da filosofia da religião, da teoria da conduta,[8] como ramos igualmente destinados ao melhor conhecimento e aprimoramento do ser humano.

Não erra, porém, aquele que se servir indistintamente dos termos **moral** e **ética**. A origem semântica se presta a essa identidade.[9] Embora seja viável a distinção, o propósito deste capítulo é demonstrar que não existe área do conhecimento imune à influência ética. Mais importante do que diferenciar é incutir a relevância da vivência ético-moral nas criaturas.

4.4 A Ética e a Medicina

Toda pesquisa de opinião levada a efeito no Brasil neste século constata que uma das maiores preocupações do indivíduo é com sua saúde. A Consti-

---

6. Eduardo García Máynez, *Ética* – Ética empírica. Ética de bens. Ética valorativa. 18. ed., p. 13.
7. G. Radbruch, Filosofia do direito. Trad. José Medina Echevarría, p. 44, apud Eduardo García Máynez, *Ética*... cit., p. 13.
8. Invocando Nicolai Hartmann, Ethik, 2. ed. Berlin: 1935, p. 34, apud Eduardo García Máynez (*Ética*... cit., p. 14), lembra: "Não há nenhuma moral vigente *que não aspire a ser absoluta*. E mais, a moral vigente só tem *vigência* enquanto se crê nela como em algo absoluto. O mesmo ocorre em outras ordens espirituais. Todo saber positivo tende a ser saber absoluto; todo direito positivo pretende ser justo (ou ideal). A referência à Ideia é, em todo o caso, inerente ao positivo".
9. Newton De Lucca, em sua tese *Da ética geral à ética empresarial*, oferece proficiente contribuição para distinguir **ética** de **moral**, ao colacionar a opinião de muitos dos que se ativeram a essa tarefa (*Da ética geral à ética empresarial*, tese de concurso público de títulos e provas para provimento do cargo de professor titular de direito comercial da Faculdade de Direito da USP, 2009, p. 38 e ss.).

tuição de 1988 assegurou a saúde como direito universal garantido a todos. Mas entre a promessa e seu cumprimento há uma distância incomensurável.

A mídia reitera denúncias acumuladas no sistema único de saúde, situação caótica em muitas das unidades federadas. Filas, falta de médico, falta de medicamento e de leito para internação, mau atendimento, tudo se acumula para atestar a falibilidade do esquema de assistência. O povo aprendeu a reclamar, pois o progresso nas comunicações tornou a sociedade aberta à veiculação de todos os fatos. Também acompanha com interesse e entusiasmo as descobertas científicas, os avanços tecnológicos, a medicina *high-tech* já praticada em inúmeros estabelecimentos nacionais. Mas de idêntica forma como ocorre em outros setores, a qualidade do atendimento distingue entre o paciente particular e aquele cujo tratamento é custeado pelo governo. Sobreviver é direito assegurado a quem pode pagar. Os demais têm sorte se vierem a merecer tratamento.

Outro fenômeno a ser enfrentado é o da modificação da cultura popular. Antigamente, o médico era um profissional que fruía de uma aura de respeito e merecia singular deferência. O insucesso do tratamento não era debitado a ele, mas ao Criador. Hoje o cidadão foi despertado para a defesa de seus direitos. Cobra do médico e dos demais profissionais da saúde um empenho e eficiência que, não demonstrados na prática, poderão conduzi-los à barra dos Tribunais. Multiplicam-se as lides nas quais os médicos, planos de saúde, hospitais e autoridades ocupam o polo passivo. Ninguém mais hesita em pleitear ressarcimento material e moral pelo erro médico.

A ética na Medicina começa por uma questão simples. A sofisticação dos equipamentos, a certeza científica dos diagnósticos, os exames cada vez mais bem elaborados não substituem o fato corriqueiro de que o paciente é um ser humano. Carente de atenção, fragilizado pela enfermidade, inseguro quanto ao seu porvir. Muitos desencontros resultam da falta de comunicação. E de uma comunicação que não pode ser formal ou atender a parâmetros técnicos. É uma comunicação humanizada, com observância do respeito à dignidade da pessoa humana que o paciente merece ainda mais do que o homem sadio. Esse o princípio da isonomia: tratar desigualmente os desiguais.

Também é preciso muito apuro ético no propiciar cuidados adequados a quem necessita da assistência pública. Qualquer atendente em Posto de Saúde, Pronto Socorro ou denominação outra que se dê a um equipamento estatal posto à disposição do necessitado é um empregado do povo e deve prestar um serviço polido e eficiente a seu patrão. Os planos de saúde precisam ser cumpridos da forma como contratados e aqui incide a proteção do Código de Defesa do Consumidor. O paciente é sempre a parte mais fraca dessa relação verdadeiramente leonina.

As autoridades públicas precisam se conscientizar de que a saúde é um bem da vida essencial. Talvez o mais importante dentre todos os chamados "bens da vida", tendo à sua frente apenas esse pressuposto à fruição de qualquer direito que é a própria vida. O aspecto atuarial ou econômico não pode se sobrepor à assistência efetiva. O Judiciário já teve até de sumular o direito à permanência nas UTIs, enquanto o governo – na parte normativa – também cumpre o seu papel. Daí a portabilidade, a eliminação da carência e outros benefícios assegurados ao beneficiário.

Por óbvio que o paciente e sua família também precisam ser éticos e não cometer abusos. Mas cumpre advertir que usufruir direitos não constitui abuso. Se a pessoa é obrigada a recorrer ao Judiciário para a obtenção de um internamento, de uma prótese, de um remédio ou tratamento, a tendência natural é o juiz se sentir protagonista de um drama que pode ter um final satisfatório, a depender da prestação jurisdicional. O juiz não vai raciocinar com a reserva do possível, com a insuficiência de recursos financeiros, se aquele necessitado se serviu do acesso à justiça e sua sorte está a depender do julgador. Principalmente num estágio em que o juiz é também cidadão e não ignora os desmandos registrados em todas as esferas públicas de um Brasil que ainda não conseguiu debelar a praga da corrupção.

4.5 A Ética e a Psicologia[10]

Os agentes morais são indivíduos concretos, insertos numa comunidade. Além de atos morais, seus atos são também psíquicos, derivados de motivação, impulso e consciência. Antes de produzir efeito em relação às demais pessoas, o ato moral é produzido na psique de seu agente. Ele pode escolher entre agir e deixar de agir. E cumpre conhecer os motivos que o impulsionaram a se conduzir de uma ou outra forma.

Íntimas, portanto, as relações entre a Ética e a Psicologia. Esta elucida a razão do convencimento interno, permite se conheça o caráter e a personalidade do agente moral. "A explicação psicológica do comportamento humano possibilita a compreensão das condições subjetivas dos atos dos indivíduos e, deste modo, contribui para a compreensão da sua dimensão moral".[11]

O problema da **responsabilidade** e da **culpabilidade**, antes de ser uma questão jurídica, é questão **moral**. Não pode ser examinado sem a consideração dos fatores psíquicos ensejadores do ato responsável e culpável.

---

10. Consultar a obra de Antonio Carlos Mathias Coltro e David Zimerman (org.), *Aspectos psicológicos na prática jurídica*.

11. Adolfo Sánchez Vázquez, op. cit., p. 19.

No estudo ético, a psicologia é ciência auxiliar. Dois perigos se apresentam: a psicologia pode vir a ser utilizada como explicação satisfatória de toda conduta moral – é o fenômeno do **psicologismo ético**; ou resvalar na tendência de reduzir o moral ao psíquico e considerar a ética um simples capítulo da psicologia.[12] Convém recordar que "a psicologia, seguramente, não é ciência detentora da palavra final sobre como viver a vida; essas últimas decisões terá de fazê-las a ética. Mas terá a psicologia muito que dizer para mostrar o caminho e pontualizar à ética quais são os reais e operativos fatores e processos psíquicos com os quais, com uma ou outra ética, haveremos de acabar vivendo".[13]

As tensões a que se sujeitam os humanos – e até os animais –, neste milênio turbulento, agravam as depressões, multiplicam as manifestações de insegurança, de aflição, de angústia ou de indefinível mal-estar. Noções de psicologia deveriam ser exigíveis a todos os profissionais que se relacionam amiúde com o semelhante. O desembargador Dalmo Silva, do Rio de Janeiro, já propusera a inclusão de uma cadeira de psicologia nas faculdades de direito. Salientou vários tipos de psicologia necessários ao trato das coisas submetidas à apreciação da comunidade jurídica: psicologia configuracional, para apurar a capacidade de observação e de compreensão dos fatos; psicologia dinâmica, com vistas a revelar as atitudes e motivações das condutas pessoais, imprescindível à avaliação do testemunho; psicologia patológica, para aferir a periculosidade; psicologia social, para apreender o papel do ambiente e das pressões de grupo. Invoca ainda a testologia ou psicometria, para determinação da capacidade testamentária, responsabilidade civil e mesmo criminal. Todo esse conjunto foi chamado de Psicologia Judiciária, disciplina cada dia mais necessária no universo das mais de mil faculdades de direito em funcionamento no Brasil.[14]

Excelente passo foi o CNJ (Conselho Nacional de Justiça) incluir Psicologia Judiciária dentre as disciplinas obrigatórias aos candidatos à Magistratura em todo o Brasil.[15] A inserção já produziu bons frutos. Evidente que a psicologia é conhecimento valioso em todas as relações pessoais. Ao fazer com que os futuros juízes se interessem por noções psicológicas, o CNJ evidencia a sua preocupação com a higidez dos julgadores, com a urgência em se ultrapassar o conhecimento meramente técnico jurídico para o enfrentamento de questões

12. Idem, p. 20.
13. José Maria García Prada, *Vivir para la vida* – Violencia y respeto a la vida, p. 11.
14. Dalmo Silva, *A psicologia aplicada ao direito e à justiça*, p. 23-24, a citar a obra de Mira y Lopes, O. Lipmann e H. E. Burt.
15. Res. 75/2009 do CNJ.

como a análise de um laudo elaborado por psicólogo, para a missão imprescindível da pacificação, que pode ser alcançada mediante métodos autocompositivos e mesmo para inserir o autoconhecimento como fórmula hábil à realização de um justo concreto mais adequado.[16]

Tensão continua a existir no relacionamento *ética-psicologia*, pois nesta é latente a tendência a se converter em metapsicologia, o que Angel Rodriguez Luño chama de teoria explicativa geral de caráter filosófico ou antropológico.[17] Multiplicam-se as escolas psiquiátricas, de acordo com uma concepção filosófica, eis que grande parte das anomalias da mente ainda não tem definição científica definida. Além disso, as ciências positivas pós-kantianas são receptivas a uma imagem determinista e mecanicista da realidade. Freud estava convencido de que o acontecer psíquico está integralmente submetido ao princípio da determinação. E se assim é, difícil o relacionamento da Ética – ciência da liberdade – com a Psicologia – ciência da determinação.

Não é difícil o confronto entre algumas atitudes. A Ética pode considerar algumas condutas boas e a psicologia rotulá-las como sintomas preocupantes de enfermidade. Quando não, fruto de ilusões ou motivações imaturas. Todavia, o contrário também não é raro. O aprofundamento do estudo, a abertura de espírito de parte a parte, o reconhecimento de que é inegável a necessidade de se conciliarem as várias perspectivas é fundamental. A tolerância é um valor ético e pode auxiliar o convívio hoje nada ameno entre as duas ciências.

4.5.1 A Ética e a Psicanálise

Na verdade, este tópico deveria constar do item *A Ética e a Medicina*. Mas a proximidade entre a psicologia e a psiquiatria permite que se contemple a psicanálise logo após a abordagem da primeira.

São ainda maiores as dificuldades ao se adentrar no campo da ética na psicanálise. Pode gerar certa perplexidade o exame do tema ética na psicanálise, nada obstante íntima seja também a relação entre ambas. Não se fale aqui dos deveres éticos do psicanalista, evidentes como aqueles exigíveis a todos os profissionais que tomam conhecimento dos conflitos humanos e adentram

---

16. Consultar Evani Zambom Marques da Silva e Lídia Rosalina Folgueira Castro, *Psicologia judiciária para concursos da magistratura*, São Paulo, Edipro, 2011. As autoras dissertam sobre o relacionamento interpessoal, relacionamento do magistrado com a sociedade e a mídia, sobre problemas atuais da psicologia com reflexos no direito, como assédio moral e assédio sexual, estresse, *burnout* e *bullyng*, além da teoria do conflito e o processo psicológico e obtenção da verdade judicial, dentre outros temas.
17. Angel Rodriguez Luño, op. cit., p. 82.

na privacidade da consciência de seus clientes ou pacientes. A psicanálise é interpretativa e mantém discussão "com as filosofias éticas em um processo de questionamento e descoberta onde podemos explicitar os valores dominantes de uma subjetividade singular, uma subjetividade que só pode viver a sua existência em crise permanente, como um conflito insolúvel entre a **boa e a má consciência**".[18] A prática da psicanálise importa numa ética distinta da moral judicativa e coercitiva, porque a interpretação para o psicanalista não é idêntica à hermenêutica jurídica, mas confere ao ato interpretativo a natureza de um *ato simbólico*. A psicanálise é por si um pensamento crítico e transgressivo, que se opõe à homogeneização de valores. Daí a dificuldade de se comparar a ética do Direito com a ética da Psicanálise: "A ética que surge desta interrogação, deste questionamento de uma prática essencialmente interpretativa que reconhece **o questionamento como um dos atributos da verdade** (Aulagnier), não pode ser uma ética imperativa, uma vez que a psicanálise, como um **campo de valores questionado**, não pode ter uma ética que dite as regras de sua prática, e tem que se recusar a uma ética normativa que negaria as diferenças e a singularidade conjuntural do ato psicanalítico como um ato simbólico que confronta o sujeito com a sua singularidade e a 'errância' do desejo".[19]

É por isso que não existe uma ética da psicanálise confundida com uma filosofia ética, mas existe a ética do psicanalista que se vê confrontado com o tema do múltiplo. É da profissão do psicanalista confrontar a diversidade dos múltiplos valores em busca da verdade parcial do desejo inconsciente. A irredutibilidade da ética da psicanálise à ética filosófica é explicada por Luiz Alfredo Garcia-Roza, porque a primeira trabalha com a dimensão do *inconsciente*, "presente e central na ética da psicanálise e ausente na ética filosófica".[20] O segundo ponto é que a psicanálise, de forma diversa da filosofia, "não está centrada numa **ética do bem**".[21]

O discurso da psicanálise torna muito complexa a constatação de uma ética própria a essa atividade mental. Mencione-se, por exemplo, o conceito de *Das Ding*, que Lacan diz representar-se por um vazio. Para Lacan, é em referência ao vazio que adquirem forma a arte, a religião e a ciência. A arte, ao se organizar em torno ao vazio; a religião, ao evitar o vazio, e a ciência, ao

---

18. Horus Vital Brazil, Uma ética de reconhecimento e renúncia, in: Maria Inês França (org.). *Ética, psicanálise e sua transmissão*, p. 9.

19. Idem, p. 16.

20. Ética e política em psicanálise, in: Maria Inês França (org.), idem, p. 26.

21. Idem, ibidem.

recusar o vazio.[22] Assim, só "por referência a esse vazio (...) pode ser concebida uma ética da psicanálise. Não no sentido dele ser preenchido por um objeto absoluto a nos ser oferecido como prêmio por amarmos o próximo como a nós mesmos, mas no sentido de entendermos que ele é o impossível, assim como o mandamento 'Ama o próximo como a ti mesmo' é incumprível. Daí Freud dizer que ou a virtude será recompensada aqui na Terra, ou é vão predicar-se uma ética".[23]

Existem visões mais otimistas a respeito da ética da psicanálise. Maria Rita Kehl afirma que "a psicanálise, na medida em que ganha espaço como um discurso explicativo do comportamento humano e constitui modos de intervenção sobre os costumes e os laços sociais, vem sendo confrontada com a necessidade de pensar sua dimensão ética".[24] A autora reflete sobre as afinidades entre o discurso psicanalítico e um discurso moral. Lembra que Freud, num texto sobre *Dostoievsky e o parricídio*, é claro ao afirmar que "a consciência moral nos torna covardes".

Pese embora a dificuldade, é importante que os psicanalistas não cessem de refletir sobre a consciência moral, tema tão espinhoso para eles. As doenças e anomalias da mente estão cada vez mais presentes como sintoma de uma sociedade que se esqueceu dos referenciais. Essas pessoas necessitam cada vez mais do apoio da psicanálise. Esta "poderia oferecer uma alternativa para o delírio de autonomia do sujeito moderno e a angústia que ele acarreta, propiciando o desesquecimento da dupla dimensão que determina esse sujeito: de um lado, o discurso da origem – tradição, filiação, ideais parentais, o lugar do sujeito na história familiar etc.; de outro lado, a dimensão do desejo recalcado, que inclui o desejo do outro ao qual cada um tenta cegamente corresponder".[25] Contribuir para que as pessoas se sintam menos angustiadas já representa missão ética de relevância para atenuar a intensidade das incompreensões. Relevância que é percebida pelos profissionais da psicanálise, ao reconhecerem que, "se existe uma ética na psicanálise, ela está do lado do analisando, não do analista ou da teoria, já que é na posição de analisando que o sujeito pode constituir

---

22. J. Lacan, *O seminário*, Livro VII, Rio de Janeiro, Jorge Zahar, 1988, p. 162-163, apud Luiz Alfredo Garcia-Roza, Ética e política em psicanálise, in Maria Inês França (org.), idem, p. 31.
23. Sigmund Freud, *O mal-estar na cultura*, AE, v. 21, p. 138, apud Luiz Alfredo Garcia--Roza, idem, p. 31.
24. Maria Rita Kehl, Psicanálise, ética e política. In: Maria Inês França (org.), idem, p. 109.
25. Idem, p. 119.

sua singularidade, seus destinos para as pulsões, a 'estilística da existência', no dizer de Joel Birman. Se, enquanto analistas, existe algo que podemos fazer para que a psicanálise mantenha um compromisso ético, é nunca deixarmos de nos ver como analisandos, de fato ou em potencial".[26]

Um aspecto ético é detectável na psicanálise. O analista ouve. Precisa saber ouvir. Precisa ter paciência para ouvir. Ouvir é algo insitamente ético, no mundo que só quer falar. O som por que geralmente se anseia é o da própria voz. O analista, diz Renato Mezan, "escolheu como ofício o contato cotidiano e permanente com a alteridade do outro, 'em nosso campo', e (...) esta escolha submete seu próprio narcisismo a constantes desgastes e abalos".[27] Menciona a proposta de se considerar a proteção da sobrevivência psíquica do paciente como valor ético-analítico fundamental. E considera a dimensão social geradora de relações não analíticas com as questões éticas em nada diferentes das que desafiam os demais seres humanos.

Todavia, "é no seu trabalho como analista (...) que se colocam para ele as questões éticas nas quais pode intervir a psicanálise. Assim, não creio que a psicanálise seja uma ética, mas sim que existe uma questão ética para o psicanalista. Ela consiste – como em qualquer caso no qual compareça a dimensão ética – em elaborar uma forma de relação a si que permita ao indivíduo constituir-se como sujeito de uma conduta moral. Para este fim, o psicanalista só pode contar com a própria psicanálise. É ela que pode lhe servir para, na medida do possível, realizar a tarefa ética, que também pode ser definida com uma fórmula que Foucault empregou para caracterizar a filosofia: **se déprendre de soi**, desprender-se de si".[28]

É um prenúncio para uma atividade bastante combatida. Na tradicional Sorbonne, no ano 2000, houve o evento "Estados Gerais da Psicanálise", durante o qual Jacques Derrida pronunciou uma conferência muito difundida. Nela, afirmou: "São muitas as coisas a propósito das quais, se não me engano, a psicanálise como tal, em seus discursos estatutários e autorizados, mesmo na quase totalidade de suas produções, ainda pouco disse ou quase nada teve a dizer de original. Isto onde é dela que se espera a resposta mais específica, na verdade a única resposta apropriada. Quer dizer: **sem álibi**. Tudo isso produz uma mutação da pessoa e da pessoa cidadã, isto é, nas relações entre democracia, cidadania e não cidadania, quer dizer, o Estado e o além do Estado. Se

---

26. Idem, p. 120.
27. Renato Mezan, O psicanalista como sujeito moral. In: Maria Inês França (org.), idem, p. 134.
28. Idem, p. 135.

a psicanálise não leva em conta essa mutação, se não se engaja nisso, se não se transforma nesse ritmo, ela será – e já o é, em larga medida – deportada, ultrapassada, deixada à beira da estrada, exposta a todas as derivas, a todas as apropriações, a todas as amputações; ou, então, inversamente, ela continuará enraizada nas condições de uma época que foi aquela do seu nascimento, ainda afásica em seu berço centro-europeu: um certo amanhã equívoco da Revolução Francesa sobre a qual a psicanálise, acho eu, ainda não pensou o acontecimento".[29] A preocupação com a ética não é a única, nem a menor das crises que a psicanálise está a enfrentar em nossos dias.

Talvez valesse a pena retornar ao *Pai da Psicanálise*, quando disserta a respeito da finalidade e intenção da vida dos homens: "o que pedem eles da vida e desejam nela alcançar? É difícil não acertar a resposta: eles buscam a felicidade, querem se tornar e permanecer felizes".[30] A psicanálise é uma alternativa na busca da felicidade daquele que não conseguiu persegui-la por seus próprios meios. Isso confere um enorme poder ao psicanalista, que não pode perder a noção de sua insuficiência e das limitações de sua ciência. É o próprio Freud quem recorda: "Nunca dominaremos completamente a natureza, e nosso organismo, ele mesmo parte dessa natureza, será sempre uma construção transitória, limitada em adequação e desempenho".[31] São esses os parâmetros que devem nortear a psicanálise, instrumento de redução dos males que atormentam os indivíduos e que deve ser utilizado com técnica, mas com igual intensidade ética.

4.6 A Ética e a Sociologia

A mais adequada análise da conduta moral do homem enquanto integrante da sociedade reclama o conhecimento da sociologia. A ética estuda o ser humano como entidade gregária, no seu contato com os semelhantes. Esse contato – ou contágio – acarreta que a criatura se comporte sob o efeito de influências sociais. Já não é apenas o seu íntimo a reagir, mas o ser que se considera partícula do imenso cosmos antropológico.

A moral que o condiciona é menos produção exclusiva de sua mente do que o fruto de uma criação coletiva. Há exigências da vida social impondo

---

29. Jacques Derrida, *Estados-da-alma da psicanálise* – O impossível para além da soberana crueldade, p. 19-20.

30. Sigmund Freud, *O mal-estar na civilização, novas conferências introdutórias à psicanálise e outros textos (1930-1936)*, São Paulo, Companhia das Letras, 2010, p. 19.

31. Idem, p. 43.

normas de conduta. As expectativas de comportamento forçam o ser humano a determinadas posturas que, isoladamente, não adotaria.

Mas assim como se afirmou em relação à psicologia, a ciência da sociedade – a sociologia – mostra-se insuficiente para a perfeita compreensão do fenômeno ético. A opção moral é, antes de tudo, uma opção de consciência individual. Se o homem fosse exclusivamente um ser coletivo não poderia vir a ser moralmente responsabilizado por qualquer ato. Somente o grupo social responderia pela atitude de seu componente.

A criatura sempre tem uma **faixa individual de discernimento** para fazer suas escolhas morais. E por isso o estudo do comportamento moral não se exaure no **sociologismo ético**, tendência de se reduzir a ética a capítulo da sociologia. Há um paralelismo ao se estudar o relacionamento entre ética e sociologia e entre ética e psicologia. Luño tenta resumir os problemas: "A Ética e a Sociologia coincidem em parte de seu objeto material (Ética Social), mas diferem no seu objeto formal. A Sociologia positiva descreve, classifica e mede os fatos sociais mediante métodos empíricos: estatísticos, pesquisas etc., e desse modo estuda também os aspectos sociais do comportamento moral. Considera e ajuda a conhecer o que se faz em uma sociedade e tempo determinados, mas resta fora de suas possibilidades metodológicas estabelecer o que os homens devem fazer, ainda que se possam assinalar quais as possibilidades de eleição presentes e suas respectivas consequências".[32] A Sociologia é importante, mas sozinha não tem a exata dimensão do ser humano. Ela não pode dispensar a contribuição da Filosofia Social, da Antropologia e da Ética. A incidência dos resultados do desenvolvimento sociológico sobre a sociedade pode torná-la melhor, se forem considerados os pressupostos filosóficos adequados. Em outras palavras, "focar o estudo de fenômenos inter-relacionais não significa ignorar a essência das relações e dos sujeitos sociais. Ao contrário, é próprio de uma correta fenomenologia permanecer aberta ao discurso sobre as essências, ainda que estas sejam captadas em outro âmbito cognoscitivo".[33]

Ao se abordar o capítulo das técnicas da sociologia jurídica, uma das "sociologias especiais" surgidas modernamente, verifica-se que dentre elas constam a amostragem, a observação, o questionário, a entrevista, a análise documental, o estudo de caso, a mensuração e o experimento.[34] Todas elas não

32. Angel Rodriguez Luño, op. cit., p. 90.

33. Idem, p. 91.

34. Henrique Garbellini Carnio e Álvaro de Azevedo Gonzaga, *Curso de sociologia jurídica*, São Paulo, Ed. RT, 2011, p. 156, baseados em Renato Treves, Claudio e Solange Souto e Claude Javeau, dentre outros autores.

podem prescindir da ética, pois interferem – direta ou indiretamente – com o ser humano, destinatário de todas as ciências e finalidade última da longa e interminável elaboração do processo civilizatório.

Não é difícil concluir que **nenhuma ciência** é suficiente a abarcar toda a complexidade do ser humano. Só uma *visão holística* poderá fazer com que todas elas contribuam para o conhecimento integral da espécie, com a finalidade sempre de aprimorar o convívio e de tornar cada pessoa mais feliz em sua breve passagem por este planeta.

4.7 A Ética e a Antropologia

A ética se propõe a tornar o homem cada vez melhor. Procura explicitar para ele o que é verdadeiramente bom ao seu crescimento integral, na plenitude possível para a escala contingente das possibilidades humanas.

Para bem cumprir sua missão, a Ética precisa responder: o que é o homem? Que coisa é o homem? Essa resposta só pode ser fornecida pela Antropologia. "Não se pode fazer uma Antropologia sem fazer referências à Ética. Uma Antropologia na qual não se recolha o fato de que o homem tem uma dimensão ética ou moral é uma Antropologia manca. Ao inverso, uma Ética em que não se levasse em conta a natureza humana, o ser mesmo do homem, seria uma ética utópica, super etérea, vagarosa, sem raízes na realidade".[35] Tanto é necessário estabelecer contato com a Antropologia Filosófica, fornecedora das respostas sobre a natureza humana, como com a Antropologia Social. Esta responde às indagações sobre os atos humanos no decorrer da experiência terrestre. Os pressupostos antropológicos serão essenciais para que a Ética possa atender às suas finalidades.

O estudo das sociedades ditas **primitivas** ou desaparecidas serve também ao perfeito delineamento do problema moral. O comportamento das sociedades que já existiram, ou que se desenvolvem desvinculadamente do padrão civilizatório considerado num determinado momento histórico, fornece interesse relevante ao exame das origens e da natureza da moral.

Condutas hoje aparentemente imorais – sacrificar o recém-nascido portador de deficiência, o idoso ou o enfermo e matar o prisioneiro – constituíam deveres para com certa forma de vida social. Interessante observar que, em nome do pragmatismo e do repúdio à dor e ao sofrimento, alguns temas sejam recorrentes na trajetória humana, independentemente da época. Assim, ouvem-se hoje inúmeras vozes legitimadoras do aborto, em nome de pretensa

35. Antonio Millán-Puelles, *Ética y realismo,* 2. ed., p. 13.

liberdade da mulher e da autonomia no trato com seu corpo. Como se o nascituro não fosse outro corpo ali hospedado. Ou da eutanásia, sob o argumento da morte digna, conveniente também para liberar as UTI de pacientes terminais e abrir espaço para novos ocupantes desses leitos.

Conhecer a antropologia social facilita a distinção entre as normas morais permanentes ou absolutas, detectáveis em qualquer tipo de sociedade e em todos os contextos históricos, daquelas vinculadas a um modelo concreto e tendentes a desaparecer com ele.

A grande missão da antropologia é conduzir à excelência humana. Auxiliar cada criatura na busca de si mesma. A pessoa como fim, a pessoa no espaço e no tempo, a natureza humana e a capacidade imprescindível de se relacionar. O autoconhecimento pode detectar e talvez prevenir a tendência à prática do mal. Para uma reflexão, considere-se, "por um momento, uma rara peculiaridade do mal moral. A diferença entre a dor exterior e interior e o mal moral se apoia em que este último nem sempre 'dói': o ser humano é capaz de sentir-se satisfeito consigo mesmo ainda que seja um perfeito canalha. 'O homem mau e feliz não tem a menor suspeita de que suas ações não estão em harmonia com as leis do universo'. Descansa em sua própria autossuficiência, e pensa que não necessita de ninguém, nem tem nada especial a retificar. Os canalhas têm a consciência tranquila: caso contrário, já começariam a deixar de sê-lo".[36]

4.8 A Ética e a História

O mergulho no passado oferece fecundo material a quem se proponha a meditar sobre a ética. Aventura que tem sido negligenciada pela ética tradicional, reconhece Sánchez Vázquez, ao conceber a "história da moral como processo de sucessão de determinadas morais efetivas por outras".[37]

A história da humanidade que nos é dada a conhecer, em termos de unidade da consciência jurídica e moral, não abrange senão cerca de cinco mil anos. Enquanto isso, o desenvolvimento pré-histórico do homem, ainda que não documentado em sentido estrito, compreende meio milhão de anos. O que se amealhou desses tempos perdidos na noite da história "nada diz sobre concepções jurídicas e morais e sobre os modos de conduta",[38] embora as pedras

---

36. Ricardo Yepes Stork e Javier Aranguren Echevarría, *Fundamentos de antropologia*, p. 485, citando C. S. Lewis, El problema del dolor, p. 97.

37. Adolfo Sánchez Vázquez, op. cit., p. 21.

38. Johannes Messner, *Ética social, política y económica* – A la luz del derecho natural, p. 411.

destinadas aos altares e as tumbas e mausoléus, ambos evidenciando crença no sobrenatural e na vida após a morte, possam representar convicções morais e jurídicas.

Moral sempre existiu desde que o homem vive gregariamente. As conclusões históricas devem contribuir para que a ética se desvincule de uma concepção absolutista ou supra-histórica da moral. Permitem elas a meditação sobre "se, através desta diversidade e sucessão de morais efetivas, existem também, ao lado de seus aspectos históricos e relativos, outros que perduram, sobrevivem ou se enriquecem, elevando-se a um nível moral superior".[39]

A História propicia o debate sobre a possibilidade de um **progresso moral**. E já se afirmou não existir verdadeiro progresso, salvo o **progresso moral**, assim entendido: 1. a ampliação da esfera moral na vida social; 2. a elevação do caráter consciente e livre do comportamento dos indivíduos ou dos grupos sociais e, por consequência, pelo crescimento da responsabilidade desses indivíduos e grupos no seu comportamento moral; e 3. o grau de articulação e de coordenação dos interesses coletivos e pessoais.[40]

A falência moral do Brasil contemporâneo merece uma incursão histórica de que se extraiam lições no sentido da reversão. O fato de ter sido colônia sem caráter não confere ao País um destino macunaímico? Ou seja, é evidente, na colonização brasileira, o "caráter de extroversão da economia".[41] Não houve preocupação maior com a edificação de um patrimônio moral, senão a externalidade da acumulação. O Brasil foi tratado como quintal de que tudo se extraiu – pau-brasil, índios, minérios –, razão pela qual o meio ambiente se destruiu, muito antes de se avaliarem suas potencialidades.

A indefinição entre o público e o privado, o patrimonialismo, o nepotismo, o *jeitinho*, não advêm desse início canhestro? Se a visão comercial se projetava para a metrópole, se para cá vieram os degredados e os condenados, essa visão histórica não condiciona certa repulsa ao altruísmo e à ética?[42] O

---

39. Adolfo Sánchez Vázquez, op. cit., p. 22.

40. Idem, p. 40-47.

41. Fernando A. Novais, Condições da privacidade na colônia, *História da vida privada no Brasil*, p. 31.

42. Instiga-se à discussão e à análise, não se pretende impingir visão acabada. Ronaldo Vainfas admoesta para uma postura de cautela: "Não quer isso dizer que devamos adotar o estereótipo de um Brasil ocupado por degredados, entendidos como malfeitores que, tão logo desembarcavam, só tratavam de enriquecer, enquanto se uniam com várias índias ao mesmo tempo, adotando sem demora a poligamia indígena. Avessos ao casamento, errantes, aventureiros (...). Mas se é necessário evitar estere-

Brasil era o "desterro", que Sérgio Buarque de Hollanda assinala na primeira página de *Raízes do Brasil*. E essa estrutura fundante "lastreia o por assim dizer sentimento dominante do viver em colônias, ou seja, essa sensação intensa e permanente de **instabilidade**, **precariedade**, **provisoriedade**, que se expressa por todos os poros de nossa vida de relações".[43]

Incursionar pela história do Brasil pode fornecer fecundo material de reflexão para avaliar a que ponto a falta de ética na vida pública se alimentou de sementes que germinaram em terreno fértil. Nem poderia escapar o Brasil a fenômenos universais agudizados no século XX, período caracterizado pela emergência e expansão de uma sociedade de massa que Hélio Jaguaribe considera "consumista, intransitiva e tecnológica".[44]

4.9 A Ética e a Economia

Nossa era é chamada por muitos de *era de mercado*. É a economia que dita todas as regras, impõe o ritmo e as escolhas para a humanidade. Tudo se faz em torno ao dinheiro. Isso não é recente. Há muito se notara que "o dinheiro, ao tornar-se cada vez mais a expressão absolutamente adequada e o equivalente de todos os valores, supera, numa altura meramente abstrata, toda variedade dos objetos. Ele se torna o centro no qual as coisas mais distintas, mais heterogêneas, mais remotas encontram o seu elemento comum e se tocam".[45] O dinheiro se torna onipotente e faz gerar em quem o possui a sensação de onipotência. Tudo exatamente ao contrário do que a ética proporia, no seu discurso de desapego e de desinteresse. Todavia, é assim que a maior parte da humanidade considera o dinheiro. "Aquela segurança e tranquilidade que a posse de dinheiro faz sentir, aquela convicção de possuir com ele o centro de valores, contém, de forma psicologicamente pura, quer dizer, de qualidade formal, o centro da equação que justifica, de maneira mais profunda, a queixa já mencionada, de que o dinheiro seja o Deus da época moderna".[46]

ótipos e generalizações apressadas, a exemplo do modelo exposto em *Casa Grande & Senzala*, não convém, por outro lado, cair no pólo oposto por vezes sugerido pela pesquisa recente, sob o risco de supor uma sociedade quase europeia em terra de hibridismos culturais e contrastes regionais acentuados" (Moralidades brasílicas: deleites sexuais e linguagem erótica na sociedade escravista, *História da vida privada no Brasil*, p. 221-222).

43. Fernando A. Novais, op. cit., p. 31.
44. *Um estudo crítico da história*, p. 555.
45. Georg Simmel, O dinheiro na cultura moderna, *Simmel e a modernidade*, p. 36.
46. Idem, ibidem.

Ainda se reconheça a difícil relação estabelecida entre *ética* e dinheiro, dúvidas já não persistem de que a economia deveria ser ética. Economia é mais do que a ciência das relações econômicas contraídas pelos homens no processo de produção. Ela é a ciência destinada a prover a humanidade de satisfação em suas necessidades materiais, e, por isso, também guarda pertinência com a ética. O mundo econômico não pode se distanciar do mundo moral. É uma relação em dois planos, segundo Sánchez Vázquez: a economia influi na moral determinante em dada sociedade. Num regime em que o trabalho se vende como mercadoria, desvinculado de sua dignidade ínsita, em que o lucro é o maior objetivo, em que amealhar bens materiais é a suprema finalidade, a moral é egoísta e individualista.

Por outro lado, os atos econômicos – assim compreendidos a produção de bens através do trabalho e sua apropriação e distribuição – apresentam nítida conotação moral. A atividade do trabalhador, a divisão social do trabalho, as formas de propriedade dos meios de produção e a distribuição social dos produtos do trabalho humano são questões morais.

Em países pobres a conotação é até mais evidente. O trabalho escravo, o trabalho infantil, o preconceito no trabalho, o enriquecimento de uns poucos em detrimento da sobrevivência de muitos, são temas morais, antes que econômicos. A ética do **neoliberalismo**, ou do neocapitalismo, está sendo considerada por muitos uma **ética de espoliação**. É necessário que se a substitua pela **ética da economia solidária**. Esse o nome da economia baseada na realização integral de cada pessoa, responsabilidade que não é só dela mesma, porém de todos os integrantes da comunidade. Pois, "diante dos desequilíbrios causados por uma política econômica frente às metas sociais, é fundamental proclamar que **a economia está a serviço da pessoa**. Por isso, as decisões e as instituições econômicas devem ser julgadas conforme sua capacidade de proteger e promover a vida humana, a família e os direitos que daí decorrem".[47]

A macroeconomia se propõe a conferir rumos à desregrada teia em que se digladiam os interesses econômicos no mercado planetário. O poder econômico chega a disputar primazia com o poder político. Grandes corporações apátridas – a sua pátria é o lucro – impõem sua vontade a governos fortes. O

---

47. Dom Luciano Mendes de Almeida, Economia solidária, *Folha de S. Paulo*, 01 fev. 1997, p. 2. Para o autor, "o desejo de maior harmonia no relacionamento humano e da preservação da natureza ajudam-nos a perceber que a ânsia de acumular bens materiais é uma doença crônica, que há séculos vem lesando a humanidade, criando desigualdade social e tensões e conflitos sempre maiores". Embora antiga a citação, ela é mantida em homenagem a uma figura exponencial em termos éticos, o saudoso Arcebispo de Mariana, que teve papel relevante na fase do autoritarismo brasileiro.

que não se dirá dos governos fracos! Os destinos de vastas legiões são decididos por burocratas baseados em cifras. A espoliação do mais frágil é a regra e àquele que já possui muito é destinado mais ainda, com a retirada ao pobre do pouco que tem.

Acena-se com a ilusão de uma economia social de mercado, a ser implantada através do assistencialismo estatal, promessa que foi bem recebida. Tal sucesso "decorre do fato de que, se administrado de uma forma razoável, o plano combina as vantagens da economia de mercado – e, de modo geral, o dinamismo inerente ao sistema capitalista – com os benefícios do socialismo democrático, proporcionando, além dos serviços fundamentais do Estado, educação, serviços médicos, facilidades de habitação e transporte, pensões, entretenimento popular, estabilidade no emprego, salários razoáveis, pleno emprego e, finalmente, o que não tem menos importância, uma redução significativa das desigualdades sociais".[48] Relativamente poucos têm sido os resultados exitosos desse projeto de revivescência do ideal da liberdade, igualdade e fraternidade.

As perspectivas de inversão de rumo não são promissoras. O materialismo é tão impregnante que sufocou a influência da religião e da filosofia sobre os governos. Em nome de um *laicismo* e da formal separação entre Igreja e Estado, não se admite como outrora a correção de trajetos a partir de aconselhamento e admoestações dos grandes pastores das várias confissões. As novas gerações terão aparentemente invencível desafio pela frente: fazer com que a economia se subordine à ética e seja considerada uma ciência ancilar, assim como todas as demais, a serviço da realização em plenitude do valor da dignidade humana.

Há que se conciliar essa preocupação com o capitalismo. Mesmo que a preocupação com a **moralidade de um sistema econômico** pareça uma contradição em termos, "o tema da moralidade do capitalismo não pode constituir um aspecto meramente adicional a seus outros aspectos econômicos, sociológicos e políticos: deve entender-se como a integração e avaliação moral da totalidade dos argumentos. A moral não é um aspecto a mais entre outros, senão um meio de apreciação das perspectivas e dos argumentos das ciências, de ordená-los e de avaliá-los, e de fazê-los significativos para a ação humana".[49]

A urgência de se refrear a onipotência do capital fez surgir estudos como a concepção de *capitalismo humanista*, importante retomada de uma filosofia humanista para sensibilizar a rigidez da economia. Constata-se que "no enfrentamento dos horrores econômicos da pós-modernidade sabe-se que as profundas

---

48. Hélio Jaguaribe, op. cit., p. 599-600.
49. Peter Koslowski, *La ética del capitalismo*, p. 24.

mazelas do capitalismo – como a exclusão de seres humanos e o esgotamento do planeta – só serão ultrapassadas com a preservação da dignidade da pessoa humana, metassíntese da economia, da política e do direito, que, unidos e com sincronismo, devem implicar a sociedade fraterna".[50] É importante que autores insuspeitos em suas áreas contribuam para trazer mais humanismo às leis inflexíveis e incontroláveis do mercado, cuja tirania produz milhões de excluídos em todo o globo.

Observadores atentos do funcionamento dos mercados concluíram existir um interesse teórico capaz de renovar a visão do economista. É o tema da *reciprocidade*, que valoriza a dimensão da relacionalidade pessoal, a surpreender os exegetas das regras mercantis. "O desenvolvimento da literatura sobre a reciprocidade está ligado ao nascimento e desenvolvimento da economia experimental e da economia comportamental (ou *behavioral economics)* que mostrou a importância de comportamentos que se diferenciam daqueles previstos pela teoria econômica convencional, herdeira de Adam Smith".[51] Nem tudo funciona como previsto nas convenções por aqueles que colocam o dinheiro à frente de todos os demais valores. Análises empíricas e experimentais comprovaram comportamentos inexplicáveis à luz da teoria econômica tradicional. Dentre essas "anomalias", figuram algumas escolhas cooperativas, observadas nas interações em que, teoricamente, se previra o oportunismo.

Em que consiste a *reciprocidade?*

Talvez Hobbes não esteja certo ao prever *a guerra de todos contra todos*. Nem sempre os seres humanos querem o mal alheio e o bem próprio. "As pessoas podem estar interessadas, não só no seu próprio bem-estar, mas também no bem-estar dos outros. De fato, uma grande evidência empírica em estudos psicológicos demonstra que muitos comportamentos altruístas são mais complexos: as pessoas não procuram ajudar os outros de modo uniforme; mas, pelo contrário, estão dispostas a ajudar os outros se acharem que estes vão ser generosos para com elas".[52]

A teoria da reciprocidade sustenta que os seres humanos não são, nem deixam de ser, "generosos" de forma indistinta, para com toda e qualquer pessoa. São seletivos em suas condutas e condicionados, no seu agir, pela

---

50. Ricardo Sayeg e Wagner Balera, *O capitalismo humanista – Filosofia humanista de direito econômico*, Petrópolis, KBR Ed. Digital Ltda., 2011, p. 30.

51. Luigino Bruni, *A ferida do outro – Economia e relações humanas*, Ed. Cidade Nova, Lisboa, 2010, p. 47.

52. Matthew Rabin, ao lançar o conceito de reciprocidade, em artigo publicado no *American Economic Review* em 1993, mencionado por Luigino Bruni, op. cit., idem, p. 48.

ação do outro. "As mesmas pessoas que são altruístas para com os altruístas, são também levadas a castigar aqueles que forem incorretos para com elas".[53] O pressuposto da teoria da reciprocidade é que as pessoas estão dispostas a sacrificar a sua riqueza material para ajudar aqueles que foram cordiais, polidos e delicados para com elas e também a suportar um sacrifício material para "castigar" ou em represália às pessoas que foram incorretas para com elas.

Vigora nas relações, mesmo as econômicas, a relevância das *intenções*. Ou seja: o sujeito tenta compreender as intenções do outro e avaliar o seu grau de bondade. Considera não só o que o outro sujeito *realmente fez*, mas leva em conta ainda o que *poderia ter feito* e não fez. Só a partir daí ele vai reagir à ação alheia. Tais pesquisas põem em questão o paradigma do egoísmo racional. Permitiu a inserção da *teoria dos jogos*, a *teoria das decisões* e demais análises sobre o comportamento, tudo com profunda repercussão no campo ético. A partir daí, o empresariado leva em consideração a sua *responsabilidade social* para obter maior retorno. Os indivíduos estão propensos a gastar um pouco mais para premiar as *boas práticas* – exemplo do *marketing verde* – e também se dispõem a algum sacrifício para sancionar as *práticas abomináveis*. Exemplo: trabalho infantil, trabalho na condição de escravo, sacrifício de animais, utilização de substâncias poluentes etc. São novas perspectivas para um ambiente que já foi considerado irrecuperável: o campo minado do lucro a qualquer preço.

Mesmo em regiões paupérrimas, o sinal relacional é importante. Se uma parte se arrisca em ferir-se no relacionamento, tal risco aumenta também a reciprocidade do parceiro. É o que se chama *mútua benção*. Só o fato de saber que o meu parceiro agiu de forma a confiar plenamente em mim, – muito embora pudesse não fazê-lo – me leva a me comportar saudavelmente com ele também. Este o segredo do comércio justo e solidário, da economia de comunhão e de experiências, que pode ser a alternativa para o futuro. Utopia? Pode ser. Mas se o mundo não se converter para um convívio baseado na confiança e na postura essencialmente ética, não haverá futuro para a espécie.

Em síntese, todas as ciências humanas possuem vínculos estreitos com a ética. Pois "o comportamento moral não é outra coisa senão uma forma específica do comportamento do homem, que se manifesta em diversos planos: psicológico, social, prático-utilitário, jurídico, religioso ou estético".[54] Também econômico, antropológico, histórico, ou nos planos ainda não abordados neste capítulo.

---

53. Matthew Rabin, op. cit., p. 1281.

54. Adolfo Sánchez Vázquez, op. cit., p. 23.

Para reflexão em grupo

1. Por que é conveniente distinguir ética de filosofia?
2. Faz sentido distinguir ética de moral? Por quê?
3. Quais as ciências ou compartimentos do intelecto não mencionados no capítulo e também suscetíveis de análise em suas relações com a ética?
4. Qual o conteúdo ético das lições de Sigmund Freud, Jacques Lacan, Melanie Klein e outros pensadores da psicanálise moderna?
5. Analise a obra de Claude Lévy-Strauss sob o ângulo ético.
6. Como tornar a medicina brasileira mais ética?
7. Existe alguma atividade humana que possa prescindir da ética?
8. É possível identificar outros exemplos da *teoria da reciprocidade* na economia brasileira?
9. O hipossuficiente ou excluído do universo do consumo tem condições de ser ético?
10. Como tornar a economia mais ética?

Ética Jurídica. A Ética e o Direito

5

5.1 A Ética e o Direito

A Ciência do Direito é a que guarda maior intimidade com a moral. É com base na profunda vinculação moral/direito que se pode estabelecer o relacionamento ética/direito. Pois ética não é senão a ciência do comportamento moral do homem na sociedade. Comportamento que é regulado por normas. O Estado de Direito praticamente se confunde com a ideia de *Estado sob a Lei*. Esta regra abstrata, impessoal, elaborada sob um processo previsto no pacto estabelecido pelo povo para regular seu convívio, estabelece condutas obrigatórias, toleráveis e proibitivas. Se alguém desatender a uma regra jurídica, se sujeita a merecer sanções. Não é demais afirmar que toda infração jurídica traz consigo, ínsita e ontologicamente, uma vulneração moral.

Direito e moral já constituíram única realidade normativa. Ainda hoje, há elementos comuns aos dois campos. O que os identifica?

Dentre outros, os elementos característicos seguintes:

1) Direito e moral disciplinam a relação entre os homens por meio de **normas**. Impõem conduta obrigatória a seus destinatários.

2) Tanto as normas jurídicas como as morais se apresentam sob forma **imperativa**, não constituindo mera recomendação.

3) Ambas são preordenadas à garantia da coesão social, atendendo à mesma necessidade social.

4) Moral e direito se modificam no momento em que se altera historicamente o conteúdo de sua função social. São formas históricas de comportamento humano.

Diferem, todavia, em alguns aspectos:

1) A vida moral é **interior**, a vida jurídica é **exterior**. A observância da norma moral depende do foro íntimo da consciência individual. No momento em que o agente moral **interioriza** o preceito, ele o cumpre. Já a observância da norma jurídica independe da consciência. Mesmo sem se convencer do acerto dela, sem aderir intimamente a seu conteúdo, o agente deverá cumpri-la. Em outras palavras, "a legalidade de um proceder consiste na mera adequação externa do ato à regra; sua moralidade, na concordância interna".[1] O ato moral postula discernimento, para que venha a ser assim considerado. O ato jurídico pode ser praticado inconscientemente e não perderá o atributo da juridicidade.

Se o agente, mesmo sem acreditar no preceito moral, vem a cumpri-lo, seu ato não é **moralmente bom**, pois o agente não estava movido por **reta intenção**, de acordo com a lição kantiana. Já para o direito a intenção do agente é irrelevante. Basta a observância, sem se cogitar do desempenho da consciência do agente. E quando o dever jurídico é observado não só por mero respeito à exigência normativa, mas também por razões éticas, está-se diante de um **dever moral indireto**.[2]

2) A coação é **interna** em relação à moral e **externa** no tangente ao direito. O descumprimento de preceito moral pode ensejar a reação da consciência – o **remorso** – ou uma reação firme ou tênue do grupo – a **reprovação social**. Ambos – **remorso** ou **reprovação social** – podem ser insuscetíveis de constranger o agente. Já a inobservância da regra jurídica implica em consequências exteriores: a **prisão** na esfera penal, a **repercussão patrimonial** no cível ou a substituição da vontade do agente pela vontade do Estado, que, em nome dele, pratica o ato a que se recusara. Existe uma **sanção concreta** em relação à norma jurídica e uma **sanção virtual** no que concerne à norma moral.

3) A moral é mais abrangente do que o direito. É conhecida a figura dos círculos concêntricos. O direito é um círculo menor, concêntrico a um círculo de raio maior, a moral. Toda infração jurídica seria também infração moral, pois não se atingiria a faixa reservada ao direito, sem antes percorrer o espaço ocupado pela moral.

Outras doutrinas explicam moral e direito mediante círculos secantes, com área exclusiva e área comum a ambos, mas ninguém se animaria a separá-

---

1. Eduardo García Máynez, *Ética*... cit., p. 166.
2. É Kant quem fala em *deveres morais indiretos*, nos *Elementos metafísicos da doutrina do direito*, p. 29, apud Eduardo García Máynez, *Ética*... cit., p. 167.

-los ou a meramente tangenciá-los. É truísmo afirmar que o **direito não pode ser imoral**. As exigências contemporâneas abominam o asserto de que o **direito é aético**, maneira específica de se afirmar que o **Estado é aético**.

A moral interfere num domínio muito vasto das relações humanas. A esfera do direito é mais restrita. Exemplos são mais eloquentes do que explicações teóricas. Pense-se, por exemplo, numa relação de namoro. A aproximação entre duas pessoas que pretendem se conhecer melhor para, eventualmente, assumir um compromisso, não guarda especial pertinência com o direito. Quase todo namoro seria objeto exclusivo da preocupação moral. Situação idêntica a das relações familiares, os atos de solidariedade, os gestos gerados por laços de vizinhança ou de amizade. Até mesmo a cidadania, como se verá, possui parte considerável de conotação moral.

Um passo adiante e as situações passam a interessar ao direito. Assim o noivado, o compromisso de casamento, o casamento, a separação, o divórcio. Os contratos e ajustes geradores de consequências jurídicas. Em regra, o direito vai contemplar situações morais que se intensificam ou se aprofundam.

4) A moral precedeu o direito. Voltada a permitir a coexistência respeitosa entre as pessoas, passa a existir mesmo nas manifestações gregárias incipientes. Já o Direito é manifestação de um estágio aprimorado de convivência. Há mesmo quem o associe ao surgimento do Estado. Chega-se a confundir o *Estado com a ordem jurídica*. Dessa posição não partilho, pois atribuo anterioridade ao Direito em relação ao Estado. Ambos, entretanto, Estado e Direito, têm origem comum. O fenômeno jurídico, essencialmente humano, é produto dos homens, assim como o Estado é mero instrumento propiciador da realização plena das finalidades humanas individuais e sociais.

A preexistência da moral – e disso não resta dúvida – justifica a concepção de que, se a regra moral é direito em germinação, é direito potencial; isso não invalida a constatação de que algumas normas morais podem significar direito que perdeu sua intensidade. A via é de mão dupla: a moral vai desaguar no direito e direito em extinção pode voltar a ser – em determinadas circunstâncias – regra moral.

5) O direito positivo é necessariamente estatal. A moral pode sê-lo ou não. As sociedades divididas não dispõem de mais de um direito. O jurídico é positivação da vontade dominante, de quem dispõe do comando e titulariza o monopólio legítimo da força. Podem elas cultivar, porém, várias morais, coincidentes ou não com a moral oficial.

6) Tanto a relação mútua entre moral e direito como as respectivas esferas de incidência revestem caráter histórico. À proporção que os homens observam as regras fundamentais de convivência de maneira espontânea, tornando despicienda a coação, **amplia-se a esfera da moral**. O critério de aferição do **progresso moral** é, exatamente, a ampliação da esfera da moral, com a consequente redução da esfera do direito.

Se as pessoas cumprem com suas obrigações e reconhecem a dignidade do semelhante por nutrirem a convicção íntima da excelência dessa opção, estão se comportando de maneira moralmente mais elevada. Assim como é preferível a composição autônoma dos conflitos, eticamente superior à composição heterônoma do processo judicial.

Igino Petrone assinala as diferenças entre Direito e Moral a partir da constatação de que, no fundo, a lei moral significa: quem quer conseguir o bem, deve agir desse modo.

A justiça é uma lei ética, mas há três diferenças entre moralidade e justiça:

1) A justiça não só impõe deveres, mas estabelece um direito correspectivo. A obrigação de um é correlata à faculdade de outro. Na verdade, não são dois termos, mas dois aspectos analíticos da mesma coisa: aspectos que se reciprocam. A lei moral, em vez, não se comporta bilateralmente e correlativamente, mas é um processo unilateral. "Prescreve a alguém um dado dever diante de outrem, mas este dever não tem por termo correspectivo o direito ou a pretensão ativa do outro. O imperativo **ama a teu próximo como a ti mesmo** se dirige unilateralmente a mim e me intima um dever que, adimplido, deriva em vantagem para meu próximo; mas não é dado ao meu próximo pretender de mim este amor no sentido de que tal expectativa tenha ingressado em seu patrimônio e se traduza em direito seu".[3]

2) A segunda diferença é a de que o direito, como norma de pacífica cooperação externa, não entra em função senão depois que a atividade cooperante seja exteriorizada, ou depois que as volições se traduzam objetivadas em ações. A lei moral, inversamente, governa **também** as determinações interiores. O assunto máximo da moral se consuma entre o domínio interno da vontade humana e a lei. Basta um desejo meu, em direção a algo que não é bom, para que eu viole a lei moral. "A função e o valor da moralidade está na **intencionalidade do agente**, antes de estar no efeito ou no resultado útil da ação moral".[4] A moral pretende que se respeite a lei e quer ainda que se a respeite por amor à lei mesma, não por qualquer outro motivo.

3) Por fim, como terceira diferença, os preceitos morais não podem ser coercitivos, ou seja, não se pode pretender seu adimplemento por via de coação judicial. Já os preceitos jurídicos são coercíveis, munidos de coação. Atuar juridicamente é exigível, enquanto atuar moralmente reside na espontaneidade.

---

3. Igino Petrone, *Filosofia del diritto – Con l'aggiunta di vari saggi su ética, diritto e sociologia, a cura de Giorgio Del Vecchio*, p. 38.

4. Idem, p. 39.

Na verdade, pode-se falar em **sanção moral**, mas ela é puramente espiritual, como na sanção religiosa, e pode ser positiva, se assim se puder entender a reprovação social. Não é verdade que a moral não tenha sanção. A moral dispõe de sua sanção, mas ela é ideal, amorfa, não diferenciada de outras reações fluidas, difusas e desprovidas de real consequência.

O direito possui um substrato ético fundamental: é baseado no respeito entre as pessoas e na ideia de limitar a atividade própria para tornar possível o exercício da atividade alheia. Este soberano imperativo ético é pressuposto da ordem jurídica e constitui, a um tempo, limite e freio da reciprocidade jurídica.

Dentre as diferenças alinhadas, não se considerou a **codificação** do direito e a **não codificação** da moral como outro aspecto distintivo entre ambos, pois a ética pode ser também objeto de código. Há muitos exemplos, aliás, de Códigos de Ética Profissional em nosso País.[5]

Especial importância conserva, na modernidade, a distinção entre direito e moral. "Todo Estado autoritário tende a afirmar-se como **Estado ético** e a fundar sobre a necessidade de uma direção e de um controle das consciências o seu ilimitado direito a invadir as esferas privadas".[6] Diante dessa tendência, cumpre ao jurista precisar a distinção entre o elemento jurídico e o elemento ético, de maneira a reduzir a autoridade estatal às formas jurídicas objetivamente definíveis. Essa tarefa poderá contribuir para a nitidez da linha de limites posta ao exercício da autoridade e representará fundamental garantia da autonomia individual.

Considere-se que, "quanto mais os pesquisadores cuidavam de vislumbrar diferenças e distinções, mais se tornavam manifestas, impondo-se igualmente à análise as razões de correlação e de semelhança entre o Direito e a Moral, ligados um ao outro nas raízes mesmas do espírito".[7] Num quadro elucidativo, Miguel Reale procede a uma distinção entre Moral e Direito sob tríplice aspecto: **natureza do ato, forma** e **conteúdo**.

Quanto à **natureza do ato**, a moral é bilateral e visa mais à intenção, a partir de sua exteriorização. O direito é bilateral atributivo e visa mais ao ato exteriorizado, a partir da intenção. No pertinente à **forma**, a moral nunca é heterônoma, é incoercível e não apresenta igual predeterminação tipológica. Já

---

5. Assim o Código de Ética do Advogado, o Código de Ética do Funcionário Público Federal e tantas outras codificações análogas. A sugestão do autor, contida na proposta concreta para um novo Judiciário, *Lex-Jurisprudência do STF* 208/285 e ss., foi acatada e hoje tem vigência o Código de Ética da Magistratura Nacional (vide Capítulo – A ética do juiz).

6. Rodolfo De Stefano, *Legge etica e legge giuridica*, p. 22.

7. Miguel Reale, *Filosofia do direito*, p. 712.

o direito pode ser heterônomo, é coercível e especificamente predeterminado e certo, assim como objetivamente certificável. Finalmente, em relação ao objeto ou **conteúdo**, a moral visa de maneira imediata e prevalecente ao bem individual ou aos valores da pessoa, enquanto o direito visa de maneira imediata e prevalecente ao bem social ou aos valores de convivência.

Repete-se com frequência que o direito é o *mínimo ético*, expressão que se atribui a Goerge Jellineck. Ou seja: o mínimo de ética sem o qual a vida em sociedade seria uma barbárie é positivado e se torna direito. Essa concepção tem a vantagem de ratificar a inexistência de *direito aético,* pois todo o direito existente é extraído da seara ética. Para Reale, afirmar que o direito seria uma espécie de moral objetiva não é totalmente verdadeiro. Nesse sentido, o **mínimo ético**, seria uma "expressão dúbia, que parece olvidar a funcionalidade essencial que existe entre o mundo moral e o jurídico. O Direito não poderá ser jamais a sobra do naufrágio dos valores morais, ainda que seja para garantir à sociedade uma desoladora sobrevivência. Mínimo ético só haveria se todos infringissem as regras jurídicas e só um homem restasse em condições de aplicar a sanção, mas acontece que, ao ser aplicada a sanção, ressurgiria, em toda a intensidade, a força dos valores éticos, o que demonstra a solidariedade da vida espiritual".[8]

A melhor compreensão, em termos éticos, é pregar e reconhecer que não há direito **aético** ou **antiético**. Todas as regras jurídicas, explícitas ou implícitas e em todas as suas categorias devem um tributo à moral. Seria um contrassenso e uma deterioração dos costumes admitir-se normatividade contrária à ética. Além da legalidade, reclama-se legitimidade ao sistema. E legitimidade é ideia de íntima vinculação à fisionomia ética do ordenamento.

5.1.1 A Ética e o Direito Positivo

A intimidade nas relações entre Ética e Direito conduz a um número elevado de **normas éticas** inseridas em **normas jurídicas positivas**. Não é possível examiná-las todas, o que constitui excelente exercício para o decorrer do estudo das ciências jurídicas. Será enriquecedor para mestres e alunos tentar descobrir em textos do ordenamento as mensagens éticas do legislador. Alguns pontos óbvios podem ser facilmente salientados.

5.1.2 A Ética e o Direito Constitucional

A importância desta reflexão adquire outra dimensão ante o fenômeno da **constitucionalização do direito**. Além de Luis Roberto Barroso, o tema foi

8. Idem, p. 708-709.

objeto de percuciente análise de Virgílio Afonso da Silva.[9] A irradiação dos efeitos dos valores constitucionais a todos os demais ramos do direito é evidente. Poderia merecer uma explicação singela: a Constituição é o ápice do sistema. Toda a normatividade infraconstitucional deve estar submissa a ela. Na realidade, houve certa resistência do direito privado à consolidação da ideia de que a esfera da intimidade poderia se subordinar a comandos de natureza pública. Mas quaisquer resistências ruíram na prática. Não é só nos processos judiciais, nos discursos parlamentares, na mídia, que a vontade constitucional é profusamente citada. Na visão de Daniel Sarmento, "a Constituição tornou-se ubíqua".[10] Não que isso tenha trazido a concretização de todas as promessas do formulador do pacto cidadão de 1988. Todavia, é um fato. Não só as macroquestões, mas também as menores, os pequenos conflitos, invocam normas constitucionais para serem resolvidos.

Não se adentrará aqui à tormentosa questão dos custos dessa *constitucionalização*. Daniel Sarmento salienta dois problemas: "constitucionalizar uma decisão é retirá-la do alcance das maiorias... E o segundo problema: a constitucionalização do Direito pode provocar uma certa anarquia metodológica. Esta não é uma consequência necessária do fenômeno, mas ela tem ocorrido no Brasil. Como a base da constitucionalização – pelo menos a da sua faceta mais virtuosa, identificada com a filtragem constitucional do Direito – é composta por normas vagas e abstratas, a irradiação destas normas pelo ordenamento, quando realizada pelo Poder Judiciário sem critérios racionais e intersubjetivamente controláveis, pode comprometer valores muito caros ao Estado Democrático de Direito".[11] Mas o autor reconhece que o discurso na doutrina brasileira sobre o tema da constitucionalização do Direito é predominantemente apologético.

Os atores da constitucionalização mencionados por Virgílio Afonso da Silva são o legislador, o judiciário e também a doutrina. Mas essa missão, para a finalidade de impregnar da **ética fundante** toda a sociedade, pode ser exercida por todo profissional do direito. A inspiração para essa missão da nacionalidade pode ser extraída da tese de Peter Häberle, que formulou a hipótese de uma *sociedade aberta de intérpretes da Constituição*. A proposta de Häberle é "a adoção de uma hermenêutica constitucional adequada à sociedade pluralista

---

9. Virgílio Afonso da Silva, *A constitucionalização do direito – Os direitos fundamentais nas relações entre particulares*.

10. Daniel Sarmento, Ubiquidade constitucional: os dois lados da moeda. *Livres e iguais – Estudos de direito constitucional*, 2.ª tir., Rio de Janeiro, Lumen Juris, 2010, p. 167.

11. Idem, p. 169.

ou à chamada sociedade aberta. (...) todo aquele que vive a Constituição é um seu legítimo intérprete".[12]

A este intérprete, numa noção adequadamente ampliada, incumbe levar ao Judiciário, *inerte por princípio*, pretensões destinadas a **fazer valer** a vontade constitucional. Sem a provocação do interessado, a Justiça conservadora e afeiçoada a anacronismos formais preservará o tradicional descompromisso com boa parte das transformações sociais.[13] A construção de um **Brasil mais ético** é missão que não pode ser desempenhada por poucos. É urgente o envolvimento de toda a nacionalidade, e nela a profissão jurídica, por sua familiaridade com o texto constitucional, terá um protagonismo essencial. Pois a **Constituição Cidadã** de 1988 pode ser também chamada **Constituição Ética.**

O pacto fundante abriga normatividade complexa. Não é mero conjunto de regras jurídicas. É também o núcleo ético, histórico, econômico, político e social, condensado pelo constituinte, num preciso momento sensível para a nacionalidade. Na feliz expressão do Ministro Carlos Ayres Britto, a Constituição é "fonte, bússola e ímã".[14] Há constituições, como a italiana, que dedicam um título inteiro às relações **ético-sociais.**[15] A Constituição brasileira de 1988 representa um avanço ao enunciar o princípio da **moralidade** como um dos pilares da administração pública.[16] Princípio que Ives Gandra da Silva Martins considera o mais relevante e prevalente aos demais ali proclamados.[17]

---

12. Gilmar Ferreira Mendes, tradutor de Peter Häberle, *hermenêutica constitucional. Contribuição para a interpretação pluralista e procedimental da Constituição*, Porto Alegre, Sérgio Antonio Fabris Ed., 1997, na apresentação à obra, p. 9.

13. Não se pode perder de vista que o Judiciário é recrutado no universo dos bacharéis, fruto da Faculdade de Direito. Convém a releitura do discurso de posse como professor titular proferido por José Eduardo Campos de Oliveira Faria, na Faculdade de Direito da Universidade de São Paulo em 2002, ao abordar o estágio do ensino jurídico no Brasil: "Ao privilegiar o formalismo e o normativismo, perdeu-se em prolixidades e tecnicismos, deixando-se seduzir por uma retórica vazia, e minada pelo princípio da autoridade. Ao valorizar o aprendizado de um conhecimento técnico, porém fragmentado, levou a um processo de especialização que se assenta no isolamento de aspectos fundamentais dessa realidade, ignorando os demais. O bacharel por ele formado, consequentemente, talvez continue sendo um profissional necessário. No entanto, pelas limitações estruturais do ensino jurídico, tem sido ele ao longo do tempo um profissional realmente útil?" (*Revista da Faculdade de Direito da USP*, n. 97, p. 705, 2002).

14. Carlos Ayres Britto, *Teoria da constituição*, p. 125.

15. Título II da Parte I, arts. 29 à 34 da Constituição italiana, mencionada por Pasquale Gianniti, *Principi di deontologia forense* cit., p. 12.

16. Art. 37 da CF/1988.

17. Ives Gandra da Silva Martins, *O princípio da moralidade no direito tributário*, p. 20. Textualmente: "O princípio da moralidade administrativa, portanto, é princípio es-

Outros princípios éticos foram inscritos no **preâmbulo** – liberdade, igualdade e justiça como valores supremos de uma sociedade fraterna, pluralista e sem preconceitos, fundada na harmonia social –, no Título I, destinado justamente aos **princípios fundamentais**. Dentre eles a **cidadania**, a **dignidade da pessoa humana**, a **construção de uma sociedade livre, justa e solidária**, a erradicação da **pobreza e da marginalização**, a redução das **desigualdades sociais**, a eliminação dos **preconceitos** e de qualquer forma de **discriminação**.[18]

A Constituição Brasileira de 1988 ostenta uma singularidade que é manancial profundo para extração de consequências éticas. É uma Carta de Princípios. E essa dualidade temática, tão bem analisada pelo Ministro Carlos Ayres Britto sob a rubrica de *princípios/regras* e *princípios-preceitos*, confere uma dimensão ética insuperável para o pacto fundante. É que "as normas que veiculam princípios desfrutam de maior envergadura sistêmica. Elas enlaçam a si outras normas e passam a cumprir um papel de ímã e de norte, a um só tempo, no interior da própria Constituição".[19] Os princípios abrigam um acervo inimaginável para o bom hermeneuta, pois "consubstanciam ou tipificam valores (Democracia, Dignidade da Pessoa Humana...) **que são fins em si mesmos**".[20] Bastaria a imersão na hermenêutica principiológica para conferir impregnação ética a todo o ordenamento. Pois a Constituição é o ápice da pirâmide normativa, fundamento de validade de todas as normas inferiores, e aquilo que com ela não se afina não chegou a ingressar na positividade.

O constituinte atribuiu um peso enorme aos princípios, e dentre eles mencione-se, por sua dimensão, o **princípio da dignidade da pessoa humana**. A implementação concreta desse princípio transformaria a nação brasileira. A densidade dessa dicção é bem analisada por Luís Roberto Barroso: "O **princípio da dignidade da pessoa humana** identifica um espaço de integridade moral a ser assegurado a todas as pessoas por sua só existência no mundo. É um respeito à criação, independentemente da crença que se professe quanto à sua origem. A dignidade relaciona-se tanto com a liberdade e valores do espírito como com as condições materiais de subsistência. Não tem sido singelo, todavia, o esforço para permitir que o princípio transite de uma dimensão ética e abstrata para as motivações racionais e fundamentadas

---

sencial. O mais relevante, aquele que se destaca de forma absoluta. Que torna a Administração confiável perante a sociedade e que faz do administrador público um ser diferenciado".

18. Arts. 1.º e 3.º e seus incisos, da CF/1988.
19. Carlos Ayres Britto, op. cit., p. 166.
20. Idem, ibidem.

das decisões judiciais".[21] Enfrentar mais essa incitação intelectual, de que depende a transformação da vida de tantos semelhantes, é missão confiada ao operador do direito. Por isso a necessidade de estudo e treino intenso, de forma a habilitar toda uma geração a bem compreender para melhor aplicar a vontade constitucional.

A solene dicção dos **direitos e garantias fundamentais** guarda verdadeira identidade com os preceitos éticos. Antes de serem positivados, são deveres éticos assegurar-se a igualdade de todos, a não submissão à tortura ou a tratamento desumano ou degradante, a liberdade do pensamento, o direito de resposta, a inviolabilidade da liberdade de consciência e todos os demais, naquele longo e casuístico rol.[22] Por sinal que a topografia reservada pelo constituinte aos **direitos fundamentais**, sua enunciação casuística e a cláusula aberta a permitir inclusão nesse elenco de quaisquer outros direitos, significa serem eles hoje, no Brasil, verdadeiros **critérios morais** para qualquer detentor de poder.[23] Notadamente quando esse detentor é um operador jurídico.

É conveniente deter-se, ainda que superficialmente, sobre a questão. A expressão **critério** tem uma conotação de neutralidade. Critério é pauta de decisão ou linha de argumentação para realizar algo prático. Quando utilizado em relação aos direitos humanos, o que se tem em vista é serem eles um ponto de vista a respeito de como atuar na política de sua implementação. Gregório Robles afirma que os direitos humanos são "pautas gerais para a conduta e a decisão (...). Quando se diz que os direitos humanos são **critérios morais**, está-se na verdade a afirmar que constituem pautas de deliberação de caráter moral que hão de ser tidas em conta na tomada de decisões políticas e jurídicas.

---

21. Luís Roberto Barroso, *Interpretação e aplicação da Constituição*, p. 381.

22. Art. 5.º e seus incisos, da CF/1988.

23. Interessante conhecer o pensamento de Virgílio Afonso da Silva sobre o **suporte fático** dos direitos fundamentais, tema explorado em seu livro *Direitos fundamentais – Conteúdo essencial, restrições e eficácia*, p. 67 e ss. O tema *direitos humanos* ou *direitos fundamentais* ganhou amplitude e intensificação a partir de 1988, e "a forma de aplicação dos direitos fundamentais – subsunção, sopesamento, concretização ou outras – depende da extensão do suporte fático; as exigências de fundamentação nos casos de restrição a direitos fundamentais dependem da configuração do suporte fático; a própria possibilidade de restrição a direitos fundamentais pode depender do que se entende por **suporte fático**; a existência de colisões entre direitos fundamentais, às vezes tida como pacífica em muitos trabalhos e decisões judiciais, depende também de uma precisa determinação do conceito de suporte fático" (p. 68). Impõe-se o desafio de desvendar o significado dessa discussão, pois ela condiciona a concepção do conteúdo essencial dos direitos fundamentais e, portanto, inclui também o seu componente ético.

Seu caráter moral radica em que fazem referência a aspectos transcendentais da vida dos indivíduos, a aspectos que afetam ao ser moral do homem, a sua dignidade e a sua liberdade".[24] O fundamento último dos direitos humanos é o fundamento moral. Quando se postula algum direito fundamental desvinculado da moral, está-se apenas fazendo uso de palavras dotadas de prestígio simbólico para defender interesses que se não confundem com a dignidade humana.

Os direitos fundamentais espraiam-se por todo o texto fundante. Não se esgotam na extensa enunciação do art. 5.º. Enfatize-se a explicitação de um direito fundamental de natureza singular, que é o de qualquer pessoa a um meio ambiente equilibrado.[25] É um direito assegurado não apenas aos viventes, mas também às futuras gerações. Direito fundamental imerso numa ética transgeracional e planetária.

A Ordem Social é outro título prenhe de deveres éticos. Assim a garantia do **primado do trabalho** e da **justiça social**, o dever de financiamento da seguridade social, a participação comunitária na saúde, a proteção à maternidade e à gestante, a atenção especial ao trabalhador em situação de desemprego involuntário, o salário-família, a tutela dos interesses sociais do recluso, do idoso e do acidentado, a pensão por morte assegurada ao cônjuge ou companheiro e dependentes.[26]

Proteger a infância, a família, a maternidade, a comunidade dos carentes e os deficientes são deveres essencialmente **éticos**. Participar, como cidadão, das ações governamentais na área da assistência social, se não fora norma cogente, seria imperativo moral.[27] Da mesma maneira como o dever familiar e cívico de **educar** e o dever de todos de **defender o ambiente** ecologicamente equilibrado, preservando-o para as presentes e futuras gerações.[28]

Mais especificamente, o constituinte contemplou a **improbidade** administrativa como causa de suspensão de direitos políticos, de perda da função pública e de indisponibilidade de bens, impondo o ressarcimento do erário sem prejuízo da ação penal cabível.[29] Ser **probo** é obrigação moral não apenas do servidor público, mas de todas as pessoas. As vedações impostas aos parla-

---

24. *Los derechos fundamentales y la ética en la sociedad actual*, p. 25-27.
25. Art. 225 da CF/1988.
26. Arts. 193, 195, 198, III e 201, I a V, da CF/1988.
27. Arts. 203, I e 204, II, da CF/1988.
28. Arts. 205 e 225 da CF/1988.
29. Art. 37, § 4.º, da CF/1988.

mentares e aos juízes envolvem atuação que seria eticamente repreensível,[30] e a conduta incompatível com o **decoro parlamentar** não pode ser **eticamente tolerável**.[31] Igualmente, não se pode conceber **crime de responsabilidade** do Presidente da República, notadamente aquele que atente contra a *probidade* na administração, que não represente, também, uma falta ética.[32]

A vigente Constituição do Brasil contempla em inúmeros dispositivos temas morais e éticos. Isso é explicável quando se atém ao processo histórico de sua formulação, período em que a Nação estava a reclamar por sua redemocratização e por maior responsabilidade dos detentores do poder, e aspirava em uníssono por um pacto indicador de diretrizes para o futuro.

A **Constituição dirigente** é sempre repositório ideal para formulações éticas, por significar um **projeto de Nação**, a cuja concretização deve concorrer um conjunto de fatores, dentre os quais a **conduta ética** do governante e do cidadão não é das menos relevantes.

As mensagens normativas éticas do constituinte estão a produzir efeito. O parlamento imbuiu-se de sua missão de fiscalizar e tem procurado realizar um verdadeiro julgamento ético de autoridades e organismos estatais. A sociedade vem aprendendo a cobrar zelo e vigilância permanente sobre o dispêndio dos recursos públicos e sobre a conduta de qualquer pessoa investida de autoridade.

E é justamente isso o que se pretende de uma cidadania esclarecida. A Constituição acenou com uma democracia participativa e esta só se fará quando todos os brasileiros tiverem condições de acompanhar e de influenciar a tomada das decisões políticas em todos os níveis do desempenho estatal. O Estado contemporâneo – ou o que sobrar dele – será cada dia mais ético se o protagonismo individual vier a ser estimulado, mediante efetiva cobrança de compostura e zelo de seus agentes.

A circunstância de a Constituição desmerecer efetivo apreço de parte de quem deveria preservá-la não invalida o reconhecimento de que ela é um pacto ético. Perquirir sobre a ética da Constituição é considerado pelos positivistas como inadequado. Estar-se-ia "diante de uma indagação não científica, perante questão, quando muito, objeto de cogitações filosóficas, com o ressaibo de profundo menoscabo que a atual mentalidade tecnicista vota à filosofia, doravante tida como puro jogo de palavras, ou, na melhor das hipóteses, como

---

30. Arts. 54 e 95, parágrafo único, I a V, da CF/1988.
31. Art. 55, II, da CF/1988.
32. Art. 85, V, da CF/1988.

um saber primitivo, em tudo e por tudo semelhante à fantasia mitológica".[33] Se é vedado perquirir do conteúdo ético da Constituição, ela se reduz a um ordenamento legal de que se questiona somente a vigência. A prevalecer essa orientação, "o raciocínio jurídico divorcia-se assim, de uma vez por todas, da ética, para fixar-se, com exclusividade, no campo da lógica ou da verificação fática. O velho Maquiavel obtinha, afinal, ganho de causa: 'Há tamanha distância entre a vida efetiva e a vida ideal, que aquele que deixa de lado o que se faz para seguir o que se deve fazer prepara antes a sua própria ruína do que a sua preservação'".[34] Essa Constituição estaria totalmente esvaziada de seu sentido ético, resultado da separação radical entre Moral e Direito no positivismo jurídico. Não foi essa a vontade da Nação, explicitada num pacto eminentemente ético e principiológico, cujo conteúdo moral subsiste, a despeito das quase 60 emendas, afora as de revisão, e sob ameaça de vindouras mutilações.

5.1.3 A Ética e o Direito Penal

Diante de uma Constituição essencialmente *ética*, a acolher princípios constitucionais incidentes sobre o Direito Penal, é evidente a pertinência do enfoque *moral* sobre as normas jurídicas criminais. Inicie-se com a menção ao princípio da proporcionalidade, "entendido como um mandamento de otimização do respeito máximo a todo direito fundamental em situação de conflito com outro(s), na medida do jurídico e faticamente possível".[35] Ele se triparte em princípio da proporcionalidade em sentido estrito, princípio da adequação e princípio da exigibilidade, ou máxima do meio mais suave. Daí resulta que não se vulnere o conteúdo essencial de direito fundamental, com desrespeito à dignidade humana, e o Direito Penal é exemplo claro de sua incidência. Pois "toda pena pode ferir ou, no mínimo, restringir direitos individuais, e só se justifica a sua previsão para atender a reclamos de bem-estar da comunidade".[36]

Ao consagrar o princípio da legalidade ou da reserva legal, o constituinte consagrou uma garantia fundamental do cidadão: a de inexistência de infração penal e de sanção sem prévia tipificação em regra jurídica geral e abstrata. Significa isso que "o princípio da legalidade... está condicionado por aquele da

---

33. Fábio Konder Comparato, Sobre a legitimidade das constituições, *Constituição e democracia – Estudos em homenagem ao Professor J. J. Gomes Canotilho*, p. 49.

34. Idem, p. 50.

35. Willis Santiago Guerra Filho, Teoria constitucional dos princípios jurídicos e garantismo penal: por uma atualização teórica de conceitos fundamentais, *Constituição e democracia...*, p. 524.

36. Idem, p. 525.

proporcionalidade, a fim de que não viole o princípio da dignidade humana, pondo-se, ao mesmo tempo, a serviço do Estado de Direito, da isonomia e da segurança jurídica em seu aspecto formal, e também, em seu aspecto substancial, servindo ao Princípio Democrático e à liberdade, ao determinar que se equacionem, de maneira ponderada, a gravidade dos fatos a serem apenados e a severidade das penas, para que subtraiam ou restrinjam direitos fundamentais, máxime a liberdade, sem fulminar a dignidade humana do apenado, e sempre em defesa de bens dignos de uma proteção com tal magnitude".[37]

Os princípios constitucionais de natureza penal são inúmeros. Mencione-se o princípio de estrita legalidade, a exigir todas as principais garantias constitucionais para a configuração da legalidade penal. Não pode haver lei penal sem necessidade, o que leva ao encadeamento com o princípio da proporcionalidade, princípio da humanidade, princípios implícitos da intervenção mínima ou fragmentariedade, da adequação ou reconhecimento social e da insignificância. Os estudiosos encontram ainda os princípios da lesividade ou da ofensividade do ato, da materialidade ou da exterioridade da ação, da culpabilidade ou da responsabilidade pessoal, de intranscendência ou de personalidade da pena, o princípio da jurisdicionalidade, o da soberania do poder estatal, territorialidade, princípio real ou de proteção, universal ou cosmopolita, nacionalidade ativa, nacionalidade passiva, representação. Tudo conjugado com as garantias do juiz natural, do devido processo legal, garantias penitenciárias ou de execução, princípio acusatório ou da separação entre juiz e acusação, princípio do ônus da prova ou da verificação, princípio implícito do *in dubio pro reo*, garantia do contraditório e da ampla defesa.[38]

Ora, todos esses princípios são imersos na moral e na ética. Além disso, constituem irradiações de direitos fundamentais ou de garantias desses direitos. Na classificação de Canotilho, são mais do que direitos subjetivos: são princípios objetivos conformadores da ação e da estruturação do Estado Democrático de Direito.

Por outra vertente, quase todo crime é também falta moral. Ao iniciar a vulneração dos valores protegidos pela comunidade, até atingir aqueles mais vitais à subsistência do pacto de convívio, o infrator percorrerá, necessariamente, a área reservada à moral. Não é acaso a utilização da expressão *iter criminis* – o caminho do crime. Entre a cogitação e a prática, há um percurso na senda do crime, e ele representa uma ruptura com o ideal ético.

Essa é a regra geral. Raro o delito passível de ser subtraído a qualquer aferição de compatibilidade com parâmetros morais. Quando a infração penal

37. Idem, ibidem.

38. Idem, p. 527, a citar Cezar R. Bitencourt, em seu *Código Penal comentado*.

é moralmente irrelevante, ela não logra obter o repúdio social. A linguagem brejeira do brasileiro chega a mencionar leis que não pegam, para identificar as tipificadoras dos delitos tolerados pela comunidade.

Existem, nada obstante, aqueles crimes em que a conotação moral é evidente: o homicídio. Tirar a vida de alguém não é apenas crime. É falta moral, é contra a natureza, é pecado em todas as religiões.

Os delitos **contra os costumes** são nitidamente infrações contra a moral. O estupro, a corrupção de menores, o atentado violento ao pudor ofendem a qualquer noção moral costumeiramente aceita E os crimes em que está presente a **fraude**, a **simulação**, o **artifício**, todos eles constituem incursão contra a moral. Mas até delitos menores, como as **contravenções**, podem abrigar vulnerações éticas.

O condutor de veículo sem habilitação e dirigindo de forma perigosa está potencialmente ferindo a comunidade, submetendo-a a suportar os efeitos de um acidente. A vadiagem, antes de ser delito menor, é falta ética. O trabalho constitui um dever ético. Até quem perturba o sossego das pessoas, utilizando-se de aparelhamento de som em intensidade inadmissível, pode estar a cometer uma falta ética. Está falhando no respeito que o semelhante deve merecer.

Nesse sentido, a **sonegação fiscal** guarda também esse caráter de conduta moralmente reprovável. É dever do cidadão custear o dispêndio público na gestão da coisa comum. Quem se exime ilicitamente a tanto está moralmente em débito para com toda a comunidade.

O direito penal é área muito propícia à análise da adequação da teoria **tridimensional do direito** como explicação racional do fenômeno jurídico. À luz desse pensamento, tradicionalmente defendido no Brasil pelo jus-filósofo Miguel Reale, a compreensão do direito se daria mediante enfoque tríplice: **fato**, **valor** e **norma**. Diante de um fato a ser disciplinado pelo direito, a norma deveria corresponder ao valor conferido pela comunidade a esse fato. As mutações valorativas implicariam necessária modificação legislativa, embora o fato continuasse o mesmo.

O Código Penal brasileiro, elaborado na primeira metade do século passado, texto conservador dos valores daquele século, até há pouco contemplava fatos típicos que sofreram oscilação de valor. Um exemplo é o crime de **adultério**.[39] O adultério era o crime praticado por alguém que mantivesse conjunção

39. Art. 240 do CP: "Cometer adultério: Pena – detenção, de 15 dias a 6 meses. § 1.º Incorre na mesma pena o corréu. § 2.º A ação penal somente pode ser intentada pelo cônjuge ofendido, e dentro de um mês após o conhecimento do fato. § 3.º A ação penal não pode ser intentada: I – pelo cônjuge desquitado; II – pelo cônjuge que con-

carnal ou ato sexual inequívoco com parceiro de sexo diferente que não fosse o seu cônjuge.

O objeto jurídico desse crime é a paz matrimonial, que o legislador penal quis proteger em 1940. Embora o fato continue a ser o mesmo, a modificação dos valores derivada de uma nova concepção de liberdade individual e de relacionamento conjugal, aliada à liberação feminina, fez com que o delito caísse no ostracismo. Também a **sedução**, antes de desaparecer da lei penal, se tornara crime em desprestígio, pois a moça moderna, maior de 14 e menor de 18 anos, em regra, não ostenta **inexperiência** ou é movida por **justificável confiança** para relacionar-se sexualmente com um homem.[40]

Tanto num como noutro caso os fatos continuam os mesmos. E a reprovação moral ainda os considera **imorais**. Mas a intensidade do repúdio foi atenuada e os crimes parecem destinados a desaparecer do ordenamento, ao menos conforme tipificados.

Outra ordem de ideias estaria a impor-se nesse debate. Se o direito penal é uma filosofia, como dizia Giuseppe Bettiol, seja qual for a solução a ser conferida a um problema que parece insolúvel – o da criminalidade –, "a pena em sentido jurídico tem uma precisa e forte relevância moral; como escreveu Pellegrino Rossi, '**entre todas as partes das quais se compõe a legislação, a lei penal é aquela que pode mais diretamente influir sobre a noção universal da ordem moral**'".[41] O direito penal é muito mais do que a leitura e a aplicação do Código Penal. O que está em jogo, quando se pune alguém por uma conduta considerada delitiva, é a noção moral, nutrida pela sociedade considerada, sobre o que está a merecer castigo e repressão.

Impregna o direito penal uma indagação angustiante: com que direito alguns seres humanos julgam e condenam outros seres humanos? Essa é uma questão eminentemente moral. Como é moral a recorrente discussão a respeito da privação de liberdade, convertida no século XVI em pena autônoma e cuja ineficácia vem sendo reconhecida por toda a civilização, sem se alcançar um

---

sentiu no adultério ou o perdoou, expressa ou tacitamente. § 4.º O juiz pode deixar de aplicar a pena: I – se havia cessado a vida em comum dos cônjuges; II – se o querelante havia praticado qualquer dos atos previstos no art. 317 do Código Civil" (inciso revogado expressamente pela Lei 6.515/77). O crime de adultério foi excluído do Código Penal, pois o art. 240 foi revogado pelo art. 5.º da Lei 11.106, de 28.03.2005.

40. O crime de sedução, previsto no art. 217 do CP, foi revogado pelo art. 5.º da Lei 11.106, de 28.03.2005.

41. Mario Cattaneo. *Pena, diritto e dignità umana – Saggio sulla filosofia del diritto penale*, p. 7.

substitutivo de suficiência consensual, para pôr cobro ao recrudescimento da criminalidade.

Cumpre meditar sobre o fundamento da pena e a pregação disseminada para torná-la ainda mais aflitiva, diante do recrudescimento da delinquência. Foucault viu uma feição contratualista no estabelecimento de um sistema penal sancionatório: "Supõe-se que o cidadão tenha aceito de uma vez por todas, com as leis da sociedade, também aquela que poderá puni-lo. O criminoso aparece então como um ser juridicamente paradoxal. Ele rompeu o pacto, é portanto inimigo da sociedade inteira, mas participa da punição que se exerce sobre ele. O menor crime ataca toda a sociedade; e toda a sociedade – inclusive o criminoso – está presente na menor punição. O castigo penal é então uma função generalizada, coextensiva do corpo social e a cada um de seus elementos".[42] O criminoso é considerado inimigo de todos, abandona o pacto, desqualifica-se como cidadão e representa o *anormal*. Parte considerável da sociedade legitima o abuso na repressão, como os maus-tratos, o tratamento desumano e degradante, a tortura etc. Como conciliar essa concepção com o princípio da dignidade da pessoa humana? Por sinal que a Constituição do Brasil tem preceito expresso a respeito do tratamento a ser conferido ao preso.[43]

Uma questão bastante séria a ser encarada num futuro próximo é a tendência à descriminalização do aborto, à criminalização da homofobia, tudo a refletir uma profunda alteração valorativa em relação a bens da vida tradicionalmente arraigados na cultura do povo. O pluralismo é um valor acolhido no pacto federativo. Nem por isso reflete assimilação imediata e de grau idêntico por toda a comunidade, ainda afeiçoada a padrões edificados há séculos e, quanta vez, revestidos de intolerância.

A construção do convívio em nível de respeito e aceitação do outro é uma lenta edificação que não se atingirá senão ao longo de algumas gerações.

5.1.4 A Ética e o Direito Civil

O direito privado é pródigo em normas morais. Elas têm início na Lei de Introdução ao Código Civil, em dispositivo que determina ao juiz que, na aplicação da lei, atenda aos fins sociais a que ela se dirige e às exigências do bem comum,[44] exigências que devem se subordinar à ética. Outro preceito veda a

---

42. Michel Foucault. *Vigiar e punir – História da violência nas prisões*, p. 82-83.
43. Art. 5.º, XLIX, da CF/1988: "É assegurado aos presos o respeito à integridade física e moral".
44. Art. 5.º da LINDB.

eficácia de leis, atos e sentenças estrangeiras no Brasil, quando ofenderem os **bons costumes**.[45]

Muitos dos conceitos abrigados na antiga lei civil – Lei 3.071, de 01.01.1916 – eram nitidamente éticos. Assim a **boa-fé**, presente em inúmeros artigos do Código,[46] os **bons costumes**,[47] a **equidade**,[48] o **estado de casado**,[49] a **fidelidade conjugal**,[50] a **indignidade**,[51] a **ingratidão**,[52] a **má-fé**,[53] também chamada **malícia**, os **maus-tratos**,[54] a **ofensa física**,[55] a própria noção de **solidariedade**.[56] Como desvincular o aspecto moral presente na **fraude**, na **simulação**, nos **vícios dos atos jurídicos**, nos vícios intrínsecos e ocultos, na violência e em tantas outras noções do Direito Privado?

O enfoque ético foi enfatizado no novo Código Civil, Lei 10.406, de 10.01.2002, em vigor desde janeiro de 2003. Um dos fundamentos da nova codificação, de acordo com o seu principal artífice, o Professor Miguel Reale, é exatamente sua *eticidade*. E se esse é um dos pilares sobre os quais se assenta o novo Código, a inspiração dos seus elaboradores está patenteada nas obras doutrinárias, ensaios, artigos e inúmeras conferências por eles proferidas para familiarizar a comunidade jurídica com a nova legislação.

O Código Civil de 1916 servia a uma sociedade patriarcal, rural e machista. O Código Civil de 2002 veio encontrar outra família, com a emancipação da mulher e com uma sociedade predominantemente urbana, ou com todos os problemas de quem mora na cidade e abandonou, de há muito, os valores e os costumes campesinos.

O Código Civil vigente escolheu modelos abertos, as chamadas "cláusulas gerais", que permitirão ao juiz uma discricionariedade muito maior para re-

---

45. Art. 17 da LINDB.
46. V., v.g., arts. 221, 232, 255, parágrafo único, 549, 622, 1.072, 1.382, 1.507, 1.600, entre outros, do CC/1916.
47. Além do art. 17 da Lei de Introdução, v. art. 395, III, do CC/1916.
48. Art. 1.456 do CC/1916.
49. Arts. 203 e 206 do CC/1916.
50. Art. 231, I, do CC/1916.
51. Arts. 1.595 a 1.602 do CC/1916.
52. Arts. 1.181 a 1.187 do CC/1916.
53. Arts. 285, 295, parágrafo único, 968, parágrafo único, 1.002, 1.073, 1.110, 1.438, dentre outros, do CC/1916.
54. Art. 395, I, do CC/1916.
55. Arts. 1.744, I, e 1.745, I, do CC/1916.
56. Arts. 896 a 915 do CC/1916.

solver os problemas jurídicos. Em lugar da rigidez formal do Código de 1916, encontra-se hoje um novo paradigma, centrado na possibilidade de flexibilizar soluções, não mais estáticas disposições legais, mas verdadeiras "pistas de orientação" para os operadores do direito.

Sobre o tema, Rosa e Nelson Nery Jr. procedem a percuciente análise do conceito de cláusulas gerais, princípios gerais de direito e conceitos legais indeterminados. As primeiras são normas orientadoras, sob a forma de diretrizes, destinadas ao juiz. Os princípios gerais de direito "são regras de conduta que norteiam o juiz na interpretação da norma, do ato ou negócio jurídico. Os princípios gerais de direito não se encontram positivados no sistema normativo. São regras estáticas que carecem de concreção. Têm como função principal auxiliar o juiz no preenchimento das lacunas".[57] E os conceitos legais indeterminados "são palavras ou expressões indicadas na lei, de conteúdo e extensão altamente vagos, imprecisos e genéricos, e por isso mesmo esse conceito é abstrato e lacunoso. Sempre se relacionam com a hipótese do fato posta em causa. Cabe ao juiz, no momento de fazer a subsunção do fato à norma, preencher os claros e dizer se a norma atua ou não no caso concreto".[58] A plasticidade desses conceitos, conjugados à principiologia constitucional, permitem ao intérprete injetar ética em todas as relações disciplinadas pelo direito em que ele tenha de atuar. Acrescente-se que o juiz pode hoje fazer uso de sua *experiência comum* e da *equidade* para tentar ofertar a melhor prestação jurisdicional. Passa a inexistir motivo para que a ética não incida em todas as relações jurídicas, salvo se houver premeditada exclusão de sua incidência.

Os aspectos éticos da nova legislação estão profusamente disseminados pelo Código. Salutar exercício para as aulas de ética seria o encontro, pelo alunado, de dispositivos de conteúdo ético e discussão em classe, após ligeira manifestação pelo discípulo expositor.

Para estimular esse desafio, mencione-se, por exemplo, o art. 50, que condena o abuso da personalidade jurídica e que permite a desconsideração da pessoa jurídica para atingir os bens particulares dos administradores ou sócios. O art. 105 contém preceito ético, assim como o art. 112. A boa-fé e os costumes – *mores* – surgem no art. 113 e no art. 122, e vão permear inúmeros outros dispositivos.[59] São faróis de inspiração para a hermenêutica das relações civis a que todos deverão estar atentos.

---

57. Nelson Nery Jr. e Rosa Maria de Andrade Nery, *Código Civil comentado e legislação extravagante,* 3. ed., p. 157.

58. Idem, ibidem.

59. Mencionem-se, exemplificativamente, em relação à boa-fé, os arts. 122, 128, 164, 167, § 2.º, 187, 307, parágrafo único, 309, 422, 637, 689, 765, 814, § 1.º, 878, 1.201, 1.202, 1.214, 1.217, 1.219, 1.222, 1.238, 1.243, 1.255, parágrafo único, 1.260, 1.268,

Novos institutos, como o estado de perigo – art. 156 – e a lesão – art. 157 –, são profundamente calcados na ética. A partir de 2003, já se pode afirmar que a moral impregnou o direito positivo e que a aplicação da lei civil precisará submeter-se a essa relevante e decisiva dimensão.

De resto, a moral continua a permear todo o direito civil, principalmente no direito de família e no direito das obrigações. Ao obrigar-se, o ser humano se vincula moralmente. Para Clóvis Beviláqua, três pontos merecem atenção no relacionamento Direito e Moral: a) Direito e Moral coincidem na reprovação ao considerado ilícito; b) o Direito ordena a Moral, mas sob estímulos diversos; e c) o Direito mostra-se em desacordo com a Moral, regulamentando questões por esta reprovadas.[60] Textualmente, o Mestre assinala: "Em três situações diversas se encontram o direito e a moral (...). O direito coincide com a moral, reprovando, por motivos semelhantes, senão idênticos, um determinado ato (...). O direito ordena o que ordena a moral, porém são diversos os estímulos a que obedecem; eis a segunda situação. Ambos exigem que satisfaçamos os nossos compromissos, por exemplo. Mas o direito se coloca no terreno do interesse para assim estatuir, vendo, na inobservância do prometido, uma lesão ao direito da pessoa, que nele confiou, e um prejuízo aos interesses mais elevados da sociedade. A moral chega ao mesmo resultado por outro caminho. O simples dever de veracidade nos imporia o cumprimento da promessa honesta, ainda que não houvesse interesse em fraudar, nem apropriação de bem ou de trabalho alheio. Na terceira situação, finalmente, o direito e a moral se acham em desacordo, porque aquele sanciona obrigações que esta condena, como são as que nascem dos pactos usurários. Outras vezes será que a moral mantenha a sua sanção a obrigações, que o direito não reconhece mais, como são as que incorreram em prescrição. As conveniências e a utilidade social aconselham a prescrição que, realmente, encontra espaço em todas as legislações; perante a moral, porém, as obrigações jamais prescrevem".[61]

Lembra Bittar que "ditames de moral governam o nascimento da obrigação e acompanham-na em seus reflexos. Servem, às vezes, de apoio às imposições jurídicas. Em outras se contrapõem e, em muitas situações, são indiferentes ao Direito".[62]

1.270, 1.336, IV, 1.561, 1.638, III e IV, e 1.827, parágrafo único, entre outros. Em relação aos bons costumes, verificar arts. 122, 187, 1.336, IV, e 1.638, III e IV.

60. Clóvis Beviláqua, *Direito das obrigações*. 3. ed., p. 25.

61. Idem, p. 25-26.

62. Carlos Alberto Bittar, *O direito civil na Constituição de 1988*, p. 99. O autor indica bibliografia estrangeira a respeito: Georges Ripert, *La règle morale dans les contrats*; e

Em relação à família, não é necessário dizer da importância da moral. Os fundamentos éticos da família tornam o ramo jurídico a ela destinado irredutível a qualquer categoria clássica do direito. A família moderna contraiu-se e ganhou novo sentido. Mas o Estado, reconhecendo a importância social da família, "conduz o legislador a atribuir cunho imperativo à maioria dos preceitos do Direito de Família. A vários empresta-se o caráter de ordem pública, reduzindo-se a dimensões insignificantes o campo da autonomia privada. A tal ponto chega a preocupação de conformar as relações de família a normas cogentes que os próprios preceitos coincidentes com regras morais possuem essa força".[63]

Instigante exercício para os estudiosos do direito teria sido rever a normatividade civil à luz de uma nova Constituição, que é fundamento de validade de todo o ordenamento infraconstitucional e que não recepcionou, igualmente, todos os preceitos do Código privado. A Constituição reflete, necessariamente, uma moral atualizada. É obra do final do século XX, enquanto o Código Civil brasileiro foi empreitada do século XIX, inspirado no Código Napoleônico de 1803, e, no entanto, chegou a vigorar em pleno século XXI.

Hoje, a "Constituição do homem comum", que é como o Professor Miguel Reale chama o Código Civil, ajustou-se à contemporaneidade e está a suscitar a criatividade dos operadores do direito, para produzir os efeitos não apenas jurídicos, mas também éticos, de suas disposições.

5.1.5 A Ética e o Direito Processual

A opção por desistir de realizar **justiça de mão própria** e entregar ao Estado a missão de compor a lide já é uma alternativa ética. Quando surge a controvérsia, três soluções mostram-se possíveis: a **autotutela**, ou reação direta e pessoal de quem vai realizar justiça com as próprias mãos; a **renúncia** à defesa do direito, conformando-se o prejudicado por absorver o prejuízo; e o **processo**.

A ideia de **processo** é a de **série concatenada de atos conducentes à solução do litígio**. Há uma ideia *teleológica* no processo, "pois ele só se explica por seu fim. O processo pelo processo não existe".[64] O processo antigo, de

---

Dorvillé, *Intérêt moral dans les obligations*, acrescentando que Serpa Lopes refere-se ainda a Démogue, Gangi, Carboni, Pacchioni, Crome e Scuto, em seu *Curso de direito civil*, p. 29.

63. Lehmann. *Derecho de familia*, p. 6, apud Orlando Gomes, *Direito de família*, 3. ed., p. 14.

64. Eduardo J. Couture, *Fundamentos del derecho procesal civil*, p. 145.

acentuada tonalidade religiosa, era também uma questão **moral**. Exteriorizava esta face nos juramentos e nas sanções para quem faltasse à verdade. E se o processo moderno abandonou tais praxes, não é "porque considera inecessária a vigência de **princípios éticos** no debate forense, mas porque os considera implícitos".[65]

Existe um **princípio de probidade** no processo, encarado como estrutura cooperatória, em que de todos se reclama atuação de boa-fé. A ênfase à lealdade é assegurada no processo por algumas soluções apontadas por Couture: 1) **Forma da demanda**. O pedido deve ser exposto de forma clara, em capítulos e pontos numerados, a fim de que o relato dos fatos não constitua emboscada para o adversário. 2) **Unificação das exceções**. As exceções dilatórias devem ser colocadas juntas, a fim de se evitar a corruptela histórica chamada **escalonamento das exceções**, segundo a qual as defesas desta índole se opunham sucessivamente, tornando interminável o litígio. 3) **Limitação da prova**. Os meios de prova devem limitar-se aos fatos debatidos, a fim de se evitar uma maliciosa dispersão do material probatório e a demonstração de fatos que foram deliberadamente omitidos no debate preliminar. 4) **Convalidação das nulidades**. Os erros de procedimento devem corrigir-se imediatamente, mediante impugnação pelo recurso de nulidade. Se assim não se fizer, as nulidades derivadas desses erros se têm por convalidadas. 5) **Sanções processuais**. O litigante que atua com malícia é condenado a pagar por essa conduta.[66]

Melhor seria, para prestígio da **ética**, que os litígios fossem resolvidos mediante negociação. A solução dialogada parece a melhor. No diálogo "se deve pressupor a intenção de chegar a um acordo livre e sincero sobre a ques-

---

65. Idem, p. 190. Salienta o autor haver dedicado a esse tema dois estudos: Oralidad y regla moral en el proceso civil e El deber de decir la verdad en el proceso civil, que reuniu sob o título *A verdade no processo civil*. Recomenda ainda se leia: Alcalá y Zamora, *A temeridade e a má-fé nos litígios*; Alzamora Valdés, *A verdade e o processo civil*; Calvosa, *Reflexões sobre a fraude à lei no processo*; Carnelutti, *Processo em fraude à lei*; Da Cunha, *O dever de verdade no direito processual brasileiro*; Guldener, *A boa--fé no processo civil*; Lois Estévez, *Teoria da fraude no processo civil*; Podetti, *Algumas considerações sobre o princípio da moralidade no processo civil*; Silveira, *A boa-fé no processo civil*; Dassen, *A prova do perjúrio*; Ayarragaray, *O perjúrio*; Montarcé Lastr, *Efeitos jurídicos do perjúrio*; Spota, *O abuso do direito e o exercício das pretensões acionáveis, a prova do pagamento e a verdade material no processo e a verdade no processo civil: função do juiz*, entre outros.

66. Idem, p. 191-192. Em relação ao litigante de má-fé, o Código de Processo Civil brasileiro tem dispositivo expresso: art. 18.

tão debatida".[67] Inviável a composição resultante do diálogo, a alternativa é a utilização do processo. "Quanto mais forte a democracia e mais autônomo o indivíduo, o respeito aos 'valores ético-políticos – igualdade, dignidade das pessoas, direitos fundamentais' – estão presentes na vida diária".[68]

O processo é uma **luta civilizada**. Ela deve ser um correto instrumento na realização da justiça. Para isso, os códigos já contêm capítulo próprio de **deveres** das partes e de seus procuradores. São antes **deveres éticos**, depois convertidos em **norma jurídica**. Dentre eles, o **dever de verdade**,[69] **o dever de lealdade e boa-fé**,[70] **o dever de fundamentação das pretensões**,[71] **o dever de produzir provas úteis**,[72] **o dever de comparecer a juízo**,[73] **o dever de comportar-se convenientemente**,[74] **o dever de não atentar contra a dignidade da justiça**,[75] **o dever de urbanidade**[76] e muitos outros.

A postura ética é pressuposta a todos os protagonistas da cena judiciária: partes, operadores jurídicos e representante do Estado-juiz. Na verdade, é difícil reclamar-se comportamento tal a alguém chamado a juízo exatamente por haver falhado no cumprimento de seus deveres. Mas no momento em que a controvérsia é entregue à apreciação do Estado, conduzir-se eticamente é **norma cogente**, que pode acarretar sanções de vária ordem ao seu infrator.

Os **deveres éticos** no processo abrangem tanto o processo civil como o processo penal[77] e até o processo administrativo. A Constituição equiparou as

---

67. Modesto Saavedra, Poder judicial, interpretação jurídica e critérios de legitimidade, *Anuário de Direito Público e Estudos Políticos*, n. 1, p. 49, Granada, 1988, apud Amilton Bueno de Carvalho, Direito alternativo e processo, *Lições alternativas de direito processual*, p. 13.

68. Luigi Ferrajoli, O direito como sistema de garantias, revista *Juízes para a Democracia*, n. 16-17, 2-3/1.192, Madrid, p. 69, apud Amilton Bueno de Carvalho, idem, p. 13.

69. Art. 14, I, do CPC.

70. Art. 14, II, do CPC.

71. Art. 14, III, do CPC.

72. Art. 14, IV, do CPC.

73. Art. 340, I, do CPC.

74. Art. 445, II, do CPC.

75. Art. 599, II, do CPC.

76. Arts. 416, § 1.º; e 446, III e parágrafo único, do CPC.

77. Consoante o art. 3.º do CPP, "a lei processual penal admitirá interpretação extensiva e aplicação analógica, bem como o suplemento dos princípios gerais de direito". Assim, toda a normatividade processual civil também serve como suprimento ao processo criminal. Existe hoje uma verdadeira **teoria geral do processo**, abrangente de todas as modalidades desse instrumento de realização do justo.

modalidades processuais ao prever, para qualquer delas, o direito ao contraditório e à ampla defesa, princípios em si mesmos revestidos de forte coloração ética.

A superveniência dos Juizados Especiais, previstos na ordem constitucional vigente, implicou a implementação de muitos princípios da nova ética processual. Essa alternativa, baseada em princípios como a singeleza, a informalidade, a celeridade e a oralidade, torna mais premente um padrão ético entre os operadores jurídicos. Estimula a conciliação, eticamente superior à decisão, pois confere às partes um protagonismo novo. Oferece possibilidade de maior participação popular na administração da justiça, concebida como tarefa atribuída pelo constituinte a todos os integrantes da comunidade, e não mais o monopólio rígido do agente estatal.

Essa nova mentalidade, se vier a impregnar o velho processo rígido, formalístico, por vezes estéril e convertido em finalidade, quando é mero instrumento, aperfeiçoará a vivência ética dos lidadores do Direito. E se os operadores jurídicos vierem a ser mais éticos em suas atuações, a sociedade será submetida a um inevitável salto qualitativo em suas relações.

Nova vertente pode ser examinada em relação à ética do processo, a partir da Emenda Constitucional 45, de 08.12.2004, que introduziu a chamada *Reforma do Judiciário* no Brasil. A tônica dessa alteração fundante foi acelerar a prestação jurisdicional, pois a única mácula consensual em relação à justiça brasileira é a sua morosidade.

Acrescentou-se mais um direito fundamental à longa enunciação do art. 5.º da Constituição: a partir dela, *a todos, no âmbito judicial e administrativo, são assegurados a razoável duração do processo e os meios que garantam a celeridade da sua tramitação.*[78] A inclusão desse direito precisa produzir efeitos. Somente a jurisprudência precisará o que significa *razoável duração do processo*. Paulo Hoffman entende que, "para a definição de prazo razoável, não (...) parece adequado qualquer outro critério que não a análise de cada caso concreto, tal qual o excelente critério da ***posta in gioco***, estabelecido pela Corte Europeia dos Direitos do Homem, que, como já afirmado, julga a infração ao direito do término do processo em prazo razoável e sem dilações indevidas e o próprio valor da indenização com base nos seguintes critérios: a) complexidade do caso; b) comportamento das partes; c) atuação dos juízes, dos auxiliares e da jurisdição".[79]

Não é necessário aguardar-se a precisão conceitual para que cada operador faça a sua parte. É imperativo ético tentar concretizar a vontade do constituin-

78. Inciso LXXVIII, acrescentado ao art. 5.º da CF pela Emenda Constitucional 45, de 08.12.2004.

79. Paulo Hoffman, *Razoável duração do processo*, p. 219.

te, baseada no desespero e desalento de quem permanece a aguardar longos anos para ver respondida a sua pretensão – sem garantia alguma de que essa resposta não seja meramente processual e deixe intangível o cerne do conflito.

Nesse sentido, cada responsável pela justiça humana haverá de se propor o exercício da criatividade para adotar alternativas de maior racionalidade e presteza à tramitação do processo. Não se justifica a inércia da comunidade jurídica, se até o parlamento está a fazer a sua parte. A edição de novas leis processuais, também direcionadas a tornar a justiça mais eficiente, reflete a preocupação ética resultante da constatação do legítimo desalento dos famintos do justo.[80] Duas das mais recentes leis processuais – Leis 11.280/2006 e 11.419/2006 – oferecem com o processo *virtual* um instrumento revolucionário para que a justiça se torne mais rápida e, portanto, mais ética. É a possibilidade de utilização de meios eletrônicos para os atos de comunicação judicial, até hoje encarados de forma anacrônica e mesmo medieval. Depende agora do próprio Judiciário autoconferir-se eficiência mediante o efetivo uso de tecnologia disponível e exitosa em muitos outros setores da atividade pública e particular. E a reforma continua, sempre no sentido de se conferir operacionalidade e pragmatismo ao processo, no caminho de sua verdadeira instrumentalização. Verifique-se, por exemplo, a superveniência das Leis 11.341/2006, 11.382/2006, 11.417/2006, 11.418/2006, 11.419/2006, 11.441/2007 e 11.448/2007 e 11.672/2008. O dinamismo da sociedade, cada vez mais exigente e reivindicativa, tornou esse caminhar de permanência inaudita. Se a Justiça humana se propõe a solucionar os problemas da espécie – não apenas institucionalizá-los –, ela não pode retroceder.[81] Ao contrário, precisa avançar continuamente, em paralelo com os avanços dos demais setores da sociedade.

Por pressão da sociedade, lucidez de alguns poucos,[82] influência internacional, opera-se uma verdadeira revolução no processo brasileiro. Revolução

---

80. Lei 11.187/2005, sobre o recurso de agravo; Lei 11.232/2005, sobre o processo de execução; Lei 11.276/2006, a instituir a súmula impeditiva de recursos; Lei 11.277/2006, a disciplinar ações idênticas; e Lei 11.280/2006, a trazer alterações esparsas ao Código de Processo Civil.

81. Por sinal, o constitucionalismo brasileiro adotou o princípio da vedação do retrocesso a impedir regressão em tema de direitos fundamentais. O acesso à Justiça, o direito de ação e todos os seus consectários não admitem retorno a estágios inferiores de civilização jurídica.

82. Enfatize-se o pioneirismo do Min. Sálvio de Figueiredo Teixeira, do STJ, que, ao presidir a Escola Nacional da Magistratura da Associação dos Magistrados Brasileiros, iniciou um ciclo de reformas processuais todas tendentes a tornar a justiça mais acessível e, portanto, também mais ética, pois acessibilidade significa ampliar a oportuni-

ética, pois infiltrada de intuitos nobres, quais sejam fazer com que o Judiciário seja efetivo e eficiente. Na visão do Ministro e processualista Teori Zavascki, "o ciclo de reformas operadas no direito brasileiro a partir da década de 80 produziu mudanças profundas não apenas no Código de Processo Civil, mas no próprio sistema processual. O princípio da segurança, subjacente e informador da codificação de 1973, foi substituído pela valorização da efetividade do processo, que, para ser alcançada, supõe a facilitação do acesso à justiça e a prestação de tutela jurisdicional específica e em tempo razoável. Com tal desiderato, foram implantadas modificações no texto e fora do texto codificado, removendo alguns métodos ultrapassados, atualizando outros e implantando instrumentos processuais originais, mais adequados às necessidades dos tempos".[83]

O processo torna gradualmente à sua destinação natural: ser instrumento para a realização do justo e não fim em si mesmo. Para aprimorá-lo ainda mais, há de se exigir compromisso densificado de parte de todos os intérpretes. Todos podem contribuir para a edificação da nova justiça, ainda hoje quase que inteiramente calcada numa visão adversarial, que culmina em uma profusão de processos judiciais.

Uma nova e urgente concepção do **justo concreto** deve levar o processualista a repensar a exacerbação da autonomia científica e o fetichismo que acometeu tantos profissionais do direito. A ponto de a Justiça se contentar com respostas processuais – ou procedimentais –, sem se importar com a permanência do conflito. A solução negociada é sempre mais ética do que a resposta judicial. A conciliação deve ser estimulada, a pacificação é o objetivo maior e a Justiça convencional deve ser a alternativa. Ou seja: o ideal é harmonizar, compor e exercer a autonomia para a obtenção do melhor resultado mediante saudável diálogo. Somente quando frustrada essa opção prioritária é que se deverá buscar a Justiça, evidência inegável de que falharam os esquemas de maior eticidade e que o indivíduo dito racional não se mostrou capaz de persuadir ou de ser persuadido e que necessita da intervenção do Poder Público para resolver um problema que é seu.

Em bom momento avizinha-se a edição de um novo Código de Processo Civil, elaborado por Comissão presidida pelo Min. Luiz Fux, atento às "adver-

---

dade de fruir desse direito para uma vasta coletividade dele desprovida. Mais de uma dezena de projetos elaborados sob sua coordenação já se converteram em lei e, para surtirem frutos mais copiosos, só dependem de uma imersão ética da comunidade jurídica, principalmente do juiz, o maior responsável pela otimização dos instrumentos processuais.

83. Teori Albino Zavascki, *Processo coletivo – Tutela de direitos coletivos e tutela coletiva de direitos*, p. 279.

tências constantes de todas as declarações universais dos direitos do homem de que, um país que ostenta uma justiça morosa também ostenta uma justiça inacessível".[84] Malgrado a resistência que o conservadorismo oferece à simplificação, o intuito do colegiado é acelerar a prestação jurisdicional, assente na "ideia de que 37 anos depois do Código de 1973, impunha-se elaborar um novo ordenamento, atento aos novos reclamos eclipsados na cláusula constitucional da 'duração razoável dos processos'".[85] Esse o ideário maior da Comissão, que "entendeu erigir novéis institutos e abolir outros que se revelaram ineficientes ao longo do tempo, com o escopo final de atingir a meta daquilo que a genialidade do processualista denominou uma árdua tarefa para os juízes: 'Fazer bem e depressa'".[86]

Eminentemente ética a missão confiada aos reformuladores do processo brasileiro: oferecer respostas aos três principais obstáculos a que a justiça atinja seus objetivos em tempo senão recorde, ao menos "razoável", como impõe o constituinte: excessivas solenidades processuais, número infinito de demandas e prodigalidade recursal. A principiologia da codificação que haverá de vir não poderia escapar aos comandos éticos da Constituição. Por isso, "erigiu normas *in procedendo* destinadas aos juízes, sinalizando que toda e qualquer decisão judicial deve perpassar pelos princípios plasmados no tecido constitucional e ínsitos ao sistema processual como forma de aproximar a decisão da ética e da legitimidade".[87] Vozes poderosas se levantaram contra a proposta, no intuito de preservar o caótico sistema recursal, o formalismo estéril que estiola a justiça e é causa eficiente de retardamento na outorga do justo concreto possível. Mas a nacionalidade sabe que não poderá suportar por tempo maior a disfuncionalidade da Justiça. Se a sociedade quiser, ela terá o Judiciário que aspira e que merece.

5.1.6 A Ética e o Direito Tributário

Quem já não ouviu dizer que no final dos tempos as instituições poderão não existir, mas subsistirão os impostos? A fome fiscal do Estado contemporâneo é fato notório. No Brasil, a face perdulária do Poder Público é contrastante com o sacrifício imposto à cidadania, cada vez mais sufocada em crescente e

---

84. Luiz Fux, O novo processo civil, in: Luiz Fux (coord.), *O novo processo civil brasileiro – Direito em expectativa*, Rio de Janeiro, Forense-Gen, 2011, p. 3.

85. Idem, ibidem.

86. Idem, ibidem.

87. Idem, p. 14.

complexa tributação. Crescente, porque escorchante. Poucos os países com voracidade maior do que o fisco brasileiro. Complexa porque além de cobrar demais – e comemorar o crescimento fantástico da arrecadação – transfere ao contribuinte a burocracia estressante de oferecer a própria cabeça à Receita, dele exigindo intrincadas operações e um controle de prazos capaz de comprometer a higidez mental do contribuinte.

O respeitado tributarista Ives Gandra da Silva Martins salienta "que a imposição tributária representa apropriação de bens dos cidadãos para duplo atendimento das necessidades legítimas do Estado – como representante do povo de uma nação – e daquelas menos legítimas – ou sem nenhuma legitimidade – dos detentores do poder".[88] O Direito Tributário no Brasil é um campo fértil para as reflexões éticas. A carga tributária lançada aos ombros do brasileiro é justa?

Ives Gandra sustenta que o ônus fiscal brasileiro é desmedido. Salienta seis aspectos: 1) objetivos e necessidades mal colocadas; 2) gastos supérfluos; 3) contribuintes apenados; 4) sonegação e tratamento diferencial; 5) fiscalização; e 6) sonegação e aumento de receitas.[89] Sob todas essas vertentes, podem-se vislumbrar deslizes éticos na insaciável cupidez estatal.

Em todo o mundo tenta-se reduzir a carga tributária, tendência decorrente "dessa percepção fenomênica, ou seja, a de que a presença do Estado, quanto maior, mais danosa ao cidadão, devendo ser reduzida às menores dimensões possíveis para permitir segurança interna e externa, administração de justiça, saúde, educação, previdência, repressão ao abuso de poder econômico e nada mais".[90] Na teoria impositiva elaborada a partir dessa constatação, o tributarista distingue entre as normas de aceitação e as normas de rejeição social. A norma tributária é considerada norma de rejeição social, exatamente porque, não houvera sanção, não seria cumprida pelos destinatários. Rejeição que se intensifica e se acentua quando a cidadania tem fundadas razões para acreditar que o dinheiro dela exigido para sustento da máquina estatal nem sempre tem a melhor destinação.

A cidadania tem o dever ético de fiscalizar a Administração Pública, para tentar impedir que o Erário seja dilapidado com dispêndio imoral. Os aspectos éticos no Direito Tributário vão além e se refletem no alcance moral do cumprimento e descumprimento das leis tributárias. É o conceito de lei fiscal

---

88. Ives Gandra da Silva Martins, *O sistema tributário na Constituição*. 6. ed., p. 2.

89. Idem, p. 7-13.

90. Idem, p. 14.

injusta, sempre conectado com a insegurança jurídica e que vai aparecer: "1. com a excessiva carga tributária que supere as exigências reais do bem comum frente às possibilidades econômicas do país; 2. a desproporção e inobservância da capacidade contributiva dos sujeitos; 3. a arbitrariedade manifesta no comportamento do fisco; 4. a notória falta de equidade na distribuição dos fundos arrecadados; 5. o descontrole administrativo dos fundos, entre outros".[91]

Verificada situação tal, legitimar-se-ia, segundo Alejandro C. Altamirano, a objeção de consciência, sob sua vertente fiscal. O que significa recusa ao pagamento total ou parcial de um tributo por considerar-se moralmente inaceitável a sua destinação. Recusa legítima, baseada em que "o principal dever moral do Estado é a justiça na distribuição das cargas fiscais entre os cidadãos, através do exercício de suas potestades legislativa, executiva e judicial".[92]

Os profissionais do Direito têm o dever de se preparar adequadamente, com a finalidade de melhor proteger aqueles que recorrerem a seus préstimos quando as exigências fiscais ultrapassarem o tolerável. O que não é raro ocorrer no Brasil. A lei tributária também está comprometida com a moral. Mesmo porque "não pode existir verdadeiro Direito que se encontre em contradição com a lei natural e a lei moral natural. Quando uma lei é inconciliável com os fins existenciais do homem, encontra-se em contradição com a essência moral do Direito. Por isso a doutrina jusnaturalista manteve sempre, por exemplo, que o poder ditar o Direito é um poder usurpado, sempre que esteja em contradição com aqueles fins, carecendo então de toda fundamentação jurídica real, pelo que não existe a obrigação moral de obediência e a resistência está moralmente justificada".[93]

O Direito Tributário, num país de desigualdades e de iníqua repartição de rendas, não pode se afastar de sua inspiração ética. O Estado tem a obrigação de contemplar a categoria axiológica da capacidade contributiva, antes de penalizar o contribuinte. "Do ponto de vista subjetivo, a capacidade econômica somente se inicia após a dedução das despesas necessárias para a manutenção de uma existência digna para o contribuinte e sua família".[94] Somente depois de atendidos os gastos obrigatórios – alimentação, vestuário, moradia, saúde, educação, transporte, sustento dos dependentes e demais deveres de convívio

---

91. Alejandro C. Altamirano, Objeción de conciencia en materia tributaria, *Revista Ibero-Americana de Direito Público*, n. XIX, p. 21.

92. Idem, p. 35.

93. Johannes Messner, op. cit., p. 259.

94. Sacha Calmon Navarro Coelho, *Comentários à Constituição de 1988 – Sistema tributário*, p. 41.

– é que se poderia avaliar a aptidão para pagar imposto. É a imposição constitucional dos princípios da pessoalidade do imposto, proibição de confisco e igualdade, todos sinalizadores da tão relegada ética tributária.[95]

Os profissionais da área jurídica, tão mergulhados em estudar os meandros da legislação e em formular teorias sofisticadas, deixam de atacar os aspectos éticos da tributação. Alguém há de ter coragem de afirmar que a cupidez do Estado brasileiro é antiética e mesmo imoral. Exige do contribuinte uma prestação comparável com a do Primeiro Mundo. Devolve serviços de quarto mundo.

No terreno exclusivamente jurídico, o fisco brasileiro vulnera a liberdade, que é o primeiro dos direitos fundamentais explicitado na Constituição, logo após a vida, que na verdade é *pressuposto de fruição de todo e qualquer direito*. A taxação por faixas tem um fundamento moral questionável. Se isso não é novidade, foi bem explorado por Robert Nozick ao afirmar: "A taxação dos rendimentos do trabalho é o mesmo que trabalho forçado".[96] Se o Estado tem direito a ficar com uma parte de meus rendimentos, é porque ele se considera no direito de exigir uma parte do meu tempo. Na verdade, está *declarando seu direito de propriedade sobre mim*. Ou seja: "Apoderar-se do produto do trabalho de alguém equivale a apoderar-se de horas do seu tempo, obrigando-o a exercer várias atividades. Se o governo o força a executar um determinado trabalho, ou um trabalho não remunerado, durante certo período de tempo, ele está decidindo o que você deve fazer e quais são os propósitos do seu trabalho, sem levar em conta suas decisões. Isso (...) dá a ele o direito parcial de propriedade sobre você".[97] Quantos dias mesmo por ano o brasileiro trabalha para satisfazer a fome tributária do Estado?

A verdade é que "a população brasileira de todas as classes sociais (e isso inclui os mais pobres e os menos escolarizados) e regiões do Brasil sabe que paga impostos, acha que são elevados, gostaria que fossem mais baixos e quer que diminuam para que seja possível ter mais dinheiro no bolso – leia-se comprar mais – e gerar mais empregos pelo aumento do dinamismo da economia".[98] O excesso de carga tributária sufoca a atividade econômica e es-

---

95. Arts. 145, § 1.º e 150, II e IV, da CF/1988.

96. Robert Nozick, *Anarchy, state and utopia*, Nova York, Basic Books, 1974, p. 169, apud Michael J. Sandel, *Justiça – O que é fazer a coisa certa*, Rio de Janeiro, Civilização Brasileira, 2011, p. 84.

97. Idem, p. 172.

98. Alberto Carlos Almeida, *O dedo na ferida – Menos imposto, mais consumo*, Rio de Janeiro/São Paulo, Record, 2010, p. 41. Como afirma Luiz Felipe D'Avila no prefácio do livro, "No Brasil, a sociedade existe para sustentar o Estado. (...) Os tributos achacam

timula a corrupção, pois o malfeitor tem a sensação de que o povo existe para pagar imposto e para tudo suportar, passiva e inertemente.

Essa é uma reflexão que o Brasil precisa fazer. Mais do que isso, exigir a prometida e sempre adiada Reforma Tributária. Não são os aspectos econômicos os mais sérios. São os morais. Ou, para alguém que não pretenda enfrentar esta seara, é a questão eminentemente jurídica: "Os libertários veem uma sequência lógica entre taxação (quando alguém se apossa do que recebo), trabalho forçado (quando alguém se apossa da minha força de trabalho) e escravidão (quando me nega a posse de mim mesmo)".[99] Se é verdade que o Brasil ainda não exige 100% dos rendimentos de uma pessoa, não é mentira que as alíquotas mais elevadas tornam o governo verdadeiro *sócio* ou *feitor* do trabalhador. Some-se o imposto sobre a renda com o cipoal de outros tributos diretos e indiretos, para verificar que a tese do trabalho escravo não é tão absurda como poderia parecer à primeira vista.

5.1.7 A Ética e o Direito Ambiental

As agressões à natureza recrudesceram de tal maneira nas últimas décadas, que a Justiça foi chamada com insistência para coibir os maus tratos e sancionar os agressores. A devastação é a regra. O desmatamento atinge níveis impressionantes e, a prosseguir nesse ritmo, logo não haverá mais verde no Brasil.

A desfaçatez é tamanha que se chega a comemorar "queda" do desmatamento, porque em algumas circunstâncias, não se atingiu a derrubada recorde do ano que passou. A visão limitada imposta pelo capitalismo selvagem faz com que a ecologia seja considerado tema irrelevante, cultivado por seres exóticos e nefelibatas.

As gerações do porvir é que ficarão com essa fatura e já podem se considerar insolventes. Não se reconstitui a biodiversidade que desaparece. Ninguém consegue produzir mais água do que aquela já existente no planeta. A atmosfera é frágil e o aquecimento global condena milhões de pessoas à morte, via desaparecimento de condições essenciais à sua subsistência.

Nesse estágio, o Direito Ambiental precisa servir de freio à cupidez e de consciência à insensibilidade que anestesia a maior parte dos responsáveis pelas

---

o trabalhador, o empresário, o agricultor e o consumidor, drenando seu poder de compra, sua independência financeira e sua autonomia de cidadão. O nosso sistema tributário também acirra a desigualdade social. Os mais pobres pagam proporcionalmente mais impostos do que os ricos" (op. cit., p. 10).

99. Michael Sandel, op. cit., p. 85.

políticas públicas ambientais no Brasil. A gravidade é evidente e o assunto muito sério para ser deixado à conveniência de transitórios exercentes do poder, ainda que legitimamente eleitos. O que está em jogo é a vida futura na Terra. Ninguém parece estar ciente de que não é o planeta que está a correr risco: é a criatura humana. A Terra poderá continuar a existir depois que a vida for extinta. O animal racional é aquele que se olvidou de sua fragilidade e da urgência de reequilibrar consumo, crescimento demográfico e uso sustentável de bens finitos.

Álvaro Mirra, magistrado e estudioso do ambientalismo, constata que a participação democrática na tutela ambiental já se encontra razoavelmente desenvolvida no âmbito da Administração e do Parlamento. Falta estimular uma participação da cidadania no Judiciário. "A participação judicial ambiental configura uma modalidade participativa que se soma à participação legislativa e à participação administrativa a fim de reduzir o distanciamento entre o povo e os agentes que exercem o poder na área do meio ambiente. De importância indiscutível, tem ela por escopo fortalecer a implementação do direito ambiental, propiciar o controle pela sociedade da legalidade e da legitimidade das ações e omissões públicas e privadas relacionadas com o meio ambiente, garantir o acesso participativo à justiça para a preservação da qualidade ambiental e assegurar a própria participação pública ambiental".[100] Há fundamentos constitucionais para essa participação. A sociedade e o indivíduo são chamados a tutelar esse bem essencial e o processo civil, notadamente o direito processual civil coletivo é o canal institucional de participação popular na defesa do meio ambiente. O constituinte fez a sua parte, o legislador também. Cumpre à cidadania inteirar-se dos instrumentos e passar a um protagonismo heroico. Sem ele, não haverá futuro para o homem neste sofrido planeta.

Os esquemas formais de tutela são muitos. Ocorre que a disfuncionalidade do Judiciário nem sempre acompanha a previsão normativa. Se não houver participação popular efetiva, tudo continuará na ordem do *dever ser*, enquanto a realidade é um quadro trágico e desolador.

Não faltam normas. Ao contrário, há um excesso delas. E o tema não é novo. A Lei da Política Nacional do Meio Ambiente já completou 30 anos. Isso significa avanços na preservação da natureza brasileira? Não. Há um evidente retrocesso, cujo ícone emblemático é a revogação do Código Florestal pelo Congresso. Nenhum direito está sendo chamado a intervir na mudança de paradigmas da sociedade brasileira como o ambiental. É um ramo de uma ética planetária, que suplanta os demais em abrangência e que impõe uma reflexão

---

100. Álvaro Luiz Valery Mirra, *Participação, processo civil e defesa do meio ambiente*, São Paulo, Letras Jurídicas, 2011, p. 31.

holística. Tudo interessa ao meio ambiente e o Direito Ambiental se relaciona com a Ecologia, Economia, Biologia, Geografia, Química, Urbanismo, Saúde Pública, Engenharia, Sociologia, Antropologia e História, além de interagir com todos os demais ramos de direito.[101]

A carga ética das infrações ambientais deveria causar vergonha ao brasileiro. Desmata-se e as multas ambientais são meramente *simbólicas*. Qual o preço da biodiversidade destruída? Qual o custo da regeneração? Qual o custo do período em que a cobertura vegetal ainda não surgiu para substituir o deserto? (embora isso quase nunca ocorra). Alguém avaliou a paisagem perdida? E o oxigênio que uma legião deixou de respirar?

Mesmo simbólicas, as multas *não chegam a ser cobradas*. O Estado, com estrutura insuficiente ou leniente em cobrar do infrator o que deveria – em tese – ressarcir o prejuízo causado, deixa prescrever 90% das sanções pecuniárias. É o que ocorre não apenas com o desmatamento, mas com as multas por tráfico de animais, por poluição da água ou do ar, por contaminação do solo, por pesca irregular, por destruição de áreas ambientalmente protegidas.

O Direito Ambiental, pese embora seus elevados propósitos, é inerme e impotente quando entram a cobiça, a cupidez e a ignorância. A história do ambientalismo no Brasil é uma coleção de fracassos. O retrocesso é evidente desde que Paulo Nogueira Neto contribuiu para a elaboração do conceito de *desenvolvimento sustentável* na década de 70 do século passado, passando pelo ápice da *Eco-92*, com recuo em Johanesburgo em 2002 e nada ter a oferecer na *Rio + 20*.

Isso é o que deveria ser levado em conta pelos professores de direito ambiental, pelos doutrinadores que tanta vez se afastam do que escreveram para fazer a defesa judicial do algoz ecológico, em lugar da insistência em novas e modernas teorias, que não têm servido para criar uma consciência ambiental irrepreensivelmente ética.

5.2 A Ética e a Jurisprudência

Ao reservar-se à ética tamanha preponderância no direito positivo, por natural consequência haveria reflexos na jurisprudência. A reiteração dos jul-

101. Consultar Maria Luiza Machado Granziera, *Direito ambiental*, 2. ed., São Paulo, Atlas, 2011, Celso Antonio Pacheco Fiorillo, *Curso de direito ambiental brasileiro*, 10. ed., São Paulo, Saraiva, 2009, Alexandre Gaio e Pedro Abi-Eçab, *Lei da política nacional do meio ambiente: 30 anos*, Campo Grande, Ed. Contemplar, 2012, André Rafael Weyermüller, *Direito ambiental e aquecimento global*, São Paulo, Atlas, 2010, Erique Leff, *Saber ambiental*, 8. ed., Petrópolis, Vozes, 2011, José Renato Nalini, *Ética ambiental*, 3. ed., Campinas, Millennium, 2008.

gamentos nos tribunais é sedimentada como fonte produtora do direito e nela também figura a **moralidade humana** como fundamento das decisões judiciais.

Essa preocupação moral se reflete já nas **Súmulas**, que são postulados com a enunciação de teses unânimes e pacificadas nos tribunais. A **Súmula** significa a posição consagrada de determinado órgão do Judiciário, que a emitiu, em relação a um tema já insuscetível de ali gerar discussão. Vários dos Tribunais Superiores do Brasil editam suas **Súmulas** e merecem especial menção as do STF e as do STJ, órgãos de cúpula para os julgamentos constitucionais e para a última palavra nas decisões sobre a aplicação da lei federal.

A Emenda Constitucional 45/2004 instituiu a súmula vinculante, como alternativa à reiteração de lides idênticas.[102] O STF editou de início apenas três súmulas,[103] embora o Min. Enrique Ricardo Lewandowski tenha afirmado que a urgência na edição de outras tantas é meta imprescindível à racionalização dos trabalhos daquele colegiado.[104] Hoje – 2009 – já são mais de trinta as editadas pelo STF. Para quem concebe o direito como positivação de postulados éticos, todas as súmulas revestem esse conteúdo.

A antiga **Súmula 1** do STF já ostentava essa feição: **É vedada a expulsão de estrangeiro casado com brasileira, ou que tenha filho brasileiro, dependente da economia paterna**. Proibir-se a expulsão de um estrangeiro casado com nacional é opção ética, não jurídica. Assim como atende a um **imperativo moral** impedir-se que o estrangeiro seja expulso do Brasil quando tenha de sustentar filho brasileiro.

---

102. Art. 102, § 2.º, da CF/1988, de teor introduzido pela Emenda Constitucional 45, de 08.12.2004: "As decisões definitivas de mérito, proferidas pelo Supremo Tribunal Federal, nas ações diretas de inconstitucionalidade e nas ações declaratórias de constitucionalidade, produzirão eficácia contra todos e efeito vinculante, relativamente aos demais órgãos do Poder Judiciário e à administração pública direta e indireta, nas esferas federal, estadual e municipal".

103. O STF já editou 32 súmulas vinculantes, das quais são aqui reproduzidas as três primeiras: "1. Ofende a garantia constitucional do ato jurídico perfeito a decisão que, sem ponderar as circunstâncias do caso concreto, desconsidera a validez e a eficácia de acordo constante de termo de adesão instituído pela Lei Complementar 110/2001; 2. É inconstitucional a lei ou ato normativo estadual ou distrital que disponha sobre sistemas de consórcios e sorteios, inclusive bingos e loterias; 3. Nos processos perante o Tribunal de Contas da União asseguram-se o contraditório e a ampla defesa quando da decisão puder resultar anulação ou revogação de ato administrativo que beneficie o interessado, excetuada a apreciação da legalidade do ato de concessão inicial de aposentadoria, reforma e pensão".

104. Manifestação durante o seminário sobre a Reforma do Judiciário realizado em 19.05.2006, na Faculdade de Direito da Universidade de São Paulo.

Do mesmo modo, a extinta **Súmula 14** normatizava uma postura moral: **Não é admissível, por ato administrativo, restringir, em razão da idade, inscrição em concurso para cargo público.**[105] A tendência à democratização do recrutamento para os cargos públicos é essencialmente moralizante: impede o favoritismo ou o privilégio, ambos afrontosos à moral. Nessa linha o enunciado da **Súmula 17: A nomeação de funcionário sem concurso pode ser desfeita antes da posse.** Agride a ética permitir-se o acesso a cargo público sem prévio concurso.

Inúmeras as **Súmulas** sustentadas por inspiração moral. Uma delas, a de n. 149: **É imprescritível a ação de investigação de paternidade, mas não o é a de petição de herança.** Não há termo previsto para o legítimo interesse de alguém conhecer seu pai biológico, embora o móvel econômico deva ser temporalmente obstado. Súmulas há em que o aspecto ético está explícito: **Cobrança excessiva, mas de boa-fé, não dá lugar às sanções do art. 1.531 do Código Civil** [art. 940 do CC/2002].[106] Em outras, ele fala por si: **Acordo de desquite ratificado por ambos os cônjuges não é retratável unilateralmente;**[107] ou **É indenizável o acidente que cause a morte de filho menor, ainda que não exerça trabalho remunerado.**[108]

Seria interessante que os estudiosos do Direito, chamados a prosseguir a carreira acadêmica, notadamente na pós-graduação em sentido estrito, realizada nos mestrados e doutorados, procedessem à análise do conteúdo ético das decisões dos tribunais. Essa análise é rotineira em outros países. Afinal, o estudo do direito não supõe a descoberta de algo misterioso, senão de uma realidade bem conhecida: a atuação dos tribunais. Depois, se o direito está entranhado na vida cotidiana de todos, interessa penetrar nas questões jusfilosóficas relacionadas com a ética e investir num dos pilares da universidade brasileira: a pesquisa, a análise sociológica e a investigação jurídica.

É urgente importar – como tantas outras contribuições – a prática anglo-saxônica de se estudar a experiência judicial. Experiência que se traduz na produ-

---

105. A Súmula 14 foi cancelada por força do RE 74.355/RJ, *DJU* 13.09.1974.

106. Súmula 159 do STF. O art. 1.531 do Código Civil de 1916 dispunha: "Aquele que demandar por dívida já paga, no todo ou em parte, sem ressalvar as quantias recebidas, ou pedir mais do que for devido, ficará obrigado a pagar ao devedor, no primeiro caso, o dobro do que houver cobrado e, no segundo, o equivalente do que dele exigir, salvo se, por lhe estar prescrito o direito, decair da ação". O art. 940 do Código Civil de 2002 manteve o preceito, apenas substituindo a parte final por "salvo se houver prescrição".

107. Súmula 305 do STF.

108. Súmula 491 do STF.

ção judicial dos juízes. Ali se faz investigação profunda sobre a motivação ética e política das decisões, estudo de um fenômeno que já ultrapassou os lindes da Sociologia Jurídica para afetar praticamente todos os aspectos da teoria jurídica.[109]

O STJ possui a **Súmula** 37, que é modelo de julgado de conteúdo ético: **São cumuláveis as indenizações por dano material e dano moral oriundos do mesmo fato.** De conotação idêntica a **Súmula 92: A terceiro de boa-fé não é oponível a alienação fiduciária não anotada no Certificado de Registro do veículo automotor.**

Intenção moral também se encontra consagrada na **Súmula 145: No transporte desinteressado, de simples cortesia, o transportador só será civilmente responsável por danos causados ao transportado quando incorrer em dolo ou culpa grave.** E também na **Súmula 108: A aplicação de medidas socioeducativas ao adolescente, pela prática de ato infracional, é de competência exclusiva do juiz.**

Não deixa de exibir feição **moral** a intenção de assegurar preferência aos créditos de natureza alimentar, quando o Superior Tribunal de Justiça os subtrai à cronologia dos demais débitos da Fazenda Pública: **Os créditos de natureza alimentícia gozam de preferência, desvinculados os precatórios da ordem cronológica dos créditos de natureza diversa.**[110]

O enfoque **moral** e **ético** está na maior parte das decisões judiciais, explícito ou não. O julgamento é uma **opção ética**, embora esse aspecto possa estar submerso numa roupagem jurídico-positivista. O arcabouço dogmático é muita vez utilizado pelo julgador para proceder a um **ajuste ético** entre as partes. Por isso a decisão judicial transparece como inexplicável para o jejuno em direito.

O juiz enfrenta desconforto quando se lhe apresenta uma solução juridicamente correta, mas eticamente discutível. E se não vier a se mostrar atormentado com essa perspectiva, mas resignar-se a aplicar automaticamente a lei, estará despreparado para ser verdadeiro juiz, um realizador do justo, não um eficiente decorador de códigos.

---

109. Consultar as obras de Herman C. Pritchett, Glendon Schubert, John H. Ely, Ronald Dworkin, Hubert Schorn, Ralf Dahrendorf, André-Jean Arnaud, Renato Treves, José Juan Toharia, Francisco José Bastida e Carlos Pérez Ruiz, entre outros. Todos procedem a uma análise consistente sobre a influência das convicções éticas, ideológicas, políticas, religiosas e até idiossincráticas dos juízes. Quanto a Carlos Pérez Ruiz, elaborou interessante obra sobre *La argumentación moral del Tribunal Supremo – 1940-1975*, com apreciação do conteúdo moral das decisões da cúpula da Justiça espanhola sob o regime de Franco. Tarefa que se impõe a todos os Estados-Nação que passaram também por regimes autoritários e que vale como sinalização de eventual repercussão do autoritarismo sobre as decisões judiciais.

110. Súmula 144 do STJ.

A missão confiada aos operadores jurídicos é fundamental nesse campo. Depende dos advogados e dos promotores a provocação do Judiciário, para que a jurisprudência – a produção dos juízos e tribunais encarregados de dizer o direito – não seja uma reiteração mecânica das palavras da lei.

Está longe o tempo em que os juízes eram *a boca que pronuncia as palavras da lei*. Hoje o juiz foi levado a ser *cocriador* da norma, colaborador do parlamento na elaboração da normatividade. E a solução jurídica só satisfará a sociedade a que se destina se vier a ser uma solução essencialmente **ética**.

Dilata-se o campo da preocupação ética na produção jurisprudencial em todo o Brasil. Com certeza, um dos motivos é a profusão de casos de falta de ética em tantos outros setores. Caso emblemático é o funcionamento da Câmara Especial do Meio Ambiente do Tribunal de Justiça do Estado de São Paulo, cujas decisões raramente deixam de se fundar em aspectos da **ética ambiental**, pois o desrespeito em relação à natureza provém, quase que exclusivamente, da falta de **consciência moral** dos infratores.[111]

O direito, desprovido de ética, é solução ilusória para as questões humanas. Observação que deve ser levada a sério em fases históricas que Jürgen Habermas chamou de "estado de necessidade moral" e que são produzidas pelo relativismo, pelo niilismo e pela abstinência de valores.

5.3 A Ética e a Justiça do futuro

A Justiça está numa encruzilhada. Não é só no Brasil: é no planeta. Mas no Brasil a situação é mais escancarada, pois o País se orgulha de ser a 6.ª economia mundial – em dezembro de 2011 superou o PIB da Inglaterra – mas tem índices pífios na qualidade de vida. Mais da metade da população está privada de saneamento básico. A escolaridade é traduzida em termos quantitativos. Todos têm acesso à educação, mas esta é inconsistente. A maioria dos brasileiros não consegue interpretar o que lê e não sabe reproduzir com suas próprias palavras qualquer texto. É o chamado "analfabetismo funcional", que acomete todas as escalas da escolarização formal.

Num ambiente de tamanha desproporção, o Judiciário se vê chamado a resolver uma série de questões que não se inserem no direito, mas são políticas, econômicas, sociais, étnicas, médicas e tantas outras. A leitura dos milhões de processos em curso pelos juízos e tribunais brasileiros é divergente. Há quem

---

111. Consultar José Renato Nalini, *Ética ambiental* e, também, *Juízes doutrinadores*, além de Gilberto Passos de Freitas (org.), *A jurisprudência do Tribunal de Justiça de São Paulo em matéria ambiental*.

considere o excesso de demandas um "termômetro democrático". Afinal, recorre-se ao Judiciário porque ainda se acredita nele. Mas outros entendem que atolar o equipamento estatal dispendioso e disfuncional chamado "Justiça" de demandas que levam anos até alcançar seu fim é sepultar a credibilidade no Judiciário.

De tanto apreço ao "duplo grau de jurisdição", o Brasil adotou um verdadeiro "quádruplo grau de jurisdição". Tudo começa no juízo de primeiro grau, passa pelos Tribunais locais – Tribunais de Justiça, Tribunais Regionais Federais e Tribunais Regionais do Trabalho – para chegar ao Superior Tribunal de Justiça ou ao Supremo Tribunal Federal.

O STJ foi idealizado como "Corte de Cassação", para unificar o direito federal. Mas está a funcionar como verdadeira terceira instância. O STF deveria ser Corte Constitucional. Mas atua como quarta instância.

O sistema recursal é caótico. Dezenas de oportunidades para reapreciação do mesmo tema estão abertas. Quando se propõe a redução e simplificação dos recursos, opõem-se aqueles que se utilizam do caos para perpetuar processos ou para dilatar o momento em que se deverá cumprir a decisão. Não se excluem vozes bem intencionadas, embebidas na visão procedimentalista e garantista, que pretendem preservar o atual sistema e enxergam a Justiça humana como um sacrário intocável.

O discurso de boa parte dos diretamente envolvidos – magistrados, membros do Ministério Público, defensorias, procuradorias, polícias, advocacia – é centrado na insuficiência de recursos financeiros e na urgência de multiplicação de quadros pessoais e de esquemas estruturais. A prevalecer essa tendência, o Brasil será convertido – e não falta muito – a um país jurisdicionalizado em todos os rincões. Mesmo as questiúnculas serão solucionadas por um juiz de quarteirão, disponível com todo o seu equipamento: Ministério Público, Defensoria, pessoal funcional, polícia etc.

Esse não é o caminho para tornar a Justiça eficiente. A urgência ética do brasileiro é contribuir para que a sua Justiça cumpra o princípio fundante da *eficiência*, pois não é possível a manutenção de um quadro disfuncional como o ora registrado. É imprescindível multiplicar as alternativas de resolução de conflitos que subtraiam ao Judiciário todas as questões que podem e devem ser solucionadas mediante negociação direta entre as partes, conciliação, mediação, arbitragem ou qualquer outra modalidade. Não é apenas para aliviar a Justiça dessa carga inadmissível de trabalho. Mas é também para devolver à cidadania a sua autonomia de dialogar, de entender o que está em jogo, de transigir, de exercer um contraditório como deve ser compreendido: colocar-se no lugar do outro.

Uma sociedade que precisa de um decodificador para traduzir juridicamente o seu sofrimento, o seu prejuízo, a sua ameaça e que é excluída do debate direto na resolução desses problemas vai se tornar massa inerte, passiva, incapaz de exercer a cidadania.

O Judiciário deve ser reservado para as grandes questões. Tudo o que puder ser resolvido diretamente pelas partes, precisa sê-lo. A Justiça é um equipamento dispendioso, lento, anacrônico e excessivo para receber todo e qualquer reclamo. O prolongamento dos processos é uma aflição acrescida ao fardo de sofrimento de quem se vê obrigado a recorrer ao Judiciário.

Nessa linha, a tendência de se outorgar a jurisdição voluntária aos serviços extrajudiciais é saudável. Mas é preciso muito mais. Não se pode relegar a verdadeira profunda reforma estrutural do Poder Judiciário a décadas futuras. A gestão dos foros e tribunais é arcaica. A mentalidade jurídica precisa se adequar aos novos tempos. A Faculdade de Direito precisa perder o seu viés adversarial. Nem tudo precisa se tornar processo. O advogado é um agente de pacificação, não um atleta que recebe treino para exercer a sua atividade na arena do processo.

A complexidade do fenômeno reclama a participação de toda a sociedade. Seja como for, não se recusa a constatação de que "a experiência judiciária brasileira passa, presentemente, por uma crise que se afigura grave e, ao menos na dimensão que veio a alcançar, pode-se dizer historicamente inusitada, contexto em grande parte insuflado pela crescente e acirrada conflituosidade social (a *explosão da litigiosidade* prognosticada pelo saudoso Mauro Cappelleti), a que se agrega a pletora de direitos individuais e coletivos que vão se positivando (muitas vezes desacompanhados dos correspondentes deveres...), tudo a fomentar um *demandismo judiciário* sem precedentes, a que o Estado tem procurado 'atender' sob um formato judiciário massivo, focado mais no obsessivo propósito de *eliminar* processos, do que, propriamente, e lidar com eles e resolvê-los mediante uma resposta de qualidade".[112]

O *acesso à justiça* não se resume ao *acesso aos tribunais*. A busca do *justo* deve ser missão permanente de todo indivíduo. A comunidade jurídica precisa disseminar a concepção do convívio harmônico, pacífico, se possível *fraterno*, pois esse é um valor acolhido pela ordem fundante. É falacioso acreditar-se que o Judiciário possa resolver toda e qualquer questão, mesmo as de reduzida proporção, cotejadas com os temas macro, a cuja apreciação também se vê contínua e crescentemente chamado. Lembra o conceituado estudioso Rodolfo Mancuso em obra recente: "Não há negar que, em boa medida, o demandismo judiciário excessivo tem sido insuflado por uma leitura *ufanista* e *irrealista* do

112. Rodolfo de Camargo Mancuso, *Acesso à justiça – Condicionantes legítimas e ilegítimas*, São Paulo, Ed. RT, 2011, p. 5.

acesso à Justiça, que, descurando o fato de que a prestação jurisdicional deve ser *ofertada*, mas não *estimulada*, arrisca converter o direito de ação em (...) *dever de ação;* além disso, tal contexto afasta os sujeitos concernentes, polarizando-os como adversários, e assim esgarçando o tecido social; desestimula a busca por *outros meios e modos* de prevenir e resolver conflitos, e, enfim, cria expectativa e pressão exageradas sobre a capacidade instalada do Poder Judiciário, que já não tem mãos a medir para acolher a demanda exacerbada".[113]

Todos são chamados a participar dessa permanente discussão a respeito da efetiva *Reforma do Equipamento Estatal Justiça*. São legitimados, não porque são jurisdicionados – todos os temas chegam, mais cedo ou mais tarde, à apreciação de um juiz – mas também porque custeiam o serviço público e precisam participar de seu aperfeiçoamento, para que a conta não cresça indefinidamente, em desproporção com os resultados obtidos na pacificação social.

Para reflexão em grupo

1. O novo Código Civil brasileiro, com suas cláusulas gerais, princípios gerais e conceitos indeterminados, oferece novas vertentes para a discussão ética? Quais as possíveis de imediata identificação?
2. A formação jurídica tem se preocupado com a ética do alunado?
3. É suficiente a inserção da disciplina *Ética Geral e Profissional* no curso de Bacharelado ou a preocupação ética deveria ser transversal e contínua em todas as demais disciplinas?
4. O processo brasileiro está se tornando mais ético ou perde gradualmente sua eticidade?
5. Quais os pontos relevantes para a densificação ética no projeto de novo Código de Processo Civil Brasileiro?
6. Como conciliar a ética no direito penal com a ética proclamada pela mídia?
7. Qual a ética extraível da proteção aos direitos difusos?
8. Qual o conteúdo ético das decisões do STF e dos demais Tribunais Superiores? Comente casos concretos.
9. O juiz brasileiro leva em consideração a ética em suas decisões? Comente casos concretos.
10. Como é que a sociedade pode tornar a Justiça mais eficiente e mais ética?

---

113. Idem, p. 10.

Deveres Éticos na Família 6

6.1 A família hoje

Proclama-se que a família continua a ser o núcleo fundamental para a vida em sociedade.[1] A forma natural de convívio humano seria junto ao ninho familiar. Natural porque, ao contrário da maior parte da cria dos outros animais, o filhote humano exige desvelo contínuo desde o nascimento. Se não dispuser da mãe, natural ou substituta, para garantir o aleitamento, sua sobrevivência estará ameaçada.[2] Era muito comum antigamente – e ainda o é nos rincões onde o

---

1. Não é fácil hoje conceituar família. "A família é uma realidade de múltiplos significados. Daí o fato de serem necessárias muitas e variadas aproximações para se conhecer o seu ser e para se orientar sua realização" (Marciano Vidal. *Dez Palavras-chave em Moral do Futuro*, p. 147. Consulte-se I. Ribeiro e A. C. Ribeiro, *Família e desafios na sociedade brasileira:* valores como ângulo de análise, para quem "a queda da vinculação mecânica entre sexualidade e reprodução, casamento e reprodução e casamento e sexualidade torna o modelo de família conjugal presente na lei obsoleto e inexequível". Para quem tiver especial interesse no tema, consultar também Delcio da Fonseca Sobrinho, *Estado e população:* uma história do planejamento familiar no Brasil, e *Famílias chefiadas por mulheres*; L. Lewin, *Politics and parentela in Paraíba* – A case study of family-oligarchy in Brazil; L. Trigo Broschi, *Família, representação e cotidiano* – Reflexões sobre um trabalho de campo; C. Sarti, *A família como espelho*, e A ambiguidade como regra: o divórcio à brasileira. Também consultar Silvio Manoug Kaloustian (org.), *Família brasileira* – A base de tudo, e Luiz Carlos Osório, *Família hoje*.
2. O que leva Steven Rose a indagar: "Será que um bebê recém-nascido já é um ser humano? Sim, mas não exatamente. Sob aspectos importantes ainda não é uma pessoa

Estado não chega – a criança morrer logo ao nascer ou nos primeiros meses de vida.

O *dar à luz* debilita a mulher. Ela não pode prescindir dos cuidados de um terceiro, o pai. Estria biologicamente justificado o nascimento da família.

A vertente explorada por Hans Jonas é coerente com essa concepção. Para ele, a criança é objeto elementar de responsabilidade e o encargo parental não pode se permitir tirar férias: o recém-nascido e a criança exigem, em todos os momentos, uma responsabilidade total. Não existe renúncia à paternidade, pela qual se é, permanentemente, responsável. Por isso é que o casal se divorcia. Mas não há divórcio em relação aos filhos.

Tal explicação, de raiz aristotélica, mostra-se insatisfatória para muitos. Acusam-na de reducionista, por considerar indistintamente o ser humano na escala animal. Para alguns, a família se explica por intuitos meramente patrimoniais. Outros entendem que a solução familiar já não subsiste e não abrange toda a gama de possibilidades oferecida à sociedade contemporânea. Multiplicam-se as modalidades de convívio e quebram-se os paradigmas tradicionais. Prevalece no imaginário, todavia, o modelo clássico, menção assídua a todos os textos sobre o tema.

A família passou por inúmeras transformações no decorrer da história. Michel Villey critica a liberalidade ao se tratar do tema: "Segundo alguns, deveríamos ter a liberdade de fabricar formas inéditas de comunidades familiares, casais de homossexuais, grupos de jovens; por serem excluídos destes grupos os doentes e as pessoas idosas, neles a vida torna-se cômoda... Para uma militante do Movimento de Libertação da Mulher, o 'natural' é fazer amor a qualquer hora, com qualquer um, sem o risco de se encher de filhos. Mas não é apenas a liberdade que é natural ao homem, e a vida em família é dura. Há no *British Museum* uma carta de um filho a seu pai num pergaminho egípcio datado de alguns milênios muito semelhante à que se escreveria no século XX no seio de uma família americana".[3]

---

com atuação independente, mas um ser pré-humano no processo de se tornar uma pessoa. Como muitos outros bebês mamíferos, o bebê humano nasce só meio formado, nidícola (ou altricial). São necessários muitos anos de desenvolvimento pós-natal – mais que em qualquer outra espécie – antes que uma pessoa, ainda mais uma pessoa madura, comece a surgir, e esses anos exigem o envolvimento de outras pessoas que cuidem dele. Concedemos direitos humanos aos bebês, embora não deveres humanos" (*O cérebro do século XXI* – Como entender, manipular e desenvolver a mente, p. 129). Embora não concorde com a posição, a menção provoca reflexão e reação à tal ideia de um ser *pré-humano*.

3. Michel Villey, *Filosofia do direito*, p. 342.

Família, seja como for, continua a ser objeto de atenção do constituinte,[4] embora com enfoque distinto. O constituinte reconheceu como entidade familiar a *união estável* entre homem e mulher e a comunidade formada por qualquer dos pais e seus descendentes.[5] Caminha-se para reconhecer como união estável – ou até como casamento – a convivência de parelhas homossexuais. O verbete correto seria "homoafetivo" para designar a situação de dois homens ou duas mulheres que vivam como casal. A Carta Cidadã restara aquém das expectativas dos mais liberais, mas o STF resgata o pleito de grupos ativistas bastante persuasivos. Numa sociedade pluralista, as várias concepções do que se deva entender por família aos poucos ganham aceitação, à luz da tolerância, como consequência do reconhecimento da dignidade da pessoa humana.

Antes da sinalização de que hoje família é um conceito bem mais amplo do que se poderia supor, já indagava Paulo Luiz Netto Lobo se as entidades familiares constitucionalizadas estariam axiologicamente hierarquizadas e se constituiriam *numerus clausus*.[6] A partir de pesquisa do IBGE, intitulada Pesquisa Nacional por Amostragem de Domicílios (PNAD), salientava que o perfil das relações familiares se distancia dos modelos legais, pois "são modelos de vivência encontrados na experiência brasileira atual, entre outras: a) par andrógino, sob regime de casamento, com filhos biológicos; b) par andrógino, sob regime de casamento, com filhos biológicos e filhos adotivos, ou somente com filhos adotivos, em que sobrelevam os laços de afetividade; c) par andrógino, sem casamento, com filhos biológicos (união estável); d) par andrógino, sem casamento, com filhos biológicos e adotivos ou apenas adotivos (união estável); e) pai ou mãe e filhos biológicos (comunidade monoparental); f) pai ou mãe e filhos biológicos e adotivos ou apenas adotivos (comunidade monoparental); g) união de parentes e pessoas que convivem em interdependência afetiva, sem pai ou mãe que a chefie, como no caso de grupo de irmãos, após falecimento ou abandono dos pais; h) pessoas sem laços de parentesco que passam a conviver em caráter permanente, com laços de afetividade e de ajuda mútua, sem finalidade sexual ou econômica; i) uniões homossexuais, de caráter afetivo e sexual; j) uniões concubinárias, quando houver impedimento para casar de um ou de ambos os companheiros, com ou sem filhos; l) comunidade afetiva formada com "filhos de criação", segundo generosa e solidária

4. "A família, base da sociedade, tem especial proteção do Estado", diz o art. 226 da CF/1988.

5. Art. 226, §§ 3.º e 4.º, da CF/1988.

6. Entidades familiares constitucionalizadas, *Família e cidadania* – O novo CCB e a *vacatio legis*, p. 90.

tradição brasileira, sem laços de filiação natural ou adotiva regular".[7] Tudo isso repercutiu no novo Código Civil, que fornece ao operador do direito no Brasil a possibilidade de atuar com maior desenvoltura, pois abandonou a rigidez formal para adotar o sistema de cláusulas gerais, abertas e muito mais flexíveis à interpretação.

Assim, quando se fala hoje de *família*, tem-se de indagar: qual *família*? Pois na sociedade heterogênea há diversos modelos de família postos a um observador pretensamente neutral. "Até que ponto este pluralismo é real e não uma peculiar forma de encobrir o domínio absoluto de uma determinada ideologia, qualificada recentemente por MacIntyre como liberal, é tema árduo?", indaga Ruiz-Calderón.[8] Álvaro Villaça Azevedo reconhece a "família de fato", aquela "que nasce espontaneamente na sociedade, e precisa cercar-se de garantias jurídicas, para que não só o respeito humano, entre seus membros, mas também a responsabilidade possam nortear suas vidas".[9]

Em diálogo com a psicanalista Elisabeth Roudinesco, o filósofo Jacques Derrida assinalava: "Eu não diria sem hesitar que a família é eterna. O que é inalterável, o que continuará a atravessar a História, é que exista ou que haja a família, o laço social organizado em torno da procriação (...). Pode-se fazer muitas coisas com um homem e uma mulher! Com a diferença sexual (e a homossexualidade não é a indiferença sexual) pode-se imaginar tantas configurações ditas 'familiares'! E mesmo no que consideramos 'nosso' modelo mais estável e mais familiar, existem tantas subespécies! Os progressos da genética libertam ou aceleram nossa imaginação – deliciada, aterrada, ou ambos ao mesmo tempo, diante de todo tipo de coisas que não diria desconhecidas, sobretudo do inconsciente, mas ainda não gravadas pelo que poderíamos chamar, no sentido amplo, de estado civil".[10] Dentre os plúrimos modelos de família – tema que Maria Berenice Dias explora com proficiência[11] – ainda existe espaço para a *família tradicional*. Aquela que reside no imaginário coletivo e surge nos desenhos infantis, como concepção emblemática de muitas gerações.

---

7. Idem, p. 90-91.
8. *A família ante a biotecnologia*, p. 937.
9. *Estatuto da família de fato*, p. 26.
10. Jacques Derrida e Elisabeth Roudinesco, *De que amanhã?* – Diálogo, p. 52-53.
11. *Manual de direito das famílias*, 4. ed., A autora, pioneira em tantos temas do direito familiar, contempla as *famílias plurais* e analisa a família constitucionalizada, o conceito atual de família, a tipologia classificada em família matrimonial, informal, homoafetiva, monoparental, anaparental, pluriparental, paralela e eudemonista.

O núcleo familiar continua a sofrer inúmeras mutações. O mergulho da civilização na sociedade de consumo fez da congregação básica algo desfigurado. É reduzido o número de *famílias-tipo*, assim concebidas aquelas formadas de pai, a trabalhar fora, mãe, com funções domésticas, e um par de filhos. Novas configurações existem e estão a merecer atenção da sociologia familiar: pessoas vivendo sós, casamentos em tetos autônomos – ou em leitos separados –, grupos de idosos partilhando moradia comum, mães com filhos gerados fora do casamento e outros, conforme a pesquisa do PNAD já apurou. Em todos os grupos, há algumas características comuns: afetividade, estabilidade e ostensibilidade. Sobre a afetividade, observa Paulo Lobo: "A afetividade é construção cultural que se dá na convivência, sem interesses materiais, que apenas secundariamente emergem quando aquela se extingue. Revela-se em ambiente de solidariedade e responsabilidade. Como todo princípio, ostenta fraca densidade semântica, que se determina pela mediação concretizadora do intérprete, ante cada situação real. Pode ser assim traduzido: onde houver uma relação, ou comunidade, mantida por laços de afetividade, sendo estes suas causas originária e final, haverá família".[12] O requisito da estabilidade condiz com a permanência do convívio. Algo extremamente superficial, de transitoriedade manifesta, não mereceria idêntica consideração. E a ostensividade diz com o reconhecimento por parte da comunidade. Relações clandestinas, que se mantêm às ocultas, não poderiam caracterizar um núcleo com pretensão a tratamento de *status* familiar.

A família – no mundo todo – já não é a mesma. Lamentavelmente, dirão alguns. Ontem, eram muitos os que reconheciam o infortúnio dessas transformações no núcleo básico da sociedade. Para Álvaro Villaça Azevedo, "cada qual deve escolher o modo vivencial que melhor lhe aprouver; todavia, o Estado deve restar vigilante na proteção da célula familiar, intervindo nos pontos fundamentais, para evitar ou dirimir os conflitos que possam existir entre os membros da família".[13]

O egoísmo ou o egocentrismo atuou como fator de desagregação familiar. Parece haver um cansaço nas missões que a tradição outorgou ao casal em conjunto e a cada qual dos cônjuges em particular. "Nuclear, heterossexual, monógama, patriarcal, a família que herdamos do século XIX era investida de um grande número de missões".[14] A sobrecarga de tarefas causou estafa conjugal. As rupturas de hoje tiveram início há muito tempo. É o fruto do individualis-

12. *Entidades*... cit., p. 97.
13. Op. cit., p. 27.
14. Michelle Perrot, *O nó e o ninho* – Reflexões para o futuro, p. 77.

mo moderno do século XIX. O desejo de *ser feliz* esbarra na missão de *tornar o outro feliz*. Cada qual prefere pensar apenas em si.

O divórcio disseminou-se como remédio fácil para qualquer desconforto num relacionamento esgarçado. Casa-se já a pensar na separação. A possibilidade de novos casamentos retira a intenção de permanência que sempre esteve ínsita na ideia de matrimônio. Para Michelle Perrot, tais mudanças "têm, de imediato, custos e vantagens cujo saldo é difícil calcular. O custo é o aumento da solidão material e moral, que acompanha as separações. Cada indivíduo deve contar apenas consigo mesmo. Mas que jovem, que mulher gostaria de voltar ao velho modelo da família triunfante ditando sua ordem e impondo suas escolhas? Talvez só os mais fracos preferissem a segurança de antigamente a esse oceano de incerteza".[15]

Na verdade, a mulher já não suporta o domínio marital. Casamento é união de duas pessoas com origem diversa, história diversa, gostos, temperamento, manias e vícios diferentes. Não se pode exigir que um renuncie à sua individualidade para servir o outro. Houve um tempo em que isso ocorria. Os casamentos eram arranjos econômicos, fórmula de se adicionar um patrimônio ao outro. Ao menos nas classes proprietárias.

Em recente conferência no projeto "Fronteiras do Pensamento", Luc Ferry afirmou que o casamento por amor é muito recente. Na França anterior à revolução industrial, os pais arranjavam casamento de seus filhos com vistas a preservar as terras. E os casamentos duravam, porque não havia afeição em jogo. Quando as mulheres tiveram de trabalhar longe de casa e passaram a viver sós ou em "repúblicas", descobriram o amor. Já não queriam voltar para o lugarejo de origem e se casar com aquele rapaz ao qual havia sido prometida. Casaram-se por paixão.

A consequência do casamento por amor é, segundo Luc Ferry: 1) o divórcio; quando acaba o sentimento, não existe contrato ou palavra firmada que faça o casal permanecer junto. Mas em compensação, inventou-se também 2) o amor filial. Filhos, na França antiga, eram uma espécie de acidente. O grande Jean-Jacques Rousseau deixou vários de seus filhos na "roda" dos abandonados. Era comum que as crianças morressem na mais tenra infância. Resquício disso ainda existe em classes bem rústicas, quando os pais comentam com aparente naturalidade que de vários filhos paridos, "alguns vingaram". Outros não.

O exemplo francês não pode ser ignorado e como a França foi guia de costumes e pensamento para o mundo civilizado durante alguns séculos, o que ali acontecia não deixou de repercutir em outras partes do globo.

---

15. Idem, p. 80.

Aos poucos, a mulher conquistou o seu espaço autônomo, venceu no mercado de trabalho e delegou as tarefas domésticas e de treinamento social da prole a substitutas nem sempre adequadamente preparadas. A revolução feminina, considerada por Norberto Bobbio a mais importante do século XX, trouxe libertação, mas trouxe também desvantagens. Não houve tempo para a geração aturdida preparar-se à mudança de papéis. A mulher saiu de casa e ninguém ficou em seu lugar. A desordem doméstica reflete-se na desordem conjugal e num esfacelamento dos laços de família. Nem por isso a mulher viu eliminado o preconceito e continua a ser bastante discriminada. "O lugar das mulheres numa determinada sociedade é um indicador do nível de desenvolvimento dessa sociedade. É pouco provável que uma sociedade em que a maioria das mulheres estão desfavorecidas e atingidas pela pobreza possa libertar-se sozinha dos limites da pobreza e do subdesenvolvimento".[16] Além das conquistas de espaço na sociedade e na ruptura de algumas barreiras, a mulher precisa continuar a luta para que seu protagonismo possa reforçar os valores a serem preservados. Dentre eles, o valor familiar.

A televisão, o *videogame*,a internet com seus inúmeros aplicativos ocupam o lugar antes reservado ao convívio. Não há lugar para o diálogo na família moderna. O tabu do *é proibido proibir* fez com que os pais abdicassem da tarefa educativa. São meros supridores das carências materiais. A família está em crise. Mas ainda não morreu. "Certamente não. Para começar, de uns anos para cá, ela dá sinais de estabilização. Além disso, a crise econômica, de um lado, e a Aids, de outro, são formas de consolidação das famílias e dos casais. Não é a família em si que os contemporâneos recusam, mas o modelo excessivamente rígido e normativo que assumiu no século XIX. Eles rejeitam o nó, não o ninho. A casa é, cada vez mais, o centro da existência. O lar oferece, num mundo duro, um abrigo, uma proteção, um pouco de calor humano. O que eles desejam é conciliar as vantagens da solidariedade familiar e as da liberdade individual. Tateando, esboçam novos modelos de famílias, mais igualitárias nas relações de sexos e de idades, mais flexíveis em suas temporalidades e em seus componentes, menos sujeitas à regra e mais ao desejo. O que se gostaria de conservar da família, no terceiro milênio, são os seus aspectos positivos: a solidariedade, a fraternidade, a ajuda mútua, os laços de afeto e o amor. Belo sonho!"[17]

Essa transformação da família é paulatina e integrada num grande processo de modificação da sociedade. "A família, como instituição social, não pode-

---

16. Fay Chung, As mulheres e o futuro da educação, *Para onde vão os valores*?, p. 251.
17. Michelle Perrot, op. cit., p. 80-81.

ria deixar de ver-se afetada pela mutação da consciência social, a revolução na moral sexual, a emancipação da mulher e dos filhos pela regulação do divórcio, do aborto e da inseminação artificial, para assinalar algumas das inumeráveis causas que vão condicionando a instituição".[18]

Nem poderia ser outro o fruto da sociedade presente. "Tem sido suficientemente indicado que o modelo, o antimodelo, de família triunfante está fortemente implicado nos valores dominantes de nossa sociedade, é um de seus produtos mais depurados. A ausência de solidariedade familiar, a utilização recíproca que converte o outro e outros membros da família em objetos de manipulação e gozo, introduz a lógica do consumo no seio familiar, de forma que a família não é já só *unidade de consumo*, senão é lugar onde os homens *se consomem reciprocamente*".[19] Mesmo sem ir tão além, há de se reconhecer "que o aspecto mais característico do matrimônio no futuro será precisamente a diversidade de opções abertas a pessoas diferentes em suas relações mútuas".[20] E quem não aceita essa realidade há de se autoindagar quanto a nutrir preconceitos. Pois, "criadas em condições de *segunda onda*, ou da sociedade industrial e da promoção da educação geral, firmemente educadas na ideia de que uma classe de família é *normal* e outras um tanto suspeitas, senão *aberrantes*, grande número de pessoas mantêm uma atitude de intolerância ante a nova variedade de estilos familiares. Ademais, as leis e organizações comunitárias continuam implicitamente orientadas para uma família nuclear. Os novos agrupamentos sofrem discriminação sutil e aberta".[21] A crença pessoal na permanência dos valores da família nuclear não pode interferir na tolerância do convívio com outros grupos que se substituem a esse núcleo primário.

No entanto, as pessoas continuam essencialmente as mesmas. Seres carentes de amor e de reconhecimento, ávidos por estabelecer relações duradouras de afetividade desinteressada. Vínculos ínsitos às comunidades familiares. A quem se recorre nas necessidades? Com quem se pode contar na adversidade? A sociedade moderna se caracteriza por amizades verdadeiras ou por laços de mero interesse? O que une as "tribos" de jovens senão impulsos transitórios, identidade de apatia e desalento? Multidões se congregam para uma catarse coletiva e se dispersam com a mesma facilidade, nada restando na linha da afeição ou de verdadeira amizade.

---

18. E. Estrada Alonso, *Las uniones extramatrimoniales en el derecho civil español*, p. 94-95, e, no mesmo sentido, A. Trabucchi, Natura, legge, famiglia, p. 4.
19. José Miguel Serrano Ruiz-Calderón, op. cit., p. 949.
20. J. Bernard, *The future of marriage*, p. 302.
21. Idem, ibidem.

Família é hoje o grupo com que se pode contar. Seja ele consanguíneo ou não. Todo ser humano precisa de referenciais afetivos. Se alguém não tem família como desejaria, precisa construir uma família que preencha tal insubstituível carência. A ética é um instrumento que pode facilitar a compreensão de que as carências precisam ser resolvidas. A solidão, salvo quando opção meditada e premeditada, é sinônimo de sofrimento.

O primeiro dever ético em relação à família é reafirmá-la como célula insubstituível. É o *habitat* natural ao ser humano e seu papel é conferir equilíbrio aos seus integrantes. Não há porque repudiar fórmulas de convívio que possam parecer esdrúxulas para o mais conservador ou para o intolerante. Aquele que enxerga tudo por sua própria ótica e é incapaz de se colocar no lugar do outro.

A perpetuação da espécie humana não prescinde da maternidade. E, para tornar novamente ao ponto de partida, "o terrível esforço de manutenção e preparação do sujeito humano faz com que não baste a mulher para acometer por si só este processo, situação que por certo não é exclusiva de nossa espécie. A sociedade humana deve render amparo à mesma durante a gravidez e também durante a criação dos filhos. Por isso o sujeito humano requer a colaboração do pai, não de forma circunstancial, senão permanentemente".[22]

Homem e mulher, por autodeterminação, cometem-se a si mesmos nova identidade: "O homem se converte no marido da mulher, e ela se converte em sua esposa, e juntos se convertem em cônjuges. Com anterioridade ao ato de outorgar o livre consentimento com caráter irrevogável, no qual renunciam a todos os demais, para entregar-se exclusivamente ao outro, o homem e a mulher vivem sua própria vida, independentemente; mas desde então unem de tal maneira suas vidas, formando uma comunidade tão íntima e total, que pode dizer-se deles terem uma só vida e serem uma só carne".[23]

Os apelos à poligamia são muitos. A mídia está a serviço da lascívia. Chega a ser cruel com quem se anima a proclamar, a bem da vida e da proteção à infância, que o ideal terreno ainda é a família monogâmica e estável produzida pelo matrimônio. Mas é preciso ter coragem e reagir à tendência a considerar antiquado aquilo que é certo e natural. Pois "não é a primeira vez que uma geração considera impossível seguir crendo nas verdades que lhe legaram seus maiores. A mesma modernidade nasceu com uma crise de convicções muito semelhante. Recorde-se que Descartes chegou a afirmar que seria conveniente

---

22. José Miguel Serrano Ruiz-Calderón, op. cit., p. 960.
23. R. Lawler, J. M. Boyle e W. May, *Ética sexual*, p. 235-236.

destruir todas as bibliotecas, devido aos erros e superstições que continham os livros antigos. Mas isso lhe criou tal angústia que se apressou a buscar uma nova fundamentação, que ele creu encontrar no famoso: *penso, logo existo*. Os pós-modernos, ao contrário, preferem viver na desfundamentação do pensamento. Não só consideram que as convicções firmes que deram segurança e razões para viver às gerações passadas desapareceram para sempre, senão aceitam o fato sem derramar uma só lágrima, com jovial ousadia".[24]

Reclama-se do homem contemporâneo destemor para declarar que a família é comunidade de amor. Não há projeto mais apropriado à formação ideal da prole do que confiá-la a pais amorosos e que se amem. A afeição entre os pais configura uma "indissolúvel unidade amor-conjugal: um particular-amor-de-amizade que não resulta da mera adição, senão da integração mútua – e reciprocamente modificadora – da amizade e da singularidade com que esta é vivida dentro do matrimônio".[25] O ideal é que, antes de se unir, o casal medite no significado do casamento. Todos – pais, família ampliada, escola, igreja, sociedade – têm o dever de alertar os jovens sobre os compromissos assumidos quando se casam.

Não é verdade que o casamento seja contrato como outro qualquer. A comunhão de corpos e almas deixa inúmeras e indeléveis sequelas. Ainda que a concepção de matrimônio esteja aparentemente superada, que as uniões esporádicas se multipliquem, nada substitui a primazia da família no direito, na moral e na vida.

Entretanto, se a ruptura do casal se tornar inevitável, cada qual deverá se esforçar para preservar o relacionamento amistoso, ainda íntimo e sempre indissolúvel, de quem gerou novas vidas e participou, com esse ato, da tarefa divina da criação. A existência de filhos torna eterna a aliança entre separados e divorciados, embora rompida a convivência. O bem-estar da prole justifica os sacrifícios. Impõe a civilidade no relacionamento. Não se pode devolver o filho ao útero. Ele é uma responsabilidade para sempre.

Pode parecer exagero dizer que toda separação é uma frustração. É um malogro. É uma promessa desfeita. É uma desilusão. Isso porque as separações hoje são corriqueiras e se fazem diretamente junto ao tabelião, sem a necessidade de intervenção judicial. Mas para alguns, separar-se ou divorciar-se ainda é um malogro. Algo que não deu certo. Seja como for, a falência no projeto pessoal não pode gerar descrença no valor intrínseco do matrimônio. Ao con-

---

24. Luis González-Carvajal, *Ideas y creencias del hombre actual*, p. 168.
25. Tomás Melendo, Metafísica do amor conjugal, *Anthropotes*, v. 1, p. 15.

trário, deve fortalecer o propósito de evidenciar que o ideal é sempre atingível e o experimento alheio poderá servir de lição para os futuros transeuntes da mesma vereda.

Não se tornem os separados e divorciados apóstolos do divórcio. Tenham consciência de que a realização de cada um depende dos demais e não aflijam este mundo pleno de vítimas, "de crianças órfãs de famílias decompostas e recompostas, de homens e mulheres abandonados quando sua impossibilidade de manter-se no jogo semiadolescente os tornou pouco competitivos, incapazes de alcançar o nível de satisfação exigido"[26] por uma pretensa liberação da libido ou do egoísmo.

O reconhecimento legal da *união estável* não dilui a relevância do casamento. "A família não pode se desenvolver sem um reconhecimento social que consagra o liame unindo os esposos e unindo as crianças a seus pais. É a descendência ou a ascendência que determina, antes de tudo, a personalidade social do homem. A criança não tem, diante da sociedade, outra personalidade própria que ser filha de tal ou qual... Esta intervenção da coletividade não *cria*, entretanto, nem o casamento nem a família; ela se limita a reconhecê-los. A família é uma instituição natural que se impõe à coletividade, de fato e de direito".[27]

É necessário redescobrir a eficácia da singeleza. Pai, mãe, filhos, vivendo sob o mesmo teto, compartilhando o pão e o amor. Abertos para o próximo, especialmente para a pobreza. Transparentes em suas relações, benevolentes para com as respectivas falhas e severos ao repelirem visões preconceituosas. A melhor lição no sentido de que a vida familiar ainda vale realmente a pena é compartir a experiência do convívio, aberto o lar para a generosa divisão, para com outros, do amor ali vivenciado.

6.1.1 A rápida mutação familiar

A rapidez com que a ciência e a tecnologia oferecem à humanidade novos produtos e torna obsoletos aqueles que eram modernos há pouquíssimo tempo, encontra paralelo nas mutações familiares. A eliminação de tabus, a disseminação de um padrão comportamental que a televisão, a mídia e as redes escolhem e localizam, mas que é divulgado em todos os rincões desta nação-continente, sem dúvida aceleram as mudanças. "Os maiores sinais de libe-

---

26. José Miguel Serrano Ruiz-Calderon, op. cit., p. 964-965.
27. Jacques Leclerc, *Leçons de droit naturel*, p. 34.

ralização e modernidade talvez apareçam, na verdade, quando determinadas 'questões' deixam de ser 'questões'".[28]

É verdade que o Brasil é um retalho de classes, estamentos, categorias econômicas e sociais. Para os hipossuficientes, as questões morais ficam subjugadas ao esforço pela subsistência. Situação análoga à das elites econômicas, que se situam *acima do bem e do mal*. A moral é preocupação da quase extinta *classe média* ou das categorias que assumem a cultura daquilo que um dia se chamou *classe média*. Por isso é que não choca verificar que "o que vale para o brasileiro em geral não vale para os que vivem renda superior a 20 salários mínimos mensais. Começa na pergunta sobre mentir ao declarar o Imposto de Renda. Enquanto, na média, 66% consideram a atitude 'moralmente errada', na turma dos mais de 20 – que o leão também tende a morder com mais força – o índice é de 46%. Para 29% a mentira nesse caso nem é uma questão moral".[29]

Uma das constatações que as pesquisas fizeram é a de que 29,2% dos lares brasileiros são chefiados por mulheres. Mesmo assim, 33% dos entrevistados acham que as mulheres devem deixar de trabalhar fora para cuidar exclusivamente dos filhos. Outros 49% dos brasileiros aceitam que a mulher trabalhe, desde que o salário dela seja realmente necessário para o orçamento familiar. É um dado conservador, assim como a repulsa ao consumo de drogas. A pesquisa levada a efeito pela *Folha de S. Paulo* em 211 municípios, com 2.903 entrevistados, apurou que 85% das pessoas ouvidas consideram moralmente errado fumar maconha. Número só abaixo daqueles que repudiam o aborto, 87%. "A violência tem piorado, a criminalidade aumenta exponencialmente, e isso está sendo associado, correta ou incorretamente, ao tráfico de drogas e à acusação que se faz aos usuários de também serem responsáveis pela violência".[30]

Outra das conclusões interessantes é que o valor *família* encontra-se em alta para os brasileiros. Também a *religião*, mas não o casamento, nem o dinheiro. Valorizar a família pode ser uma resposta à teoria da "sociedade de risco", sensação muito disseminada entre todos os que moram no Brasil. A percepção do brasileiro é a de que seu filho pode ser sequestrado – um sequestro relâmpago para os pobres, duradouro para os ricos – ou morto por uma "bala perdida". Qualquer um pode ser atropelado, engolido por uma "cratera" de Metrô, sob um prédio que se incendeia ou estar no lugar errado na hora errada. Por isso é que a família passa a ser o refúgio seguro, ainda que simbólico.

---

28. Marcelo Coelho, A família arruma a cama, *Folha de S. Paulo*, 07 out. 2007, p. 9.
29. Alexandra Moraes, Moral mais de 20, *Família Brasileira*, publicação da *Folha de S. Paulo*, 2007, p. 14.
30. Gilberto Velho, antropólogo do Museu Nacional da Universidade Federal do Rio de Janeiro – UFRJ, ouvido na publicação *Família Brasileira*, citada acima, p. 12.

O psicanalista Renato Mezan, ao analisar o ganho de importância tanto da família como da religião, reconhece essa tendência: "Talvez reflita desejo de maior segurança, diante das incertezas da vida pública".[31] Luiz Felipe Ponde considera natural a valorização da família: "Trata-se de uma organização pré-social", baseado na assertiva aristotélica de que o ser humano é uma espécie biologicamente muito dependente ao nascer. No tocante à ascensão da religião na escala de valores, é a resposta a um "sentimento visceral do ser humano de que falta um sentido para a vida".[32] Saudável contraponto ao modismo do individualismo e ao egoísmo exacerbado, tão característicos a estes tempos hipermodernos.

Já as pesquisadoras Júlia Leitão e Mello e Ana Amélia Camarano, do IPEA – Instituto de Pesquisa Econômica Aplicada, descobriram que as mulheres na faixa de renda mais alta estão adiando a saída da casa dos pais para a constituição de sua própria família.[33] Exatamente o contrário do que ocorre com as jovens pobres. Elas saem mais cedo de casa e – o que é pior – engravidam ainda na adolescência.

Quanto à gravidez na adolescência, é importante verificar se o estímulo assistencialista de concessão de *bolsa família* não está a induzir jovens imaturas a uma procriação inconsequente, irresponsável e geradora de enormes problemas no futuro próximo. O Brasil precisa se preocupar com educação integral para as suas crianças e jovens e com propiciar condições para que eles possam sobreviver com o fruto de um trabalho digno. Não estimular uma paternidade/maternidade irresponsável, que se fia exclusivamente no donativo estatal e que só faz aumentar a legião dos desvalidos e condenados a uma existência indigna. É triste verificar que os pobres proliferam enquanto os ricos são módicos em relação à descendência. Tanto que o Brasil vê crescer os casais que perfilham o padrão social conhecido como *dink family*. A expressão é norte-americana e provém de *duplo salário/nenhuma criança*. O Censo de 2000 do PNAD – Pesquisa Nacional por Amostra de Domicílio e a Pesquisa Datafolha confirmaram que hoje são 14 % dos casais os que preferem não transmitir à descendência *o triste legado de sua miséria*.[34] Por sinal que o mundo já está superlotado. A população mundial atingiu 7 bilhões, 12 anos apenas após haver alcançado 6

31. *Família Brasileira*, p. 16.
32. Idem, ibidem.
33. Idem, ibidem.
34. Expressão de Machado de Assis no final do romance *Memórias póstumas de Brás Cubas*. Textualmente: "Não tive filhos, não transmiti a nenhuma criatura o legado da nossa miséria" (p. 173).

bilhões. Esse crescimento preocupa: coloca em risco o bem-estar das pessoas, a posteridade e o planeta. A *Global Footprint Network* adverte que a humanidade já vive além da capacidade da Terra de regenerar recursos naturais. Urge a adoção de uma política pública séria e efetiva de planejamento familiar.

É na *moral sexual* que se registram as maiores mudanças. Existe aparente maior tolerância em relação ao sexo antes do casamento. O valor *virgindade* já nem consta das pesquisas. Foi praticamente expelido do discurso e os pais tiveram de ser mais permissivos. "A castidade é motivo de gozação entre meninas e meninos. Para se autoafirmar, o jovem coleciona relações. Elas acabam perdendo o encanto que a sexualidade pode ter".[35] A verdade é que os pais não sabem como lidar com a banalização do sexo. Paradoxalmente, é às vezes mais fácil para os avós a compreensão da ausência de limites sexuais dos jovens. Já viram quase tudo na vida, sabem relativizar melhor do que os ainda convictos de seus valores.

Existe uma série de justificativas para permitir que o namorado da filha durma em casa. Justificativas que não precisam ser invocadas em relação à namorada do filho que venha a dormir com ele. Há um forte componente machista na sociedade, a delimitar as fronteiras entre o que é tolerado para as filhas e incentivado para os filhos. Dentre os argumentos utilizados pelos pais *vencidos* pela mudança de hábitos estão o de que "é melhor em casa do que em motel" e o de que "a sociedade está muito violenta e insegura". Além disso, "antes com um parceiro certo" do que a promiscuidade perigosa nestes tempos de AIDs e de outras DST (doenças sexualmente transmissíveis). Mesmo assim, há muitos lares em que os pais resistem e não permitem que os namorados das filhas durmam ali. Embora nem sempre indaguem onde a filha passou o fim de semana e se satisfaçam com a resposta de que dormiram em casa de uma amiga.

Essa semitolerância é hipócrita, para a terapeuta Magdalena Ramos. Ela reconhece que os pais, independentemente da classe social, estão hoje mais permissivos. "É aquele velho ditado: 'O que os olhos não veem o coração não sente'. Eles não concordavam que os filhos transassem dentro de suas casas, mas fora a atitude era diferente. É uma conduta cínica".[36] Hoje a permissividade se ampliou. Seja pelo receio da violência, seja pelo temor da AIDs, comportamentos intoleráveis há algumas décadas já são aceitos sem traumas.

---

35. Magdalena Ramos, Coordenadora do Núcleo de Casal e Família da PUC-SP, ouvida em *Família Brasileira*, p. 19.

36. Idem, ibidem.

A "liberação geral", entretanto, não parece conveniente. Lembra Jonia Lacerda Felício, psicóloga do Instituto de Psiquiatria da USP, que a casa é dos pais. "Os filhos não devem trazer suas intimidades para os pais sem um certo grau de reserva".[37] É óbvio que os pais não desconhecem que os filhos têm vida sexual. Alguns até se preocupam com os cuidados, advertem os filhos sobre os riscos, os perigos e as consequências. Nenhum jovem de hoje é tão ingênuo que ignore o que pode resultar de relações sexuais. Foi essa constatação que debilitou o crime de sedução, banido ao ostracismo. Todavia, a relação entre pais e filhos "não pode evoluir para uma situação de extrema intimidade que derrube essa fronteira. Ou seja, os pais não devem participar tão extensamente da vida afetiva e sexual dos seus filhos".[38]

A Pesquisa Datafolha sobre a família brasileira verificou que o número médio de pessoas por casa é de 3,8 e que a quantidade média de filhos por família é de 2,7. Juntos há mais de dez anos estão 27% dos casais. Os casados com filhos que têm renda de até dez salários mínimos são 91%. Os brasileiros que não costumam conversar durante as refeições equivalem a 30%, e 17% dos solteiros já se casaram ou viveram com alguém como se fossem casados. No país do matrimônio, 49% das pessoas são casadas, 37% são solteiras, 9% são separadas e 6% são viúvas. Os brasileiros são os mais casadouros da América Latina: a cada mil habitantes, há 6,2 casamentos no Brasil. Enquanto isso, são 2,8% na Venezuela e 4,0% no Uruguai.[39]

O mais importante é reconhecer que uma nova ordem constitucional contemplou a família brasileira com tratamento privilegiado e o Código Civil de 2002 foi consequente com essa opção do constituinte. O núcleo familiar efetivamente mudou e, "diante dessa nova estrutura, a família passou a se vincular e a se manter preponderantemente por elos afetivos, em detrimento de motivações econômicas, que adquiriram uma importância secundária. Para que haja uma entidade familiar, é necessário um afeto especial, ou, mais precisamente, um afeto familiar, que pode ser conjugal ou parental: o que se conclui é ser o afeto um elemento essencial de todo e qualquer núcleo familiar".[40] O afeto – embora a expressão não esteja mencionada na Constituição ou no Código Civil, é a chave da nova família. Afinal, como observa Maria Berenice Dias, "é chegada a hora de pôr um fim a essa verdadeira alquimia e enlaçar as relações

37. Idem, ibidem.

38. Idem, ibidem.

39. Fonte: Fundo das Nações Unidas para a População, dados de 2004, idem, p. 43.

40. Rodrigo da Cunha Pereira, *Princípios fundamentais norteadores do direito de família*, p. 180.

afetivas – todas as relações afetivas – no conceito de entidade familiar. A justiça precisa perder a mania de fingir que não vê situações que estão diante de seus olhos. A enorme dificuldade de visualizar como famílias as uniões que se afastam do modelo convencional decorre de puro preconceito".[41] E preconceito é crime, já que, a partir do preâmbulo da Constituição da República, propôs-se o constituinte a edificar uma sociedade fraterna, pluralista e sem preconceitos.

Se existem os pessimistas, há também aqueles que vislumbram evolução nos novos tempos. A mudança de mentalidade é irreversível e novas aspirações de valores e hábitos individualistas afloram, ao menos no discurso. Liberdade de expressão e de conduta, reforço no sentimento, retração da taxa de nascimentos, ao menos nas classes que poderiam ter mais filhos. Maior carinho dos pais lúcidos e bem pensantes em relação à sua prole. Uma análise interessante é feita por um pensador polêmico: Gilles Lipovetsky: "Assim como a sexualidade, também a esfera da família se encontra sob a dependência do binômio *forma-dever*, sujeita às investidas da moralização sanitarista e disciplinar. No século XIX, prevalece a concepção de que o soerguimento moral e a salvaguarda das sociedades liberais impõem o fortalecimento da ordem e das virtudes domésticas, particularmente na classe dos operários. Era o que afirmava Jules Simon: "sem lar, não há família; sem família, não há moral; e, sem moral, não há sociedade nem pátria".[42] Vencida a primeira década do século XXI, no ano de 2011, há quem não tenha reduzido em um milímetro essa hierarquia de valores. Pois o Brasil é um arquipélago antropológico de ilhas pré-históricas, antigas, modernas e pós-modernas, tudo a conviver no mesmo espaço geográfico. Às vezes, alguns quilômetros separam nichos bem definidos de posturas antípodas.

Subsistem movimentos destinados à *recuperação da família*. Tendência criticada por Lipovetsky, em sua visão que alguns consideram realista, outros demolidora: "Filantropos, sanitaristas e companhias de mineração conjugaram esforços para estruturar a vida conjugal dos esposos, inculcar hábitos de temperança e de higiene às classes "corrompidas", tirar o chefe de família das tabernas e trazê-lo de volta ao lar, regularizar as uniões, coibir os nascimentos ilegítimos, evitar a promiscuidade de sexos e de níveis de idade na habitação popular".[43] Convivem muitos tipos de união que se poderia chamar *familiar* no Brasil de hoje. E as mudanças continuam a se produzir, de forma intensa e ace-

---

41. Maria Berenice Dias, *Manual de direito das famílias*, 4. ed., p. 74.

42. Gilles Lipovetsky, *A Sociedade Pós-Moralista – o crepúsculo do dever e a ética indolor dos novos tempos democráticos*, p. 19.

43. Idem, ibidem.

lerada. Ninguém consegue segurar o vento com as mãos. A mutação é rápida, incessante e incontrolável. Somente uma educação consistente poderia evitar o caos cujos sintomas já são pressentidos.

6.2 A Ética entre marido e mulher

As pessoas continuam a se casar, a despeito de todas as mutações. Existe na consciência de cada ser humano aquele desejo de se unir. Ao menos de experimentar, uma vez que seja – há quem continue a experimentar vida afora... – a convivência íntima e reconhecida pela lei. Cumpre verificar o que a ética recomendaria para essa peculiar sociedade entre duas pessoas que – presumivelmente – se amam.

O casamento é partilha de amor e angústias. Não é fácil conviver, mas também não é impossível. Ainda existem casais felizes, a vivenciarem o seu único casamento. Prova insofismável de que a vida conjugal é factível para quem se propuser a vivê-la, sabedor das vicissitudes propiciadas por um longo convívio. Dividir espaço físico, patrimônio e destino, subordinar seu egoísmo, seus interesses e sua vontade à concordância alheia, parece contra a natureza. Mas essa a vocação natural das pessoas. "Não é bom que o homem fique só", é uma das primeiras falas do Criador.

Uma constatação empírica é a de que sobrevieram ajustes de ambos os lados. Os homens assumem um papel menos machista, auxiliam nas tarefas domésticas, sabem cuidar dos filhos. E as mulheres continuam a mandar no lar, embora não façam alarde disso.

Na convivência resultante da afeição nem caberia falar em normas éticas. O amor a tudo suplanta. Mas às vezes o amor acaba. Ou aquilo que se sentia não era amor. Sentimento a que se atribui tudo suportar, em tudo crer, ser paciente e tolerante. A partir da superação dessa fase em que a paixão tudo entorpece, é preciso ponderação e equilíbrio. Nem sempre a permanência de um vínculo formal, já debilitado o laço amoroso, mostra-se a todos suportável. Conviver quando já não existe amor impõe certas atitudes éticas. Ainda que a separação venha a ser a única alternativa.

A mulher, para o marido – e este para a mulher – vem a ser o próximo mais próximo. É quem suporta os maus-humores, aprende a conhecer as minúsculas fissuras de caráter ou temperamento. Ninguém é perfeito se examinado com uma lupa. De perto ninguém é normal. E o casamento ainda é a mais poderosa lupa dentre as disponíveis à convivência humana. Dormir e acordar todos os dias com a mesma pessoa torna-se às vezes heroico. Tudo o que é vivo tem seu ciclo: nasce, desenvolve-se, atinge o ápice, depois vem a decadência e a morte. Nunca somos os mesmos. Sem dizer que o desgaste psicológico acentua as diferenças. O fim da convivência costuma ser precedido por um cansaço do outro. A companhia se torna insuportável. A separação será o remédio, mas nem sempre ela é possível. A vida é mais profícua em exemplos do que a ficção. Não é incomum casais que se odeiam e permanecem a compartilhar vida, casa e leito.

Ainda que não haja amor, precisa existir amizade e respeito. O casal deve respeitar-se mutuamente. Não apenas respeito, sentimento devotável a qualquer ser humano, mas é dever ético o apoiar-se reciprocamente. Compreender as carências, perdoar as idiossincrasias. O convívio tende a intensificar a intolerância. Pequenos defeitos passam a tornar intolerável a vida a dois. Quem acompanha uma separação já não se espanta ao verificar, quantas vezes, a insignificância do motivo indicado pelos cônjuges – ou pelo menos por um deles – como a causa do desfazimento do lar. Os repertórios jurisprudenciais estão repletos de exemplos de questiúnculas motivadoras da dissolução do casamento. Fatos triviais passam a revestir grande significado. Até mesmo características físicas ou tipológicas do cônjuge, com o perverso escoar do tempo, tornam-se detestáveis.

Enunciar exemplos de infrações éticas não é difícil, para quem tenha acumulado relativa experiência – pessoal ou laboral – no trato do triste universo das separações e dos divórcios. Não se imagina o quão mesquinha pode ser a atitude humana, quando o ressentimento conduz a uma separação. É nesse momento, em regra doloroso, que se mostra o verdadeiro caráter de quem prometeu fidelidade e permanência na alegria e na tristeza, na saúde e na enfermidade, até que a morte viesse a separá-los.. A crônica dos divórcios é um quadro deplorável de como alguém pode se portar de forma egoísta, cega e insensata quando está em jogo um patrimônio ou a guarda dos filhos. Isso acontece com uma gama enorme de pessoas tidas por escolarizadas, cultas, bem educadas.

O convívio de dois seres com histórias diferentes gera condutas também deploráveis. Aquela companhia forçada, o mal-estar imperfeitamente disfarçado, alusões irônicas, o sarcasmo a povoar a conversação. Respostas ríspidas ou o silêncio e a indiferença. O enfado, o tédio, a transparência na falta não de amor, que este fugiu há tempos. Mas na fuga do respeito que o outro merece.

Elencar as condutas que são a prova maior de que a relação está comprometida, quase sempre de maneira irreversível, seria elaborar um verdadeiro tratado das más práticas conjugais. Mencione-se, todavia, como argumentação meramente enunciativa, faltar com a ética o marido que põe a público – ou em roda amiga – intimidades de sua mulher. E vice-versa. Falha eticamente aquele que ridiculariza os familiares do cônjuge, pois o casamento inclui, sim, a família alheia. Os jovens, ao se casarem, precisam estar atentos à família do outro. Será um casamento *em bloco* e é comum que, mesmo após a separação do casal, reste o legado da família postiça, à qual se afeiçoou e que é uma conquista para sempre. É pecado ético menosprezar a profissão, a atividade, os *hobbies*, os medos e as angústias do outro. Enfatizar os flancos e as vulnerações. Tratar levianamente as preocupações do outro. Não conferir seriedade aos temores, considerá-los tolices e deles se servir para humilhar o cônjuge. Submeter a vexames, a tratamento ríspido, à crueldade maior da indiferença. Sonegar informações, negar-se a dar satisfação de horários e de compromissos, furtar-se à companhia em evento que o cônjuge considere relevante, ser avaro para com o outro e pródigo para consigo mesmo. Não elogiar, quanta vez, equivale a injuriar!O desdém para com a perda de atributos físicos é comum. Saber envelhecer é lição de sabedoria. Tudo o que é matéria fenece. "O envelhecimento, decididamente não é uma doença, nem processo específico, não mais que o desenvolvimento inicial; é um termo abrangente para uma fase do ciclo de vida delineada durante muito tempo, que, em certo sentido, começa com o nascimento. Ou seja, o termo inclui uma acumulação de fatores genéticos e de desenvolvimento que, juntos e progressivamente, reduzem a eficiência fisiológica e cognitiva em velocidades diferentes, em pessoas diferentes".[44] A grande lição da vida, que a humanidade – após tantos milhões de anos – já deveria ter decorado. Comparar atributos de cônjuge alheio com os do seu, sempre em desfavor deste. Falta de gentileza em casa, enquanto se desdobra em tratar com fidalguia os excluídos do círculo íntimo. Também não é raro que as críticas aos filhos tenham por destinatário a mãe ou o pai. Em quantas discussões se afirma que "o *seu filho*" fez isso ou aquilo. Tanta vez com o complemento ferino: "*Também, sendo filho de quem é, só poderia ser assim*".

Nem se fale da traição ou da infidelidade. A infidelidade até há pouco era crime de adultério e ainda constitui causa justificável para a separação. É injúria grave trair o cônjuge. E há várias espécies de traição. Também há infidelidade no namoro eletrônico, na frequência aos *chats* de discussão erótica internauta. Mas não deixam ainda de ter feição adúltera os excessivos elogios voltados ao sexo oposto, em exagerado galanteio. Como é falta de ética fazer rememoração insistente e gratuita aos amores antigos.

Laura Capriglione confirma a sensação geral: "Homens e mulheres concordam: fidelidade é o que faz um casamento feliz; traição, o que mais prejudica".[45] Por mais que a sociedade tenha se liberado, aceite mesmo o rótulo de *sociedade permissiva*, a fidelidade é um valor entranhado na cultura brasileira. Tanto que um dos filões literários modernos é tratar do tema em

44. Steven Rose, op. cit., p. 190-191.

45. Alta infidelidade. *Família brasileira*, p. 66.

títulos de autoajuda. Aqueles encontrados "nas estantes das grandes livrarias brasileiras mostram que as mulheres conquistaram a igualdade com os homens em pelo menos mais um quesito: o medo da traição ou 'sentimento de cornitude', na definição do poeta Augusto de Campos".[46]

As mulheres são destinatárias de títulos como: *Mulheres certas que amam homens errados, Ser a outra – Manual de sobrevivência da amante, Ciúme – A outra face do amor, Quem não trai – As muitas faces da infidelidade, Por que os homens mentem e as mulheres choram, A mulher ferida e infiel, Relacionamentos que dão certo*, entre muitos outros. A antropóloga Mirian Goldemberg conclui que "a idealização da fidelidade permanece fortíssima, inclusive nas relações extraconjugais".[47] Como se explica? É que "as outras acreditam que seus parceiros não têm relações sexuais com as esposas. Os homens casados acreditam que as amantes lhes são fiéis sexualmente. Não só no casamento, mas também no adultério, a fidelidade é um valor".[48]

Trair, enganar, ser maledicente, cruel, mesquinho. Quando isso ocorre, é preciso refletir com serenidade para que não sobrevenha algo ainda pior. A violência costuma coroar esse processo de depauperamento das relações que varia de caso a caso. Procurar apoio psicoterápico pode ser mais do que aconselhável. É um verdadeiro pronto-socorro acionável por quem dele está a necessitar, embora nem sempre tenha consciência disso. A tipologia de infrações éticas conjugais é infinita. Cada casado poderia oferecer um exemplo concreto, extraído de sua experiência pessoal. Nem há receitas mágicas para "salvar o casamento". Terapias de casais podem auxiliar. Mas, na prática, o terapeuta se oferece para tornar a separação uma ocorrência "digna". Ao procurar auxílio profissional, quase sempre os cônjuges sabem que o casamento acabou.

A vigilância ética é desejável para que se não perca o respeito. A vida é muito breve. Quando alguém encontrou a pessoa com quem aceitou partilhar a existência e prometeu que isso seria para sempre, há de reconhecer que havia bons motivos para tanto. A pessoa em quem já não se reconhece a parceira ideal, o ser amorável pelo qual se apaixonou também pode nutrir em relação ao cônjuge os mesmos sentimentos de decepção. Mesmo assim, há de se manter o nível de civilização exigível às pessoas educadas.

Se os mandamentos éticos no casamento pudessem ser sintetizados, eles entrariam no conceito de *solidariedade*. A ideia de unidade na alegria e na

---

46. Idem, ibidem.
47. Mirian Goldenberg, *Infiel*, p. 43.
48. Idem, ibidem.

tristeza, na saúde e na doença, nos bons e maus momentos deve sustentar todo aquele que fez em sua vida a opção matrimonial. A partir dela, cada qual já não tem o direito de perseguir exclusivamente sua própria realização, mas assumiu, com espontaneidade, a missão de realizar em plenitude o seu par. Esquecer-se um pouco, para fazer o bem do par, é a receita do casamento duradouro. Portar-se com paciência quando ela falta ao outro. Perdoar. Compreender. Amar.

Amar não é apenas a força da atração física. Amor significa aceitação. Os atributos físicos se transformam. A paixão queima e se transforma em cinzas. O apaixonado não está na plenitude de seu juízo. Por isso o Código de Hamurabi, sabiamente, o proibia de ser testemunha. A amizade, sim, esta pode perdurar. A amizade é capaz de fortalecer a cumplicidade de quem passou por bons e maus momentos, de quem se tornou uma só carne, mas, principalmente, se converteu em uma só alma.

O casamento não é instituição falida. Sofre percalços, padece de enfermidade e de descrédito. Ele pode, todavia, ser melhor do que tem sido. Cada homem e mulher possui a chave transformadora desse estado, sempre suscetível de aprimoramento qualitativo.

Em lugar de prisão, o matrimônio pode ser comunhão que liberta. Cada qual pode exercer – e deve exercer – seu papel reformador. Reformador para o bem. Embora seja mais simples desempenhar o papel de revolucionário. Pois "não existindo já limites nem estruturas valiosos por si mesmos, nada é em nossa época digno de ser conservado, nem nada possui semblante humano que possa ser amado e tido por próprio; por isso mesmo, não cabe esse labor de amorosa preservação e enriquecimento em que consiste o empenho reformador. Frente a uma sociedade totalizada e *dinâmica* ou *funcional*, só cabe a atitude revolucionária, isto é, esse obscuro impulso de destruir o existente por ver nele poço ou sepultura do passado, e para recriar uma nova totalidade informe que responda melhor às supostas exigências de uma volição *geracional*, ou às circunstâncias – sociais ou econômicas – do momento".[49]

O mundo da solidão, da solidão em comum, que é o pior tipo de situação, o mundo do egoísmo e do desinteresse, depende dos casais para se tornar novamente o ninho acolhedor. Existe um clamor da humanidade em relação aos casais. Casais: sua vocação ética é salvar a família, mediante resgate do casamento. Essa, aliás, a vontade constituinte. A entidade familiar é reconhecida e respeitada, mas tudo há de ser feito para convertê-la em casamento.

49. Rafael Gambra, *El silencio de Diós*, p. 192-193.

Como enfatiza Adolfo Sánchez Vázquez, a família de hoje "somente pode cumprir com a sua alta função, tanto no que diz respeito aos seus membros, quanto no que diz respeito à moralização da sociedade, se constituir uma comunidade baseada não na autoridade do sangue ou do dinheiro, mas no amor e na fidelidade dos cônjuges e na solidariedade, confiança, ajuda e respeito mútuos de pais e filhos. Mas, por sua vez, como verdadeira célula social, somente cumprirá a sua função se não se separar do meio social e não reduzir o seu bem particular ao estreito círculo familiar, desvinculando-se dos outros. A família conservará um alto valor moral para si e para a sociedade se for uma comunidade livre, não egoísta, amorosa e racional".[50] Há profícuo campo de trabalho a ser desenvolvido, até converter a família brasileira em comunidade provida de todos esses atributos.

Família no sentido ampliado que o constituinte quis e que o STF interpretou. Se à luz do direito vigente, a cúpula do Judiciário reconheceu a união homoafetiva, quem poderá se recusar à observância do respeito que tais situações merecem? Por isso, o que se propõe em relação à *família-tipo* tradicional, vale também para as novas conformações trazidas pelos tempos. Novos tempos, novos direitos!

Será utopia? Por que repudiar as utopias? As utopias ressurgem e têm sido revalorizadas. Utopia é acabar com as guerras. Utopia é salvar a natureza. Utopia é restaurar o amor conjugal. Pois utopia é sonho, e sem sonho não se pode viver.

6.3 A Ética dos pais

Nem sempre se registrou na História, e com tal intensidade, a preocupação contemporânea com o fato da paternidade/maternidade responsável. "Todo ser humano" – diz Rostand – "começa sua existência pessoal sob a forma de uma simples célula, ínfimo glóbulo de gelatina translúcida, o óvulo. Este óvulo resulta da fusão de duas células, saídas, respectivamente, do corpo dos pais".[51] O pai fornece uma célula e a mãe, além disso, sustenta a gestação por nove meses. Na visão de Maria Jesús Moro Almaraz, se isso não concede maior transcendência à mãe, permite-lhe, todavia, ser mãe por evidência, enquanto o pai o é por força de construção social.[52]

---

50. Adolfo Sánchez Vázquez, *Ética*. 15. ed., p. 198.

51. J. Rostand, *El hombre*, 4. ed., p. 31.

52. Maria Jesús Moro Almaraz. *Aspectos civiles de la inseminación artificial y la fecundación* in vitro, p. 210. Nem sempre foi assim. Ésquilo, por exemplo, nas *Eumênides*,

A *paternidade* pode ser *genética* – de concepção ou doação de esperma – ou *social* – pai é aquele que cuida do menor, o adotivo ou o doador do nome. E a *maternidade* pode ser *genética* – de concepção ou doação de óvulo –, *uterina* – de gestação ou doadora de útero – ou *social* – conforme a mulher *cuide* da criança, adote a criança ou a ela doe seu nome.[53]

Não é isso o que deve ser enfrentado aqui. Qualquer categoria da tipologia materno/paterna, principalmente a situação de *pai típico* ou *mãe típica* – se este conceito ainda se mostrar conveniente e útil –, deve nutrir constante preocupação ética em relação ao seu filho. As classificações, as compartimentalizações, constituem convenções humanas preordenadas a uma finalidade racional. O que realmente interessa é o reflexo dessas preocupações teóricas no desenvolvimento integral do ser humano. Desenvolvimento integral que representa o desafio permanente da educação continuada.

Muito mais relevante do que tipificar as paternidades e maternidades é extrair delas o comum significado de seres responsáveis pela formação de novos indivíduos. Enquanto o crescimento na erudição teórica parece representar estímulo indiscutível, o aprendizado em humanidades não segue o mesmo ritmo.

Para uma classe diferenciada, a daqueles privilegiados que puderam estudar, a escolaridade é um trajeto infindável. Depois de passar pela universidade, o amante dos estudos vai se direcionar para a pós-graduação. Não é apenas a especialização, o mestrado, o doutorado, o pós-doutorado, a livre-docência, a cátedra. Sem essa formação sequencial, não se pode falar em uma educação completa. Aliás, educação é um projeto de vida, tarefa interminável e que aten-

---

realça o papel do pai: "Não é a mãe a criadora do filho, como sói crer-se. É só sustentadora do gérmen novo, *só o pai pode criar: a mãe custodia algo que é uma prenda a ela confiada e a devolve incólume a seu dono se um deus não a aniquila*". Como assinala Maria Jesús Moro Almaraz (op. cit., p. 203), "nas relações de domínio que assinala sobre a mulher, estabelece a hierarquia entre o pai e o deus, sendo a mãe mera guardiã".

53. L. Lombardi Vallauri, Bioetica, potere, diritto, *Ius*, 1984, p. 50, apud Maria Jesús Moro Almaraz, op. cit., p. 210. Essa classificação básica pode conduzir a várias combinações, e Stoyanovitch aponta a possibilidade de uma espécie de *multipaternidade*, que não pode ser legalmente determinada no atual sistema jurídico. Dentro dessa confluência de sujeitos, há de se eleger aquele que se toma como pai. Para ele, a paternidade nas técnicas com sêmen do doador está composta por três sujeitos: pai moral (o marido), pai instrumental (o médico) e pai biológico (o doador) (K. Stoyanovitch, La légitimité des enfants nés par suite de l'insémination artificielle, en France et aux États-Unis d'Amérique, *RIDC*, 1956, p. 264, apud Maria Jesús Moro Almaraz, op. cit., p. 211).

de ao signo da permanência. O verdadeiro estudioso é um estudante crônico. Não deixa nunca de estudar. Prossegue a aprender até a morte, *última lição*, no ensinamento da Mestra Esther de Figueiredo Ferraz. A vida é um aprendizado para a morte. "A morte, como o resto da vida, é um evento biossocial".[54] Se morremos tendo acrescentado anos à vida e vida aos anos, ou depauperados, sem tudo, ou mesmo muitos anos antes do nosso período previsto, isto é contingência. Pois viver é transitório. É mera passagem. Peregrinação pelo *Vale de Lágrimas*, como reconhece o cristianismo. A morte é a única certa e inevitável circunstância da vida.

Se assim é para a profissão, para toda espécie de saber, o que ocorre em relação à paternidade/maternidade? Qual a escola que prepara os futuros pais? Onde se obtém diploma de pai e mãe? Como se aprende a ser sensível?

Estranhável que, somente para exercer a missão de pais, os homens não recebam formação específica. Aprende-se na experimentação, no jogo empírico dos erros e acertos, nos avanços e recuos impostos pela vivência. Sem a certeza definitiva de se progredir na arte da proficiência paterna.

É terrível a missão dos pais neste início de milênio – pai em sentido genérico, evidentemente incluída a missão materna. O número de pais perplexos, aturdidos, desalentados, cresce a cada dia. Quantos pais não estão a lamentar o infortúnio que atingiu seus filhos? Os pais são os últimos a saber das desgraças – do filho entregue às drogas, das péssimas companhias, das horas passadas em ilicitude, como os "rachas", as contravenções (exemplo: perturbação do sossego, vandalismo, delitos ambientais) e as ilicitudes mais graves.

A droga, embora com esse nome significativo – e que deveria dela afastar os bons –, ganha seguidas batalhas e, se tudo persistir, vencerá a guerra. Entra em todos os espaços, atinge todas as idades. Seu poder sedutor é terrível. Onde falhou a civilização contemporânea que não consegue oferecer ao tóxico um substitutivo menos nefasto para a juventude? Entretanto, são poucos os pais que falam sobre entorpecente com seus filhos. Preferem ignorar as mudanças de comportamento, a agressividade, a abulia. A síndrome de avestruz ou o complexo de Poliana continuam a representar as posturas típicas de muitos pais. Só quando a desgraça ocorre – filho preso, contaminado, tresloucado, homicida – é que levam a sério esse fenômeno. Enquanto nada de trágico ocorre, a ameaça da droga continua a rondar os lares e a cooptar número crescente de adeptos.

A ausência de diálogo entre as gerações impede também que os pais conheçam os problemas afetivos dos filhos. É mais fácil desabafar com ami-

54. Steven Rose, op. cit., p. 205.

gos, com a "tchurma", com a "tribo", com a "galera", com a "gangue" do que aconselhar-se com os pais. Estes são sempre "babacas", "caretas", "panacas", "nerds", "vacilões", não sabem de nada – ou seja: pais são animais jurássicos. Só existem para "embaçar". "Se liga, pai, fica na tua! E também serve, é óbvio, para suprir as necessidades materiais dos filhos. A começar pelo sustento e pelo dinheiro. Sem dinheiro não há como satisfazer a maior parte dos desejos comuns à juventude. Uma das concausas da criminalidade brasileira é a volúpia consumista a contaminar mentes jovens que não enxergam perspectiva de ganhar o suficiente para o nível existencial que a mídia anuncia como o único capaz de tornar feliz este ser angustiado que é o homem. Junte-se o declínio dos valores, o desemprego e a falta de oportunidades para uma faixa enorme da juventude e se explicará a tragédia: são os mais lúcidos os que enveredam pela delinquência. Os demais se submetem à mediocridade do subemprego, viver com o salário-mínimo, condenar-se a uma vida sem brilho. Enquanto aquele que serve ao tráfico vai ganhar, a cada dia, o que o seu colega honesto não percebe durante meses.

Não é fácil para o pai pobre manter seu filho na trilha da probidade. Mas há pais que, embora sem escolarização, têm nítido senso do que seja brio. Palavra menos utilizada para atributo coincidentemente em desuso. Por outro lado, há pais totalmente despreparados e – surpreendentemente! – sua prole é digna. Sinal de que não existe predestinação para o mal. Depende do indivíduo tomar o rumo que quiser em sua vida. Não precisa se escusar em fatalismos ou lamentar sua falta de sorte ao nascer em lar desestruturado.

Pesquisa levada a efeito com garotos recrutados pelo tráfico apurou que eles têm fixação materna e a figura do pai é ausente. Pai é aquele que aparece no barraco para transar com a mãe. Ou quem arranjou para o garoto o papel de "falcão", "avião" ou "vigilante" na função de auxiliar do esquema do tráfico.

Mas a falta de amor paterno não é privilégio do excluído. Há muito pai que, envolvido com seus próprios interesses – embora legítimos – a imposição do trabalho, os compromissos, os afazeres, deixa de dar atenção ao filho. A casuística é imensa e daria um verdadeiro tratado. Mas há pais atenciosos, focados no futuro dos filhos, atento às suas amizades e interessado em saber como está a se desenvolver esse rebento em formação.

Em regra, o pai é fruto de uma cultura inserta na geração anterior à sua própria. É o produto da educação de seus pais, os avós dos filhos. Sob tais parâmetros se conduzirá ao assumir o exercício da paternidade. E é nítido o descompasso entre suas convicções e aquelas veiculadas pela mídia e impostas por um excesso de informações que a todos assombra. A sociedade hedonista, narcisista e egoísta em que o mundo parece mergulhado impõe à juventude um ritmo que ela não tem condições de suportar. A não ser que se submeta a rápido déficit de saúde e de comprometimento da higidez mental. O que o consumo desenfreado exige da juventude? Que ela tenha condições de mergulhar no fantástico mundo das comunicações imediatas. Da fruição de todas as sensações. Da experimentação de todos os prazeres. Da velocidade cada vez maior. Das grifes. Das mulheres saradas – ou dos rapazes sarados.

O prazer sensual e instintivo a qualquer preço, a "curtição", as "baladas", o "ficar", tudo isso está para a juventude em primeiro lugar. Os compromissos, as obrigações, são "caretices". Os direitos são bem conhecidos. Invocados de maneira apropriada se ameaçados de supressão. Os deveres são ignorados. A síndrome da diversão contínua, a irresponsabilidade como regra, parece o comando único de certa faixa ainda em formação. E um fenômeno inegável é a imaturidade das novas gerações. A adolescência é uma fase que se prolonga para depois dos trinta anos. Inúmeros são os filhos que não saem da casa dos pais, mesmo em cronologia adulta. E também é rotina a volta dos "descasados" ao lar paterno. O nível de vida a que se aspira não é aquele possível de ser garantido com o próprio trabalho.

Há exceções, por óbvio. Há jovens assentados, maduros, responsáveis. Lamentavelmente, não constituem a maioria. Compreende-se que a taxa de nascimentos seja maior nos segmentos não incluídos. Quanto maior a pobreza, mais prolífica a maternidade. Evidente que esses jovens não dispõem de uma educação integral, de lares bem estruturados, de infraestrutura emocional e cultural adequada à formação de uma cidadania consciente. Daí o crescimento das infrações, o recrutamento dos garotos pelo tráfico, a prostituição infantil e todas as mazelas que a crônica policial trivializou.

Prova disso, a perda de 13% anuais de vidas por causas externas – acidentes, homicídios, suicídios e *overdoses* –, quebra elevadíssima para um país como o Brasil. São Paulo ostenta o deplorável índice de ser um dos campeões nos homicídios: 1% de todos os assassinatos que ocorrem no planeta. Essa perda – o que é ainda mais trágico – ocorre prioritariamente com os rapazes entre 15 e 24 anos, faixa idêntica à da população de infratores. Crime e tragédia, em nossa pátria, são fatos da juventude. A volúpia da velocidade leva 40 mil brasileiros por ano. Abusar dos automotores é uma das características de uma juventude sem limites e sem responsabilidade.

Lamente-se que a morte venha a colher os jovens mais promissores. Pesquisa levada a efeito por uma universidade particular em São Paulo, com alunos do curso fundamental das escolas públicas do Município, detectou grande número de crianças superdotadas. O plano seria propiciar a elas uma educação diferenciada e integral, para que o acesso à universidade fosse o resultado natural desse aprendizado.

Como o número era superior à capacidade de absorção pela universidade privada, houve descarte da maioria dos superdotados. Anos depois constatou-se que os não aproveitados estavam nos estabelecimentos destinados a menores infratores ou nos presídios. Extrai-se disso que a delinquência alicia os jovens mais providos de tirocínio. Aqueles que se conformam com a mediocridade e com a falta de perspectivas, com a falsa promessa de um consumismo irresponsável que nunca será desfrutado por quem não dispuser de fortuna, conseguem se acomodar ao ambiente assegurado aos destituídos de real dignidade. Já os que se apercebem de que não há educação decente, nem serviço ou empregos suficientes, são alvo fácil da criminalidade organizada.

Nem todos podem se comover com esta situação, recorrente em todas as periferias da grande conurbação em que se converteu o Brasil. Oitenta por cento de sua população já reside nas cidades. Ocorre que a questão interessa a todos, indistintamente. O filho de uma família que não passa pelo flagelo da fome, nem de qualquer outra carência material, pode ser a vítima do jovem recrutado pela comunidade dos infratores. Agremiação que se organiza, se estrutura e cresce a olhos vistos. E que permeia quase todas as instituições com os seus persuasivos tentáculos financeiros.

Podem os pais fazer algo a respeito?

Algo que pode parecer irrealizável é conscientizar cada pai e cada mãe de que todo e qualquer jovem que poderia ser seu filho merece um mínimo de atenção. Se o Estado falha e não consegue cumprir suas promessas, enredado na corrupção e na ineficiência, a sociedade precisa desempenhar um papel heroico. Quem não conseguir enxergar em toda criança o seu próprio filho, talvez não mereça o dom de ser mãe ou pai. O destino de qualquer guri se entrelaça com o destino de sua própria cria. Quem não se convencer disso estará contribuindo para aprofundar o fosso ético entre as várias classes e para agravar a crise de convivência que será inevitável.

Já em relação aos filhos biológicos, o primeiro dever ético dos pais em relação à sua cria é o da *verdade*. Não tergiversar em relação a isso. Estabelecer uma relação de absoluta franqueza e transparência. A verdade é preferível a tudo e deve prevalecer em todas as circunstâncias. Como é triste a situação de os pais serem os últimos a saber das aflições e angústias de seus filhos. Tivessem conhecimento, poderiam ter auxiliado o filho antes que o pior viesse a acontecer.

Verdade é também coerência. Embora premidos por uma pressão intensa da mídia e da cultura predominante, devem expor, com franqueza, a sua escala de valores. Não podem transigir com as suas crenças, em nome de uma pretensa cumplicidade baseada em noções de companheirismo. Filhos precisam de verdadeiros *pais* nas figuras paternas com as quais convivem. Não de pais travestidos de camaradas, companheiros, colegas ou até amigos.

Não signifique isso que os pais devam ser tiranos guardiões da verdade absoluta. Rigor excessivo também não funciona. Parafuso que se aperta demais espana. Há que se orientar, confiar e conferir responsabilidade. A relação deverá ser temperada pela afeição pura. O amor dos pais é o mais desinteressado dentre os afetos. Todavia, amar não é aceitar os erros. Amar é mostrar ao filho, com lealdade, o que advirá dos desvios de conduta. Espera-se que os pais sejam firmes quando proclamem seus credos, tenham coragem para remar contra a corrente, não declinem de dizer o que pensam, embora com respeito à opção individual dos filhos, quando estes já forem detentores de capacidade para exercê-la.

É vedado aos pais abdicar da tarefa educativa. A omissão é pecaminosa. *Educar o filho é dever ético essencial*. Educar para a vida em plenitude – para a vida cívica, profissional, mas também para a vida afetiva, para a vida sexual, para a vida religiosa.

As requisições da vida moderna tendem a fazer com que os pais outorguem à escola a atribuição de integral educação de seus filhos. Constitui exigência ética não ceder a essa tentação. "A sociedade do bem-estar junto com o Estado totalitário, cada um a seu estilo, tentaram, seriamente, a substituição da família através do meio técnico".[55] A propósito, as reveladoras palavras de Chesterton: "Sei que alguns reformadores sociais tentam evadir esta dificuldade com algumas vagas noções sobre o Estado ou sobre uma abstração chamada *Educação*, eliminando assim a função parental. Mas tudo isto, como muitas ideias de pessoas solidamente baseadas na ciência, em um espelhismo descabelado que tem a consistência das fábulas, está baseado nessa nova e estranha superstição: a ideia de que existem infinitos recursos de organização. Esta gente parece pensar que os recursos públicos crescem como a erva e se reproduzem como coelhos. E creem que existe uma provisão sem fim de pessoas assalariadas, e de salário para estas pessoas; e que hão de tomar sobre seus ombros tudo o que os seres humanos fazem naturalmente por si mesmos, incluindo o cuidado das crianças".[56] Desnecessário se faz provar que a vida concreta não é assim.

À escola entrega-se alguém que já recebeu do lar as noções básicas essenciais: o respeito ao semelhante, o dever da verdade, a responsabilidade compatível com a faixa etária, a solidariedade e o interesse pelo estudo. Essa a função

55. José Miguel Serrano Ruiz-Calderón, op. cit., p. 971.

56. Chesterton, *La desaparición del hogar*, tomado da antologia *El amor o la fuerza del sino*, de Álvaro de Silva, p. 99.

de que os pais não podem declinar. É deles a responsabilidade primária pelo equilíbrio futuro dos filhos. "De fato, o que é que nos ensina a viver uns com os outros, senão o receber uma educação política sob as formas mais diversas? Educação da amizade, da obediência, da confiança, educação da colaboração, da abnegação, da responsabilidade, educação da justiça, da generosidade, do espírito de economia, do respeito à piedade até as tradições, da inteligência e da vontade; educação da continuidade temporal com recordação do passado, pela ocupação no presente, pela preocupação do futuro; educação no espaço social pelas relações com os próximos, os colaterais, os consanguíneos, os uterinos, os agregados, os aparentados etc.".[57] Uma educação que na família se ministra, diz De Corte, com inesgotável prodigalidade, sem o menor plano preconcebido, em função das necessidades sempre cambiantes da vida, com a capacidade criadora e um poder de invenção que surge improvisadamente. Com a mais reta das intenções, pois o amor dos pais é gratuito e desmotivado.

Existe alguma receita pronta e acabada para esse exercício responsável da paternidade? Infelizmente não. O caminho se faz à medida que se caminha. Todos somos cobaias nesse projeto.

Antes de tudo, todavia, toda pessoa deve autoindagar-se se tem verdadeira vocação materna ou paterna. Há pessoas que não revestem talento para a paternidade responsável. Uma geração que se voltou para o hedonismo, para o prazer fácil e para uma desenfreada sede de *aproveitar a vida* não deveria se preocupar em trazer novas vidas a um mundo que já se debate com a tragédia da superpopulação. Há quem acredite que "ser bom pai é um esforço, não unicamente porque seu tempo está absorvido pela profissão, senão por algo pior. Suas emoções estão tão agudamente ocupadas com seu trabalho, que limita a família, trata de ter unicamente um garotinho perfeito ou, quando muito, uma garotinha perfeita, isso porque observam que os *yuppies* devem ter filhos para refletir sua autoimagem e para sentir-se satisfeitos. Não têm filhos pelos filhos em si, para triunfar ou por haver triunfado".[58]

Percorrer os tipos de pais modernos propiciaria a elaboração de uma *enciclopédia paterna*, o que não é o propósito deste trabalho. Há o pai *dono* ou *patrão* dos filhos, há o *alheio*, sempre desligado ao que ocorre com a prole, satisfeito por provê-la de bens materiais. Pais e mães há que encarnam o com-

57. Marcel de Corte, comunicação ao congresso do *Office International* de Lausanne III, sob o título A educação política, citado por Juan Vallet de Goytisolo, *La educación en la familia*, p. 1078.

58. Thomas Langan, El individualismo burgués y la familia, *Vuelve la familia por encima de las ideologías*, p. 68.

plexo *Poliana*. Tudo está sempre bem: os filhos enfrentam problemas que vão das drogas ao aborto, mas eles ignoram e vendem a imagem da família ideal. Existem pais e mães *cúmplices do erro*. Justificam tudo, legitimam tudo, dão sempre razão ao filho. Esses precisam se lembrar de que um dia o filho estará só e que a vida não costuma perdoar. Pensam em ajudar, mas semeiam dificuldades futuras para os filhos. Há pais *trágicos* e *ofendidos*, que rompem o diálogo e passam a desconhecer os anseios, as angústias e os desafios dos filhos. Há muitos órfãos de pais vivos, muitos enteados de seus próprios pais, tantos que prefeririam pais alheios ou ser fruto de fecundação artificial, a forma de se *fazer filho sem se fazer amor*.[59]

Mas há pais companheiros, sem serem cúmplices do erro. Interessados na vida dos filhos. Partícipes. Amigos, sem deixar de ser pais. Não há quem não queira figurar no *ranking* dos pais ideais. Nem todos conseguem. Mas nessa batalha não existe capitulação. Tentar ser bons pais e mães é compromisso eterno.

Aceitar a *paternidade responsável* não pode resultar de modismo ou de vaidade, ou de vontade de se perpetuar. "Se existe uma vocação à fecundidade de todo ser humano, casado ou não, esta não deve realizar-se senão por meios eticamente corretos. O corpo do outro não é um produto de consumo. O esperma não é um medicamento. Enfim, e sobretudo, falar de *direito ao filho* é fazer crer que o filho é um *objeto* destinado a absorver o desejo parental. O filho é uma liberdade em crescimento que deve tomar-se como um dom".[60] O compromisso da paternidade é assumido com a concepção e, a partir de então, dele ninguém mais se libera.

Pais e mães devem fazer exame de consciência diário. Sempre é hora de recuperar o tempo perdido. O que pode ser feito para se estabelecer uma relação pais/filhos mais harmoniosa, mais amiga e mais próxima? Quem se dedicar com reta intenção a essa causa encontrará opções. Depois, é investir nelas e aguardar, com paciência e tolerância, com humildade, mas com esperança, os resultados que certamente virão. Não é apenas da generosa natureza que

---

59. A frase é de Jerôme Lejeune, Biotecnologia y futuro del hombre: la resposta bioética, *Variaciones procreativas*, p. 109. O texto integral é instigante: "Este imenso descobrimento confere a nosso comportamento amoroso uma perspectiva ignorada por todos os outros viventes. Assim resulta que dissociar a criança do amor é, para nossa espécie, um erro de método: a contracepção, que é fazer o amor sem fazer a criança; a fecundação extracorporal, que é fazer a criança, sem fazer o amor; o aborto, que é desfazer a criança; e a pornografia, que é desfazer o amor, se encontram em diversos graus, em contradição com a moral natural".

60. Maria Jesús Moro Almaraz, op. cit., p. 192.

advém compensação para quem nela acredita. A natureza humana também costuma retribuir aos que nela realmente creem.

A educação ética ideal é a do exemplo. Discursos pouco representam diante de uma ação a eles desconforme. Mais vale um grama de exemplo do que uma tonelada de conselhos. O pai que oferece propina ao policial para não ser multado, o que disputa na esperteza a vaga no estacionamento, o que se vangloria de haver enganado o colega ou levado vantagem no negócio, pouco pode reclamar do filho em termos éticos. Pai sonegador deslegitima qualquer possibilidade de crença nas instituições. O pai que pede a cumplicidade do filho para trair a mãe estará a treinar um futuro adepto da infidelidade. A mãe que atormenta a filha para reclamar do seu marido – seja ou não o pai da filha – colabora para que ela tenha uma visão pessimista e desalentada de casamento. Os juízos formadores da ética filial não são aqueles proclamados, mas aqueles vivenciados. A maneira pela qual o pai se relaciona com o mundo é um paradigma para o filho.

Os deveres éticos dos pais em relação a seus filhos perduram durante toda a existência. E para muitos pais é difícil perceber quando os rebentos já não são crianças, mas se tornaram adultos e, mesmo assim, continuam a ser tratados de maneira infantil. Não se deve confundir a permanência do amor com a infantilidade no trato da afeição. Em relação ao filho adulto, o pai tem deveres éticos de se não imiscuir em sua vida íntima, de respeitar suas opções, de comedimento nos conselhos, de não intervenção no casamento.

Uma regra de ouro é a *coerência* e a *honestidade*. Os pais devem procurar se pautar pelo ideário que traçaram. Devem admitir, honestamente, os erros cometidos e demonstrar aos filhos que tais falhas, próprias à condição humana, são insuscetíveis de legitimar aquela conduta. Reconhecer sempre quando se está errado. É exemplo de humildade, que facilitará ao filho também admitir seus equívocos e aceitar-se como ser humano falível e fraco, mas impulsionado por uma vontade reta de fazer o bem e de a ninguém prejudicar.

Sobretudo, os pais devem estar sempre prontos à compreensão, suscetíveis a ouvir quando necessário, a estender a mão em qualquer hipótese e a confortar incondicionalmente. Respeitar a individualidade vem novamente à tona. Mesmo quando essa individualidade é a de um filho para o qual se sonhou futuro diverso. O eventual erro do filho, tantas vezes imputado ao pai, seja por omissão, seja por métodos educativos inadequados, não pode afastar a relação íntima e eterna que se estabelece a partir da concepção, entre o ser gerado e aquele que o gerou.

O coração dos pais tem de ser a única porta permanentemente aberta para os filhos, por errados, renitentes ou revoltados que possam eles parecer. Permanecer ao lado do filho, compreendê-lo e amá-lo é investimento que pode ou não ter retorno. Mas conforta o coração paterno saber que se fez o possível e ainda se está disposto a fazer mais para recuperar um filho ou para recuperar o amor do filho. Para isso, é imprescindível a proximidade, não necessariamente física. Vale a *proximidade moral, a proximidade espiritual*. "Quando o filho está sob a tutela dos pais, quando ele está ali perto, é possível agir. Quando os pais têm contato permanente com o filho no decorrer do tempo, as coisas que estão fora dos eixos – os erros de julgamento cometidos por ambas as partes – vão, de algum modo, mediante esse contato firme e paciente, melhorando cada vez mais, até que por fim, centímetro por centímetro, dia a dia e centímetro por centímetro, vem o remédio, vem a satisfação comum de ver recompensada a paciência paterna, de ver as coisas enfim funcionando direito (...)".[61]

O amor é a única regra absoluta. O que não significa atuar em conivência com o mal. O receio de educar é o primeiro passo para fazer com que o filho seja mais tarde infeliz. Tolerar erros, acobertar desacertos, acomodar-se e se constranger de corrigir com amor não é amar. O amor impõe responsabilidades. Se todos os pais amam, os que fazem do seu amor cumplicidade com os erros do filho são responsáveis pela desventura de sua prole no porvir. A lei que proíbe a "palmada" é de ser aplicada com prudência. Ela quis evitar os maus tratos infligidos à criança. Não se pensou em impedir o corretivo, a advertência, a admoestação, o castigo. Isso faz parte do processo educacional cometido aos pais. Nenhum pai ou mãe pode se isentar de transmitir boa educação à sua prole.

É compreensível ouvir-se de pais que, por seus filhos, percorrerão os infernos. Filhos são luzes acesas no coração dos pais, que não se apagam nem quando pré-morrem aos genitores. Restam brilhantes, testemunhas desse mistério insondável de coparticipação na obra da criação.

6.3.1 Os pais, a televisão e a internet

Em países desenvolvidos, ver televisão é a terceira atividade a que mais tempo dedicam os adultos, perdendo apenas para o trabalho e o sono. Ela está em todos os lares, mesmo nas favelas e cortiços. Há televisão – e hoje ela está nos celulares e nos *tablets* lançados cada vez com sofisticação maior –até nas toscas acomodações dos parques invadidos, dos baixios dos viadutos, das construções invadidas. É o primeiro objeto de desejo das pessoas, e sua influên-

---

61. Philip Roth, *Pastoral americana*, p. 275. A obra é interessante leitura para os pais que se questionam quando investiram o melhor de si na educação dos filhos e, mesmo assim, eles se tornam drogados, rebeldes e até criminosos.

cia sobre as crianças é tamanha que já foi chamada de *terceiro pai*, ou de *babá eletrônica*.[62]

Tudo o que se produz em termos de significado da televisão para a sociedade moderna ou vem despido de fundamentação científica, ou desacompanhado de estudos empíricos concludentes para a aferição objetiva de sua repercussão na família. Não é demais, todavia, concluir que ela impõe comportamentos e padroniza opiniões.

Joan Ferrés compara a televisão ao *totem* para as tribos primitivas: objeto de veneração e reverência, signo de identificação individual e coletiva, foco das expectativas e temores sociais, ditame último que dá sentido à realidade. Ela é a nova religião, ou seja, nova "maneira de religar o cidadão com o mundo, uma nova maneira de relacioná-lo com a realidade".[63]

O lugar de honra na casa chegou a ser reservado para a televisão. É o que ainda ocorre nos lares pobres. Os diferenciados disfarçam e criam *home theater.* Sinal de *status* é cada quarto possuir um aparelho. Os cômodos passam a ser o refúgio onde cada membro da família mergulha na sua própria realidade, deixando de interagir. Quando há uma só TV, impõe-se o silêncio e todos ficam fisicamente juntos, haurindo as lições do *grande irmão* sem desejar comentário ou interferência alheia. Noticiou-se recentemente, na mídia internacional, que no Brasil a família emudece a TV no horário dos jornais televisivos para prestar atenção à novela das oito. Passam os anos e os folhetins audiovisuais continuam em ascensão nos países periféricos. Mas também nos outros. A novela brasileira é um produto de exportação respeitável na balança comercial.

Para Umberto Eco, essa *caixa mágica* é *apocalíptica*, ou seja, dá sinais indicativos do fim das eras.[64] Ela é ao menos uma *caixa perversa*.[65] Embora seja para muitas famílias a fonte primária de informações, notícias e entretenimentos, formando suas atitudes e opiniões, seus valores e modelos de comportamento,[66] ela é utilizada na moderna ofensiva ideológica contra a família, inserida na *luta contra Deus*, mencionada por João Paulo II.[67]

62. Javier Urcelay Alonso, Televisión y disolución familiar, p. 985.

63. *Televisión y educación*, p. 42.

64. *Apocalípticos e integrados ante la cultura de masas*, p. 13.

65. Javier Urcelay Alonso, op. cit., p. 987.

66. João Paulo II, Mensagem. Televisión y familia: criterios para saber mirar. *Carta a las familias*, p. VIII.

67. *Cruzando o umbral da esperança*, p. 11.

A televisão nos abastece de crença. Não sabemos das coisas experimentalmente, mas *cremos* nelas. Pois "saber equivale a crer. Com o acréscimo, como dizia Ortega y Gasset, de que, *enquanto as ideias se têm, as crenças nos têm*".[68]

Toda informação é discurso, é opinião. A televisão não informa, apenas. Ela cria, forma, gera certeza absoluta. A seleção dos dados a transmitir já denota um critério valorativo. Depois, o tratamento formal dos elementos da comunicação audiovisual faz conferir à imagem um valor semântico. A criação de estereótipos, com simplificação ou deformação da realidade, vai transformando as consciências. A tragédia é pasteurizada, o prazer é exaltado. O consumismo é o novo credo. Ele sustenta a máquina e não aparece apenas nos intervalos das programações. O *merchandising* está presente nas novelas e na programação comum de todas as redes.

E o que dizer do espetáculo televisivo da violência? "A banalização da violência, uma ideia devida a Hannah Arendt, tornou-se por sua vez um conceito banal. Estudar a fundo as causas do fenômeno exige um instrumental interdisciplinar muito complexo. Mas há uma causa que salta aos olhos e se impõe ao senso comum. É o impacto avassalador da televisão sobre os costumes, num país onde os aparelhos de TV tomam conta das áreas pobres, mais numerosos que as geladeiras".[69] Todos temem a violência, mas se deixam inocular com o vírus de sua trivialização, fazendo com que as futuras gerações a considerem fenômeno normal na existência humana. O tema é discutível. Existem os que asseguram inexistir influência perniciosa nessa transmissão. Afinal, a violência é um dado do cotidiano. Em qualquer cidade brasileira – e até no campo – os ladrões, os traficantes, os sequestradores já se tornaram figuras carimbadas na realidade nacional. Por que a televisão os ignoraria?

Poucos os pais que têm drama de consciência por causa da televisão. A questão já não é tema recorrente. Não interessa tanto, porque já se assumiu a inevitabilidade da televisão. Essa é a época em que se vive. O que causaria espanto seria uma casa sem televisão. Ou pais que não permitissem que as crianças assistissem à programação normal, temerosos de seus efeitos sobre a formação de seus filhos. Quase nenhum lar consegue evitar o contágio da comunicação televisiva, hoje também presente nos *videogames* e nas modalidades das infovias.

Não há sentido algum em se pregar a *extinção da televisão*. Nem se deve, diante dela, assumir posição de impotência. Os pais podem tentar minimizar

---

68. Javier Urcelay Alonso, op. cit., p. 988.

69. Moacir Werneck de Castro, *A máscara do tempo* – Visões da era global, p. 188.

os efeitos da televisão, orientando os filhos. Mais ainda, impondo critérios às concessionárias. Escrevendo contra abusos; reclamando atribuição de maior espaço para a programação educativa. Boicotando produtos que patrocinem programas perniciosos. A cidadania participativa reclama um protagonismo que o Brasil ainda não exerce com intensidade. Se a TV é concessão estatal, cada cidadão tem legitimidade para conhecer os critérios orientadores da liberação de alguns grupos. Por que não questioná-los? Melhor ainda, por que não prestigiar os bons grupos e boicotar o produto nocivo? Uma cidadania esclarecida e formadora de opinião tem um poder incalculável de multiplicação de condutas e de criação de uma consciência coletiva.

Como observa Urcelay Alonso, "não existe uma neutralidade da televisão frente à família, nem da família frente à televisão: há que conviver com ela, mas pondo-a a serviço da família, sabendo utilizar-se dela para que a formação e valores humanos da família se imponham sobre o materialismo prático e o consumismo que destila a televisão".[70] A própria TV criou os condutos interativos, que devem ser acionados também para criticá-la. Os jornais já possuem *ombudsman*.[71] As empresas de televisão também devem ser estimuladas a tê-los. Se reagirem, o parlamento deve ser pressionado para criar tal instituição, com horário reservado nas faixas nobres de audiência, para debates com o telespectador. Só assim se garantirá um *mínimo ético* de qualidade na programação diuturna da televisão.

Os pais devem participar dos conselhos escolares para incentivar a escola a ensinar a ver a televisão. A escola não pode ignorar que a maior parcela do tempo de seus clientes se passa diante da TV. O colégio deve educar com a televisão, pois instrumento de possibilidades extraordinárias para as atividades docentes. Mas, acima de tudo, educar *sobre* a televisão, ajudando a entender e decifrar todas suas perspectivas: técnicas, expressivas, ideológicas, sociais, éticas e culturais.

Uma coisa é certa. As gerações futuras não serão como as atuais, em face da transformação de suas consciências pelo fenômeno televisivo. E "a civilização democrática se salvará se fizer da linguagem da imagem uma provocação à reflexão crítica, não um convite à hipnose".[72] Constitui missão ética preocu-

70. Op. cit., p. 1006.

71. *Ombudsman* é expressão do direito escandinavo e significa *ouvidor*, alguém encarregado de ouvir as queixas da cidadania. A última década viu surgir o fenômeno da adoção desse sistema para responder às reclamações dos destinatários, sobretudo nos jornais e grandes empresas.

72. Umberto Eco, op. cit., p. 13.

parem-se os pais com o futuro de seus filhos e das vindouras gerações, diante da avassaladora influência que a comunicação imagética vem exercendo sobre seus destinatários.

Essa ética cidadã impele qualquer pessoa a controlar a TV, que apenas sobrevive se realimentada com audiência. Essa a arma eficiente da cidadania: o boicote, a censura doméstica, a utilização de outros instrumentos da mídia para criticar a má programação, para mostrar o desacerto da TV e para cobrar de seus responsáveis o retorno ao caminho reto.

A relevância da televisão no Brasil é tamanha, que um programa como o *Big Brother* já se encaminha para a décima edição. O que levaria milhões de brasileiros a permanecerem a espreitar o comportamento de jovens confinados em uma casa, a pretexto de uma competição que culminará na outorga de um milhão de reais? O fenômeno é mais sério do que possa parecer. A existência real que a sociedade oferece à maior parte da população – quantos milhões de miseráveis o Brasil possui? – é desprovida de qualquer perspectiva. São pessoas que nunca alcançarão o padrão de consumo que a publicidade intensa apregoa como normal. E que se torna autêntica aspiração de cada indivíduo. Por isso é que, na fuga da realidade, há uma fácil identificação com a *vida virtual* da casa em que os concorrentes permanecem vigiados. Uma *gaiola de ouro*, como aquela em que as pessoas comuns gostariam de morar. Belas acomodações, piscina, sala de musculação, cozinha moderna. Todos os recursos estéticos do estilo em voga. Até mesmo os selecionados para participar do certame refletem a utopia do corpo perfeito. Corpos sarados, sensualidade, modelo fácil de assimilação e de transferência.

O telespectador passa pela experiência da personagem do filme "A Rosa Púrpura do Cairo". Ingressa virtualmente na casa. Identifica-se com os seus moradores. Elege aquele que melhor corresponda aos seus padrões. E sente-se partícipe ao interagir quando escolhe alguém que deva sair da casa a cada "paredão". Por isso os milhões de telefonemas por noite, muitos deles reiterados pelas mesmas pessoas, na imersão virtual numa vida que não é a sua.

Psicólogos poderão explicar melhor o que ocorre. Mas o fato serve para evidenciar o poder da televisão num país heterogêneo e de imaturidade intelectual como o Brasil. Poder que já se mostrou suficiente para propiciar aos brasileiros o primeiro *impeachment* de sua história e que mantém no poder quem dispuser da boa vontade dos comandantes da comunicação. O que explica também a via de mão dupla das concessões estatais para novos canais ou para renovação dos contratos.

A televisão continuará a exercer enorme influência sobre a sociedade brasileira, a partir da família. A TV digital já é realidade. O modelo híbrido adotado pelo Brasil leva em consideração alguns conceitos balizadores, dentre os quais podem ser citados: "1. a digitalização; 2. a convergência com a informática e com as redes de comunicação; 3. a integração das diferentes mídias, incluindo aí os celulares; 4. a multiplicação da oferta, conteúdos e serviços *on demand*; 5. novos usos comerciais e formas publicitárias até agora só sonhadas nas criações de ficção científica; 6. a construção de conteúdos e o desenvolvimento de uma indústria criativa que poderá colocar o País na vanguarda do setor em termos de América Latina; 7. e, muito especialmente, uma nova atitude das audiências, que poderá passar a ter papel ativo preponderante como verdadeiro protagonista deste processo a partir das possibilidades da TV digital".[73]

A nova realidade já implementada interfere com o modelo de Estado nacional que prevalece ao menos na estrutura formal. O que não representará em termos de mutação do convívio, a começar na família? Os tópicos mais contundentes em relação à revolução *macro* são fatores quais: "1. o crescente poder das grandes corporações transnacionais; 2. as ameaças à intimidade dos cidadãos relacionadas com a capacidade de armazenamento e escolha de dados oferecidos pelas tecnologias de comunicação; 3. a multiplicação do consumo alienante de conteúdos audiovisuais; 4. a necessidade de garantir um acesso universal democrático aos supostos benefícios socioeconômicos derivados das mudanças do modelo".[74] Quem se propõe a traçar um prognóstico do que significará em termos de revolução *micro*, incidente sobre a família brasileira, a adoção do novo modelo de comunicação televisiva?

Não é só. A televisão não é a única das influências a um tempo edificantes e deletérias disponíveis e plenamente acessíveis a todos.[75] A era é da telemática e do ciberespaço, "hoje o sistema com o desenvolvimento mais rápido de toda a história das técnicas de comunicação. Ao destronar a televisão, ele será, provavelmente, desde o início deste século, o centro de gravidade da nova ecologia das comunicações".[76] Vive-se uma realidade eletrônica, informatizada, telematizada e, principalmente, *partilhada*. "A imprensa, a edição, o rádio e a

---

73. André Barbosa Filho e Cosette Castro, O cenário de convergência: as inovações de modelo de negócio com o SBTVD, in Suzy dos Santos et alii (org.), *Políticas de comunicação*, p. 358.

74. Idem.

75. A TV está em todos os espaços e atinge todos os ambientes. Com a possibilidade de acesso às infovias pelos celulares, hoje em número superior ao de habitantes – há possuidores dependentes com vários celulares sempre em uso – a comunicação é um fenômeno de consequências ainda imprevistas sobre a sociedade humana.

76. Pierre Lévy, A revolução contemporânea em matéria de comunicação, in Juremir Machado da Silva et alii (org.), *Para navegar no século 21*, p. 206.

televisão funcionam segundo um esquema em estrela, ou "*um para todos*". Um centro emissor envia mensagens na direção de receptores passivos e sobretudo isolados uns dos outros. (...) O ciberespaço combina as vantagens dos dois sistemas anteriores. De fato, permite, ao mesmo tempo, a reciprocidade na comunicação e a partilha de um contexto. Trata-se da comunicação conforme um dispositivo "*todos para todos*".[77]

Examine-se o fenômeno corrente da *videoconferência*. Alguém disserta sobre um tema e essa mensagem é captada por dezenas, centenas ou milhares de outras. Destas, algumas fazem indagações. Há respostas e comentários às respostas. "Como todas as mensagens são registradas, sedimenta-se assim, progressivamente, uma memória, um contexto do grupo de discussão".[78] Qual a diferença com a televisão? É que "o ciberespaço abriga milhares de grupos de discussão (os *new groups*). O conjunto desses fóruns eletrônicos constitui a paisagem movediça das competências e das paixões, permitindo assim atingir outras pessoas, não com base no nome, no endereço geográfico ou na filiação institucional, mas segundo um mapa semântico ou subjetivo dos centros de interesse. O endereçamento por centro de interesse e a comunicação todos-todos são condições favoráveis ao desenvolvimento de processos de inteligência coletiva".[79] Por aperceber-se dessa insuspeita realidade e de suas potencialidades é que a televisão procurou intensificar as formas de o telespectador interagir. Grandes e pequenos grupos multiplicam a possibilidade de se telefonar, enviar fac-símile ou acessar eletronicamente a emissora e assistir, de imediato, à reação do âncora, do apresentador ou do entrevistado. Qual será o efeito disso para a formação de uma nova mentalidade coletiva?

O acesso às infovias faz com que muitos jovens e muitas crianças penetrem num universo novo. A instantaneidade propicia entrada ao conhecimento dos grandes bancos de dados, das universidades, dos institutos de pesquisa. Qualquer prestigiada biblioteca mundial pode ser acessada de um computador pessoal, de um *notebook* ou qualquer outro instrumento disponível.[80] A busca

---

77. Idem, p. 207.
78. Idem, ibidem.
79. Idem, ibidem.
80. Joël de Rosnay, O salto do milênio, in Martius Vicente Rodriguez y Rodrigues, *Ética e responsabilidade social nas empresas*, p. 218, lembra que "o instrumento básico é o computador pessoal, multimídia e comunicante. Portátil ou fixo, de escritório ou doméstico, *network computer* (NC), terminal reduzido ao mínimo, ou *personal computer* (PC), posto autônomo; a sua influência sobre o crescimento econômico e a sua utilização só fazem intensificar-se. Na primeira fila dos novos espaços de comunicação aparece a internet, com um desenvolvimento prodigioso, cujos tentáculos atingirão

é cada vez mais facilitada pelos recursos de um *site* de buscas ou análogos. Isso facilita a elaboração de tarefas escolares? Sem dúvida. Talvez até atrapalhe. A partir do acesso a esse mundo novo, os trabalhos acadêmicos ganharam volume e densidade. Copiar enormes textos não equivale à insubstituível pesquisa, estudo e seleção do que realmente valha a pena. Depois, favorece-se o plágio. Universidades conceituadas ostentam em seus banheiros anúncios de elaboradores de monografias. Sinal de que a demanda existe.

A inclusão digital propicia a redução das desigualdades, mas também permite às crianças e adolescentes o ingresso nos *chats* de conversas chulas, nas trocas de *imagens eróticas*, nos canais *hots* e no flagelo da pedofilia. Não é raro que crianças se identifiquem como adultos. Ou que haja inversão no papel sexual, pois os diálogos se fazem na pretensa intimidade e há espaço para a fantasia. Para quem prefere o mergulho na realidade, o uso da *web cam* permite transmissão de imagens ao vivo. Disso se valem as patologias, mas a contaminação pode atingir inocentes. Os incautos que, na busca de entretenimento, iniciam por curiosidade e em seguida se tornam dependentes. Se o mal não fosse sedutor, não haveria qualquer dificuldade na vitória do bem.

Há estudos que demonstram o *cibersexo* como gerador de uma dependência idêntica àquela produzida pela droga química. Insuscetível de avaliação definitiva, até o momento, a influência desse acesso na formação das novas gerações.

Pesadelo contemporâneo é a influência dos sistemas *orkut*, nos quais as pessoas ingressam para conhecer outras e combater a solidão e, de repente, veem-se ridicularizadas, ameaçadas, têm sua privacidade devassada. Estilhaçam-se as ilusões. A *inclusão digital* representa uma *exclusão afetiva*. A criminalidade também já avançou e, se é a única coisa que admite o qualificativo "organizada" neste século, valeu-se das novas relações para a perpetração do velho e antigo mal. Proliferam os crimes praticados no ciberespaço. Há uma *cibercultura criminal* em pleno desenvolvimento.

Os expertos no tema também se indagam se o ciberespaço em que todos os digitalmente incluídos estão imersos não representa o caos, a confusão, o caráter diluviano da informação e da comunicação. Não constituem desvantagem para os que se encontram desprovidos de fortes referências pessoais ou sociais, ou seja, de equilibrada consciência ética? A resposta não é simples:

---

o próximo século (este, o século XXI). Internet não é, como se crê frequentemente, uma rede, mas sim um protocolo comum a todos os computadores e suscetível de utilizar, indiferentemente, inúmeras redes: telefone, sistema internet de empresa (intranet), televisão a cabo, satélite, fibra ótica...".

"De fato, a profusão do fluxo informacional, sua ausência de ordem global *a priori* não impedem que as pessoas ou coletivos nele se orientem e organizem por sua própria conta hierarquias, seleções, uma estrutura. Definitivamente desapareceram as seleções, as hierarquias ou as estruturas de conhecimentos pretensamente válidos para todos a qualquer momento, a saber o universal totalizante".[81] Há riscos até para a higidez psicológica do internauta dependente. Ninguém recusa a sensação de pavor que sente ante o desconectar do sistema. Embora hoje os *plugados* à internet sejam cerca de vinte milhões no Brasil, cada um deles permanece tempo mais do que exagerado diante da tela. A inflação de informações, a imersão no mundo da fantasia virtual, a fuga da realidade, são fenômenos que começarão a incomodar os psicanalistas daqui para o futuro.

Observa Joël de Rosnay que, "rumo à fragmentação do tempo e do espaço, o homem e o conteúdo das mensagens que dão sentido à ação estão no centro das redes do futuro (...). Doravante, trata-se da gestão da abundância (especialmente da informação) e da obsolescência, da importância da transação; pilotagem e catálise são as palavras determinantes da sociedade 'informacional'. Deve-se favorecer tudo o que aumenta a densidade das relações e das transações: dessincronizar as tarefas por meio do tempo parcial; descentralizar as atividades graças à redução dos custos de comunicação, à democratização e à simplificação do uso de terminais e de computadores pessoais, assim como graças à reorganização dos locais de trabalho (escritórios, móveis, empresas virtuais); diversificar as funções, como ajuda aos empreendedores, pela criação de incubadoras de empresa, da concessão das vantagens dadas aos assalariados liberais, da reforma do contrato de trabalho".[82] Nem tudo é perspectiva tétrica, portanto.

Os ainda mais otimistas acreditam não haver razões para preocupação. A cibercultura não rompe com os valores fundadores da modernidade europeia, que é também a nossa. Consideram-na herdeira legítima – ainda que longínqua – do projeto progressista dos filósofos do século XVIII. Ela valoriza a participação em comunidades de debate e argumentação. Em linha direta com as morais igualitárias, encoraja uma forma de reciprocidade essencial nas relações humanas. Para Pierre Lévy, autor dessas ideias, a cibercultura não é pós-moderna porque está a dar continuidade aos ideais revolucionários e republicanos de liberdade, igualdade e fraternidade. "Apenas, na cibercultura, esses valores encontram-se encarnados em dispositivos técnicos concretos. Na

81. Pierre Lévy, *Cibercultura*, p. 244.

82. Joël de Rosnay, op. cit., p. 222.

era das mídias eletrônicas, a *igualdade* é realizada enquanto possibilidade para que cada um emita para todos; a *liberdade* é objetivada por meio de programas de codificação e do acesso transfronteiriço a diversas comunidades virtuais; a *fraternidade*, enfim, transparece na interconexão mundial".[83] Seja como for, o mundo novo da cibercultura[84] oferece novas experiências, e com elas podem balançar os paradigmas éticos até então prestigiados. Cumpre estar atento. Os pais de hoje estão em diversas faixas etárias e de conhecimento. Alguns já são da geração informatizada. Outros a ignoram. Muitos resistem a ela. E ela é inevitável. Estarão todos os pais atentos à nova realidade e à repercussão desse mundo informacional sobre seus filhos?

A preservação da intimidade, o respeito à privacidade, o círculo indevassável da autonomia pessoal impedem que os pais controlem as atividades de seus filhos, quando trancados em suas fortalezas, os seus polivalentes quartos de dormir. Trancar-se no próprio quarto e invocar sua privacidade é comum, ao menos para aquelas famílias já *digitalmente incluídas*. Quantos pais não mantêm sua consciência em confortável estágio de letargia, na crença de que, dentro de casa, o filho está a salvo das influências nefastas e do perigo onipresente da violência? É imprescindível uma abertura singular de mentalidade para continuar a perseguir a franqueza – valor em desuso –, o diálogo sem imposições, como instrumento de ajuda aos filhos *internautas*. Nada substitui a conversa franca e desarmada entre pais e filhos. Ainda não se conhece o alcance das longas horas de *navegação na internet*, nem os efeitos, numa juventude pouco afeiçoada a meditações morais, das longas horas de permanência nos *chats* de erotismo. Pode-se apostar, todavia, que os filhos com pais compreensivos e amigos corram menos riscos do que aqueles abandonados às suas próprias escolhas.

A televisão já cedeu espaço às redes. Os celulares são instrumentos de comunicação cada vez mais acessíveis a todos. Os aplicativos permitem acesso às redes, ao acervo infinito de filmes, vídeos, games e outros produtos virtuais. Quem é que tem noção do que seu filho está acessando? Como preveni-lo dos

83. Idem, p. 245.

84. Pierre Lévy conceitua ciberespaço e cibercultura. "Ciberespaço", ou rede, é o novo meio de comunicação que surge da interconexão mundial dos computadores. O termo especifica não apenas a infra-estrutura material da comunicação digital, mas também o universo oceânico de informações que ela abriga, assim como os seres humanos que navegam e alimentam esse universo. Quanto ao neologismo "cibercultura", especifica o conjunto de técnicas – materiais e intelectuais – de práticas, de atitudes, de modos de pensamento e de valores que se desenvolvem juntamente com o crescimento do ciberespaço (*Cibercultura*... cit., p. 17).

perigos da pedofilia, da má-intenção de quem se serve de informações veiculadas nas redes para uma aproximação nefasta?

Se as redes permitiram a queda de ditaduras no outro lado do mundo e estão a servir para o movimento "occupy", em grandes cidades deste hemisfério, elas também podem se prestar a causas menos nobres. O fato é que essa revolução é irreversível e que as novas gerações já nasceram no redemoinho e vão considerar natural esse mundo em que o conteúdo está disponível, armazenado em "nuvens" às quais se tem acesso mediante o uso de aparelhos ao alcance de qualquer bolso.

A avalanche de produtos derivados das novas mídias não cessa de crescer. Muitos milhões de brasileiros já acessam a internet regularmente. "No começo de 2006, esse número de usuários de internet residencial já passava dos 14 milhões, que permanecem cerca de 19 horas e 24 minutos por semana conectados... 21% da população brasileira já utiliza ou utilizou a internet e 13,7% dos domicílios têm computador com capacidade de acesso à internet".[85] O *admirável e assustador mundo novo* já chegou. Nem todos se aperceberam disso. E as coisas mal começaram. Os anúncios de tecnologias sequer imaginadas se sucedem. Quem ousará prever o que será o mundo daqui a 50 anos?

6.3.2 Os pais e a droga

É inacreditável que uma coisa chamada droga, cujo significado traduz algo que não presta, mas que designa produto alucinógeno causador de dependência, atraia tanto a juventude brasileira, a ponto de fazê-la perecer. Droga é sinônimo de estupefaciente, embuste, já foi cognominada "coisa do diabo". Entretanto, ela está em todos os ambientes.

Inúmeras as famílias que se defrontam com essa tragédia. O jovem começa por curiosidade, quase sempre incentivado por amigos, e não sabe mais parar. Inicia com as drogas leves, como a maconha, depois passa para as mais pesadas. A cocaína, o *ecstasy*, a heroína, o haxixe e outras. O craque é uma verdadeira calamidade. A cidade de São Paulo oferece ao mundo um espetáculo degradante: a "Cracolândia". Milhares de seres humanos esquálidos, desvalidos, quais "zumbis", habitando demolições, espaços abandonados. A percorrer, qual procissão funérea, o caminho que os conduzirá ao sepulcro. O craque mata. Mas antes pauperiza, torna miserável, um espectro que pouco lembra um ser humano.

---

85. Samuel Possebon, O mercado das comunicações – Um retrato até 2005, in Suzy dos Santos, op. cit., p. 295.

A dependência aos entorpecentes é causa de destruição de famílias. O jovem se torna inapetente, anoréxico, abúlico. Só se sente bem durante o consumo. Ilusão fugaz que resulta em completa inadaptação para o convívio.

O consumo de drogas é o acesso à criminalidade. Primeiro são os objetos da própria residência que são subtraídos para possibilitar a aquisição da substância. O vício custa dinheiro. Passada a fase inicial, o traficante cobra para fornecer. O viciado é obrigado a se tornar traficante para sustentar sua escravidão. Depois, a subtração pode escolher outros alvos. Já não é a família, mas a vizinhança. Ou a prática de delitos mais graves, como o roubo.

Quantas famílias já não experimentaram o gosto amargo de um filho preso, de um filho assassinado, de um filho envolto nas malhas desse flagelo que é o consumo de drogas.

O que o pai pode fazer?

Ser honesto, franco e verdadeiro. Mostrar ao filho as consequências desse consumo. Levar o filho a visitar clínicas de recuperação. Mostrar as consequências para a saúde, para o patrimônio, para a família. O comprometimento do futuro. A ausência de retorno quando se envereda por essa senda.

O pai não pode fingir desconhecimento ante o vício do filho. Pai – ou mãe – atento sabe quando o comportamento passa a ser insólito. O desinteresse pelos estudos, a companhia pouco recomendável, a necessidade de dinheiro para fins não esclarecidos. A abulia, hábitos não usuais, certa estranheza que não deveria existir entre os vinculados por laços de sangue e afeto.

É essencial o apoio dos pais para que a luta contra o vício seja enfrentada. O rigor é muitas vezes a única alternativa. O internamento em clínicas de recuperação idôneas. Pois há clínicas em que os próprios serviçais se encarregam de abastecer o recuperando de droga. Há uma fase em que não se pode mais transigir com a responsabilidade moral da segregação. É nessa hora que o filho precisa de autoridade, não de indiferença.

Abandonar jamais. O que leva os pais conscientes a uma cruzada incessante para prevenir. É muito difícil retroceder, depois de iniciada essa jornada rumo à destruição.

Importante recordar que droga não é apenas a droga ilícita. Droga é o álcool em excesso, o fumo que mata e do qual pouca gente consegue se livrar depois de viciado. Dependência tão consistente que mesmo os médicos, cientes de seu processo suicida, não conseguem se liberar do consumo tabagista. Causa do maior número de mortes por câncer nos pulmões no Brasil e no mundo. O álcool divide as famílias e potencializa a morte no trânsito. O consumo de bebida alcoólica aumenta no Brasil e começa cada vez mais cedo. Há uma conivência cultural, pressupondo-se que alcoolizar-se é um dos ritos de iniciação para o macho. Só que as mulheres também bebem. Ambos não sabem se controlar e oferecem espetáculo lastimável, além de prejudicar a saúde e o pleno desenvolvimento psíquico.

Os enfermos não são apenas os usuários. Uma sociedade que não consegue despertar sua juventude para destinos menos melancólicos do que cheirar cocaína, "viajar" com *ecstasy*, tragar marijuana ou fazer um coquetel de tudo isso, está gravemente adoecida.

Não será o momento para uma terapia comunitária? Não há quem possa se considerar liberado de se envolver nessa missão redentora. "A invenção de ferramentas aptas a estimularem uma ação criadora em indivíduos sofredores deve apoiar-se em valores individuais próprios e em valores culturais anteriormente desqualificados. Estas novas ferramentas não podem ser concebidas senão num contexto participativo e comunitário. É do grupo que nascerão as soluções mais adequadas, elaboradas por ele próprio dentro do respeito pela diversidade e da experiência vivida de cada um, sem que possa impor-se *a priori* uma escala de valores".[86]

Falhou a família, falhou a escola, falhou a sociedade e falhou o Estado, se a droga é mais atraente do que os valores imperecíveis. Por enquanto, a batalha contra ela está perdida. No ano de 2010, noticiou-se que a prisão por tráfico superou a de qualquer outro crime. Os jovens descobriram como sustentar o vício. Primeiro são viciados. Depois recrutados para o trafico, senão ficam impossibilitados de consumir. Em seguida presos. Os que não estão no cárcere estão no cemitério. Batalhas seguidas são perdidas.[87] As campanhas resultam em nada. E isso porque a criatividade brasileira ainda não se pôs a serviço da verdade. Não pode haver condescendência com a droga. Tratar adequadamente o drogado não pode equivaler a leniência para com a droga. Esta é abominável e deve ser banida. De fracasso em fracasso, muita gente parece desanimar de enxergar prenúncio alvissareiro no horizonte do Brasil. Haverá um dia um país sem drogas? Será que a humanidade perderá também a guerra?

---

86. Adalberto Barreto, Exclusão e doenças da alma, in Jerôme Bindé, *Para onde vão os valores?* p. 391.

87. Um bafejo alentador foi a operação nas favelas cariocas, espaço tomado pelo tráfico e no qual o Estado não entrava sem ordem. A estratégia de ocupação dos morros pela polícia e forças armadas em saudável articulação foi saudada por todos como sinal de esperança que já estava em agonia. O tempo dirá se houve realmente retomada do controle ou se tudo não passou de um espetacular gesto de marketing para mostrar ao mundo que a Cidade Maravilhosa pode sediar as Olimpíadas e o Brasil não oferece riscos aos que vierem para a Copa de 2014.

6.4 A Ética dos filhos

Os filhos raramente conhecem os pais. Quando chegam a conhecê-los bem – e isso se tiverem a ventura de chegar à maturidade sem terem sido machucados pela orfandade –, a existência praticamente se esvaiu e não há mais tempo para correção de rumos no relacionamento.

Logo após a primeira infância, quando os pais chegam a ser heróis onipotentes, os adolescentes descobrem neles pessoas comuns com defeitos e imperfeições. Os pais tradicionais são ainda pregadores de um código de conduta que pouco tem a ver com a hierarquia de interesses dos filhos. O conflito é natural. Uma juventude impetuosa, ávida de conquistar o mundo, não quer saber da voz da experiência. Prudência, cautela, cuidado, é discurso que aborrece e não convence. Nessa fase, em seguida ao desaponto, não é rara a revolta e o desligamento formal. Vive-se no mesmo espaço, cada qual a cultivar seus próprios interesses. Não é só a recusa a ouvir o sermão. É a recusa ao convívio. Os jovens não gostam de acompanhar os pais, acham os seus programas insossos, não se interessam por seus assuntos, não *curtem* os seus amigos e seus interesses. Muita vez é uma luta a tentativa do pai de introduzir o filho adolescente em uma roda. É natural que os pais se orgulhem de sua prole. Querem mostrá-la a todos. Muito filho não aceita essa abordagem. Acha que a vida dos pais nada tem a ver com a sua.

Isso não é novidade. Não começou a acontecer agora. "Nossa juventude (...) é mal educada, zomba da autoridade e não tem nenhuma espécie de respeito para os mais velhos. Nossas crianças de hoje (...) não se levantam quando um ancião entra numa sala, respondem a seus pais e tagarelam em lugar de trabalhar. São simplesmente más".[88] Quem disse isso? Sócrates, que viveu entre 470 e 399 a.C. Antes disso, Hesíodo (720 a.C.) já afirmara: "Não tenho nenhuma esperança para o futuro de nosso país, se a juventude de hoje lhe assumir o comando amanhã, porque esta juventude é insuportável, sem compostura, simplesmente terrível".[89] Antes ainda: "Este mundo atingiu um estágio crítico. As crianças não escutam mais seus pais. O fim do mundo não pode estar longe"; e "esta juventude está corrompida até o mais profundo do coração. Os jovens são malfeitores e preguiçosos. Não serão nunca como a juventude de antigamente. Os de hoje não serão capazes de manter nossa cultura".[90] Nada

---

88. Citado por João Batista Libânio, *Jovens em tempo de pós-modernidade* – Considerações socioculturais e pastorais, p. 33.

89. Idem, ibidem.

90. A primeira frase é atribuída a um sacerdote egípcio e foi proferida no ano 2000 a.C. A segunda está escrita num jarro de argila encontrado em buscas arqueológicas nas

de novo, portanto, nesse confronto de valores entre pais e filhos, na idade da rebeldia.

É natural que os filhos não entendam os pais e vice-versa. Quem se propõe a trazer ao mundo vida nova tende a acreditar-se responsável por essa existência e arrisca-se a controlá-la eternamente. Há filhos que se não libertam desse jugo nem sempre suave dos pais e permanecem adolescentes por toda a vida. Outros se rebelam e não conseguem romper os liames senão com traumas de intensidade diversa.

Pressupondo que ainda existam muitos jovens cujos pais estão presentes e eles se consideram molestados pelo único fato de serem cobrados em horário, em prestação de contas a respeito de companhias, de hábitos, de andamento de estudos, estes merecem refletir sobre a situação. Um bom treino é vivenciar o princípio do contraditório na prática. Por que não se colocar no lugar dos pais e tentar pensar como eles pensam?

Os filhos devem conceder aos pais um crédito inicial. Afora a patologia, não há pais que, premeditadamente, queiram causar mal aos filhos. Todos pretendem aquilo que, em *sua opinião*, consideram o melhor. E que, certamente, não coincide com a opinião dos interessados.

Essa tem sido a história das gerações, com variações que não desnaturam a regra. A contemporaneidade agravou a situação, diante da voragem das profundas alterações científicas, inclusive no comportamento. Aqueles que se detivessem na leitura da vida doméstica do início do século não acreditariam na serena estabilidade daquela época. Era uma existência que se desenvolvia no lar. A casa era o espaço da família, mas ampliava-se para os amigos. Faziam-se visitas. A conversa entre amigos era lazer. Desenvolviam-se e reforçavam-se relações. O ritmo não era a alucinação de hoje. Nem havia a pressão do consumo, a impingir necessidades falaciosas. Os pais perderam autoridade e foram forçados a propiciar a seus filhos bens da vida – bens materiais – que não existiam em sua época.

Muitos filhos não conhecem a identidade paterna. A maternidade na adolescência, as "produções independentes", as ligações superficiais geram uma legião de crianças sem pais. Para muitos excluídos – ou não incluídos –, pai é o companheiro esporádico da mãe, é aquele que chega com comida no barraco. O que se pode exigir dessa criança em termos de compreensão do significado da palavra "pai"? Para estes, falar em conflito entre pais e filhos parece ficção. É algo estranho à sua realidade.

---

ruínas de Babilônia e é datado de antes do ano 3000 a.C. Ambas as citações são de João Batista Libânio, op. cit., p. 34.

Para uma minoria que chega à universidade, a casa é – muita vez – o ponto de encontros fortuitos. Pais trabalham e fazem refeições fora (quando os pais, afortunadamente, conseguem trabalho). Cada qual com seu horário, cada quarto com sua TV e seu computador pessoal. Espaços compartimentados e bem definidos. Quando a família se reúne, não é raro o faça defronte ao televisor, tirano maior. Os *home theaters* desservem à reunião da família. Os programas não são os mesmos. As áreas de interesse divergem e as *tribos* costumam se estranhar.

Os filhos também não dispõem de tempo para seus pais. O frenesi do prazer, a necessidade indomável de se aproveitar cada minuto do dia, todos os dias e com intensidade maior no fim de semana e nos feriados. A convivência com as *gangues*. Os amigos substituem a família. São os conselheiros, os confidentes e os cúmplices.

É difícil incutir, para quem se impregna da volúpia do *aproveitar a vida*, a consciência de que há valores permanentes, mais gratificantes do que esses com que acenam a propaganda e os meios de comunicação. Nada substitui a singeleza das relações desinteressadas, dos silêncios entre pais e filhos, do tempo investido na leitura que transporta e faz crescer, na contemplação de uma natureza tão agredida e esquecida, mas que não costuma se vingar, ao menos com a mesma intensidade. A natureza apenas deixa evidentes as consequências da insanidade humana. E hoje está a mostrar, com exuberância, todos os infaustos efeitos de uma premeditada agressão, egoística e insensata.[91]

Um dos paradoxos contemporâneos é o de que se perde tempo com a desculpa de não havê-lo a perder. Nessa corrida contra o tempo, os pais permanecem como estepes, aos quais se recorre nas necessidades, sempre prontos a acudir a cria, embora nem sempre possam contar com ela.

Quando os jovens acordam para essa realidade, jovens já não são. Enquanto filhos, sempre terão *deveres éticos* para com os pais. O *dever de convivência*, consistente em dedicar aos pais ao menos uma ínfima parcela do seu tempo. Há filhos que permanecem longa temporada sem ao menos visitar os pais. O *dever de ouvir*, não de maneira indiferente ou passiva, mas com interesse de quem se propõe a argumentar para mostrar a outra face da realidade. Melhor seria mencionar o *dever de entendimento*, assim compreendido o esforço que resultaria frutífero se as gerações se dispusessem a decodificar as respectivas linguagens. O *dever de assistir*, quando os pais idosos ou enfermos necessitarem de carinho.

---

91. Sobre as agressões à natureza, consultar José Renato Nalini, *Ética ambiental*.

A sociedade moderna, dirigida para a juventude e para a beleza, está a conferir tratamento cruel à velhice. Já não existe lugar para o velho no mercado de trabalho, no lazer e, principalmente, na família. Aceita-se como solução normal a internação do idoso em *lares de repouso*, nome eufemístico para os *asilos de velhos*, onde permanecem esquecidos ou recebem visitas esporádicas em ocasiões especiais. Um levantamento feito pelo IPEA – Instituto de Pesquisa Econômica Aplicada – apontou a existência de 6 mil instituições de longa permanência para idosos no País. Nome formal para asilos, casas de repouso e estabelecimentos geriátricos. Eles abrigam cerca de 100 mil idosos. Há 49 instituições na Região Norte, 254 na Centro-Oeste, 815 na Sul e cerca de 2.000 apenas em São Paulo, lugar da maior concentração. Essa é uma população crescente e esquecida.

Aqui existe outro dos paradoxos brasileiros. "A sociedade nega que essa realidade (entrega do velho ao asilo) exista. As pessoas só falam que o melhor lugar para o idoso é em sua casa, com a família, mas o que acontece é que, em muitos casos, as famílias não querem, não podem e não sabem cuidar. Precisamos abrir os olhos, treinar e fiscalizar essas casas", diz o geriatra João Toniolo Neto, da Universidade Federal de São Paulo e da Sociedade Brasileira de Geriatria e Gerontologia.[92]

Mocidade é etapa fugaz da existência. Passa em marcha acelerada pela vida. Breve – em pouco mais de um átimo – se atinge a maturidade e a velhice. E esta possui muito a transmitir. A tradição oriental fornece lições muito precisas a respeito do aproveitamento desse acervo de sapiência do idoso. Falta eticamente com seus pais idosos o filho que os interna em abrigos apenas por comodismo. E comete infração ética em relação a seus próprios filhos aquele que não tem comiseração com seus pais. Pois está a demonstrar que a velhice não merece um espaço doméstico, mas é uma situação de naufrágio, depauperadora e frustrante e que merece permanecer escondida.

A promulgação do Estatuto do Idoso e a perspectiva de que neste século serão crescentes as taxas de longevidade talvez invertam a equação. Já não se

---

92. *O Estado de S. Paulo*, de 07.10.2007, p. A.26, Terceira idade: retrato dos esquecidos. No mesmo texto, Ana Amélia Camarano, pesquisadora do IPEA, declara: "Famílias pequenas, laços familiares diferentes, mulheres trabalhando fora, filhos ocupados. É preciso parar de ignorar que esses locais existem, começar a cobrar a melhoria de qualidade deles e entender que são um bem necessário. Sempre digo que quem tem mais de uma sogra não vai cuidar de nenhuma". Recomenda-se, a quem se interessar, rever o filme "Parenti Serpenti", em que uma amorável família italiana dispõe sobre o destino dos pais, casal idoso que resolve aceitar o convite para morar com um dos filhos.

pode afirmar que o Brasil é um país de jovens. De acordo com o IBGE, só 3% da população tinha mais de 60 anos em 1980. Hoje, praticamente no início da segunda década do tão esperado século XXI, são mais de 10%, ou seja, cerca de 18 milhões de pessoas. A projeção para os próximos 15 anos é a de que esse número dobre. Não é demais aventurar o prognóstico de que, num futuro breve, a percentagem maior de brasileiros será constituída de habitantes idosos. Por sinal que eles já foram descobertos pelo mercado e pelo capitalismo consumista e até pelo governo. A política pública de incentivo do turismo na *melhor idade* é o reconhecimento de que essa parcela da população tem interesse para o Estado. Talvez seja essa a via pela qual se restaurará a ética voltada aos mais velhos.

Os analistas enxergam nos primeiros resultados do Censo Demográfico de 2010 aquilo que chamam *uma gota de esperança*. Com quase 191 milhões de habitantes, pela primeira vez na história recente, a maior parcela dos brasileiros está na faixa entre 20 e 29 anos de idade. É o "bônus demográfico", hoje promissor, mas que em duas décadas poderá reverter. Para Fábio Giambiagi, do BNDES, "os sinais são claríssimos. Significa que sustentar a população idosa será um peso cada vez maior para os adultos que estiverem no mercado de trabalho a partir de 2030".[93] Se os velhos hoje são desrespeitados pela cultura da juventude e da beleza, o que ocorrerá quando eles forem efetivamente uma carga a ser suportada pelos jovens trabalhadores? A tendência será o surgimento de novas estratégias para – eufemisticamente – liberar a massa trabalhadora desse ônus. Haja casas de repouso, estímulo à ortotanásia e outras técnicas que abreviem a conquista da longevidade. Haverá ética suficiente para reverter o quadro de insensibilidade em relação à velhice?

O que não se consegue pela via ética, a economia capenga parece alcançar, ao menos sob uma outra ótica. Surge o convívio entre velhos, sem laços familiares e sem sexo, como uma espécie de autodefesa contra a solidão e o abandono. Por outro lado, há muitos filhos adultos que já não querem deixar a casa dos pais. Não têm condições de arcar com o dispêndio de um lar com a qualidade de vida propiciada pelos velhos. Há o fenômeno dos *kidults*, que são crianças-adultas. Jovens imaturos que, por receberem tudo de maneira fácil e gratuita, não se acostumam na luta pela vida. Também existe o retorno dos separados para residir em companhia dos pais.

O Brasil-miséria também registra o fenômeno dos idosos que, com sua humilde pensão, sustentam várias pessoas. Passam a ser essenciais para a eco-

---

93. Fábio Giambiagi, *Demografia: A Ameaça Invisível*, livro citado por Marcelo Sakate na reportagem *A Gota de Esperança* de VEJA de 08.12.2010, p. 100.

nomia do hipossuficiente. Merecem um pouco de consideração porque são *arrimo de família*. É o efeito perverso de uma situação em si calamitosa. Resultado de uma economia calcada em cifrões e insensível a valores. Mas, paradoxalmente, subproduto tolerável para restabelecer os laços frouxos e puídos da ética familiar.

6.5 A Ética e os avós

Os avanços da medicina estão a povoar o mundo de idosos. A velhice é hoje uma realidade mais palpável. A expectativa de vida no Brasil subiu para 73 anos e 2 meses. No início da década passada, eram 70 anos e 5 meses. Se isso é bom, também preocupa. O professor Delfim Netto, que foi várias vezes Ministro da República, costumava brincar que o Brasil corre o risco de ficar velho antes de ficar rico. Resultado da longevidade conquistada pela ciência será a necessidade de tratamento adequado a esse contingente de destinatários de políticas públicas, mas também sociais. Não apenas tratamento médico, ambulatorial, psicológico, mas ainda atendimento às necessidades básicas de qualquer ser humano. Necessidades de ordem imaterial, como aquela de relacionamento e convívio, pois a solidão é uma aliada eficaz das enfermidades.

O Rio de Janeiro é a cidade brasileira considerada mais *amiga dos idosos*. Ali o chefe do programa de envelhecimento e saúde da OMS – Organização Mundial da Saúde, Alexandre Kalache, montou o Instituto Latino-Americano de Gerontologia, ligado à Universidade de Londres e que tem como parceiros o Banco Mundial e a Academia de Medicina de Nova York. Para ele, "a definição do envelhecimento ativo é baseada em três pilares: saúde, participação e segurança. Na saúde, a coisa mais importante no Brasil é reforçar, capacitar a rede de atenção primária para que ela esteja mais voltada às necessidades dessa população que envelhece".[94] Saúde não é apenas a questão física. Há um ingrediente social de relevo: a falta de cidadania e de autoestima faz com que os mais pobres vivam muito menos, ainda que vivam no mesmo ambiente físico. Aqui pode entrar uma ética especial dos netos. Se os netos quiserem, seus avós poderão viver mais, e, principalmente, viver melhor, ser mais felizes, sentir-se ainda partícipes e integrantes de uma família.

Um fenômeno recente, se bem que ainda não disseminado, é a multiplicação do número de crianças que passa a contar não apenas com avós, mas

94. *Folha de S. Paulo*, de 08 out. 2007, p. A-18, Alexandre Kalache: Brasil precisa mudar rede de saúde para atender idosos.

também com bisavós. As avós antigas eram aquelas mulheres jovens eternizadas nos retratos branco-e-preto. Morriam cedo. Muitas delas, no próprio parto.

A longevidade obtida pela ciência assegurará a muitos dos atuais jovens a presença prolongada dos seus avós/bisavós. O que não significa dizer que haverá *convivência* com os mais velhos. A velhice tem sido desprezada pela juventude, como se esta durasse para sempre. Ainda existem famílias reunidas em torno dos seus idosos. Não é a praxe, porém. Parece não haver tempo jovem disponível para o velho.

Em relação a seus avós, ao neto se reclamam deveres éticos. O primeiro deles é o da *atenção*, assim entendida a disponibilidade para com os interesses e necessidades do idoso. Quanta vez precisa ele de alguém que apenas tenha ouvidos para as suas narrativas, para a memória que armazenou e pela qual hoje ninguém se interessa mais. Ainda que a repetição das mesmas estórias seja maçante, o idoso precisa de alguém para ouvi-lo e o neto deve procurar entender essa necessidade.

Se todos os netos concedessem a seus avós alguns minutos por semana, os idosos não estariam esquecidos e imersos em solidão. Sempre há tempo para um telefonema, ao menos, quando a visita não for possível. À evidência, se o idoso precisar de assistência, não podem se esquivar os familiares de atendê-lo. Se não quiserem cumprir a obrigação moral, resta compeli-los ao exercício do *dever legal*.[95]

O direito brasileiro reconhece um *direito à convivência familiar*. "Como os vínculos parentais não se esgotam entre pais e filhos, apesar do silêncio legal, o direito de convivência estende-se aos avós e a todos os demais parentes, inclusive aos colaterais. Além do direito de crianças e adolescentes desfrutarem da companhia de seus familiares, há o direito dos avós de conviverem com seus netos".[96]

---

95. O art. 229 da CF/1988 impõe aos filhos maiores o dever de ajudar e amparar os pais na velhice, carência ou enfermidade. E o art. 230 comete à família, à sociedade e ao Estado o dever de amparar as pessoas idosas, assegurando sua participação na comunidade, defendendo sua dignidade e bem-estar e garantindo-lhes o direito à vida.

96. Maria Berenice Dias, op. cit., p. 422. A desembargadora gaúcha menciona a vedação ao impedimento de visitas entre avós e netos e salienta que "tal direito deve ser conjugado com o princípio do *melhor interesse* da criança, fundamentando-se na prerrogativa do neto de ser visitado por seus ascendentes, ou por qualquer parente que com ele mantenha laços de afeto, de solidariedade, de respeito e de amor. A criança tem o direito de personalidade de ser visitada não só pelos avós, como também pelos bisavós, irmãos, tios, primos, padrinho, madrinha, enfim, por toda e qualquer pessoa que lhe tenha afeto" (a invocar o magistério de Silvio Neves Baptista, *Guarda e direito de visita*, p. 48).

A verdade é que os mais novos, se aprendessem a cultivar os idosos, teriam nestes uma fonte inesgotável de sapiência. Experiência vívida, vontade de contar estórias, de relatar fatos que sempre constituem uma transmissão oral válida de conhecimento adquirido. Essa propagação empírica da sabedoria feita de experiência é muito útil ao enfrentamento das vicissitudes às quais estão sujeitos todos os humanos, por força da própria condição da espécie.

A velhice acarreta aumento na frequência de erros, "esquecimento de palavras ou atribuição errada de nomes a objetos. Em geral, o envelhecimento pode estar associado a uma desaceleração na capacidade de aprender coisas novas, uma perda na adaptabilidade a novos contextos, mas também melhorias nas estratégias para se lembrar de habilidades e capacidades já aprendidas".[97] O processo não é igual para todos. Mas é irreversível. Não adianta tomar viagra ou usar *botox*. Ou se servir dos tratamentos alternativos cuja oferta se dissemina. "Há dois modos de examinar esse fato. Um é aquele que mostra a verdade do adágio sobre a dificuldade de cachorro velho aprender truques novos e sofisticados. O segundo é que a lentidão na tomada de decisão dá tempo para que uma decisão melhor seja tomada. É isso o que se costumava chamar de sabedoria em um período anterior ao corrente culto da juventude e da velocidade, e deve ter contribuído para o maior respeito que se diz ter havido em relação às pessoas mais velhas em sociedades pré-modernas".[98] A mocidade pensa que essa etapa existencial é eterna. Ou, pelo menos, mais duradoura do que realmente é. Não demora e perceberá que envelhecer é inexorável e é a menos ruim das possibilidades.

Realidade em todo o mundo é o protagonismo reservado aos idosos como os mantenedores dos mais novos. Multiplicam-se os casos trágicos de avós que se veem obrigados a criar os netos, pois os filhos premorreram em virtude de várias causas. Quantos motociclistas morrem por dia nas megalópoles? O tráfico não continua a fazer suas chacinas? A AIDS não foi um flagelo que levou muitos exemplares da *juventude dourada* brasileira? Além disso, no universo em que o emprego desaparece e no qual há muitos jovens a disputar uma vaga no mercado de trabalho, a aposentadoria dos avós ainda mantém muito neto alimentado. Esse fenômeno é rotineiro em algumas comunidades e tornar-se-á mais frequente nas próximas décadas. Principalmente porque daqui a 40 anos o mundo terá envelhecido de forma irreconhecível.

Voltarão os netos a respeitar os seus avós, quando estes forem sua fonte única de subsistência? Seja como for, a juventude é uma questão de tempo.

---

97. Steven Rose, op. cit., p. 196.

98. Idem, p. 197.

Todos um dia serão velhos. A alternativa é sombria: morrer jovem. Como diz Baudrillard, "estar vivo é conservar a possibilidade de morrer. O que não é válido no sentido oposto. Por isso é melhor estar vivo do que morto".[99] Frase que pode servir de alento ao idoso depressivo. É frequente a depressão no mais velho, fruto do abandono afetivo e da proximidade da morte.

Nem tudo é trágico nesse campo. Há muitos idosos que merecem atenção e até carinho da equipe de cuidadores, porque no setor serviços a companhia ao mais velho é promissor. Os ocupados nessa tarefa sabem que o trabalho estará garantido enquanto o idoso viver. Empenham-se em fazer com que isso não tenha termo previsível.

Há famílias em que os avós são estimados e fazem parte efetiva do convívio cotidiano. A relação de camaradagem entre avós e netos é considerado um fenômeno moderno. A psicóloga paulista Lidia Aratangy, especialista em família e autora do *Livro dos avós*, diz que antigamente os avós não conseguiam conviver com os netos porque morriam cedo.[100] Em termos estatísticos, os novos avós vivem muito mais tempo do que seus pais. Valem-se do aumento na expectativa de vida, queda na taxa de mortalidade, diminuição das taxas de fecundidade e melhoria nas condições sanitárias. O demógrafo Cássio Turra, da Universidade Federal de Minas Gerais diz serem grandes hoje as chances de uma criança e de um adolescente brasileiros não apenas conhecerem seus quatro avós, mas também conviverem com eles por duas décadas.[101]

Mas há outro fenômeno a ser considerado. A relação de camaradagem estabelecida entre netos e avós, que serve para aproximar gerações, só é possível com mudanças culturais que afetaram a população que chega hoje à terceira idade. Mirian Goldenberg, antropóloga da Universidade Federal do Rio de Janeiro, diz ser mais fácil encontrar uma avó tatuada do que fazendo crochê.[102] Ela comprovou estatisticamente a percepção, numa pesquisa sobre envelhecimento que coordena desde 2007 e que será lançada como livro, sob o título *Corpo, envelhecimento e felicidade*. Constatou-se que 50% dos entrevistados com mais de 60 anos só se considerarão velhos após os 80 anos. 85% deles encara o envelhecimento sem medo ou constrangimento. Acreditam que os anos tornam as pessoas mais experientes e mais bem preparadas para aproveitar a

---

99. Jean Baudrillard, *Cool memories IV* – Crônicas 1996-2000, p. 69.
100. Gabriela Carelli; Carolina Melo, Um novo tipo de avós, *Revista Veja* de 26.10.2011, p. 145.
101. Idem, p. 146.
102. Idem, ibidem.

vida. Praticam atividade física e cuidam da alimentação. O Brasil já não é o país dos jovens! Vai se tornar em velho o país dos que são jovens há mais tempo...

6.6 A Ética e os demais familiares

A família não se circunscreve a pai, mãe e filhos. Inclui avós, tios, primos, sobrinhos e as pessoas unidas à célula básica pelos laços de afinidade. O parentesco é instituto civil e previsto na codificação. Gera relações de diversa ordem e, no âmbito moral, não poderia deixar de produzir deveres revestidos de reciprocidade. Advirta-se, como o faz Maria Berenice Dias, que "parentesco e família não se confundem, ainda que as *relações de parentesco* sempre sejam identificadas como vínculos decorrentes da *consanguinidade*, ligando as pessoas a determinado grupo familiar. Não existe coincidência entre o conceito de *família* e o de parentesco, uma vez que, na ideia de família, está contido o parentesco mais importante: a *filiação*. Os *cônjuges* e os *companheiros* não são parentes, ainda que integrem a família e mantenham vínculo de afinidade com os parentes do par".[103]

Para uma reflexão ética, os familiares ou os parentes são os semelhantes mais próximos. Os deveres éticos têm início no âmbito desse grupo vinculado por sangue e pelo casamento. Assistir ao parente, apoiá-lo em suas necessidades, solidarizar-se com ele, tudo isso representa obrigação moral de que ninguém pode se escusar.

Não é fácil honrar esse propósito. Sabe-se que de um único ramo nascem elementos muito diversos. Tomam caminhos tortuosos na vida. Atrapalham a família. Mesmo assim, a solidariedade seria o ideal. Sempre a partir de uma orientação ética. Pois o nepotismo, tão em voga em certos círculos estatais, em todos os níveis, embora seja mostra de solidariedade, não guarda qualquer conotação ética. Ao contrário, frustra o princípio da *moralidade* insculpido na Constituição da República.

O sentido romano de *família* era interessante. Todos os submetidos ao mesmo *pater familias*, cultuando os mesmos *deuses lares*, eram considerados integrantes da mesma família. Alguns resquícios dessa concepção ainda perduram. Assim, as famílias tradicionais que, fazendo questão de cultivar suas origens, têm contato frequente com todos os delas provindos. A genealogia não é senão uma forma de ter presente a noção dos verdadeiros *laços de família*, servindo também a um fortalecimento das tradições. Uma família unida é

---

103. Op. cit., p. 308.

um enclave democrático, pois se fortalece na soma das vontades individuais, traduzindo-se como grupo coeso e firme em suas posições consensuais.

Uma situação muito especial no Brasil é a do *padrinho* e *madrinha*. O *compadrio* é um laço quase familiar. Escolhem-se para batizar o filho – e depois para crismar – pessoas que, em tese, estariam aptas a substituir os pais se eles viessem a faltar. A tradição familiar pode considerar o compadrio um vínculo de relevo e intensidade que o aproxima do parentesco.

No mais, o afeto é que deve presidir as relações familiares. Conforme já enfocado, a família é a comunidade afetiva por excelência. Não faria mal ao mundo se as pessoas tecessem redes de afeição para açambarcar novas individualidades, consideradas parentes para os fins de edificação de uma comunidade humana mais fraterna, justa e solidária.

Estes tempos são cruéis para com as grandes famílias. Os casamentos trazem outros hábitos, outras culturas e outros interesses. Irmãos muito unidos de repente se separam por causa dos cônjuges. Quando se fala em herança é que se conhece o que tem realmente valor: ou o bem material ou a voz do sangue. Quase sempre aquele é um clamor intenso e esta um tênue sussurro.

Os jovens nem sempre acham uma perda a falta de convívio familiar ampliado. Elegem seus parceiros na "tribo", e a "galera" passa a substituir aquilo que antigamente os tios, primos, tias, sobrinhos e outros parentes significavam. Não é raro que parentes sejam desconhecidos e se vejam em ocasiões especiais. Nos sepultamentos, missas de sétimo dia ou equivalentes e, alguma vez, casamentos. No mais, cada um persegue seus interesses e convive com as afeições selecionadas de acordo com os próprios destinos.

Fenômeno contemporâneo é a substituição da família consanguínea pelas amizades fraternas, com o pessoal de convívio mais frequente. Mesmo com a facilidade nas comunicações e multiplicidade de meios de transporte, o tempo oferece a sensação de haver *encurtado os dias*. Passa-se longo período sem se visitar parentes. Acaba-se perdendo o hábito. E a família, o grupo que deveria ser o mais íntimo, tem outra configuração. É o pessoal do trabalho, é a turma de afinidade, é com quem se pratica esporte, a companhia que se escolhe para o passeio, para o passatempo e com quem se pode contar.

Em lugar de instituição formada por laços de sangue ou de parentesco, o sentido de família vai se transferir para o convívio gerado por núcleos comuns distintos. Nem sempre o familiar é aquele a quem se recorre nas necessidades. Mesmo que estas se resumam a um desabafo, a um aconselhamento, a uma troca despretensiosa de ideias. O que importa é que os indivíduos tenham com quem partilhar suas alegrias, mas também suas aflições. Não se passa pela vida em convescote. Ela costuma oferecer um cardápio variado de emoções. Família, ou o que a substitua ou represente, deve servir também para isso: porto seguro no qual se vivencia a prerrogativa de cada um ser como realmente é. Se há pessoas vivendo sós e que prescindem de casamento ou união estável, elas fazem questão de conviver com amigos. Estes se tornam uma verdadeira família. Construir tais laços, fortalecê-los, cultivá-los, confere um sentido de pertença que é importante até mesmo para o equilíbrio pessoal de cada pessoa.

6.7 A Ética e os subalternos

Embora no Brasil se apregoe a igualdade como um dos direitos fundamentais, – ela vem logo após a liberdade na enunciação do *caput* do art. 5.º da Constituição da República –, o que existe de fato é a desigualdade como regra. Ser desigual não é novidade. A igualdade é que seria estranha. Ocorre que neste país que é verdadeiro campo de pesquisas antropológicas, a desigualdade gera muitas injustiças. Existe a individualidade própria a cada qual, acentuada numa República resultante de colonização singular, com as conhecidas diferenças étnicas, culturais e sociológicas. Mas denota-se uma distinção econômica escandalosa entre os brasileiros. O Brasil tem alguns dos mais ricos e poderosos homens do planeta, mas convive com a miséria a mais abjeta. Isso impõe uma reflexão a respeito da ética no trato com os subalternos. Inicie-se com a instituição do serviçal que oferece seus préstimos na intimidade das casas.

Numa sociedade heterogênea como a brasileira, não são poucas as famílias que ainda dispõem de empregados domésticos. Esses profissionais convivem com a família sob o mesmo teto, mas não integram o respectivo núcleo.

Embora muitos patrões sejam providos de senso humanitário, outros há que dispensam aos serviçais um tratamento que tange a indignidade. Os aposentos destinados à doméstica são os piores, ela não tem acesso a certos benefícios e até a alimentação não é a mesma. O tratamento que se lhes dispensa é ríspido e muito diferente daquele propiciado a um trabalhador não doméstico.

Tais funcionários partilham da intimidade do lar e têm direito a condições dignas de subsistência. É imoral pagar-lhes salário iníquo, assim como reservar-lhes tratamento correspondente à servidão.

A hierarquia estratificada entre domésticos e família é própria de sociedades ainda incultas e não civilizadas. Em Estados de desenvolvimento homogêneo, o doméstico é um profissional respeitado e bem pago. O mesmo deve ocorrer com o motorista, o jardineiro, ou qualquer outro servidor cujo exercício se vincule ao âmbito doméstico.

São tais pessoas as que melhor conhecem a família. Sabem discernir se correspondem ao que apregoam no convívio com seus "iguais". Comportam-se com o verdadeiro espírito cívico e e religioso propalado com alarde, quando se consideram pessoas exemplares? Muitas dessas criaturas ainda renunciam à possibilidade de desenvolvimento de uma vida própria para colocar-se a serviço da educação de filhos dos outros, encarregando-se da manutenção e conservação de casa alheia. O mínimo que se lhes pode assegurar é um tratamento de respeito, consentâneo com a dignidade de ser humano, princípio fundamental da República brasileira.[104]

Por sinal que tais preceitos são válidos para qualquer subalterno, seja doméstico ou não. Primeiro, é necessário repensar o conceito de subalternidade. Todas as profissões são dignas. Não é só o critério remuneratório a ser levado em consideração. Muitas vezes, a função considerada pouco nobre propicia ao seu exercente uma remuneração muito mais satisfatória do que a longevamente prestigiada. É constrangedor verificar como é que algumas pessoas consideradas civilizadas, providas de escolarização universitária, tratam o "flanelinha", o encarregado de estacionar carros, no sistema *valet*, os garçons, os porteiros, os *office-boys*, os ascensoristas, os entregadores e outros exercentes de funções que alguns consideram inferiores. Enfim, depõe contra quem se porta dessa maneira verificar a diferença com que são tratados os "iguais", os "poderosos" e os "outros", aqui incluídos todos aqueles que oferecem seu tempo e seu trabalho para facilitar a vida de quem pode pagar por isso.

O tema é mais de polidez, cordialidade, educação de berço, do que lição ética. No Brasil, a carência ética é tamanha que o estudo dessa ciência do comportamento moral do homem em sociedade tem de se iniciar com lições singelas e triviais, esquecidas pela mocidade ou nunca ministradas por pais omissos. O uso das "palavras mágicas": bom dia, boa tarde, boa noite, até logo, por favor, com licença, muito obrigado. O alunado em certas escolas consideradas "nichos de excelência", porque dispendiosas e frequentadas pela nata da sociedade, não sabe se portar sequer com os professores. Menos ainda com os funcionários. Impera a regra capitalista da relação de consumo. Ele é o patrão, pois paga o salário da estrutura docente. Esta é sua empregada e tem de ser servil a quem provê a sua manutenção.

Por outra vertente, aquilo que a fraternidade não conseguiu aos poucos a lei vai tornar obrigatório. Exemplo disso é o uso do elevador social para todos, sem possibilidade de vedação para qualquer pessoa. Impedir que um serviçal se sirva do elevador social pode constituir delito. Aliás, o Brasil é um dos poucos países em que existe elevador social. No mundo civilizado não há distinção de acesso. Todos os elevadores se destinam a todos os usuários.

---

104. Art. 1.º, III, da CF/1988.

O tema estaria mais adequado no capítulo das convenções sociais do que na estrita esfera da ética. Há de se ensinar em casa que o valor da dignidade humana, contemplado na Constituição da República, impõe um padrão de conduta a todos. Qualquer pessoa, por integrar a espécie humana, é titular de idêntica dignidade. Quem o compreende não se comportará de maneira sofrível. A nobreza de um caráter é avaliada pela maneira com que seu detentor se relaciona com os humildes. Nada mais significativo do que a altaneria para com os iguais ou superiores e certa bondade para com os inferiores. Já quem é servil para com os poderosos e inflexível em relação aos subordinados está a demonstrar insegurança própria dos espíritos pigmeus. A psicologia diria que é enfermo de caráter quem não consegue enxergar em qualquer outra pessoa o *semelhante*. Para uma espécie cujo DNA não é muito diferente do código genético de formas de vida consideradas inferiores, é sintoma de ignorância tratar com rispidez ou indelicadeza um igual. Ninguém desmerece a consideração devida a todos os humanos.

6.8 A Ética e os vizinhos

Na ampliação do círculo familiar, a vizinhança vem a ser aquela faixa contígua a separar a família da sociedade. O vizinho é também um próximo. Alguém não distante. A proximidade da moradia, a partilha de experiências comuns, a rotina característica a determinadas regiões faz com que o vizinho seja quase um familiar.

Esse fenômeno está ausente na megalópole e mesmo nas cidades menores, a contaminação da falta de berço parece alastrar-se. A insensata concentração de milhões de pessoas que se acotovelam em edifícios domiciliares gera efeito perverso. Quanto mais próximas fisicamente, mais distantes afetivamente. Pessoas residem durante anos no mesmo prédio e não conhecem os seus vizinhos. Moradores do edifício ocupam juntos o elevador e às vezes não se cumprimentam. Reitere-se: ética tem início com uma adequada educação de berço. Com polidez. É de bom tom cumprimentar, trocar um sorriso, fazer uma observação amistosa. A qualquer pessoa. Mais ainda, quando essa pessoa integra a sua *paisagem*, o local escolhido para se viver.

Existe um dever ético em relação ao vizinho. "O homem é chamado a amar seu próximo como a si mesmo. Este princípio ético expressa uma lei da natureza, a lei da caridade natural. Ele significa que cada homem, individualmente considerado, tem o dever de estimar outro homem, até seu inimigo, com o *amor de benevolência*".[105] Não com um amor *igual*, mas com um amor

105. Paul J. Glenn, *Ethics* – A class manual in moral philosophy, p. 185.

dotado de *similaridade*. É impossível alguém gostar de outrem com a mesma intensidade da autoestima. Todavia, não é inviável considerar-se alguém como criatura humana e, apenas por esse motivo, conferir-se a ele idêntico respeito àquele que se espera receber.

A partir da *caridade*, que tem uma conotação também de *humildade* – todos somos humanos e estamos igualmente imersos na angústia do homem; todos teremos o mesmo destino de tripulantes da Terra; onde quer que se morra, morrer-se-á no planeta –, os deveres éticos em relação aos vizinhos devem se exteriorizar em atos de *humanidade*, *beneficência* e *gratidão*.

Exemplos de ato de humanidade são o cumprimento cordial, o ceder a passagem, o auxílio no infortúnio, o informar as horas ou prestar qualquer outra informação solicitada, como indicar uma direção. A beneficência corresponde ao socorro nas necessidades, a disponibilidade para ouvir, o interesse sincero pelas desgraças alheias. A gratidão diz com o reconhecimento pelos benefícios recebidos.

A fórmula que os humanos encontraram para melhor viver – os condomínios verticais ou horizontais – estimula um certo gregarismo. Existem as comissões, os encarregados da direção dos assuntos comuns, as reuniões de condomínio. E alguns exemplos interessantes de nova convivência já podem ser apreciados. Os profissionais do serviço social costumam dizer que a solidariedade está mais presente nas camadas inferiores da população. Os despossuídos são solidários. Auxiliam-se, confraternizam-se. É a sofisticação resultante da pretensão a um *status* de superioridade que gera a polidez fria, quanta vez gelada, entre seres humanos que se autoconsideram *de nível*. Pessoas com as mesmas características e as mesmas misérias da frágil condição humana.

Em síntese, não é apenas a proximidade física o que aproxima os homens. No ambiente do trabalho, na condução coletiva, no restaurante, no clube, nos cinemas e teatros, nos ambientes públicos, porta-se com ética a pessoa que segue um preceito bastante singelo: *não faça aos outros o que você não quer que os outros lhe façam.*

Dispor-se, cada qual, a assumir a sua ética para com os seres humanos com os quais partilha o ar, o espaço físico e o ambiente é início promissor de resgate dos *laços de solidariedade* que, se reforçados, transformarão os bairros, as cidades e o mundo.

6.9 A ÉTICA E A COMUNIDADE

A família passou por inúmeras transformações e continua a se modificar. Tal sistema relacional primário hierarquicamente organizado continua a programar e a modelar o comportamento de sua prole conforme os valores sociais da época. Ao conferir-lhes pertinência e sentido de identidade, torna-se aquilo que se pode chamar de *matriz de identidade*.

Essa *matriz de identidade* continua a fornecer material de preocupação intensa e crescente. A família não consegue deter a escalada da violência, o uso da droga, a falta de solidariedade, o desalento que caracteriza uma legião de jovens. A *perda do sentido da vida* é algo comum na juventude destes dias. Como fazer para reforçar os laços de humanidade, o amor fraterno, de maneira a se ampliar a família, fazendo-a extravasar de seu círculo íntimo para alcançar, primeiro a comunidade, e depois todas as criaturas?

Uma das alternativas é a *educação amorável*. Os pais, ou aqueles que ocupem o lugar deles, devem educar *com amor* e *para o amor*, ensinar o respeito e a tolerância, em lugar do egoísmo. A partilha do excedente. A compaixão pelos desvalidos. O interesse por qualquer criatura. A crença num destino de transcendência, a considerar o ser humano alguém provido de ínsita dignidade, não um objeto de escárnio, ou de paixão inconsequente ou – pior ainda – de mera indiferença.

A continuar o cultivo do hedonismo, da busca desenfreada por prazeres, da conversão da vida em férias e diversão contínua, não se construirá senão o *clone sem alma*, de aspecto humano e saudável, mas desprovido de qualquer sensibilidade. Ninguém conscientemente pode querer que seu filho seja um portador de *falso álibi*, no sentido tão bem avaliado por João de Melo: "Veio-me uma descrença, veio-me esse falso álibi que fez de mim um cidadão desistente e distraído, sem nenhuma moral, sem grandeza absolutamente nenhuma".[106]

A moral comunitária impõe ao brasileiro preocupar-se com seu próximo, mas, principalmente, com seu pobre. Não há condições de salto qualitativo no estágio civilizatório se não for enfrentada a questão da miséria. Esse o imperativo moral de qualquer brasileiro lúcido neste limiar de milênio. *A inclusão do excluído*, ou a *inclusão do outro*, precisa ser encarada com seriedade. A aparente passividade dos miseráveis não pode confortar a consciência ética. Até quando haverá essa resignação? E o que acontecerá quando ela desaparecer?

"Os marginalizados e pauperizados formam hoje 'subclasses' impotentes, a quem falta um potencial ameaçador. Não há um 'braço forte' que possa 'deter as engrenagens'".[107] Esse braço forte não será o do Estado. O Estado, em todo

---

106. *O homem suspenso*, p. 29.

107. Jürgen Habermas, A inclusão do outro – Estudos sobre a teoria política, entrevista a Jorge Grespan, A ineficácia da dialética, *Folha de S. Paulo*, 26 out. 1997, p. 5-8: "Isto é visível, por exemplo, no processo autodestrutivo das revoltas nos guetos negros,

o mundo, não consegue administrar sua própria crise. Entre o *Estado mínimo* e o Estado intervencionista, perde até a capacidade de coordenar as atividades dos particulares.

É vergonhoso para um Estado-nação que se ufana de ser a sexta economia mundial, possuir uma legião de miseráveis. Partilham eles dos mesmos anseios veiculados na mídia e disseminados numa sociedade que pensa no mesmo padrão, mas vive situações muito distanciadas. Ao se sentirem marginalizados, "eles já não acreditam em si próprios, estão excluídos e perdem toda a capacidade de amar e de serem amados. Esta perda de autoestima manifesta-se a nível individual, pelo mutismo, por exemplo".[108] Esta a situação que a esmola não resolve. Nem o assistencialismo de uma pobre alimentação desacompanhada de educação básica e de treino para o resgate da dignidade. O remédio é amargo, e para ministrá-lo impõe-se a conscientização de todos. Educação é a chave, e ela não prescinde da participação de *todos*. Uma educação consistente para produzir a autopromoção: "A autopromoção do indivíduo como fator transformador do corpo social e de permitir o afastamento de um modelo paternalista como o do Estado-Providência e todo-poderoso, que reforça a dependência e sufoca a criatividade".[109]

A sociedade civil é que deve retomar as rédeas e conferir o rumo a ser trilhado pelo Estado. Não foi por acaso que o constituinte de 1988 instituiu uma democracia participativa. Isso significa chamar o cidadão ao protagonismo. De início sem pretensões maiores, com desempenho no âmbito doméstico, para depois repercutir no pequeno círculo da convivência, no trabalho, no clube, na igreja, na escola. Em seguida, a contaminar os partidos, a coletividade, o mundo. É certo que há muito de utopia nisso. Mas sem o sonho não se consegue viver.

Inúmeras as alternativas a serem tentadas. O trabalho voluntário, a participação numa ONG, a utilização das infovias para bombardear de críticas e de

---

bem como na natureza autodestrutiva das ameaças com armas químicas e catástrofes ecológicas às quais Estados como a Líbia e o Iraque lançam mão. O capitalismo global torna excedente grande parte da própria população no seio das sociedades nacionais – e, internacionalmente, países inteiros. Mas se o conceito de 'exploração' não apreende mais nada, o cenário dialético também não mais demonstra que a necessidade mais externa já engendra as forças salvadoras". Tudo o que acontece para um Estado-Nação cedo ou tarde pode ocorrer em outro, nestes tempos globalizados. Nunca se mostrou tão imprescindível a imersão ética para mostrar ao outro que sua sobrevivência também pode ser viável e digna, pese embora a truculência dos mecanismos de se perpetuar a exclusão.

108. Adalberto Barreto, op. cit., p. 390.

109. Idem, p. 391-392.

pleitos os políticos e os *mass media*, a conscientização de grupos, as *correntes de otimismo*, os grupos de oração, a divulgação dos bons exemplos. Todas as opções ostentam em comum a ressurreição da reflexão ética. Tudo deve ser perpassado por essa inadiável *contaminação ética*, sem a qual não haverá futuro para a Humanidade.

Em obra relativamente recente,[110] Roger Garaudy parece descrente de um mundo onde recrudesce a violência, a intolerância, a insensibilidade, a manipulação da miséria, em lugar de seu combate. E prega o retorno à singeleza do amor ao próximo, da solidariedade, da tolerância, da paciência, valores que, por se encontrarem em franco desuso, mesmo assim não perderam sua substância mágica no fortalecimento da capacidade de indignação.

A capacidade de se indignar diante das injustiças é o que ainda caracteriza o ser humano. E não é absurdo sonhar com uma criatura mais sensível, mais aberta ao próximo e mais empenhada em viver na *comum unidade*, na interminável jornada de se edificar uma única e fraterna família humana.

Mais recente ainda o clamor de um nonagenário – Stéphane Hessel – que escreveu exatamente o "Indignai-vos". Ele propõe o resgate de um conjunto de princípios e valores sobre os quais deve se apoiar a moderna democracia do País. "Mais do que nunca, hoje temos necessidade desses princípios e valores. Precisamos nos manter vigilantes, todos juntos, para que esta continue sendo uma sociedade da qual nos orgulhemos".[111] Não a sociedade da corrupção, da Cracolândia invencível, dos 12 milhões de favelados, dos 40 mil mortos no trânsito, dos moradores de rua, dos desempregados, dos desprovidos de saneamento básico, de moradia, de condições dignas de subsistência.

Cada qual pode escolher o motivo para se indignar. No Brasil eles não faltam. "Eu desejo a todos, a cada um de vocês, que tenham seu motivo de indignação. Isto é precioso. Quando alguma coisa nos indigna, (...) nos transformamos em militantes: fortes e engajados, nos unimos à corrente da história, e a grande corrente da história prossegue graças a cada um de nós".[112] Uma corrente da história que nos conduza à edificação da pátria justa, fraterna e solidária, prometida pelo constituinte em 1988, mas que compete a cada um de nós converter em realidade.

---

110. Roger Garaudy, *Minha jornada solitária pelo século*.

111. Stéphane Hessel, *Indignai-vos*, São Paulo, Leya, 2011, p.12.

112. Idem, p. 16.

Para reflexão em grupo

1. A família está a desaparecer?
2. O que surgirá em lugar da família?
3. Os conviventes da *união estável* constitucional titularizam os mesmos deveres éticos de marido e mulher?
4. Os pais têm o dever ético de internar, para desintoxicação e contra a vontade do paciente, o filho dependente de droga?
5. Os pais têm o direito de censurar a correspondência, as comunicações e a *navegação internáutica* dos filhos, com vistas à tutela de sua formação moral?
6. A internação em *casa de repouso*, solicitada pelo próprio idoso e implementada pelo filho, importa para este em deslize ético?
7. Como a ética deve tratar as parelhas homossexuais que reivindicam casamento?
8. A sociedade tem condições de efetuar controle sobre os *mass media?*
9. É diferente a solidariedade entre os incluídos daquela que existe entre os excluídos?
10. Quais os parentes que titularizam o direito à convivência familiar?

O BIODIREITO E A BIOÉTICA 7

SUMÁRIO: 7.1 O biodireito e a bioética: conceito – 7.2 A inviolabilidade da vida humana: 7.2.1 A vedação ao aborto; 7.2.2 Planejamento familiar e paternidade responsável; 7.2.3 Transplante de órgãos e tecidos humanos; 7.2.4 Eutanásia – 7.3 Engenharia genética e genoma humano – 7.4 Questões éticas na fecundação artificial: 7.4.1 A programação eugênica; 7.4.2 A dignidade da pessoa humana: a defesa do embrião; 7.4.3 Novos conceitos de *paternidade* e *maternidade*; 7.4.4 Bebê de proveta: a identidade do doador de sêmen; 7.4.5 Inseminação artificial homóloga e heteróloga; 7.4.6 Inseminação artificial *post mortem*; 7.4.7 Fecundação *in vitro* e manipulação genética; 7.4.8 Ênfase na tutela do embrião; 7.4.9 A questão das células-tronco – 7.5 Alguns parâmetros éticos.

7.1 O BIODIREITO E A BIOÉTICA: CONCEITO

Ao analisar a natureza da bioética, Guy Durand assinala ser o resultado do estudo da decisão moral no campo médico. Não é campo novo, mas permite abordagem secular, interdisciplinar, prospectiva, global e sistemática. Propõe um conceito amplo, a partir de várias definições, tais como "a bioética é a pesquisa ética aplicada às questões colocadas pelo progresso biomédico."[1] Em seguida, oferece uma definição inspirada em David Roy: "A bioética é o estudo interdisciplinar do conjunto das condições exigidas por uma administração responsável da vida humana (ou da pessoa humana), tendo em vista os progressos rápidos e complexos do saber e das tecnologias biomédicas."[2] para chegar a uma síntese: "A bioética é a pesquisa de soluções para os conflitos de valores no mundo da intervenção biomédica."[3] Ou seja: há diversas tendências já exploradas por cientistas que enxergam a bioética como espécie de reflexão e de

---

1. Guy Durand, *A Bioética. Natureza, princípios e objetivos*. 2. ed., p. 22.
2. Idem, ibidem.
3. Idem, ibidem.

pesquisa interdisciplinar sobre os objetivos do progresso ético-médico, ou a veem como método de análise para tomada de decisões éticas. Mais importante do que defini-la é se interessar pelo seu campo de incidência.

Profundas modificações no campo das ciências médicas, da engenharia genética e dos avanços do conhecimento impõem contínua revisão conceitual e adensamento da reflexão ética nessa área de crescente interesse. Maria Helena Diniz indica as novidades mais evidentes no campo do biodireito: a) o progresso científico; b) a socialização do atendimento médico, na realidade da telemedicina, dos *fone-med*, dos prontuários médicos digitalizados, dos *home cares*; c) a universalização da saúde; d) a progressiva medicalização da vida; e) a emancipação do paciente; f) a criação e o funcionamento dos comitês de ética hospitalar e dos comitês de ética para pesquisas em seres humanos; g) o advento de vários institutos não governamentais preocupados com a expansão dos problemas éticos nesse campo; h) a necessidade de padrão moral a ser compartilhado por culturas heterogêneas; i) o crescente interesse da ética filosófica e teológica nos temas alusivos à vida, reprodução e morte do ser humano.[4]

A expressão **bioética** foi utilizada em 1971 nos Estados Unidos pelo cancerologista Van Rensselder Potter[5] e designa um projeto de utilização das ciências biológicas destinado a melhorar a qualidade de vida ou, simplesmente, "a ciência da sobrevivência". O conceito se ampliou para significar a ética das ciências da vida. O último conceito inserto na Enciclopédia de Bioética é o de "estudo sistemático das dimensões morais das ciências da vida e do cuidado da saúde, utilizando uma variedade de metodologias éticas num contexto multidisciplinar".[6] Para Volnei Garrafa, a bioética se divide em: 1) bioética das situações persistentes, área destinada a temas recorrentes e aparentemente insolúveis, quais o aborto, a eutanásia, o racismo, a exclusão social e a discriminação; e 2) bioética das situações emergentes, voltada a examinar as controvérsias surgidas do ritmo acelerado das descobertas biomédicas em confronto com os limites da cidadania e dos direitos humanos. Aqui caberia estudar a fecundação assistida, a doação e o transplante de órgãos e tecidos, a engenharia e a manipulação genética, a clonagem e outros temas desconhecidos pelo homem antigo. Também se divide a bioética entre *macrobioética*, a contemplar as questões ecológicas, na consecução

---

4. Maria Helena Diniz, *O estado atual do biodireito*, p. 1-10.
5. E. Boné, *Itinéraires bioéthiques*, p. 21, apud Jacqueline Russ, *Pensamento ético contemporâneo*, p. 138. A etimologia enfatiza a ambiguidade da ética, conjugando visão instrumental e visão reflexiva.
6. Maria Helena Diniz, *O estado...* cit., p. 11, ao citar *Encyclopedia of bioethics*, New York: Reich, 1995, v. 1, p. 21.

do objetivo de preservar a vida humana, e a *microbioética*, a cuidar das relações entre médico e paciente, instituições de saúde públicas ou privadas e entre estas instituições e os profissionais da saúde.[7]

A **bioética**, para efeito deste ensaio, estuda "a moralidade da conduta humana na área das ciências da vida".[8] Se é verdade que a ciência somente se desenvolve mediante superação dos preconceitos, ela não é onipotente. Os próprios cientistas estão cientes disso. "Na época em que os National Institutes of Health nos Estados Unidos intitularam os anos 1990 de 'Década do Cérebro', os progressos na genética e nas novas tecnologias reprodutivas já começavam a gerar preocupações éticas. Nos anos 1970, quando surgiram as possibilidades de manipulação genética de micro-organismos – embora não de mamíferos –, geneticistas apreensivos convocaram uma conferência em Asilomar, na Califórnia, para pensar nas implicações da nova tecnologia e traçar diretrizes quanto ao seu uso. Eles pediram uma moratória temporária para a pesquisa, enquanto os perigos potenciais eram investigados".[9] Uma vez mais lembrando José Saramago, não há verdadeiro progresso se não houver **progresso moral**.

Aperfeiçoar a ciência não implica consequente aprimoramento do homem. Chega-se a "analisar o atual progresso científico, inclusive, como o resultado de um movimento de **conquista da verdade**, de uma verdade objetiva incontestável, que propugna que o mundo dos fatos seja totalmente independente do mundo dos valores. E, assim, os descobrimentos científicos sugeriram um otimismo eufórico sobre a possibilidade do homem de estabelecer o próprio domínio no mundo construindo a verdade científica e conquistando a verdade com leis próprias".[10]

Todavia, nem tudo aquilo que científica e tecnicamente é possível fazer se pode afirmar **eticamente** irrepreensível. A biomedicina tem avançado de ma-

---

7. Idem, p. 13, ao citar Volnei Garrafa, Reflexões bioéticas sobre ciência, saúde e cidadania, *Bioética*, n. 7, p. 14, e Marco Segre, Definição de bioética e sua relação com a ética, deontologia e diceologia, *Bioética*, p. 22-29, 1995.

8. Andrew C. Varga, *Problemas da bioética*, apud Mônica Sartori Scarparo, *Fertilização assistida* – Questão aberta – Aspectos científicos e legais, p. 18.

9. Steven Rose, *O cérebro do século XXI* – Como entender, manipular e desenvolver a mente, p. 325. Importante frisar que a moratória não durou, pois o aceno de fama e riqueza a serem ganhas a partir das novas tecnologias se tornaram tentadoras demais, os perigos pareceram exagerados e se ingressou na era contemporânea da comercialização da biologia.

10. Maria Jesús Moro Almaraz, *Aspectos civiles* de la inseminación artificial y la fecundación in vitro, p. 20, invocando E. Sgreccia, Il progresso scientifico-tecnologico di fronte all'etica, *Medicina e moral*, p. 337.

neira indizível e produzido realidades só previstas na ficção científica. A quem incumbe dizer se tal desenvolvimento se valida à luz da moral contemporânea? Principalmente nos domínios da transmissão da vida, as questões continuam passando pelas crenças humanas.

Os juristas têm o desafio de enfrentar novas situações derivadas desse mundo novo. É o Direito a ciência encarregada de harmonizar conflitos ou perplexidades delas decorrentes. É tempo de se lembrar, como Nicola Berdiaeff, que "a vida marcha através a utopia. E talvez um século novo começa; um século no qual os intelectuais e a classe culta pensarão nos meios para evitar as utopias e retornar a uma sociedade não utopística, menos **perfeita** e mais **livre**".[11]

São os mais diversos os campos que a bioética envolve. A ênfase, nestas reflexões, é centrada na perspectiva ética, sem demasiado apego à ciência e à tecnocracia. Assim é que um novo conceito, esboçado por Jacqueline Russ, pode auxiliar na melhor compreensão dessa ótica. Para a mestra de França, a bioética designa "a expressão da responsabilidade em face da humanidade futura e distante que está confiada à nossa guarda, e a busca das formas de respeito devidas à pessoa – quer se trate de outrem ou de si mesmo –, busca que se efetua particularmente considerando o setor biomédico e suas aplicações".[12] Dessa compreensão se extrai um aspecto relevante da bioética: é a tentativa de garantir um *controle do controle* ou um *poder sobre o poder*, nos três principais campos de sua inserção: a esfera do controle da reprodução, a esfera do controle da hereditariedade e aquela correspondente ao poder sobre o sistema nervoso.

São tantas as questões suscitadas pela bioética e tão instigantes, que ela se torna por si insuficiente para enfrentar todos os desafios. Surge, assim, "uma nova disciplina, o **biodireito**, estudo jurídico que, tomando por fontes imediatas a bioética e a biogenética, teria a vida por objeto principal, salientando que a verdade científica não poderá sobrepor-se à ética e ao direito, assim como o progresso científico não poderá acobertar crimes contra a dignidade humana, nem traçar, sem limites jurídicos, os destinos da humanidade".[13]

---

11. Citado por Fernando Santosuosso, *La fecondazione artificiale nella donna* – Conseguenze dell'inseminazione artificiale per il diritto civile, penale e canonico, página inicial.

12. Op. cit., p. 140.

13. Maria Helena Diniz, *O estado...* cit., p. 9, e também verbete *biodireito*, na obra *Dicionário jurídico*, v. 1, p. 40.

7.2 A INVIOLABILIDADE DA VIDA HUMANA

O objetivo básico do biodireito é a tutela da vida humana. Há quem sustente a defesa da vida em geral, numa concepção holística inclusiva de toda e qualquer espécie de influxo vital. Mereceriam proteção plantas e animais, ao lado da criatura humana. O exame da ordem constitucional vigente restringe a área de incidência dessa tutela para a **vida humana**. É esse o valor inviolável de acordo com o texto fundante.

Na verdade, a vida é um **pressuposto à fruição de todos os direitos**. Tanto que os direitos fundamentais podem ser também traduzidos por **bens da vida**. Ou seja: diante da cessação da existência, não há falar em liberdade, igualdade, propriedade e segurança para quem já não é titular da vida.

A Constituição consagra a inviolabilidade da vida humana contra todas as ameaças concretas ou virtuais. E vida é um processo que tem início com a concepção. Esse é o momento específico, cientificamente comprovado, da formação da pessoa.[14] A concepção é a tese adotada pelo Pacto de São José da Costa Rica, em seu art. 4.º, do qual o Brasil é signatário. Cumpre lembrar que desde a Emenda Constitucional n. 45, de 08.12.2004, os tratados e convenções internacionais sobre direitos humanos que forem aprovados, em cada Casa do Congresso Nacional, em dois turnos, por três quintos dos votos dos respectivos membros, serão equivalentes às emendas constitucionais.[15] Há quem sustente a desnecessidade de os tratados anteriores à promulgação da Emenda n. 45 serem aprovados com esse quórum qualificado, para revestirem a categoria de emendas à Constituição.

O momento da concepção como o do surgimento da vida é considerado o pilar do sistema americano de direitos humanos.[16] Essa orientação provém do direito romano, inicialmente restrita aos cidadãos de Roma e, por influência estoica, atribuída a todas as pessoas, pelo mero fato de se inserirem na espécie. Os fundamentos para legitimar a opção de tutela da vida humana desde a fecundação – encontro do óvulo pelo espermatozóide – estão no direito natural, no direito positivo e na doutrina dos direitos humanos.

Essa opção constitucional encontra reflexo consequente no Código Civil. Se a *personalidade civil* da pessoa humana começa do nascimento com vida,

---

14. Maria Helena Diniz, *O estado...* cit., p. 23.

15. § 3.º do art. 5.º da CF/1988, acrescentado pela Emenda Constitucional n. 45, de 08.12.2004.

16. Aurelio Garcia Elorrio e Jorge Scala, *La Tutela de la vida desde el momento de la concepción, pilar del sistema americano de derechos humanos*, apud Ives Gandra da Silva Martins, *Direito fundamental à vida*, p. 94 e ss.

a lei põe a salvo, desde a concepção, os direitos do nascituro. Para José Carlos Barbosa Moreira, a expressão "direitos" não foi usada impensadamente, "sem compromisso com a propriedade terminológica".[17] O legislador "poderia ter dito 'interesses'; não o fez, preferiu dizer 'direitos', e a opção não pode deixar de ter significação. 'Direitos' é termo técnico, e em princípio deve ser entendido na acepção técnica; sobre quem o conteste, em todo caso, recairá o ônus da prova".[18]

7.2.1 A vedação ao aborto

A tutela da vida inviabiliza a prática do aborto. Aborto é o correspondente em português para *abortus*, palavra latina derivada de *aboriri*, com o significado de morrer ou perecer. Significa a interrupção da gravidez antes de seu termo normal, seja espontânea ou provocada, com expulsão ou não do feto morto. A doutrina também usou *feticídio* como expressão intercambiável com aborto. Só que, antes de ser feto, já existe um ser humano. O zigoto, fase anterior ao feto, é gente. Tem direitos assegurados pela Constituição e respeito garantido pela ética.

Importante enfatizar que a questão terminológica se presta a servir à falta de ética em temas tão relevantes como o do homicídio de seres inocentes. Falar-se em óvulo fecundado, embrião, zigoto, feto, é convenção humana. São fases que não descaracterizam o gradual desenvolvimento daquele ser que é *gente*. O essencial é compenetrar-se de que esse minúsculo ser, resultante do encontro de dois códigos genéticos diversos, passará por todas as etapas até nascer com vida. Guarda perfeita identidade, individualidade de criatura da espécie humana que, se não vier a ser agredida pela intervenção de outro humano em estágio temporal mais avançado, evoluirá e nascerá. Qualquer intervenção sobre esse processo é vulnerador de um direito que a Constituição garante: a inviolabilidade da vida. Pareceria contrassenso a Constituição do Brasil assegurar a *dignidade da vida humana* e negar ao nascituro o pressuposto à fruição dessa dignidade: a própria vida.

A classificação de aborto de Maria Helena Diniz é elucidativa: quanto ao seu objeto, o aborto é: a) ovular, se praticado até a 8.ª semana de gestação; b)

---

17. José Carlos Barbosa Moreira, O direito do nascituro à vida, in: Ives Gandra Martins (coord.). *Direito...* cit., p. 115.

18. Idem, ibidem, ao citar Pontes de Miranda e Fábio Ulhoa Coelho como partidários da mesma posição. Também Ives Gandra da Silva Martins, Maria Helena Diniz, Maria Garcia e outros doutrinadores comungam desse entendimento.

embrionário, se operado até a 15.ª semana de vida intrauterina, ou seja, até o 3.º mês de gravidez; e c) fetal, se ocorrer após a 15.ª semana de gestação.[19] A lei considera o aborto provocado um crime. Pois é homicídio tirar a vida de uma pessoa, seja fora do útero, seja ainda no útero materno. O denominado *aborto legal* é aquele tolerado pelo ordenamento como medida de política criminal. Não se pune o aborto necessário, que é aquele em que não há alternativa, para salvar a vida da mãe, senão sacrificar a vida do nascituro, e o sentimental, que é o aborto resultante de estupro. Todos os demais são abortos criminosos em sentido estrito. Em sentido amplo, toda interrupção dolosa da gravidez pode ser considerada crime, eis que a ratificação, pelo Brasil, do Pacto de São José da Costa Rica teria derrogado o permissivo do Código Penal para não punir o aborto necessário e o aborto sentimental.

Aliás, com propriedade e lucidez, Maria Helena Diniz afirma que o aborto *necessário* hoje poderia ser chamado *desnecessário*, injustificável diante dos progressos tecnológicos. Pois a) existem outros meios para tentar salvar a vida da gestante; b) nunca haverá certeza absoluta sobre o êxito letal; c) a prática abortiva poderá causar um dano ainda maior para a vida da gestante do que o prosseguimento da gestação; d) o mal causado não é inferior ao suposto mal evitado.[20]

Nada obstante sólida argumentação jurídica e moral verifica-se que no mundo todo avança o movimento pró-aborto. Seus adeptos partem da "constatação empírica de que a criminalização do aborto acaba empurrando todo ano centenas de milhares de mulheres no Brasil, sobretudo as mais humildes, a

---

19. *O estado...* cit., p. 35.

20. Idem, p. 61-65. Por sinal que os perigos do aborto na integridade física da mulher são por ela indicados à p. 101-102 e precisam ser adequadamente sopesados: a) infecção crônica (salpingite) e traumatismo, que resultam em obstruções nas trompas; b) problemas no útero causados por hemorragia, infecção ou endometriose. Casos graves podem levar à perda do útero, ante a necessidade de histerectomia, esterilidade ou morte. A curetagem malfeita poderá provocar perfuração uterina ou o colamento entre uma face e outra do útero; c) incompetência istmocervical, na hipótese de aborto retido, ou seja, quando o ovo morre, mas não é expelido; d) grave infecção vaginal, em razão de produtos colocados na vagina; e) queda súbita de coagulação sanguínea, provocando hemorragia interna e morte, se o aborto se deu por injeção de sal; f) morte por embolia, pois pode suceder que o líquido amniótico, pedaços de tecidos e coágulos entrem no aparelho circulatório ou pulmões; g) aderência da placenta à parede do útero; h) surgimento de pólipos; i) tétano; j) peritonite; k) anemia; l) irregularidade nos períodos menstruais, acompanhados de fortes cólicas; m) frigidez sexual; n) envelhecimento precoce; o) processos cancerígenos; p) crises asmáticas; q) inflamação dos ovários (ooforite).

procedimentos clandestinos e perigosos, realizados sem as mínimas condições de segurança e higiene".[21] Aborda-se a questão das sequelas, como a quinta causa de mortalidade materna no país, o exemplo dos países em que o aborto é praticado e que não teriam tido aumento de casos, a inobservância da norma proibitiva. Para culminar com a invocação a "novos valores sociais sobre o papel da mulher no mundo contemporâneo, o reconhecimento da igualdade de gênero e a mudança de paradigma em relação à sexualidade feminina, com a superação da ótica que circunscrevia a legitimidade do seu exercício às finalidades reprodutivas".[22]

O tema sensível da proteção dos direitos do nascituro é contornada sob argumento de que "a vida humana intrauterina também é protegida pela Constituição, mas com intensidade substancialmente menor do que a vida de alguém já nascido".[23] Justificativa que não me convence: vida é vida. É inqualificável. E como existe uma nítida hierarquia entre os direitos fundamentais, é insuficiente comparar o direito do nascituro com o direito à saúde da gestante. Há uma concessão do grupo favorável à descriminalização do aborto, ao reconhecer "que a interrupção voluntária da gravidez não deve ser tratada como método anticoncepcional. Ela é providência muito mais grave, não só porque impede o nascimento de uma pessoa, como também por constituir, no geral, motivo de profunda tristeza para as mulheres que o praticam".[24]

Embora sentindo que vá me aliar à minoria, continuo a sustentar que aborto não é solução. É problema. Mais do que problema. É homicídio. Praticado contra alguém que não pode se defender.

Há pelo menos três pessoas diretamente envolvidas em cada abortamento: a mãe, que invoca o direito a administrar o seu corpo e a sua vida; o pai, que geralmente não é ouvido, mas que não raro é quem recomenda a morte da criança para se livrar de responsabilidades. Mas há um terceiro: a própria criança. Quem fala por ela? Por isso defendo a necessidade de um *curador* a representar os interesses do nascituro, a cada autorização de abortamento nos casos considerados "tolerados" pela legislação penal.

Um debate ainda inconcluso é a possibilidade de abortamento do anencéfalo. Por anencefalia entende-se "uma falha no processo de formação do embrião, entre o 16.º e o 26.º dia de gestação, em razão da qual se verifica

21. Daniel Sarmento, Livres e Iguais, cit., p. 95-96.
22. Idem, ibidem.
23. Idem, p. 119.
24. Idem, p. 137.

ausência variável da calota craniana, dos tecidos que a ela se sobrepõem, dos hemisférios cerebrais e cerebelo".[25] Invoca-se uma série de motivos para a prática do aborto nessas hipóteses. Dentre elas, o sofrimento da mãe, a inviabilidade da vida do nascituro. Chega-se a sustentar que, na verdade, não se interromperia a vida, pois ser humano desprovido de cérebro não seria pessoa.

Indaga Maria Helena Diniz: "Como negar a dignidade do anencéfalo, que possui todos os caracteres da espécie humana? Não mereceria respeito o seu direito de viver o tempo que a natureza lhe concederia? Não seria preferível um parto seguido de morte do anencéfalo a submeter a mãe a um aborto seletivo, que poderia provocar-lhe alguma sequela?"[26]

O tema é polêmico e emocional. Reconhece-se a angústia da mãe – e também do pai – do anencéfalo. Mas também está presente em toda a discussão o sintoma claro de uma sociedade hedonista, que fez opção pelo prazer e que recusa o sofrimento, como se ele não se inserisse na condição natural dos seres vivos. O desrespeito à vida, a insensibilidade, o egoísmo, tudo auxilia na formação de uma mentalidade que escolhe o pragmatismo, em lugar de preservar valores.

O tema foi submetido ao Supremo Tribunal Federal, por onde tramitou a questão de ordem em Arguição de Descumprimento de Preceito Fundamental 54-8, do Distrito Federal. A Corte Constitucional ainda decidiu pelo direito constitucional da gestante de submeter-se à operação terapêutica de partos de fetos anencéfalos. Estiveram "em jogo valores consagrados na Lei Fundamental – como o são os da dignidade da pessoa humana, da saúde, da liberdade e autonomia da manifestação da vontade e da legalidade –, considerados a interrupção da gravidez de feto anencéfalo e os enfoques diversificados sobre a configuração do crime de aborto",[27] por isso que adequada a arguição de descumprimento de preceito fundamental.

O STF, por maioria, referendou a primeira parte da liminar do relator, Ministro Marco Aurélio, quanto ao sobrestamento dos processos e decisões nos processos criminais em curso, em face da interrupção da gravidez no caso

25. Paulo Silveira Martins Leão Jr., O direito fundamental à vida dos embriões e anencéfalos, in: Ives Gandra Martins (coord.), Direito...cit., p. 244.

26. Maria Helena Diniz, *O estado...* cit., p. 57.

27. STF, Questão de Ordem em Arguição de Descumprimento de Preceito Fundamental 54-8 – Distrito Federal, primeira ementa do acórdão do Ministro Marco Aurélio, 27.04.2005, *DJ* de 31.08.2007, cujo andamento está disponível em <http://www.stf.gov.br/portal/processo>, ADPF 54-8-DF.

de anencefalia, vencido o Ministro Cezar Peluso. Também por maioria, o STF revogou a liminar deferida na segunda parte, em que reconhecia o direito constitucional da gestante de submeter-se à operação terapêutica de parto de fetos anencefálicos. Neste ponto, foram vencidos os Ministros Marco Aurélio, Carlos Britto, Celso de Mello e Sepúlveda Pertence. Pela arguente, Confederação Nacional dos Trabalhadores na Saúde-CNTS, sustentou oralmente o constitucionalista Luís Roberto Barroso, e pelo Ministério Público Federal, o então Procurador-Geral da República Cláudio Lemos Fonteles.

O Ministro Marco Aurélio, um dos excepcionais talentos humanísticos postos a atuar na missão da guarda precípua da Constituição, abriu oportunidade para a comunidade científica se manifestar em pioneira audiência pública. Em sua decisão, o relator asseverou: "A matéria em análise deságua em questionamentos múltiplos. A repercussão do que decidido sob o ângulo precário e efêmero da medida liminar redundou na emissão de entendimentos diversos, atuando a própria sociedade. Daí a conveniência de acionar-se o disposto no art. 6.º, § 1.º, da Lei 9.882, de 03.12.1999. Então, tenho como oportuno ouvir, em audiência pública, não só as entidades que requereram a admissão no processo como *amicus curiae*, como também as seguintes entidades: Federação Brasileira de Ginecologia e Obstetrícia, Sociedade Brasileira de Genética Clínica, Sociedade Brasileira de Medicina Fetal, Conselho Federal de Medicina, Rede Nacional Feminista de Saúde, Direitos Sociais e Direitos Representativos, Escola de Gente, Igreja Universal, Instituto de Biotécnica, Direitos Humanos e Gênero, Deputado Federal José Aristodemo Pinotti".[28] O tema é candente e continuará a despertar o interesse de todos. As alterações na composição do Supremo Tribunal Federal também foram relevantes para que a nacionalidade se pronunciasse pelo órgão máximo do Judiciário, enriquecido pela multivisão ético-jurídica ora desafiada. Em termos jurídicos, a Constituição da República já se posicionou na inviolabilidade da vida. Ninguém negaria que o anencéfalo é um ser humano vivo. Questionar-se-á o cotejo entre os valores éticos: a vida do bebê predestinado a uma curta existência e a vida da mãe – e dos genitores – com certeza sob o tormento dessa perspectiva.

Um dos argumentos utilizados pelos adeptos do abortamento terapêutico restou enfraquecido com o nascimento com vida e o prolongamento da existência de um bebê anencéfalo que chegou a ultrapassar nove meses de existência. Também é paradoxal que o Parlamento proponha uma contribuição financeira para a mulher grávida e se incline por legitimar o abortamento. Ou

28. Despacho do Ministro relator Marco Aurélio Mello, em 28.09.2004, nos autos da ADPF 54.

protege-se a vida, em todas as suas vicissitudes, ou – ao se abrir espaço para a qualificação da vida humana – ela restará desprotegida.

O rumo que a sociedade toma, estimulada por uma intensa campanha midiática, é no sentido da flexibilização dos preceitos constitucionais. Malgrado a blindagem pétrea dos *direitos fundamentais*, dos quais a vida é o primeiro ou, na verdade, pressuposto, parece que a nacionalidade se inclinará por legitimar essa forma cruel de se eliminar a vida.

7.2.2 Planejamento familiar e paternidade responsável

Em lugar de se adotar o aborto como solução pragmática para uma série de problemas que afligem a sociedade contemporânea, esta deveria pensar em prestigiar a vida. O milagre da vida é um dom gratuito. Cumpre ser encarado hoje e sempre como verdadeiro milagre. Pela vida há de se dar graças contínuas. É mágica a existência humana, e a poesia a traduz de maneira muito singela: *isso não impede que eu repita: é bonita, é bonita e é bonita*...

Cada criança que vem ao mundo é o atestado de que a humanidade ainda tem futuro. Deus não desistiu da criatura. Por isso, cumpre fazer com que ela tenha um destino propiciador das condições de vida digna. A dignidade humana é o princípio inspirador de todos os demais, é guia para o poder público em todas as suas expressões e paradigma de conduta obrigatório a todos os seres da espécie. Impõe-se permitir que os seres desabrochem e atinjam a plenitude possível. Para isso, é necessário planejar o seu futuro, muito antes de eles nascerem.

A ideia de *planejamento familiar* é essencial. Precisa ser uma política pública mais consistente, pois envolve uma promessa do constituinte.[29] Sem educação integral, não haverá condições para exercício eficiente dessa política. As pessoas precisam ser conscientizadas de que trazer filhos ao mundo é um compromisso permanente. Quem gera é responsável pelo alimento físico e espiritual, pela formação, pelo amor e pela realização integral do ser gerado.

A superpopulação é um fenômeno preocupante. Há uma evidente conotação entre a falta de condições materiais de sustento da prole e sua extensão. Os

---

29. Art. 226, § 7.º, da CF/1988: "Fundado nos princípios da dignidade da pessoa humana e da paternidade responsável, o planejamento familiar é livre decisão do casal, competindo ao Estado propiciar recursos educacionais e científicos para o exercício desse direito, vedada qualquer forma coercitiva por parte de instituições oficiais ou privadas". O dispositivo constitucional foi objeto de disciplina da Lei Federal 9.263, de 12.01.1996.

casais que teriam condições de propiciar bom nível de existência a seus filhos são módicos ao trazê-los a este mundo. Aqueles que não dispõem de quase nada continuam mais prolíficos. O que dizer, então, dos filhos sem genitor, das adolescentes que procriam sem saber ao certo a quem suas crianças chamarão de "pai"? Não há como deixar de se constatar certa ambiguidade entre uma política voltada a promover valores humanos e a fazer com que as pessoas se desenvolvam até à plenitude possível e o verdadeiro estímulo à procriação com a outorga assistencialista de auxílio em dinheiro para cada criança que nasce. Isso leva a adolescência, cada vez menos alicerçada em valores, a procriar para viver às expensas do Erário. Por sinal que essa política pública evidencia outro paradoxo: a mesma sociedade que admite um subsídio em dinheiro, desvinculado de qualquer obrigação, também prega o abortamento. Não há um antagonismo entre as duas posições?

O planejamento familiar é premente e essencial e precisa ser disciplina obrigatória da escolarização formal e dos processos de educação informal permanente. As taxas de crescimento demográfico no Brasil ainda são por demais elevadas. Se a população crescesse apenas 1% ao ano – e, infelizmente, cresce mais do que isso –, o País teria 1.800.000 novos brasileiros a cada doze meses. O planejamento familiar ainda é uma utopia, exatamente nas camadas populacionais menos esclarecidas. Aquelas que não têm condições de oferecer vida digna a sua prole. Onde encontrar escolas, trabalho, moradia e infraestrutura para todos?

O crescimento populacional é uma das ameaças mais sérias ao Planeta. Não se iludam os otimistas com a notícia de que a taxa de nascimentos se reduz. Nem que o mundo possa acomodar ainda mais gente a consumir e a gerar resíduos. "Informações sobre a saúde nacional demonstram que a alegação de que mais gente significa mais riqueza é o oposto do correto. Os 10 países com mais gente (mais de 100 milhões cada) são, em ordem decrescente de população, China, Índia, EUA, Indonésia, Brasil, Paquistão, Rússia, Japão, Bangladesh e Nigéria".[30] O pior é que os países mais populosos são os mais pobres. A exceção é os Estados Unidos. Os países ricos têm pouca gente: sete dos 10 têm população abaixo de 9 milhões e dois abaixo de 500 mil habitantes![31] As taxas de crescimento são elevadas nos países pobres – fruto da ignorância – e a exceção é inadmissível: a China impõe abortos e a Rússia tem problemas de

30. Jared Diamond, *Colapso* – Como as sociedades escolhem o fracasso ou o sucesso, p. 611.

31. Idem. Os mais ricos são, pela ordem: Luxemburgo, Noruega, Estados Unidos, Suíça, Dinamarca, Islândia, Áustria, Canadá, Irlanda e Países Baixos.

saúde catastróficos. No mais, continua o crescimento indisciplinado, com todas as nefastas consequências daí decorrentes: falta de educação, de moradia, de saneamento básico, de empregos, de perspectiva de vida. Mais candidatos ao lumpesinato errante, a descumprir, no Brasil, a opção do constituinte ao eleger a *dignidade da vida humana* como valor fundamental da República.

O poder público é obrigado a propiciar os meios de esclarecimento das pessoas a respeito do planejamento da família, sobretudo em relação ao momento adequado para trazer novos seres ao mundo, as responsabilidades dos pais e a contenção do furor prolífico dos mais jovens e menos preparados. Se o Estado não atua nessa área, incumbe à sociedade esclarecida cobrar dele e também suprir suas deficiências.

Uma sadia política de planejamento familiar é muito mais eficiente em termos de edificar a sociedade que o Brasil espera e merece do que multiplicar práticas assistencialistas e acreditar que a pobreza seja erradicada mediante distribuição de dinheiro ou de gêneros. A indigência mental é muito mais séria do que a insuficiência material. Na deficiência da formação valorativa das pessoas é que se deve investir. Evidenciar as obrigações que os pais titularizam em relação aos filhos é a alternativa para refrear um crescimento populacional que condena o Brasil a ser uma promessa descumprida ou um povo que tende a eternizar carências crônicas e declina sem ter atingido o seu ápice.

Há um vasto campo de atuação para a cidadania que assume seu compromisso ético de implementar a democracia participativa e que se sente chamada a transformar o País. A partir de um elenco de sugestões formuladas por Maria Helena Diniz, pode-se alvitrar que as pessoas acionem sua criatividade e capacidade volitiva para oferecer soluções menos reducionistas e cruéis do que o aborto e colaborem para criar uma mentalidade voltada ao planejamento da família e ao exercício hígido de suas responsabilidades. As soluções *de lege ferenda* seriam:

1) simplificar e disseminar a normatização sobre planejamento familiar com responsabilidade e baseada na livre decisão do casal;

2) aperfeiçoamento de métodos publicitários para promover e divulgar planejamento familiar, saúde maternal e infantil, mediante utilização das mídias, palestras em escolas, produção e difusão de material educativo para conscientizar a população;

3) publicação e distribuição gratuita de informativos sobre a sexualidade humana e técnicas contraceptivas éticas;

4) coordenação de todas as atividades voltadas ao planejamento familiar, por um grande Comitê de que façam parte Governo, ONGs, instituições, empresariado, clubes de serviço, confissões religiosas, para fazer chegar a todas as

localidades e microrregiões as técnicas de saúde pública, medicina preventiva, psicologia e assistência social, com vistas ao controle ético da natalidade e prevenção de DST – doenças sexualmente transmissíveis;

5) formar educadores que alertem as mães e futuras mães sobre os riscos do aborto e das alternativas à sua prática;

6) uso de clínicas ambulantes, nas periferias e áreas rurais, para prestar informações de ordem sexual e médica à população e oferecer serviços pré-natais gratuitos às mulheres;

7) integração dos serviços de planejamento familiar nas clínicas ginecológicas e nos departamentos obstétricos de todos os hospitais públicos ou particulares;

8) incentivo à formação de associações e ONGs para o desenvolvimento de programas de preparação para o sexo, para o casamento, assistência pré-natal, orientação pós-parto, incentivo ao aleitamento materno e outros análogos.[32]

Todas as propostas de conscientização da cidadania para assumir um planejamento familiar consistente e uma paternidade/maternidade responsável hão de ser consideradas. Para isso, é preciso estimular a criatividade e fazer com que mais esse problema sério do Brasil seja considerado por sua cidadania e não confiado apenas à boa vontade do Governo. O Governo é instrumento insuficiente e apenas serve para fazer cumprir a vontade do povo. Este é o verdadeiro titular da soberania. Enquanto não se conscientizar disso, não haverá futuro digno para o País.

A gravidez na adolescência é um dos mais graves problemas brasileiros. Geralmente é a menina pobre o alvo mais direto desse fenômeno. Criança a gerar criança tem o significado de problema potencializado. Nem sempre as avós estão disponíveis para criar os filhos dos quais a mãe-criança não dá conta. Aumenta o número dos desvalidos, dos abandonados, das presas fáceis da criminalidade organizada ou de outras enfermidades sociais que acometem parcela enorme da população no Brasil. A educação sexual precisa ser enfrentada com coragem e discernimento, desde a escola fundamental. Não se pode ignorar que a iniciação é cada vez mais precoce, numa sociedade que

32. São 33 as propostas de Maria Helena Diniz em sua obra *O estado atual do biodireito*, p. 120-126, todas elas voltadas à conscientização da cidadania. Assim como o constituinte previu uma *educação ambiental*, ainda não efetivamente implementada em todos os níveis, é inadiável o desafio de uma *educação integral* para permitir que os novos habitantes do planeta encontrem um ambiente familiar e cívico menos comprometido com a superficialidade, com a matéria e com o egoísmo.

mercadeja o sexo como o prazer acessível a todos. Principalmente ao pobre. E a pobreza, que significa situação de carência, paradoxalmente convive com a fertilidade. A constatação empírica na sociedade brasileira é a de que o pobre é fértil e fecundo. Prolífico a lançar ao mundo criaturas que não terão estrutura econômico-familiar apta a convertê-las no ser integral e pleno que é a vocação natural da espécie humana.

7.2.3 Transplante de órgãos e tecidos humanos

O debate instaurado em torno da remoção de órgãos, tecidos e partes do corpo humano para fins de transplante e tratamento oferece também contornos éticos.[33] Transplante é "amputação ou ablação de órgão, com função própria, de um organismo para ser instalado em outro e exercer as mesmas funções".[34] Étambém chamado de *enxerto vital*. Maria Helena Diniz o classifica em: 1. Autotransplante ou autoenxerto, a transferência de órgão ou tecido de uma parte do organismo para outra, coincidindo a figura do doador e a do receptor. É a hipótese da conhecida *ponte de safena*. Depende de autorização da própria pessoa, com registro em seu prontuário, e, se incapaz, da permissão concedida pelos pais ou responsável legal. 2. Isotransplante é o transplante de tecidos ou órgãos em gêmeos univitelinos, ou seja, indivíduos com idênticos caracteres genéticos. 3. Alotransplante, ausência de identidade das características genéticas entre doador e receptor. 4. Xenotransplante, a transferência de órgão ou tecido de animal para ser humano.[35]

A Lei federal 9.434, de 04.02.1997, ao estabelecer a doação presumida dos órgãos de pessoas mortas, pretendeu instituir a *solidariedade legal* e foi bastante criticada.[36] O pensador Gilberto de Mello Kujawski observou que a lei, de

---

33. É o objeto da Lei Federal 9.434, de 04.02.1997, complementada pelo Decreto 2.268, de 30.06.1997, e pela Portaria do Ministro da Saúde 3.407, de 05.08.1998, que aprova o Regulamento Técnico sobre as atividades de transplantes e dispõe sobre a Coordenação Nacional de Transplantes. É importante, ainda, para quem pretende conhecer melhor o tema, verificar o teor das Portarias do Ministério da Saúde 1160/2006 e 487/2007.

34. Antonio Chaves, Direito à vida e ao próprio corpo, p. 213, apud Maria Helena Diniz, *O estado...* cit., p. 329.

35. Idem, p. 330-331.

36. "Tornando-nos doadores universais, estamos apenas colocando a lei em obediência às expectativas éticas e morais dos brasileiros", proclamou o senador Lúcio Alcântara, autor do Projeto da Lei 9.434/97 (As razões de um projeto, *Folha de S. Paulo*, 03 fev. 1997.

finalidade nobre e humanitária, consagrou a *expropriação dos órgãos do morto*. Para ele, "o morto descansa, mas não descansa da vida (como se diz); descansa em si mesmo. Até que vem o Estado e se apodera do corpo, dissecando-o órgão por órgão".[37]

As críticas repercutiram e o Executivo editou medida provisória tornando obrigatória a consulta à família do falecido para viabilizar a remoção de parcelas de seu corpo.[38] Essa providência já vinha sendo adotada por médicos providos de consistente consciência ética, fato ressaltado por Ricardo Dip, para quem a família deveria ser sempre ouvida: "A família do doador atuará ora como testemunha corroboradora do consentimento ou dissentimento, ora agirá como sucessora hereditária".[39]

O tema restou pacificado com o advento da Lei 10.211, de 23.03.2001. Ela condiciona a retirada de tecidos, órgãos e partes do corpo de pessoas falecidas para transplantes ou outra finalidade terapêutica à autorização do cônjuge ou parente, maior de idade, firmada em documento subscrito por duas testemunhas presentes à verificação da morte.[40]

Esta é uma contribuição efetiva da ética para conferir solução adequada a um problema grave. São milhares os que aguardam por um gesto generoso dos sobreviventes, em condições psicológicas naturalmente adversas, dispostos a ceder partes do corpo do familiar falecido.

---

37. Gilberto de Mello Kujawski, Nota dissonante. *O Estado de S. Paulo*, 1.º mar. 1997. No mesmo espaço, outras críticas também foram tecidas por José Aristodemo Pinotti, Mais uma lei equivocada, 28.01.1998, e por Celso Ribeiro Bastos e André Ramos Tavares, 31.01.1998.

38. A partir da Medida Provisória 1.718, de 06.10.1998, *DO* 07.10.1998, reeditada inúmeras vezes, finalmente a edição 2.083-32 foi convertida na Lei 10.211, de 23.03.2001, *DO* 24.03.2001.

39. Ricardo Henry Marques Dip, Doação *post-mortem*: a indispensável consulta à família do possível doador, *Interação*, n. 4.

40. O parente deverá ser maior de idade, obedecida a linha sucessória, reta ou colateral, até o segundo grau inclusive, conforme dispõe o art. 4.º da Lei 9.434, de 04.02.1997, cuja redação foi dada pela Lei 10.211, de 23.03.2001, *DO* 24.03.2001. O art. 9.º da Lei 9.434, de 04.02.1997, com a redação conferida pela Lei 10.211, de 23.03.2001, permite à pessoa juridicamente capaz dispor gratuitamente de tecidos, órgãos e partes do próprio corpo vivo, para fins terapêuticos ou para transplante em cônjuge ou parentes consanguíneos até o quarto grau, inclusive. O art. 2.º da Lei 10.211, de 23.03.2001, decretou a perda de validade das manifestações de vontade relativas à retirada *post mortem* de tecidos, órgãos e partes, constantes de Carteira de Identidade Civil e da Carteira Nacional de Habilitação, a partir de 22 de dezembro de 2000.

Muito ainda há de se caminhar para implementar transformação que não dependa de normatividade, mas de renovação da consciência. Embora o Brasil seja responsável por 40% dos transplantes realizados na América Latina, em números absolutos, situa-se em posição inferior relativamente ao Chile (9,7%), Cuba (8,6%) e Porto Rico (8%), a se considerar a proporção aritmética. Pois o Brasil realiza somente 7,5 transplantes por milhão de habitantes, quando o número adequado seria o de 20 por milhão. Estados-nação mais desenvolvidos já atingiram a relação de 45 transplantes por milhão de habitantes. Lamentavelmente, houve pouco progresso nessa área. Além disso, o Brasil não é uma República em que as estatísticas já alcançaram níveis de outros Estados mais desenvolvidos. Daí a vulnerabilidade dos dados divulgados em clima de ufanismo, dando conta de maiores êxitos e avanços.

Intensificar a efetiva utilização do transplante é decorrência de uma renovação cultural, essencialmente derivada de nova postura ética. As questões de infraestrutura seriam resolvidas se houvera pressão comunitária por um sistema de maior eficiência. Tecnologia já existe. O que falta é vontade para conferir consequência em plenitude ao que parece derivar do bom senso.

É que o tema reveste-se de singular delicadeza. Envolve a pretensão humana da infinitude física, a pouca intimidade com a única realidade incontornável da vida, que é a morte. A reflexão de Marcelo Coelho pode auxiliar a desanestesiar as consciências: "A escolha, como bem disse um senador, é entre fazer com que os rins de alguém sirvam para salvar uma vida ou sirvam para alimentar lesmas e formigas. Entre um verme e um ser humano, creio que ninguém hesitará em favorecer o segundo. Ser pilhado 'pelo Estado' e salvar uma vida é melhor do que ser pilhado pelos bichos. É a minha modesta opinião. Mas o problema desse raciocínio é que ele é macabro demais. Ninguém quer se imaginar comido por vermes; ninguém quer morrer. Aí está o lado compreensível das reações ao projeto. É que as pessoas se veem proprietárias de si mesmas, até depois da morte. 'Meu rim! Meu coração!' Esquecem que, depois de mortas, o corpo não será mais propriedade delas (...). Todo o horror diante do projeto é, na verdade, o horror a contemplar a própria morte".[41]

Meditar sobre a morte não é algo nocivo para o ser humano. Dessa meditação poderá frutificar uma correção de rumos na conduta. Ela demonstra apego a mesquinharias, a arrogância, prepotência, insensibilidade? A vida é uma aventura rápida demais para se perder em quireras. O corpo é importante,

41. Marcelo Coelho, A doação de órgãos e o horror à própria morte. *Folha de S. Paulo*, 29 jan. 1997.

mas é parcela, apenas, de uma complexidade muito mais abrangente, que é o ser humano.[42]

Pondere-se que não é apenas em relação aos mortos que o tema interessa. Há possibilidade de remoção de órgãos e tecidos de pessoas vivas. São frequentes as doações entre familiares, prova do avanço da medicina e também de certa densificação da solidariedade. Afinal, é preciso grande desprendimento para se privar de um rim, por exemplo, para doá-lo a quem dele necessita. Mesmo ao se tratar de familiar. O desapego é mais comum entre pais e filhos. Os pais amam incondicionalmente seus filhos e, se pudessem, dariam não apenas um órgão, mas a própria vida para salvar a cria.

No Brasil é proibido comprar e vender órgãos para transplantes. Aqueles que defendem a liberdade absoluta hão de se indignar com isso. Se alguém acredita ser *dono* de seu corpo, não serão motivações de ordem moral que o impedirão de vender parte dele. Michael J. Sandel formula duas hipóteses, para mostrar não ser simples a opção. Um comprador oferece quantia razoável para um pobre vender um rim, não para transplante, mas para produzir uma obra de arte. A maior parte das pessoas consideraria abominável a proposta. Mas para um libertário, ela seria justificável. Outro caso é o de um agricultor de vilarejo indiano que vende um rim para o filho estudar na Universidade e cujo filho caçula atinge também a idade de ingressar no ensino superior. Será legítimo a ele vender o derradeiro rim? Diz ele que a situação não é tão hipotética, pois na década de 90, um presidiário na Califórnia tentou doar o segundo rim para a filha e foi impedido pela Comissão de ética do hospital.[43]

Com o intuito de propiciar reflexão maior sobre o tema, invoque-se ainda uma vez o magistério de Maria Helena Diniz, para mencionar suas recomendações ante a crescente importância do tema de transplantes. 1. Para ela, o transplante representa grande risco. Deve ser levado a efeito somente quando for a única alternativa. 2. A equipe médico-cirúrgica deverá ter muita experiência e sólido conhecimento. 3. Formação de equipes especializadas não só para a cirurgia, como para o pré e pós-operatório. 4. O diagnóstico da realidade da morte do doador deverá ser seguro e certo. 5. A finalidade precípua do transplante deverá ser o bem-estar do paciente. 6. A eleição do doador deverá basear-se nas perfeitas condições do órgão ou tecido doado e no estudo imunológico da sua compatibilidade com o receptor. 7. Inexistência de discriminação na escolha do receptor. 8. Obtenção do consentimento do doador ou de seu representante

---

42. Recomendo, para quem tiver interesse, a leitura do meu Reflexões Jurídico-Filosóficas sobre a Morte. Pronto Para Partir?, São Paulo, Ed. RT, 2011.

43. Michael J. Sandel, Justiça, Rio de Janeiro, Civilização Brasileira, p. 92.

legal. 9. Consentimento livre e esclarecido do receptor, pois impossível dispor de sua vida sem alertá-lo dos riscos cirúrgicos e condições de êxito. 10. Boa preparação psicológica do receptor e até mesmo do doador, quando se tratar de transplante *inter vivos*. 11. Gratuidade na doação. Tráfico de órgãos é crime. 12. Garantia de sigilo, recomendável até, em certos casos, preservação do anonimato do doador. 13. Imposição de responsabilidade civil e penal da equipe médico-cirúrgica pelos danos advindos ao doador e ao receptor, mesmo que tenha havido anuência deles.[44]

Uma postura ética possível a qualquer pessoa é incentivar a doação de órgãos. Ter a coragem de aconselhar famílias que têm seus entes queridos mortos e que poderão prolongar a vida de outrem. A solidariedade é uma opção que premia quem a exerceu, mais do que a pessoa eventualmente contemplada por ela.

7.2.4 Eutanásia

Morte, a única certeza para os vivos. Ante a inevitabilidade da morte, seria natural que as pessoas pensassem mais nela. Aceitassem-na como fato natural, culminância da existência. Passassem a se preparar para ela.

Não é o que acontece, ao menos em regra. Existe um temor até inconsciente em relação à morte. Vive-se como se ela não existisse. Tenta-se camuflá-la. Nada obstante, todos os dias ela se manifesta. Leva pessoas queridas e leva pessoas desconhecidas. Leva individual e coletivamente. Estes últimos anos têm sido pródigos em enormes tragédias, com a eliminação simultânea de milhares de vidas. Resposta natural para o crescimento indiscriminado da população mundial?

Ao homem não é dado dispor de sua vida. Precisa mantê-la em curso, com a higidez possível, até que a ceifadeira venha colhê-la. O que é inexorável. Por isso é que o suicídio não é aceitável e só não se pune quem o pratica por absoluta impossibilidade. Ausente o fenômeno vida, inviável qualquer espécie de punição para o morto. Ao menos no momento histórico em que se vive.

Já a indução ao suicídio é punida. É crime previsto no Código Penal.[45] Fácil e compreensível justificar-se a punição, à luz da tutela à vida. Tomás de

44. Maria Helena Diniz, *O estado*... cit., p. 313-315.

45. Art. 122 do Código Penal: "Induzimento, instigação ou auxílio a suicídio. Art. 122. Induzir ou instigar alguém a suicidar-se ou prestar-lhe auxílio para que o faça: Pena – reclusão, de 2 (dois) a 6 (seis) anos, se o suicídio se consuma; ou reclusão, de 1 (um) a 3 (três) anos, se da tentativa de suicídio resulta lesão corporal de natureza grave".

Aquino já afirmava no século XIII: "(...) a vida é uma dádiva de Deus dada ao homem e este submete-se ao poder daquele que 'mata e faz viver' (compare Deuteronômio 32,39). Quem, portanto, tira a própria vida ofende a Deus; assim como aquele que mata o escravo de outrem, ofende o senhor a quem o escravo pertence; também, como aquele que se arroga de uma decisão sobre uma coisa a qual não lhe é conferida. De forma que a Deus somente pertence a decisão sobre a vida e morte, segundo Deuteronômio 32,39: 'Eu sou aquele que mata e faz viver'".[46]

A ninguém é dado dispor da própria vida. Menos ainda, da vida alheia. O pré-suicida precisa de auxílio. "Em muitos casos, um ato de suicídio também é um grito de ajuda para indicar que o suicida não quer a morte, e, sim, uma vida sob outras circunstâncias."[47]

Não convence a explicação de que o suicídio reside na autonomia da vontade do suicida e desmerece repúdio ético. O primado da vida faz tornar reprovável qualquer ato contra ela praticado. É comum encontrar-se na literatura a expressão *suicídio assistido*, em que a morte é fruto da vontade do suicida e por ele praticada, sob orientação ou auxílio de terceiro, geralmente médico.

O tema também reveste interesse ético ao se examinar a problemática da eutanásia. Fala-se em *auxílio à morte* ou *eutanásia* sem muita propriedade terminológica. "Nas regiões de domínio da língua alemã, sobretudo com relação à expressão **eutanásia**, que caracteriza, segundo o radical grego, uma bela ou suave morte, formou-se um persistente tabu devido a seu uso estar relacionado ao genocídio de pessoas deficientes, praticado pelos nazistas. Na literatura alemã, a expressão eutanásia foi amplamente substituída por 'auxílio à morte'."[48] De qualquer forma, elas são intercambiáveis ou sinônimas.

Ouve-se a expressão "morte com dignidade" para caracterizar a *eutanásia ativa*, também designada *benemortásia* ou *sanicídio*, que para Maria Helena Diniz não passa de homicídio em que, por piedade, abrevia-se a morte de doente terminal ou em coma irreversível.

Auxílio à morte ou eutanásia, no contexto médico, é "toda ação ou omissão que tenha por fim abreviar a vida de um paciente para evitar o sofrimento ou na qual se aceita a redução da vida de um paciente com o fim de evitar o

---

46. Tomás de Aquino, *Summa Theologica*, II-II, q. 64 a. 5. O Papa João Paulo II qualificara o suicídio como "um ato gravemente imoral", na Encíclica *Evangelium Vitae*, 1995, Cap. III, parte 66.

47. Heinrich Ganthaler, *O direito à vida na medicina* – Uma investigação moral e filosófica, p. 28.

48. Idem, p. 29.

sofrimento".[49] Ela pode ser voluntária – resultante de exigência ou desejo expresso da pessoa capaz de decisão – e involuntária – aquela sem exigência, no caso de pessoas incapazes de decidir, pessoas inconscientes ou que não estão em condições de entender a decisão entre vida e morte.

Ortotanásia ou paraeutanásia é a ajuda oferecida pelo médico ao processo natural da morte. Dá-se com a suspensão de medicamentos ou de outras providências que alonguem a vida do paciente. É também chamada *eutanásia passiva*, ou *eutanásia por omissão*, enquanto a eutanásia em sentido estrito é a *eutanásia ativa*. Conceitua-se ortotanásia como "o ato de deixar morrer em seu tempo certo, sem abreviação ou prolongamento desproporcionado, mediante a suspensão de uma medida vital ou de desligamento de máquinas sofisticadas, que substituem e controlam órgãos que entram em disfuncionamento".[50]

Existe ainda a *distanásia*, ou *obstinação terapêutica* ou, ainda, *futilidade médica*. É o prolongamento da vida mesmo com o sofrimento atroz do paciente. Visa prolongar a vida vegetativa ou a lentidão do processo rumo à morte. Há quem condene essa prática, por se constituir em método inútil de se adiar a morte, infligindo ao paciente e à sua família angústia e dores. Além dos aspectos práticos dos dispêndios desnecessários e irrecuperáveis.

Sob o aspecto ético, a problemática admite quatro pontos de vista essenciais. O primeiro, é a *doutrina da sagração da vida em sentido estrito*, para a qual nenhuma das modalidades de eutanásia é aceitável. O segundo é a *doutrina da sagração da vida em sentido moderado*, e corresponde às concepções ético-médicas habituais. Ou seja, proíbe-se toda forma de eutanásia direta-ativa, bem como toda forma de assistência ao suicídio. Mas, sob certas circunstâncias, permite-se a eutanásia indireta: deixar morrer um paciente no sentido da eutanásia-passiva.

O terceiro ponto de vista é a *posição liberal moderada*, a permitir a eutanásia indireta-ativa ou deixá-lo morrer no sentido da eutanásia passiva, mas também permite o suicídio do paciente. Mas proíbe se preste a um paciente assistência ao suicídio ou se pratique a eutanásia direta-ativa.

O último e quarto ponto de vista é a *posição fortemente liberal*, que permite a assistência ao suicídio e também todas as formas de eutanásia, inclusive a direta-ativa.[51]

---

49. Idem, p. 30.

50. Maria Helena Diniz, *O estado...* cit., p. 393.

51. Heinrich Ganthaler, op. cit., p. 32.

Em termos éticos, apenas as duas primeiras posições seriam admissíveis. As demais colidem com o valor insuperável da vida, condição para o estabelecimento mesmo da esfera axiológica. Vida é pressuposto a que uma coisa possa ter valor. Nada tem valor para um sujeito sem a vida dele.

Mencione-se, ainda, a *ordem de não reanimar*, ou seja, não tentar, de todos os meios, ressuscitar aquele que teve parada cardíaca ou respiratória. Deixar a morte atuar naturalmente. Sabe-se que a parada cardiocirculatória não significa ainda a morte total. Mediante uso de equipamentos, poder-se-ia manter um quadro de sinais vitais do paciente. Mas alguns há que previamente intercedem junto aos médicos para que não sejam artificialmente reanimados. Em hospitais do primeiro mundo é comum se coloque à cabeceira do paciente com mal incurável a indicação **DNR** (**do not ressuscitate**) ou **TBR** (**not to be ressuscitated**).[52] Quantas pessoas, em final de percurso de longos padecimentos, imploram ao médico que não as conduzam à UTI e as deixem morrer no conforto doméstico?

Por fim, saliente-se o conceito de **hospice**, ou **filosofia do asilo**. É a implementação da medicina humana e paliativa. Ajuda a pessoa terminal a morrer com dignidade, atenuando seus sofrimentos e dores, de forma a fazê-la aceitar a passagem com tranquilidade. "Para a filosofia do **hospice**: a) deve-se aceitar a morte como episódio natural do ciclo vital; b) não se deve antecipar, nem prolongar a vida se a morte é inevitável; c) o paciente deve ficar unido a seus familiares e entes queridos; d) deve a equipe interdisciplinar cuidar da dor psicológica, espiritual e física; e) o objetivo clínico pretendido é controlar a dor e atenuar os sintomas da moléstia; f) deve-se dar assistência ao paciente, independentemente das condições de pagamento."[53]

Pensar na morte deveria ser exercício diário. Exatamente porque se morre é que se pode conferir intensidade a cada dia que se vive. Cada dia vivido é um dia a menos na trajetória terrena. Ninguém deixará de morrer. É a mais democrática das ocorrências para a humanidade. A inseparável, a inevitável, a indesejável está aí, à espreita. Viver com ética e pensar sobre o que se acumula nesta breve trajetória terrena é dever ético que, bem exercido, faria com que as pessoas se relacionassem melhor. Deixassem as insignificâncias e o supérfluo para pensar no fundamental.

Hoje, lê-se a respeito da morte suave, da morte digna, como se fora tema longínquo. Amanhã, a cada qual poderá estar reservado vivenciar essa reali-

---

52. Maria Helena Diniz, *O estado*... cit., p. 407.

53. Idem, p. 410.

dade por si mesmo ou em relação a uma pessoa muito querida. Então haverá necessidade de definições e de adequada compreensão daquilo ora exposto, para que não se acrescentem angústias à carga já naturalmente cometida a cada qual.

É recente a morte do Dr. Jack Kevorkian, que permaneceu preso em Michigan por oito anos, após haver administrado medicamento letal a pacientes terminais que queriam morrer. Só a Holanda não faz questão de esconder que permite o suicídio assistido. Nos Estados Unidos, ele é ilegal em quase todos os Estados, à exceção de Oregon e Washington. Neste caso, ainda existe um componente moral: o sofrimento extremo do qual o próprio suicida quer se livrar. Mas o que aconteceu em Rotenburg em 2001 faz pensar. Armin Meiwes veiculou na Internet que procurava alguém disposto a ser morto e comido. Alguns apareceram e Bernd-Jurgen Brandes, engenheiro de *software* de 43 anos aceitou o trato. Sem compensação alguma. Só pela experiência. Foi morto, o corpo cortado em pedaços e guardado em sacos plásticos no *freezer*. Quando foi preso, o chamado "Canibal de Rotenburg" já havia comido 20 quilos da carne de sua vítima, cozidos em azeite de oliva e carne.

Foi difícil o julgamento, porque a Alemanha não proíbe o canibalismo. Não poderia ser condenado por homicídio, pois a vítima participara voluntariamente da própria morte. Foi indiciado por homicídio involuntário e condenado a 8 anos e 6 meses de prisão. Com o apelo, obteve prisão perpétua. O paradoxal é que no cárcere ele se tornou vegetariano, alegando que a criação de animais de corte seria desumana.[54]

7.3 Engenharia genética e genoma humano

Denomina-se engenharia genética o emprego de técnicas científicas preordenadas à modificação da constituição genética de células e organismos, mediante manipulação de genes.[55]

O genoma é o conjunto de informações contidas nos cromossomos de uma célula. O DNA – ácido desoxirribonucleico – possui a mensagem genética individualizadora de cada ser. A elucidação do DNA veio a demonstrar que todos os homens são muito mais semelhantes entre si do que diferentes. E que, na realidade, não há tanta diferença entre a criatura humana e as demais espé-

---

54. Michael J.Sandel, op. cit., idem, p. 94.

55. Suzuki e Knudtson, *Genética* – Conflitos entre a engenharia genética e os valores humanos, Madrid, Tecnos, 1991, p. 103, apud Maria Helena Diniz, *O estado...* cit., p. 447.

cies de vida. Fato que deveria implicar em maior humildade do gênero humano, convicto de sua onipotência e cada vez mais destruidor da biodiversidade. Aí incluído o processo de destruição de seu próximo, seja mediante a violência em sentido estrito, sob muitas modalidades, seja mediante a violência da indiferença e da insensibilidade, a matar homeopaticamente o semelhante.

O DNA recombinante é o *transgênico*, ou o OGM – Organismo Geneticamente Modificado, tão polêmico em suas manifestações, mas do qual se aguarda uma nova realidade para o desvendamento de tantos mistérios da biologia humana.

A modificação laboratorial do genoma de uma célula viva, é um dos desafios da engenharia genética. Ela permitirá a identificação, o isolamento e mesmo a multiplicação dos genes. "É uma tecnologia utilizada em nível laboratorial, pela qual o cientista poderá modificar o genoma de uma célula viva para a produção de produtos químicos ou até mesmo de novos seres, ou seja, de organismos geneticamente modificados (OGM)."[56]

Criar transgênicos hoje é previsto em lei – art. 3.º, IV e V e §§ 1.º e 2.º da Lei 11.105/2005, –, mas isso acarreta mais dúvidas éticas do que certezas. Algumas das indagações de Maria Helena Diniz são instigantes: "Haveria, nessas técnicas, verdadeira melhoria na qualidade de vida no momento presente? Garantiriam elas uma existência realmente digna às futuras gerações? O ser humano, ao empregar a biotecnologia, não estaria assumindo um risco à sua saúde e sobrevivência? Seriam tais técnicas biotecnológicas responsáveis pela preservação da vida para o futuro da humanidade? Estar-se-ia respeitando a dignidade humana ao fazer experimentações com material genético humano? Não violariam elas o direito de todo homem de ser único e irrepetível se a clonagem de ser humano tornar-se uma realidade? Como garantir a preservação da privacidade de um patrimônio genético se ele for violado? Como admitir juridicamente uma seleção hipotética de pessoas, fazendo com que tenham alto nível intelectual, sejam dotadas de grande força física ou tenham determinada contextura física? Tais avanços biotecnológicos não nos levariam a um perigoso e arriscado caminho sem retorno?"[57]

Somente a comunidade científica, em conjunto com o pensamento humanista, poderá responder a essas questões. Por enquanto, deveria inspirar os cientistas o princípio da precaução. Evitar a experimentação genética, limitada esta à utilização de material não humano. Caminhar com cautela e segurança

---

56. Maria Helena Diniz, *O estado*... cit., p. 449, ao citar a Lei de Biossegurança, Lei Federal 11.105/2005.

57. Idem, p. 450.

num terreno ainda inexplorado e que poderá reservar surpresas não desejadas pelos exploradores. Não se descarta a intervenção do Direito Penal, pois os organismos geneticamente modificados com certeza afetam a vida humana. Na visão tradicional, o crime afeta *uma* vítima. Os "delitos de biossegurança (arts. 27, 28 e 29 da Lei de Biossegurança) ameaçam todo o entorno ecossistêmico (vida humana, vegetal, animal e respectivas interações)".[58]

O Projeto Genoma Humano – PGH é um enorme empreendimento científico iniciado no final do século passado e que se encontra em plena expansão neste século XXI. Genoma é a coleção de genes de uma espécie. Há uma enorme expectativa nesse experimento. "Após 13 anos de pesquisa, a ciência obtém a sequência completa do genoma humano. O mapa está completo, faltando apenas a identificação da localização de cada um dos genes e a função exata por eles desempenhada. Com a decifração do genoma humano, a próxima etapa é o **proteoma**, ou seja, a descoberta e a sistematização das proteínas codificadas pelo DNA. Com o mapeamento do genoma humano, a expectativa de vida será de 90 anos, as doenças serão diagnosticadas antes do surgimento dos sintomas, muitas pessoas poderão ser geneticamente modificadas e os pacientes com moléstias graves serão tratados com receitas adequadas à sua constituição genética. Com isso, deverão advir leis que evitem a discriminação genética e a criação de uma subclasse sem direito à assistência médica, a seguro saúde ou de vida, ao emprego etc., em face de suas condições genéticas."[59]

É extremamente veloz o ritmo da evolução no campo da biotecnologia e da biossegurança. Em 1973, descobriu-se o DNA recombinante; em 1975, realizou-se a Conferência de Asilomar – primeiras recomendações de biossegurança; em 1983, o primeiro produto recombinante – a insulina produzida em *Escherichia coli*; em 1985, o desenvolvimento de plantas geneticamente modificadas; em 1992 realizou-se a Conferência Rio-92 – UNCED – Agenda 21, cujo art. 15 adota o Princípio Precautório; 1993 foi o ano da ratificação da convenção sobre diversidade biológica; em 1995, a Lei de Biossegurança 8.974, de 05.01.1995, mesmo ano em que tiveram início os cultivos comerciais de transgênicos no mundo; 1996: UNEP – *Guidelines* sobre a biossegurança de OGM; 1997: reunião das Partes da CDB e aceitação da UNEP – *Guidelines*; 1998; aprovação da soja RR para comercialização pela CTNBio; 2000: proposição do Protocolo de Biossegurança – movimento transfronteiriço de OGMs; 2001: desenvolvimento de plantas GM de 2.ª geração, com melhor qualida-

58. Denise Hammerschmidt, Transgênicos e direito penal, *RT* 853/411.

59. Andrew Simpson, Claire Fraser e Eric T. Juengst, apud Maria Helena Diniz, *O estado...* cit., p. 455.

de nutricional; 2003: entra em vigor em 11.09 o Protocolo de Biossegurança; 2004: cultivos transgênicos atingem 81 milhões de hectares; 2004: desenvolvimento de Plantas Geneticamente Modificadas de 3.ª geração (fármacos); 2005: aprovação do algodão Bollgard resistente a insetos (CTNBio) e nova Lei de Biossegurança – 11.105, de 24.03.2005.[60] E os avanços continuam céleres nessa área.

A ciência sempre avança mais rapidamente do que a normatização. Numa fase de esgarçamento moral, é importante que se procure fazer incidir o princípio da dignidade da pessoa humana sobre todos os experimentos e que o fim econômico dos projetos não ofusque a visão dos limites éticos. Diante dessa indissolúvel relação entre genética e moral, não há como desconsiderar temas os mais desafiadores postos à ponderação da comunidade dos pensadores de todas as áreas. Uma vez ainda a recorrer à lucidez de Maria Helena Diniz, é de se questionar: "(...) em que medida se poderia atingir o bem da humanidade por meio de emprego de técnicas de engenharia genética? Como acatar juridicamente experiências genéticas sobre os corpos das pessoas em situação de vulnerabilidade, em nome do 'bem-estar' da humanidade? Em que condições a privacidade genética poderia ser violada em benefício da saúde alheia ou da humanidade? Como será possível a avaliação dos resultados da experiência genética se seus efeitos, em regra, manifestar-se-ão em gerações futuras? Quais os critérios determinantes dos riscos e das vantagens de uma experimentação genética? Poderia o homem ser produto da engenharia biológica? Será possível a criação de um ser humano biodeterminado? Poder-se-ia admitir a interferência no código genético para eliminar moléstias? Dever-se-ia incentivar a terapia gênica em embriões, nascituros ou recém-nascidos? Quais as enfermidades genéticas que deverão submeter-se a diagnóstico pré-natal, tendo por fim interromper a gravidez? Seria admissível o aborto eugênico? Quais as fronteiras da eugenia? Quais os limites da pesquisa voltada à alteração genômica de células germinais? Quais os princípios norteadores da alteração do genoma de um ser ainda não nascido?"[61] As perguntas não cessam. Na verdade, são intermináveis e outras tantas poderão ser extraídas da mera enunciação dessas dúvidas bem concretas.

A Lei da Biossegurança hoje vigente – 11.105/2005 – veda, no seu art. 6.º, III, engenharia genética em célula germinal humana, zigoto humano e embrião

---

60. Tomaz Labengach, Leda C. Mendonça-Hagler e Reginaldo Minaré, A biodiversidade e os marcos legais de biossegurança para a biotecnologia molecular, *Dimensões humanas da biodiversidade*, p. 146.

61. Maria Helena Diniz, *O estado...* cit., p. 464-465.

humano. Mesmo assim, não estão superados, ao contrário, multiplicam-se os problemas ético-jurídicos resultantes da velocidade com que as descobertas se fazem e as tecnologias se aperfeiçoam. Já existe condição para testar as pessoas e detectar nelas genes deletérios causadores de enfermidades inconvenientes para o mercado de trabalho. A partir daí, poderão ser elas excluídas dos empregos e dos planos de saúde e de seguro de vida. Como é que se conciliará o conhecimento integral da informação genética, quase um mapa de desvendamento do futuro da pessoa, e a proteção de sua dignidade e de sua vida?

A diagnose genética já produz imensos benefícios na área pré-natal, e a terapia gênica é uma realidade. Essa técnica, também chamada geneterapia, "visa a transferência de informação genética, ou melhor, de genes de um organismo para outro para curar ou diminuir distúrbios, moléstias genéticas ou não genéticas".[62] Já se pratica a terapia gênica de células somáticas humanas do paciente, em qualquer fase de sua vida, à exceção da pré-embrionária, para curá-lo de uma enfermidade. Isso não afronta a ética. Mas e a experimentação que se quer fazer com os embriões? Eles são *pessoas humanas*, e pessoas são *fins*, nunca *meios* para a obtenção de outros fins, por mais nobres que estes possam ser. A terapia genética de células germinativas ocorre na fase pré-implantatória, quando o zigoto apresenta algumas células, ou antes da fertilização. Aqui, deveria atuar sobre o espermatozoide, o óvulo ou o pré-embrião que ainda não atingiu desenvolvimento celular diferenciado. O objetivo de corrigir uma anomalia genética já não é solução eticamente pacífica. Aqui já ocorre alteração definitiva do genoma. Altera-se a pessoa. Cria-se uma nova identidade genética.

A engenharia genética se vincula à ideia de eugenia, que passou à história recente como a tentativa de se conferir pureza à raça. A ideia eugênica, em si, não é nefasta. É a intenção de se utilizar do conhecimento científico e de medidas higiênico-sanitárias para gerar filhos saudáveis. Já a "eugenética é uma tecnociência gerada do encontro entre genética, biologia molecular e engenharia genética. Pode ser **negativa**, se voltada para a cura e a prevenção de doenças e malformações genéticas, ou **positiva**, se buscar a melhoria das competências humanas, como inteligência, memória, criatividade, traços do caráter ou outros característicos psicofísicos".[63] **Eugenismo**, por sua vez, é forma ideológica e utópica de eugenética, ou a certeza de que os genes considerados maus ou

62. Idem, p. 474.

63. Fermin Roland Schramm, Eugenia, eugenética e o espectro do eugenismo: considerações atuais sobre biotecnociência e bioética, *Bioética*, v. 5, p. 203-204, apud Maria Helena Diniz, *O estado...* cit., p. 484.

inconvenientes possam ser trocados por genes considerados bons, de acordo com o ponto de vista do interessado.

O sonho de uma humanidade perfeita, conformada a padrões físicos impostos por uma vontade preponderante, não seria impossível para a ciência. Só que isso é inadmissível em termos éticos. A pluralidade e a heterogeneidade constituem a riqueza da espécie humana. Uma comunidade robotizada, ainda que fisicamente sem defeitos, não representaria o complexo de diversidades de que se compõe o gênero humano.

A tentativa humana de *brincar de Deus* não é reflexo da onipotência com que presunçosamente alguns se comportam. Em sua grandiosidade, o Projeto Genoma Humano deixou em aberto muitas questões. Suas buscas foram insuficientes para responder "por que apenas 3% dos genes exercem uma função específica (codificante) e por que os restantes 97% são não codificantes, ou seja, aparentemente inúteis. Mais: os cientistas que responderam pelo megaprojeto chegaram a falar de maneira depreciativa dos 97% de genes não codificantes, referindo-se a eles como 'lixo genético'. Hoje, apenas quatro anos depois do encerramento do megaprojeto, já se sabe que aquele 'lixo' carrega consigo uma gigamemória que possibilita recompor a história completa de um indivíduo e da espécie tanto para o passado quanto para o presente quanto para o futuro (...)".[64] Descobriu-se também que o número de genes não são 100 mil, mas menos do que 20 mil na espécie humana. Além de não ser o homem tão diferente dos seus semelhantes, não é também muito diferente das demais espécies animais. "Isto sugere que, por mais maravilhosos que sejam, nenhum dos megaprojetos conseguiu descobrir tudo, muito menos organizar o oitavo dia da Criação. Um longo caminho já foi feito. Um caminho bem mais longo ainda deve ser percorrido para se chegar verdadeiramente ao tesouro que comanda não apenas a vida humana, mas todas as formas de vida."[65]

Os riscos de predominância da *lex mercatoria* são evidentes. Steven Rose observa que, "em 1990, quando o Projeto Genoma Humano (PGH) foi lançado, agências de financiamento dos Estados Unidos e internacionais – ao contrário dos financiamentos privados contra os quais elas estavam competindo – adotaram o passo sem precedentes de reservar cerca de 3% do orçamento do PGH para pesquisas sobre o que eles definiram como as implicações éticas, jurídicas e sociais do projeto. A sigla gerada por isso, ELSI (*Ethical, Legal, Social Implications* – Implicações éticas, jurídicas e sociais), entrou para o dicioná-

64. Antonio Moser e André Marcelo M. Soares, *Bioética* – Do consenso ao bom senso, p. 175.

65. Idem, ibidem.

rio dos bioéticos (embora os europeus prefiram substituir o 'I' de implicações por 'A' de aspectos). Assumidamente, alguns daqueles responsáveis por delimitar esses financiamentos tinham motivos ambíguos para fazê-lo. No centro do projeto inteiro estava James Watson, codescobridor da estrutura do DNA e durante meio século a eminência parda da biologia molecular, que, com a brusquidão característica, se referiu a isso como uma maneira de cooptar os cientistas sociais e os éticos e, assim, desviar possíveis críticas".[66]

O neurocientista Steven Rose, autor do clássico da literatura contra o determinismo biológico – *Not in our genes – Biology, ideology, and human nature* (1984) –, é cético em relação a tais estratégias. É que o ritmo da pesquisa genética e a falta de qualquer controle nos projetos das empresas de biotecnologia é extremamente acelerado, ante o formalismo burocrático dos Comitês de Ética. O único sinal alentador é o surgimento de um novo termo na literatura bioética e filosófica: a **neuroética**. Ela se propõe a discutir as implicações da genética do comportamento, os intensificadores de cognição e estimulação cerebral, com abertura para outros temas nessa área em contínua e profunda mutação.

As questões levantadas "vão desde o mais amplo ao mais específico. É possível, por exemplo, inferir algum código de ética universal a partir de um conhecimento dos processos evolutivos? Quais os limites entre terapia e melhoramento – e será que isso importa? Até que ponto a biotecnologia pode ajudar na busca da felicidade? Pode-se – deve-se – tentar evitar o envelhecimento, e até a morte? Até que ponto as provas neurocientíficas podem ser relevantes, ao considerar responsabilidade jurídica para crimes de violência? Deveria haver controles quanto ao uso de intensificadores de cognição por estudantes que prestam concurso? Sobre que questões os governos e entidades supranacionais devem legislar?"[67]

As novas gerações enfrentarão o *mundo novo*, e não se pode ter garantia absoluta de que ele será *admirável*. A ficção científica, a cinematografia futurística, as previsões dos que se arriscam a desvendar a incerteza do porvir podem sugerir algo. Há uma vasta bibliografia disponível, assim como alguns filmes se prestam a motivar a meditação a respeito. Pense-se, por exemplo, em *Eternal sunshine of the spotless mind* (Brilho eterno de uma mente sem lembranças), de Charlie Kauffman, lançado em 2004, sobre a possibilidade de uma companhia de neurotecnologia – Lacuna Inc. – se especializar em apagar lembranças indesejáveis via estimulação transcraniana do cérebro. Área de extremo interesse

66. Steven Rose, op. cit., p. 326.

67. Idem, p. 327.

para o contínuo reescrever da História, hábito concreto e frequente da vida pública brasileira.

A abordagem superficial do tema não exaure a sua amplitude e complexidade. É importante que os interessados se abeberem de fontes mais completas e se mantenham vigilantes, pois o mundo novo chegou. O futuro é hoje. E para quem não prestar atenção e perder o controle da situação, o futuro terá sido ontem.

7.4 Questões éticas na fecundação artificial[68]

O início do milênio propõe verdadeira revolução biológica.[69] O homem moderno, mercê do avanço da ciência médica e da engenharia genética, tem

68. Há também comum utilização da expressão *fecundação assistida*, não artificial, pois seu processo é natural, embora a união dos gametas decorra da intervenção de um especialista. Assim, o civilista francês G. Cornu, *Droit civil*: la famille, Paris, Montchrestien, 1984, cap. II, mencionado por Maria Jesús Moro Almaraz, op. cit., p. 50. Na verdade, "se o óvulo feminino resulta fecundado no corpo da mãe pelo sêmen masculino introduzido de maneira artificial, estar-se-á diante de fecundação natural. Falso, portanto, falar de fecundação artificial. Igualmente falso falar em crianças artificiais, como ocorre amiúde" (H. Luttger. *Medicina y derecho penal*, apud Maria Jesús Moro Almaraz, idem, p. 50). Há grande imprecisão terminológica no assunto: fala-se em *fertilização extracorpórea* e em *eutelegenesia*, expressão utilizada por R. de Veciana, *La eutelegenesia ante el derecho canónico*, Barcelona, Bosch, 1957, p. 26, citado por Maria de Jesús Moro Almaraz, idem, p. 51, nota 91. Quem se detiver sobre o assunto encontrará menção a *mãe e pai genéticos*, aqueles que fornecem suas células germinais. Mãe *portadora* ou *gestante* é a que suporta a gravidez, seja ou não a *mãe legal*. *Pais legais* são aqueles assim considerados pelas regras jurídicas da filiação. De fecundação artificial se distinguem outros procedimentos: 1. a *partenogênese*, isto é, o desenvolvimento do ovo sem preventiva fecundação, através da segmentação do óvulo com estímulos elétricos ou químicos (fenômeno que por ora não parece possível no campo humano); 2. o *transplante de um ovo* fecundado da matriz de uma mulher a outra; 3. a *fecundação extrauterina* ou *in vitro*; e 4. os experimentos de inseminação artificial voltados a estudar os efeitos do cruzamento entre o ser humano e animais irracionais (Fernando Santosuosso, op. cit., p. 3).

69. O fenômeno da *inseminação artificial* não é recente. Maria Jesús Moro Almaraz (op. cit., p. 26) faz um exame da evolução do tema, com início há vários séculos. Os primeiros tempos constituem a fronteira entre a realidade e a lenda e, mais tarde, uma primitiva etapa experimental. Para quem tiver interesse, examinar também R. de Veciana de La Cuadra, *La eutelegenesia ante el derecho canónico*; T. Herrero Del Collado, *La inseminación artificial humana ante el derecho penal*; M. E. Rojas de Peláez, *La inseminación artificial (fertilización terapéutica) frente al derecho*; e D. David, *L'insémination artificielle humaine* – Un nouveau mode de filiation.

condições de procriar de forma não natural. A tecnologia da reprodução levou o Prof. Botella Llusiá a afirmar que a civilização estava a caminho de fazer desaparecer a união do homem e mulher como parelha típica, como união básica na vida, de sorte a perder o sentido que o sexo masculino e o feminino terão na sociedade do futuro.[70] O acesso às novas tecnologias reprodutivas e a ideologia da escolha individual permitiram a criação do que se chama **eugenia do consumidor**.[71] Escolher sexo, características físicas e até o perfil psicológico da criança passou a ser um tema de mercado. Como tal, acessível a quem tiver dinheiro para custear o seu projeto pessoal de procriação.

Embora a dimensão biomédica seja importante, é essencial o enfoque antropológico, psicológico, jurídico e, sobretudo, a concepção ética. A preocupação moral pode ser o ponto redutor de todas as considerações interdisciplinares envolvidas. Este é um campo bastante peculiar para o exame da intimidade entre **moral** e **direito**. Afinal, o direito atua na ordem **deontológica** – o que deve ser – e não na ordem **ontológica** – o que é.

7.4.1 A programação eugênica

A ciência tornou possível a modificação genética do patrimônio hereditário. Com a melhor das intenções – propiciar aos filhos uma vida de dissabores atenuados e de qualidades reforçadas – os pais podem adotar a *programação aperfeiçoadora* da prole. Acreditam que não há diferença entre a *educação* – alteração de atitudes mediante socialização – e a *programação eugênica* – alteração de atitudes mediante intervenção genética em relação aos futuros filhos.

O argumento não deixa de ser sedutor: "Se já se deixa a critério dos pais o modo de criar os filhos, a opção por inscrevê-los em acampamentos onde estarão sob a tutela de monitores especiais e em programas de formação, e até mesmo a possibilidade de administrar os hormônios do crescimento, para que os filhos ganhem alguns centímetros na altura, por que então a intervenção genética para salientar os traços normais da prole deveria ser menos legítima?"[72]

Se a **programação eugênica** já é tecnicamente possível, nem por isso deve ser permitida. Pois é eticamente reprovável. "Aquilo que confunde nossos sen-

---

70. Francisco Lledó Yagüe. *Fecundación artificial y derecho*, p. 15, mencionando a manifestação do Prof. Botella Llusiá, na sessão de 26.09.1985, ante a comissão especial de estudos sobre a fertilização extracorpórea (Diário de Sessões do Congresso de Deputados, II Legislatura).

71. Expressão de Hilary Rose, citada por Steven Rose, op. cit., p. 291.

72. John Robertson, citado por N. Agar, em H. Kuhse e P. Singer (2000), p. 172, apud Jürgen Habermas, *O futuro da natureza humana*, p. 69.

timentos morais diante da ideia de uma programação eugênica é o que Andréas Kuhlmann apresenta na seguinte fórmula objetiva: 'Obviamente, os pais sempre nutriram fantasias a respeito daquilo em que seus descendentes um dia irão se tornar. No entanto, é diferente quando as crianças são confrontadas com ideias de pré-fabricação, às quais, em última análise, elas devem sua existência'."[73] A pessoa programada saberia consubstanciar o *design* projetado para ele por outrem.

Há implicações bastante profundas nessa programação genética. A concepção consensual é a de que, com o nascimento, toda criança começa não apenas outra história de vida, mas uma nova história. Hannah Arendt liga esse início enfático da vida humana à autocompreensão de sujeitos agentes, capazes de espontaneamente "fazer um novo começo". Para ela, a profecia bíblica "um menino nos nasceu"[74] reflete um sentido escatológico em todo nascimento, com o qual se une a esperança de que um totalmente outro quebre a corrente do eterno retorno. O olhar comovido de quem espera curioso pela chegada do recém-nascido revela a "expectativa do inesperado". Contra essa esperança indefinida em relação ao novo, o poder do passado sobre o futuro deve se espatifar.[75] Se o recém-nascido é programado, essa concepção não se sustenta. "Quando intenções alheias se instalam visivelmente no programa genético do próprio organismo, será que o nascimento deixa de significar um ponto de partida que poderia dar ao sujeito agente a consciência de poder ele mesmo fazer a qualquer momento um começo? Certamente, quem encontrar em sua constituição a sedimentação de uma intenção alheia precisa reagir a ela. A pessoa programada não é capaz de entender a intenção do programador, inserida nela por meio do genoma alterado, como um fato natural ou como uma circunstância contingente, que limita seu campo de ação."[76]

Por isso os limites morais da eugenia são intransponíveis. A liberdade ética assegura uma vida própria sob condições orgânicas iniciais não escolhidas pela pessoa, mas nem por outra em seu lugar. A programação eugênica de qualidades e disposições desejáveis elabora um plano de vida que restringe a capacidade de escolha do programado. O ser humano prefere ser fruto de uma **loteria natural** a ser o produto do **planejamento dos pais**.

Feita a programação, o destino programado é imodificável. "As intervenções eugênicas de aperfeiçoamento prejudicam a liberdade ética na medida em

73. Idem, p. 74.
74. Profecia em Isaías, 9,6.
75. Jürgen Habermas, *O futuro*... cit., p. 81.
76. Idem, p. 83.

que submetem a pessoa em questão a intenções fixadas por terceiros, que ela rejeita, mas que são irreversíveis, impedindo-a de se compreender livremente como o autor único de sua própria vida".[77] Assumir esse risco gera uma responsabilidade problemática para quem ousar tal decisão. Não teria o filho programado legitimidade para acionar os pais que o privaram das características naturais sem consultá-lo?

7.4.2 A dignidade da pessoa humana: a defesa do embrião

As pessoas providas de uma consciência sensível hão de se devotar à uma causa nobre: a defesa do embrião. Para isso, deve-se perseguir a vivência de uma ética baseada na pessoa humana, cuja dignidade é princípio fundamental positivado pelo constituinte de 1988. Ética fundada no "respeito ao **embrião**, a seu inelutável direito ao nascimento e, por isso, à exclusão lógica da destruição dos embriões, pois constituem eles **vida humana**, merecedora da tutela jurisdicional".[78] A vida humana não pode ser convertida em uma **operação laboratorial**.

A conclusão se extrai do sistema jurídico, inspirado por valores assimilados pelo constituinte de 1988. Essa a posição mais coerente com a nossa concepção de direito, muito embora não se disponha de uma lei expressa, com a nitidez da Lei francesa de 24.05.1984. Seu art. 1.º dispõe: "Desde o momento da concepção, a criança concebida é sujeito de direito, sua vida é aquela de um ser humano e deve ser respeitada como tal". Convém assinalar que o art. 2.º do Código Civil, ao assegurar os direitos do nascituro, prestigiou a tese concepcionista, em detrimento da teoria natalista.[79] Os que assim não pensam deveriam lembrar que, se a ordem pública desempenha função primordial no exercício dos direitos fundamentais, ela não pode nem deve disciplinar todos os aspectos da vida. Existem outras normas, postas pela sociedade e pelos costumes. Assim, "os limites derivados da moral e da ordem pública são figuras auxiliares de interpretação cujas manifestações mais importantes e sua observância se produzem na atuação

---

77. Idem, p. 87.

78. Francisco Lledó Yagüe, op. cit., p. 17.

79. Código Civil, art. 2.º: "A personalidade civil da pessoa começa do nascimento com vida; mas a lei põe a salvo, desde a concepção, os direitos do nascituro". A discussão entre o concepcionalismo e o natalismo também mereceu reforço, em favor da primeira tese, com a ratificação, pelo Brasil, do Tratado de San José da Costa Rica. A vida tem início com a fecundação ou com a concepção, não com o nascimento. O nascimento é o marco inicial da "personalidade civil da pessoa", o que não se confunde com a vida, ciclo vital cujo começo é a concepção.

dos juízes".[80] E a moral há de ser entendida no seu sentido **objetivo**, não apenas no **subjetivo** de quem se propõe a atuar com ânimo disposto ao bem. "Não contrariar os bons costumes não se traduz na exigência de uma bondade ou **moralidade de intenção**, senão em uma limitação extrínseca fundada por uma moral positiva que condena certos comportamentos, ainda que o motivo da realização seja intimamente bom."[81] Tanto o direito positivo como a moral coletiva e os bons costumes vedam a destruição dos embriões.

O tema é árduo. Jürgen Habermas adverte que, "do ponto de vista filosófico, não é absolutamente obrigatório estender o argumento sobre a dignidade humana à vida humana 'desde o início'".[82] Posiciono-me em sentido contrário. O uso de embriões para qualquer finalidade, que não a fecundação assistida, é instrumentalização da vida. Os avanços científicos com os quais se acena não podem ser seguramente prognosticados. Estou com Margot von Renesse, para quem "um embrião – ainda que seja gerado *in vitro* – é um futuro filho de futuros pais e nada mais. Ele não está disponível para outros fins".[83]

A dignidade da vida humana é absoluta. Não é uma tutela gradual. Impossível falar-se em fase pré-humana, em quase-pessoa. A definição jurídica está clara quando a lei protege o que ainda não nasceu, mas já foi concebido. Ela não fala em *expectativas de direito* do nascituro, mas em *direito do nascituro*. E os que hão de vir são sujeitos de direito com expressa menção na Carta da República, ao assegurar-se às *futuras gerações* o direito à fruição do meio ambiente, bem essencial à sadia qualidade de vida e pelo qual os viventes responderão junto às gerações do devir.

7.4.3 *Novos conceitos de* paternidade e maternidade

Outras questões bastante complexas já surgiram e demandam respostas. Dentre elas, cabe responder se a cópula é essencial ou não ao conceito de paternidade e se a doação de óvulos desnatura o princípio **mater semper certa est**.[84] Pois o princípio da determinação legal da filiação paterna e materna observa, de um lado, a regra da certeza da maternidade. De outro, o da presunção de paternidade do marido da mãe.[85]

80. Maria Jesús Moro Almaraz, op. cit., p. 73. Isso não impede que o conceito de *moral* e de *ordem pública* sigam sendo de *conteúdo indeterminado*, flexível e variado.

81. Idem, p. 75.

82. Jürgen Habermas, *O futuro*... cit., p. 92.

83. Idem, p. 96.

84. "A mãe é sempre certa."

85. É o aforisma *pater is est quem nuptiae demonstrat*.

A mãe, tradicionalmente, era a mulher que gerou e, após gestação, deu à luz o filho. Hoje se admite já um **conflito de maternidades**, quando se dissocia o elemento genético do biológico. Pode-se então falar em "maternidade genética (quem aporta o óvulo) e maternidade biológica (quem suporta a gestação). Evidentemente, a mulher pode haver dado à luz o filho em questão e não ser sua mãe genética (ao haver-se implantado um óvulo alheio); não obstante, biologicamente não cabe dúvida de que será sua mãe".[86] É a hipótese dos **úteros de aluguel** ou do contrato por **incubação em útero alheio**. Pode-se desde negar legitimidade a tais pactos, pois a capacidade de procriar é indisponível e ***intuitu personae***, até reconhecer a mais valia de qualquer das duas mães – a biológica ou a genética.[87]

No concernente ao pai, a regra parece haver se alterado de *pater is est quem nuptiae demonstrat*[88] para *pater is est quem sanguis demonstrat*.[89] Mais adiante se chegará a um conceito de paternidade que se afaste do critério biológico para se aproximar do critério **afetivo**. Pai será aquele responsável pelo carinho e pelos cuidados dispensados ao filho, que poderá não ser seu produto biológico.

A possibilidade de **doação de sêmen** conduz a cogitações interessantes na ordem da **paternidade**, com reflexos éticos imprevisíveis há alguns anos. "Do ponto de vista eugenético deve recordar-se que um só doador, com uma doação por semana, pode permitir 400 inseminações semanais (0,01 de centímetro cúbico de sêmen sendo suficiente para fecundar). Portanto, um só doador pode tornar-se em um só ano o pai de cerca de 20.000 crianças, se todas as intervenções fossem exitosas. Mesmo se limitadas as doações ou o uso do esperma de um mesmo doador para número não superior a uma centena de gestações, não se exclui que estes cem **bebês de proveta** possam conhecer-se, especialmente se viverem num ambiente restrito, e, ignorando o genitor comum, entre eles possam se casar, com as danosas consequências que os eugenistas comumente preveem para os filhos incestuosos. E não se exclui que uma filha nascida de inseminação artificial possa se casar com o doador, isto é, com seu pai."[90] E o tema não é destituído de alguma probabilidade. Já se noticiou que noventa ra-

---

86. Francisco Lledó Yagüe, op. cit., p. 25.

87. Francisco Lledó Yagüe, por exemplo, tem a opinião de que a maternidade *biológica* tem mais valor do que a *genética*, partidário, pois, da regra segundo a qual *partus sequitur ventrem*.

88. "O pai é aquele que as núpcias demonstram", ou seja, o pai é o *marido* da mãe.

89. "O pai é aquele que o sangue demonstra", ou seja, o pai é aquele que forneceu o esperma para a inseminação.

90. Fernando Santosuosso, op. cit., p. 17.

pazes, nascidos do mesmo pai-doador, viviam em um só quarteirão de Joanesburgo, em uma área relativamente pequena, sem saber que os times formados para jogos podiam ser constituídos apenas de irmãos sanguíneos.[91]

7.4.4 *Bebê de proveta: a identidade do doador de sêmen*

Outro tema conexo a merecer reflexão concerne à **identidade** do doador dos gametas ou dos embriões. Adote-se o anonimato e não se poderá vedar que o ser gerado *in vitro*, ao atingir a maioridade, tenha acesso à informação sobre a maneira pela qual concebido e às características do doador. É direito inalienável do filho saber quem são seus pais. Ninguém lhe pode recusar chegue à sua **raiz genética** e à real **personalidade** do doador do esperma de que sua existência derivou.

Uma lei brasileira que consagrasse o **anonimato** absoluto do doador de esperma ou de óvulo padeceria de inconstitucionalidade. A Constituição ampliou o elenco dos direitos fundamentais e dentre eles se insere o **direito à filiação**. A mesma Carta fundante abrigou o princípio da **inafastabilidade do controle jurisdicional** e, dessa forma, toda pessoa pode exercer o direito de alcançar suas raízes genéticas, pois integra seu patrimônio jurídico chegar à sua origem fenotípica.

7.4.5 *Inseminação artificial homóloga e heteróloga*

Nem toda forma de **inseminação artificial humana**[92] gera problemas éticos. A inseminação artificial inadequadamente chamada **homóloga** não os apresenta. É aquela em que o casal, embora não estéril, não pode gerar. A mu-

---

91. A notícia foi publicada em *La Nazione* de 18 jan. 1959 e é mencionada por Fernando Santosuosso, idem. ibidem. Acrescenta o autor que Martinez Val, *La eutelegenesia y su tratamiento penal*, Madrid, 1954, p. 11, observa que, teoricamente, bastariam 35 doadores para os 594.936 nascidos na Espanha no ano de 1949.

92. Sobre a noção de *inseminação artificial*, ver que Roland Riz. *Il trattamento medico e le cause di giustificazione*, p. 133, invoca o magistério de Alessandro Sigismondi, Inseminazione artificiale, *Enciclopedia del diritto*, Giuffrè, 1971, v. 21, p. 766: "O fenômeno objeto de estudo é a introdução do gameta masculino (espermatozoide) de um homem nos órgãos genitais de uma mulher sem a natural conjunção carnal, a fim de tornar possível o encontro com o gameta feminino (óvulo) da mulher. Tal fenômeno é distinto daquele da inseminação artificial *in vitro*, que ocorre quando o encontro do gameta masculino e do gameta feminino ocorre na proveta, como também daquele da transferência de um óvulo não fecundado de uma mulher a outra, para suprir um defeito específico desta e tornar possível a fecundação (...). Fato de todo diverso é

lher é artificialmente fecundada com o sêmen do próprio marido. Em contraposição, a inseminação artificial **heteróloga** é aquela em que a fecundação se faz com sêmen de outro homem, que não o marido.

A única indagação, na inseminação **homóloga**, seria saber se tais técnicas deveriam ser reservadas apenas a **casais** unidos sob o casamento. E a resposta parece ser negativa. Uma Constituição que confere o *status* de entidade familiar à união de homem e mulher não casados sem dúvida a eles também garante o direito à maternidade e à paternidade.

Na inseminação artificial **heteróloga**, o sêmen do varão será substituído por sêmen alheio, diante de impotência *coeundi* e *generandi*. O pai é o doador do sêmen e este poderia, mais tarde, reclamar o seu **estado de paternidade**. Assim como o filho poderá, quando maior, pleitear a averiguação da identidade do doador, seu pai genético.

7.4.6 *Inseminação artificial* post mortem

Outro problema a ser enfrentado é o da inseminação ***post mortem***. Essa expressão, ou aquela normalmente utilizada para significar a mesma realidade – **fecundação *post mortem*** –, pode ser tomada em vários sentidos, de acordo com as situações possíveis. Assim, o doador do sêmen ou os doadores do embrião faleceram antes de seu emprego e se procede, com posteridade, à sua utilização ou implantação na mulher receptora. Implantação em mulher viúva de embrião humano alheio. Ou seja, em cuja formação não tomou parte o esposo falecido. O mesmo enfoque haverá de ser conferido quando essa mulher for solteira, separada ou divorciada. E ainda se considere a inseminação em mulher viúva com sêmen de seu marido falecido. Ou implantação na viúva de embrião fecundado por sêmen do morto.[93]

Atrevo-me a afirmar que, se a viúva dispunha do sêmen do falecido marido ou companheiro, apto a gerar-lhe um filho, ela pode se utilizar dessa substância vital e o filho será legítimo. A questão carecerá de relevo se houver: 1. o consentimento do marido em testamento ou documento público, com referência aos gametas depositados em determinado estabelecimento autorizado;

---

aquele da transferência do óvulo já fecundado de uma mulher a outra que leva à conclusão a gravidez".

93. A classificação é do Prof. Eduardo Serrano Alonso, magistrado, catedrático de direito civil da Universidade de Oviedo, em El depósito de esperma o de embriones congelados y los problemas de la fecundación *post mortem*, *La filiación a finales del siglo XX*, p. 377.

2. a prova de que neste estabelecimento se fez a fecundação com os gametas identificados; 3. que o nascimento se produza em prazo prudencial e que não concorra presunção de paternidade derivada de novo matrimônio da viúva; 4. a notificação a quem tenha direitos que devam desaparecer ou diminuir diante desse nascimento.[94]

Entretanto, quando tais condições não se verificarem, haverá necessidade de encaminhamento de uma solução. A coleta prévia de **sêmen** estaria a indicar a intenção do pré-morto de iniciar ou prosseguir na prole. E presumir-se-ia também a sua concordância com a inseminação artificial, sem grandes dificuldades, salvo a decorrente de oposição de outros herdeiros. Esta só poderia ser formulada em pleito jurisdicional, assegurado ao inimputável uma curadoria especial, direcionada a preservar-lhe o **estado de filho**.

7.4.7 Fecundação in vitro *e manipulação genética*

Diversa da inseminação artificial em sua dúplice forma é a **fecundação *in vitro***, produzida mediante extração do óvulo maduro humano para que se fecunde, dentro de um recipiente, com o sêmen do marido, companheiro ou doador.[95] Essa fecundação pode se dar quando a mulher não tenha condições de ser fecundada com utilização do sêmen do próprio marido. Ou pode ocorrer entre pessoas não casadas e mesmo *post mortem* do marido.

Muitas as situações possíveis na fecundação *in vitro*, conforme examina Maria Jesús Moro Almaraz: filho do óvulo e sêmen do casal sob tratamento, gestado pela própria mulher; filho do óvulo da mulher do casal, gestado por ela e de sêmen de doador; filho de gametas do casal, gestado por uma segunda mulher; filho de óvulo da mulher do casal, sêmen de doador e gestado por uma segunda mulher; filho de óvulo doado, sêmen do varão do casal e gestado pela mulher; filho de óvulo doado, sêmen do companheiro e gestado pela mulher do casal; filho de óvulo doado, sêmen do companheiro, gestado por terceira mulher; filho de óvulo doado por terceira mulher e sêmen do varão do casal, gestado pela doadora do óvulo; filho de óvulo e sêmen de doadores, gestado pela mulher do casal.[96]

Algo de extremamente instigante resulta de que nessa espécie de fecundação do gameta (óvulo mais sêmen) pode derivar não apenas um, mas vários

---

94. São as conclusões do grupo de trabalho do Ministério da Justiça espanhol, citadas pelo Prof. Eduardo Serrano Alonso, idem, p. 379.

95. Essa é a **fecundação extracorpórea**, designando fenômeno científico realizado em laboratório, fora do claustro materno.

96. Maria Jesús Moro Almaraz, op. cit., p. 213.

embriões.[97] Um só deles será objeto da **transferência embrionária**, operação de traslado do produto da fecundação até o útero materno.[98] O que fazer dos embriões não utilizados? Parece nítido o comando constitucional protegendo a **vida humana** ali gerada, conforme já se fez ver no item 5.3.1 retro. Tais embriões não podem ser objeto de manipulações genéticas não orientadas à procriação.[99] Na visão de Roland Riz, "este campo é pleno de incógnitas e apresenta uma problemática extremamente delicada. A técnica chegou ao ponto de a definição **manipulação genética** encontrar sua correspondência no possível resultado: a ciência pode construir *in vitro* não só um ser perfeito, mas também um monstro".[100] Pois o nascituro pode, quando na proveta, ser submetido aos mais impensáveis tratamentos científicos, alterando-se a sua herança genética mediante especial desenvolvimento de alguns caracteres e até com eliminação de outros.

7.4.8 Ênfase na tutela do embrião

Volta-se ao tema da tutela do embrião, já examinado no item 7.4.2.. É que sua importância justifica a reiteração para firmar opiniões e para suscitar discussões. A tutela ao **embrião** é algo que não deriva apenas do direito. A Real Academia de Doutores de Espanha já assegurou que "o concebido não é uma parte do organismo materno senão um efetivo ser humano, perfeitamente individualizado, que, portanto, não pode ser objeto de disposição nem sequer de seus progenitores; ninguém, portanto, tem direito a destruí-lo".[101] Desde a concepção existe uma autêntica pessoa porque a fecundação determina a personalidade. E embora não tenha o recém-concebido uma **personalidade plena**, pois ela se determina pelo nascimento, ele tem uma **personalidade especial**, ou **antecipada**, **condicional**, **futura** ou **provisional**.[102]

---

97. "Embrião é o produto da concepção desde as primeiras modificações do óvulo fecundado. Na espécie humana, este produto se chama embrião durante os três primeiros meses, a partir dos quais toma o nome de feto. Fala-se ainda em **blastócito** quando a célula embrionária não se diferenciou, embora já tenha ocorrido a fecundação" (*Diccionario terminológico de las ciencias médicas*, 11. ed., Barcelona, Salvat, 1984, p. 316, apud Maria Jesús Moro Almaraz, idem, p. 52).

98. Idem, ibidem.

99. É a opinião de Francisco Lledó Yagüe, op. cit., p. 60.

100. Roland Riz, op.cit., p. 138.

101. Documento-Informe de 25.04.1983, apud Maria Jesús Moro Almaraz, op. cit., p. 133.

102. Personalidade *antecipada* é expressão de Planiol, *Tratado elemental de derecho civil* – Introducción, familia, matrimonio, p. 195: "Por exceção à regra, o filho não nascido

Tema conexo com o aborto, ganha força nos Estados Unidos a estratégia de aprovação de leis que garantam ao embrião os direitos de "pessoa". O movimento se chama *Personhood USA* e já está em mais de 30 Estados norteamericanos. O Mississipi realizou o primeiro referendo popular com a pergunta: "o termo pessoa deve incluir todo ser humano desde o momento da sua fertilização, clonagem ou equivalentes?". O resultado foi "sim", resposta de 82% da população. A seguir, virá a proposta de uma lei estadual sobre os direitos do embrião, como à vida, à liberdade e à busca da felicidade.

No Brasil, iniciativa análoga levada a efeito por um Estado-membro seria fulminada por inconstitucionalidade. Reserva-se à União a exclusividade nesse processo legislativo. Mas existe projeto de lei em curso, para se definir que a vida começa com a concepção e também a intenção de se formular uma PEC para incluir, no art. 5.º da CF/1988, o direito à vida "desde a concepção".

Tais movimentos atendem a comandos jurídicos, mas – principalmente – a inspiração ética.

O embrião é sujeito de direito com capacidade condicional e, qualquer que seja sua situação – no útero materno ou *in vitro* –, é tutelado pelo direito, cujo tríplice objetivo é "assegurar sua existência; condicionar e proteger seu livre desenvolvimento e reconhecer-lhe certos direitos na ordem civil".[103] Essa defesa é exercida contra todos, inclusive contra os próprios pais genéticos ou legais.

Nem cabe distinguir essa proteção diante das diversas etapas do desenvolvimento do embrião. Todas essas fases, a partir da concepção, integram

---

ainda é capaz de adquirir direitos desde a época de sua concepção. Por *antecipado* se considera que figura no número das pessoas. Já o afirmava Juliano: *Qui in utero sunt intelligentur in rerum natura esse*". *Condicional* decorre da visão de Bonecasse, *Elementos de derecho civil*, Puebla, Cajica, 1945, t. I, p. 237: "A personalidade humana existe e produz consequências jurídicas desde antes do nascimento, a partir do momento da concepção com a *condição* de que nasça vivo e viável". Personalidade *futura*, di-lo Messineo, *Manuale di diritto civile e commerciale*, Milano, Giuffrè, 1957, v. 1, p. 208: "Antes do nascimento o sujeito é inexistente e não adquire personalidade, nem direitos. Sem prejuízo, no período de tempo anterior ao nascimento há preocupação com os direitos do sujeito, porque se o considera *esperança de homem*". *Provisional*, ou *provisória*, no entendimento de Henle, *Lehrbuch der bürgerlichen Rechts* I – Allgemeiner Teil, Berlin, Verlag von Franz Dählen, 1926, § 56, p. 392, tudo apud Maria Jesús Moro Almaraz, idem, p. 135.

103. Maria Jesús Moro Almaraz, idem, p. 136, invocando Manresa (*Comentários ao Código Civil espanhol*, t. I, p. 267-271), para quem não são meras expectativas, pois constituem propriamente *direitos em estado de pendência*. Produzido o nascimento, tem efeitos declarativos.

um processo contínuo. A debilidade nos primeiros dias – ou até nas primeiras semanas – não deve constituir justificativa para interromper-lhe a existência humana.

Tal proteção deriva da norma positivada na Constituição: o direito **à vida**. A vida humana é "um processo que começa com a gestação, no curso da qual uma realidade biológica vai tomando, corpórea e sensitivamente, configuração humana".[104] O direito à vida, com sua significação física e moral, é a projeção de um valor superior do ordenamento constitucional. É o mais fundamental dos direitos, pois é o suposto ontológico sem o qual os demais direitos não teriam existência possível. Como assinala Maria Jesús Moro Almaraz, "o direito à vida é o único que tem **pretensão de absoluto, porque a vida não é graduável e seus limites máximos coincidem com o conteúdo essencial**".[105]

Neste campo, como em outros que emergiram com o progresso científico, cumpre não olvidar a advertência de Karl Olivecrona, no sentido de que a "série de ideias sobre a aquisição de um direito, sua existência e suas consequências com respeito à conduta dos demais se acha firmemente estabelecida no que se refere aos direitos antigos e bem conhecidos e quando, mediante a legislação, se introduzem direitos novos, se lhes aplicam as mesmas pautas mentais".[106] O intérprete há de estar atento aos fatos novos, utilizando-se da concepção **tridimensional** do direito. O novo fato, valorizado pelo pensamento predominante, merecerá a normativa adequada a essa valia.

O pequeno ser em projeto de formação é tão merecedor da proteção jurídica como o são os demais seres. E não há necessidade de novas leis para o proclamarem. Carbonnier, por exemplo, é partidário de não se legislar mais nessa área. "Os juízes com suas decisões e o direito comum podem preencher os vazios que se produzam".[107] Basta o raciocínio constitucional, o exame do ordenamento a partir dos princípios esposados pela Constituição e nela implícita ou explicitamente contidos. Ela não é só **fundamento de validade** de toda a normatividade que lhe é inferior. Além de **parâmetro interpretativo** das

---

104. Tribunal Constitucional Espanhol, apud Maria Jesús Moro Almaraz, idem, p. 141, invocando De Ángel Yagüez-Zorrilla Ruiz, Significado del derecho a la vida, *Ley del aborto*, Bilbao, Universidade Deusto, 1985, p. 96.

105. Idem, p. 148, citando L. Arroyo Zapatero, Prohibición del aborto y constitución, RDUCM, 1980, monográfico 3, p. 200.

106. Karl Olivecrona. *El derecho como hecho* – La estructura del ordenamiento jurídico, p. 190.

107. J. Carbonnier, *Actes du colloque*: génétique, procréation et droit, Paris, Actes Sud, 1985, p. 79-84, apud Maria Jesús Moro Almaraz, op. cit., p. 201.

demais normas, ela é a **norma primeira**, a prescindir de legislação em tudo aquilo que puder disciplinar sem a intermediação de regras subalternas. E em matéria de **proteção à vida**, seus preceitos estão a dispensar normatização do parlamento.

Nem é demais lembrar que, depois da ratificação, pelo Brasil, da Convenção de San José da Costa Rica, a vida humana foi tutelada pelo ordenamento positivo de maneira plena, a partir da fecundação. Vale dizer: todas as manifestações em favor do aborto e da eutanásia vulneram o direito brasileiro e as tentativas de sua implantação vêm fulminadas de inconstitucionalidade.

7.4.9 A questão das células-tronco

Não há quem já não tenha lido ou ouvido na mídia o tema das *células-tronco*. É a tradução do inglês *steam cell*, que designa a célula pluripotencial ou pluripotente, grande esperança humana para a cura de enfermidades como a doença de Alzheimer e o Mal de Parkinson. Diz Marília Bernardes Marques que as células-tronco "são as grandes precursoras que construirão as pontes entre o ovo fertilizado, que é a nossa origem, e a arquitetura complexa na qual nos tornamos. Dito de outra forma, as cerca de 75 trilhões de células que constroem um corpo humano derivam das células-tronco e também, à medida que crescemos e envelhecemos, são elas que repõem os tecidos danificados ou enfermos. Graças a essa habilidade, atuam como verdadeiro sistema reparador do corpo, fazendo a substituição das células ao longo de toda a vida de um organismo."[108]

Discute-se hoje se a pesquisa deve se utilizar de células-tronco adultas ou se deveria centrar-se nas células-tronco embrionárias. As células-tronco se caracterizam "por duas propriedades fundamentais: a primeira delas consiste na capacidade que elas têm de se autoperpetuar ou autorreplicar, dividindo-se a partir delas mesmas, dando origem a outras células com características idênticas; a segunda propriedade representa o principal interesse dos cientistas nas pesquisas em células-tronco humanas e consiste na habilidade que algumas apresentam de, em determinadas circunstâncias, se converterem em outros tipos celulares especializados, responsáveis pela formação dos mais diferentes órgãos do corpo humano"[109]

Exemplo de má técnica na elaboração legislativa, a Lei Brasileira de Biossegurança – Lei 11.105, de 24.03.2005 – cuida tanto das atividades que envol-

---

108. Marília Bernardes Marques, O que é célula-tronco, p.19.

109. Renata Rocha, *O Direito à Vida e a Pesquisa com células-tronco*, p. 41.

vem o uso de organismos geneticamente modificados quanto da utilização das **células-tronco embrionárias**.

A célula-tronco é uma célula indiferenciada. Como tal, é suscetível de diferenciar-se em outros tipos de célula, a formar tecidos nervosos, epiteliais e conjuntivos. Por isso o interesse em sua utilização para tratar de doenças em que a reposição de células degenerativas é a alternativa. "Desde há muito se constatava o potencial extraordinário das células embrionárias. Algumas delas são denominadas de **unipotentes**, por exercerem uma única função determinada; outras são **pluripotentes**, por poderem exercer várias funções ao mesmo tempo; outras ainda são **totipotentes**, por poderem, teoricamente, ser encaminhadas para qualquer função. Mas o que mais surpreende é que um certo número de células-tronco, que mantêm seu poder regenerador, possam ser encontradas no cordão umbilical, na medula óssea e em outras partes do corpo. Estas células são denominadas de **adultas** ou **maduras.**"[110]

As **células-tronco embrionárias** são obtidas a partir de embriões de até cinco dias. Podem dar origem a todos os tipos de células que compõem o organismo humano. Elas podem ser extraídas dos embriões excedentes dos processos de fertilização *in vitro*, armazenados nas clínicas de fertilização ou produzidos pela clonagem.[111] A Lei 8.974, de 05.01.1995, proibia a manipulação genética de células germinais humanas, "ou seja, veda qualquer interferência no material genético dos gametas (óvulo e espermatozoide) humanos. O objetivo dessa vedação é impedir todo tipo de clonagem humana realizada a partir de gametas. Dessa forma, é proibida a obtenção de células-tronco embrionárias a partir da clonagem humana".[112] A lei também proibia o armazenamento e a manipulação de embriões humanos destinados a servir como material biológico disponível. Vedada, portanto, a utilização de embriões humanos para a produção de células-tronco embrionárias, ainda que para fins terapêuticos. Outra não é a leitura da vedação expressa no art. 6.º, III, da Lei 11.105/2005: "Fica proibido: (...) III – engenharia genética em célula germinal humana, zigoto humano e embrião humano".

Opção consequente com a ordem constitucional. "O fato é que, justamente com os avanços da genética, já não há como negar que *o embrião é portador*

110. Antonio Moser e André Marcelo M. Soares, op. cit., p. 51.

111. C. R. S. M. Faria e L. C. P., Romero, Clonagem humana: um panorama da questão, *Senado – Consultoria Legislativa*, Disponível em: www.senado.gov.br/web/conleg/artigos/politicasocial/Clonagem Humana.pdf. Acesso em 04.10.2007.

112. Gustavo Henrique Fideles Taglialegna e Paulo Afonso Francisco de Carvalho, Atuação de grupos de pressão na tramitação do Projeto de Lei de Biossegurança. *Revista de Informação Legislativa*, Brasília, ano 43, n. 169, p. 172.

de um código genético próprio e completo. Concretamente isto significa: ocorrida a concepção, pouco importando através de que método, o código genético já contém em si todas as informações necessárias para dar sequência ao processo de uma vida. Se não houver interferência externa, o embrião passa a ser feto, depois criança, depois adolescente, depois adulto, depois ancião. Em outros termos: todos os seres humanos já foram simples embriões um dia".[113]

Ocorre que a Lei de Biossegurança permite a utilização das células-tronco embrionárias resultantes de processos de fertilização *in vitro* e não utilizadas no respectivo procedimento, desde que os embriões sejam inviáveis ou, sendo viáveis, que estejam congelados há 3 anos ou mais, na data da publicação da lei, ou, já congelados na mesma data, depois de completarem 3 anos, contados a partir do congelamento.[114]

O argumento de quem defende a utilização dos embriões supra-numerários é insuficiente para arredar o conflito jurídico e ético decorrente dessa opção. Óvulo fecundado – embrião – é gente. Em situação diversa daquela do já nascido, mas pessoa humana. Não é o fato de sua desnecessidade para atender às expectativas dos que optaram pela fecundação artificial por uma gama enorme de motivos, que justifica a sua conversão em *meio* de atender a outros objetivos. A vida do enfermo não é mais qualificada do que a vida do embrião. Vida é vida, sem qualificativo.

O utilitarismo desserve a justificar esse aproveitamento dos embriões que restarão congelados. É possível que a ciência se valha das células-tronco adultas. Ou daquelas extraídas do cordão umbilical, assim que nasça a criança ou antes mesmo, se isso não interferir com a gestação. Há de se desenvolver a tecnologia para que não sejam fabricados embriões descartáveis. A vida não é descartável. A vida, sem qualquer qualificação, foi o bem mais prestigiado pelo constituinte e considerado pressuposto à fruição de qualquer outro direito. Por isso é que os direitos se chamam *bens da vida*.

Embora respeite os pontos de vista contrários, é difícil concordar com quem sustenta serem tais embriões *simples material biológico*.[115] É verdade que a situação entre o embrião no ventre materno e aquele congelado é distinta. O primeiro se desenvolverá, o segundo não. Na verdade, inexiste dis-

---

113. Antonio Moser e André Marcelo M. Soares, op. cit., p. 63.

114. Art. 5.º, II, da Lei 11.105/2005. Em qualquer caso, é necessário o consentimento dos genitores (§ 1.º do art. 5.º).

115. Edson Ferreira da Silva, A Lei de Biossegurança e a polêmica quanto ao uso de embriões humanos em pesquisas médicas e práticas terapêuticas com células-tronco, *Cadernos Jurídicos da Escola Paulista da Magistratura*, ano 6, n. 25, p. 78.

tinção ontológica entre ambos. Os dois são germens de vida. Uma situação de contingência não retira ao embrião a sua dignidade de *ser humano*, com todas as potencialidades para vir a nascer e a atingir a plenitude de criatura perfectível.

7.5 Alguns parâmetros éticos

A consciência há de estar atilada para o exame ético de todas as situações derivadas do progresso científico. Um critério não dogmático nem materialístico para distinguir um meio lícito de um ilícito poderia ser: 1. deduzir a conformidade com a natureza sob o aspecto objetivo (estrutura anatômica, funcional, psicológica do ser humano) e sob o aspecto finalístico (a *ratio* que determinou essa estrutura); 2. avaliar se, sob o primeiro aspecto, outros meios concebidos pelo homem vão *praeter* e não **contra** a estrutura natural e, sob o aspecto finalístico, se os mesmos escopos da *ratio* que preside os meios naturais resultam igualmente atingidos através da anormal intervenção na natureza.

Um meio que fosse conforme aos requisitos indicados sob n. 1, seria evidentemente lícito porque resultante expressamente da natureza; um meio que atendesse aos requisitos sob n. 2 poderia ainda considerar-se lícito em virtude de uma espécie de excepcional aplicação analógica. Fora daí, os meios deveriam ser considerados ilícitos.[116] Esse raciocínio é válido não para exaurir, mas para auxiliar a indagação de ordem moral que preside a conduta de quantos participam das alternativas contemporâneas de suprir a atuação da natureza.

O debate ético está aberto e as religiões contribuem bastante para o seu aprofundamento. Mas ainda é longo o caminho a ser trilhado, até se atingir o consenso a respeito das práticas e de suas consequências, sobretudo para os seres nelas gerados.

A fertilização com gametas de doadores já tem sido encarada sob o enfoque das exigências éticas. Andrew Varga entende com elas compatível a "inseminação artificial, realizada com esperma do marido, obtido com a participação da esposa e com a finalidade de atender a um desejo de procriação por parte de ambos, o qual, não satisfeito, constitui motivo de frustração e sofrimento".[117] Não assim a inseminação heteróloga, realizada com esperma retirado de doador estranho, contra a qual alinha dez razões, iniciando pela contrariedade à estrutura básica do matrimônio, fonte única e legítima da filiação.

---

116. Fernando Santosuosso, op. cit., p. 33, nota 9.

117. Mônica Sartori Scarparo, op. cit., p. 19-20.

Essa primeira razão já pode ser contestada num sistema jurídico onde a filiação já não pode ser qualificada de legítima ou ilegítima. A proteção ao filho, principalmente quando menor, insere-se dentro da democrática tutela dos direitos dos mais fracos e das minorias.

Todas as questões postas por essa nova realidade hão de ser norteadas pelo interesse do pleno desenvolvimento – principalmente moral e emocional – do filho gerado em tais circunstâncias. A função social da paternidade é superior à dimensão física da reprodução. O intérprete há de assumir a consciência de que paternidade e maternidade "são mais que pura procriação, que pura genética. O homem depende de seus fatores genéticos, mas está muito mais influenciado pela **qualidade** das relações interpessoais".[118] Se a inseminação oferece problemas aparentemente insolúveis, ostenta como benefícios questionar o **mito** da **paternidade biológica**, priorizando a **verdadeira paternidade**, que é a afetiva, a educativa e a adotiva. Quem adota está acolhendo na sua intimidade e vinculando a seu futuro alguém que pode ter características genéticas diferentes, mas que será fruto da assimilação desse projeto educativo.

"A verdadeira filiação é o amor" – diz Maria Jesús Moro Almaraz. "Recorde-se uma vez mais que neste campo os conceitos estritamente jurídicos se suavizam em função da condição da matéria regulada, onde contam mais os sentimentos que os requisitos legais. **Nunca se poderá impor o afeto ao progenitor autêntico.**"[119]

O tratamento a ser conferido ao complexo de questões derivadas do conhecimento científico ainda não tem receitas definitivas. Estados que já incursionaram legislativamente por essas alternativas não desconheceram a di-

---

118. Maria Jesús Moro Almaraz, op. cit., p. 215, que cita J. Gafo: "Poder-se-ão copiar as dezenas de milhares de genes de um ser humano, mas nunca se poderá imitar toda a riqueza das relações inter-humanas que vão formar a personalidade do indivíduo" (La manipulación del hombre. Nuevos cauces de reproducción humana, *Razón y fe*, 1984, p. 365).

119. Idem, p. 216. No fundo, é a velha questão sobre os fatores determinantes da inteligência. A mais simplista das respostas sustenta o predomínio da **herança biológica** como única influência. A transmissão genética dos gens dos progenitores condiciona o ser intelectivo da criança. Tese defendida por Platão, Aristóteles, Rousseau, Galton, Gobineau e Jensen, entre outros. A segunda confere primazia ao **meio ambiente**. Este influencia e condiciona o desenvolvimento do cérebro e da personalidade da criança. A educação é transcendente. Paternidade é conceito de conteúdo educacional, formativo e afetivo. Pais são os que se ocupam em dar entorno afetivo e educativo à criança. Uma posição eclética ou mista procura enxergar influência conjunta de ambos os fatores. Cada ser nasce com genótipo intelectual determinado, mas não é senão potência de realização desse indivíduo. E isso dependerá do meio ambiente.

ficuldade no manejo ético das pessoas e valores envolvidos. Estudos prévios do parlamento espanhol foram analisados pelo Prof. Francisco de Asís Sancho Rebullida, catedrático de direito civil da universidade de Navarra, que neles encontrou uma postura relativista nas referências morais.[120] Ao mesmo tempo, a realidade há de ser enfrentada desde um talante ético **atualizado**, elaborado sem eufemismos nem reservas, contrário às valorações abstratas e a princípios preestabelecidos pouco ou nada receptivos a modificar-se, com postura aconfessional e evolutiva. "Em suma, adota o que chama **ética civil**, definida como 'aquela cuja validade radica na aceitação da realidade uma vez confrontada com critérios de racionalidade e procedência a serviço do interesse geral'."[121] Resta sem definir quais critérios da ética ou dos diversos modelos éticos – naturalista, evolucionista, utilitarista, consensualista etc. – foram os efetivamente assumidos pela Constituição.

Viu-se que derivam questões tormentosas dessa procriação não derivada do ato sexual. Os próprios conceitos básicos sobre que se assenta o direito de família estão sendo repensados. Não existe, com perspectiva histórica e comparatista, um conceito unitário e invariável das categorias jurídicas chamadas **filiação**, **paternidade** e **maternidade**. Contudo, reconhece-se a "evolução que, sem prejuízo de favorecer em muitos casos a busca da verdade real, vai acentuando, na filiação, os componentes ou elementos culturais (social, afetivo, voluntarista, funcional...) em detrimento do puramente biológico – com frequente e progressivo desdobramento dos conceitos de pai e progenitor, sobretudo".[122] Tais termos e valores jurídicos, confluentes na relação de filiação ao modo clássico, são bem distintos, conceitual e realmente, daqueles que resultam de algumas das situações derivadas de fecundações assistidas. E o aspecto ético nelas sobreleva de maneira preponderante.

É imprescindível a permanente reflexão ética em torno desse tema e de todos os demais contidos na biomedicina e na engenharia genética. Joaquim Clotet adverte que "a reflexão e práticas éticas aplicadas a estes temas são tão importantes que o fato de prescindir de ambos facilmente conduziria à auto-

---

120. O informe da comissão parlamentar que formara para estudar a Fertilização Extracorpórea continha a afirmação que segue: "Não sendo as atitudes ou juízos éticos ou morais patrimônio absoluto e universal de uma sociedade, e muito menos de um grupo ou indivíduo, não podem impor-se à comunidade senão sob o exercício de um poder danoso e autoritário, subliminar ou evidente" (Los estudios previos y las lineas previsibles de la futura regulación española, *La filiación a finales del siglo XX*, p. 100).

121. Idem, p. 101.

122. Francisco Rivero Hernández, La investigación de la mera relación biológica en la filiación derivada de fecundación artificial, *La filiación a finales del siglo XX*, p. 143.

destruição da humanidade".[123] Como enfatiza Mônica Sartori Scarparo, "deve-se aceitar, por esta razão, a título de premissa, o princípio de que 'a medicina é uma atividade inerentemente moral'. Jacques Testart, pai do primeiro bebê de proveta francês, junto com René de Frydman, e autor de *L'oeuf transparent*, afirma taxativamente que 'o século XXI ou será ético ou não existirá'".[124]

A humanidade ainda engatinha eticamente por esse tema e todos os outros propiciados pelos avanços da biologia, a serviço da bioética. Já se falou em gênio militar, gênio marítimo, gênio político e agora se fala em *gênio genético*. Este é "o conjunto de métodos que permitem aceder ao conhecimento direto e à modificação do material genético".[125] A possibilidade de manipulação genética já foi considerada uma *caixa de Pandora*, prestes a espalhar todos os males sobre a Terra.

Depois de uma moratória, obtida no colóquio de Asilomar, em 1974, prosseguiu-se na linha das pesquisas no ano seguinte. A humanidade não sabe se deter, mesmo depois de alertada sobre as inesperadas consequências desses experimentos.

O tema é árduo e merecerá contínua e atenta meditação. Cumpre distinguir, de um lado, entre uma terapia genética parcial, mera extensão corretiva, e, de outro, as investigações tendentes a metamorfosear a totalidade do indivíduo. Ninguém, eticamente, poderia opor resistências consistentes à primeira. Já seria difícil justificar, eticamente, o prosseguimento das segundas.

Neste capítulo, tudo é muito sensível e muito árduo. Recorda a notável mestra e humanista Maria Garcia que "todos os que detemos o poder de agir somos igualmente responsáveis 'pelas previsíveis consequências de nossos atos' (Weber). Existimos, portanto, no contexto específico da *ética da responsabilidade*, uma norma moral fundamental e universal (Apel). Razão, consciência, moral, responsabilidade – são, portanto, apanágios do ser humano: a Ética tem encontrado em nosso tempo uma preocupação constante, uma busca de saída para o problema fundamental da complexa sociedade contemporânea que é a convivência humana, permitindo a harmonização entre o Eu e o Nós, Ciência e Consciência, Conhecimento e Moral."[126]

Em síntese, nem tudo o que a ciência consegue precisa ser realizado. Se o direito não pode impor condições ou limites para a ciência, a ética pode e deve fazê-lo.

---

123. Mônica Sartori Scarparo, op. cit., p. 23.

124. Idem, ibidem.

125. Jacqueline Russ, op. cit., p. 142.

126. Maria Garcia, *Limites da Ciência. A dignidade da pessoa humana. A ética da responsabilidade*, p. 258.

Para reflexão em grupo

1. Qual a mãe eticamente responsável pela criança: a mãe biológica ou a mãe substituta?
2. Havendo duas mães biológicas, uma ovular e uma uterina, de qual delas é a responsabilidade pela formação ética da criança?
3. É moralmente legítima a modificação, pelo *gênio genético*, do patrimônio hereditário de alguém?
4. Seria eticamente aceitável a comercialização de embriões humanos para fins terapêuticos, destinada a verba assim auferida ao projeto de continuidade das pesquisas?
5. Quais desafios ameaçam a eclosão de uma metamoral consagrada às mutações ligadas às ciências da vida?
6. Existe alguma controvérsia ética em relação às células-tronco?
7. O que fazer com os embriões extranumerários?
8. Quem é que deve permitir a inseminação *post mortem* do doador de sêmen?
9. Como incentivar a doação de órgãos?
10. O excluído deveria ter o direito de vender seus órgãos ou tecidos?

Ética e Sociedade 8

Sumário: 8.1 Deveres éticos na sociedade: 8.1.1 De que sociedade se trata?; 8.1.2 A Ética e a fome – 8.2 A Ética e o Estado: 8.2.1 A Ética pública e a Ética privada; 8.2.2 A Ética e a política – 8.3 A Ética e a religião – 8.4 A Ética e a mídia – 8.5 A Ética e a publicidade.

8.1 Deveres éticos na sociedade

O homem é um animal destinado a viver junto com outros de sua espécie. A sociedade foi concebida como união moral estável de uma pluralidade de pessoas propostas a atingir finalidades comuns, mediante utilização de meios próprios.

É um agrupamento permanente, não transitório. Teoricamente, é uma união moral, vinculada por laços fortes de solidariedade, não meramente acidental. A sociedade surge de maneira natural, pois o homem é o animal político por excelência e só realiza seus objetivos individuais se conseguir aliar a própria força à dos demais.

O primeiro grupo social já foi examinado: é a família. A outra sociedade a ser examinada, por sua importância, é o Estado. O Estado é a forma social mais abrangente, a sociedade de fins gerais que permite o desenvolvimento, em seu seio, das individualidades e das demais sociedades, chamadas de fins particulares. Dentre estas, destaca-se a empresa, que será objeto de análise em apartado. Mas há inúmeras fórmulas de se congregar, todas resultantes da criatividade humana, mas também estimuladas pelo pacto republicano, que reservou vários dispositivos no capítulo dos direitos individuais com o intuito de estimular a formação de grupos.[1] Só que ao se contemplar a sociedade, parece que o discurso fica vago, teórico e muito abstrato. Convém adentrar à concreção.

1. Examine-se o teor dos incisos de XVI a XXI do art. 5.º da Constituição da República.

8.1.1 De que sociedade se trata?

A sociedade brasileira é muito complexa. Já se tornou comum afirmar que o Brasil é integrado por *ilhas medievais*, *ilhas pré-modernas*, *ilhas modernas* e *ilhas pós-modernas*, todas num único espaço. Arquipélago de fecunda pesquisa antropológica, aberto às mais instigantes análises. Fortunas imensas convivem com a miséria mais indigna. Todos os padrões, todos os hábitos, todos os usos podem ser encontrados neste misto sociológico denominado Brasil. Um Brasil desigual e injusto.

A educação deficiente produz uma sociedade voltada para o imediatismo. Parcela considerável da população vive nos limites da miséria e depende de escancarado assistencialismo. Se recebe o que comer e se o circo é atraente, é o suficiente para mantê-la resignada. Resiste, passivamente, às vicissitudes. Não se revolta, não protesta. Satisfaz-se com futebol, *Big-Brother* e Carnaval. Anima-se com anúncios ufanistas. Considera vitória pessoal o fato de o Brasil sediar a Copa, as Olimpíadas, ser a sexta economia no mundo, emprestar dinheiro ao FMI, ter acabado com a marginalidade e ter seus jogadores considerados os melhores do mundo.

Para confirmar, não é eloquente o espetáculo dos deserdados da sorte quando vítimas de infortúnio? Desabrigados em virtude de deslizamentos, de inundações, enchentes, das várias catástrofes resultantes do inclemente mau trato dispensado à natureza, atribuem tudo a Deus. Não há revolta, não há depredação, nem cobrança que extravase o nível do queixume comportado. Tal massa desvalida é destinatária do único relato da situação nacional: aquela produzida pela mídia. Notadamente a televisiva. Tangida pelo consumismo. Ilude-se com o ideal do carro próprio – e isso se tornou possível com 72 prestações mensais, sem cálculo dos juros – o celular, a possibilidade de presenciar shows dos cantores que falam às multidões e a de participar da magia do futebol.

É interessante verificar como a amplitude e a simultaneidade das comunicações mudaram a fisionomia do comportamento brasileiro. As profundas diferenças entre milionários e miseráveis não impede certa homogeneização de aparência e de valores. Antigamente, a roupa identificava quem era rico e quem era pobre. Hoje, sob o domínio das grifes, é a TV que dita os hábitos e se o jovem da periferia não pode adquirir o produto original, ficará contente com um *fake*, fabricado pela mão de obra análoga à condição de escravo, na indústria da cópia que prolifera em alguns países.

Por óbvio, sob a aparente fantasia homogeneizante, persiste a diferença. Existe no Brasil um número de aproximadamente 500 mil pessoas que podem comprar o que quiserem, seja qual for o valor. Para mais de 90% da população, falta dinheiro para o essencial: saúde, alimentação decente, transporte eficiente, moradia condigna, sem sequer mencionar a necessidade de lazer. As diferenças, portanto, e "de fato, não são em nada redutíveis, ressurgindo sempre de novo em todas as estruturações sociais. Pode-se mesmo dizer que quanto mais se tenta mascará-lo, mais forte é o poder da hierarquia. Por outro lado, a ideologia democrática ou a imposição totalitária são ainda mais opressoras ao funcionarem sobre o mito da igualdade. Finalmente, como observa G. Balandier, ocultar as diferenças significa entregar-se ao dogmatismo, cujos efeitos funestos são bem conhecidos".[2] O mito da igualdade é forte. Proclamado no direito. Reafirmado no pacto fundante. Mesmo assim, a desigualdade é a regra. Pessoas desiguais numa sociedade desigual e, também por isso, injusta e cruel.

Ao se analisar a cultura contemporânea, com ênfase no efêmero lapso temporal chamado *presente* – ou *presenteísmo* –, encontra-se de imediato o hedonismo e o papel central que o *corpo* adquire para todas as classes. Para Maffesoli, o que "parece desconcertante atualmente é que o corpo é tomado em si mesmo; há uma espécie de culto do corpo que ganha cada vez mais importância na vida social. Veste-se o corpo, cuida-se do corpo, constrói-se o corpo, e é nesse sentido que se pode falar de um culto do corpo como sendo (um pouco por todo lado no mundo) uma das marcas deste hedonismo".[3]

Talvez diante da falta de perspectivas concretas para a juventude carente – desemprego, falência dos valores, demolição da família, desapego à crença – o corpo passa a ser o foco essencial. Até mesmo uma questão localizada, a *anorexia* das garotas que sonham com o *mundo fashion* das modelos e manequins, evidencia essa característica da mocidade brasileira. Diante da falta de controle social em todas as esferas, o único possível controle é sobre o próprio corpo. Por isso é que as jovens chegam à inanição e até à morte mediante contenção do apetite. A própria estrutura ósseo-carnal foi o único objeto de controle de parte da moça desesperançada e impelida a conformar-se com o padrão ideal disseminado pela avalanche de imagens impostas em tempo integral.

Gilles Lipovetsky detecta "duas tendências contraditórias: de um lado, mais do que nunca, os indivíduos tomam cuidado de seus corpos, são obcecados pelas exigências da higiene e da saúde, obedecem às prescrições médicas e sanitárias. De outro lado, proliferam as patologias individuais, as consumações anômicas, a anarquia dos comportamentos. O hipercapitalismo se desdobra num hiperindividualismo declarado, legislador de si mesmo, logo desregrado, desequilibrado, caótico. No universo funcional da técnica se cruzam os comportamentos disfuncionais. O hiperindivualismo não coincide somente com a

---

2. Michel Maffesoli, *A conquista do presente*, p. 100-101.

3. Michel Maffesoli, Deixar de odiar o presente, *Ética e estética na antropologia*, p. 37.

interiorização do modelo do *homo economicus* a perseguir a maximização de seus interesses próprios na maior parte das esferas da vida (escola, sexualidade, procriação, religião, política, sindicalismo), mas também com a desestruturação das antigas formas de regulação social das condutas, com uma maré montante de patologias, turbulências e excessos de comportamento".[4]

À falta de substância moral, o apego corporal é o que resta. Pode-se contar, no mundo da incerteza, apenas com o próprio corpo. Constata-se que, "nos ambientes pós-tradicionais de alta modernidade, nem a aparência nem a postura podem ser consideradas definitivas; o corpo participa, de maneira muito direta do princípio que o eu deve ser construído. Regimes corporais, que também se referem diretamente aos padrões de sensualidade, são o meio principal pelo qual a reflexividade institucional da vida social moderna se centra no cultivo – quase se poderia dizer na criação – do corpo".[5]

Baseada em Marcel Mauss, a pesquisadora Mirian Goldenberg observa que "o conjunto de hábitos, costumes, crenças e tradições que caracteriza uma cultura também se refere ao corpo. Assim, há uma construção cultural do corpo, com uma valorização de certos atributos e comportamentos em detrimento de outros, fazendo com que haja um corpo típico para cada sociedade. Esse corpo, que pode variar de acordo com o contexto histórico e cultural, é adquirido pelos membros da sociedade por meio da 'imitação prestigiosa': os indivíduos imitam atos, comportamentos e corpos que obtiveram êxito e que viram ser bem-sucedidos".[6]

Nesse culto à aparência corporal, a mulher brasileira é campeã na busca da perfeição. Tanto a revista *Time* como a brasileira *Veja* se detiveram sobre o tema. Devido ao barateamento da cirurgia plástica, alternativas de conserto para quase tudo e grandes médicos em atividade, o Brasil é o primeiro do mundo em cirurgia plástica. De acordo com a Sociedade Brasileira de Cirurgia Plástica, 350 mil pessoas se submeteram a pelo menos um procedimento cirúrgico destinado a finalidade estética no ano de 2000. Enquanto os Estados Unidos, líderes no *ranking*, registraram 185 operados por ano em cada grupo de 100 mil habitantes – e a renda *per capita* americana é superior a 8 vezes a brasileira – no Brasil foram 207 pessoas por uma centena de milhar que passaram pelo bisturi.

---

4. Gilles Lipovetsky, *Les temps hypermodernes*, p. 76-77.
5. Anthony Giddens, *Modernidade e identidade*, p. 14.
6. Mirian Goldenberg, *De perto ninguém é normal* – Estudos sobre corpo, sexualidade, gênero e desvio na cultura brasileira, p. 35-36.

Esse dado pode explicar a exploração da pornografia, a prostituição infantil, a vulnerabilidade das garotas pobres que são alvo dos mesmos apelos consumistas e cultivam o padrão estético da mulher brasileira da propaganda e da televisão.

O apego ao visual, ao sensual, ao prazer, ao gozo desenfreado – talvez seja esse o único signo consensual da sociedade brasileira contemporânea. Não se pense em repúdio ao prazer. Seja aquele dos sentidos, seja o do espírito, o prazer é lenitivo à humanidade. É o que anestesia, ao menos temporariamente, o trágico da finitude. Mas é que sociedade hedonista contempla com interesse mais intenso, ou até exclusivo, o prazer sensorial. "Pois bem, os prazeres sensoriais, em princípio, não são ilícitos. O que é ilícito é converter a sua busca na orientação de nossa conduta, não porque sejam prazeres, mas porque são meros prazeres sensoriais e o homem não é um gato ou um cão, mas um ser dotado de espírito. Portanto, orientar nossa vida somente em direção aos prazeres sensoriais é nos *gatearmos*, nos *canificarmos*: é, enfim, nos bestializarmos."[7]

O relativismo axiológico se irradia por outras esferas. "Pois hoje se entende que tudo é cultura ou fator de cultura: fala-se tanto da cultura da escola quanto da cultura da empresa, da cultura científica quanto da cultura literária, da cultura da periferia quanto da cultura dos bairros nobres. No decorrer do século XIX, o desenvolvimento da produção econômica, de um lado, e o do culturalismo sociológico, por outro, substituíram o termo francês *civilização*, que exprimia a civilidade dos costumes das pessoas da Corte e os progressos das Luzes, pelo termo alemão *Kultur*, de conotação mais coletiva e social. O termo *civilização* virá então designar, como mostrou Norbert Elias, a consciência de si do Ocidente confrontado às outras formas de cultura."[8]

Denota-se, portanto, um desvirtuamento da cultura. Cícero falava em *cultivar os espíritos pela instrução*. Ora, "o homem cultivado é aquele que sabe cuidar de sua alma como se lhe prestasse 'culto', de modo a 'habitar' o mundo à maneira de um ser humano e não de um animal. A *cultura* é assim, na origem, o *culto* da alma, e não está de forma alguma ligada à produção de objetos, ou ainda, como observa Hannah Arendt, à criação de obras de arte. Não se trata de fabricar um objeto exterior a si, segundo o modelo do artesão, mas de cuidar

7. Antonio Millán-Puelles, *Ética y realismo*, p. 37. A comparação entre o homem e os animais é de Boécio, para quem o ser humano cego ao espírito, mas voltado inteiramente aos prazeres sensoriais seria pior do que um animal. Pois o cão não se degrada e o homem se degrada quando adota como norma orientadora de sua conduta só a busca dos prazeres sensoriais.

8. Jean-François Mattéi, *A barbárie interior* – Ensaio sobre o i-mundo moderno, p. 232.

da alma como se cuida do campo, segundo o modelo do agricultor. A cultura é aqui articulada com a natureza, o espírito com a terra, e o homem com o mundo, numa lavra íntima em que a alma traça nela mesma seu próprio sulco até colher daí o fruto mais perfeito: a filosofia é a cultura da alma".[9]

Parece óbvio concluir que uma *cultura do corpo* está distante de uma *cultura da alma*. E é o *império do corpo* que se está a vivenciar no século XXI, para a satisfação da matéria em todas as suas configurações. Talvez tenha sido Nietzsche o primeiro a detectar as duas correntes – na aparência opostas, mas convergentes a final – da cultura contemporânea. O alargamento ilimitado da cultura. Ela se encontra à disposição da grande massa que tem acesso ao conhecimento universal e que *navega* nas infovias. Ao mesmo tempo, há o *enfraquecimento* generalizado da cultura. Se tudo é cultura, o niilismo prevalece e o fato cultural, longe de elevar o homem à sua excelência anímica, o reduz a um autômato das massas.

É dessa sociedade que se cuida no presente. Aquela formada por seres que não refletem, mas aceitam as conclusões superficiais dos noticiários ou da opinião pública. A propagação da mesmice é generativa ou imitativa. "Assim, a imitação acarreta a propagação dos comportamentos sociais e sua adoção pelo grande número dos membros da comunidade. A similitude das opiniões ou das necessidades conduz naturalmente à ideia de uma *quantidade social*, que um conjunto composto de uma pluralidade de elementos total ou grandemente heterogêneos tornaria impossível ou pouco pertinente. O princípio da similitude abre a possibilidade de uma estatística social. Mas, sobretudo, a opinião deixa de ser uma realidade individual para se tornar um fato antes de mais nada coletivo."[10]

A massa é facilmente manipulável. As elites rareiam. Há um pudor natural em se autodenominar integrante da elite, quando o conceito é tão aguilhoado pelos que têm acesso ao controle das comunicações. Estudioso da opinião, da multidão e do público, Gabriel Tarde considera o público "um grupo homogêneo, bem conhecido do escritor e facilmente manejável (que) lhe permite agir com mais força e segurança".[11]

O pensamento da massa é produto das mesmas fontes e ostenta o mesmo conteúdo, embora com variações mínimas de tonalidades. "Poderão contestar essa homogeneidade relativa, pretextando que 'não lemos jamais o mesmo li-

9. Idem, p. 234, a citar na última frase Cícero, Tusculanes, II, 13.
10. Dominique Reynié, Introdução, in: Gabriel Tarde, *A opinião e as massas*, p. XXV.
11. Gabriel Tarde, idem, p. 19.

vro', assim como 'jamais nos banhamos no mesmo rio'. No entanto, além de esse antigo paradoxo ser bastante discutível, será também verdade afirmar que não lemos jamais o mesmo jornal? Pensarão talvez que, sendo o jornal mais variegado que o livro, o adágio citado é ainda mais aplicável àquele do que a este. Na verdade, porém, todo jornal tem seu *gancho*, e esse gancho, cada vez mais em destaque, fixa a atenção da totalidade dos leitores, hipnotizados por esse ponto brilhante. No fundo, apesar da miscelânea de artigos, cada folha tem sua cor própria, sua especialidade, seja pornográfica, seja difamatória, seja política ou outra qualquer, à qual o restante é sacrificado e sobre a qual o público se lança avidamente. Pegando-o por meio dessa isca, o jornalista o leva onde quiser."[12]

Não se trata de menosprezar a inteligência humana e a capacidade da criatura racional guiar-se pelo seu próprio discernimento. O retrocesso dos hábitos na vida contemporânea faz pensar que a espécie é construída de material ordinário ou, se não for demais, de matéria miserável. O ser humano é o único ser capaz de optar – com lucidez e predeterminação – pelo mal. O que leva a atribuir razão a Jean Baudrillard quando afirmava: "Grande parte da massa cinzenta é mobilizada pelas funções banais do ser vivo. Noventa e nove por cento das potencialidades físicas, motoras, mnêmicas, linguísticas, e também dos afetos, de astúcia, de jogo, de sedução são comuns a todos os seres humanos de uma mesma sociedade. Isto significa que a inteligência não passa de um fenômeno superficial, e que, entre o superdotado de boa família e o bebê axolotle da zeladora, só há uma diferença mínima no encadeamento dos neurônios. Aliás, se uma pequena porcentagem de genes separa o homem do macaco, a que separa um ser 'inteligente' de um 'estúpido' deve ser ainda mais insignificante. Mas isto não diminui o escândalo moral e antropológico da inutilidade de tal massa de neurônios, de uma máquina biológica tão maravilhosa, se comparada ao uso fetal que dela faz a espécie humana como um todo".[13]

A promessa de um Brasil cuja qualidade de vida se mostre compatível com a sexta economia mundial esbarra nesse arremedo de sociedade que se reproduz a partir do não enfrentamento do problema primordial que é a educação. Parece haver – ou ao menos ter havido em outra época – uma premeditação: não permitir que a população fosse esclarecida. Povo pensante é povo reivindicante. Dá trabalho. Quer participar, controla, fiscalizar. Exige posturas condignas e não perdoa aqueles que malversam o dinheiro do povo.

As classes dominantes dão péssimo exemplo às suas proles. Persistem a mantê-las inconscientes, mergulhadas no prazer e no consumo. É vergonho-

12. Idem, p. 19-20.

13. Jean Baudrillard, *Cool memories III* – Fragmentos 1991-1995, p. 126.

so trabalhar. A lei contribui, impedindo a criança de ser aprendiz. De tanto proteger a infância, ela é arremessada à rua do vício, do abandono e do ócio demoníaco. Ao deixar seus filhos sem trabalho árduo, percorrendo as funções menos relevantes até adquirirem condição de chefiar o negócio da família, os poderosos parecem cumprir uma profecia de Thorstein Veblen: certos ricos têm ojeriza ao trabalho. Eles fazem parte da cultura depredadora e nesta, "o trabalho se associa nos hábitos de pensamento dos homens com a debilidade e a sujeição a um amo. É, por consequência, uma marca de inferioridade e vem por isso a ser considerada como indigna de um homem que ocupa uma boa posição. Em virtude desta tradição se considera que o trabalho rebaixa e esta tradição não morreu nunca".[14]

Não trabalhar é prova de riqueza. E vem conexo com a exibição da opulência. "Para ganhar e conservar a estima dos homens não basta possuir riqueza e poder. A riqueza ou o poder têm de ser postos em manifesto, porque a estima só se outorga ante sua evidência".[15] O poderoso acrescenta mais respeito à sua pessoa quando ostenta "aparência decente" e se exime de "trabalhos servis". "Tanto é assim, que há muito poucos dentre os membros da classe mais elevada que não tenham uma repugnância instintiva pelas formas vulgares de trabalho".[16] Essa noção justifica o trato que os filhos dos poderosos em regra destinam aos humildes. "Todas as pessoas de gosto refinado sentem que certos ofícios – que convencionalmente se consideram servis – levam unida com inseparabilidade uma certa contaminação espiritual".[17] Compreende-se, portanto, porque o rico evita sem titubear as aparências vulgares, as habitações mesquinhas, as ocupações vulgarmente produtivas. "São incompatíveis com a vida em um plano espiritual satisfatório com o 'pensamento elevado'. Desde os dias dos filósofos gregos até os nossos, os homens reflexivos consideram sempre como um requisito necessário para poder levar uma vida humana digna, bela ou irreprochável, um certo grau de ociosidade e de isenção de todo contato com os processos industriais que servem às finalidades cotidianas imediatas da vida humana".[18]

A *sociedade humana* como algo homogêneo, provido de individualidade, simplesmente não existe. Existem inúmeros grupos, liderados por figuras com

---

14. Thorstein Veblen, *Teoria de la clase ociosa*, 2. ed., Mexico, Fondo de Cultura Económica, 1974, p. 44.
15. Idem, p. 44-45.
16. Idem, p. 45.
17. Idem, ibidem.
18. Idem, ibidem.

objetivos os mais distintos. Recentemente houve episódio de ocupação – *occupy* – em várias capitais mundiais, inclusive São Paulo. A megalópole propicia o desenvolvimento de múltiplos grupos em seu útero cosmopolita. Fazem protestos na Avenida Paulista, convocam manifestações pelas redes sociais, os sem-teto invadem coletivamente mais de dez prédios para pressionar a Prefeitura. Sua liderança pede a construção de 12 mil unidades habitacionais e auxílio aluguel para as famílias.[19]

Mas há quem ainda almeje a edificação de um grupo coeso, que tenha comportamento social previsível, à luz da constatação de Hannah Arendt: "A fim de medirmos a extensão da vitória da sociedade na era moderna, sua inicial substituição da ação pelo comportamento e sua posterior substituição do governo pessoal pela burocracia, que é o governo de ninguém, pode convir também lembrar que sua ciência inicial, a economia, que altera padrões de comportamento somente nesse campo bastante limitado da atividade humana, foi finalmente sucedida pela pretensão oniabrangente das ciências sociais, que, como 'ciências do comportamento', visam a reduzir o homem como um todo, em todas as suas atividades, ao nível de um animal comportado e condicionado".[20] Só que, por enquanto, esse "animal comportado e condicionado" ainda passa fome.

8.1.2 A Ética e a fome

Profecias malthusianas previam a disseminação da fome no mundo em virtude de crescimento geométrico da população, enquanto a produção agrícola cresceria aritmeticamente. Haveria um estrangulamento nas curvas ascendentes e a humanidade passaria fome.[21]

---

19. Natália Cancian, *Grupos de sem-teto invadem dez prédios para pressionar prefeitura*, FSP de 08.11.2011, p. C8.

20. Hannah Arendt, *A condição humana*, 11. ed. rev., Rio de Janeiro, Forense Universitária-Gen, 2010, p. 55.

21. Embora geralmente se utilize na linguagem coloquial a expressão *fome* como intercambiável ou sinônima à palavra *desnutrição* ou *subnutrição*, é mister não confundir os conceitos. A fome vulnera não somente a existência física das pessoas, mas também sua existência moral: sua dignidade. Submetido a fome permanente, o ser humano se vilipendia. Perde noção de solidariedade, aceita naturalmente o sacrifício dos mais débeis, notadamente crianças, velhos e enfermos. Já a subnutrição é mais difundida do que a fome e reveste formas muito diversificadas. Ela pode ser qualitativa, em virtude de regimes alimentares desequilibrados, seja por excesso ou deficiência. E pode ser quantitativa, agravando-se nos períodos de penúria. Por isso, algumas pessoas denominam-na *desnutrição* ou *subalimentação*. A subnutrição revigora a difusão

Não se concretizaram tais vaticínios. A produção mundial é suficiente para alimentar uma população até maior do que a existente. Ocorre que ela é mal distribuída. O gado dos países ricos é mais bem alimentado do que o povo dos países pobres. O excesso de proteínas consumido nos Estados desenvolvidos gera problemas de obesidade para seus habitantes, enquanto a desnutrição mata milhares de crianças nas regiões pobres de todo o planeta. E estas não estão confinadas aos Estados considerados abaixo da linha de desenvolvimento. Muito Estado-nação desenvolvido também deixa morrer de fome os seus excluídos.

Algo de muito errado existe num mundo em que os muito ricos esbanjam e estragam alimentos, enquanto os despossuídos padecem de inanição.

Não que faltem proclamações enfáticas e textos jurídicos de consistência. O direito à alimentação é um dos princípios proclamados em 1948 pela Declaração Universal dos Direitos do Homem. Também a Declaração sobre o Progresso e o Desenvolvimento no Campo Social afirmava, em 1969, ser necessário *eliminar a fome e a subnutrição e tutelar o direito a uma nutrição* adequada. Igualmente, a Declaração Universal para a Eliminação Definitiva da Fome e da Subnutrição, adotada em 1974, dispõe que toda pessoa *tem o direito inalienável de ser libertado da fome e da subnutrição, a fim de se desenvolver plenamente e de conservar as suas faculdades físicas e* mentais. Além disso, em 1992 a Declaração Mundial sobre a Nutrição reconheceu também que *o acesso a alimentos apropriados, sob o ponto de vista nutricional, e sem perigo, constitui um direito universal.*

As declarações mudaram o estado de coisas presente? Diminuíram os menores subalimentados? Comoveu-se a comunidade de uma maneira que tornasse desnecessária a *Campanha da Fome* promovida pelo sociólogo Herbert de Souza?

A retomada do tema, com o projeto Fome Zero, suscitou inúmeras discussões. Aduz-se que os gastos em burocracia impedem o aproveitamento integral das verbas públicas e dos parceiros. Ataca-se o aspecto assistencialista, a solução reducionista, o projeto indissociável do partidarismo político. De qualquer forma, é importante que a questão retome o palco dos grandes desafios contemporâneos.

---

e as consequências de determinadas enfermidades infectivas e endêmicas, fazendo aumentar as taxas de mortalidade, sobretudo entre as crianças com menos de cinco anos de idade (Documento do Conselho Pontifício *Cor Unum* sobre a Fome no Mundo, divulgado em 04.10.1996).

Parece que o coração humano fica, a cada dia que passa, mais empedernido. Nunca se gastou tanto com supérfluos. Luxo e ostentação continuam a seduzir. O desperdício é constatado em todos os setores produtivos e nos lares dos incluídos. Enquanto isso, crianças pobres são geradas em condições de miséria que já comprometem, antes de nascer, a sua potencialidade de autorrealização plena. O seu limite de competência é reduzido, a sua capacidade de transformar-se em criatura plenamente dotada de todos os atributos essenciais a uma existência digna é inexistente, pois a mãe passa fome durante a gravidez. Não se submete a exames pré-natais. Por isso é que a mortalidade infantil em zonas de miséria é das mais elevadas do planeta.

Toda pessoa sensível há de reservar um minuto de seu tempo para refletir sobre a vergonhosa situação de fome no mundo. Não é suficiente dar um real à mãe de semáforo, a ostentar sua miséria subnutrida ao protegido ocupante de veículo blindado. É necessário mais. A igreja vem dirigindo candente apelo a todos os homens de boa vontade, "a fim de que levem a cabo esta tarefa ingente. O Concílio Vaticano II afirmava: 'Como são tantos os que sofrem de fome no mundo, o Sagrado Concílio exorta todos, particulares ou autoridades, a que se recordem daquela frase dos Padres da Igreja: Alimenta o que morre de fome, porque se não o alimentaste, mataste-o'. Esta solene admoestação exorta ao empenhamento decidido na luta contra a fome".[22]

Nem todos concordarão em que não ajudar ao faminto equivale a matá-lo. Haveria diferença entre o homicida e o insensível. É sedutor, todavia, e serve à causa da edificação de uma consciência eticamente sensível raciocinar com a teoria dos *deveres positivos gerais* e pensar em sua fundamentação. Os "deveres positivos gerais são aqueles cujo conteúdo é uma ação de assistência ao próximo que requer um sacrifício trivial e cuja existência não depende da identidade do obrigado, nem daquela do destinatário e tampouco é o resultado de algum tipo de relação contratual prévia".[23] A consequência da aceitação de deveres positivos gerais é a de que todos os que têm mais do que necessitam para seu sustento são devedores dos excluídos.

A tese antípoda é a de que o exercício do direito positivo geral em relação a todos os famintos esbarraria com dificuldades empíricas: são milhões os que têm fome. Assim, "o dever positivo geral de ajuda aos milhões de seres que padecem de fome é de cumprimento impossível e, portanto, não constitui dever

---

22. *A fome no mundo* – Um desafio para todos: o desenvolvimento solidário, documento do Pontifício Conselho *Cor Unum*, apresentado à comunidade em 04.10.1996, Festa de São Francisco de Assis, pelo Cardeal Angelo Sodano.

23. Ernesto Garzón Valdes, *Derecho, etica y política*, p. 339.

algum. Esta a tese sustentada pela *ética do bote salva-vidas*, representada, entre outros, por Garret Hardin (1976) e Joseph Fletcher (1976)".[24] Entre os dois extremos, porém, fique-se com o *in medio virtus*. Entre a incapacidade de salvar todos os famintos e a possibilidade de, sem sacrifício demasiado, socorrer ao menos alguns deles, ninguém será tão pobre que não possa fazê-lo. E impedir um ser humano de morrer de fome é um imperativo ético inquestionável. O que você pode fazer concretamente para reduzir a fome no mundo?

O otimismo insensato propõe um reducionismo insatisfatório. Primeiro, nega a questão da carência de alimentos. O único problema seria o transporte e distribuição da comida. Depois, acredita que as dificuldades já foram resolvidas pela Revolução Verde, com produção de novas variedades e diferentes culturas, inclusive as geneticamente modificadas. Ocorre que tais argumentos não se sustentam. Primeiro porque "os cidadãos do Primeiro Mundo não demonstram o menor interesse em comer menos para que os cidadãos do Terceiro Mundo possam comer mais".[25] Além disso, "embora os países de Primeiro Mundo ocasionalmente exportem comida para mitigar a fome causada por alguma crise (como secas ou guerras) em certos países do Terceiro Mundo, os cidadãos do Primeiro Mundo não demonstram interesse em pagar regularmente (através de impostos para ajuda externa e subsídios agrícolas) para alimentar para sempre bilhões de cidadãos do Terceiro Mundo. Se isso ocorrer sem programas efetivos de planejamento familiar, aos quais o governo dos Estados Unidos atualmente se opõe a princípio, o resultado seria o dilema de Malthus, isto é, um aumento de população desproporcional a um aumento da comida disponível".[26] De modo que o problema da fome se converte numa aporia, ou seja, mostra-se atualmente irresolúvel.

O egoísmo não é doença exclusiva das pessoas. Ele costuma acometer também as nações. Como se explica a insensibilidade de quem já possui *quase tudo* e se recusa a auxiliar quem não tem *quase nada*? "Ao lado da motivação tradicional – o direito de cada povo dispor do seu próprio destino –, a novidade de hoje em dia é a dimensão assumida pelo separatismo econômico: o desejo dos mais prósperos de viver à parte e desembaraçar-se da solidariedade e do ônus financeiro de ter de carregar o peso de compatriotas atrasados e carentes

24. Idem, p. 340. A *ética do bote salva-vidas* compara os que podem auxiliar como ocupantes de um bote salva-vidas, de capacidade limitada e insuficiente para fazer face à demanda de todos quantos estão se afogando. Seria legítimo, portanto, salvar-se e deixar os outros perecerem. A situação é semelhante aos institutos penais da *legítima defesa* e do *estado de necessidade*.

25. Jared Diamond, *Colapso – Como as sociedades escolhem o fracasso ou o sucesso*, p. 606.

26. Idem, p. 606-607.

de ajuda."[27] O verbete *compatriotas* serve a designar qualquer povo. Afinal, todos integram a *espécie humana*, e a descoberta do DNA veio a mostrar que não existem diferenças entre as criaturas que a integram. De maneira que a fome de uma pessoa deveria causar desconforto em qualquer outra, em qualquer latitude ou condição.

O brasileiro José Graziano da Silva, hoje Diretor-Geral da FAO – Organização das Nações Unidas para a Alimentação e a Agricultura recentemente escreveu: *A fome não pode esperar.*[28] Depois de afirmar que um bilhão de pessoas sofrem de subnutrição e que muitos países estão longe de atingir o primeiro Objetivo de Desenvolvimento do Milênio, o de reduzir pela metade, até 2015, o número de pessoas que passam fome e vivem na miséria, diz que em 2011 a FAO lançou um programa que equivale a uma revolução. É o modelo *Save and Grow* (Poupar e Crescer), que conserva e promove os recursos naturais e utiliza a contribuição da natureza – desde a matéria orgânica dos solos à regulação de fluxos d'água – para aumentar colheitas.

É falácia afirmar que para produzir alimentos é preciso acabar com florestas. "A mudança climática e a segurança alimentar têm agendas convergentes. Ambas requerem mudanças importantes para alcançarmos padrões mais sustentáveis de produção e consumo."[29]

Nem se fale em outras fomes. A fome de amor. A fome de justiça. A fome de esperança. No desalento gerado pelas portas cerradas do consumismo ao ingresso dos desvalidos, existe fome de emprego, fome de carinho, fome de reconhecimento. Tudo isso no Brasil, que tem o princípio da dignidade humana como o mais relevante dentre os seus superprincípios.

Verdade que os projetos assistencialistas do tipo *bolsa família* atenuaram a situação. Mas padecem pelo reducionismo. Isso não pode ser permanente. É preciso fazer com que o indivíduo tenha condições de arcar com a sua subsistência e a de sua família. A gratuidade nem sempre é o melhor caminho. Não são raras denúncias de que as cestas básicas são trocadas por álcool ou cigarro. A corrupção endêmica também é responsável pelo desvio das destinações. Cestas que deveriam alimentar famílias pobres são apropriadas por quem não necessita, quando não comercializadas.

Nem se pode raciocinar com a definitividade de uma solução que é contingente e precisa ser temporária. Planos consistentes transmitiriam informa-

---

27. Rubens Ricupero, *O Brasil e o dilema da globalização,* p. 43.
28. José Graziano da Silva, *A fome não pode esperar*, FSP de 01.01.2012, p. A3.
29. Idem, ibidem.

ções que permitissem à pessoa conseguir, com autonomia, o seu sustento. Não se pode criar uma legião de dependentes, tutelados pelo Estado, massa fácil de manobra para as mais mirabolantes aventuras eleiçoeiras.

Sobrevieram motivos para aumentar a preocupação. O matemático biológico Joel E. Cohen era otimista quando o mundo atingiu o sexto bilhão de seres humanos. Hoje, que somos 7 bilhões, ele acredita que o planeta segue uma receita para o desastre. O número de famintos é o maior em 40 anos: 1 bilhão de pessoas. Os subnutridos estavam diminuindo. Mas o preço dos alimentos nos últimos anos subiu de forma absurda, ante a competição da produção agrícola com a do biocombustível e outros usos industriais da comida.[30]

O despertar da China para o consumo só veio agravar o quadro. Os chineses estão comendo carne e o gado é alimentado com grãos cultivados em terra agricultável que poderia ser usada para plantar comida. Em 2009/2010, o mundo cultivou 2,3 bilhões de toneladas métricas de cereais: 46% para os homens, 34% para animais e 18% para máquinas: biocombustível e plásticos. Essa produção poderia alimentar de 9 a 11 bilhões de pessoas. Mas o pobre não tem renda para comprar comida.

Para piorar, a fome que perdura no Brasil é a de verdadeira educação. Alguém que consegue enxergar saberá encontrar fórmulas de sobrevivência. Múltiplas e variadas num continente pródigo em água doce, em recursos naturais e as melhores condições de habitabilidade. A falta de educação holística é justamente a causa de acelerada destruição de todo esse patrimônio. E a falta de boa educação agrava a fome. Se o mundo quiser que suas crianças tenham cérebros que funcionem, é preciso garantir acesso delas a boa comida. Para Joel E. Cohen, o mundo está tratando pessimamente as crianças e desperdiçando recursos num custo de oportunidade – aquele que se perde ao não explorá-la – que não é considerado nos sistemas econômicos e políticos mundiais.

8.2 A Ética e o Estado

O Estado, como pessoa, é uma ficção. Constitui arranjo formulado pelos homens para organizar a sociedade e disciplinar o poder, a fim de que todos

30. Luciana Coelho, *Perfil populacional dos próximos anos é receita para desastre*. Segundo matemático americano, só 46% dos cereais plantados alimentam pessoas; mundo poderia dar de comer a 9 bilhões. FSP, 07.11.2011, p. A12, em entrevista do estudioso que tem dois livros bem conhecidos: *Foods webs and niche space* (Redes alimentares e espaço do nicho) e *How many people can the Earth support* (*Quantas pessoas a Terra aguenta?*).

possam se realizar em plenitude, atingindo suas finalidades particulares. Na verdade, o Estado se converteu em finalidade em si mesma. O que nasceu como instrumento para servir às pessoas, cuida mais de sua preservação e consolidação reforçada.

Não faria real sentido, portanto, falar-se em *Estado ético* ou em *Estado aético. Éticos ou aéticos são os homens que integram o Estado.*

Na verdade, o Estado mantém e difunde certa moral. Nenhum Estado, "inclusive o mais despótico e autoritário, renuncia a vestir com um manto moral a sua ordem jurídica, política e social".[31] Esse revestimento moral traduzirá sempre a opção fundamental do Estado: a moral do capitalismo, a moral do socialismo, a moral da globalização. Ou até mesmo a *moral do cinismo.*

Nem por se adotar uma visão utilitarista de Estado se pode dizer que Ética e Estado sejam conceitos incompatíveis.Conclusão tal permitiria que a atuação estatal se afastasse de condução moralmente idônea dos negócios públicos. O Estado tem um *valor ético*. Não é ele o *universo ético* de Hegel, nem uma onisciência planificadora. "Nada caracteriza tão abertamente a essência ética do Estado como sua função de realizar o *mínimo ético* da convivência humana."[32] Esse *mínimo ético* é garantido mediante a instituição da ordem jurídica. Há uma *justificação moral* para o exercício do instrumento de poder de que dispõe e há um *caráter moral* em seu uso. Pois ele "põe um dique ao predomínio dos *elementos menos humanos da natureza do homem* em benefício da verdadeira humanidade. O Estado é, pois, a autodefesa do espírito humano ao assegurar a existência verdadeiramente humana dentro da vida coletiva".[33] O Estado não é a ideia ética universal, mas é instrumento para se atingir o objetivo ético da criatura humana.

Essa concepção deveria ser ainda mais clara e mais levada a sério no Estado do Brasil. A administração pública brasileira se submete ao princípio da *moralidade*,[34] tendo o constituinte positivado no texto constitucional o preceito ético de consecução do bem comum e de não causação de prejuízo a quem quer que seja.

O Estado brasileiro tem a obrigação de se conduzir moralmente, por vontade expressa do constituinte. Em todas as suas exteriorizações, não poderá transi-

---

31. Adolfo Sánchez Vázquez, *Ética*. 15. ed., p. 200.

32. Johannes Messner, *Ética social, política y económica* – A la luz del derecho natural, p. 859.

33. Idem, ibidem.

34. Art. 37, *caput*, da CF/1988.

gir com o princípio da moralidade. Seja no desempenho de suas funções primárias e diretas, seja na área de atuação que assumiu para corresponder à vocação do Estado do *bem-estar*, seja nas atribuições ordenatórias e fiscalizatórias da atividade privada. Em tudo isso, o poder público pode vir a ser responsabilizado se não estiver gerindo a coisa comum de maneira eticamente irrepreensível.

A *moralidade administrativa*, lembra Hely Lopes Meirelles, é hoje pressuposto da validade de todo ato da Administração Pública. "O agente administrativo, como ser humano dotado da capacidade de atuar, deve, necessariamente, distinguir o Bem do Mal, o honesto do desonesto. E, ao atuar, não poderá desprezar o elemento ético de sua conduta. Assim, não terá que decidir somente entre o legal e o ilegal, o justo e o injusto, o conveniente e o inconveniente, o oportuno e o inoportuno, mas também entre o *honesto* e o *desonesto*."[35]

Parece tenha sido exatamente esse o intuito do constituinte. Fazer o administrador refletir sobre os aspectos éticos de sua atuação. Perquirir se a alternativa adotada está conforme com os ditames da **moral** que, por ser administrativa, não precisa ser ontologicamente diversa da **moral coletiva**. Ao contrário, o administrador há de refletir os valores de sua época e não poderá contrariá-los.

Pode-se indagar: o que significa ser "honesto"? Qual o verdadeiro significado da palavra? "Honesto deriva de 'honra', e honra é tanto a boa reputação de que se goza no meio de um grupo social, como a consciência íntima da própria dignidade pessoal. Quem age em conformidade com tal consciência evita manchá-la e, numa sociedade boa, é estimado e é chamado precisamente 'homem honesto'."[36]

Todavia, a palavra latina "honesto" pode significar também "beleza", de onde se extrai que portar-se honestamente é algo belo, plausível.

Observe-se que "o princípio da moralidade é de difícil tradução verbal", sobretudo diante da impossibilidade de nele enquadrar a ampla gama de condutas e práticas desvirtuadoras das verdadeiras finalidades da administração pública. Odete Medauar completa: "Em geral, a percepção da imoralidade administrativa ocorre no enfoque contextual; ou melhor, ao se considerar o contexto em que a decisão foi ou será tomada. A decisão, de regra, destoa do contexto, destoa do conjunto de regras de conduta extraídas da disciplina geral norteadora da Administração".[37] Menciona como exemplo de imoralidade a

---

35. Hely Lopes Meirelles, *Direito administrativo brasileiro*. 16. ed., p. 79.
36. Carlo Maria Martini, *Viagem pelo vocabulário da ética*, p. 17.
37. Odete Medauar, *Direito administrativo moderno*, p. 142.

aquisição de automóveis de luxo para servir apenas para transporte de autoridades, em período de enxugamento do Estado e de contenção econômica.

Quem acompanha minimamente o que acontece no Estado brasileiro, em todos os níveis de uma Federação gigantesca – União, Distrito Federal, 27 Estados, mais de 6 mil municípios – tem toda a razão ao concluir que a preocupação ética passa ao largo das cogitações estatais. Existe probidade, mas o que transparece – e para isso a mídia colabora com seu faro investigativo – é a falta de comprometimento com a ética. O conceito de improbidade ingressou na ordem constitucional brasileira em 1988 e não prescinde da má-fé. "Improbidade administrativa, pois, é mais que singela atuação desconforme com a fria letra da lei. Em outras palavras, não é sinônimo de mera ilegalidade administrativa, mas de ilegalidade qualificada pela imoralidade, desonestidade, má-fé".[38]

A vontade do ordenamento é a de que toda pessoa provida de autoridade ou atuando em nome dela, se conduza rigorosamente de acordo com o princípio da moralidade. Todo ato suscetível de enquadramento nessa categoria írrita à ética é suscetível de apuração e de sanção. A imoralidade administrativa no Brasil contemporâneo comporta sanções. Uma delas poderá derivar de ação popular proposta para anular ato lesivo à moralidade administrativa.[39] Outra é a punição à improbidade administrativa do governante,[40] seja através de crime de responsabilidade, seja mediante suspensão de direitos políticos, além de outras retribuições.[41]

Todavia, "a realização da ideia ética por parte do Estado não constitui tarefa exclusiva de cada uma das comunidades estatais, senão também uma tarefa do progresso político da humanidade em seu conjunto".[42] Aquilo que se pode chamar *salto qualitativo ético* na sociedade política brasileira só virá quando a comunidade nacional estiver inteira e coesamente desperta para a fiscalização do trabalho do governo. Este só se legitima se estiver a serviço do povo. O povo é o patrão do governo. O mandato ao governante não foi outorgado por Deus. Foi outorgado pelo povo, titular da soberania, por força mesmo do pacto constitucional.[43] A esse propósito, a voz respeitada de Ives Gandra da Silva Martins sempre se faz ouvir: "Cada brasileiro deve

---

38. Marino Pazzaglini Filho, *Lei de Improbidade Administrativa comentada*, 5. ed., São Paulo, Atlas, 2011, p. 3.
39. Art. 5.º, LXXIII, da CF/1988.
40. Art. 85, V, da CF/1988.
41. Art. 37, § 4.º, da CF/1988.
42. Johannes Messner, op. cit., p. 859.
43. Parágrafo único do art. 1.º da CF/1988.

ter consciência de que o governante está a seu serviço e não ele a serviço do governante, e de que é bom governante apenas aquele que tem como meta exclusiva servir ao cidadão".[44]

Muita vez as pessoas se envergonham da honestidade, pois o discurso vigente ridiculariza o cumpridor do dever para vangloriar o sucesso material. O êxito costuma provocar a deserção ética. "Onde a figura de alguém bem-sucedido se evidenciar de forma particularmente marcante, a maioria sucumbe à *idolatria do sucesso.* Ela se torna cega para justiça e injustiça, verdade e mentira, decência e canalhice. (...) A capacidade de discernimento ético e intelectual se embota diante da glória do bem sucedido e da vontade de abocanhar alguma parte deste sucesso. Falta até o reconhecimento de que a culpa cicatriza no sucesso, pois a culpa nem é mais reconhecida. O sucesso é o bem por excelência".[45] Mesmo assim, vale a pena ser honesto. "Às pessoas que realizaram gestos de honestidade e foram punidas por esse motivo ou que foram desprezadas e postas de lado gostaria de dizer: Não, o vosso gesto não foi um gesto inútil. Nada se perde quando é realizado por uma consciência honesta e um dia agradecer-vos-ão e honrarão por tudo o que fizestes, porque, no fim, a verdadeira honra só será prestada a quem foi verdadeiramente honesto."[46]

O estágio de indecência constatado em certas esferas causa desespero em quem aspira a um mundo limpo. Ninguém é obrigado a suportar desonestidades. A cidadania tem um compromisso com a efetivação da Democracia Participativa. E participar não é votar a cada eleição, não se interessar pelo andamento da política e até se esquecer quem mereceu seu sufrágio. O verdadeiro cidadão, aquele que já não suporta a degradação, a corrupção, o menoscabo, o acinte, o cinismo, precisa empenhar-se numa participação política permanente. Acionar os mecanismos de controle que, para a cidadania, residem na possibilidade de protestar. Junto ao mau político, endereçando *e-mails* – correio eletrônico – para a sua caixa postal, para a sede do respectivo poder e para todos os órgãos de comunicação. Organizar-se em ONGs que tenham por finalidade extirpar a corrupção, causa de incomensuráveis males para a população mais sofrida e para a indigência moral em que o Brasil se debate. Não perder a capacidade de indignação e de evidenciá-la por todos os modos.

---

44. Ives Gandra da Silva Martins. Ser cidadão, *Folha de S. Paulo*, 26.01.1997, p. 1-3. Acrescenta o jurista: "Cada brasileiro vale, individualmente, mais do que todos os políticos, pois todos os políticos têm a obrigação constitucional de servir-lhe, e só para isto foram eleitos ou escolhidos, em concursos, para os cargos públicos".

45. Dietrich Bonhoeffer, *Ética*, p. 47.

46. Carlo Maria Martini, *Viagem*... cit., p. 20.

A comunidade jurídica e a juventude têm um compromisso reforçado. É da tradição brasileira que todos os grandes espetáculos democráticos tenham origem na mocidade que conhece o direito. Ao optar pelo direito, escolheu o correto, o certo, o direito, não o torto e o errado. Cumpre exigir que aqueles que sobrevivem às custas do erário também se comportem com lisura. Cada real subtraído às políticas públicas é roubado à pobreza que tem o direito de ser incluída na sociedade prevista pela Constituição. Uma pátria humana. Uma sociedade de irmãos.

Talvez não se alcance a sociedade ideal. Não em nossos dias. Porém, é lícito e estimulante sonhar com uma sociedade mais justa e melhor, com aquele sonho do constituinte na edificação de uma sociedade justa, fraterna e solidária. Ela só poderá surgir se houver o sacrifício de todas as pessoas honestas. Sacrifício de certa forma prazeroso. Pois nada substitui, para quem tiver consciência reta, a satisfação de exato cumprimento do dever.

8.2.1 A Ética pública e a Ética privada

Ser ético é obrigação de todos. Seja no exercício de alguma atividade estatal, seja no comportamento individual. Mas pode-se falar em ética realçada quando se atua num universo mais amplo, de interesse de todos. Existe, pois, uma *Ética Pública*, e apura-se o seu sentido em contraposição com o de *Ética Privada*. Um nome pelo qual a *Ética Pública* tem sido conhecida é o de *Justiça*.

Ética Pública "é a moralidade com vocação de incorporar-se ao Direito positivo, orientando seus fins e seus objetivos como Direito justo".[47] Quando ainda não se incorporou ao direito positivo, mas serve de critério para apreciar a norma positiva, ela é chamada *moralidade crítica*. Quando incorporada ao direito positivo, é chamada *moralidade legalizada* ou *positivada*.

Embora se comunicando com a *Ética Privada*, a *Ética Pública* não se confunde com ela. "A Ética Pública é uma ética procedimental que não assinala critérios, nem estabelece condutas obrigatórias, para alcançar a salvação, o bem, a virtude ou a felicidade, nem fixa qual deve ser nosso plano de vida último. Marca critérios, guias e orientações, para organizar a vida social, de tal maneira que situe a cada um para atuar livremente nessa dimensão última de escolher nosso caminho, nosso plano de vida para alcançar o bem, a virtude, a felicidade ou a salvação, quer dizer, para eleger livremente nossa ética

---

47. Gregório Peces-Barba, Ética, poder e direito – Reflexões ante o fim do século, *Cadernos y Debates*, n. 54, p. 14.

privada."[48] A *Ética Pública*, salienta Peces-Barba, supõe um esforço de racionalização da vida política e jurídica para alcançar a humanização de todos. É instrumento voltado ao desenvolvimento integral de cada ser humano.

A *Ética Privada*, em lugar disso, é "uma ética de conteúdos e de condutas que assinala critérios para a salvação, a virtude, o bem ou a felicidade, quer dizer, orienta nossos planos de vida".[49] Ela tem duas dimensões: a *individual* e a *social*. Deve ser resultado da opção de quem a abraça, daí o caráter de *autonomia*, mas suscetível de ser oferecida a todos os demais como se fora uma lei geral, daí o requisito da *universalidade*.

Em síntese, o que distingue a *Ética Pública* da *Ética Privada* é que a primeira é *formal e procedimental*, a segunda é *material* e *de conteúdos*.

O paradigma de *Ética Pública* da modernidade parte da noção de *liberdade social*, complementada pelos valores *segurança, igualdade* e *solidariedade*. A *liberdade social* permitirá a cada pessoa, de maneira autônoma, exercer sua *liberdade moral*. A cada ser humano há de ser garantido escolher livremente o seu plano individual de existência.

A finalidade da *Ética Pública* é estabelecer critérios para que os espaços sociais – âmbitos do Poder e do Direito – estejam abertos à realização de *projetos morais individuais*.

O projeto moral individual é traçado pela *Ética Privada*, aquela que estabelece modelos de conduta ou de comportamento, estratégias de felicidade ou ideais sobre o bem e a virtude.

Quando *Ética Pública* e *Ética Privada* não se compatibilizam, quase sempre se frustrará o projeto de realização individual das pessoas. Os governantes têm o **dever** de zelar pela fixação e observância da *Ética Pública*, enquanto os cidadãos são titularizados do *direito* de reclamar deles essa postura.

As condições que tornam possível a compatibilidade entre *Ética Pública* e *Ética Privada*, na visão de Gregório Peces-Barba, são:

1. Deve ser oferecido à cidadania um contexto pluralista e não um projeto solitário de *Ética Privada*. A oferta do governo deve concorrer com outras ofertas e participar do jogo limpo e da lealdade democrática, para ser fruto da autonomia, não representando a única alternativa.

2. A opção de cada pessoa deve ser exercício de sua liberdade de eleição. A *opção ética* não pode ser fruto de contingências, ou de imposições, ou de

---

48. Idem, p. 15.

49. Idem, ibidem.

temores ou de falta de alternativas. Cada ser humano, dono de sua vontade esclarecida por um discernimento sadio, deve responder por sua conduta ética individual.

3. Deve ser possível a construção de um plano de vida distinto e próprio, sempre que seja universalizável como oferta aos demais, para que se esteja no âmbito moral. A moral coletiva não pode ser camisa de força para sufocar os caminhos escoteiros. Um projeto vital extravagante e não generalizável não deve ser obstaculizado, se em nada afeta aos demais.[50] Pode-se não concordar com a escolha moral do próximo. Legitima-se, até, o exercício da persuasão para propiciar maior esclarecimento e, portanto, maior liberdade de opção. Não se justifica, porém, condenar-se o semelhante por não partilhar das mesmas crenças éticas, ou recusar-se a manter com ele o exercício do diálogo, remédio eficiente para a surdez moral.

O *projeto moral individual*, se não ostentar a condição de fruto da autonomia e não revestir o requisito da universalidade, não poderá ser considerado como integrante da moralidade privada. Se a moralidade privada coincide sempre com os interesses de seu titular, haverá grandes motivos de suspeita de que essa pessoa careça de moralidade. Mas sem espaço público que facilite a existência de ofertas de moralidades plurais e sem possibilidade de que as pessoas aceitem livremente ou criem livremente um projeto moral não haverá moralidade pública.

O *projeto moral individual* é o resultado de uma elaboração que pode ser aperfeiçoada e pode ser lenta. A formação da própria consciência é um caminho a ser percorrido por toda e qualquer criatura humana. Quase nunca a consciência bem formada é produzida num estalo e, a partir daí, se apresenta perfeita e acabada. Quase sempre o pensamento incursionará pelo pluralismo ideológico, origem da tolerância e fundamento da liberdade individual.

Nesse percurso é provável que a pessoa erre. O errar é próprio da condição humana. Às vezes é preciso errar muito, para se chegar a um acerto. Quem já não escutou que *não existe liberdade para errar*? "Parece que se pretende que abstrações definidas por seres humanos e, consequentemente, expressão de sua subjetividade, ou de uma certa moralidade social, passem por verdade objetiva e que os direitos, que só são das pessoas, se atribuam a entes ideais ou de ficção. Não só se afrontou com esse talante uma experiência histórica que Tagore exprimiu muito belamente: 'Se fechas a porta a todos os erros, deixarás de fora também a verdade', senão que se favoreceram e se impulsionaram ações

---

50. Idem, p. 77-78.

violentas e repressões contra quem não participava dessa *verdade* inconvertível e se obstinava no *erro*."[51]

A construção do próprio *projeto moral individual* há de resultar de exame de consciência diário, para apurar se o sentido das atitudes está direcionado à consecução do bem idealizado. Há de se ater à orientação alheia, para conferir se o ensinamento do outro não pode clarear pontos obscuros na opção própria. Os olhos devem estar fechados para a intransigência, para a intolerância, para os radicalismos. A humildade intelectual há de ser exercida e o coração há de estar aberto para o semelhante, ainda que com ele se não concorde. Também do erro alheio extrai acerto quem se anima da intenção de não errar.

Tudo passa pela consciência do indivíduo. "Apesar de hoje se falar muito de 'ética pública', parece que o silêncio se adensa a respeito da mais antiga e misteriosa 'moral': sobre os critérios do agir que garantem não simplesmente a 'justiça' nas relações sociais, mas a 'justiça' do homem perante a sua própria consciência. Quando não se enfrentam certas questões 'morais', parece que as ditas questões de 'ética pública' não poderão receber senão soluções convencionais, resultantes de um compromisso entre pontos de vista diferentes e incomparáveis e não de um real consenso a respeito daquilo que é digno do homem e faz que a vida seja boa."[52]

8.2.2 A Ética e a política

Não existe ética na Política, ouve-se proclamar com inteiro desalento. São tantos os desmandos, os "malfeitos", as denúncias, as suspeitas e os indícios, que o homem comum generaliza a desconfiança que paira sobre o exercente de cargo público. Nem mesmo aquele em quem votou escapa a esse estigma.

Sabe-se que não é assim. Existem alguns que não se contaminam. Ficam tolhidos, sufocados pela maioria, não conseguem implementar seus projetos. O sistema de "repartição" do poder pela base aliada faz com que não haja muita esperança na descontaminação desse terreno minado.

Todavia, não se pode aceitar uma política sem ética. Garzon Valdes é contundente: "Direi que um sistema político possui legitimidade quando satisfaz os requerimentos da ética".[53] Uma organização racional do poder político e da sociedade política irá converter a criatura humana em sujeito autônomo de

51. Idem, p. 83.
52. Carlo Maria Martín, *Viagem*... cit., p. 61.
53. Ernesto Garzon Valdes, op. cit., p. 561.

direito, partícipe efetivo na tomada de decisões políticas. Seu protagonismo é o de fim último da atividade política. Tal atuação permitirá o pleno desenvolvimento de sua dignidade como pessoa, "ser que elege, ser racional, ser comunicativo e ser moral".[54]

Respeitado pensador contemporâneo, J. Rawls, elaborou sua ética a partir da tentativa de solução de um conflito que se trava na ordem social. Por isso o seu pensamento é conhecido como *ética-política*: "A partir da ideia de conflito social pode-se concentrar o movimento da ética-política de J. Rawls em três tempos: a) reconhecimento do conflito entre os bens disponíveis escassos e o desejo ilimitado de posse por parte dos indivíduos; b) intervenção da teoria da justiça instaurando a sociedade bem ordenada (justa); c) a consolidação da comunidade política onde prevalece a cooperação, o senso da justiça e as virtudes da cidadania".[55] A *justiça*, para Rawls, é o que fundamenta uma *nova ordem política*.

A *ética na política* poderia ser tema de alentada monografia. Para os propósitos deste estudo é de lembrar que a *ética dos políticos* já tem sido objeto de preocupação concreta no Parlamento. Assim não fora e o Brasil não se teria se utilizado do *impeachment* no passado recente. Os contínuos escândalos, como o dos *anões do orçamento*, por exemplo, não deixam esquecidas as exigências éticas postas a quem foi eleito para defender o interesse coletivo. As denúncias de *mensalão*, as CPIs dos bingos, o caso das ambulâncias, parecem provar que a política nasceu geneticamente comprometida com o descalabro. Desde os mais altos escalões, até ao menor funcionário da inflada e ineficiente máquina estatal, todos parecem fruir de desconfiança. Há uma sensação de descrença em tudo o que é político.

A política no mundo todo – e a brasileira em particular – não é atividade campeã em apreço comunitário. Chegou-se, inclusive, à elaboração de uma *tese da satanização da política*.[56] Bom exemplo dela é fornecido por Max Weber, quando faz referência ao *pacto com forças diabólicas* celebrado por todo político. "Aceitar a tese da satanização implica admitir que há um enorme campo de ações voluntárias com respeito às quais não teria sentido predicar sua qualidade moral. Uma exclusão desse tipo contradiz abertamente as mais elementares experiências cotidianas."[57]

---

54. Gregório Peces-Barba, op. cit., p. 33.
55. J. Rawls, A theory of justice, §§ 60/87, apud Olinto a. Pegoraro, *Ética é justiça*, p. 68.
56. Examinar Hartmut Kliemt, 1986, apud Ernesto Garzon Valdes, op. cit., p. 561.
57. Apud Ernesto Garzon Valdes, op. cit., p. 564. O fundamento da tese é o de que ao se usar o poder e a violência celebra-se um pacto com o diabo.

Interessa, aqui, é verificar se os cidadãos podem conferir ética à política. E a resposta é afirmativa. O cidadão – no sentido jurídico de *nacional provido de direitos políticos*, o direito de votar e ser votado – tem condições de imprimir ética na vida política.

Para isso, é mister *participar* da vida política, seja mediante filiação a partido, seja apenas discutindo os assuntos de maior relevância para o desenvolvimento do Estado brasileiro. O cidadão esclarecido terá condições de escolher melhor. A opção do eleitor deverá ser refletida. Interesses fisiológicos ou impulsos devem ser trocados por meditação serena. Eleitor ético só vota em político ético.

A mídia é grande auxiliar nessa tarefa de pré-selecionar os candidatos, que devem ser excluídos à medida que falharem com o ideário do eleitor. Os deslizes, as ausências a plenário, o passado pessoal ou político, tudo isso deve ser pensado no momento da escolha.

Mas o eleitor qualificado não pode ser convertido em *cidadão de um dia*. A democracia não pode existir apenas no dia das eleições. O eleito deve, continuamente, prestar contas a seu eleitor. E este, se não receber satisfações de seu representante, deve cobrá-las. É seu dever ético.

O político deve ser pessoalmente procurado, quando possível. Por isso o prefeito e os vereadores são os detentores de mandato, em regra, mais próximos a seus eleitores. São pessoas que podem ser encontradas no município mesmo em que se vive. Basta um pouco de paciência e o eleitor é atendido pelo prefeito, por seus secretários ou pelo vereador em quem votou.

Em assim não sendo, os deputados, senadores e Presidente da República devem ser acionados por carta, telegrama, fac-símile, *e-mail* ou qualquer outro meio de contato. É miraculoso o poder de uma comunicação eletrônica. Se ela não for respondida, deve ser endereçada aos órgãos de divulgação. Todos eles descobriram hoje a urgência da interação. Sem isso, jornais perdem leitores, TVs perdem telespectadores, rádios perdem ouvintes. Ninguém está impedido de manifestar sua perplexidade ante o assédio do político no momento que antecede a eleição e o ostracismo a que é relegado durante o curso do mandato.

Essa campanha de esclarecimento deve ser levada para a família, para o local de trabalho, para a escola, para a associação dos amigos do bairro, para a Igreja, para o clube. Todos os ambientes de acesso devem ser transformados em *células de fiscalização*. O detentor de cargo público é remunerado com o *seu dinheiro*. Você tem *direito*, além de dever, de controlar seu trabalho.

O cidadão brasileiro não dispõe do *recall*, instituto norte-americano que permite a cassação do mandato em pleno curso, quando um grupo de eleitores é chamado a avaliar a conduta do seu representante e a sua fidelidade ao ideário com que acenou quando disputou as eleições. Mas os mandatos executivos e as legislaturas passam depressa. O cidadão deve assumir o compromisso de não deixar ser eleito aquele que falhou com a ética, aquele que prometeu e não cumpriu, aquele que só se serviu do mandato em seu próprio benefício, aquele que não correspondeu às expectativas do eleitor.

Ao sentir-se fiscalizado, o político saberá honrar a palavra empenhada e detectar, na comunidade dos eleitores, quais os valores a serem defendidos. Assim se poderá imprimir ética à política. E ainda contribuir para a formação de um melhor político. "O homem político mais frequentemente conhece as ciências humanas. Acontece que a grande maioria dos problemas atuais é resultante da aplicação de técnicas relacionadas com as chamadas *ciências duras*. Assim, por exemplo, os problemas de meio ambiente são produzidos por técnicas industriais derivadas das ciências físicas e químicas. Já que uma grande parte dos dramas da modernidade depende das ciências duras, é preciso que o dirigente as conheça. Isso, aliás, é um fato inteiramente novo. Nunca antes se pediu ao homem político que tivesse tal conhecimento. Quando ele se limita a ler o jornal, fica demasiadamente preso à atualidade e não tem a distância necessária para se ocupar dos problemas que só se resolvem a longo prazo, como os da educação, do meio ambiente, da criminalidade. O homem político não pode se limitar à cultura da mídia".[58]

Um Estado com os problemas sociais enfrentados pelo Brasil não pode se dar ao luxo de sustentar agentes estatais que não se devotem à causa pública. A política é a arte que permitirá o resgate das carências da nacionalidade, carências acumuladas durante séculos de exclusão do povo dos sistemas de adoção das políticas governamentais. O cidadão eticamente consciente sabe que não pode continuar excluído. A participação e o exercício da solidariedade constituem a alternativa de redenção que o conduzirá à verdadeira dignidade.

Ninguém se preocupe em parecer hoje minoria. A minoria ativa é aquela que se faz ouvir e respeitar. A minoria pensante é *fermento na massa*, é a elite condutora da massa e a formadora de opinião. Surpreende o valor da verdade e do trabalho continuado. Insistir na crítica e na fiscalização pode ser mais eficaz ao político do que submetê-lo a uma sabatina ética. Pensar sempre nas eleições como *faxina geral*. Tirar mandato àqueles que não o honraram. Mais do que isso, exigir punições efetivas. Para isso existem a Justiça Eleitoral e o Ministério Público. Mas o poder da mídia não é de ser desprezado. Ela precisa estar a serviço da população, pois seu compromisso é com os valores éticos e sociais. Não há exigência maior em nossos dias, para a política brasileira,

58. Michel Serres, Le tiers exclu, em entrevista a Betty Milan, *A força da palavra*, p. 40-41.

do que provê-la de nomes incensuráveis. Gente de que nenhum eleitor tenha posteriormente de se envergonhar, como ocorre costumeiramente nas últimas legislaturas e administrações públicas.

A utopia é excluir da política brasileira o escancaramento da mentira ou o mau uso da verdade. "Mente-se nas assembleias eleitorais, compram-se seus votos com promessas falaciosas, com compromissos solenes que se está decidido a não cumprir, com calúnias difamatórias que se inventam."[59]

Cada brasileiro tem a obrigação de repensar suas responsabilidades de integrante de uma Democracia participativa. Este parece ter sido o modelo do constituinte de 1988. Há quem sustente que a participação dos cidadãos é marca de qualquer regime democrático.[60] Não é fácil conceituá-la, a não ser com a ênfase na *participação*, enquanto o modelo recente acentuava a *representação*. Aceita-se que "a democracia participativa e a democracia representativa devem coexistir, complementando-se".[61] Essa complementação se faz com a inserção de institutos da Democracia Direta na Democracia Representativa. Por isso é que a Democracia Participativa seria uma espécie de Democracia Semidireta.

Os brasileiros são chamados a um protagonismo de certa forma relegado, ante a multiplicação de maus exemplos. O resgate dos valores na política reclama a preparação de uma cidadania mais atenta. A fiscalização consegue reduzir – inviável eliminar – a intensidade da corrupção e da desfaçatez na vida pública. Para isso é urgente formar uma *opinião pública* consistente e consequente. Sem esquecer que "a opinião pública se forma na disputa argumental ao redor de um assunto, não acriticamente no apoio ou no rechaço – plebiscitária ou ingenuamente manipulados – apoiados no *senso comum* de pessoas".[62] Alvo fácil das proclamações emocionais, bombásticas e singelas, com frases de efeito e o trivial convertido em verdade absoluta, o homem do povo tende a pensar como queiram os reais detentores do poder. Isso impede que haja *ética na política*. Ao menos aquela ética imprescindível do adequado tratamento da coisa pública, insuscetível de ser confundida com o interesse privado ou de servir a fins escusos.

Sem isso, poderá não estar destituído de razão quem acreditar que a *falta de ética* acometeu, simultaneamente, quase toda a população nacional. Situa-

---

59. Gabriel Tarde, op. cit., p. 46.
60. Antoine Bevort, *Pour une democratie participative*, p. 123.
61. Antonio Alberto Zvirblis, *Democracia participativa e opinião pública*, p. 62.
62. Jürgen Habermas, *Historia y crítica de la opinión pública: la transformación estructural de la vida pública*. 6. ed., p. 273.

ção em que se concordará com a versão maquiavélica mais corrente. Aquela fundada na constatação de que cidadãos "podem ser com certeza perversos, mas, segundo Maquiavel, as coisas ficam mais fáceis se além disso forem tolos, 'pois a massa se deixa sempre impressionar por aparências e resultados, e o mundo é composto da massa'. Para que nossos métodos funcionem, portanto, pode ser necessário mantê-los ocultos. Como cínicos observam muitas vezes hoje em dia, se o povo realmente gostasse de políticos honestos não insistiria em votar em canalhas".[63]

Tudo se resume à falta de educação, repita-se. População educada – repita-se, educação nem sempre coincide com *escolarização* – interessar-se-ia por política por sabê-la fundamental. Ela interfere na vida de cada um, além de definir os destinos da Nação. Não adianta dizer que "só quem não presta entra na política". Além de não ser verdade, não permite se encare o problema como algo suscetível de resolução. Ao contrário, a política precisa de gente honesta. Gente que sirva de exemplo. Há toda uma infância e juventude sequiosas de bons exemplos. Compete a cada brasileiro consciente multiplicá-los. E banir da política aqueles que não se enquadrarem num padrão moral mínimo.[64]

Hoje há um aliado importante para a moralização da política no mundo e no Brasil. É o uso das "redes sociais". O mundo virtual mostra-se como refúgio a todos os que estão enojados de tantas situações e ali as pessoas podem extravasar seus sentimentos. A recente queda de algumas ditaduras que pareciam eternas – embora no outro lado do mundo – mostra que a força dessa comunicação é imensa. Também se valeu delas o Presidente Barack Obama,

---

63. Nicholas Fearn, *Aprendendo a filosofar em 25 lições – Do poço de Tales à desconstrução de Derrida*, p. 67-68.

64. A tentativa popular de eliminar os maus políticos do sistema, com a lei que se tornou conhecida como "ficha limpa" foi um momento alto na formação de uma consciência política nacional. Embora o STF não tivesse respaldado inteiramente a vontade do povo, o TSE o fez e, por uma contingência na demora em se prover a Corte Suprema de seu 11.º integrante, prevaleceu para as eleições de 2010 a leitura que o Tribunal Superior Eleitoral fez dessa legislação. Bom prenúncio de surgimento de uma vontade nacional atuante e capaz de imprimir rumos à política brasileira. Lamentavelmente, aos poucos parece que à esperança inicial sucede o desalento. Muitos dos políticos para grande parte da população provida de lucidez considerados execráveis retornam à cena, assumem seus mandatos e tornam a soberania popular mais uma ficção na Democracia Participativa prometida pelo constituinte brasileiro. O único remédio para o desalento é a participação. A cidadania unida pode impedir que males maiores sejam perpetrados por todo e qualquer agente provido de autoridade e que é pago por ela. Ou por essa ficção chamada "povo".

para pavimentar sua eleição, o que parecia impossível considerada a tradição norteamericana.

Por que não se valer das redes para denunciar, fiscalizar, exigir atitudes, protestar, reclamar a observância da lei e da ética? Milhões de brasileiros já se conectam. Que não seja apenas para um exercício lúdico ou para o reencontro com amigos sumidos. Há uma utilidade latente que é melhorar o convívio, melhorar a política e, portanto, melhorar a qualidade de vida para todos.

8.3 A ÉTICA E A RELIGIÃO

Na verdade, ao se cuidar da *Ética Cristã*,[65] já se realçou a importância de uma crença como *alavanca moral*. Ocorre que o Brasil de tantas éticas é também o Brasil de inúmeras confissões religiosas. As últimas pesquisas evidenciam a contínua migração religiosa, o crescimento das seitas, um certo *ecletismo confessional* a permitir o convívio de ritos diversos. A mesma pessoa que se diz católica frequenta centros espíritas ou recebe "passes", não se recusa a comparecer a cultos afro-indígenas, aceita o *jorei* e é também supersticiosa. O interesse das pessoas por algo de transcendental e não inteiramente explicável justifica breve reflexão a respeito da ética sob o enfoque da crença. Por isso é que se mostra necessário incursionar novamente pelo tema **ética e religião**.

Primeiro é necessário definir religião. Tomada subjetivamente, como algo ínsito à pessoa que a possui, religião é a *virtude moral que inclina a dar a Deus o que lhe é devido*. Tomada objetivamente, como **coisa ou objeto**, religião é a *síntese de verdades e leis que estabelecem e regulam os deveres do homem para com Deus*.[66]

A Ética, primeiramente, concerne ao sentido objetivo de religião. Ela guarda pertinência com aqueles deveres que reclamam à criatura o exercício de suas mais nobres faculdades: a inteligência e a vontade. O intelecto humano encontra alicerces seguros nas verdades da religião. Em relação a alguns, essas verdades convencem por sua demonstrabilidade. Para outros, a fé supre a racionalidade. A religião encontra fundamento em sólida base de crença. A vontade humana deve conformar-se com os preceitos que constituem a parte essencial da religião.

A religião sempre existiu. É de Plutarco o asserto: "Nunca se viu uma cidade sem deuses e templos". Para Cícero, "a própria Natureza ensina que

---

65. Capítulo II, itens 2.1 a 2.6.

66. Paul J. Glenn, *Ethics – A class manual in moral philosophy*, p. 151.

Deus deve ser venerado; nenhum homem está liberado do preceito que o determina". A religião, considerada como a disciplina dos deveres do homem em relação a Deus, é "um fato primitivo, universal e constante em toda a História humana".[67] Não há religião sem moralidade e, para alguns, não há moralidade sem religião.

A religião é uma fonte inesgotável de preceitos éticos. Em outras palavras, a ética está inseparavelmente ligada à religião. Por consequência, cada vez que a crença não se faz acompanhar por apego à religião, a moralidade claudica. Perde importante alavanca. É notório que a desorientação moral guarda íntima relação de caráter causal com a debilitação das vigências religiosas."As vigências de origem religiosa foram perdendo vigor; em muitos casos, elas ainda são conservadas por inércia...Há casos em que parece existir uma enérgica vigência; todavia, olhando mais profundamente, descobre-se que ela tem um caráter combativo e beligerante mais do que propriamente um caráter religioso; algo que não pode consistir, como é próprio da vigência religiosa, em *instalação*."[68] O laicismo propõe uma ética, mas sem a fundamentação religiosa. Aos poucos, ela pode sucumbir, ante a vacilação do indivíduo perante tantas trajetórias possíveis.

O processo de debilitação do fundamento religioso não é abrupto. Em uma civilização denominada *cristã*, como aquela em que inserto o homem ocidental contemporâneo, é fácil detectar preceitos a um tempo religiosos, éticos e jurídicos. Conforme salienta Perelman, "se uma religião, tal como o judaísmo, se dota de um Deus legislador, paradigma do justo e do bem, esse Deus será a fonte tanto da moral quanto do direito".[69] A ética do Cristianismo pode se resumir à síntese evangélica: "Ama ao próximo como a ti mesmo". A síntese constitui feliz tradução do mandamento ético de se não fazer ao outro aquilo que se não quer para si.

Uma ética religiosa tem de ser tolerante em relação aos demais credos. "Diante do mistério do mundo, na busca e no anseio por um Pai-Mãe no amor que seja assim para todos, o cristianismo se encontra caminhando em companhia das outras experiências religiosas da humanidade. O diálogo com estas é tanto mais necessário e urgente quanto mais a 'aldeia global' aproxima os crentes e os chama a servir juntos a causa da unidade da família humana."[70]

---

67. Idem, p. 154.
68. Julian Marías, *Tratado de lo mejor; la moral y las formas de la vida*, p. 127.
69. Chaïm Perelman, *Ética e direito*, p. 313.
70. Bruno Forte, *A essência do cristianismo*, p. 29.

O importante é que nenhuma religião deixa de impor aos seus crentes a sua ética. Esse preceito ético-base está no Direito. Viver honestamente, não prejudicar a ninguém e dar a cada um o que é seu – fórmula clássica do patrimônio jurídico elaborada pelos romanos – contém a mensagem evangélica. É raro encontrar, dentre os estudiosos, quem não detecte nas ciências jurídicas a influência da ética religiosa. Basta lembrar as origens do Direito Natural. Até o racionalismo "parece ser também a herança de uma teologia. Nunca fomos capazes de forjar, de Deus, mais do que uma imagem incompleta. Paralelamente aos teólogos obcecados sobretudo pela Onipotência, pela Liberdade de Deus, outras correntes nele privilegiam a Sabedoria, a Razão. Assim foi transferida, primeiramente à Igreja, depois ao homem, uma parte da Razão divina, sendo esta a origem do *racionalismo*".[71]

Todos os sistemas da *Escola do Direito Natural* derivam da teologia. Constituem, na verdade, a transposição da teologia para o mundo secularizado. As leis civis ordenadas de acordo com a ordem natural têm por base o preceito evangélico *Amarás a Deus e a teu próximo*. Deve-se aos protestantes a *secularização* dos princípios do Direito Natural. "Bastará cortar a lei natural de suas raízes teológicas, colocar o legislador divino mais ou menos entre parênteses. Os princípios do direito natural serão procurados, sem que ninguém se dê ao trabalho de aprofundar as buscas, naquele fundo da *Natureza Humana* em que serão depositados os princípios inatos. Aqui começa-se a substituir a religião de Deus pela religião do Homem".[72]

Religião de Deus, ou Religião do Homem, imensa a importância da religião na vida humana. Tanto assim que foi longo na história – e continua sendo – o casamento entre Estado e religião. Estados confessionais ainda existem e se caracterizam pelo radicalismo fundamentalista em nossos dias. A tolerância religiosa no Ocidente surgiu como ditame da razão. "O pluralismo religioso tem como consequência a secularização do Estado, que propõe como finalidade do direito o estabelecimento de uma ordem social que assegure aos membros da comunidade política uma coexistência pacífica, sejam quais forem suas concepções religiosas."[73] A tolerância recíproca adquire até outra caracterização, sob a forma de *ecumenismo*.

Todavia, a preponderância de certa religião inspira as decisões do legislador, e a moral dominante será reflexo dessa confissão majoritária. Explica-se assim a consagração do domingo nos Estados cristãos, a da sexta-feira nos

---

71. Michel Villey, *Filosofia do direito*, p. 305.

72. Idem, p. 307.

73. Chaïm Perelman, *Ética*... cit., p. 314-315.

Estados muçulmanos e a do sábado em Israel. Quando se instaura um *Estado confessional*, a ética religiosa passa a ser norma jurídica. É interessante o estudo do fundamentalismo e da influência islâmica nos Estados erigidos sobre verdades religiosas.

Cada Estado sempre pode estabelecer limites à liberdade religiosa. "Ir-se-á tolerar, em nome da religião, a recusa do serviço militar ou da vacinação preventiva? Ir-se-ão admitir o canibalismo, o assassínio ritual ou o uso de drogas de todo tipo? Enquanto o pluralismo religioso implica certa tolerância, as exigências da vida em sociedade impõem limites a esta, que são variáveis no tempo e no espaço."[74]

A moral de inspiração religiosa impõe observância aos mandamentos, pois é imoral desatendê-los. Já na sociedade propiciadora do pluralismo religioso o valor fundamental passa a ser a *liberdade de consciência* e seu consectário: a *liberdade de religião*.

Não persiste dúvida alguma de que uma ética de inspiração religiosa possui carga de coercibilidade intensificada, pois eventual infração não será apenas moral, mas representará também falta religiosa, podendo constituir pecado a ser evitado pelo fiel. Por isso, afirma Bertrand Russell, "a separação entre a ética e a teologia é mais difícil do que sua distinção da ciência (...). Na ética (...) muitos conceitos são difíceis de interpretar e muitas crenças são de justificação árdua, na ética tradicional, a menos que se admita a existência de um Deus, um Espírito Universal ou, no mínimo, de um Propósito cósmico imanente. Não quero dizer que essas interpretações e justificações sejam *impossíveis* sem uma base teológica, mas afirmo que, sem tal base, elas perdem em força persuasiva e em poder de coerção psicológica".[75]

Isso não quer dizer que a lei moral cristã se confunda com a lei moral natural. São elas diferentes, primeiro porque a lei moral natural "se manifestou ao homem por meio da revelação natural; aquela [a lei moral cristã], ao contrário, por meio da revelação sobrenatural. Em uma, a vontade do Criador se deu a conhecer por meio da natureza humana, na outra diretamente pela palavra de Deus".[76] Nada obstante, por seu conteúdo essencial ou por seu alcance ético e social, a lei moral cristã se diferencia muito pouco da lei moral natural. Elas têm enormes e intensos pontos de contato. À exceção do terceiro mandamen-

---

74. Idem, p. 315.

75. Bertrand Russell, *A sociedade humana na ética e na política*, p. 15-16.

76. Johannes Messner, op. cit., p. 139.

to, o decálogo confirmado por Jesus Cristo coincide com os preceitos da lei natural.

A religião integra a essência humana. Ela não é "algo optativo, senão postulado necessário para alcançar o desenvolvimento integral da natureza humana. Rechaçar a religião teria um efeito equivalente ao desprezo pela sociedade ou pela biosfera".[77]

Pode-se viver sem religião?

"Diante desta questão, três atitudes são possíveis: ou bem acreditar que, sem revelação, sem religião, o homem pode, por ele mesmo, dar um sentido ao seu destino e ao dos outros, isto é, afinal de contas, à História humana; ou bem aceitar que a vida, animal e humana, seja um efeito, e não um fim, constatar que ela existe, mas que ela não tem significação indubitável; enfim, crer que Deus é o centro e o sentido de toda a existência; que n'Ele, como diz a escritura, *vivimus, movimur et sumus*. O autor não percebe outro caminho".[78]

Mesmo aqueles que não têm religião reconhecem que a fé é luz que ilumina a consciência e confere dignidade ao crente. Sem dizer que resta bastante diluída a intensidade de consciência do não crente, para renunciar aos chamados *prazeres* da vida, optando pela aridez da virtude, sem a convicção de, com isso, inserir-se num plano transcendental.

O crente possui mais motivos não apenas para ser ético, mas também para ser feliz, realizando-se em plenitude até o crescimento humano possível. A crença é fundamental para inspirar as atitudes, para tornar natural a luta inglória às vezes para não sucumbir às vicissitudes, para suportar as dores e aflições constantemente postas no caminho humano.

Seria interessante recordar que numa sociedade consumista, guiada pelo materialismo e pela aparência, não são muitos os que se dedicam a evoluir em termos religiosos. Isso explica o insucesso da vivência ética em nossos dias. Crentes autênticos, a professar convictos os cânones de sua fé, seriam também cidadãos mais combativos no retorno a um estágio moral mais saudável. Só pode fazer bem às pessoas o conforto da religião. Precisa haver espaço, nas esferas de preocupação dos homens com os inúmeros problemas com que se defrontam, para o crescimento no estudo religioso. Só do melhor conhecimento virá a necessidade de participação.

---

77. Emilio García Estébanez, El ámbito para la vida: ecología, *Violencia y respeto a la vida*, p. 189.

78. Bertrand Saint-Sernin, *Le décideur*, p. 118.

Nada mais importante do que o estudo da teologia, que "pode ser considerada o conhecimento supremo, a sabedoria em sentido absoluto. Trata-se, portanto, do estudo mais sublime a que se podem dedicar o cérebro e o espírito humanos: a fé feita razão em busca do entendimento do eco humano da revelação e da palavra divina; a ciência perfeita ou a rainha das ciências; a epistemologia do amor".[79]

A lucidez procura estar atualizada com a profissão, com os negócios, com os interesses econômicos. Existe lugar até para a superficialidade e para o supérfluo das informações inúteis. Não há incompatibilidade entre o crescimento profissional e o crescimento na fé, nem sempre fruto natural da graça divina. Só se ama aquilo que se conhece. E se o próprio interessado não procura conhecer melhor a Deus, nunca o amará com o amor humano possível. O ser ético saberá conciliar ação, estudo laico e estudo teológico. Pois "a teologia, como ciência, é disciplina que enriquece a vida acadêmica. Ela traz um clima espiritual às universidades e oferece meios para entrarmos no mundo e na dimensão das Escrituras Sagradas, tornando-se a ciência central da vida por permitir a integração entre dois mundos – o sagrado e o profano – e proporcionar uma unidade entre os seres humanos, seus cérebros pensantes e seu Criador".[80]

O médico e cientista Raul Marino Jr. partilha do pensamento de Pascal, ao afirmar que "o ateísmo é uma enfermidade". Doença que tem cura, assevera o neurocirurgião: "O ateísmo é uma enfermidade que afeta a sociedade e o homem, pois destrói o único fundamento da moral e da justiça – um soberano moral, um Deus pessoal – que coloca sobre o homem a responsabilidade de guardar suas leis. Se não há Deus, então não pode haver lei divina nem moral e todas as leis passarão a ser feitas – e imperfeitas – pelo homem, que procura arrancar de seu coração o anelo pelas coisas do espírito, sua fome e sede de justiça e do eterno".[81]

Um dos fenômenos desta era de convivência entre fundamentalismo e ateísmo, em gradação de inúmeros variantes, é o do "vazio moral". Para Marciano Vidal, "a perplexidade nascida da falta de fundamentação (religiosa) agrava-se com o exagerado pluralismo de opiniões em questões de moral. Não me refiro, obviamente, ao legítimo e benéfico pluralismo dentro daquilo que é opinável (campo que na moral foi bastante amplo, como atesta a história), e sim ao enfrentamento de opiniões que mutuamente se desqualificam. Esse conflito

---

79. Raul Marino Jr., *A religião do cérebro – As novas descobertas da neurociência a respeito da fé humana*, p. 126.

80. Idem, ibidem.

81. Idem, p. 139-140.

de opiniões cria confusão na comunidade cristã e gera vazios morais".[82] A vocação dos vazios é o preenchimento. Há de se acautelar aquela mente ainda insegura, para que o espaço não seja loteado pelo caos, pela indefinição ou pelo erro, todos geradores de carga maior de angústia para o já atormentado ser humano em início turbulento de um terceiro milênio.

8.4 A Ética e a mídia

A mídia é detentora de imenso poder na sociedade moderna. A imprensa constrói e destrói reputações, cria verdades, conduz a opinião coletiva por caminhos nem sempre identificáveis e para finalidades muitas vezes ambíguas. Seu poder é tamanho que as concessões são disputadas por políticos, por líderes religiosos e por grupos com a intenção de empolgar outras espécies de poder, seja econômico ou político.

A informação inseriu-se no mercado. É um bem da vida com valor comercial apurável. Para alcançá-la, os profissionais dos órgãos de divulgação não se permitem hesitar se precisam ferir outros interesses, sobretudo aquele consubstanciado na **verdade**. O que interessa mesmo é a versão, nem sempre o fato.

A questão da *moral midiática* sempre esteve a atormentar as consciências mais sensíveis. Sabe-se que o jornalismo se exerce por uma "profissão exposta a grandes tentações... A começar pelo salário que, por ser escasso, submete o profissional à prevaricação".[83] Depois disso, "a murmuração pública, o escândalo e o crime costumam ser as primeiras matérias; a delação, a mentira, a dissimulação, a lisonja, a adulação mútua ou personalismos, com vistas ao próprio engrandecimento e com injusto desprezo dos valores alheios ou do adversário, são procedimentos – se não obrigatórios – pelo menos bastante frequentes e não tão fáceis de evitar como parece; na imprensa pode vender-se a preço elevado e sem perigo algum tanto a denúncia como o silêncio. E este, às vezes, mais daninho e mais impune do que aquela".[84]

Não poderia ser diferente o estágio de degradação da mídia, ante a deterioração moral da própria sociedade. Está-se hoje "muito longe da época em que uma deontologia da mídia podia resumir-se em uma vitória sobre o suborno e no respeito à verdade dos fatos e à boa fama dos homens. Os *mass media*

---

82. Marciano Vidal, *Dez palavras-chave e moral do futuro*, p. 79.

83. Manuel Graña González, *La escuela de periodismo – Programas y métodos*, prólogo de D. José Francos Rodriguez, in Jesus Iribarren, *El derecho a la verdad*, p. 16.

84. Idem, ibidem.

compartilham agora a responsabilidade na osmose e mudança dos costumes dos povos, na evolução de sua estrutura social e política, no curso das ideias e instituições religiosas e, em definitivo, na direção que a história tomou: essa responsabilidade moral precisa ser governada por princípios e dará lugar a uma casuística a ser elaborada com responsabilidade, profundidade e luz pelos moralistas".[85]

Jornalistas há que se preocupam com a preservação de um *mínimo ético* na imprensa. Outros escolhem o deboche, o acinte, a irresponsabilidade. Existem códigos e sanções, inclusive mediante adoção de alternativas internas de apuração de eventuais descaminhos na divulgação da notícia. Entretanto, chega-se a admitir – e isso por profissionais especializados da própria mídia – que é raro existir ética no jornalismo contemporâneo.

Nítida a competitividade instaurada entre meios de comunicação igualmente providos de tecnologia de ponta para distribuir a notícia por todo o globo, quase que simultaneamente à ocorrência do fato. Nada obstante, a tendência é a padronização do noticiário. Os jornais já não "funcionam a todo instante como antídotos uns dos outros".[86] Não é raro que os maiores jornais publiquem a mesma foto nas suas manchetes e os noticiários da TV repitam notícias idênticas. Sem comentários, na pressa de *informar* e despreocupados com a missão de *formar*.

A própria escolha do assunto é seletiva. Os critérios nem sempre são claros. É óbvio que se submetem à *lex mercatoria*. Perseguem aquilo que é rentável. Como a televisão é concessão estatal, o alinhamento às políticas personalistas dos transitórios detentores do poder não constitui novidade.[87]

O certo é que, no afã de divulgar, não sobra espaço ou tempo para pruridos morais. É sempre mais lucrativo divulgar a novidade, mesmo com o risco de desmenti-la em oportuno, do que deixar o concorrente fazê-lo. Isso cria não poucos conflitos, quase sempre submetidos à apreciação judicial.

A área de tensão entre os direitos da *mídia* e o direito das partes é evidente e contínua. De um lado a liberdade de expressão, a tornar inadmissível a censura prévia de qualquer natureza, e o direito de informação titularizado

---

85. Jesus Iribarren, *El derecho a la verdad*, p. 16. Embora escrito há 40 anos, o pequeno manual aborda os problemas da moral publicística e se atém à moral da averiguação, do processo de comunicação, do conteúdo da notícia, da empresa periodística, da publicidade, das mútuas relações, aborda Códigos e Deontologias e inclui todos os documentos do Vaticano sobre a comunicação social até o ano de 1968.

86. Gabriel Tarde, op. cit., p. 46.

87. Art. 223 da CF/1988.

pela comunidade. De outro, o direito à privacidade, à intimidade e à tutela da dignidade humana.

Os métodos da *mídia* constantemente atropelam a ética. O fenômeno não é estranhável, pois "raramente uma geração esteve tão desinteressada em matéria de ética teórica e programática como a nossa".[88] Os problemas morais continuam a existir e com intensidade acelerada. Impregnando-se de civilização que prega o sucesso a qualquer custo, o homem perde a capacidade de indignação e se acostuma com a infração ética. Ela lhe parece menor, diante de outras faltas.

O caminho para a renovação ética na mídia passa por uma saudável reação do universo dos destinatários da notícia. A cada desmando ético o utente deverá se manifestar, fazendo chegar ao órgão o seu inconformismo. A interação é hoje plenamente possível. Mediante utilização de *e-mail*, telefone ou fac-símile, o cidadão tem condições de externar de imediato o seu ponto de vista sobre o tema veiculado.

Não se espere a conversão ética espontânea. Os comunicadores têm visão muito heterogênea do que seja ética. Na busca da notícia, acreditam-se legitimados a atropelar quaisquer outros interesses. Fazem leitura muito pessoal do *direito à informação*, priorizando-o em relação ao *direito à intimidade* ou à *privacidade*.

Órgãos respeitados na imprensa possuem seus próprios *Códigos de Ética*. Nos Estados Unidos, eles não são muito divulgados, pois se receia venham a ser conhecidos pelos juízes e aplicados como norma para todos os jornalistas. Na era em que *informação é dinheiro*, custa crer que o interesse econômico se subordinará aos cânones éticos.

Outra alternativa eficaz é a responsabilização criminal e cível. A primeira não é novidade no sistema jurídico. A tutela à honra das pessoas está prevista em todos os ordenamentos. A segunda é talvez mais eficiente. O dispêndio financeiro como forma de ressarcir objetividade jurídica lesada pela mídia é retribuição que imporá, mais do que a expressão inofensiva do ânimo do destinatário, uma correção de rumos nos órgãos da mídia.

A responsabilização parece o único contraponto à *liberdade de imprensa*. Questão bastante antiga, pois já Blackstone assegurava: "A liberdade de imprensa é na verdade essencial à natureza de um Estado livre: mas ela consiste em não impor restrições prévias às publicações, não na isenção de censura por fatos criminosos depois de feita a publicação. Todo homem livre tem um indiscutível direito a expor o que sente ante o público: proibi-lo equivaleria a

---

88. Dietrich Bonhoeffer, op. cit., p. 41.

suprimir a liberdade de imprensa; mas se alguém publica o que é inapropriado, maligno ou ilegal, deve sofrer as consequências de sua própria temeridade".[89] E os tempos presentes são pródigos em exemplos da temeridade com que atua a mídia. O que não justifica a tendência de alguns autoritários ressuscitarem a censura que foi banida da ordem fundante brasileira desde 5 de outubro de 1988. A pior imprensa ainda é melhor do que a mais cuidadosa censura. No Brasil dos últimos trinta anos, coube à mídia revolver todos os descalabros, os desmandos e os escândalos que escancararam as entranhas da vida pública e fizeram renascer a fome de ética a transparecer em inúmeros discursos.

A longo prazo, impõe-se insistir no aspecto ético das carreiras nas comunicações a todos os estudantes dos respectivos cursos – jornalismo, televisão – e nas atividades afins – publicidade, por exemplo. É a alternativa para que uma nova geração de profissionais seja menos irresponsável no trato de questões que podem vulnerar o patrimônio humano de maior sensibilidade: a honra.

Essa também a posição dos especialistas na matéria, como o professor emérito de jornalismo da Universidade Estadual de Pensilvânia, H. Eugene Goodwin: "Se, como parece, a qualidade e a ética caminham de mãos dadas, então o jornalismo terá que melhorar para se tornar mais ético".[90] Por sinal, verdadeiro truísmo esse de que o estudo aprimora. Nem sempre o aprimoramento resultante da escolarização formal implica em egresso dos cursos de comunicação portar-se com mais ética na sua profissão.

A comunidade jurídica tem o dever ético de recordar às empresas midiáticas e aos homens da imprensa – notadamente os que comandam os grandes conglomerados das comunicações – que a produção e a programação das emissoras de rádio e televisão são obrigadas a atender aos princípios contemplados na Constituição da República. São eles: "I – preferência a finalidades educativas, artísticas, culturais e informativas; II – promoção da cultura nacional e regional e estímulo à produção independente que objetive sua divulgação; III – regionalização da produção cultural, artística e jornalística, conforme percentuais estabelecidos em lei; IV – respeito aos *valores éticos* e sociais da pessoa e da família".[91]

A mídia, no sistema capitalista, se submete ao mercado. Impera a *lex mercatoria*, e, se houver uma cidadania consciente, ativa e destemida – mesmo a minoria dos que protagonizam a participação –, os maus veículos de comuni-

89. Blackstone, Livro IV, Cap. 11, apud Arthur E. Sutherland, *De la Carta Magna a la Constitución norteamericana* – Ideas fundamentales sobre constitucionalismo, p. 158.

90. *Procura-se ética no jornalismo*, p. 411.

91. Art. 221, I a IV, da CF/1988.

cação podem ser condenados ao ostracismo. É do mercado que o bom produto venha a expelir o mau, se o consumidor vier a ser esclarecido.

8.5 A Ética e a publicidade

O que significa a publicidade? Para uma conotação ética, não é o princípio incidente sobre toda a Administração Pública, a obrigar difusão transparente de qualquer atuação estatal. Publicidade é a transmissão, por qualquer meio de comunicação, de mensagem sob encomenda e com o intuito de persuadir o consumidor a se servir de um produto, bem ou serviço. "A publicidade orienta ou desorienta o consumo; descobre necessidades reais ou as cria fictícias; contribui para a expansão econômica e para a elevação do nível das massas, mas as submete às vezes à tentação de compras irracionais; muda os costumes no vestir, comer e comportar-se e até pode servir de instrumento de um colonialismo econômico ou cultural e a uma despersonalização da pátria, cujo ser e espírito deveria reforçar; dirige suas luzes até objetivos nobres ou desonestos. Deveria ser árbitro entre a intenção da oferta e a desorientação da demanda; mas não rara vez opta pelo lado dos interesses da oferta, que lhe paga regiamente pelo milímetro ou pelo segundo de veiculação."[92]

Quem habita a sociedade de consumo está subordinado aos comandos da publicidade. A promoção dos produtos mesclou-se com a divulgação de valores, de culturas e de ideologias. O mundo virtual da publicidade interfere no mundo real das pessoas como um *vírus* que ataca os computadores. Faz *deletar* propostas inteiras de vida e olvidar valores hauridos desde o limiar da existência.

Nem sempre os responsáveis pela publicidade têm presente a advertência de que "a informação mediática está a serviço do bem comum. A sociedade tem direito a uma informação fundada na verdade, na liberdade, na justiça e na solidariedade".[93] Ao contrário, não é incomum servir a publicidade a fins muito amplos, contraditórios e, quanta vez, distanciados de conotação ética.

Destina-se a publicidade a informar e a persuadir. Embora se não confunda com o *marketing* – conjunto das funções comerciais encarregadas de garantir que os bens de consumo transitem virtualmente, mediante divulgação de seus atributos, do produtor ao consumidor –, é utilizada como seu instrumento. Fazer publicidade também não equivale a fazer *relações públicas*,

---

92. Jesus Iribarren, op. cit., p. 23.

93. John P. Foley, Presidente do Pontifício Conselho para as Comunicações Sociais, *Ética da publicidade*, publicado na Cidade do Vaticano em 22.02.1997.

esforço sistemático destinado a criar um perfil público positivo ou a *imagem* de pessoa, grupo ou entidade, embora essa técnica recorra igualmente a meios publicitários.

Não é verdade que a publicidade seja apenas *reflexo* da sociedade sobre a qual atua. Os publicitários, intelectuais de vanguarda, são seletivos quanto aos símbolos de que dispõem. Têm todo o arbítrio para promover alguns e para ignorar outros. Examine-se a publicidade no Brasil. Os tipos físicos preferencialmente escolhidos para interpretar esse veículo de venda são indicativos de que se vive num país nórdico, de primeiro mundo. As etnias, até há pouco, eram desprezadas ou folclorizadas. Tal circunstância, numa sociedade multirracial ou multiétnica, suscita problemas de imagem e de identidade, sobretudo entre os excluídos. A polêmica das cotas não afasta a relevância do tema, antes o acentua. Há quem sustente suscitar uma discriminação às avessas.

Pior do que isso, o próprio conteúdo da mensagem publicitária é comprometedor. Para ser alguém com *status*, é necessário velejar, possuir carros valiosos, fumar determinadas marcas de cigarro e dispor das mais lindas mulheres. Identifica-se a abundância dos bens de consumo com o bem-estar e a mais plena auto-realização.

Atuando a serviço da sociedade de consumo, a publicidade é a melhor escola do hedonismo.[94] "Não é mau desejar uma vida melhor, mas é errado o estilo de vida que se presume ser melhor, quando ela é orientada ao **ter** e não ao **ser**, e deseja **ter mais** não para **ser mais**, mas para consumir a existência no prazer, visto como fim em si próprio".[95] Quando se admite a *criação* de necessidades de produtos e serviços, está-se legitimando a técnica de influenciar as pessoas, gerando necessidades irreais. A exploração direta dos instintos, em detrimento da razão e da vontade livre, representa uma nova forma de escravidão humana.

O que poderia ser tolerável em países desenvolvidos, chega a ser abominável em nações pobres ou com grande número de excluídos. Quem já conseguiu analisar o efeito de uma publicidade massacrante e intensiva na formação do estilo de vida do jovem despossuído? Acenando-se-lhe com promessas de haurir dessa *disneylândia encantada* que é o mundo de consumo e sequer garantindo o famigerado *emprego*, a situação pode não ser causa, mas condição favorável a potencial delinquência. Fator constatável apenas em relação aos

94. É a doutrina de que todo desejo é desejo de prazer e que não tem sido sustentada com tanta frequência como seus oponentes supõem, conforme acentua P. H. Nowell--Smith, *Ética*, p. 125.

95. John P. Foley, op. cit.

mais inteligentes, que cedo percebem a impossibilidade concreta de alcançar os bens da vida prometidos pelos *mass media*. A fantasia desencadeia a utilização de outros mecanismos de compensação: a droga, a indisciplina, a rebeldia, o baixo aproveitamento escolar e a abulia em geral caracterizadora da juventude excluída. Até mesmo seus ritos de diversão costumam exteriorizar-se sob certa agressividade.[96]

Se isso ocorre com o mercado, não é diferente com a publicidade política. Ela tanto pode auxiliar o hígido funcionamento do processo democrático, quanto o aniquilar. Propagandas eleitorais são dispendiosas e candidatos chegam a *vender a alma* para disseminar sua imagem. Imagem que pode corresponder à realidade, mas também pode ser maquilada como um produto descartável, sendo oferecido com atributos na verdade inexistentes. Em lugar de veículo para a exposição honesta das ideias dos candidatos, a propaganda política, em regra, deturpa suas propostas e seu passado, quanta vez desacreditando injustamente sua reputação. Pois a propaganda desperta a morbidez, colabora para com a criação de um imaginário popular altamente emotivo.

O excesso de informação publicitária – há cartazes, *outdoors* poluindo o que resta de bucolismo nas estradas, faixas nas esquinas, papéis distribuídos em cada semáforo, grandes telas continuamente iluminadas, uma verdadeira *bomba atômica* forçando o consumo – gera um ser incapaz de distinguir entre o certo e o errado. O exemplo da Lei "Cidade Limpa", editada na capital paulista, lamentavelmente, não foi seguida por outras cidades, onde a inflação de mensagens de gosto duvidoso continua a imperar. A concorrência desleal afasta o *mínimo ético* sem o qual a publicidade não tem razão de existir. Esse cúmulo deságua, também, no aprofundamento da morbidez. Já sem saber como atrair, busca-se o feio, o enfermo, o disforme, para chamar a atenção do consumidor.

Em questão de abuso da imagem feminina, nem se fale. A violência, o sexo sem qualquer respeito, a pedofilia, tudo está em exibição permanente ou sugerido com apelos de lascívia. Muito se tem escrito a respeito: "A pornografia e a exaltação da violência são velhas realidades da condição humana que evidenciam a componente mais torpe da natureza humana decaída pelo pecado. Durante o último quarto de século adquiriram uma amplitude nova e

96. As várias *tribos* da juventude brasileira, muitas delas importadas de culturas que não conseguiram também resolver seus problemas de drogas, de violência infanto-juvenil, de desapreço a valores e outros estigmas, são eloquentes. Valeria a pena estudar a fundo o movimento *punk*, os *fakes*, os *clubbers*, os *cult* e outros designativos. Até que ponto são influenciados pela publicidade, aderindo a seus comandos ou mesmo se tornando seus aguerridos críticos, não se subordinando ao convencional?

passaram a constituir um sério problema social. Enquanto cresce a confusão a respeito das normas morais, as comunicações tornaram a pornografia e a violência acessíveis ao grande público, inclusive crianças e jovens. Este problema, que antes permanecia confinado ao âmbito dos países ricos, começou, com a comunicação moderna, a corromper os valores morais das nações em desenvolvimento".[97]

A responsabilidade moral dos publicitários é cada dia maior. Dispõem hoje de tecnologia hábil a convencer legiões de pessoas, instantaneamente atingidas por inúmeros condutos de persuasão, muitos deles de sofisticação extrema. É uma falácia afirmar-se que o ser humano tem condições de escolher entre o que consome e o que não precisa consumir. O poder da publicidade está acima da opção livre. Faz-se opção, sim, e com frequência. Mas ela já não é mais livre, senão imposta. Um jugo sub-reptício, aparentemente suave, mas consistente.

Alguns princípios morais precisam ser cultivados. Ao menos o da veracidade na publicidade, o da dignidade da pessoa humana – a todos imposto, pois é estruturante do próprio Estado de Direito de índole democrática pretendido pelo constituinte – e o da responsabilidade social.

A sociedade não atingirá um nível ótimo de formação, se a educação não for alavancada por um conteúdo comunicacional – publicidade e *mass media* – fundado na dignidade da pessoa humana. Dentre as recomendações concretas e factíveis, situam-se: 1) a adoção de códigos voluntários de deontologia;[98] 2) o empenho do público. Nada substitui o zelo e a vigilância com a utilização de todos os recursos de demonstração do descontentamento diante de publicidade nociva; 3) exercício da regulamentação pública, por exemplo em relação à percentagem de espaço publicitário, disciplina da utilização das vias públicas etc. Exemplo recente de coragem que resultou em evidente benefício para a população, a iniciativa da "Cidade Limpa", no Município de São Paulo, que obteve êxito integral ao retirar *outdoors* e toda a publicidade agressiva de uma cidade já em si provida de um caótico *design*; 4) singular missão dos educadores. Pensando em formar no educando uma consciência crítica, suficiente a distinguir dentre as

---

97. João Paulo II, *Ética da publicidade*.

98. Pertence, pois, "às agências e aos operadores de publicidade, bem como aos dirigentes e aos responsáveis dos instrumentos que se oferecem como veículo, fazer conhecer, seguir e aplicar os códigos de deontologia já oportunamente estabelecidos, de modo a obter o concurso do público para o seu ulterior aperfeiçoamento e para a sua observância prática" (*Ética da publicidade*, do Pontifício Conselho para as Comunicações Sociais).

mensagens, não se submeter automaticamente às imposições do mercado, saber-se senhor de sua vontade e não um escravo do consumismo.

Não se pretenda eliminar a publicidade. Ela é elemento de valia na sociedade atual e contribui para a implementação de um dos fundamentos da República Federativa do Brasil: a livre iniciativa, em sua face garantidora da livre economia de mercado.[99] Incentivando o sadio consumo, promove o desenvolvimento. Fomenta a criatividade e, nisso, a publicidade brasileira tem se notabilizado em todo o mundo. Todavia, se gerida com fundamentos éticos, ela pode ter protagonismo ainda mais relevante: o de representar um papel construtivo na formação da identidade nacional e na construção do caráter brasileiro, com respeito à dignidade da pessoa humana, à veracidade e à responsabilidade social.

Para isso estão conclamados todos os publicitários e responsáveis pelo importante setor, a cuja influência nenhum ser humano está excluído.

Para reflexão em grupo

1. Qual seria, sob a vertente ética, a melhor denominação para a sociedade contemporânea?
2. É válido afirmar-se que o Brasil possui uma *dupla moral*?
3. A preservação das *fontes* informativas pelos órgãos da mídia implica em falta ética?
4. A divulgação imediata de fatos delitivos não apurados, sob argumento de amor à verdade e culto à transparência, consiste em sacrifício de postura eticamente irrepreensível?
5. A publicidade enganosa constitui infração ética e penal. Não seria bastante a primeira?
6. Como definir a diferença entre um verdadeiro "costume" e simples "regras" materiais de comportamento?
7. É possível para uma pessoa honesta permanecer na política?
8. Quais as condições para se agir eticamente na política?
9. Qual o preço ético da corrupção para um país emergente?
10. Quais os imperativos mais urgentes para a restauração da ética na política?

---

99. Art. 1.º, IV, art. 170, *caput*, e art. 173, § 4.º, da CF/1988.

EM ACRÉSCIMO:

Proponho ao leitor a leitura de *O Brasil não é ruim*, texto de André Sant'Anna veiculado na FSP de 23.10.2011, p.8-Ilustríssima. Começa com: "Os Deputados Brasileiros não são vagabundos, não ganham quase R$ 25 mil por mês mais uma série de ajudas de custo como passagens aéreas, casa, comida, roupa lavada etc., não passam só três dias da semana em Brasília, onde não atuam somente em causa própria, comprando e vendendo favores e outras paradas que não os tornam cada vez mais ricos ilicitamente".

O artigo continua:

"Sim, não há uma quantidade enorme de crianças brasileiras pobres, no inverno, dormindo na rua, já que, criança pobre, dormindo na rua, fumando craque, é coisa de país pobre, de país que deve dinheiro ao FMI, de país muito primitivo, de país que não tem a menor condição de fazer parte do Conselho de Segurança da ONU, de país onde seria impossível realizar uma Copa do Mundo e uma Olimpíada em seguida".

Por aí vai, até afirmar, a final: "Por isso que o Brasil é bom".

Leia e comente em grupo.

A Ética e a Empresa 9

Sumário: 9.1 A empresa como organização - 9.2 A empresa, instituição vencedora - 9.3 Obstáculos enfrentados pela empresa - 9.4 A sofisticação do consumo e o lugar da ética - 9.5 O papel das ONGs e dos *stakeholders* - 9.6 Um Código de Ética para as empresas? - 9.7 Ética dá lucro? - 9.8 A matriz da virtude - 9.9 A dupla moral brasileira - 9.10 A moral empresarial da parcialidade - 9.11 O futuro da empresa.

9.1 A empresa como organização

Existe uma instituição vencedora, que teve de enfrentar todos os desafios: a instabilidade econômica, a insegurança jurídica, as alterações das políticas públicas em pleno curso, a burocracia estatal, a obsolescência. Mesmo assim, é vencedora. A sua ética pode servir de orientação para todos aqueles interessados em organizar o mundo de maneira a satisfazer – o quão possível – as necessidades de todos e, com isso, trazer maior felicidade ao menos para a maioria.

Para Max Weber, a organização "é um círculo de pessoas que, estando interessadas na defesa de uma situação de domínio, em virtude de participarem nos benefícios dela resultantes, repartem entre si o exercício dos poderes de mando e de coerção que possibilitam a manutenção daquele domínio".[1] Esse sistema de relações de cooperação se coordena para atingir suas finalidades. As organizações que visam o lucro são as empresas. As que não visam podem ser chamadas genericamente de associações.[2]

Para que esse grupo humano se constitua em uma empresa é necessária uma especial estrutura. "A estrutura é o elemento do conceito de organização

1. Max Weber, *Economía y sociedad*, p. 705.
2. Félix Ruiz Alonso; Plínio de Lauro Castrucci; Francisco Granizo López, *Curso de ética em administração*, p. 141.

que confere a esta um propósito racional. A estrutura consiste no modo como se relacionam entre si e com o meio social os vários elementos que integram a organização. Este relacionamento implica uma divisão de tarefas entre os diversos membros da organização".[3] A estrutura é um elemento de tamanha importância que sobre ele Max Weber fez repousar a sua concepção de *organização burocrática*. As características básicas da organização denominada *burocrática* são cinco: a) a divisão do trabalho entre os elementos da organização segundo o princípio da especialização, por via da atribuição de competências diferenciadas; b) a hierarquia, representada graficamente por uma pirâmide; c) a regulamentação abstrata e formal das operações; d) a impessoalidade do relacionamento interorgânico; e e) a seleção do pessoal de acordo com critérios de capacidade técnica e a sua progressão profissional segundo o mérito e a antiguidade.[4]

Esse modelo ainda persiste como padrão na Administração Pública. Em relação à esfera privada, constata-se uma multiplicidade de estruturas organizativas. É que a segmentação decorre da especialização. Cada ramo de negócios pode assumir formas de organização diversas. O convívio entre as empresas e o Estado força um rearranjo de estruturas. A cada vez que um problema novo aparece – e eles são frequentes no intervencionismo – surge um sistema especial de organização empresarial.

Outra característica da sociedade contemporânea que força a proliferação de exteriorizações da iniciativa privada é o fracionamento da população em inúmeros grupos de interesses diversificados e preocupações desencontradas. "Os cidadãos do século XIX, formalmente livres e iguais, deram lugar, no século XX, a uma variedade de 'espécies' substancialmente desiguais: os trabalhadores subordinados, os consumidores, os moradores, os pequenos empresários, os trabalhadores independentes, os reformados, os deficientes, os imigrantes, as minorias étnicas e religiosas, os habitantes das zonas mais desfavorecidas, os contribuintes, os estudantes, os pais dos estudantes, até mesmo os espectadores de televisão! Todos com as suas associações de interesses, os seus grupos de pressão."[5]

O século XXI não segue tendência diversa, mas intensifica a disparidade. Surgem as "tribos" da juventude, os nichos de riqueza, os vegetarianos, os adeptos da cultura zen, os desempregados e – maior do que todas as legiões – o

---

3. João Caupers, *A administração periférica do Estado* – Estudo de ciência da administração, p. 189.
4. Max Weber, op. cit., p. 173-176.
5. João Caupers, op. cit., p. 195.

lumpesinato errante e encontradiço em todas as periferias. Já não se pode falar em coesão do corpo social para uma clientela tão disforme. As organizações empresariais, prisioneiras das suas clientelas, não podem ignorar o quadro heterogêneo de seus consumidores. A inviabilidade de se atender a contento a todo o universo de destinatários não fez desaparecer – ao contrário, fortaleceu – a instituição denominada empresa.

9.2 A EMPRESA, INSTITUIÇÃO VENCEDORA

Por haver sobrevivido às vicissitudes – e não foram poucas –, a instituição que pode ser considerada vencedora no século XXI é a empresa. Enquanto o Estado se encontra às voltas com a perda da soberania, conceito que perdura na teoria, mas cada vez mais relativizado, a empresa integra um sistema competente. Se a política se envolve na interminável discussão entre o Estado mínimo e Estado intervencionista, o caminho da empresa é o da eficiência. Para o Governo, é cada vez mais frequente o enfrentamento dos fundamentalismos redivivos, dos nacionalismos e dos etnicismos. Grupos antagônicos não chegam a um acordo: Movimento dos Sem Terra-MST e ruralistas; usineiros e colhedores de cana; ambientalistas e grileiros, índios e mineradores, sem teto e os proprietários de imóveis ociosos, moradores de rua e altruístas que pretendem tirá-los da situação. A relação poderia continuar ao infinito.

O Estado contemporâneo não consegue parar de guerrear, interna e externamente. Ao passo que a empresa se recicla e sobrevive. É verdade que o Estado sentiu o golpe firme da industrialização e da sofisticação da sociedade. "Sociólogos e economistas, cientistas políticos e juristas concordam sobre o fato de que o processo de industrialização das sociedades modernas tenha aumentado enormemente as tarefas do Estado, contrariamente ao que profetizara Spencer e em conformidade com o que previram Durkheim e, naturalmente, Max Weber. É inegável que esse aumento de tarefas do Estado tenha determinado um aumento das normas de organização, como sustenta Hayek. Todavia, dado que entre essas tarefas é predominante a de dirigir a atividade econômica, é igualmente inegável que o Estado moderno se vale cada vez mais das técnicas de encorajamento, além das técnicas de desencorajamento que lhe eram habituais."[6] Para *domar* a sociedade industrializada, o Estado usa e abusa de sanções negativas e positivas. As empresas brasileiras que o digam, sobre as absurdas e burocratizadas imposições sobre a livre iniciativa, tão prestigiada – ao menos retoricamente – na Carta Política de 1988. Mesmo assim, as empresas resistem.

---

6. Norberto Bobbio, *Da estrutura à função* – Novos estudos de teoria do direito, p. 137.

O Estado não apenas intervém na economia. Quanta vez – e com tanto insucesso – pretende concorrer, competir com a iniciativa privada. De tanto mostrar-se *empresário ineficiente* – quando não corrupto – o Estado tende a assumir, em caráter preferencial, o papel de órgão estimulador. Milita no "campo do direito promocional, o qual se insere na categoria daquelas relações entre Estado e economia nas quais o Estado nem abandona completamente o desenvolvimento das atividades econômicas aos indivíduos, nem as assume para si mesmo, mas intervém com várias medidas de encorajamento dirigidas aos indivíduos".[7] O grande perigo é que o Estado é ganancioso, insaciável e instável. Após fragorosas derrotas na exploração de atividades rentáveis, privatizou grande parte das empresas estatais. A assunção de novos detentores do comando político, periodicamente eleitos pela massa, faz com que repense a tendência de privatização e venha a assumir um discurso estatizante. O empresariado deve estar em constante sobreaviso. A vontade estatal é menos previsível do que as oscilações climáticas.

A empresa, em todo o mundo, sai-se melhor nas pesquisas quando cotejada com as confissões religiosas. Um dos fenômenos deste início de século e de milênio é a turbulência dos fiéis. Migração entre seitas, abandono do culto, adoção de um sincretismo de tonalidades multímodas.

A verdade é que a Igreja perde fiéis. Cresce a pregação agnóstica. Nos primeiros anos do século XXI surgiram várias obras bastante comentadas pelos resenhistas, numa escancarada pregação antirreligiosa. Citem-se, aleatoriamente, os livros *Deus, um delírio*, de Richard Dawkins, *Tratado de ateologia*, de Michel Onfray, *Quebrando o encanto*, de Daniel Dennet, e *Deus não é grande*, de Christopher Hitchens, sem a pretensão de esgotar os títulos desse filão. Conforme observado no capítulo 3, o ateísmo ressurgiu travestido de feitio apologético, exatamente como se fora estratégia religiosa. Como explicar o ressurgimento de tão acerbas críticas religiosas para um planeta já tão atormentado? Ou o tormento provém, exatamente, de se haver abandonado a esperança na divindade?

A menção tem por objetivo tão somente observar que, se o Estado é questionado, a Igreja é atacada, o próprio Deus se vê negado em tantos livros e discussões, a empresa surge como instituição confiável. Cada vez mais atenta às necessidades do mercado, cada dia mais próxima a satisfazer as aspirações de um consumidor perenemente insatisfeito.

---

7. Idem, p. 71.

No campeonato dos *rankings de credibilidade*, tão a gosto dos pesquisadores do *marketing* desta era, a empresa vence até mesmo a mais tradicional dentre as instituições: a família.

Pois em países emergentes, a família desmorona. Ao menos aquilo que se costumou denominar "família". Sofre atentados de toda a ordem, tem dificuldades para transmitir seus valores. Conceituar *família* no Brasil é cada vez mais difícil.[8] O "casamento e a família tradicionais sofrem atualmente a concorrência de relações com novos conteúdos e institucionalizadas sob novas formas".[9] Convivem na prática antigos e novos modelos de conjugalidade. O amor romântico permanece como ideal de felicidade. Está na poesia, na música, nas artes, na propaganda. Todavia, fala-se em *fazer amor* no sentido de se manterem relações sexuais sem compromisso. Como qualquer outra prática prazerosa, de experimentação e descarte irresponsáveis, à luz da cultura do consumo.

Se a família se transmuta, o mundo empresarial consegue subsistir na rede relacional cada vez mais complexa do planeta globalizado e miniaturizado.

Por isso, é interessante contemplar a empresa e sua ética nesta abordagem sobre *ética geral* e *profissional*. Um dos motivos do fortalecimento da ideia de empresa é justamente encarar as questões éticas à luz da seriedade. Ética, para a empresa contemporânea, significa tanto quanto lucro. Por aperceber-se disso foi que muitos dos conglomerados sofreram as consequências das profundas transformações econômicas, de desregulamentação, de desaparição de profissões e de afazeres, sem eles próprios deixarem de existir.

9.3 Obstáculos enfrentados pela empresa

Quais foram os obstáculos enfrentados pelas empresas contemporâneas?

Talvez o principal óbice posto ao desenvolvimento empresarial seja o governo. O Estado sufoca a atividade empresarial com excesso de burocracia e tributação. Entre 43 países analisados pelo índice Fiesp de Competitividade das Nações 2007, responsáveis por cerca de 95% do PIB mundial, o Brasil aparece entre os últimos. Perde apenas para o México, a Venezuela e a Tailândia. O

---

8. Consultar Cap. 4, *Deveres éticos na família.*
9. Mirian Goldenberg, *De perto ninguém é normal* – Estudos sobre corpo, sexualidade, gênero e desvio na cultura brasileira, p. 88. A autora faz um interessante estudo sobre as novas conjugalidades nas novelas da TV Globo, em que toda espécie de convívio familiar é explorada e, aparentemente, aceita como se fora manifestação comum e generalizada de uma nova ordem estabelecida para todas as classes, categorias e estamentos.

índice é avaliado pelo Departamento de Competitividade e Tecnologia da Fiesp – a Federação das Indústrias do Estado de São Paulo.[10] Essa péssima colocação resulta de falta de estímulo à atividade, onerada com a mais elevada carga tributária do mundo. Também reflete a ausência de uma educação qualificada para as atividades produtivas. O Brasil continua o *país dos bacharéis*. Mesmo que não haja mais espaço profissional para os egressos de 1.139 Faculdades de Direito, geradoras de mais de um milhão de advogados e de vários milhões de diplomados que não conseguem ultrapassar o *Exame de Ordem* realizado pela OAB para credenciar o profissional da advocacia.

O bacharelismo anacrônico e o dogmatismo positivista explicam o burocratismo, atrofia do conceito de burocracia weberiana. Um exemplo é a situação do Brasil no *ranking* do Banco Mundial, elaborado para avaliar o grau de facilidade na realização dos negócios. No Brasil, a abertura de uma empresa demora 152 dias. O Banco Mundial mostra a péssima situação brasileira com indicadores ruins em todos os setores. O Brasil é um dos dez mais mal avaliados e figura em 122.º lugar como nação que facilita os negócios. Há necessidade de 13 procedimentos para se abrir uma empresa e 14 para a obtenção de um registro de propriedade. Trinta e sete por cento é o custo não salarial do trabalho em relação ao salário e são necessárias 2.600 horas de trabalho anuais para pagar impostos. Nesse item, o Brasil é o pior do mundo, sozinho e disparado.[11] Iniciativas em vários níveis de governo para desburocratizar esbarram numa cultura obsoleta e em aparente insolúvel resistência à modernização.

Outro desses obstáculos é a revolução tecnológica. A obsolescência é um fator de desgaste para a atividade econômica. As necessidades humanas são crescentes e mutantes. É próprio da condição humana o estado de angústia e de insatisfação. Obter as delícias do consumo faz parte da fuga terrena à única e derradeira questão: a finitude da vida. A criatura sabe que vai morrer e, para escapar às indagações angustiantes – "o que acontecerá depois de minha morte? Haverá vida na transcendência?" –, ela se socorre do prazer e do consumo. Consumir passa a ser uma ocupação incessante e a insatisfação leva o fabricante a sofisticar indefinidamente o produto.

10. *Folha de S. Paulo*, 04 out. 2007, p. B-2.

11. *Folha de S. Paulo*, 02 out. 2007, p. B-7. A fonte é o Banco Mundial, no relatório *Doing Business*. A Austrália é o país onde se torna mais fácil abrir um negócio: apenas dois dias. Embora o Ministério do Desenvolvimento conteste os dados do BIRD, os técnicos do Banco Mundial confirmam que os dados se referem ao período de abril de 2006 a junho de 2007.

Análise desse fenômeno encontra-se em inúmeros pensadores. Menciono, por sua originalidade, o norte-americano considerado *o filósofo da estrada*: Robert Maynard Pirsig. Não é muito conhecido do grande público, mas o livro que escreveu na década de 70 do século passado – e recusado por 121 editores – tornou-se a bíblia dos *easy riders*.[12] Chama-se *Zen e a arte da manutenção de motocicletas*, que já vendeu 5 milhões de exemplares. O livro é um ensaio filosófico sobre razão e sensibilidade, a partir de um relato aparentemente prosaico: a viagem que o autor faz na sua motocicleta, levando à garupa o filho de 12 anos, um pouco relutante, e os problemas que o funcionamento da moto oferece aos viajantes. Pirsig é um crítico das instituições, desconfia do saber acadêmico, por ele considerado superficial e pouco generoso, e a ideia-base de seu pensamento é *qualidade*.

No texto de interesse para esta reflexão, Pirsig salienta que "nossa cultura é organizada de modo a fornecer instruções apenas de maneira clássica", ou seja, "ela ensina como segurar a faca enquanto se amola, ou como utilizar uma máquina de costura, ou como misturar a cola de madeira e aplicá-la, pressupondo que, uma vez utilizados esses métodos subliminares, o resultado será necessariamente 'bom'. A capacidade de perceber diretamente o que 'parece bom' não é levada em conta".[13] Daí a observação sobre o *mundo sofisticado* em que todos estamos imersos: "Em consequência disso, ocorre um fenômeno bem típico da tecnologia moderna, uma monotonia geral da aparência, tão deprimente que precisa ser coberta com o verniz da 'sofisticação' para ser aceita. E isso só piora as coisas aos olhos de quem é sensível à qualidade romântica. Aliás, isso não é apenas desgraçadamente monótono, mas também falso. Essas duas expressões resumem com bastante exatidão a moderna tecnologia americana: carros sofisticados, motores de popa sofisticados, máquinas de escrever sofisticadas, roupas sofisticadas, geladeiras sofisticadas, cheias de comida sofisticada, nas cozinhas de casas sofisticadas. Brinquedos de plástico sofisticados para crianças sofisticadas, que nos natais e nos aniversários estão sempre na moda, assim como seus pais. A gente mesmo tem que ser profundamente sofisticado para não se encher disso tudo de vez em quando. É a sofisticação que nos satura: essa feiura tecnológica coberta por uma calda de falsificação romântica, na tentativa de se converter em beleza e produzir lucro para pessoas

12. Geração caracterizada por motociclistas que tomam uma estrada e partem rumo ao ignorado. Nome do filme *Easy rider*, que no Brasil se chamou "Sem Destino". Metáfora da própria existência que é a corrida alucinada por uma estrada que leva ao ignorado.

13. Robert Maynard Pirsig, *Zen e a arte de manutenção de motocicletas* – Uma investigação sobre valores, p. 278.

que, embora sejam sofisticadas, não sabem por onde começar, porque ninguém jamais lhes disse que existe neste mundo uma coisa chamada qualidade, que é genuína, não sofisticada".[14]

Se Robert Maynard Pirsig escrevesse hoje o seu *catecismo motoqueiro*, falaria dos *iPods*, dos celulares, dos *home theaters*, dos *spas*, dos *resorts* seis estrelas, do turismo em Dubai e da frenética busca daquilo que ainda não foi descoberto. Até nas drogas, pois o *ecstasy* já foi superado e a maconha é coisa para despossuído. A empresa moderna procura se antecipar aos desejos e, se possível, criá-los, para melhor atender às suas finalidades. Dentre as quais a obtenção de lucros não é a menor. Por isso é que ela é produtora de necessidades falaciosas e de obsolescências provocadas. Certo nível de imaturidade se envergonha de pilotar um carro com vários anos ou de atender a um celular que não seja de primeiríssima geração.

Para disseminar essa cultura do consumo – e do consumo sofisticado, no padrão norte-americano – aceleram-se as tecnologias de comunicação e informação. Vive-se a *era do ciberespaço*, a permitir "a combinação de vários modos de comunicação. Encontramos, em graus de complexidade crescente, o correio eletrônico, as conferências eletrônicas, o hiperdocumento compartilhado, os sistemas avançados de aprendizagem ou de trabalho cooperativo e, enfim, os mundos virtuais multiusuários".[15]

As empresas foram as primeiras a vivenciar a nova realidade. Tiveram de se acostumar a uma nova era. De descobertas cada vez mais rápidas e de incertezas. "A cada momento que passa, novas pessoas passam a acessar a internet, novos computadores são interconectados, novas informações são injetadas na rede. Quanto mais o ciberespaço se amplia, mais ele se torna 'universal', e menos o mundo informacional se torna totalizável. O universal da cibercultura não possui nem centro nem linha diretriz. É vazio, sem conteúdo particular. Ou antes, ele os aceita a todos, pois se contenta em colocar em contato um ponto qualquer com qualquer outro, seja qual for a carga semântica das entidades relacionadas."[16] Ora, tudo isso transforma – profundamente – as condições de vida em sociedade. E afeta, de forma vital, a sobrevivência das empresas. "O ciberespaço se constrói em sistema de sistemas, mas, por esse mesmo fato, é também o *sistema do caos*. Encarnação máxima da transparência técnica, acolhe, por seu crescimento incontido, todas as opacidades do sentido."[17]

---

14. Idem, p. 279. A Editora Martins Fontes lançou em 2007 uma nova edição do livro, com tradução de Marcelo Brandão Cipolla.
15. Pierre Lévy, *Cibercultura*, p. 104.
16. Idem, p. 111.
17. Idem, ibidem.

Convergiram as tecnologias de telecomunicações e informação e aquelas relações muito singelas entre patrão-empregado, patrão-fornecedor, patrão-cliente, foram substituídas por uma rede de interrelações sem precedentes. Há empresas e cadeias de suprimento, empresas e clientes, empresas e Estado, empresas e mídia. Em convívio com as redes entre os clientes e a mídia, clientes e agências reguladoras.

Se a tecnologia dispensa a mão de obra, esta se torna mais especializada. Reivindica mais. O ordenamento jurídico enfrenta o paradoxo de preservar os direitos trabalhistas, com estímulo à informalidade e ao desaparecimento dos empregos, ou de flexibilizar e assistir ao retrocesso daquilo que o operariado erigiu em *direitos sociais inalienáveis*.

9.4 A sofisticação do consumo e o lugar da Ética

Ao se sofisticar o mercado, sofistica-se também o consumidor. Este passa a exigir da empresa padrões cada vez mais elaborados. "A capacidade de produzir das primeiras décadas do século XXI não terá tanta relação com limitações tecnológicas, mas com o apoio público ao uso das novas tecnologias – tanto dos consumidores como da sociedade em geral."[18] O futuro da empresa depende de sua fidelidade a políticas comunitárias de prestígio. Ninguém quer comprar de um fabricante que explora mão de obra infantil, ou se utiliza de madeira extraída da Floresta Amazônica, ou que se utiliza de tecnologias ambientalmente incorretas.

Ainda que o produto mereça uma divulgação envolvida em observância dos parâmetros éticos, há sempre a possibilidade de inversão do discurso. O exemplo da fabricação do etanol é eloquente. Acena-se com a produção de combustível *verde*, ambientalmente adequado, a salvação para o mundo alicerçado sobre a cultura automobilística. Ocorre que a fabricação do álcool depende de conversão de vastas áreas, antes reservadas à policultura, à monótona e empobrecedora monocultura canavieira. Os problemas com a mão de obra desqualificada e, por isso, mal remunerada não são os únicos a merecerem indagações sérias e arrefecedoras do ufanismo pátrio. As culturas de cana de açúcar ainda se utilizam da nefasta e primitiva queima da palha antes da colheita manual. Os problemas de saúde pública se multiplicam. Indaga-se o motivo da resistência à mecanização, relegada sob inúmeros argumentos.

A vocação colonialista de países periféricos, a servirem de produtores-exportadores de matéria-prima para o Primeiro Mundo, talvez se conforme

---

18. David Grayson e Adrian Hodges, *Compromisso social e gestão empresarial*, p. 13.

com a manutenção de métodos rudimentares. Mas a comunidade esclarecida dos países civilizados – notadamente a União Europeia – poderá impor barreiras ambientais e empalidecer as pretensões dos que não respeitarem a mão de obra e o meio ambiente.

Como tudo permite várias leituras e parece não existir o absoluto senão em reduzido quadro de temas, as questões admitem debate em mais de uma vertente. A facilidade com que os assuntos alcançam os interessados faz com que as opiniões se exteriorizem e se dialogue mais – fenômeno essencial para uma democracia numa sociedade pluralista.

Para propiciar essa ampla discussão, o papel das tecnologias de comunicação e informação é impressionante. Quem não se recorda do preço das linhas telefônicas residenciais há duas décadas? Hoje a velocidade da comunicação é espantosa. Quantos milhões de celulares tem o Brasil? Ao surgir a mensagem de texto em celulares, 20 milhões delas foram enviadas em todo o mundo num mês. Dezoito meses depois, a quantidade tinha aumentado para 3,5 bilhões por mês.[19] O impacto da internet é indescritível. "Qualquer negócio que não seja eletrônico simplesmente não existirá dentro de cinco anos."[20]

O *e-comércio* é uma realidade porque houve revolução dos mercados. A partir da queda do muro de Berlim e desmoronamento da URSS, mais 3 bilhões de pessoas passaram a viver em economia de mercado. O ajuste a essa situação tornou ainda mais poderosas algumas marcas. Mas a cidadania globalizada também passou a um protagonismo diverso. As maiores companhias multinacionais passaram a ser o alvo das ONGs. "As pessoas estão começando a travar as grandes batalhas econômicas mundiais concentrando-se em uma ou duas empresas de nome e transformando-as em metáforas políticas. Têm tido mais sorte com essa tática do que nas décadas em que lutaram contra políticas governamentais."[21]

A empresa contemporânea ou assume a ética – denominada *responsabilidade social* – ou talvez venha a colher fracassos que podem levá-la ao desaparecimento. As reputações se constroem, mas também podem ser demolidas. Há exemplos recentes de empresas que não cuidaram de sua credibilidade e foram expelidas do mercado.

---

19. Susan Rice, Presidente executiva, Lloyds TSB Bank, Escócia, nov. 2000, apud David Grayson e Adrian Hodges, idem, p. 14.
20. Andy Grove, Presidente executivo da Intel, citado no *The Economist E-Business Supplement*, 24.06.1999, apud David Grayson e Adrian Hodges, idem, p. 17.
21. Naomi Klein, autora de No Logo, 1999, apud David Grayson e Adrian Hodges, idem, p. 30.

O Código Civil Brasileiro de 2002 reconheceu a empresa, mas silenciou sobre a sua *função social*. Há quem sustente que a *função social* do contrato, prevista no art. 421 do CC/2002 supriria essa omissão. Não é a opinião do percuciente comercialista Newton De Lucca, que propôs a inserção de um dispositivo específico – na forma de um § 2.º ao art. 966. E justificou: "Em primeiro lugar, daria uma 'demonstração de coerência interna e externa' do Código... Em segundo lugar – e sobretudo –, pelo fato de que essa função social deve ser cumprida, não apenas pelas sociedades em geral, mas igualmente pelo empresário individual".[22]

Mas o que vem a ser a *responsabilidade social* da empresa?

É o *plus* que a empresa pode oferecer à comunidade, além do legítimo interesse de exercer uma atividade lucrativa. Ou, conforme já se definiu, a *responsabilidade social* da empresa "é a integração voluntária das preocupações sociais e ecológicas das empresas às suas atividades comerciais e às relações com todas as partes envolvidas interna e externamente (acionistas, funcionários, clientes, fornecedores e parceiros, coletividades humanas), com o fim de satisfazer plenamente as obrigações jurídicas aplicáveis e investir no capital humano e no meio ambiente".[23] Aos poucos, desperta a mentalidade empresarial para a realidade de que não basta ser eficiente em seu negócio. O *estado de necessidade* em que se encontra o mundo exige mais de todos. A empresa tem compromissos com o porvir e, se fechar os olhos para ele, poderá colher insucessos que tolham o seu futuro.

9.5 O PAPEL DAS ONGs E DOS *STAKEHOLDERS*

Não é só a confiança no processo político e no governo que desapareceu em alguns países. A credibilidade nas empresas também se viu reduzida a patamares críticos. A sucessão de escândalos entre os primeiros e a insensibilidade do empresário fizeram com que a população de nações mais desenvolvidas repensasse o sistema. Com isso teve lugar o crescente questionamento. Já não se aceita tudo o que é dito. Os valores mudaram. Foram empalmados por instituições inexistentes há algumas décadas. As ONGs – Organizações Não Governamentais – hoje encarnam com propriedade maior os interesses da comunidade, cotejadas com as instituições tradicionais. E seu prestígio sobe a cada dia: "Com temas de destaque como meio ambiente, direitos humanos e

22. Newton De Lucca, *Da ética geral à ética empresarial* cit., p. 324.

23. Samuel Mercier, *L'éthique dans les entreprises*, Nouv. Édition, Paris, *La découverte*, trad. Marta Marília Tonin, 2004, p. 11, apud Newton De Lucca, idem, p. 325.

saúde, uma pesquisa internacional revela que cerca de 60% dos formadores de opinião entrevistados confiam em ONGs, diante de 15% atribuídos a governo e a imprensa e apenas 10% a empresas".[24]

Ao falharem os representantes do velho esquema, auxiliada pelas ONGs e sua informalidade, a comunidade redescobre valores tradicionais. "Alguns grupos pequenos identificam os cinco valores mais importantes que gostariam de entalhar acima da porta de uma nova escola comunitária. Com uma regularidade impressionante, os participantes identificam cinco valores – **compaixão, honestidade, justiça, respeito e responsabilidade**."[25]

No Brasil recente, a vitória do ruralismo sobre o ambientalismo com a revogação do Código Florestal envolveu críticas acerbas às ONGs. Chegou-se a afirmar que os defensores da mata estavam a soldo de entidades internacionais interessadas em que o País deixasse de ser "celeiro do mundo", "provedor de alimento" para o globo, para proteger a produção estrangeira. Mas entidades como Greenpeace, existem há muitas décadas e ninguém conseguiu provar interesses escusos em sua atuação. Cumpre distinguir entre organizações sérias, prestigiadas e merecedoras de respeito com outras criadas *ad hoc* para servir aos desígnios de parlamentares que despejam nelas o resultado de emendas parlamentares, sem que haja retorno do investimento de dinheiro do povo.

Um dos fenômenos contemporâneos foi o crescimento de um associativismo que levou milhões de pessoas a se engajarem nas causas que guardam pertinência com seus interesses e objetivos. E isso é muito saudável, porque o indivíduo sozinho raramente consegue fazer prevalecer sua vontade ou seu ponto de vista.

Outro fato interessante foi o surgimento em cena, e com preponderância, dos *stakeholders* das empresas. São as *partes interessadas*, aqueles que têm real empenho em que a empresa tenha um percurso exitoso e não se resumem aos consumidores. São os acionistas, os empregados, os clientes, os parceiros, os fornecedores, a comunidade, os governos, os órgãos reguladores e, com intensidade cada vez maior, os grupos com preocupações específicas, como os ambientalistas. O principal é que esses personagens têm sido ouvidos e atendidos em suas expectativas.

Aí é que entra a ética da empresa. Os consumidores hoje são mais bem informados e serão fiéis a marcas e organizações que lhes deem razões para

---

24. Citado em Strategy One, Edelman PR Worldside, 2000, apud David Grayson e Adrian Hodges, op.cit., p. 69.
25. Rushworth M. Kidder e Sheila Bloom, citados em *Winning with integrity: guiding principles*, 2000, apud David Grayson e Adrian Hodges, idem, p. 73.

confiar. A impressão que as pessoas têm da empresa está vinculada ao conceito de *responsabilidade social*. Ou seja, a empresa não tem apenas de procurar o lucro. Precisa também exercer o seu papel social. Ela é um agente produtor, dela dependem muitas pessoas e ela interage com o meio em que atua. Não pode permanecer alheia às transformações que afetam a sociedade.

Enquanto dois terços dos norte-americanos afirmam confiar mais em empresas que seguem uma causa social, os europeus querem que as empresas ajam com responsabilidade. Recente pesquisa realizada na França, Itália e Reino Unido revelou que 88% dos consultados acham que as grandes companhias devem usar alguns de seus recursos para ajudar a solucionar problemas sociais; 84% acham que as empresas devem dar recursos para vencer problemas sociais nos países onde elas vendem seus produtos; e 86% comprariam de uma empresa que amparasse iniciativas para melhorar a sociedade.[26]

O Brasil não é diferente, pois a sociedade de mercado hoje é integrada com simultâneo e imediato repasse de informações. Por isso é que o tema *responsabilidade social* já motivou tantas companhias e instituições, notadamente as financeiras. Não há banco sem uma participação em projeto social. Seguem o modelo mundial, bem sintetizado pelo então Primeiro Ministro Paul Rasmussen, da Dinamarca, ao abrir a Primeira Conferência de toda a Europa, em novembro de 2000: "O negócio das empresas não é mais apenas negócios: está se tornando um negócio sustentável (...) a parceria entre o setor público e o privado e também a responsabilidade social da empresa são precondições de adaptação a mudanças na nova economia e fruto de uma economia movida a conhecimento".[27]

Cumpre a cada empresa – qualquer que seja o seu tamanho e ramo de atuação – detectar os temas emergentes e motivadores da preocupação comunitária, com vistas a adequarem suas políticas de responsabilidade social às expectativas dos grupos parceiros. Dentre esses temas avulta o meio ambiente, a saúde e o bem-estar de todos, mas, principalmente, dos empregados e dos moradores nas imediações da empresa, a violência e a segurança, a diversidade e os direitos humanos, dentre muitos outros. Por óbvio, a seleção dos temas depende da inserção concreta da empresa na comunidade, de seu ramo de

---

26. Relatório Fleishmann-Hillard/Ipsos, da Pesquisa Atitudes dos Europeus em Relação ao Investimento da Comunidade Empresarial, maio 1999, apud David Grayson e Adrian Hodges, idem, p. 75.
27. Relatório Fleishmann-Hillard/Ipsos, da Pesquisa Atitudes dos Europeus em Relação ao Investimento da Comunidade Empresarial, maio 1999, apud David Grayson e Adrian Hodges, idem, p. 81.

atuação, do número de empregados, das condições de trabalho, além de tantos outros fatores.

O certo é que, detectados os temas emergentes, eles exercerão impacto na estratégia empresarial. Atuar em uma economia emergente não é tarefa singela. Assuntos até há pouco ignorados no mundo dos conglomerados passam a merecer atenção contínua. Assim o cuidado com a reputação, vinculada à demonstração do valor agregado, que é um *plus* acrescentado às finalidades específicas da empresa.

Como exemplo de valores agregados em economias emergentes como a brasileira podem ser citados a formação do capital humano, o estímulo à boa administração, a ajuda à coesão social, o fortalecimento de economias e a proteção do meio ambiente. A cada área desses valores corresponde a metodologia de comprovação ou a estratégia de fazer ressaltar o investimento da empresa nesses campos. Mencione-se, para ilustrar as possibilidades, o que a empresa pode fazer em termos de prestigiar o valor agregado de tutela ecológica. Poderia servir-se de sistemas de produção menos poluentes e desenvolver produtos e serviços seguros para o meio ambiente, promover o conceito de gerenciamento de produto e análise de ciclo de vida, compartilhar as melhores práticas de gestão ambiental, promover a eficiência energética e de outros recursos naturais e debater políticas ambientais com governo, comunidade e ONGs. Desenvolver campanhas vinculadas ao valor agregado também é medida eticamente correta e geradora de excelente retorno.

As empresas, por conhecerem o mercado, são hábeis ao descobrir o anseio por ética. Sentem o clamor da população desiludida com o governo, desconfiada de toda atuação pública, a exigir compostura e retidão de conduta. Se conseguem preencher esse vácuo moral com atuação reconhecida pelos parceiros, agregarão ao valor intrínseco daquilo que produzem – bens ou serviços – um capital efetivo. Conseguem *reputação*. E "falar de **reputação** – e sobretudo de boa reputação – é falar de um **ativo intangível**, cuja fragilidade é proverbial, porque, de forma singela, diz respeito à percepção que outros têm quanto ao valor de uma organização ou de um profissional: 1. equivale à consideração que dada coletividade confere; 2. corresponde a gozar de prestígio ou a construir um nome ao longo dos anos; 3. vincula-se à identidade corporativa ou pessoal, constituída pelos traços mais expressivos que observadores atribuem; 4. é conceito composto por variadas imagens que o imaginário social elabora ao longo do tempo; 5. deriva de uma percepção cristalizada e que vai sendo forjada dia após dia, à medida que a organização ou o profissional satisfaz as expectativas de seus ***stakeholders***; 6. assemelha-se ao conhecimento científico – um processo aberto, provisório, penosamente construído, condicionado e atormentado por incessantes verificações e confirmações".[28] Enfim, reputação é credibilidade. E não é só a empresa que necessita dela. Também o empresário e também todos os profissionais. Para a empresa, ela é uma vantagem competitiva. Aqui poderia caber a afirmação de que ética dá lucro. Não confundir com o *marketing* da ética, verdadeiro estelionato praticado amiúde por muitas pessoas físicas e jurídicas.

Todavia, reputação é algo fragílimo. "À medida que a reputação constitui um patrimônio – **capital político** dos homens públicos, ativo intangível das empresas, prestígio dos profissionais –, sua exposição a algum escândalo torna-a muito sensível a degradações."[29] Numa sociedade que vive da aparência, em que vale mais a versão do que o fato, perder reputação é muito fácil, sobretudo quando se considera o furor midiático e a repercussão das notícias ruins. Enquanto falar bem é algo que *assassina qualquer diálogo* – morre o assunto –, *falar mal* rende, interessa e contamina, corrompe e compromete, até chegar à metástase da honra.

Existe um receituário para se preservar a reputação empresarial. Roberto Henry Srour chama as suas regras de *diretrizes éticas da comunicação interna*, e as exprime de forma imagística: "1. adotar por divisa a necessidade de subordinar o discurso às práticas da organização e aos exemplos que os gestores dão; 2. assumir como bússola o altruísmo imparcial, enfrentando as armadilhas do exclusivismo corporativo; 3. administrar usando por leme a contínua e genuína prestação de contas para desarmar as centrais de boatos e minimizar os eventuais desgastes; 4. medir sem cessar, como termômetro de transparência, a confiabilidade das informações veiculadas".[30] Como regra mnemônica, suficiente recordar os quatro instrumentos de preservação da ética empresarial: divisa, bússola, leme e termômetro.

Ética deve ser preocupação que permeie todas as atividades. Assim como a disciplina *Ética* deveria ser transversal em todos os cursos e em todos os graus. Inegável que existe um fenômeno constatável por qualquer bom observador, que é o da intensificação das responsabilidades. Já não satisfaz a população saber que uma empresa produz um bom produto ou presta um bom serviço. Ela exige que aqueles que extraem seu sustento – sob a forma de lucro – de uma atividade regulamentada, ainda que vinculada ao princípio da livre iniciativa, devolva à comunidade mais do que manter o negócio em funcionamento. Daí a importância crescente da responsabilidade social, nome empresarial para a

---

28. Robert Henry Srour, *Ética empresarial* – A gestão da reputação, p. 345.
29. Idem, p. 353.
30. Idem, p. 354.

responsabilidade ética. "Responsabilidades éticas correspondem a atividades, práticas, políticas e comportamentos esperados (no sentido positivo) ou proibidos (no sentido negativo) por membros da sociedade, apesar de não codificados em lei. Elas envolvem uma série de normas, padrões ou expectativas de comportamento para atender àquilo que os diversos públicos (***stakeholders***) com os quais a empresa se relaciona consideram legítimo, correto, justo ou de acordo com seus direitos morais ou expectativas."[31]

Uma das funções dos preocupados com a falta de ética na sociedade contemporânea é formar profissionais providos de consciência moral e aptos a um desempenho sempre ético, seja qual for a função a ser exercida. A impregnação ética do empresariado já surte efeitos. Basta fazer um levantamento superficial a respeito das marcas e empresas que todos conhecem e que se vinculam a uma causa. Essa a **ética da contribuição** que anima vários empresários e contamina seus parceiros. "A ética da contribuição sempre foi uma poderosa força motivadora. Sobreviver, ou mesmo prosperar, não basta. Ansiamos por deixar nossas pegadas na areia do tempo e, se pudermos fazer isso com a ajuda e a companhia de outras pessoas, tanto melhor. Precisamos nos associar a uma causa a fim de dar um propósito à nossa vida. Trabalhar por uma causa não deve ser prerrogativa das instituições de caridade e do setor sem fins lucrativos. E a missão de melhorar o mundo não transforma uma empresa numa entidade de assistência social."[32]

9.6 Um Código de Ética para as empresas?

Assim como se discute a necessidade e a conveniência de um Código de Ética para outros estamentos e profissões, questiona-se a oportunidade de elaboração de um rol de deveres para as empresas. Elencar condutas antiéticas envolve um risco: tudo aquilo que não estiver exatamente tipificado escapa ao rótulo e passa a ser eticamente permitido.

Por esse motivo é que muitas empresas deixam de adotar a estratégia da codificação moral. Simplesmente adotam "a regra dourada 'aja com os outros como você gostaria que agissem com você'."[33] Ou continuam a agir como sempre atuaram, com vistas exclusivamente na obtenção de retorno do capital investido.

---

31. Patrícia Almeida Ashley, *Ética e responsabilidade social nos negócios*, p. 5.
32. Charles Handy, Para que serve uma empresa, in Martius Vicente Rodriguez y Rodriguez (org.), *Ética e responsabilidade social nas empresas*, p. 131.
33. Patrícia Almeida Ashley, Racionalidades para a ética empresarial e a gestão da empresa cidadã, *Ética e responsabilidade social nos negócios*, p. 21.

"Nesses casos, a racionalidade é justificada pelo conservadorismo e mimetismo: todos os outros fazem isso. Uma racionalidade mais extremada é aquela segundo a qual as organizações deveriam buscar toda vantagem possível sem se preocuparem com leis e costumes sociais tradicionais – uma filosofia do tipo 'levar vantagem em tudo', visão claramente condenável pela sociedade nos tempos atuais. Por fim, alguns acreditam que a ética deveria ser determinada pela intuição, ou seja, cada um deveria agir segundo o que sente que é certo."[34]

A tendência é a generalização dos *Códigos de Ética Empresariais*. "Os valores inerentes à cultura de uma empresa podem ser formalizados e expressos no chamado código de ética empresarial (...). Em alguns casos exemplares, a publicação e a distribuição de um código é uma forma de assumir explicitamente um conjunto de valores que já vêm governando a empresa e seus funcionários, há um tempo considerável. Em outros casos, a publicação e a distribuição de um código não passa de uma tentativa desesperada de persuadir ou ameaçar os funcionários a aceitarem um conjunto de princípios em seu dia a dia. E, algumas vezes, esse código não passa de uma tentativa hipócrita de estabelecer *relações públicas*."[35]

Para as empresas que preferem a adoção de um Código de Ética, a crença é a de que tal opção propicia "que todos dentro e fora da organização conheçam o comprometimento da alta gerência com a sua definição de padrão de comportamento ético e, mais importante, que todos saibam que os dirigentes esperam que os funcionários ajam de acordo com esse padrão. O código define o comportamento considerado ético pelos executivos da empresa e fornece, por escrito, um conjunto de diretrizes que todos os funcionários devem seguir".[36]

É essencial que a mais alta hierarquia da empresa não só explicite apoio a esse código, como demonstre, de forma nítida, atuar de acordo com o seu conteúdo. Nada mais nefasto do que distanciar a prática do discurso. Na linha do "faça o que eu digo, não faça o que eu faço". Também é fundamental que o código derive de uma participação ativa de representantes de todos os setores da empresa. A experiência de comitês integrados por atores representativos de todas as áreas afetadas pelo código é a mais exitosa. Esse comitê deve se encarregar da discussão prévia, da colheita de opiniões, da consulta aos demais exemplares já provados em outras empresas, e com esse processo se legitimará o resultado do trabalho coletivo.

---

34. Idem, ibidem, com invocação a S. Brenner & E. Molander, *Is the ethics of business changing?* Boston, Harvard Business School Press, 1989.

35. R. Solomon, *A melhor maneira de fazer negócios*, p. 88.

36. Patrícia Almeida Ashley, op.cit., p. 21.

Qual seria o conteúdo de um código de ética empresarial? Depende da empresa, depende do negócio, depende da orientação de seus formuladores e da clientela a que se destina. "Os melhores códigos, contudo, tomam o cuidado de apresentar proibições e obrigações específicas; por exemplo, limitam (o valor de) presentes que possam ser aceitos por qualquer funcionário. Essas informações servem como algo mais do que mero lembrete. Elas dão aos funcionários conselhos extremamente úteis sobre como agir em situações que podem ser bastante embaraçosas. Um funcionário inexperiente que faça parte de uma equipe designada para escolher um novo fornecedor recebe algumas entradas caras para um jogo de futebol, de um dos candidatos ao contrato. Ele deve aceitar ou rejeitar o presente?"[37] É bastante ambígua a situação para uma cultura em que os *presentes de Natal* constituem um hábito cultivado por todos. Até por aqueles que não vêm significado no Natal – o renascimento da esperança, a festa de aniversário de Jesus Cristo – e se vêm compelidos pelo mercado a presentearem vasto círculo de relações. Qual o limite para o *brinde*, para a *lembrança*, para a *gentileza* ou *afago*, ultrapassado o qual já se estará falando em captação da simpatia, ou até *propina* ou *suborno*?

Também se faz essencial a possibilidade de implementação, de atualização e de revisão dos comandos do código de ética, para que sua operacionalidade não esbarre na obsolescência ou na dinâmica das rápidas transformações por que passa a sociedade. E o ideal é que o código de ética venha a contemplar não apenas o relacionamento dos empregados com a empresa, mas também toda a rede de contatos permanentes ou episódicos da empresa com a comunidade, com a mídia, com o governo, com os *stakeholders*.

A **comunicação** é a chave do sucesso de um código de ética. Todos precisam saber que a empresa leva a sério a questão de sua conduta institucional – e a de seus membros, servidores e clientes, além de toda a cadeia com a qual se relaciona em qualquer nível. Implementar um código de ética passa, portanto, por: "1. divulgar, a todos na organização, o código em uma forma fácil de entender; 2. divulgar, a todos na organização, o apoio da gerência ao código de ética; 3. divulgar, a todos na organização, as maneiras pelas quais cada indivíduo deve aplicar o código; 4. divulgar aos fornecedores, clientes e disponibilizar ao público externo o código de ética".[38]

Adotar um código de ética é uma parcela do processo de se transformar o negócio em uma **empresa cidadã**, assim considerada aquela que reconhece a sua *responsabilidade social* e não se recusa a participar, ativamente, da vida

37. R. Solomon, op. cit., p. 89.

38. Patrícia Almeida Ashley, op. cit., p. 22.

comunitária. Outras recomendações para a construção de **empresas cidadãs** são: "1. criar espaço para que os colaboradores se realizem no ambiente de trabalho por meio de uma gestão participativa, na qual a inovação, a criatividade, o talento de cada um possa emergir, contribuindo efetivamente para os resultados; 2. gerar uma nova cultura, fazendo da empresa uma comunidade de aprendizagem em que todos ensinam e todos aprendem, como um caminho para enfrentar, por meio da renovação contínua, as mudanças constantes; 3. estabelecer, com os fornecedores e clientes, relações de parceria duradouras, tendo a ética, a transparência, a confiança e a colaboração mútua como requisitos vitais para o êxito".[39]

Interessante observar que o desenvolvimento dessas noções, hoje consolidadas em obras de consistência produzidas por sociólogos, administradores, assistentes sociais, psicólogos e até filósofos a serviço da comunidade empresarial, não constitui pioneirismo, nem novidade. Inúmeras indústrias antigas já desenvolveram métodos de superação dos lindes estritos da visão arcaica de quem apenas visava o retorno do capital. Quem não conhece empresa que estimulou a educação de seus empregados? Ou que propiciou a eles o lazer sob a forma de clubes de campo, colônias de férias, criação de grupos de teatro amador? O amparo à criança filho do empregado sempre foi uma praxe e a outorga de prêmios aos servidores mais fiéis não era exceção.

Ocorre que hoje já se considera profissionalismo encetar esse trajeto simultâneo e paralelo da trilha ética, sem descuidar da eficiência técnica e da consecução maximizada do lucro. Se uma empresa vier a ser considerada **cidadã**, ela poderá colher benefícios, quais o fortalecimento de sua imagem, o reforço na atratividade e retenção de talentos, o comprometimento maior dos empregados, a intensificação de sua lealdade mediante maior identificação com os ideais da empresa. Em relação aos clientes, estabelecer-se-á uma saudável empatia, restará facilitado o acesso a financiamentos e se enfatizará sua legitimidade perante o Estado e a comunidade.[40]

9.7 Ética dá lucro?

O cético dirá que a preocupação ética é um modismo e que, no fundo, numa economia em que os tubarões se alimentam dos peixes menores, sobreviver já é milagre. Os otimistas concluirão que a empresa ética tem condições de converter o seu investimento moral em lucro real. Para que a tese otimista

39. Idem, p. 22-23.

40. Idem, p. 24.

prevaleça, haverá necessidade de uma **conversão da consciência** dos detentores do capital.

Numa análise macroeconômica, fácil concluir que os grandes conglomerados empresariais do planeta são muito mais poderosos do que os governos. Se eles se convencessem de sua responsabilidade social, a corrupção estatal, a ineficiência e despreparo dos transitórios detentores do poder político seriam relativizados. Ocorre que o grande capital só pretende se tornar ainda maior.

Haveria disposição das grandes empresas sem pátria em fazer investimentos nos mercados mais pobres do mundo?

A concentração do dinheiro no planeta é evidente. As maiores fortunas estão localizadas em poucas famílias. "Se estimulassem o comércio e o desenvolvimento na base da pirâmide econômica, as multinacionais seriam capazes de melhorar substancialmente as vidas de milhões de pessoas e de contribuir para a criação de um mundo mais estável e menos perigoso".[41]

Não se espera que as grandes corporações assumam o papel do Estado e mergulhem no resgate das mazelas dos povos subdesenvolvidos. Apenas se alimenta a expectativa de que elas cheguem – por si mesmas – à constatação de que melhorar a pobreza é ampliar os mercados. Haverá retorno, e quem já provou da experiência sabe que *pobre sabe honrar seus compromissos*. Assim não fora e as grandes cadeias do comércio varejista não sobreviveriam e não retroalimentariam essas contínuas campanhas para a venda de eletrodomésticos e agora também aparelhos eletrônicos, mediante estímulo a um crédito *a perder de vista*.

Os pobres do mundo constituem um potencial inexplorado. "Nada menos que 65% da população mundial – ou seja, quatro bilhões de pessoas – não chegam a ganhar US$ 2.000 por ano."[42] Compreende-se o desinteresse das gigantescas *desnacionais*[43] diante desses mercados miseráveis. Eles têm pouco a despender com bens e serviços. O pouco que recebem é destinado a suprir as necessidades básicas de alimentação e transporte. A maior parte dos países em que o *espetáculo do crescimento* é o da miséria também são nações com sólidas

41. C. K. Prahalad e Allen Hammond, Servindo aos pobres do mundo, com lucro, in Martius Vicente Rodriguez y Rodriguez (org.),op. cit., p. 77.

42. Idem, p. 78.

43. Usa-se, com frequência, a expressão *multinacional* para caracterizar as grandes empresas que têm seus tentáculos em várias partes do mundo. Preferi o neologismo *desnacional*, porque o capital na verdade não tem pátria e migra para onde obtiver maior retorno. Na verdade, tais empresas são *apátridas*, pois não se vinculam a qualquer valor *patriótico*.

barreiras ao comércio: corrupção, analfabetismo, infraestrutura insuficiente, flutuações cambiais e burocracia. Não há qualquer perspectiva de rentabilidade negocial.

Não é bem assim. Veja-se o exemplo brasileiro. Embora o desemprego ainda preocupe, a economia informal viceja. Quem é que não tem um celular de última geração em pleno uso? A ostentação desse *pequeno luxo* não é privativa dos incluídos. Qualquer excluído também dispõe de seu aparelho. E se ele só funciona mediante pagamento – seja pré-pago ou pós-pago –, a evidência é a de que todos satisfazem suas contas. Ao menos em tese. A inadimplência é também um fenômeno recorrente e as empresas, em suas agressivas campanhas de venda, sabem da quebra na arrecadação.

Pesquisas recentes demonstram que, "em todo o mundo em desenvolvimento, os moradores de favelas urbanas pagam pela água potável quase cem vezes mais do que as famílias das classes superiores. Os alimentos também são de 20% a 30% mais caros nas comunidades mais pobres, pois seus moradores não têm acesso aos grandes varejistas, que operam com desconto. No setor de serviços, os agiotas locais cobram juros de 10% a 15% *ao dia*, e taxas anuais que chegam a 2.000%. Mesmo os pequenos empreendedores mais felizardos, que conseguem empréstimos de instituições de microcrédito sem fins lucrativos, pagam entre 40% a 70% de juros ao ano – taxas ilegais na maioria dos países desenvolvidos".[44]

Pode ser surpreendentemente barato comercializar e entregar produtos no mundo dos pobres, pois a imensa maioria deles se concentra em cidades com elevada densidade demográfica. A tendência das grandes conurbações prossegue a criar bolsões de miséria. Conforme apurou a Organização Panamericana de Saúde, o Brasil é um exemplo típico de nação que enfrenta o processo de *metropolização da pobreza*. Fenômeno que piora a qualidade de vida da população e aumenta os riscos de morte. Entre 1996 e 2004, aumentou em 8,8% o risco de morte por homicídios, em 30,5% o risco de morte por diabetes e em 38% o risco de morte por doenças hipertensivas. Nada indica regressão nesses índices nos últimos anos, pese embora o ufanismo oficial. Ao contrário, enfermidades consideradas extintas retornam e com renovado vigor. Basta consultar jovens pais e verificar quais as recomendações dos pediatras em relação a doenças que se pensava fossem erradicadas já ao tempo da infância dos bisavós. [45]

---

44. C. K. Prahalad e Allen Hammond, op. cit., p. 80-81.

45. Relatório da Organização Pan-Americana de Saúde-OPAS, divulgado em Washington, em 02.10.2007, conforme *O Estado de S. Paulo*, de 1.º out. 2007, p. A-17.

Nada obstante a piora na perspectiva de vida, com agravamento das questões ambientais, de saneamento básico, moradia e infraestrutura, os miseráveis formam um mercado atraente. Os favelados do Rio de Janeiro, por exemplo, têm poder aquisitivo de 1,2 bilhão – US$ 600 por pessoa. As favelas "já apresentam ecossistemas diferentes, com lojas varejistas, pequenas empresas, escolas, clínicas e agiotas. Embora se disponha de poucas estimativas confiáveis sobre o valor das transações comerciais nas favelas, a atividades de negócios parecem estar prosperando".[46] Todas são promessas de setores comerciais vibrantes.

Voltar os olhos para os mercados emergentes é uma atitude ética por parte da empresa. Ao fazê-lo, ela não estará somente fortalecendo a sua marca e consolidando o seu protagonismo como empresa socialmente responsável. Ela poderá também ampliar a sua margem de lucros com uma faixa da população que, em regra, ainda reconhece o valor do compromisso e que sabe cumprir suas obrigações. Pois é justamente a legião dos que não desconhecem a *força insensível da lei*, sempre eficiente e rigorosa em relação aos mais fracos.

Numa vertente microeconômica, as empresas conscientes sabem do retorno efetivo ante uma ética diferente do mero *marketing*. O lucro virá por acréscimo se elas forem reconhecidas como empreendimentos humanos, sérios, idôneos e sensíveis a tudo aquilo que realmente importa e que não se resume ao produto que fabricam ou ao serviço que prestam. "Quando a preocupação com o lucro assume na empresa o papel centralizador e único de seus interesses, e não lhe permite a ampliação de horizontes participativos além de seus limites, ela corre sérios riscos e pode comprometer sua própria permanência no mercado. Essa postura tipicamente egoísta inibe oportunidades de crescimento profissional, não constitui o alicerce de uma saudável cultura empresarial nem propicia a criação de uma história digna de respeito. A ganância é um vício que gera o clima ideal para propagar corrupções, sentimentos negativos e descontentamentos entre profissionais, e isso representa a soma de fatores negativos que desestabiliza qualquer empreendimento."[47]

Empreendedores providos de uma visão menos acanhada, atentos a um porvir destinado a melhorar as condições de vida de seus netos e bisnetos, desvinculados do imediatismo egoísta e tolo, já investem seriamente na ética. Sabem que é um projeto só mensurável no longo prazo. Surpreendem-se ao

46. C. K. Prahalad e Allen Hammond, op. cit., p. 82.

47. Lúcia Maria Alves de Oliveira e Messias Mercadante de Castro, *A gestão ética, competente e consciente* – Tributo à memória de E. F. Schumacher, p. 83.

assistir retorno mais rápido em relação ao imaginável, reflexo de que a minoria pensante sabe reconhecer entre a ganância cega e o solidarismo inteligente.

Por óbvio que uma reflexão destas não seria possível à luz do pensamento kantiano. Se para Kant só vale a *intenção*, o mero fato de o empreendedor pensar em lucro já desqualificaria moralmente a sua iniciativa. Todavia, fazendo concessão ao utilitarismo, se houver possibilidade de o empresariado se convencer de que será bom para o negócio ser mais ético, nada se perderá na intensificação de atitudes calcadas na responsabilidade social.

9.8 A MATRIZ DA VIRTUDE

A aspiração de parte da comunidade no sentido de que as empresas evidenciem consciência social sem deixar de gerar lucro não é recente. Na Inglaterra do século XIX, William Blake e Charles Dickens souberam explorar tais demandas em suas obras. O consenso possível é o de que uma empresa é uma *instituição* que precisa se portar com um *mínimo* de *responsabilidade moral*, mais conhecida como *responsabilidade social*.

Os estudiosos do tema elaboram teorias e traçam estratégias para convencer os empresários de que é conveniente a adoção de uma linha de conduta que leve em consideração não apenas o próprio negócio, mas o desenvolvimento de atividades comunitárias que edifiquem a reputação do grupo. Uma dessas estratégias se chama "A Matriz da Virtude". Ela "é composta de quatro quadrantes. Os dois quadrantes inferiores compõem os pilares da matriz, os dois superiores são suas fronteiras. Os quadrantes de baixo constituem o que denomino *fundamentos civis*. Base consuetudinária e codificada do comportamento empresarial responsável, os *fundamentos civis* são o acúmulo de usos e costumes, de um lado, e de leis e regulamentos, de outro, que promovem condutas socialmente responsáveis e aumentam o valor para os acionistas".[48]

Pense-se num retângulo quadripartido. Os quadros de baixo contêm as *práticas opcionais* e a *disciplina legal* e os quadros de cima são reservados ao setor *estratégico* e ao *estrutural*, respectivamente. Fora do quadro, acima se encontra a *fronteira* (intrínseco) e abaixo os *fundamentos civis* (instrumental). Esse, em sua singeleza, o *design* da Matriz da Virtude.

No quadrante esquerdo, portanto, encontram-se as *práticas opcionais*. São as condutas responsáveis compatíveis com os usos e costumes. Convivem com o quadrante direito – *disciplina legal* – comportamentos cogentes impostos

48. Roger L. Martin, A matriz da virtude: cálculo do retorno sobre a responsabilidade social das empresas, in Martius Vicente Rodriguez y Rodriguez (org.), op. cit., p. 104.

pelo ordenamento legal. A fronteira entre esses dois quadrantes é porosa, complacente, nunca se mostra rígida. A história das empresas mostra que alguns hábitos se transformam em leis. Assim, a assistência médica dispensada aos dependentes dos empregados era liberalidade. Com o tempo, passa a ser um direito previsto em lei. Os fundamentos civis são profundos e robustos nas economias prósperas e avançadas, ao passo que nas economias mais pobres e menos desenvolvidas tendem a ser superficiais e frágeis.

A porosidade opera também para a redução de direitos. Um dos exemplos citados é o da Rússia após a dissolução da União das Repúblicas Socialistas Soviéticas. No caos reinante toda regulamentação se tornou flexível e deixou de ser observada. O *choque de capitalismo* transformou o país numa nação aparentemente sem regras. Em escala diversa, é o que se acena em relação ao Brasil no pertinente aos direitos sociais. Numa economia em crise, com pífio crescimento do PIB, a preservação de todos os benefícios previstos na Constituição cidadã e nas leis produzidas no período de *assistencialismo laboral* torna-se cada vez mais difícil.

Examinem-se, agora, os quadrantes superiores da matriz: as *fronteiras estratégica* e *estrutural* "abrangem atividades cuja motivação tende a ser intrínseca e cujo valor para os acionistas é nitidamente negativo ou pelo menos não é imediatamente visível. A fronteira *estratégica* abrange atividades que podem agregar valor para os acionistas – tornar-se instrumentais – ao gerarem reações positivas por parte de clientes, empregados ou autoridades legais".[49] O quadrante da direita é o da fronteira *estrutural* e "abriga atividades oriundas de motivação interna, nitidamente contrárias aos interesses dos acionistas. Nesse quadrante, os benefícios da conduta empresarial favorecem principalmente a sociedade, em vez da empresa, erigindo uma barreira estrutural básica à atuação desta".[50]

A fronteira *estratégica* é utilizada muita vez como *golpe de marketing*. Provém do *feeling* dos responsáveis por adoção de metodologia de captação da boa vontade ou da simpatia da clientela. Agrega valor ao produto. Muitas vezes aquilo que parecia uma concessão excessiva se transforma em uso ou costume e chega até a se converter em obrigação legal. A fronteira *estrutural* raramente chega a essa condição. Padecem do desinteresse dos executivos ou dos gerentes, ou até dos donos da empresa, pois apenas contemplam o benefício da própria sociedade.

---

49. Idem, p. 106.
50. Idem, p. 107.

A linha que separa as fronteiras *estratégica* e *estrutural* é sinuosa. Pois há iniciativas que não são inequivocamente favoráveis ou desfavoráveis aos acionistas. Entretanto, "em geral, as iniciativas que ficam entre as fronteiras *estratégica* e *estrutural* tendem a deslocar-se, espontaneamente, rumo à fronteira *estrutural*. Se o consenso no ambiente de negócios é o de que determinada atividade não gerará benefícios para os acionistas, dificilmente alguma empresa questionará o pressuposto".[51] Isso explica por que algumas inovações na área da responsabilidade social podem ser inibidas pela preocupação dos executivos com a riqueza dos acionistas. Não se cria *ética* ou bondade contra a vontade de quem precisa pôr a mão no bolso ou se contentar com lucros menores.

Em síntese, a estratégia da *Matriz da Virtude* pode orientar a comunidade e, sobretudo, as ONGs, na sua missão de impor e de exigir da empresa uma conduta *socialmente responsável*. Pois a *Matriz da Virtude* "delineia as forças que geram a responsabilidade social das empresas. Os dois quadrantes inferiores são os *fundamentos civis*, que abrangem os usos e costumes, de um lado, e as leis e regulamentos, de outro, que orientam as práticas empresariais. As empresas adotam essas práticas seja por escolha *espontânea* (optam por observar os usos e costumes), seja por *disciplina legal* (são obrigadas por lei e regulamentos a agir de determinada maneira)".[52]

As empresas adotam os *fundamentos civis* porque existe pressão ou expectativa de comportamento de parte da comunidade. Como fazem o benefício da empresa, são *instrumentais*, ou seja, constituem meios para que a empresa se fortaleça, cumpra melhor suas finalidades e remunere melhor os seus acionistas.

As inovações empresariais no setor da responsabilidade social ocorrem nas *fronteiras*, os quadrantes superiores da *Matriz*. Na fronteira *estratégica*, tanto atendem à comunidade como aos acionistas. Na fronteira *estrutural*, beneficiam a sociedade, mas não os acionistas. Para que as empresas atuem nessa fronteira, a comunidade precisa tornar-se proativa, reivindicadora, consciente, e provocar a elaboração normativa que exija das empresas uma conduta compatível com a maturidade da comunidade em que se situam.

Um exemplo fica mais claro. O mercado caótico de países emergentes não obriga os fabricantes a acompanharem o *ciclo vital* do seu produto e de se encarregarem dos resíduos. Por isso é que no Brasil os rios são repositório de lixo doméstico e industrial. Há carcaças de automóveis, geladeiras, televisões, tudo lançado àquilo que é *fonte de vida*, bem essencial para a subsistência da

---

51. Idem, ibidem.

52. Idem, p. 116.

espécie humana neste maltratado planeta. Em nações civilizadas, o fabricante é obrigado a cuidar do carro, da geladeira, da televisão, do ferro elétrico, das pilhas, dos pneus, das garrafas pet, das sacolas de plástico e de tudo o mais que se fabrica. Há uma evidente economia porque grande parte do produto é reaproveitada e o benefício à natureza é incalculável. Por que não trabalhar nessa *fronteira estrutural* e normatizar a obrigação empresarial de se encarregar da *vida útil do produto* e da *destinação de seus resíduos*?

A Matriz da Virtude serve exatamente para esse tipo de atuação e não pode servir apenas como material teórico, mas é preordenada a surtir efeitos práticos. Essenciais para elevar a qualidade de vida da população e para fazer com que a promessa constituinte de assegurar a dignidade da vida humana seja cumprida e não se constitua em mera manifestação retórica.

9.9 A DUPLA MORAL BRASILEIRA

É recorrente a afirmação de que o brasileiro tem uma dupla moral: aquela do *discurso* e aquela da *práxis*. O brasileiro seria aquele sempre interessado em *levar vantagem*, pronto a atingir os seus objetivos sem pruridos morais que o inibissem. A moral do oportunismo conviveria com a moral da integridade. Esta considera os oportunistas imorais. Aquela considera os íntegros ingênuos. Mas a tendência manifesta seria o predomínio da primeira. Em todas as áreas e, portanto, inclusive na vida empresarial.

Autores há que, otimistas, entendem que "teimar em agir segundo a moral do oportunismo poderia sinalizar miopia por parte das empresas que se pretendam competitivas. No reverso da medalha, a efetiva adesão ao profissionalismo e à idoneidade, abandonando práticas empresariais duvidosas, constitui um virtuoso quebra-cabeça porque supõe deliberar sobre questões controversas e, na sequência, implica exercitar padrões de conduta de caráter altruísta".[53] A verdade é que a *moral da integridade* é o discurso oficial presente em todas as oportunidades e exibido como atributo do caráter de todos os atores. Enquanto isso, a *moral do oportunismo* é o discurso oficioso a permear a sociedade por inteiro.

"Essas duas morais convivem em um consórcio insólito, porque amplamente contraditório, reproduzindo-se nos mais comezinhos atos e pensamentos dos agentes e organizações. E, dada essa patente ambivalência, celebram uma antológica hipocrisia. Um certo *mal-estar moral* é muito comum entre os brasileiros, misto de confusão ou de dissimulação. Aliás, tornou-se esporte na-

---

53. Robert Henry Srour, op. cit., p. 219.

cional tecer reclamações e alardear indignação – autêntica ou fingida? – com a situação de imoralidade que reina no País. Imoralidade, sim, do ponto de vista dos parâmetros da moral da integridade. Em contraposição, segundo a moral do oportunismo, tudo se encontra no melhor dos mundos – ingênuos, incautos ou poetas são aqueles que praticam as orientações edificantes ensinadas na escola ou na igreja."[54] É da experiência de cada um de que não se hesita em dissimular as práticas ambíguas ou mesmo condenáveis. Ninguém costuma assumir desfaçatez. Multiplicam-se as justificações, todos se autolegitimam, são lenientes e autoindulgentes, embora rigorosos no julgamento do próximo.

Sem adentrar na raiz histórica desse fenômeno, o que Robert Henry Srour faz com proficiência,[55] não é ousado admitir que "reponta no Brasil um velho traço cultural que pode iluminar esta discussão toda. Trata-se do *formalismo*, uma clara dissociação entre o discurso e a prática; o enunciado e o vivido; o país legal e o país real; os códigos formalizados de conduta e os expedientes espertos do dia a dia; as declarações de boas intenções e o cinismo dos arranjos de conveniência".[56]

A vida empresarial não é imune a tal incidência. Há quem legitime o *caixa dois*, a sonegação, a contratação sem registro, a compra ou a venda sem escrituração e sem nota fiscal, tudo sob o argumento de que *a carga tributária é elevada* e a empresa precisa sobreviver. Prefere-se subornar a sofrer fiscalização. O capítulo das licitações é uma página lamentável quando se toma conhecimento do que ocorre. O desvio de dinheiro para depósitos no estrangeiro, a pretexto de assegurar o futuro da família, não é prática insólita, mas recorrente. Até mesmo o direito se presta a acobertar fraudes. Quantos profissionais não atuam preventivamente, na busca das chamadas *brechas legais*? Existem até mesmo teses que sustentam ser ética a atitude de quem orienta o fraudador e o libera de investigação, de processo administrativo e judicial. Se necessário, defende-o em juízo, em nome do *sacrossanto direito de defesa* e da *presunção de inocência*. A elasticidade de consciência é um fenômeno muito frequente na sociedade brasileira.

O fato é que a falta de ética não surpreende ninguém. "Urde-se, no fluxo do cotidiano, um jogo de faz de conta, uma tessitura de pantomimas e de cumplicidades. As incoerências, no entanto, incomodam poucos, pois aparecem como imperativos naturais ou como imposições inelutáveis da vida em sociedade, daí o paradoxo aparente: há convivência entre a retórica das fórmulas

54. Idem, p. 221.

55. Idem, p. 221-242.

56. Idem, p. 243.

edificantes do 'homem de bem' e a complacência em relação aos jeitinhos, favoritismos, subornos, quebra-galhos, pistolões, tramoias, infidelidades, embustes, malandragens, como se esses arranjos todos não passassem de dribles indispensáveis para sobreviver no mundo rela, para todo o sempre definido como selva impiedosa."[57]

É o quadro muito nítido da *dupla moral brasileira*. Pois "duas pesquisas de âmbito nacional feitas pelo Ibope no fim de 1992 e início de 1993 registraram que 64% dos entrevistados consideravam que, no Brasil, quando uma pessoa tem a oportunidade de conseguir uma vantagem fazendo algo errado, e sabe ter poucas chances de ser descoberta, ela age ilegalmente. E mais: 65% acreditavam que o povo brasileiro é desonesto; 81% diziam que, se os supermercados não vigiassem as prateleiras, sofreriam muito mais roubos; 93% afirmavam que a maioria dos brasileiros tenta dar uma 'caixinha' para se livrar de multa; 82% consideravam que a maioria das leis não é obedecida; 86% achavam que existem certas pessoas que, mesmo que façam coisas erradas, nunca serão punidas pela Justiça; 80% acreditavam que as leis só existem para os pobres e que a Justiça brasileira não trata os pobres e os ricos da mesma maneira; 59% estavam convencidos de que os advogados não são pessoas honestas; 64% diziam o mesmo dos policiais; 63% afirmavam que a maioria dos guardas rodoviários deixa de multar quando recebe uma boa 'caixinha'; 64% diziam o mesmo dos fiscais; mas 78% dos entrevistados respondiam que deveriam cumprir a lei, independentemente de sua opinião sobre esta".[58] Pesquisas mais atuais teriam evidenciado um reforço na credibilidade das instituições ou estas ainda padecem de crescente crise de desconfiança?

A última resposta mostra que o brasileiro quer ser identificado como pessoa provida da *moral da integridade*. Aquela moral da família, da antiga escola, da igreja que a reforça no catecismo, na catequese ou em qualquer outra atividade apologética. A conduta estribada em honestidade, lealdade, idoneidade, decoro, lisura, fidelidade à palavra empenhada, cumprimento das obrigações, obediência aos padrões, respeito à verdade e à legalidade, amor ao próximo, solidariedade e generosidade.

Quanta distância entre o discurso e a prática. Protesta-se pela integridade, mas esquece-se, facilmente, do compromisso. Parece até que o brasileiro foi estudioso atento e absorveu a lição de Maquiavel, para quem "um príncipe prudente não pode nem deve guardar a palavra dada quando isso se lhe torne

57. Idem, ibidem.

58. Idem, p. 256, a citar a Revista Veja, de 02 dez. 1992, e o jornal *O Estado de S. Paulo*, de 07 jun. 1993.

prejudicial e quando as causas que o determinaram cessem de existir. Se os homens fossem todos bons, esse preceito seria mau, mas, dado que são pérfidos e que não a observariam a teu respeito, também não és obrigado a cumpri-la para com eles. Jamais faltaram razões para dissimular quebra da fé jurada".[59]

As empresas são formadas de seres humanos. Seria impossível pretender que a ética por eles vivenciada refugisse aos parâmetros nacionais. Até mesmo as empresas estrangeiras, ao menos em tese obrigadas a padrões éticos irrepreensíveis em seus países de origem, aclimatam-se à ruptura ética tropical.[60] Vivenciam a velha concepção de que *não existe pecado do lado de baixo do Equador.* Chegam a incluir a propina como gasto previsível, sem o qual *as coisas não andam* na cultura tupiniquim. É por isso que, ao lado da *dupla moral* do brasileiro, pode-se acrescentar a *moral empresarial da parcialidade.*

9.10 A MORAL EMPRESARIAL DA PARCIALIDADE

Não poderia ser diferente num país em que a moral pública se encontra em frangalhos. Diante dos descalabros da vida política, as empresas se valem da *moral do oportunismo* com tal desenvoltura "que sedimentaram uma moral mesossocial – a *moral da parcialidade* do setor empresarial. A hibridez dos comportamentos, já vista no plano nacional, se reproduz então, como um espelho, no plano setorial".[61]

E o que significa a *moral da parcialidade empresarial*?

É um "discurso seletivo que adota normas mistas de conduta porque não se furta a justificar conveniências oportunistas nas relações com os 'outros' (aqueles que estão destituídos de cacife), embora exija lealdade nas relações pessoais (os 'aliados'). A moral da parcialidade é um discurso permissivo de cunho exclusivista e, portanto, antiético, que:

"1. parte do pressuposto de que 'um pouco de desonestidade faz as coisas acontecerem' ou de que 'para vender nesta selva, uma certa dose de cinismo é necessária';

"2. confere à venalidade o estatuto de 'lubrificante indispensável ao mundo dos negócios';

---

59. Nicolau Maquiavel, *O príncipe*, p. 79-80.

60. Qual metástase irreversível, a falta de ética também contamina o Primeiro Mundo, haja vista a sucessão de escândalos financeiros que abalaram a economia norte-americana, a alemã e a francesa, dentre outros episódios recentes.

61. Robert Henry Srour, op. cit., p. 278.

"3. encontra semelhança na famosa fórmula do populismo brasileiro do 'rouba mas faz', que, implicitamente, absolve o político salafrário, enquanto generaliza a falta de caráter das autoridades em geral;

"A moral da parcialidade é também um discurso hipócrita que:

"1. é proferido diante de plateias diminutas, reputadas de confiança;

"2. usa o artifício do 'ouvir dizer' quando pessoas desconhecidas se encontram na audiência;

"3. veicula expressões depreciativas contra os políticos, os tribunais, os sindicatos, a mídia, os partidos, os movimentos sociais – os patetas que 'não sabem o que seja assumir riscos', 'não entendem do negócio' ou 'nunca meteram a mão na massa';

"4. justifica as irregularidades cometidas com uma sentença conclusiva – 'algumas vezes, a malandragem é necessária' – ou, em uma declaração imbuída de ufanismo cínico – 'eta Brasil maravilhoso em que se faz o que se quer e se pode comprar o sossego!';

"5. considera imprescindível sonegar tributos para obter condições não só de competir, mas, sobretudo, de sobreviver – 'os impostos inviabilizam as pequenas empresas', 'sem dar um jeito, não há como sair do sufoco'."[62]

É óbvio que não se pode generalizar. Há empresas que mantêm, a custos diversos, a *moral da integridade*. Outras militam na esfera da *moral da parceria*. O *economicamente correto* é conciliar a atividade empresarial com a ética. A multiplicação das entidades associativas, fenômeno que a Constituição de 1988 estimulou, acende uma centelha de esperança no controle efetivo de todas as atividades em solo brasileiro. A livre iniciativa é um valor acolhido pelo pacto político. Mas a ordem econômica, fundada na valorização do trabalho humano e na livre iniciativa, tem por fim assegurar a todos existência digna, conforme os ditames da justiça social, observados os princípios da soberania nacional, propriedade privada, função social da propriedade, livre concorrência, defesa do consumidor, defesa do meio ambiente, redução das desigualdades regionais e sociais, busca do pleno emprego e tratamento favorecido para as empresas de pequeno porte.[63] Mandamentos essencialmente *éticos*. Extraídos da *moral da integridade* e não de qualquer outra moral vigente.

A revolução a ser travada no Brasil é a de *reformulação da consciência* das lideranças empresariais. Muitas delas já foram contaminadas por esse *fervor cívico* de resgate da ética em todas as atividades. A distância entre a realida-

62. Idem, p. 278-279.

63. Art. 170, I a IX, da CF/1988.

de econômica brasileira e a de outros países com o mesmo lapso temporal de *infância histórica* também reside na seriedade com que alguns valores são encarados lá e cá. Industriais como Henry Ford já haviam se apercebido da relevância da postura ética para o mais completo êxito nos negócios. É de Ford a observação de que "negócios e indústria são, antes de tudo, um serviço público. Estamos organizados para fazer o melhor que pudermos em todos os lugares e para todos os interessados. Não acredito que devamos ter um lucro exorbitante sobre nossos carros. Um lucro razoável está certo, mas não demais. Portanto, minha política tem sido a de forçar os preços dos carros para baixo assim que a produção o permite, e beneficiar os usuários e trabalhadores, o que tem resultado em lucros surpreendentemente grandes para nós".[64]

9.11 O FUTURO DA EMPRESA

Na *era da incerteza*, a única certeza possível é a de que não há certezas. Os prognósticos são sempre falíveis. Sabe-se apenas que o futuro não será exatamente aquilo que previramos. É preciso, portanto, estar preparado e saber enfrentar as incertezas.

O pessoal das empresas sabe exatamente o que ocorre. Quantas profissões desapareceram? Quantos produtos que já não têm lugar no mercado? Pense-se, para permanecer na área da escolarização formal, no caminho evolutivo da pena de ganso, utilizada para escrever com a tinta líquida, depois a esferográfica, o pincel atômico, a escrita no quadro telemático. Onde foram parar o papel carbono, a gelatina para extrair cópias, o mimeógrafo? Estão no museu em que são guardados os discos de vinil, e em que breve estarão os CDs. Como é que se reciclou a indústria dos filmes fotográficos? A enunciação poderia chegar ao infinito.

O certo é que a empresa contemporânea precisará se atualizar, antever a mudança de rumos da sociedade, antecipar-se às necessidades. Extrair das megatendências aquelas que interessam ao seu negócio. E pensar que uma educação mais consistente levará o consumidor e os *stakeholders* a exigências cada vez mais sofisticadas...

Uma das linhas a ser perseguida é a do aprimoramento ético. Já se colhem os resultados de boas iniciativas. Dentre elas, mencione-se a Certificação AS 8000 – *Social Accountability 8000*, "uma norma internacional cuja certificação garante a *responsabilidade trabalhista* das empresas. (...) Foi em 1997 que uma

64. Citação de Robert C. Solomon e Kristine Hanson, *It's good business*, Macmillan Publishing Co., 1985, livro sumariado por Amélia de Oliveira, *A ética necessária*, p. 4.

organização não governamental, sediada nos Estados Unidos, denominada *Social Accountability International* (SAI), criou essa nova certificação; estruturou-se na esteira de outras certificações internacionais bem sucedidas, como a ISO 9000 (Garantia de Qualidade) e a ISO 14000 (Gestão Ambiental)".[65]

O propósito é aprimorar o bem-estar e as condições ideais de trabalho, mediante estímulo de todos os setores da sociedade na busca da dignidade do labor. Verdade que o intuito nasceu restrito aos aspectos essencialmente trabalhistas. Todavia, ao atestar a qualidade das relações de trabalho da empresa certificada, com base nas nove convenções da OIT – Organização Internacional do Trabalho –, na Declaração Universal dos Direitos Humanos e na Declaração Universal dos Direitos da Criança, sem desconhecer a legislação trabalhista do País, ela contribui para uma postura ético-empresarial mais apurada. "Mais concretamente, a SAI destaca nove aspectos extraídos daqueles três ordenamentos legais de âmbito universal, a saber: 1. proibição do trabalho infantil; 2. proibição do trabalho forçado ou escravo; 3. cuidados com a saúde e a segurança do trabalhador; 4. liberdade de associação dos trabalhadores e direito à negociação coletiva; 5. práticas disciplinares humanas; 6. não discriminação; 7. horário de trabalho de 8 horas, com intervalo para refeição, descanso semanal, férias e remuneração de horas extras; 8. remuneração mínima suficiente para as necessidades básicas; e 9. sistema de gestão da AS 8000 com representação dos trabalhadores."[66]

O prenúncio de disseminação dessa estratégia é o mais auspicioso. Já existem muitas empresas brasileiras que procuram implementá-la. Tais certificações significam o empenho no sentido de adaptar o progresso tecnológico ao progresso moral. O caminho é árduo e muito ainda resta a ser feito. "A Ética não se limita a aspectos isolados da conduta empresarial, tais como o cuidado ambiental, a salubridade, a responsabilidade social, a responsabilidade trabalhista ou a qualidade dos produtos. A Ética só se alcança quando se aceita a sua universalidade e abrangência e se permite a sua irradiação total a partir de todos e cada um dos atos das pessoas que na empresa atuam."[67]

Se o mundo atual, convulsionado em guerras fratricidas, secessões étnicas e religiosas, terrorismo e violência em todas as escalas, dá péssimo exemplo às gerações do porvir, há também condutas paradigmáticas. A preocupação com a ética e com o meio ambiente contaminou uma série de boas empresas. "Como já se reconhece, a avaliação empresarial está se direcionando atualmente para

65. Alonso, Castrucci e López, op. cit., p. 189.

66. Idem, p. 190.

67. Idem, p. 192.

uma ordem mais ampla de valores, na qual se incluem responsabilidade social e preocupação com o planeta em que vivemos. Apesar de prováveis enfrentamentos com algumas resistências dissimuladas e de éticas oportunistas, é de vital importância que as empresas bem-intencionadas se predisponham a divulgar propostas essencialmente éticas e objetivas em seus relacionamentos com consumidores, fornecedores e outros agentes sociais que, em participações ativas, atuam como fiscalizadores, hoje denominados *stakeholders*, e passam a vigiar com maior assiduidade e rigor comportamentos e culturas corporativas."[68]

O retorno à ética será a alternativa ao caos moral. Nenhuma sociedade resistirá por tempo indefinido à insensibilidade, à irresponsabilidade, à desenfreada busca da satisfação dos instintos, sem compromisso algum com a solidariedade e com a busca da harmonia. A empresa, organização inteligente e hábil a detectar as crises, já resistiu aos desvios do capitalismo e subsistiu às frustradas experiências socializantes. Encontrará na moral empresarial a opção mais adequada à sobrevivência e aperfeiçoamento na turbulenta era do efêmero e do descartável em que a espécie humana já se encontra envolvida.

Não se dispense, com isso, o empreendedorismo. Projetos sociais desenvolvidos por empresas são submetidos à avaliação e também concorrem a seguidos prêmios. Os critérios para a verificação de cumprimento aos comandos de uma ética empresarial podem ser a inovação, a sustentabilidade, o impacto social direto, a influência em políticas públicas, a consolidação de um perfil de empreendedor social, o alcance e abrangência do projeto e seu efeito multiplicador.

Como o Estado só age reativamente e, na repartição político-partidária dos nacos de poder, fica refém de despreparados; as políticas públicas precisam ser alavancadas por aqueles que *têm o que perder*. São as empresas as mais categorizadas a influenciar políticas públicas, suscitando a elaboração de leis, de portarias, de decretos, além de se propor a Parcerias Público-Privadas, para que os planos saiam do sonho e tenham repercussão na realidade.

É preciso aproveitar o entusiasmo daqueles especialistas em tecnologia que sabem se aproveitar da atual revolução das telecomunicações – celulares, *ipads*, *tablets* etc. – e de suas consequências para os governos e para os povos. Esta é a verdadeira revolução possível de se fazer: algo democrático, aberto, imune – por enquanto... – a qualquer controle.

---

68. Lúcia Maria Alves de Oliveira e Messias Mercadante de Castro, op. cit., p. 85.

A população precisa assumir o seu protagonismo e atuar de maneira a substituir velhos esquemas hoje superados. Enquanto a ONU, que se propôs a coordenar as políticas mundiais como se fora uma supersoberania perde o seu espaço, pois o Conselho de Segurança está imerso numa permanente paralisia, ante a mera possibilidade de veto, perde sua razão de ser, nunca houve tamanha perspectiva de atuação cidadã. O mundo é outro e se alguém possui condições de perceber a mudança, é o empresário, por tudo o que se analisou aqui e pelas conclusões que os interessados elaborarem após uma pesquisa num vasto material de consulta, a todos disponível.

Para reflexão em grupo

1. O *negócio* da empresa é só *fazer negócio*?
2. As empresas brasileiras exercem com eficiência a sua *responsabilidade social*?
3. É conveniente e necessário que a empresa adote um Código de Ética?
4. Quais as novas oportunidades criativas para servir aos mercados na base da pirâmide que foram viabilizadas pelas tecnologias digitais?
5. Quais os novos modelos de negócios mais promissores para reduzir a distância entre o rico e o pobre?
6. Quais são as barreiras ao aumento da oferta de virtude empresarial?
7. O que as empresas podem fazer para remover esses obstáculos?
8. Você abriria mão de seus princípios em nome de uma vida melhor?
9. Qual a origem da *dupla moral brasileira*?
10. Como distinguir entre a *empresa ética* e a *ética do marketing*?

A Ética e a profissão forense 10

Sumário: 10.1 Conceito de profissão – 10.2 A Ética na profissão jurídica: 10.2.1 A deontologia forense – 10.3 O princípio fundamental da deontologia forense – 10.4 Os princípios gerais da deontologia forense: 10.4.1 O princípio da conduta ilibada; 10.4.2 O princípio da dignidade e do decoro profissional; 10.4.3 O princípio da incompatibilidade; 10.4.4 O princípio da correção profissional; 10.4.5 O princípio do coleguismo; 10.4.6 O princípio da diligência; 10.4.7 O princípio do desinteresse; 10.4.8 O princípio da confiança; 10.4.9 O princípio da fidelidade; 10.4.10 O princípio da independência profissional; 10.4.11 O princípio da reserva; 10.4.12 O princípio da lealdade e da verdade; 10.4.13 O princípio da discricionariedade; 10.4.14 Outros princípios éticos das carreiras jurídicas.

10.1 Conceito de profissão

Sob enfoque eminentemente moral, conceitua-se **profissão** como uma atividade pessoal, desenvolvida de maneira estável e honrada, ao serviço dos outros e a benefício próprio, de conformidade com a própria vocação e em atenção à dignidade da pessoa humana.[1] Evidente que este conceito restringe a concepção vigente de que toda e qualquer atuação permanente com o fim de satisfazer as necessidades vitais da pessoa mereça enquadrar-se na categoria de profissão.

Para tornar mais clara a ideia do que se deva compreender por *profissão* sob a vertente ética, é conveniente analisar alguns dos elementos contidos na definição. Dentre eles prepondera o aspecto de **atividade a serviço dos outros**. Numa sociedade em que o objetivo sugerido e mesmo imposto aos jovens é o "vencer na vida", esquece-se que a opção profissional também se impregna

1. A. Royo Marín, *Teología moral para seglares*, p. 725, apud Pasquale Gianniti, Principi di deontologia forense. I grandi orientamenti della giurisprudenza civile e commerciale,, p. 35.

de uma função social. O exercício de uma profissão pressupõe um conjunto organizado de pessoas, com racional divisão do trabalho, na consecução da finalidade social: o bem comum. Hão de se conciliar os interesses: o profissional precisa realizar-se, mas não pode se esquecer de que sua profissão deve atender ao bem comum. Este, na conceituação clássica de Paulo VI, é o conjunto de condições da vida social que consintam e favoreçam o desenvolvimento integral da personalidade humana.

O espírito de serviço, de doação ao próximo, de solidariedade, tem de ser característica essencial à profissão. O profissional que apenas considere a sua própria realização, o bem-estar pessoal e a retribuição econômica por seu serviço não é alguém **vocacionado**.[2]

Embora **a serviço dos outros**, a profissão é uma atividade desenvolvida **em benefício próprio**. A função social da profissão não é incompatível com o objetivo de satisfazer o bem específico de quem a exercita. Conjugam-se ambos os escopos: adota-se o serviço a contemplar o bem alheio, com o intuito de atender à própria necessidade de subsistência.

Não se escolhe uma profissão apenas com vistas ao que ela propiciará em termos de remuneração. A profissão precisa atender ao apelo **vocacional**. **Vocação** já indica etimologicamente o **chamado** a que o vocacionado responde quando abraça uma atividade. À vocação acorre-se **conscientemente** ou de forma inconsciente. Nem sempre estará claro ao jovem se aquela foi a opção correta. Muitas influências podem levá-lo a uma escolha errada. O importante é ter coragem de redirecionar o rumo e de tentar "fazer a coisa certa". Se é quase impossível eliminar a possibilidade de fatores externos influenciarem aquele que deverá escolher o seu caminho profissional, que ele tenha consciência disso e que procure refletir sobre as consequências desse passo. Afinal, uma profissão – ao menos no seu sentido tradicional – é atividade que pode ser exercida durante décadas ou pelo prazo de uma vida útil.

Nesta era, as certezas sofreram muitas fissuras. A mutação acelerada em todos os setores acarreta obsolescência inesperada de muitas atividades. O desafio para o jovem é a capacidade de *reciclar-se*, com os ônus daí decorrentes. Quantas pessoas não acordam, em plena caminhada, para o desacerto da primeira opção? Mesmo assim, elas sobrevivem. A capacidade de adaptação do ser humano é mágica. Ninguém deve se constranger de *mudar de rumo* durante o curso da existência. A experiência humana é uma só. Não tem ensaios, nem infinitas possibilidades de *correção de rota*. O mais importante é sentir-se afina-

2. L. Spinelli, Introduzione, *Deontologia delle professioni giuridiche*, Bari, 1989, p. 83, apud Pasquale Gianniti, idem, p. 35.

do com o que se faz. Desempenhar com entusiasmo a sua profissão. Não temer ao singrar *mares nunca dantes navegados*. O mundo se transforma rapidamente e precisa de variados talentos para enfrentar carências até a pouco inexistentes. Isso não elimina o empenho em procurar atender às inclinações, talentos e aptidões que estariam no cerne de um apelo vocacional.

Como se identifica uma verdadeira **vocação**?

Hão de ser levados em conta os fatores internos – personalidade, tendências, aptidões, temperamento, inclinação natural – e também fatores externos – mercado de trabalho, valorização profissional, possibilidade de boa remuneração. Os fatores internos representam a **potencialidade** individual, objetivamente analisada pelo interessado. São os mais importantes. Alguém que "faz o que gosta" produzirá melhor do que o profissional que "trabalha forçado". A consideração aos fatores externos não pode ser a única a motivar a opção. Infelizmente, as pesquisas demonstram que o êxito material é o que impulsiona grande parte das preferências ocupacionais.

Depois de escolhida a atividade a que se consagrará – ao menos em tese – toda a existência, ela condicionará o optante e lhe imporá limites. É muito difícil deixar de corresponder à expectativa de comportamento gerada em relação aos exercentes da mesma atividade. Quando não verdadeiramente vocacionado, o profissional se sentirá tolhido, massacrado pelo fardo que podem representar os ônus inafastáveis. Pode ser a rotina do trabalho, a cobrança dos destinatários, as restrições impostas ao integrante daquele estamento. Por isso a vocação deveria representar livre e consciente **projeto de vida**. A opção profissional precisa resultar de um sadio exame de consciência moral, pois o adentrar na senda escolhida é assumir o compromisso de realização plena de tal projeto.[3]

A profissão deve ser exercida de modo **estável** e **honroso**. Por se cuidar da concretização de um *projeto de vida*, pressupõe-se que a profissão coincidirá com a duração existencial de seu ocupante. A duração de uma vida humana, malgrado os progressos da medicina, ainda é infinitamente curta. O tempo passa rápido demais e não se dispõe de reservas infinitas dele para um jogo contínuo de tentativas, erros e acertos profissionais. Nessa perspectiva, é conveniente detectar o mais rapidamente se possa eventual inadequação para viabilizar o aprumo de rota.

O exercício **honroso** da profissão quer dizer que o profissional deverá se conduzir de acordo com os cânones do respectivo mister. Espera-se do professor que ensine, do médico que se interesse e lute pela saúde do paciente,

---

3. C. Riva, Pensiero spirituale, *Deontologia delle professioni*, p. 117-118, apud Pasquale Gianniti, idem, p. 40.

do enfermeiro que o atenda bem. Do condutor, que dirija com segurança. Do pedreiro, que construa adequada e solidamente. Do advogado, que resolva juridicamente as questões de direito postas perante seu grau.

Não se pode admitir de quem optou pela função do **direito**, do reto, do correto, venha a se portar incorretamente no desempenho profissional. As infrações profissionais são muito graves, pois constituem traição do infrator ao seu projeto de vida. A um compromisso só por ele assumido e que não soube, ou não quis, honrar.

O exercício profissional ainda deve ser de acordo com o conceito da dignidade humana. As atividades laborais humanas não existem para movimentar a economia. Elas são voltadas à **realização das pessoas**, de maneira a que se realizem integralmente, concretizando suas potencialidades até a plenitude possível.

A natureza social do homem o estimula a cooperar com os semelhantes e a procurar destes a cooperação esperada. Essa busca há de contemplar finalidades morais, não moralmente reprováveis.

Pasquale Gianniti distingue dúplice forma de cooperação moralmente reprovável: a **formal** e a **material**. Há cooperação formal quando se auxilia a prática de mal cometido por outrem. Essa forma é sempre reprovável e, na esfera criminal, caracteriza o concurso de agentes. Já a cooperação **material** se resume à ação física, sem adesão da vontade. Essa cooperação material é lícita, quando as circunstâncias são tais que não exigem recusa do agente à prática de um ato lícito, apenas porque outros poderão dele se valer para atingir fins ilícitos.[4] O ser humano eticamente irrepreensível saberá evitar ambos os tipos de cooperação moralmente reprovável.

10.2 A Ética na profissão jurídica

Todas as profissões reclamam proceder ético. A ética impõe a consecução do bem e o banimento do mal. Quem estaria liberado a praticar o mal no presente estágio civilizatório? A disseminação de códigos deontológicos de muitas categorias profissionais – médicos, engenheiros, dentistas, jornalistas,

4. Pasquale Gianniti (idem, p. 44) pondera que a cooperação ao mal alheio mediante ações de per si honestas é um fenômeno muito difuso na vida social e se apresenta de forma tão variada que se torna impossível estabelecer em poucas normas como se deve agir em todos os casos. Apenas uma consciência bem formada será guia seguro para os casos comuns da vida quotidiana, não se podendo prescindir de um reforço na exigência de se aprimorar a formação da própria consciência, privada e profissional.

publicitários, dentre outros – apenas evidenciam a oportunidade e relevância do tema, por si permanente.

Na atividade profissional jurídica, porém, essa importância avulta. Pois o homem das leis "examina o torto e o direito do cidadão no mundo social em que opera; é, a um tempo, homem de estudo e homem público, persuasivo e psicólogo, orador e escritor. A sua ação defensiva e a sua conduta incidem profundamente sobre o contexto social em que atua".[5] Mercê da intensa intimidade entre ética e direito, não é fácil delimitar a fronteira entre o moral e o jurídico. É nas ciências jurídicas que as normas dos deveres morais se põem com toda a nitidez.

Nesta era o compromisso da comunidade jurídica é resgatar a ética e evidenciar sua profunda intimidade com o mundo normativo. "Apenas com base em uma certa normatividade ética comumente reconhecida, podem as instituições de socialização humana ser formas humanamente vivenciáveis de liberdade concreta. Sem um mínimo de um *ethos* socialmente consensual, nenhuma formação social pode cumprir sua tarefa, nem em si mesma, nem na totalidade social. Também uma sociedade pluralista como a nossa é, *sociedade* apenas na medida em que não é pluralista, senão que dispõe de um certo consenso normativo de base".[6] A normatividade ética é pressuposto à convivência humana realmente *humanista*.

Além da ética a impregnar toda a normatividade, é consolidada a necessidade de edição de um conjunto normativo a que se convencionou chamar **Deontologia Forense**, expressão que é também designada como **Deontologia Jurídica** ou **Deontologia das Profissões Jurídicas**. Como tal, "a deontologia jurídica há de compreender e sistematizar, inspirada em uma ética profissional, o *status* dos distintos profissionais e seus deveres específicos que dimanam das disposições legais e das regulações deontológicas, aplicadas à luz dos critérios e valores previamente decantados pela ética profissional. Por isso, há que distinguir os princípios deontológicos de caráter universal (probidade, desinteresse, decoro) e os que resultam vinculados a cada profissão jurídica em particular: a independência e imparcialidade do juiz, a liberdade no exercício profissional da advocacia, a promoção da justiça e a legalidade cujo desenvolvimento corresponde ao Ministério Público etc.".[7]

---

5. Carlo Lega, *Deontologia forense*, Milano, 1975, p. 17, apud Pasquale Gianniti, idem, p. 4.
6. Arno Anzenbarcher, Introdução à filosofia ocidental, Petrópolis, Vozes, 2002, p. 298.
7. Manuel Santaella López, *Etica de las profesiones jurídicas:* textos y materiales para el debate deontológico, p. 20-25.

10.2.1 A deontologia forense

Deontologia é a teoria dos deveres. Deontologia profissional se chama o complexo de princípios e regras que disciplinam particulares comportamentos do integrante de uma determinada profissão. **Deontologia Forense** designa o conjunto das normas éticas e comportamentais a serem observadas pelo profissional jurídico.

As normas deontológicas não se confundem com as regras de costume, de educação e de estilo. Estas são de cumprimento espontâneo. R. Danovi oferece um elenco de preceitos que não são deontológicos, mas se inserem naqueles concernentes à boa educação. Assim as relações entre colegas: o respeito e a deferência dos mais jovens quanto aos mais antigos, a ajuda e a assistência prestada ao colega enfermo, a participação nos funerais de um advogado falecido, a pontualidade nas reuniões com os colegas, a hospitalidade ao colega em visita profissional ao escritório, a entrega de documentos ao colega sem exigir recibo, o telefonema ao colega em caso de sua ausência a uma audiência. Todas estas regras são desprovidas de conteúdo preceptivo. Caracterizam os profissionais educados, polidos. Mas faltar em relação a qualquer delas não constitui, segundo a maior parte da doutrina, verdadeira infração ética.[8]

A esfera da conduta ética não é, contudo, delineada de maneira precisa. Muitas posturas há que podem restar na fronteira entre a conduta ética e a conduta não ética. Manzini preferia afirmar que, "para conduzir-se dignamente, o defensor não tem senão que seguir a própria consciência, os conselhos dos colegas mais respeitados e as regras da educação moral. O bom senso, a prudência, a discrição, a retidão, a civilidade são coisas que não se podem ensinar com um elenco de preceitos ou com a casuística".[9] Em tempos de consciência em letargia, ou de freios atenuados pela impossibilidade de qualquer proibição, talvez a dicção esteja a merecer complemento. Parece mais prudente assegurar a viabilidade de uma transmissão contínua de preceitos que aprimorem a educação moral de cada presente ou futuro integrante de uma carreira jurídica. Essa transmissão se faz não só mediante o estudo da patologia, extraída dos julgamentos dos tribunais éticos, institucionalizados ou não, mas também através da recordação permanente dos valores sobre os quais se erigiu a profissão jurídica.

---

8. R. Danovi, *Curso de ordenamento forense e deontologia*, Milano, 1989, p. 226, apud Pasquale Gianniti, op. cit., p. 14.

9. Vincenzo Manzini, *Trattato di diritto processuale penale*, v. 2, p. 533.

10.3 O PRINCÍPIO FUNDAMENTAL DA DEONTOLOGIA FORENSE

À deontologia profissional e, particularmente, à deontologia forense aplica-se um princípio fundamental: **agir segundo ciência e consciência**. Essa a ideia-força a inspirar todo o comportamento profissional. Isto vale para toda e qualquer profissão. Não é exclusividade da Ciência do Direito.

Ciência, a significar o **conhecimento técnico** adequado, exigível a todo profissional. O primeiro **dever ético** do profissional é dominar as regras para um desempenho eficiente na atividade que exerce. Para isso, precisará ter sido um **aprendiz aplicado**, seja no processo educacional formal, seja mediante inserção direta no mercado de trabalho, onde a experiência é forma de aprendizado.

Além da formação adequada, o profissional deverá manter um processo próprio de **educação continuada**. Os avanços e as novas descobertas influem decisivamente em seu trabalho. Profissões tradicionais deixam de existir e outras surgem para substituí-las. O ser humano precisa estar preparado para novas exigências do mercado. Estar intelectualmente inativo não representa apenas paralisação. É retrocesso que distancia o profissional das conquistas em seu ramo de atuação.

Mas, além da **ciência**, ele deverá atuar com **consciência**. Existe uma **função social** a ser desenvolvida em sua profissão. Ele não pode estar dela descomprometido, mas se lhe reclama empenho em sua concretização.

À **consciência** se reconhece um primado na vida humana. Sobre isso, afirmou Paulo VI: "Ouve-se frequentemente repetir, como aforismo indiscutível, que toda a moralidade do homem deve consistir no seguir a própria consciência. Pois bem, ter por guia a própria consciência não só é coisa boa, mas coisa obrigatória. Quem age contra a consciência está fora da reta via".[10]

Com isso não se resolvem todos os problemas morais. Há limites postos ao princípio da consciência. Ela não é o último ou o absoluto critério. Uma consciência enferma ou mal orientada poderia conduzir o ser humano a errar ou a se equivocar. "A consciência é intérprete de uma norma interior e superior; não é a fonte do bem e do mal: é a advertência, é a escuta de uma voz (...) é o reclamo à conformidade que uma ação deve ter com uma exigência intrínseca do homem."[11] E a consciência não tem o dom da infalibilidade. O homem é falível. A criatura tem uma fissura intrínseca chamada por Kant de

10. Paulo VI, alocução de 12.11.1969, apud Pasquale Gianniti, op. cit., p. 94-95.

11. Idem, ibidem.

mal radical. Ser finito, condicionado a debilidades, o homem pode ter uma consciência vulnerável e não inclinada naturalmente ao bem.

A consciência, portanto, deve ser objeto de contínuo aperfeiçoamento.

Mediante exercício permanente, ela se manterá orientada. A tendência natural será a sua lassidão, o seu afrouxamento e a autoindulgência própria ao egocentrismo humano.

Os estudiosos de ética natural se utilizam da expressão **consciência** "para significar não já o juízo sobre a moralidade das ações singulares que competem ao sujeito, mas, acima disso, o modo habitual de julgar em uma certa matéria no campo ético: fala-se então de **consciência reta** (aquela que sói judicar exatamente), de **consciência lassa** (aquela que sói julgar lícito e bom também aquilo que é ilícito e mau) e de **consciência escrupulosa** (aquela que sói julgar ilícito e mau até aquilo que é lícito e bom)".[12] A consciência é o resultado do trabalho individual, na reiteração dos atos singulares de juízo, como se cada julgamento fora ponto palpável na edificação de um produto consistente.

Ninguém poderá se substituir a outrem na missão de construir sua consciência. "É este o primeiro dever que o homem tem em relação a si mesmo: formar uma consciência, ou seja, instruir, educar a própria ciência moral, o próprio juízo moral, o próprio hábito de moralmente julgar. 'A consciência [afirma Paulo VI] tem necessidade de ser instruída: a pedagogia da consciência é necessária'. Se, de fato, a consciência não é uma fulguração mística, um estro genial, um *a priori* gnoseológico, um carisma sobrenatural, mas é razão e vontade que se apropriam da norma e sobre ela avaliam, com segurança, qualquer ato, bem se vê como a educação da consciência importa toda uma disciplina da razão e da vontade. Importa ciência e prudência. Importa retidão de conhecer e do querer. Se, pois, se trata de consciência cristã, importa, por outro lado, a luz da fé e a força da graça."[13]

Formar a consciência é o objetivo mais importante de todo o processo educativo. Ela é que avalia o acerto das ações, ela é que permite reformular o pensamento e as opções. Somente ela permitirá coerência ao homem, propiciando-lhe comportar-se de acordo com a própria consciência. Por isso é que a formação da consciência, além de ser o objetivo mais importante, resume em si todo o inteiro processo educativo.[14]

---

12. Idem, p. 95.
13. Idem, p. 95-96.
14. Idem, p. 96.

10.4 Os princípios gerais da deontologia forense

Além do princípio fundamental – **agir segundo ciência e consciência** –, há princípios gerais à deontologia forense. Dentre eles, podem ser mencionados:

10.4.1 O princípio da conduta ilibada

O aspecto moral impregna qualquer das carreiras jurídicas. A conduta ilibada é o comportamento sem mácula, aquele sobre o qual nada se possa moralmente levantar.[15] O advogado deve observar o seu Código de Ética, de onde se extrai a necessidade de uma conduta límpida. Em relação ao juiz, a Lei Orgânica da Magistratura Nacional reclama conduta **irrepreensível**[16] na vida pública e na vida particular.

O conceito de **conduta ilibada** é impreciso. Em tempos idos, pessoa divorciada – sobretudo se mulher – se via barrada no acesso a muitas carreiras jurídicas. A situação hoje é diversa. A separação e os posteriores casamentos ou formação de convivências estáveis parecem não mais concernir com a moral.

A despeito da imprecisão, a expressão possui carga semântica específica. Não se trata de mera **boa conduta**. Ao qualificá-la de **ilibada**, o sistema está a reclamar do profissional do direito algo superlativo em relação às demais profissões.

Existe uma tendência a desconsiderar os problemas da vida particular do profissional, quando estes não refletem no exercício de sua atividade. Embora a privacidade seja valor protegido pela ordem jurídica, nem sempre as fronteiras entre vida profissional e vida íntima são perfeitamente delineadas. À medida que pessoas se dedicam ao exercício de atividades diferenciadas, também despertam atenção maior de parte da comunidade. Ela costuma nutrir uma expectativa de comportamento vinculada à profissão exercida. É quase que uma carga mítica a envolver determinadas funções. Assim, espera-se de todo sacerdote que seja **santo**, de todo médico seja **milagroso**, de todo advogado seja hábil para vencer **causas impossíveis** e de todo juiz revista o dom da **infalibilidade**.

Podem coexistir situações de contraste a depender da região, das dimensões da comunidade – os costumes da metrópole parecem atenuados diante do

---

15. O art. 2.º da Lei Complementar Federal 35, de 14.03.1979, a Lei Orgânica da Magistratura, menciona a *conduta ilibada* como um dos requisitos para o brasileiro ser ministro do Supremo Tribunal Federal.

16. Art. 35, VIII, da Lei Complementar Federal 35, de 14.03.1979. Sobre o tema, examinar José Renato Nalini, *Curso de deontologia da magistratura*.

conservadorismo da microcomunidade, ressalvada a influência televisiva – e de certos valores sustentados em verdadeiros **guetos** religiosos. Mas há um **núcleo comum** a caracterizar a **conduta ilibada** dos profissionais do direito. Pelo mero fato de se dedicarem ao cultivo do **direito**, acredita-se atuem **retamente**. Deseja-se que os integrantes de uma função forense venham a se caracterizar pela incorruptibilidade, sejam merecedores de confiança, possam desempenhar com dignidade o seu papel de detentores da honra, da liberdade, dos bens e demais valores tutelados pelo ordenamento.

A compreensão do que deva ser *conduta ilibada* sofreu um golpe semântico a partir do episódio da *ficha limpa*. Toda a nacionalidade conseguiu vencer os obstáculos postos ao instituto da democracia direta – ou semidireta – da iniciativa popular, para livrar o Poder Público de pessoas com passado suspeito. Depois desse esforço e da aprovação da normatividade incidente, viu-se frustrada com a leitura de que só para o futuro – incerto e longínquo – se poderia exigir *folha limpa* ao ocupante de cargo eletivo.

O posicionamento da população é um dado indicativo de que o brasileiro já não admite transigir com valores éticos, dos quais, o da lisura no trato da coisa pública. Todo aquele que pretenda oferecer-se como opção ao exercício de cargo, função, emprego ou qualquer atuação pública, deve também apresentar um passado que o não comprometa. Isso já existe para as funções jurídicas – o requisito da *conduta ilibada* é pressuposto para ocupar os cargos na Magistratura reservados à discricionariedade dos demais Poderes. Mas é um requisito que deveria ser obrigatório para todo e qualquer desempenho na República.

10.4.2 O princípio da dignidade e do decoro profissional

Todas as profissões são dignas. Evidentemente, sob a concepção ética do que deva ser uma profissão. As atividades exercidas com o objetivo de viabilizar a coexistência hígida e moral das pessoas revestem igual distinção e merecem idêntico respeito. Este, portanto, é um dos princípios gerais que pode valer para qualquer desempenho humano.

Nas profissões do foro, todavia, o dúplice dever concentra toda a normativa dos deveres. Reclama-se **dignidade** e **decoro** também na vida privada, para que um comportamento indigno e indecoroso não venha a respingar a beca e a toga. É o que sublinha Santaella López: "A dignidade é também um princípio deontológico de caráter geral. A dignidade constitui um valor inerente à pessoa humana, que deve ser protegido e respeitado. A projeção desse valor no exercício profissional é o que proporciona o decoro à corporação ou colégio profissional. Desta forma, a dignidade no desempenho da profissão por parte de um de seus membros afeta, tanto em suas manifestações positivas como nas negativas, o decoro dos demais. Este princípio deontológico se baseia, em determinadas profissões especialmente, no âmbito estrito da prestação dos serviços profissionais e pode referir-se à própria vida pessoal, familiar e social do profissional em questão".[17]

Ambos os conceitos são mais **intuídos** do que descritos. Está-se novamente na esfera de uma indeterminação ou vagueza decorrente da plasticidade conceitual. Quase sempre se chega a eles diante de episódios concretos de condutas que os malferiram.

Na verdade, sabe-se o que é *decoro* quando se defronta com as inúmeras condutas *indecorosas* de pessoas que deveriam dar o exemplo à nacionalidade. Decoro é acatamento, brio, circunspecção, compostura. Algo equivalente à decência, honestidade, honra, honradez, nobreza, pundonor, reputação. Quem não tem decoro não tem vergonha. O procedimento decoroso é airoso, formoso, honroso, modesto, nobre, pundonoroso. Verbetes que hoje se encontram apenas nos dicionários, banidos que foram em certas esferas da vida pública nacional.

É truísmo afirmar que fere a dignidade profissional a prática de crimes como o estelionato, a falsidade, a receptação e outros, para mencionar aquelas ameaças mais comuns à categoria. O decoro resta vulnerado quando o profissional se apresenta mal vestido, de maneira a não honrar o prestígio da profissão abstratamente considerada.

O princípio do decoro e da dignidade profissional é ainda suscetível de ser lesado quando se pleiteia remuneração excessiva. Ou quando se atua maliciosa e insinceramente, com abuso e falta de escorreição, quando o fato já não constitua crime.

É também indecorosa a publicidade exagerada, a captação de clientela, em carreiras que se baseiam na **confiança** e não em relações de comércio. Pois "o advogado deve imprimir à sua atividade a discrição e reserva, as quais contrastam com uma publicidade do tipo comercial".[18] A questão da publicidade dos serviços de advocacia é tormentosa. A divulgação de textos científicos, artigos doutrinários e mesmo noticiário objetivo, sério e decoroso, não pode ser considerada publicidade se conduzir o leitor a vincular o autor a determinado escritório.

---

17. Manuel Santaella López, op. cit., p. 20-25.

18. E. Ricciardi, Pubblicità, specializzazione ed attività c.c. dominanti nell'esercizio della professione forense, *Foro It.*, V. c. 543 e ss., 1991, apud Pasquale Giannitti, idem, p. 107.

A necessidade de especialização faz com que a parte necessite de outros esclarecimentos a respeito do profissional, insuficiente a velha placa à porta do escritório. Modernas técnicas de divulgação podem ser usadas sem malferir preceitos éticos. Assim, as promoções culturais patrocinadas por empresas de advogados, dando-se a conhecer à comunidade científica de maneira institucional e não agressiva. As observações em relação à publicidade valem também para as faculdades de direito, para as editoras especializadas em publicações jurídicas e para empresas vinculadas à área.[19]

A questão de publicidade concerne mais a advogados, mas não pode deixar de interessar a outras carreiras, quando seu integrante seja extremamente vulnerável à vaidade de se ver continuamente estampado nos jornais de classe, que passam a ser órgãos de divulgação pessoal e não da categoria.

É também lesivo ao decoro o uso de expressões chulas, inconvenientes e vulgares. Inadmissíveis em sentenças, despachos ou pareceres, também não podem constar de quaisquer das peças insertas em processo. O ordenado e correto exercício da profissão forense não se coaduna com excessos, repudia a arrogância e a presunção, reclama moderação aos ímpetos da defesa e aos impulsos do caráter.[20]

10.4.3 O princípio da incompatibilidade

A carreira jurídica é daquelas raramente acumuláveis com outras, exceção feita ao magistério. A dignidade da missão forense inadmite seja ela exercida como *plus* a qualquer outra. Exige, em regra, dedicação exclusiva de seu titular.

É racional estabelecer-se a incompatibilidade do exercício forense com outro qualquer. A segunda atividade provocaria interferência na esfera profissional jurídica, propiciaria captação de clientela, geraria confusão nas finalidades de atuações diversas ou estabeleceria vínculos de subordinação lesivos do princípio da independência. Até atividades não profissionais podem incidir negativamente sobre a liberdade de determinação do profissional do direito, sacrificando as exigências de autonomia e prestígio da classe. Assim, por

---

19. Eticamente questionável a distribuição de preservativos por uma editora jurídica, ao divulgar seus códigos junto ao alunado de algumas das faculdades de direito em São Paulo.

20. Pasquale Gianniti, op. cit., p. 114. O autor remete a R. Danovi, *Corso*, p. 242-243, que elencou interessantes expressões tiradas de processos italianos. Os jornais brasileiros, quando em vez publicam, à guisa de folclore ou anedotário, utilização vernacular exótica. Essa divulgação em nada contribui para evidenciar a seriedade da justiça e para incrementar sua credibilidade perante o universo dos destinatários.

exemplo, algumas legislações enxergam incompatibilidade entre o exercício da advocacia e o ministério sacerdotal de toda confissão religiosa. Essa proibição "é voltada a impedir a confusão entre sacro e profano, a evitar a possibilidade de confundir, não a finalidade ética, as notícias secretas apreendidas em uma e em outra função; a excluir que os particulares poderes próprios do ministro, acumulando jurisdição e cura de almas, possam incidir negativamente sobre a liberdade de determinação do profissional, pondo-se em contraste com as exigências de autonomia, de prestígio e de eficiência da classe forense".[21]

Seria desabonador para a função jurídica ver-se como atividade secundária de profissional cuja subsistência é auferida no exercício de outro mister. A lição evangélica é sensata: **ninguém serve a dois senhores**. Aquele que não conseguir sobreviver mercê de sua atividade estritamente jurídica, deverá dedicar-se a atribuição diversa. As funções que concernem ao direito são absorventes e pressupõem dedicação plena, excluídas todas aquelas próprias a outras profissões.

O princípio não é novidade em outras carreiras. Não seria compatível o médico ser também proprietário de farmácia ou sócio de funerária. O engenheiro da Prefeitura possuir um escritório especializado em regularidade de obras clandestinas. O funcionário qualificado do Ministério da Educação dedicar-se a fazer assessoria às Universidades que estão prestes a receber visitas de inspeção de autoridades encarregadas da avaliação dos cursos. Auditores fiscais orientarem – mediante remuneração – infratores autuados pelo fisco. Existe infinidade de exemplos de funções eticamente incompatíveis. O senso comum é capaz de detectá-los e de coibir sua reiteração, com vistas ao aperfeiçoamento da vivência ética nesta jovem Nação, às voltas com a pavimentação de seu futuro.

10.4.4 O princípio da correção profissional

Todas as profissões jurídicas observam um complexo de comportamentos deontológicos próprios. A atuação forense não pode se desvincular de certo ritual, inspirado na origem da realização do justo. Esse ritualismo se exterioriza no processo, instrumento de administração da justiça, e se reflete na conduta dos profissionais do foro.

A correção se caracteriza de muitas formas, nem todas elas de igual intensidade deontológica. O profissional correto é aquele que atua com transparência no relacionamento com todos os protagonistas da cena jurídica ou

21. Idem, p. 120.

da prestação jurisdicional. Age no interesse do trabalho e da justiça, não se descuidando do interesse imediato das pessoas às quais serve. Não se beneficia com a sua função ou cargo. Não se vangloria. Condói-se da situação daquele que necessita de seus préstimos ou recorre ao insubstituível direito de exigir justiça.

É um comportamento sério, sem sisudez; discreto, sem ser anônimo; reservado, sem ser inacessível; cortês e urbano, honesto, inadmitindo-se para isto qualquer outra alternativa. Pautar-se-á por uma orientação moral acima de qualquer suspeita, principalmente em relação aos jejunos nas ciências jurídicas, mais vulneráveis à incorreção dos profissionais do direito.

Correção é atributo de qualquer ser humano. Veracidade, franqueza, probidade. Correção é aprumo, apuro, disciplina, distinção, elegância, esmero, exatidão. Adequação, polimento, pureza, são outros verbetes que auxiliam a dimensionar o alcance desse princípio relevante à dignidade profissional. Por sinal que o volume de queixas e denúncias levadas aos órgãos correcionais das carreiras e profissões jurídicas evidenciam a urgência de se imprimir eficiência aos canais de apuração da responsabilidade. Disso depende o prestígio e – em alguns casos – o resgate da credibilidade do estamento que o profissional integra.

10.4.5 O princípio do coleguismo

O núcleo comum a todos os integrantes das carreiras e exercentes das funções jurídicas é haverem igualmente passado pelos bancos de uma faculdade de direito. A identidade de origem não poderia deixar de gerar verdadeira **comunidade**, todos imbuídos da consciência comum de se irmanarem no desempenho de uma e única missão: realizar a justiça.

Tal sentimento já se encontrava nos antigos grupamentos e se tornou muito explícito no funcionamento das Corporações de Ofício medievais. Lá, como hoje, "os membros do grupo estão ligados entre si por um vínculo orgânico que lhes estimula e lhes obriga a ter determinados comportamentos homogêneos com o objetivo de salvaguardar o bem comum setorial. Segundo a tradição, tais comportamentos se caracterizam pelos conceitos de fidelidade, lealdade, camaradagem, confiança recíproca e solidariedade, que podem considerar-se confluentes no conceito genérico de coleguismo".[22]

Não se entenda **coleguismo** como um companheirismo superficial, próprio àqueles que, na contingência de partilha de um espaço social comum,

---

22. Carlo Lega, *Deontologia de la profesión de abogado*, p. 168-169.

obrigam-se a um relacionamento amistoso, que pode chegar ao pândego. O **coleguismo**, sob enfoque deontológico, é mais consistente. É um sentimento derivado da consciência de pertença ao mesmo grupo, a inspirar certa homogeneidade comportamental, encarada como verdadeiro dever. "Este sentido de dever, enquanto pertence ao grupo, se denomina de várias formas (**Kamaraderie**, **confraternité**, **colegialidad**), se bem que com diversos matizes de significado e se traduz de várias maneiras em comportamentos recíprocos de fidelidade, de lealdade, de solidariedade, de confiança, de respeito, de cortesia, de estima e de ajuda mútua."[23]

Difere o coleguismo da solidariedade. Esta se manifesta em geral fora do processo e se fundamenta sobre a consideração da dignidade humana do colega. É solidário o colega que defende o outro quando injustamente atacado em sua honra, ou que auxilia a família do colega enfermo. Já o coleguismo guarda vinculação extrema com o exercício profissional. Seus exemplos: substituir em audiência colega adoecido ou impedido, fornecer a outrem livros e revistas jurídicos, partilhar o conhecimento de novas teses doutrinárias ou nova jurisprudência, dar orientação de caráter técnico para a solução de um complexo problema jurídico.

O coleguismo se traduz também no tratamento respeitoso dos profissionais mais jovens quanto aos mais experientes. Estes não podem olvidar sua condição de guia para os neófitos. Falta de coleguismo é disputar cargos ou clientes, concorrer de maneira pouco leal, estimular ou calar-se diante da maledicência, comentar erro do colega. Falso coleguismo o acobertar erro do colega, mesmo que dele advenha prejuízo a terceiro ou ao bom nome da Justiça.

Quando os profissionais não haviam atingido a fantástica cifra de mais de um milhão de advogados no Brasil – mais de 350 mil deles só em São Paulo – o coleguismo era algo que não precisava ser proposto. Era um convívio natural entre egressos da mesma Universidade. Hoje o mundo está diferente. A competição e a concorrência fragilizam os laços de solidariedade e o coleguismo precisa ser reiterado como fórmula de convívio saudável, para que as profissões e carreiras jurídicas não sejam um testemunho de que Thomas Hobbes tinha razão: o mundo é a *guerra de todos contra todos*.

10.4.6 O princípio da diligência

O profissional do direito, costuma ser acionado quando alguém se vê atormentado por vulneração injusta a algum interesse. Visita-se o médico e o

---

23. Idem, p. 169.

dentista preventivamente. Mas o advogado, o profissional mais lembrado na área jurídica, é lembrado quando os problemas já são inevitáveis. Essa a praxe, enquanto as Faculdades de Direito não se convencerem de que o profissional do direito é o agente da pacificação, não multiplicadores de demandas.

A formação adversarial dos cursos jurídicos impõe ao profissional do direito atuar apenas quando a situação de risco ou perigo já se delineou. Se a orientação jurídica fosse uma praxe – as empresas já se conscientizaram das vantagens dessa opção – muitos inconvenientes e prejuízos seriam evitados.

Por atuar numa verdadeira UTI social, o profissional do direito deve ser diligente. Deve ser pronto e ter presteza ao cuidar do interesse alheio vulnerado. Aliás, o dever de diligência está na base de toda relação humana.[24] O profissional não pode ser indolente, insensível, desidioso e acomodado ao exercer a função que escolheu como opção de vida.

O conceito de **diligência** compreende aspectos eminentemente pessoais, "quais o zelo e o escrúpulo, a assiduidade e a precisão, a atenção e a solércia etc. – que afloram de vez em vez, seja na execução técnica das prestações, seja em todos aqueles comportamentos de contorno que são do domínio da deontologia".[25] Esse dever impede que se falte a compromisso assumido ou ao trabalho, se atrase para reuniões ou atos do ofício, se deixe de telefonar em seguida quando procurado por alguém. Mas vai muito além. Impõe ao profissional do direito o dever de completar a sua formação, inserindo-se num processo de **educação continuada**. A sociedade contemporânea reclama constante atualização, pena de o profissional não poder se exprimir em nível técnico adequado.

É negligente quem não se empenha no autoaprimoramento, acompanhando a edição legislativa, a produção doutrinária e a construção pretoriana.[26] O dever de diligência clama por tratamento igual a casos menores e outros considerados mais relevantes, a mesma atenção a partes humildes e poderosas. E todos os operadores jurídicos têm um especial compromisso derivado do princípio da **diligência**: o pecado inescusável da justiça brasileira é a lentidão. Ela não será vencida sem particular empenho de parte de todos os responsáveis: juízes, promotores, advogados e servidores da justiça. Uma diligência

---

24. R. Danovi, *Codice*, p. 72-73; Carlo Lega, *Deontologia forense*, Milano, 1975, p. 172, ambos citados por Pasquale Gianniti, op. cit., p. 140.

25. S. Rodotà, Diligenza, Diritto civile. *Enciclopedia del diritto*, t. XII, p. 544, apud Pasquale Gianniti, idem, p. 141.

26. G. Gorla, Dovere professionale di conoscere la giurisprudenza e mezzi d'informazione, *Temi rom.*, 1967, p. 338, apud Pasquale Gianniti, idem, p. 141.

potencializada se reclama dos responsáveis por milhões de processos cuja tramitação em ritmo inadmissível para a modernidade faz com que se desacredite da justiça.

Diligência lembra eficiência, imperativo posto pelo constituinte a toda a Administração Pública. Mas está mais próxima à agilidade, aguça, aviamento, celeridade, cuidado, desvelo, empenho, esforço, esmero, exatidão, expedição, presteza, prontidão, previdência, solicitude e zelo. Atributos que por certo farão toda atividade profissional ganhar em qualidade e revestir-se de credibilidade e respeito.

10.4.7 O princípio do desinteresse

O desinteresse não deixa de ser paradoxal quando o intuito da profissão é também prover o profissional de meios de subsistência digna. Por princípio do desinteresse deve se entender o altruísmo de quem relega a plano subalterno a ambição pessoal ou até a aspiração legítima a ganhar mais, para buscar – primordialmente – o interesse da justiça. Esse é um princípio inspirador dos chamados a integrar as carreiras jurídicas – Magistratura, Ministério Público, Procuradorias, Defensoria Pública, Polícia e mesmo o Magistério Jurídico. Sabe-se da insuficiência da remuneração, diante da relevância das funções exercidas. Mesmo assim, continua a juventude a disputar cargos nos concursos, consciente das dificuldades a serem enfrentadas, das restrições impostas e da renúncia a atingir tranquila situação econômica.

O princípio do desinteresse serve a inspirar ainda um dos critérios informadores da profissão do advogado. O dever do advogado é tentar sempre a conciliação, antes de propor a lide, previamente ao início da instrução e a qualquer tempo, sem se preocupar com eventual redução de seus honorários que disso decorra. O profissional do direito há de conscientizar-se de que "toda lide, mesmo conduzida com a máxima ausência de paixão, constitui sempre um mal para as partes litigantes (para as quais a matéria da contenda constitui um trauma psíquico) e para a inteira coletividade (enquanto incrementa o fenômeno da litigiosidade, contribui a reduzir os valores éticos e constitui inútil dispêndio de despesa)".[27]

Pode parecer utopia pregar o **desinteresse** numa era denominada neoliberal, eufemismo para o desenfrear do capitalismo, calcado sobre a ideia de lucro e, portanto, de interesse direto, escancarado, sem peias. Cumpre, todavia, conservar o **mínimo ético** garantidor das conquistas civilizatórias da humanidade.

---

27. Idem, p. 146.

Dentre elas, a concepção de que, na repartição de funções pelos membros da comunidade, misteres há muito aproximados a um sacerdócio. Retirar à carreira jurídica o seu *status* de missão, transcendente e indispensável à harmonia, será reduzi-la a atuação inexpressiva, facilmente substituível por alternativas menos dispendiosas e complexas de solucionar os conflitos humanos.

Por incrível que parecer possa, ainda há profissionais devotados, desvinculados de persecução do objetivo único do rendimento, atenciosos e pacientes. Aqueles que suportam a longa peroração de atormentados por injustiças – ou do que lhes pareça constituir o injusto – e não fazem desse exercício de humildade e paciência oportunidade para incrementar ganhos financeiros.

Há profissionais do direito que se entregam a singular voluntariado: o aconselhamento jurídico, o exercício da advocacia Pro Bono, a evidenciar a existência de altruísmo no universo do Direito, a despeito da sensação de que ele teria desaparecido, tangido pela volúpia do êxito financeiro.

10.4.8 O princípio da confiança

O operador jurídico ainda exerce uma **artesania** do direito. Prevalece o caráter essencialmente **individual** de qualquer das atuações no campo do direito, onde o profissional é escolhido mercê de atributos personalíssimos e não intercambiáveis. Essa realidade é muito mais próxima à advocacia do que às carreiras jurídicas públicas. O cliente constitui seu advogado o profissional que lhe merece confiança. Será o detentor de seus segredos, terá acesso a informações íntimas, terá em suas mãos a chave da resolução dos problemas que o atormentam.

Existe, assim, um caráter fiduciário na relação advogado/cliente. O advogado tem ainda o dever da **fidelidade** em relação ao cliente, pois foi por este escolhido em razão de particularíssima confiança em seus méritos, capacidade e pessoa.

Verdade que os grandes conglomerados de profissionais, em tudo assemelhados a verdadeiras *empresas jurídicas*,[28] atenuem tal exigência. Confia-se na especialização, há setores altamente habilitados a defender causas bastante específicas e o fator *confiança* vai recair na especialização, em lugar do aspecto

---

28. No Brasil não há possibilidade de empresa de advogados, embora nos Estados Unidos, alvo permanente de nosso espírito de cópia, haja permissão para a formação de grupos de advogados a constituir verdadeira empresa. Mas pouca diferença ontológica existe entre a sociedade de advogados e a empresa jurídica, se houver meditada análise sobre as situações.

personalíssimo do profissional. Mesmo assim, as maiores sociedades de advogados só funcionam sob a égide do nome de um tutelar que é indicativo da credibilidade do grupo. A respeitabilidade do vulto empresta prestígio e confiança ao integrante que, presume-se, foi selecionado a partir de requisitos impostos sob parâmetros do titular da sociedade.

Já os juízes, promotores e demais integrantes de carreiras jurídicas públicas são impostos às partes. Estas não podem escolhê-los. Haveria ainda lugar para o princípio da confiança?

A resposta é positiva. A confiança, aqui, não recai sobre a **pessoa individual** do juiz, senão sobre a **pessoa coletiva** da Magistratura. Os juízes devem ser considerados pelas partes pessoas confiáveis, merecedoras de respeito e crédito, pois integram um estamento diferenciado na estrutura estatal. Espera-se, de cada juiz, seja fiel à normativa de regência de sua conduta, sobretudo em relação aos preceitos éticos subordinantes de seu comportamento.

Por isso é que as falhas cometidas pelos juízes despertam interesse peculiar e são divulgadas com certa ênfase pela mídia. Tais infrações não atingem exclusivamente o infrator. Contaminam toda a Magistratura e a veiculação do ato isolado se faz como se ele fora conduta rotineira de todos os integrantes da carreira.

10.4.9 O princípio da fidelidade

Correlato ao princípio da confiança, o princípio da **fidelidade** é outro dos atributos cobráveis aos detentores de função jurídica. Fidelidade à causa da justiça, exigível a todo e qualquer profissional do direito. Fidelidade à verdade e à transparência. Fidelidade aos valores abrigados pela Constituição, que tanto prestígio e relevo conferiu ao direito, convertendo a advocacia em função indispensável à administração da justiça, ao lado do Judiciário, do Ministério Público e de outras instituições.

O operador jurídico responsável pelo patrocínio de causas junto à justiça deve igualmente lealdade a seu constituinte e aos demais operadores, notadamente o juiz e o promotor. Nas relações com o cliente, deverá também portar-se com lealdade. Assim não fora e inexistiria o patrocínio infiel, a faculdade de abster-se de prestar testemunho sobre o que lhe foi confiado pelo cliente ou o que conheceu em virtude da profissão.

Esse é um capítulo de singular delicadeza. Já se afirmou que "o advogado não deve desmascarar o acusado defendido por ele que mente ao juiz; que deve fixar suas conclusões com base no que resulte do processo e não com base na confissão recebida de seu cliente; que não deve revelar ao juiz a verdade, inclusive se seu cliente acusa falsamente a um terceiro, do delito que ele estava acusado (cometendo, portanto, um delito de calúnia)".[29] Tais posições guardam exclusiva pertinência com o mister do advogado. O requisito da **fidelidade**, porém, como atributo derivado da confiança que as pessoas devam nutrir em relação aos operadores do direito, deve ser encontrado no patrimônio moral de qualquer de seus profissionais.

A **fidelidade** é um conceito que precisa ser repensado. Pois "a fidelidade não é um valor entre outros: ela é aquilo **por que**, **para que** há valores e virtudes. Que seria a justiça sem a fidelidade dos justos? A paz, sem a fidelidade dos pacíficos? A liberdade, sem a fidelidade dos espíritos livres? E que valeria a própria verdade sem a fidelidade dos verídicos? Ela não seria menos verdadeira, decerto, mas seria uma verdade sem valor, da qual nenhuma virtude poderia nascer. Não há sanidade sem esquecimento, talvez; mas não há virtude sem fidelidade".[30]

Mas de **qual** fidelidade se fala? Está-se a pensar, por óbvio, na fidelidade ao **bem**. Pois a fidelidade ao **mal** é **má fidelidade**. É **infidelidade ao bem**. Cumpre, então, sempre indagar: "A fidelidade é ou não louvável? **Conforme**, ou seja, depende dos valores a que se é fiel. Fiel **a que**? (...). Ninguém dirá que o ressentimento é uma virtude, embora ele permaneça fiel a seu ódio ou a suas cóleras; a boa memória da afronta é uma má fidelidade. Tratando-se de fidelidade, o epíteto não é tudo? E há ainda a fidelidade às pequenas coisas, que é mesquinha e tenaz memória das bagatelas, repisamento e teima (...). A virtude que queremos não é, pois, toda fidelidade, mas apenas a **boa fidelidade** e a **grande fidelidade**".[31] A fidelidade do operador jurídico é a fidelidade das boas causas, a fidelidade à justiça e a fidelidade do direito.

Dos integrantes das *carreiras jurídicas* se reclama algo adicional. A fidelidade à Constituição, às leis e às instituições do Brasil. Esse o compromisso que eles firmam quando assumem função pública. Nem sempre se examina a falta funcional sob esse prisma. Basta lembrar que a Constituição contempla o princípio da *eficiência* e se o juiz, promotor, defensor, delegado, procurador prometeu observar o pacto federativo, comprometeu-se a ser *eficiente*. Precisa encontrar fórmulas de um desempenho adequado às necessidades e afeiçoado às expectativas da comunidade, sem atribuir sua falta de empenho a deficiências estruturais ou crônica carência de recursos materiais e pessoais.

---

29. E. Sanguineti, *Teoria e pratica da procuratore*, p. 358, apud Carlo Lega, op.cit., p. 184-185. Carlo Lega abriga certas dúvidas sobre a licitude da última solução.

30. André Comte-Sponville, *Pequeno tratado de grandes virtudes*, p. 25-26.

31. V. Jankélévitch, *Traité des vertus*. II: Les vertus et l'amour, Flammarion, 1986, t. I, cap. 2, p. 140, apud André Comte-Sponville, idem, p. 26-27.

10.4.10 O princípio da independência profissional

Por independência se concebe a ausência de quaisquer vínculos interferentes na ação do profissional do direito, capazes de condicionar ou orientar sua atuação de forma diversa ao interesse da justiça. "Todo intento de violação da independência da profissão compromete mesmo sua função social."[32] A independência é atributo consagrado ao juiz, ao promotor, ao advogado e aos demais operadores.

A independência não há de ser tal que fuja ao controle ético. Toda a atividade humana, ao reivindicar sua própria e legítima autonomia, não pode deixar de reconhecer a harmonia e a subordinação ao critério supremo, que é o critério ético.[33] A independência não exclui, mas em lugar disso postula enfaticamente, estrita dependência à ordem moral.

Ruy de Azevedo Sodré, legendário cultor da ética dos advogados, já afirmou que a melhor garantia da independência desses operadores é a observância aos preceitos éticos: "Os cânones éticos, a que estamos vinculados e que balizam a nossa conduta, asseguram a nossa reputação, propiciam a nossa liberdade moral, efetivam a nossa independência. À sua sombra, abriga-se o advogado das tentações que o cercam, de que fala Couture e das que exemplifica Angel Ossório".[34] A subordinação à ética é a um tempo garantia e limite para a independência profissional. Não se concebe uma independência direcionada a malferir o ordenamento moral daqueles que exercem profissão forense, caracterizada pela prática indistinção de muitas regras morais perante as regras técnico-jurídicas.

10.4.11 O princípio da reserva

O homem de bem é um homem discreto. Desprestigia-se – e à categoria – o profissional que comenta com terceiros aquilo de que tomou conhecimento

---

32. Art. 1.º do Código Deontológico Forense de Ferrara, Palermo e Lombardia, citado por Carlo Lega, op. cit., p. 77.

33. Pasquale Gianniti, op. cit., p. 157, invoca o magistério de Pio XII e o do Concílio Vaticano II, sobretudo na Constituição Pastoral *Gaudium et Spes*, no sentido de que nenhuma atividade humana está liberada à solicitude moral.

34. Ruy de Azevedo Sodré, *O advogado, seu estatuto e a ética profissional*, p. 138. A menção a Angel Ossorio se completa com a reprodução de um texto extraído de *El alma de la toga*: "Todas as torpezas, todas as traficâncias, manejos de que os homens lançam mão para ofenderem-se reciprocamente, na honra e na propriedade, vêm a ser liquidadas no foro e é ao advogado a quem a sociedade deu a incumbência de lavar esta roupa suja e apresentá-la limpa aos olhos do mundo".

no exercício profissional. Fala-se que o princípio da reserva é mais abrangente do que o **princípio do segredo**. Este imporia silêncio quanto à controvérsia ou processo. Já o princípio da reserva se estende a todas as demais circunstâncias nas quais parte ou terceiro venham a ser direta ou indiretamente implicados. "De onde o princípio da reserva não se exaurir no só silêncio, mas exigir também comportamentos ativos a serem exercitados em toda circunstância da qual emerge a exigência de salvaguardar a intimidade do interessado."[35] O ideal é uma conduta inspirada em uma absoluta reserva, uma circunspecção, prudência na conduta, discrição e recato no trato das coisas profissionais.

O ser humano, levado à justiça ou a servir-se dela, partilha intimidades com os profissionais em contato com sua causa. Estes são credenciados pelo Estado para a realização do bem supremo da justiça. Não se pode tolerar que, em lugar da solução para os problemas, ou ao menos de um encaminhamento rumo a ela, venham a afligir ainda mais o já aflito, fazendo chegar a outrem informações protegidas pela privacidade.

Embora **reserva** e **segredo** não se confundam, "entre a regulação jurídica do segredo profissional e o princípio deontológico de reserva existem vínculos estreitos".[36] Prudencial a conduta do operador jurídico no sentido de preservar os protagonistas do drama que se lhe apresenta, evitando tratar de assuntos profissionais em lugares diversos do foro, mesmo em sedes de associações de classe, onde se presume estejam os profissionais buscando o lazer ou interesses associativistas, não a continuidade do trabalho. Também procurando coibir o excesso de confiança e intimidade com partes e demais operadores.

Gianniti contempla como **outras expressões** do princípio da reserva: 1. dever de tratar a prática profissional no foro e não em lugares públicos; 2. dever de manter reserva sobre todos os documentos ou objetos do processo; 3. dever de vigiar a fim de que funcionários, digitadores, assistentes ou escreventes, mantenham reserva sobre tudo aquilo de que tomem conhecimento por motivo do trabalho; 4. dever de reserva em relação ao endereço do cliente; 5. dever de não externar opinião sobre processo a si confiado, mesmo em família.[37] Para o autor, o fundamento lógico desse princípio satisfaz a exigência de garantir a todo cidadão a liberdade de poder recorrer à justiça com a plena confiança de que se manterá a máxima discrição sobre o que lhe confiará ou que virá a ser de conhecimento de seus operadores, durante o decorrer da demanda.

---

35. A. De Cupis, Riservatezza e segreto (diritto a), *Nov. Dig. It.*, v. 26, p. 121, Torino, 1976, apud Pasquale Gianniti, op. cit., p. 162.
36. Carlo Lega, op. cit., p. 148.
37. Op. cit., p. 162.

Ao lado do princípio da **reserva**, existe para alguns o princípio da **informação**, que o não contradiz. O princípio da **informação** postula a amplitude de conhecimento de fatos, notícias e circunstâncias conducentes ao exercício da defesa. O profissional encarregado de oferecer resistência aos pleitos formulados contra seu constituinte saberá selecionar, dentre todas as informações por este fornecidas, aquelas essenciais ao desenvolvimento de seu mister e outras cuja divulgação se mostra inviável.

O avanço tecnológico oferece faces insuspeitas para o princípio da **reserva**. Tanto no âmbito do Judiciário, como das dependências vinculadas à administração da Justiça, como para os próprios advogados, a possibilidade de armazenamento de dados é ilimitada. A divulgação de dados que só interessam ao indivíduo é coibida, por força de preceito constitucional que protege a privacidade. Todos os responsáveis têm o dever de adotar as precauções mais rigorosas para o acesso à informação, de manter o interessado cientificado e de cancelar as informações quando concluída a relação ou a operação para a qual sua coleta se mostrou necessária.[38]

Esse princípio encontra crescentes óbices numa sociedade que procura o exibicionismo como fórmula de autoafirmação. A privacidade é um valor acolhido na ordem fundante, mas vê-se atropelada pela publicidade, pela transparência, a convergir no signo de uma incontível vontade de se notabilizar. Os *quinze minutos de fama* constituem uma aspiração de grande parte da população, ávida por fugir do anonimato. Com isso, esquecem-se padrões como a prudência, a descrição, o pundonor, para uma desvairada busca por publicidade. Nesse passo, esquece-se da reserva para oferecer a quem possa alavancar a propagação do nome, da fama, dos feitos, informações que interferem com a proteção da intimidade alheia.

10.4.12 O princípio da lealdade e da verdade

Deflui do sistema jurídico o dever de atuar com lealdade, pois o direito civil brasileiro, inspirado na fonte romano-germânica, premia a **boa-fé** e a correção. A lealdade é uma regra costumeira, desprovida de sanção jurídica, mas eticamente sancionada pela reprovação comunitária.

A lealdade precisa inspirar toda a atuação jurídica, notadamente a processual. O juiz deve se portar com lealdade, corolário da imparcialidade, recusando-se a silenciar quando se lhe reclama franqueza para advertir qualquer

---

38. F. Grande Stevens, Nuovi contenuti della deontologia professionale, *Rassegna degli avvocati italiani*, 1983/2, p. 10, apud Pasquale Giannitti, idem, p. 163.

das partes sobre equívoco ou erronia. Não fora dever processual de conduzir o processo para uma finalidade hígida e constituiria dever deontológico o de enfrentar as preliminares e questões prejudiciais, não permitindo que lides temerárias alcancem estágio avançado, com dispêndio de tempo e de recursos materiais para todos.

O promotor deve se pautar com lealdade para com o juiz e para com o advogado, atuando com transparência e não guardando trunfos para surpreender qualquer deles. O advogado, além da lealdade para com o juiz e promotor, deve tê-la em relação ao colega e aos clientes. Estes precisam ser advertidos do êxito ou temeridade da demanda, necessitam de esclarecimentos precisos sobre a conciliação e suas consequências, sobre o andamento da causa e sobre as estratégias adotadas pelo profissional para o bom desempenho de seu mister.

A lealdade se insere numa concepção de processo sob a ótica de uma **estrutura cooperativa**. O processo, instrumento de consecução de um bem da vida chamado justiça, deve deixar de ser encarado como **pugna civilizada**, ou como **verdadeira luta** entre contendores irados e prontos a qualquer crueza, para ser concebido como **expressão da democracia**. Todos os envolvidos no processo querem o mesmo: a realização possível do justo humano. A parte, mesmo se vier a sucumbir, deverá resignar-se, pois se realizou o direito e ela foi tratada com dignidade, como deve ser o tratamento dispensado aos seres humanos. O réu, mesmo condenado, deverá estar consciente de que se realizou justiça e de que não havia alternativa diversa ao juízo, diante da contundência do elemento de prova amealhado contra ele.

A lealdade imporia a todos os operadores jurídicos o dever da **verdade**. A dificuldade primeira é a conceituação da **verdade**. Para Santo Tomás, "a verdade tem contornos cambiantes e cada um a reconhece, à sua maneira, através de estados íntimos, nem sempre transferíveis e tampouco comunicáveis".[39] Existe, para o operador jurídico, o dever absoluto de dizer a verdade?

Calamandrei sustenta que a lealdade processual é apenas a lealdade reclamada para o jogo. A emulação de habilidade é ilícita, assim como não é lícito atuar de qualquer maneira maliciosa. Conclui, melancolicamente, que a vitória do mais astuto não é a do mais justo.[40] Também Calogero admite a mentira, quando com fins benéficos,[41] enquanto Carlo Lega se posiciona contrariamente. A mentira viola os princípios da ética forense e compromete a função social

39. Ruy de Azevedo Sodré, op. cit., p. 253.

40. Piero Calamandrei, *Il processo come gioco*, apud Carlo Lega, op. cit., p. 161.

41. Calogero, Probità, lealtà, veridicità nel processo, *Riv. Dir. Proc. Civ.*, v. 1, p. 136 e ss., 1939, citado por Carlo Lega, idem, p. 161, nota 13.

da profissão.[42] Consoante Eduardo Couture, "existe, efetivamente, um dever de dizer a verdade, com texto expresso ou sem texto expresso, com sanções específicas".[43] Pois, como diz o notável uruguaio, o processo é a realização da Justiça e nenhuma justiça pode apoiar-se na mentira.

10.4.13 O princípio da discricionariedade

A profissão jurídica é exercida por alguém que obteve formação em grau universitário. Parcela ainda mínima da população brasileira chega ao terceiro grau na escolarização convencional. O bacharel em ciências jurídicas é, presumivelmente, alguém provido de discernimento para exercer uma profissão liberal. Esta se pontua pela **discricionariedade** de seu exercente, poder de atuar com liberdade na escolha de sua conveniência, oportunidade e conteúdo.[44]

Mesmo subordinado à lei, o operador jurídico possui uma vasta área para selecionar o momento, as estratégias e as formas de sua atuação. O juiz tem discricionariedade no mais amplo espectro do exercício de sua missão. Para conceder ou não a medida liminar, para julgar no estado ou permitir a instrução, para fixar os pontos controvertidos da causa, para determinar, de ofício, a realização de mais provas. Para se convencer, em um sentido ou no seu antípoda, quanto ao pleito que lhe foi formulado.

É um poder terrível, que encontra freios éticos muito nítidos. O juiz não é um **escravo da lei**, operador insensível e despreocupado com as consequências de suas decisões. Precisa estar convicto de que à autoridade que lhe foi conferida corresponde responsabilidade também diferenciada. O exercício consciente da jurisdição acarreta deveres de ordem constitucional, legal e disciplinar. Os mais angustiantes, porém, são os deveres da esfera ética. Nem sempre a solução adotada, embora conforme com a lei, foi a mais satisfatória para os reclamos morais de uma inteligência sensível.

O promotor de justiça tem uma discricionariedade até mais dilargada. Pode, em tese, pleitear o arquivamento do inquérito ou denunciar.[45] Insistir nas diligências. Iniciar procedimentos de averiguação, de tão angustiantes

---

42. Idem, p. 162.
43. Ruy de Azevedo Sodré, op.cit., p. 256.
44. Hely Lopes Meirelles, *Direito administrativo brasileiro*, p. 97.
45. A faculdade conferida ao juiz pelo art. 28 do CPP – Decreto-lei 3.689, de 03.10.1941 – de determinar a remessa do inquérito ou peças de informação ao procurador-geral, se considerar improcedentes as razões invocadas pelo promotor para pleitear o arquivamento, apenas reforça os poderes ministeriais. Pois se o procurador-geral não

consequências para as pessoas. É-lhe conferido iniciar ações civis públicas, defender as minorias e ocupar um espaço muito importante na mídia. A necessidade de permanente vigilância ética mostra-se imprescindível para o Ministério Público. A Instituição cresceu e sedimentou-se como braço essencial à administração da justiça. Essa consolidação institucional tem o contraponto de um desgaste acentuado, se não conviver com o zelo intransigente da **qualidade humana** de seus integrantes. Pois é hoje a instituição jurídica mais poderosa e, portanto, aquela que corre mais riscos de abusar de uma força a si atribuída pelo pacto constituinte de 1988.

O advogado também tem discricionariedade para persuadir o cliente de iniciar uma lide ou de imediatamente propô-la. É dele a discricionariedade típica de eleger a estratégia de combate ou de defesa nos autos. Ele o encarregado de encontrar a alternativa jurídica mais eficaz para determinado problema concreto. Atua com extrema liberdade e esse caráter converte a profissão em campo minado de deslizes éticos.

Com alguma atenuação, o profissional encarregado da defesa do Estado também é munido de poderes discricionários. E o delegado de polícia é, talvez, o exercente de função jurídica mais aquinhoado pelo sistema dessa atuação quase completamente livre. Tanto que a polícia tem sido, no mundo todo, a profissão em que a fronteira **discricionariedade/arbitrariedade** se mostra mais tênue e movediça.

10.4.14 Outros princípios éticos das carreiras jurídicas

A enunciação de **princípios éticos gerais**, aplicáveis às profissões forenses, é sempre algo de discricionário. Poder-se-ia multiplicar a relação dos **princípios**, incluindo-se inúmeros outros, alguns lembrados por autores que também se dedicaram ao estudo da ética.

Dentre eles, mencionem-se os princípios da **informação**, da **solidariedade**, da **cidadania**, da **residência**, da **localização**, da **efetividade** e da **continuidade** da profissão forense, o princípio da **probidade profissional**, que pode confundir-se com o princípio da **correção**,[46] o princípio da **liberdade profissio-**

---

oferecer a denúncia ou designar outro órgão do Ministério Público para oferecê-la, mas insistir no pedido de arquivamento, o juiz estará obrigado a aceitá-lo.

46. Manuel Santaella López (op. cit., p. 24-25) faz uma síntese preciosa sobre a **probidade**: "A probidade é simples e claramente a honradez. Um profissional destinado ao serviço dos demais há de ser, antes de tudo, uma pessoa honesta. A probidade vem a constituir, dessa forma, um compêndio das principais virtudes morais. Supõe uma

nal, da **função social** da profissão, a **severidade para consigo mesmo**, a **defesa das prerrogativas profissionais**, o princípio da **clareza, pureza e persuasão na linguagem**, o princípio da **moderação** e o da **tolerância**.

Todos eles se prestam ao serviço de atilar a postura prudencial dos operadores jurídicos, favorecendo-os a um exame de consciência para constatar como pode ser aferido eticamente o próprio comportamento. Na maior parte das vezes, esse profissional é o único árbitro de sua conduta. Além de se tornar, com isso, mais escrupuloso, deve ter em mente que os cânones dos códigos éticos, a recomendação da doutrina e a produção pretoriana dos respectivos **tribunais éticos** não excluem deveres que resultam de sua consciência e do ideal de virtude, inspiração maior do profissional do direito.

A enunciação de vocábulos, entre eles os expostos neste capítulo, só pode servir como exortação a um contínuo repensar das profissões. O trabalho é uma das realidades inafastáveis da vida contemporânea. Prometia-se para o século XXI o *ócio prazeroso*, a disponibilidade para se dedicar a outras práticas, distanciadas da burocracia e da rotina laboral. Não é o que ocorre. Com a possibilidade de *trabalho à distância*, mediante utilização da informática, já não se distingue entre o *local de trabalho* e o *local do repouso*. Se isso afeta o funcionamento da máquina civilizacional de que todos dependemos, altera a concepção do trabalho e das profissões, mas não pode afastar a urgência de se tornar o mundo corporativo mais humano, mais fraterno, em síntese, mais ético.

Cada qual saberá encontrar nas sugestões principiológicas aquele que melhor se coaduna com o seu feitio, inclinação ou temperamento. Será um profícuo exercício aquele de detectar quais as qualidades de que já se dispõe – e que podem ser aprimoradas – e de investigar quais as merecedoras de um investimento reforçado, para suprir eventuais deficiências.

Se o mundo das profissões se tornar mais saudável, todo o convívio extrairá consequências vantajosas desse incremento qualitativo. A humanidade só terá a ganhar com isso.

Uma observação final: por *profissão forense* deve se entender não apenas aquelas que derivam de um curso de Bacharelado. Todos os funcionários, servidores, auxiliares, profissionais terceirizados, que tenham vinculação com o equipamento estatal chamado "Justiça" estão chamados a refletir e a vivenciar a ética. Não é o Curso de Direito que impõe conduta moral. É a circunstância de alguém pertencer à espécie humana. O homem se distingue por ser racio-

---

consciência moral bem formada e informada dos princípios éticos e da normativa especificamente deontológica".

nal e por ter uma razão condutora de todas as suas ações. Essa reta razão é suficiente para fazê-lo trilhar a rota do bem. É isso o que se espera de animais racionais, seja qual for a atividade a que se dediquem.

Para reflexão em grupo

1. Existe profissão que possa dispensar um aporte ético?
2. Qual a diferença, sob a vertente ética, entre as profissões jurídicas e as demais?
3. O servidor do grande e sofisticado equipamento estatal chamado "Justiça" também está sujeito aos ditames éticos da Deontologia Forense?
4. A necessidade de ser um profissional polivalente e aberto aos desafios da rápida mutação contemporânea impõe a todos a revisão dos postulados éticos? Explique.
5. O excesso de profissionais na área jurídica debilita a reflexão e a vivência ética? 6. Por que se exige uma postura ética mais densa nas profissões jurídicas?
7. A deontologia forense dispõe de suficientes regras para aprimorar a profissão dos operadores do direito?
8. O debate da ética forense evoluiu com a multiplicação das faculdades de direito?
9. Qual o parâmetro ético a ser utilizado na utilização da discricionariedade administrativa?
10. É possível compartimentar a ética, separando-a na vida pessoal e na vida profissional?

A Ética do Estudante de Direito 11

11.1 Ética é uma questão de educação

No Brasil em que a falta de ética é um fenômeno que debilita a crença no convívio saudável e faz pensar que a humanidade regride, falar sobre ética é contemplar a deficiência da educação em todos os níveis. Como transmitir algum conteúdo sobre a conduta moral do homem na sociedade, se as mínimas noções de civilidade são desprezadas?

A criança não recebe mais em casa noção de limites. Parte-se do pressuposto de que ensiná-la a ter bons modos a traumatizará. Proíbe-se a correção. A chamada "lei da palmada" reflete bem o psicologismo de que se impregnou a sociedade. Preocupa-se a escolarização formal com avaliações, ampliação das grades e multiplicação de conteúdos. Mas não tem condições de transformar a educação num fator de *construção de pessoas melhores*.

As crianças continuam a necessitar de lições de postura. Cada vez mais urgente abrir seus olhos para os desafios de conviver. Não é fácil treinar para a verdade, para a lealdade, para o companheirismo e a solidariedade quem nasce numa era competitiva, onde se deve levar vantagem em tudo. Uma sociedade enferma, a conviver tranquilamente com o marginalizado, a se despreocupar com o idoso, a agredir a natureza e o patrimônio alheio, tornou-se arremedo de projeto educativo. O que se vislumbra para as futuras gerações?

Se o Estado não consegue conferir eficiência à missão de educar, embora multiplique os investimentos e os quadros pessoais, nem por isso se deve abandonar o projeto de tornar o alunado mais sensível e solidário. A responsabilidade pela educação não é só do Governo. Aliás, tudo o que o governo faz, de uns tempos para cá, em termos de educação é ineficiente e dispendioso. Sem falar na sensação de que entre os objetivos propalados e a prática existe coincidência. É urgente adotar um novo paradigma. Chamar a cidadania a se interessar pela educação. Única fonte de todos os problemas brasileiros. É hora de desburocratizar e de desobstruir canais pouco utilizados, como os sentimentos, as sensações e a intuição. Se a humanidade não se converter e não vivenciar a solidariedade, pouca esperança haverá de subsistência de um padrão civilizatório preservador da dignidade.

A melhor lição continua a ser o exemplo. As gerações têm falhado ao legar à juventude um modelo de sociedade em que os valores estão com sinal invertido. A maior parte da lucidez parece entorpecida e conivente com uma sociedade egoísta, hedonista, imediatista e consumista. Egoísmo distanciado da visão otimista de Shaftesbury e Butler, para quem o indivíduo é altruísta por natureza.[1] Egoísmo na sua versão mais pessimista, a conceber o homem "como um ser egoísta, preocupado primeiro consigo mesmo e logo pelas pessoas mais próximas a ele, disposto a competir com os demais e a prejudicá-los, se isto for necessário à satisfação de seus desejos".[2] Hedonismo exacerbado, pregando o prazer a qualquer custo e a conversão da vida em uma eterna festa. A juventude é passageira e, além de prolongá-la mediante utilização de todos os recursos, reclama-se ao jovem vença um campeonato de resistência para participar de todos os certames: sexuais, esportivos, sociais e lúdicos. Imediatismo, como se o mundo estivesse prestes a se acabar e houvesse pressa em usufruir de todas as suas benesses. Consumismo impregnando à própria concepção de vida: tudo constitui *produto* na sociedade de massa, que despreza valores, descarta a velhice, abomina o sacrifício e tudo o mais que não signifique um permanente desfrute.

Inicia-se mal na pré-escola, utilizada mais na função de creche do que de início do treino social de um futuro cidadão. As escolas públicas estão sucateadas. O magistério desprestigiado. Professores estressados, com as conhecidas *síndromes* contemporâneas: do pânico, do medo de ser agredido, do desalento, da descrença. Os pais desinteressados daquilo que entendem seja *obrigação do Estado*. Multiplicação de escolas e de vagas. Preocupação com o acesso de todos à escolaridade. Mas irresponsabilidade quanto ao produto dessa escola. Os jovens estão exercendo atividades gratificantes? O mercado de trabalho está

1. Apud Martín Diego Farrel, *Métodos de la ética*, p. 18-19.
2. Idem, p. 26.

atendido pela formação profissional? As pessoas estão mais realizadas, mais sábias e mais felizes? Demonstram isso na sua vida?

A escola particular prepara o alunado para vencer o campeonato do vestibular. Açambarca praticamente todas as vagas da Universidade estatal. Inverte-se a equação num sistema perverso e irreversível. Aluno pobre é obrigado a pagar Universidade Privada, pois o aluno provido de condições preenche as vagas da Universidade Pública. A preocupação do universitário é com a obtenção do diploma e com seu aproveitamento no mercado. Há lugar para a ética na Universidade?

Entretanto, o universitário brasileiro precisaria ser provido de uma consciência ética singular. São ainda relativamente poucos os privilegiados que chegam aos bancos da universidade. Para propiciar ensino superior a eles, o Brasil deixou de investir em saneamento básico, saúde, moradia, educação de base, emprego. Cada vaga numa universidade representa investimento que se deixou de fazer em outras áreas. Nem se fale que em escolas particulares quem paga é o aluno. Toda escola privada recebe subsídios do Estado e este é sustentado por uma legião de excluídos que dele pouco recebe, em comparação com aqueles que – na carência de recursos de uma nação emergente – podem ser considerados verdadeiramente privilegiados.

Procurar a ética na Universidade Brasileira é missão de toda pessoa sensível e, portanto, alarmada com a situação nacional. De que adianta ser a sexta economia, se o Brasil é o 84.º em IDH, ocupa um lugar desprezível no *ranking* da educação mundial, tem 60% de sua população sem saneamento básico e seu contingente de alfabetizados não sabe expor com suas próprias palavras um texto que acabou de ler e que não conseguiu assimilar? Os universitários de todas as áreas teriam as antenas para detectar as graves falhas que acometem o processo mais relevante para edificar uma verdadeira Nação. O seu projeto educacional. E, conscientizados, teriam condições de reverter o quadro que só o ufanismo enxerga como propício a conduzir o Brasil ao pódio dentre as Nações desenvolvidas.

Todavia, o exemplo ético mais intenso deveria provir de quem escolheu o direito como curso universitário e como forma de subsistência. O estudante de direito optou por uma carreira cujo núcleo é trabalhar com o **certo** e com o **errado**. Ele tem responsabilidade mais intensificada, diante dos estudantes destinados a outras carreiras, de conhecer o que é **moralmente** certo e o que vem a ser **eticamente** reprovável.

Alguma ética, todo jovem possui. Mesmo que seja o paradoxo cruel da **ética do deboche**, a *ética do acinte*, ou a **ética do desespero**, a **ética do resultado, a ética do *estou na minha*** ou a **ética do *deixa disso***. O predomínio dessas antiéticas relativistas pode ser explicação para o descalabro da vida pública brasileira nos últimos anos. É preciso reagir e ter coragem de proclamar algumas verdades. Sem um mínimo de respeito, não há condições de sobrevivência. O ideal seria fazer com que as éticas individuais encontrem um núcleo comum baseado num princípio denso e que inspira todo o ordenamento jurídico pátrio: o princípio da dignidade humana.

Não é fácil precisar o conceito de *dignidade da pessoa humana*. Canotilho considera mais fácil densificar os direitos, liberdades e garantias do que determinar o sentido específico desse enunciado, em relação ao qual "a literatura mais recente procura evitar um conceito 'fixista', filosoficamente sobrecarregado (dignidade humana em sentido 'cristão e/ou cristológico', em sentido 'humanista-iluminista', em sentido 'marxista', em sentido 'sistêmico', em sentido 'behaviorista')".[3] Propõe o Mestre de Coimbra uma *integração pragmática* denominada *teoria de cinco componentes*, para que se possa penetrar na compreensão de *dignidade da pessoa humana*. Essa teoria pode ser condensada como segue: "1. afirmação da integridade física e espiritual do homem como dimensão irrenunciável da sua individualidade autonomamente responsável; 2. garantia da identidade e integridade da pessoa através do livre desenvolvimento da personalidade; 3. libertação da angústia da existência da pessoa mediante mecanismos de socialidade, dentre os quais se incluem a possibilidade de trabalho e a garantia de condições existenciais mínimas; 4. garantia e defesa da autonomia individual através da vinculação dos poderes públicos a conteúdos, formas e procedimentos do Estado de direito; 5. igualdade dos cidadãos, expressa na mesma dignidade social e na igualdade de tratamento normativo, isto é, igualdade perante a lei".[4]

Em síntese, extraem-se da *teoria de cinco componentes* seus elementos essenciais: individualidade, desenvolvimento da personalidade, libertação da angústia da existência, autonomia individual e dignidade social decorrente da igualdade perante a lei. É um ponto de partida adequado para que o estudante adote sua ética responsável, consequente com o universo que passará a dominar, que, para o direito, é o espaço ético por excelência.

Na faculdade de direito o estudante precisa ser estimulado a desenvolver sua formação ética inicial e, depois de cinco anos, queira-se ou não, estará ele entregue a um mercado de trabalho com normativa ética bem definida. Os advogados têm Código de Ética positivado e cada vez mais invocado; juízes e promotores também dispõem de normatividade ética a partir da Constituição.

---

3. José Joaquim Gomes Canotilho. *Direito constitucional*. 6. ed., p. 363.
4. Idem, ibidem.

Todas as demais carreiras jurídicas não podem prescindir de comandos éticos. E, até há pouco, nada ouvia o estudante quanto à ciência dos deveres em seu curso.

Os Tribunais de Ética da OAB enfrentam inúmeras denúncias de pessoas prejudicadas por seus advogados. Avolumam-se as queixas, multiplicam-se as apurações. Ainda recentemente, no Estado de São Paulo, que concentra o maior número de advogados do País – ultrapassa 300 mil advogados o número dos credenciados pela OAB –, dez por cento deles respondiam a processos no Tribunal de Ética e Disciplina, processos que vão da apropriação indébita dos valores dos clientes, do conluio, da desídia, do erro grosseiro. Lamentavelmente, esses índices tendem a se elevar ainda mais. A expansão do ensino jurídico atendeu a uma filosofia dos últimos anos, a partir da crença de que a boa escola expulsaria a escola sofrível. Com isso, hoje são milhares as faculdades de direito em funcionamento. O resultado é a produção em massa de milhares de novos bacharéis a cada semestre. O excesso de profissionais faz com que as faltas éticas também se multipliquem. Muitas delas, em virtude da disputa e da competição no mercado de trabalho.

A casuística dos Tribunais de Ética é eloquente. O exemplo é muito mais eficaz do que a pregação. Todo estudante de direito deveria se interessar pelo que ocorre no campo ético profissional com os colegas já formados. Interessar-se pelas decisões, meditar sobre o que leva profissionais ao cometimento de faltas às vezes incompreensíveis e grosseiras, o auxiliará a evitar erros idênticos. Participar de algumas sessões do Tribunal de Ética e Disciplina da OAB é lição de que os futuros advogados não se esquecerão. É óbvio que o ser humano, criatura falível, comete infrações as mais variadas, em todos os campos de sua atuação. Todavia, tudo isso também decorre de não existir preocupação séria dos mantenedores das escolas de direito com a formação ética dos futuros profissionais. O ensino da ética não deveria se resumir a uma disciplina. Escolas há em que a ética se resume a um semestre do curso. Ética deveria ser temática transversal e impregnar toda a formação jurídica. Toda a graduação e a pós-graduação, onde há também deslizes éticos.

Seria ilusão pueril acreditar-se que o salto qualitativo nas carreiras jurídicas, vinculado ao incremento ético de seus integrantes, decorra de um processo de aperfeiçoamento espontâneo da comunidade. A decantação dos maus costumes para ver aflorar os bons não tem sido a regra na história das civilizações. Há razões para muito ceticismo e, até, para certo pessimismo. O momento de se pensar seriamente em ética **era ontem**, não amanhã. O futuro cobrará do profissional do direito posturas cujo fundamento ele não entenderá perfeitamente e de cuja experiência não dispõe, pois nada se lhe transmitiu ou cobrou durante o curso.

Todo professor experiente já ouviu indagações de seu alunado de direito que chegam a chocar, tal o despreparo. Confunde-se a advocacia com a técnica de lesar o próximo ou o fisco. Numa era de moral em frangalhos, direito é uma estratégia de remover problemas, seja quais forem as técnicas utilizadas. Ideias como as do "quebrar galho" ou "levar vantagem em tudo", ou fazer prevalecer a esperteza, são costumeiras entre os acadêmicos. Muitos chegam à universidade imbuídos do pouco apreço moral devotado à advocacia. Não se liberam desses preconceitos e continuam a reafirmar, durante o bacharelado, que os concursos públicos são destinados aos apadrinhados. Que o melhor advogado é o que faz o seu cliente ganhar tempo, ou que se utiliza de todos os expedientes para impedir que a justiça se faça. É desalentador verificar a normalidade com que são consideradas as infrações veiculadas pela mídia e às quais hoje se pode assistir ao vivo no grande espetáculo das CPIs.

Poucas as vocações alertadas do que significa estudar Direito e qual o compromisso assumido por quem ingressa na faculdade de Ciências Jurídicas. Afinal, está-se a viver um tempo em que as sociedades criminosas destinam parcela considerável de seu dinheiro para formar profissionais voltados à sua tutela jurídica e, portanto, operadores destinados a atuar *pró-criminalidade*. A estratégia do crime organizado teve início há muitos anos e todas as instituições já devem contar com profissionais que se formaram para *melhor fazer o mal*. É o total desatino, a derrota da honestidade, o naufrágio da moral. Aqueles que têm lastro de família precisam reagir. Só o estudo aprofundado e a meditação consequente sobre a ética profissional é que poderá fazer frente a essa situação nova e trágica.

Ainda é tempo, embora se faça a cada dia mais urgente, de propiciar uma **reflexão crítica** sobre a ética e de envolver a juventude nesse projeto digno de reconstrução da credibilidade no direito e na justiça. O entusiasmo da mocidade e o convívio com heterogeneidades próprias à atual formação jurídica são adequados a fornecer aos mais lúcidos os instrumentos de sua conversão em profissionais irrepreensivelmente éticos. Para isso, imprescindível que os responsáveis pela educação jurídica se compenetrem de que o ensino e a vivência **ética** não constituem formalismo. A inclusão da disciplina **Ética Geral e Profissional** no currículo das faculdades de direito surgiu do reconhecimento de que os patamares de legitimidade das carreiras jurídicas, em virtude das denúncias disseminadas e ampliadas pela mídia, chegaram a níveis intoleráveis. Manter a disciplina e não conferir a ela a sua real importância é insuficiente. Ética talvez seja hoje o assunto mais relevante para todo o direito. Conhecer as leis, a doutrina e a jurisprudência nunca foi tão fácil, diante da acessibilidade irrestrita do conhecimento. Atuar com brio e hombridade é missão muito mais complexa. Não há estímulo das cúpulas. O comportamento lastimável das elites não inspira bons propósitos nas novas gerações. Acreditar-se numa regeneração espontânea é utopia. A degradação dos costumes profissionais e políticos atingiu níveis que envilecem a tradição brasileira. Cumpre reagir.

O momento, agora, é o da reversão. Para isso, a juventude também há de ser conclamada e as lideranças acadêmicas precisam se conscientizar de que, mais importante do que promover as tradicionais e pouco criativas *Semanas Jurídicas*, delas se reclama um investimento na formação de um profissional ético, em quem se possa realmente confiar. Projeto que, se não começou antes, é inadiável tenha início na faculdade de direito.

Eles precisam exercer a sua criatividade para tornar ética um tema permanente. Não seria impróprio elaborar-se Código de Ética do Estudante de Direito em cada unidade de ensino. Nem promover disseminação do teor do Código de Ética da OAB, para que sua observância tenha início já na fase quase inconsequente da faculdade, para que não haja qualquer estranhamento quando ele se tornar cogente, após credenciamento na OAB.

O estudante precisa também exigir que a OAB, hoje às voltas com denúncias escabrosas de envolvimento de inúmeros advogados com a criminalidade, imponha rigor cada vez maior na apuração das faltas éticas – que atingem ou tangenciam a delinquência comum – e também invista na preparação de profissionais mais atentos aos comandos morais. Ética não deve ser a menor preocupação dos Exames de Ordem. Ao contrário, ela precisa ocupar espaço cada vez maior na mente dos responsáveis pela renovação dos quadros profissionais. Afinal, a advocacia obteve um trato muito privilegiado na Constituição da República[5] e precisa fazer jus a essa distinção que nenhuma outra profissão liberal mereceu.

11.2 Deveres do estudante para consigo mesmo

Os princípios que regem a conduta humana devem contemplar, em primeiro lugar, os deveres postos em relação à própria pessoa. Não se fale em ética para consigo mesmo, que ética é algo a ser cultivado em relação aos outros. Todavia, ninguém contesta a existência de deveres para com a própria identidade. Assim o dever de subsistir, ínsito ao instinto de sobrevivência, o dever de se manter corporal e espiritualmente hígido, o dever de higiene pessoal e o de se apresentar em condições compatíveis com o local, momento e circunstâncias.

5. O art. 133 da CF/1988 dispõe: "O advogado é indispensável à administração da justiça, sendo inviolável por seus atos e manifestações no exercício da profissão, nos limites da lei".

Por mais que os costumes se alterem, o universo jurídico é daqueles em que a forma resiste à voragem do tempo. Ainda se usa toga para o exercício da função judicial. As *vestes talares* que surgem na literatura jurídica são a toga para o juiz, a beca para o advogado e para o promotor, quando atuam nos Tribunais. Paletó e gravata são obrigatórios para o mister forense de todos os operadores do direito. Trajes compatíveis para as mulheres.

As faculdades de direito de antigamente eram reflexos da solenidade que imperava na atuação judicial. Os alunos frequentavam aulas de paletó e gravata e se orgulhavam de se portar como futuros operadores. A multiplicação das Escolas, com a consequente ampliação das turmas – quantos milhares de brasileiros hoje estudam Direito? –, as transformações da sociedade, vieram a gerar um fenômeno visual na maior parte das faculdades. Hoje, em algumas delas, não se distingue o estudante do Direito do estudante de Educação Física. Ambos comparecem às aulas vestindo *trainings*, quando não calções, *chinelos de dedo* e outros trajes inadequados, quando não ridículos. Para o direito não vigora o brocardo "*o hábito não faz o monge*", e nem tudo é permitido em nome da informalidade. Trajar-se adequadamente não prejudica certa liberação dos hábitos e a remoção de ranços de etiqueta inadmissíveis em nossa era. Certa compostura, comedimento, discrição e harmonia do vestuário são importantes aspectos da categoria do profissional. É mais conveniente ajustar-se aos padrões da profissão a partir dos bancos acadêmicos do que enfrentar a mudança com as demais intempéries do sexto ano.[6]

E assim é em todo o mundo. Atente-se para a preservação de alguns símbolos clássicos em Justiças mais tradicionais e respeitadas do que a brasileira. Pense-se, como exemplo, na cabeleira do juiz inglês, formalidade essencial e sem a qual os julgamentos são nulos. Seria a Justiça inglesa menos prestigiada do que a brasileira? Algum inglês considera inadequada a manutenção desse costume? Ou é da simbologia que também se extrai um respeito maior para as decisões dos magistrados britânicos?

Um pouco mais de adequação no trajar e nos modos como se apresentam os alunos não causaria malefício à educação jurídica. Até os treinos para a futura atuação restam prejudicados quando se faz uma simulação de julgamento e o aluno escolhido para representar o juiz se apresenta de bermudas e com camiseta regata. Hoje, com a necessidade de um treino efetivo da futura profissão, a regra é a substituição dessas inócuas representações por prestação de

---

6. É comum afirmar-se que as dificuldades para o aluno começam exatamente no sexto ano, quando já não há mais aulas, professores para corrigi-lo etc., e o bacharel se vê lançado sem preparo ao mercado de trabalho e à arena da competição.

justiça real. Por isso, a vestimenta adequada é mais importante ainda. A parte que trouxer os seus problemas à resolução dos Juizados Especiais sentir-se-á mais confortada se estiver diante de alguém que se vista como um juiz deve se trajar.

Todavia, mais importante do que a forma é o conteúdo. A criatura humana é destinada à perfectibilidade. Todos podem tornar-se cada dia melhores. Melhor seria dizer: uma vida só se justifica se o compromisso de se tornar cada dia um pouco menos imperfeito vier a ser um projeto sério. Essa é uma proposta individual que depende apenas de cada consciência. Ao se propor a estudar direito, o estudante assume um compromisso: o de realmente **estudar**. Isso parece óbvio e realmente o é. Quem conhece o aluno do bacharelado jurídico sabe que as obviedades precisam ser enfrentadas. Exemplo disso é que continua a existir o uso da "cola" ou de outros artifícios para obtenção de graus favoráveis nas avaliações periódicas. Cresce a praxe da contratação de profissionais ou equipes para a confecção de trabalhos científicos ou da monografia, hoje necessária à obtenção do grau de bacharel em Direito.[7] Esse exercício de iniciação à pesquisa é também chamado *trabalho de curso*. Ele constitui exigência para todos os estudantes de direito e consta da Resolução CNE/CES 9/2004.[8] O incremento das TCIs – Tecnologias de Comunicação e Informação propicia a pesquisa aprofundada e o acesso facilitado às maiores bibliotecas das melhores universidades do mundo. Só que muitos alunos, em lugar de se valerem dessa excelente fonte e oportunidade e a aperfeiçoarem com a sua análise pessoal, se limitam a inserir nas monografias – às vezes sem a utilização das aspas – enormes trechos elaborados por outros estudiosos.

---

7. Este é um sinal que depõe contra o estudante, não apenas eticamente. Deixa de executar o trabalho solicitado e, em lugar de aprender, está pagando para alguém aprender mais em seu nome. Perde excelente oportunidade para introduzir-se no apaixonante mister da metodologia do estudo científico. Deixa de treinar para a obtenção dos graus na pós-graduação que hoje é uma exigência de rotina, diante do mínimo fornecido com a graduação. Nunca esteve mais nítida a necessidade de um estudo permanente, que não cessa enquanto não se interromper a duração de um ciclo vital.

8. Observa Horácio Wanderlei Rodrigues (*Pensando o ensino do direito no século XXI*, p. 225) que ele surge na Resolução CNE/CES 9/2004 em pelo menos três momentos distintos: a) no art. 2.º, § 1.º, XI, como um dos elementos estruturais do projeto pedagógico. Desse dispositivo consta a necessidade de sua inclusão obrigatória; b) no art. 5.º, II, que trata do eixo de formação prática; e c) do art. 10 e seu parágrafo único, que define o trabalho de curso como objeto específico. Cada IES deve possuir um regulamento próprio, aprovado pelas suas instâncias competentes, com os critérios, procedimentos e mecanismos de avaliação, além das diretrizes técnicas relacionadas com a sua elaboração.

Não é apenas essa a falha ética detectada pelos docentes. Horácio Wanderlei Rodrigues, na sua experiência, alerta para o fenômeno das *fábricas de trabalhos*: "Em muitas regiões do país, há verdadeiras indústrias de trabalhos escolares de graduação e pós-graduação. Esse é um mal que somente pode ser evitado através de um acompanhamento sério e honesto por parte dos professores orientadores e de bancas capacitadas e alertas para essa realidade".[9]

Todos os anos – e agora todos os semestres – milhares de jovens acorrem ao vestibular e optam pelo direito. Grande parte deles desconhece o que seja o compromisso jurídico. Estão pensando em fazer um curso que lhes permita compatibilizar os horários e permitir a continuidade do trabalho já desempenhado. Alguns são atraídos pela reduzida dificuldade oferecida ao estudante de direito. Todos conhecem inúmeros estudantes do bacharelado que nunca se sacrificam, não perdem as *baladas*, divertem-se e, inevitavelmente, chegam ao final do curso. Outros cedem à tentação do acesso relativamente fácil, cada dia mais facilitado, diante da quantidade de vagas oferecida a quem quer estudar direito.[10] Praticamente não há vestibular. Quem se inscrever e não tirar a nota "zero" em todas as disciplinas, inevitavelmente será aproveitado. Com a certeza de terminar o curso. Pois, seja na escola pública, seja na particular, os esquemas de aprovação permitem que, após cinco anos, esse vestibulando seja um bacharel.

A passagem de uma série à outra é sempre facilitada. Não é diferente o regime da semestralidade. Poucas as exigências e os obstáculos postos ao estudante. O resultado é que o número de advogados no Brasil vai logo chegar a dois milhões, pois são mais de mil as faculdades em funcionamento. Todas a lançar – dir-se-ia, até, a arremessar –, semestralmente, ao mercado de trabalho – ou à *rua da amargura* – milhares de novos bacharéis.

É desalentador o quadro que acomete imensa parcela dos bacharéis. Muitos deles não conseguem ser aprovados no Exame da OAB. Verdadeiro *vestibular às avessas*, para credenciar ao exercício profissional apenas aqueles que

---

9. Idem, ibidem.

10. Em janeiro de 2008, o MEC e a OAB determinaram a 89 Faculdades de Direito, como passo inicial à recuperação de conceito, um corte em 6.300 vagas para os seus cursos jurídicos. A tentativa é fazer com que a qualidade se sobreponha à quantidade. A medida teve impacto e repercussão, mas foi considerada por alguns estudiosos como expressão feérica de mais um factoide: as vagas excluídas já eram ociosas. Pois outro problema enfrentado pelas faculdades particulares é a inadimplência do alunado. Justamente os mais pobres não conseguem as vagas no ensino oficial e gratuito. Matriculam-se nas entidades privadas e depois não conseguem satisfazer os custos da formação universitária.

detêm condições mínimas de desempenho. As provas são singelas, de reduzidíssima complexidade. Mesmo assim, os índices de aprovação continuam pífios.[11] Não é raro que apenas 10% dos concorrentes logrem classificar-se e obter a carteira da OAB, que lhes permitirá serem advogados.

O resultado do baixo aproveitamento do ensino jurídico é o adensamento da legião dos bacharéis desiludidos. Cursar direito é tranquilo e não requer esforço algum. Os cinco anos da faculdade são alegres, puro deleite. O único problema é o *sexto ano*. Agora já não há o apelo ao professor para melhorar a nota, para suprir as faltas, para obter dilatação de prazo, nunca fatal durante o curso. O compromisso do formado é com sua vida. O que fará com o diploma? Aproveitou os cinco anos para se formar e se transformar num profissional? Terá condições de vencer na profissão?

Aqueles que não assumiram o compromisso de extrair do curso jurídico todas as suas potencialidades encontrarão todas as portas cerradas. Não conseguirão ultrapassar a barreira do Exame de Ordem. Nunca obterão êxito nos concursos públicos, cada vez mais disputados. Continuarão a fazer o que sempre fizeram e com uma diferença. Sentir-se-ão frustrados, pois o investimento durante os cinco anos para nada lhes serviu. É importante pensar nisso enquanto ainda na escola. Depois, embora não seja impossível recuperar o tempo perdido, tudo será muito mais sacrificado.

Quem é responsável por este estado de coisas?

A política governamental foi a de multiplicar as oportunidades do ensino universitário. A pressão internacional pelos índices da escolaridade formal no Brasil influenciou a tendência prioritária ao crescimento vegetativo, sem a correspondente qualidade. A proliferação de escolas de direito, aquelas

11. É recorrente a polêmica sobre a constitucionalidade do chamado Exame de Ordem. Ele vulneraria a liberdade de trabalho, a livre iniciativa e outros postulados da liberdade tão enfatizada na CF/1988. Há alguns anos, um, grupo de bacharéis, irresignados com a necessidade de se submeter ao crivo da OAB, conseguiu obter liminares na Justiça Federal de primeiro grau do Rio Grande do Sul, que os liberou dessa prova de aferição de suas reais condições de exercício da advocacia. A segunda instância cassou a medida liminar. Mais recentemente, a Justiça de primeiro grau do Ceará também acolheu pleito de bacharel inconformado com a necessidade de se submeter ao Exame de Ordem. O Tribunal também cassou a liminar deferida pelo juízo monocrático. Nada indica se altere o panorama e se vislumbre a extinção dessa aferição de condições mínimas de exercício da advocacia por parte de quem, por concluir o Bacharelado, apenas relativamente se presume capaz de atuar profissionalmente na área jurídica. Em 2011, o STF pacificou a questão, julgando a constitucionalidade do Exame de Ordem, que é uma exigência legal e legítima e que tende a se disseminar também para outras profissões, como a Medicina.

de menor investimento dentre as várias opções de cursos de grau superior, fez com que os níveis de matrícula passassem a ostentar invejável performance. Logo notou-se que a qualidade de ensino deixava a desejar. Movimentos isolados pleitearam reforço qualitativo. Educadores responsáveis contribuíram com seus estudos. A OAB também se movimentou. Aparentemente, a política de governo foi preservar as escolas em funcionamento, na esperança de que o *bom produto* expelisse o *mau produto* do mercado. Com o tempo, de acordo com essa visão de *lex mercatoria*, só restariam as boas escolas. As ruins, naturalmente, seriam banidas do sistema. Simultaneamente, as exigências para criação de novas faculdades de direito se tornaram maiores e se dificultou instalação de outros empreendimentos, salvo aqueles identificados como *nichos de excelência*.

A educação não é responsabilidade exclusiva do Estado.[12] Parcela considerável da responsabilidade pelas deficiências do ensino de direito pode ser tributada aos educadores. Por óbvio, chame-se de **educador** alguém bem intencionado. Alguém que faz da educação a maneira de concretizar seu idealismo. Não merece essa denominação o mero empresário, que abre escola apenas para ganhar dinheiro e que poderia estar se dedicando a qualquer outra atividade lucrativa. Não que o lucro seja abominável – é legítimo, embora não deva representar o único objetivo do empresário da educação. Constata-se na prática o desalento de alguns considerados bons educadores, vencidos pela competição. Esquecem os sonhos e os ideais, conformam-se com o curso tradicional, mantêm as grandes turmas, com aulas proferidas em auditórios. Nenhuma criatividade. Apenas para o funcionamento da caixa registradora. Tudo é pago. Tudo se converte em dinheiro. Há faculdades que congregam várias classes num único espaço e só formalmente separam as turmas, como se elas ocupassem dependências separadas. Com isso podem burlar as autoridades e a fiscalização, mas constituem péssimo exemplo ético e estão longe de propiciar o melhor ensino. A qualidade do estabelecimento passa a ser uma promessa vã. O *marketing* compensa a falta de consistência. Alguns talentos individuais são explorados como *jovens propagandas* e contribuem para iludir os candidatos aos vestibulares permanentes. Pois até o período próprio ao início de novas turmas veio a ser flexibilizado pela necessidade de suprir o caixa. As avaliações são permanentes, os vestibulares são *agendados*. Nesse encontro marcado, basta mostrar suficiência de pagar as mensalidades e a aprovação é automática. Ingresso garantido à universidade.

---

12. Na conformidade com o art. 205 da CF/1988, a educação é direito de todos e dever do Estado e da família e será promovida e incentivada com a colaboração da sociedade.

Os professores de direito, ao menos como regra, nunca se dedicam exclusivamente ao ensino. Limitam-se, em grande maioria, a ministrar aulas prelecionais, quase sempre resumidas ao exame sequencial da codificação, examinada pela doutrina, com reflexo na jurisprudência. Não há espaço para a reflexão crítica, nem para a pesquisa. Inviável o acompanhamento individual do aprendizado ou orientação direta sobre os estudos. O ensino é sofrível, a pesquisa quase ausente, nem se fale na extensão.[13] Salvo os *cursinhos* de preparação a concurso, a remuneração é insuficiente. Não há carreira, a não ser nas universidades públicas, e o incentivo para continuar a lecionar provém de outras fontes, que não a entidade mantenedora.

Outra parcela de responsabilidade pelas carências da formação jurídica, não se negue, decorre dos próprios estudantes. Não é a menor causa do descalabro do ensino do direito, o pouco entusiasmo do alunado. Ressalve-se o fato de não conhecerem a fundo a realidade do ensino jurídico, quantos atraídos para o estudo do direito por fatores que não imbricam com o objetivo de aperfeiçoar as carreiras forenses. Há uma parcela de estudantes que ingressa na faculdade de direito sem saber exatamente o que ali encontrará. Na dúvida sobre qual o curso universitário, a escolha do direito não oferece dificuldade alguma. Sobram as vagas. Os problemas de quem estuda direito começam no 6.º ano. Por isso é que os alunos de direito formam um todo complexo e heterogêneo. Há de tudo. Pessoas com enorme dificuldade para o estudo abstrato, em verdadeiro estado de analfabetismo funcional, alunos vocacionados – e que dependem só deles mesmos para vencer – e uma grande parcela inerte. Satisfeita com o sistema de ensino, desde que a avaliação seja previsível. Interessada no velho e superado conceito do *passar de ano*. A acreditar, piamente, que o diploma significa alguma coisa para quem não mergulhou num aprendizado consequente e denso.

Parta-se, entretanto, do pressuposto de que uma considerável parcela do alunado adentrou conscientemente na faculdade de direito. Ainda esses, em expressiva maioria, se impregnam do espírito conservador e inerte da acade-

---

13. A universidade brasileira goza de autonomia didático-científica, administrativa e de gestão financeira e patrimonial e obedecerá ao princípio da indissociabilidade entre ensino, pesquisa e extensão. Longo caminho resta a ser trilhado para se atingir o ideal do equilíbrio entre esses três pilares. Se o ensino vem sendo transmitido, embora com deficiências reconhecidas, pouco se realiza em termos de pesquisa na universidade privada e os trabalhos de extensão ainda carecem de eficiência e visibilidade. São os estudantes que precisam motivar as mantenedoras a promover tais objetivos, comandos cogentes do constituinte brasileiro em relação à universidade, conforme se verifica do art. 207, *caput*, da CF/1988.

mia e resistem às tentativas de transformação (as mudanças importam em esforço maior e necessidade de abandonar hábitos antigos). Preferem o velho método das apostilas, das provas clássicas, dos enunciados exigíveis conhecidos previamente pelo alunado. Resistem aos trabalhos, à pesquisa, à avaliação continuada, pois uma avaliação contínua importa em estudo permanente. É mais confortável o sistema clássico das provas periódicas, centenas de alunos reunidos, estudo muito superficial e atribuição de notas favoráveis a todos quantos estejam em dia com os seus carnês de pagamento.

A resistência às transformações não é incomum. Os alunos reagiram ao exame de avaliação da universidade, conhecido por "provão", a cujos propósitos não se poderia, aprioristicamente, recusar idoneidade. Essa avaliação permanente da *performance* da universidade e dos universitários vai se integrando na realidade educacional brasileira e passará a produzir outros frutos. O desempenho dos alunos tende a ser considerado pelas futuras empregadoras e pelas instituições às quais eles recorrerão quando disputarem as reduzidas vagas nas carreiras jurídicas mais prestigiadas.

Engana-se o universitário que só pretende facilidades, ao se opor às modificações, ao não exigi-las ou ao deixar de lutar por elas, ao preferir a via singela da aprovação automática. Partidário da obtenção do diploma sem maiores sacrifícios, o maior prejudicado será ele próprio. A opção pelo aprendizado sem seriedade e sem sacrifício importará em consequências desastrosas. Pior, os efeitos não tardarão a ser sentidos pelo próprio aluno. Terminado o curso, virá a angústia de quem não sabe exatamente o que fazer com o diploma: "Sou bacharel em Direito! E daí?" A continuar a proliferação de escolas de direito – dezenas de Faculdades nas capitais, cidades do interior com várias delas – haverá dia, e não muito longínquo, neste Brasil, em que será necessário perguntar "quem não é bacharel em Direito".

Não se entenda como repúdio radical à multiplicação de faculdades de direito. Seria interessante que todo brasileiro conhecesse direito, ao menos para poder reclamar seus direitos e, melhor ainda, para se imbuir da noção jurídica de *deveres*. Se a corrida aos cursos jurídicos se der para o exercício da cidadania, não haverá razão para maiores preocupações. A questão mais preocupante é a ilusão com que se acena para os incautos. Ainda há quem acredite que um diploma de bacharel em direito abrirá todas as portas. Estará garantido o acesso ao mundo mágico do mercado. A legião dos desempregados, dos que não conseguem aprovação no singelo Exame da OAB e sequer ousariam acesso às carreiras jurídicas providas por concurso público são testemunho nítido da falácia do diploma.

O aluno precisa ser conscientizado de que a maior parte das escolas só lhe dará um diploma. As faculdades cumprirão a sua promessa. Ingressa-se, cumpre-se com as obrigações discentes – sobretudo os pagamentos – e obtém-se um diploma ao final de cinco anos. O que fazer com o diploma não está na cogitação das escolas. Elas encerram sua atividade na colação de grau. Não podem ser chamadas a prestar contas da irrealização profissional do ex-aluno. Depende deste conseguir extrair do grau de bacharel todas as consequências esperadas. Sobreviver com dignidade no exercício de uma carreira jurídica dependerá exclusivamente do mérito e esforço pessoal de cada bacharel. O pressuposto do diploma é o mínimo, condição necessária, mas não suficiente, para o êxito profissional.

A advocacia torna-se aos poucos um território inexpugnável. Será um paradoxo concluir que a multiplicação dos profissionais representa dificuldade também adensada no exercício da atividade jurídica mais elementar? Não. Já se evidencia esse fenômeno em constatação empírica de quem vivencia o mundo do direito. A figura do aquário é sugestiva. Apenas um peixe ornamental é pouco. Dois sobrevivem. Com três, pode haver algum conflito. Povoe-se o mesmo aquário com milhões de peixes e haverá o sacrifício dos menos capazes. O canibalismo será a regra e pouquíssimos sobreviverão.

Essa a melancólica verdade. Quanto maior a oferta, mais reprimida a demanda. Enormes escritórios, verdadeiras empresas jurídicas – que assim não se chamam por vedação expressa do Estatuto da OAB – recrutam os mais qualificados. Os demais procuram sobreviver, mas culminam por continuar a fazer aquilo que já realizavam antes de formados. Os concursos públicos para funções desvinculadas da formação jurídica atraem milhares de bacharéis. Não há função estatal – principalmente as consideradas mais subalternas – que não seja hoje exercida por um bacharel em direito. Evidente que não existe demérito nisso. Todo trabalho lícito é digno. Mas nem sempre o exercente está satisfeito com o resultado de seus sonhos. Sacrificou-se durante cinco anos, privou-se de outros dispêndios para custear os estudos. E o que conseguiu nem de longe se compara com aquilo que aguardava antes de ingressar na faculdade.

Outra figura que desaparece aos poucos é o advogado profissional liberal clássico. Somente um seleto grupo de profissionais que atendem aos casos emblemáticos, os advogados "midiáticos", sobrevivem desse exercício artesanal. Os demais, ou se subempregam junto a colegas que, na verdade, se tornam empresários e proprietários de grandes equipes, ou disputam as migalhas das nomeações para funcionar como defensores dativos em Justiça Gratuita.

O caminho para o jovem advogado ser reconhecido não é desprovido de dificuldades. Se não tiver uma família já respeitada na área, com infraestrutura material e suporte financeiro que o encaminhe, a trilha até o êxito profissional dependerá de enorme esforço e de redobrados sacrifícios. Aqueles que insistem só encontram espaço para servir como qualificados *office boys* de advogados há mais tempo no mercado. Será longo e árduo o caminho até à redenção profissional.

O concurso público ainda constitui via atraente para ingresso a carreiras não de todo desprovidas de certa aura de respeitabilidade. Tais certames congregam cada vez número maior de interessados. São milhares de candidatos que acorrem à chamada e uma percentagem mínima logra aprovação. São concursos previsíveis, que se repetem há décadas sem criatividade maior. Insistem na avaliação da capacidade de memorização do candidato. Basta decorar o número possível de informações legais, doutrinárias e jurisprudenciais para se obter sucesso. Tanto assim, que várias iniciativas exitosas supriram a falta de preparação desses profissionais. A função precípua de preparo, que seria da própria instituição – Poder Judiciário e Ministério Público, especialmente –, foi de fato delegada a alguns educadores que descobriram essa via e são hoje, na realidade, os responsáveis pela renovação de quadros nas carreiras públicas. Talentosos, eruditos e perspicazes, os empresários dos cursinhos perceberam que a metodologia é a mesma, previsível e insuscetível de alterações. Assumiram a responsabilidade de prover as carreiras públicas dos novos quadros. Por eles eficientemente preparados. O bacharelado é mero pressuposto para o enfrentamento de um certame público. O essencial é se submeter a uma *revisão do bacharelado* propiciada pelos detentores dessa eficiente técnica de preparação a concurso público.

O defeito maior do concurso é o seu atrelamento a uma forma arcaica de seleção. Ela é baseada, com prioridade absoluta, na capacidade mnemônica do candidato. Suficiente ao interessado dominar técnicas de memorização da legislação, da doutrina e da jurisprudência. Vence o candidato que consegue se recordar de minúcias, não raramente encontradas com facilidade nos Códigos, cada vez mais bem interpretados por notáveis especialistas. Não se conseguiu implementar uma estratégia privilegiadora de maior preocupação vocacional. Numa época de *moral em frangalhos*, tantos maus exemplos em todas as esferas de atuação pública, o Brasil precisa de *juízes essencialmente éticos, irrepreensivelmente éticos*, não de juízes que apenas dominam a técnica. O direito é uma ferramenta que serve tanto ao bem como para o mal. O técnico mal intencionado – ou desprovido de freios morais – será um eficiente multiplicador de injustiças.

Os concursos não despertaram para a urgência de se enfatizar – primeiro – os aspectos morais, vocacionais e de potencial de trabalho do novo operador jurídico. Em boa hora, o CNJ – Conselho Nacional de Justiça, editou a Resolução 75/2009, que inclui disciplinas como Ética Profissional, Filosofia, Sociologia, Teoria do Direito e Gestão Judiciária dentre as exigências postas a quem pretenda ser juiz, adentrando ao Judiciário pela porta democrática e meritocrática da seleção pública de provas e títulos. É muito relevante investir no apuro ético. Ele é mais importante, muito mais fundamental do que o domínio da técnica ou erudição jurídica. Quem possui brio, não errará por falta de conhecimento. Fará do estudo permanente o compromisso de vida funcional. Já aquele que se acredita detentor de conhecimentos suficientes para o desempenho de um cargo público de relevância, se não tiver caráter em idêntico grau de consistência, poderá ser um paradoxal afligidor dos já aflitos. O normal é a procura da justiça para atenuar os males causados pela injustiça, não para uma resposta formal, tecnicista e desinteressada da crise ética a perpassar o direito.

A dificuldade de acesso ao mercado de trabalho faz de muitos novos bacharéis *candidatos crônicos* a qualquer carreira jurídica. Inscrevem-se para todos os concursos. É rotineiro encontrar-se o mesmo concorrente igualmente interessado a disputar as provas nas seleções para os quadros da Magistratura, do Ministério Público, das Defensorias, das Procuradorias, das Polícias, das Inspetorias Fiscais. Ele está à procura, na verdade, de um emprego.

Não há mal em se procurar emprego. Todavia, o povo que paga pelos exercentes de função pública merece o melhor candidato que a universidade pode oferecer. A incipiente Democracia formal brasileira não pode prescindir de operadores jurídicos providos de consciência ética e de criatividade, atuação crítica e reflexiva, sem os quais não se implementará o Estado de Direito. A igualdade no Brasil é uma dicção retórica. É apenas uma declaração simbólica. Sem Judiciário forte, sem Ministério Público destemido, sem Polícia ética, sem profissionais do direito incorruptíveis, conscientes e cada vez mais convictos de sua missão de resgatar os valores, não se avançará na edificação da Pátria justa, fraterna e solidária, prometida pelo constituinte.

O estudante de Direito precisa se conscientizar de tudo isso, enquanto ainda nos bancos da faculdade. Precisa resgatar a sua capacidade de luta cívica e patriótica. A França deu exemplo recente da estudantada na rua, para combater uma proposta do governo pertinente ao primeiro emprego. O governo recuou. No Brasil, a volúpia normativa invade todas as searas, interfere na educação, no meio ambiente, na saúde, sem a menor reação por parte dos universitários. Paradoxalmente, nunca houve tantos universitários no Brasil. Para uma inércia e passividade preocupantes. Se não existe rebeldia, inconformismo, crença nas utopias enquanto se é universitário, é porque a vocação de "bombeiro" chegou antes e sufocou o sonho incendiário que já existiu em cada jovem universitário, em todos os países do planeta.

Esta não é uma visão pessimista. É realista. José Saramago, indagado sobre o seu pessimismo, respondeu a jornalistas brasileiros que, ao olhar o mundo e ver a destruição acelerada das florestas, a poluição do ar e das águas, a extinção da biodiversidade, o amor ao dinheiro como o mais forte e preponderante sentimento, só poderia concluir que o mundo é que é péssimo.

Assim também ao se atentar para a realidade das mais de mil escolas de direito no Brasil[14], nenhuma delas a reagir aos desmandos, a juventude mais interessada em *baladas, cervejadas, luaus, raves, saraus, noites* funk *ou* punk e tantas outras comemorações típicas à alienação consumista. Impassível diante de corrupção, de violência crescente, de desrespeito aos direitos humanos. Anestesiada pela propaganda mentirosa, mais preocupada em gozar a vida do que investir no futuro. Talvez por pressentir que o futuro não se vislumbra promissor.

A realidade melancólica poderia vir a ser atenuada se o estudante de direito soubesse exatamente o que pretende. Ao ingressar no primeiro ano da faculdade, nada impede se autoindague a respeito de suas expectativas. Se for o caso, já terá condições de se encaminhar para uma das opções profissionais abertas a quem se propõe a obter o grau de bacharel em direito. As Ciências Jurídicas representam o instrumento pacífico mais eficiente na solução de conflitos e para garantia do Estado de Direito de índole democrática previsto na Constituição. Somente o direito poderá oferecer respostas viáveis para uma sociedade enferma. Gravemente enferma. Sinais evidentes de sua moléstia grave, o convívio entre tecnologia de ponta e ignorância, entre abundância e miséria, entre inclusão e exclusão, dentre tantas outras situações polarizadas.

A juventude é naturalmente inquieta e revoltada contra a injustiça. Fora despertada a descobrir a potencialidade do direito para a solução de todas as grandes indagações do frustrante início do milênio e mergulharia num projeto de transformação do mundo a partir de sua conversão pessoal. Conversão à causa da justiça. Justiça que pode começar com a proposta de um curso de direito da melhor qualidade possível.

É perfeitamente viável melhorar as coisas, sem necessidade de revoluções cruentas. Basta a vontade, de cujo controle cada um dispõe de maneira integral. Por que não mudar a apatia, a mesmice, a falta de criatividade, a reiteração das praxes idênticas, o *fechar os olhos* às profundas transformações por que passa a sociedade? Por que o direito deve ser tão entrópico?[15] Por que não

---

14. O CNJ apurou que o Brasil, sozinho, possui mais Faculdades de Direito do que o resultante da soma das Escolas de Direito existentes no conjunto de *todos os demais Países*. Será que isso é evidência de que o Brasil é a República mais justa da face da Terra?

15. De entropia, tendência à inércia, à degradação, do alemão *Entropie*, vocábulo criado por Clausius em 1865, que se dissemina em 1877 no francês, como *volta a si mesmo*,

começar, desde o primeiro dia do curso, a tornar a própria vida e a vida alheia menos injustas, menos infelizes, menos indignas?

O primeiro dever do estudante de direito é se manter lúcido e consciente. Indagar-se sobre o seu papel no mundo, a missão que lhe foi confiada e que depende, exclusivamente, de sua vontade. Atingido o discernimento, o estudo contínuo, sério e aprofundado será consequência natural. A pessoa lúcida sabe que ela pode, no espaço do seu universo, por pequeno e insignificante lhe pareça, transformar verdadeiramente o mundo.

Saberá reclamar um padrão de qualidade à sua escola, desde os aspectos físicos à excelência do ensino, aí incluídas as virtudes do corpo docente, direção e funcionalismo. A maior parte dos que se dedicam ao ensino é formada de pessoas bem-intencionadas. Estimuladas por um alunado entusiasta, reagirá para converter a faculdade de direito em usina de criatividade, de forma a concretizar a reforma do ensino jurídico hoje delineada.[16] É preciso repensar a função do estudo do direito. "A criação dos primeiros cursos, vinculada às necessidades decorrentes da formação do Estado Nacional, após a independência, marcou, desde o início, o ensino do Direito brasileiro como um ensino voltado à formação de uma ideologia de sustentação política e à formação de técnicos para ocuparem a burocracia estatal. Hoje, essas características ainda continuam presentes, sob novas formas e matizes."[17] A preservação do modelo antigo replica e confere reforço a uma concepção de ensino jurídico já superada. Não há mais necessidade de se enfatizar a ideologia de sustentação política, mas de se criar a consciência crítica cidadã, para permitir a implementação da Democracia Participativa. O Direito não pode mais servir à emperrada e contaminada burocracia estatal, senão tem de enfrentá-la para exigir que a Constituição seja cumprida, não desconsiderada.

O direito ainda é necessário para conciliar, para harmonizar, para pacificar. Nem todas as questões precisam ser levadas a um Judiciário incapaz de dar respostas e atrelado ao formalismo estéril e à burocracia mais insana. Uma faculdade de direito provida de *boas cabeças* pode perpetrar essa revolução e produzir pessoal adequado a vivenciar os desafios deste século.

Todas as áreas da faculdade de direito permitem uma revitalização. Pense-se, exemplificativamente, no debate e oferecimento de propostas concretas em relação ao perfil desejado do formado, às suas habilidades desejadas, ao

---

ação de ensimesmar-se.

16. Sobre a reforma do ensino jurídico, ver José Renato Nalini, O novo ensino do direito, *RT*, v. 715, p. 342 e ss., e Horácio Wanderlei Rodrigues, op. cit.

17. Horácio Wanderlei Rodrigues, op. cit., p. 283.

projeto pedagógico em curso, aos conteúdos curriculares, divididos em eixo de formação fundamental, eixo de formação profissional e eixo de formação prática. Questione-se a duração do curso, o estágio de prática jurídica, as atividades complementares, a pesquisa, a extensão, a avaliação, a infraestrutura, a monografia final[18], os convênios de intercâmbio, os cursos sequenciais, o aprendizado à distância. Há um universo imenso à espera de novas alternativas para a otimização do ensino e do aprendizado de direito.

O acadêmico brasileiro deve ter sempre na consciência o fato de ser um privilegiado por haver conseguido chegar à universidade. Ínfima a percentagem dos nacionais que ingressam na universidade. Como na parábola dos talentos, a quem mais é dado, mais é pedido. O universitário tem um débito para com a comunidade e a forma adequada de começar a saldá-lo é procurar extrair proveito máximo de sua permanência na faculdade. Como se faz isso? Estudando e exigindo ensino adequado, pois alguém está pagando para recebê-lo e alguém está sendo pago para ministrá-lo. Empenhando-se na pesquisa, parte indissociável do processo educativo. Participando da **extensão**, que é forma de abertura da universidade à comunidade. Integrando-se no espírito universitário e desenvolvendo o sentido de *pertença* efetiva. Não se está na faculdade por acaso. Há uma missão a ser cumprida nesses cinco anos.

Há muito a ser feito pelo universitário de direito para melhorar a situação dos seus semelhantes. Basta, para isso, acionar a sua vontade. Assim, os **mutirões jurídicos** para resolver problemas de documentação das pessoas necessitadas, o atendimento para a resolução de dúvidas jurídicas, as cruzadas da cidadania, para alertar a população quanto a seus direitos. Muitos projetos especiais podem ser desenvolvidos e já encontram exemplo em inúmeras faculdades: a instalação de juizado especial no interior da escola, com funcionamento a cargo dos alunos. Juizado especial que pode ser o informal de conciliação ou o de pequenas causas. As faculdades também podem ser detentoras do arquivo dos Tribunais e propiciar a seus alunos o contato direto com os processos e devem ter **cartórios-modelo**, para treinar o aluno com a rotina forense. A mocidade criativa poderia sugerir novos trâmites para o invencível fluxo burocrático dos processos. Poderia treinar nas alternativas de resolução

18. A exigência da monografia ou TCC – Trabalho de Conclusão de Curso, em si saudável, presta-se a uma crescente e exitosa "indústria de ghost writers". Anuncia-se na internet ou distribui-se quantidade absurda de "volantes" anunciando a elaboração de monografias por equipes que ganham e aprendem às custas dos incapazes de pesquisar e de redigir. Além da falta de ética, é a comprovação de que uma boa parte dos acadêmicos não leva a sério a formação jurídica. O que poderá provir deles quando em atuação profissional?

dos conflitos *a latere* do Judiciário. O Direito deve servir para a pacificação, não para a eternização dos processos.

Um dos problemas contemporâneos mais urgentes é o da *regularização fundiária*. Vasta parcela da população ainda não usufrui o direito à moradia digna. Para viabilizá-lo, é preciso o envolvimento de todos. Mas falta mão de obra que propicie ao excluído esse direito de toda a população, previsto na Constituição, no Estatuto da Cidade, na Lei do Programa Minha Casa, Minha Vida e em muitas outras leis. Para viabilizar os instrumentos como a usucapião, a concessão de uso, a legitimação de posse, o direito de superfície, a doação, a adjudicação compulsória e outros, os estudantes de direito constituem um precioso capital intelectual e de operacionalidade. O contato com situações de injustiça, pobreza e miséria só poderá fazer bem ao estudante imerso na teoria e que nunca enfrentou a realidade. Muito mais eficiente do que o *estágio formal* em escritórios, a *fazer mais do mesmo* e a continuar no seu afã teórico-ficcional, tão próprio à educação jurídica.

As novas áreas do direito ambiental, direito consumerista, o renovado direito do menor, precisam de pessoal consciente e de espírito pioneiro. A devastação ambiental nunca foi tão acelerada. Paradoxalmente, no momento em que a Constituição concebeu uma tutela da natureza retoricamente invejável. O treino para a solução dos conflitos por meio de alternativas ao Judiciário é fundamental. Levar o direito às periferias, às favelas, aos cortiços, aos moradores de rua, é contribuir para a efetivação do princípio da *dignidade da pessoa humana*. Tão decantado, tão pouco observado.

A falência do Estado como instituição onipotente e pronta a atender a todos os reclamos deve incentivar a participação do alunado de direito na resolução dos problemas locais. O trabalho voluntário do estudante de direito poderá resgatar muitos semelhantes de uma situação de marginalidade. Os diretórios acadêmicos poderão se encarregar de prover os excluídos de documentação civil e profissional, auxiliando-os a obter certidões dos assentos indispensáveis – nascimento e casamento –, regularizando as situações conjugais, encaminhando-os ao mercado de trabalho. As questões de vizinhança, a usucapião urbana, a regularização das posses, a obtenção da anistia que os governos concedem aos devedores fiscais, como fórmula de reintegrar à cidadania as vítimas do capitalismo selvagem. Tudo isso precisa de mão de obra preparada e benevolente. Os grandes conglomerados dos profissionais talentosos da advocacia estão com suas portas cerradas para o não incluído. A juventude pode suprir essa falta e realizar um trabalho meritório para ampliar o rol dos cidadãos e para fazer com que o direito não seja promessa vã, mas realidade tangível. Só o entusiasmo do jovem universitário se comoverá com esse discurso que já não sensibiliza o coração empedernido de quem só raciocina por estímulo dos cifrões.

Um trabalho de conscientização da juventude para os problemas da droga e da delinquência poderia ser realizado pelos universitários. Afinal, parece que a dependência conquista a juventude e cada dia mais cedo. Há quem afirme que a civilização já perdeu a guerra da droga. Não há crime em que ela não esteja. Como causa ou como efeito. Ou como ambas as coisas. Esta é a civilização do estupefaciente que, embora chamado droga, continua a atrair e a seduzir a parte indefesa da população. Em virtude disso, as inúmeras modalidades de infração praticadas por menores constituem percentagem considerável da grande e infelizmente crescente criminalidade pátria.

Os encarcerados precisam também de assistência jurídica plena. Ela não significa apenas assistência judiciária. Há situações pessoais dos presos que precisam ser resolvidas. Questões familiares, de vizinhança, de benefícios paralisados ou suspensos. Esse atendimento poderia vir a ser feito pelos acadêmicos. A população carcerária de São Paulo, por exemplo, alcança hoje o ponderável número de 172 mil presos.[19] Uma das primeiras medidas anunciadas pelo atual governo estadual é a urgente necessidade de construção de mais 46 presídios. Não existe condição de assistência jurídica integral prestada por advogados. As defensorias públicas se desenvolvem, mas ainda são incipientes. Os jovens acadêmicos podem desempenhar relevante serviço se vierem a se interessar pela sorte daqueles que a sociedade priva da liberdade por haverem delinquido. E passarão a entender melhor a realidade de que o crime é um fenômeno social e de que o preso não é problema da polícia ou questão da administração penitenciária, mas é um desafio para toda a sociedade.

O Conselho Nacional de Justiça iniciou o Programa "Começar de Novo", com vistas a recolocar no mercado do trabalho o egresso do presídio. Atuar nessa área também seria uma fonte de aprendizado para o acadêmico de Direito – e de outras áreas, é lógico – mais produtiva e consequente do que a elaboração de trabalhos escritos.

A participação do aluno na vida concreta do direito é essencial. A escola não pode ser transmissora inerte da verdade codificada e de alguma orientação

---

19. É importante que o Brasil tenha conhecimento de que São Paulo, que não possui metade da população brasileira, mas, na verdade, uma quinta parte dela, possui *quase metade dos presos* do Brasil. Situação injusta, porque no Estado de São Paulo se praticam 23% dos crimes. Isso explica a insuficiência dos recursos vultosos aplicados na edificação de presídios e no sustento da custosa Administração Penitenciária, sem aparente solução definitiva desse problema nacional. Esta sociedade, que produz o crime e multiplica os criminosos, precisa parar de atribuir toda a responsabilidade ao governo para assumir sua parcela de culpa. Quais os erros em que a sociedade persiste e que fazem proliferar o número de jovens delinquentes?

jurisprudencial. Ela tem o dever de formar uma consciência crítica no alunado. O novo bacharel deve ser um agente transformador da realidade, imbuído do compromisso de aperfeiçoar o ordenamento. E, antes de a faculdade lhe oferecer tudo isso, é seu dever ético dela exigir a fidelidade para com esse ideário. O lugar em que se situa uma Faculdade de Direito não pode continuar a ser o mesmo depois de sua criação e funcionamento. Ela precisaria ser um foco irradiador de uma nova mentalidade, à luz da erradicação das desigualdades, fator evidente de proliferação de iniquidades.

Em lugar de apenas discutir a lei promulgada, por que as faculdades não fazem o aluno acompanhar o processo legislativo e dele participar? Por que não se oferece à Câmara Municipal da localidade em que a faculdade está sediada, projetos de lei para serem apreciados, com o intuito de aperfeiçoar o ordenamento local? O mesmo se diga em relação às Assembleias Legislativas, Câmara Federal e Senado da República.

Além da proposta concreta de iniciativas de leis, os alunos têm de acompanhar as várias fases. Contribuir com sugestões para as Comissões temáticas, oferecer a contribuição da crítica, promover o debate de projetos que alterarão a vida da comunidade, posicionar-se favorável ou desfavoravelmente, conforme a situação concreta, debater com a população afetada e encaminhar abaixo-assinados. Essa a participação na vida democrática bastante pertinente. Pois a lei é a matéria-prima com que as faculdades de direito trabalham. Não lhes é dado recebê-la como produto final, feito e acabado, senão colaborar – efetivamente – para que a sua produção seja insuscetível dos erros hoje detectados. Com as mais nocivas consequências para todo o povo brasileiro.

O mesmo se diga com a volúpia do Executivo para editar Medidas-Provisórias. Posicionar-se a respeito, criticar a inclusão de assuntos não mencionados na rubrica da proposta, fazer com que essa exceção se restrinja às hipóteses constitucionais, é dever da faculdade de direito. Se as faculdades se posicionassem sobre esses temas, o mal-estar difuso decorrente dos desmandos e descaminhos da Administração Pública seriam menos perceptíveis. Pois a ousadia aumenta ante a ausência de fiscalização e controle. O aperfeiçoamento da Democracia não prescinde de contínua e ininterrupta vigilância. Ninguém melhor do que o estudante de direito para exercê-la. Isso é vivência ética na prática. Exatamente o contrário da inércia e da omissão.

Outro exercício recomendável é a participação na **política acadêmica**. A faculdade é formadora de líderes. Líderes precisam treinar os seus talentos de liderança, de maneira a estarem preparados quando recorrerem a eles na vida profissional. O treino político auxilia o enfrentamento da tensão dialética, sem a qual o direito não opera. Se existe pretensão a uma **ética na política**, esse paradigma há de se iniciar na disputa democrática dos cargos diretoriais, para que a política propriamente dita não perca a qualidade. Afinal, se a política é a responsável por tantos entraves práticos na vida de todos, por que não dedicar-se a ela? Isso é trazer *ética para a política*, que não pode ser sumariamente ignorada, mas que nunca necessitou tanto da intervenção de pessoas de bem. O custo para o Brasil de uma política corrompida é inadmissível, além de ser causa do retrocesso em tantos dos compromissos impostos pela Democracia. A melhor forma de descontaminar a política da corrupção é fulminá-la com o desinfetante ético. A participação limpa. A exigência da lisura. A denúncia do erro e da desonestidade.

A escola de direito sempre foi o celeiro dos políticos. As Arcadas, a tradicional Faculdade do Largo de São Francisco, proveu o Brasil de seus primeiros Presidentes da incipiente República. Era dali que saía a reação contra a ditadura, contra os desmandos e o autoritarismo. Hoje, o território dos acadêmicos de direito é um vazio político. Não se reivindica, não se reclama, não se participa da vida política nacional. A comprovar a velha ponderação do notável André Franco Montoro, de que seria tarefa fácil derrubar a ditadura, mas missão extremamente difícil a construção da democracia.

Um Estado de Direito de índole democrática exige Democracia. E a Democracia brasileira tem o modelo constitucional **participativo**. Deve ser reinventado o princípio da **subsidiariedade**. Tudo aquilo que a comunidade puder fazer por si, ela deve fazer, sem necessidade de invocação do governo. O jovem acadêmico de direito é o protagonista mais indicado para mostrar ao povo como se faz uma verdadeira Democracia e como se edifica o Estado de Direito.

Tudo isso tem pertinência com a **ética**. Um estudante desprovido de **ética** não será um bom profissional. Antes a ética, depois a técnica. Pois a ética trará a preocupação com o estudo e propiciará a aquisição da técnica. O contrário não ocorre. É por esse motivo que a **ética** reveste uma importância absoluta neste início de milênio.

Ouso afirmar que o estudante de direito deve procurar agir eticamente e ser virtuoso desde os bancos escolares. É preciso reabilitar a virtude. Não se envergonhe o jovem de apregoar a necessidade de todos serem virtuosos. A prática da virtude não significa perder a alegria, renunciar ao prazer ou aos jogos lúdicos de sua idade.[20] Aliás, falar em *idade* do acadêmico de direito não

20. Spinoza (*Éthique*, IV, trad. Appuhn, apud André Comte-Sponville, *Pequeno tratado das grandes virtudes*, p. 45) já observara: "Certamente, apenas uma feroz e triste superstição proíbe ter prazeres. Com efeito, o que é mais conveniente para aplacar a fome e a sede do que banir a melancolia? Esta a minha regra, esta a minha convicção. Nenhuma divindade, ninguém, a não ser um invejoso, pode ter prazer com a minha

é importante. Basta assentar-se num banco da faculdade e todo aluno, qualquer seja a sua cronologia, adquire a irreverência própria ao alunado. Mas ninguém está dispensado de ter virtudes. Ser virtuoso não equivale a ser circunspecto, arredio, azedo e mal-humorado. A verdadeira virtude é aquela que Aristóteles já encontrava na parte superior da alma sob forma dúplice: a sabedoria teórica, a considerar as supremas razões dos seres, e a sabedoria prática.

Todo o sistema ético está centrado na **sabedoria prática**. As tendências, apetites e desejos devem estar num justo meio-termo, no equilíbrio que deriva da prudência. A ideia de moderação, ou do justo meio, "consiste em fazer o que se deve, quando se deve, nas devidas circunstâncias, em relação às pessoas às quais se deve, para o fim devido e como é devido".[21] O justo meio não é outra coisa senão o dever. "Por exemplo, a virtude da coragem modera o medo; ela é o justo meio-termo entre a covardia e a audácia: modera o medo para que sejamos firmes diante do obstáculo e não fujamos covardemente; modera a audácia para que não enfrentemos o perigo atabalhoadamente. A justiça modera a paixão do lucro, levando-nos a honrar os contratos sem lesão ao próximo e sem danos pessoais."[22] A reiteração de condutas equilibradas conduz à racionalidade. Quando se é racional, no melhor sentido da racionalidade, pode-se afirmar que a virtude triunfou. O ser humano venceu a paixão, que continua a ser paixão, mas agora uma paixão domada. Uma paixão racionalizada, se isso se mostrar possível.

A ética deve servir para transformar concretamente a vida. Ética não é *grife*, não é um *bottom* que serve para identificar o filiado a alguma agremiação. Ética é compromisso de vida. Não se destina a alimentar discussões teóricas, mas atua na vida real, presta-se à prática existencial de toda e qualquer pessoa. Se não houver o compromisso de **viver eticamente**, o estudo e o aprendizado da ética de nada servirão. Em compensação, o convencimento de que ser ético *vale realmente a pena* suprirá com vantagens o desalento que tende a acometer todos aqueles que não se conformam com a miséria comportamental de quem deveria dar exemplo, mas serve de escárnio e de lamento.

---

impotência e a minha dor, ninguém toma por virtude nossas lágrimas, nossos soluços, nosso temor e outros sinais de impotência interior. Ao contrário, quanto maior a alegria que nos afeta, quanto maior a perfeição à qual chegamos, mais é necessário participarmos da natureza divina. Portanto, é próprio de um homem sábio usar as coisas e ter nisso o maior prazer possível (sem chegar ao fastio, o que não é mais ter prazer)".

21. Aristóteles, *Ética a Nicômaco*, apud, *Ética é justiça* cit., p. 26.
22. Idem, p. 26-27.

11.3 Relacionamento com os colegas

O companheirismo acadêmico é sempre espontâneo e prazeroso. Os anos passados na Universidade podem ser considerados os mais felizes na vida de qualquer profissional. Costuma-se recordar com saudades desse tempo que, enquanto transcorre, é célere e inconsequente.

Mesmo assim, a massificação do ensino fez com que algumas práticas fossem relegadas. As antigas turmas das academias tradicionais levavam muito a sério a circunstância de integrarem homogêneo grupo que, a partir da formatura, era designado pelo respectivo ano. Os laços de convívio eram verdadeiramente fraternos. As turmas seguiam unidas pela vida, reunindo-se a cada aniversário de formatura, irmanadas na memória de um tempo de sadia e gostosa convivência. Até mesmo a alegria espontânea da organização da festa de formatura foi substituída e delegada a uma empresa. Cresce o *show*, reduz-se a fraternidade. Os *efeitos especiais* substituem os *afetos especiais*. Aquele tempo destinado a um estreitamento de convívio, às brincadeiras e ao lúdico, foi trocado pela contratação de uma empresa especializada em realizar a cerimônia da colação de grau e de entrega do diploma. As discussões se cingem às parcelas do pagamento, às vantagens auferidas, tudo bastante comercial, sem a autenticidade alegre de outros tempos. Profissionaliza-se e artificializa-se a festa, que é uma performance teatral, não um espaço sentimental.

Compreende-se que tudo muda. Mas parece haver mudado para pior. Os formandos se limitam a pagar mensalidades e a comparecer a uma festa que não foi por eles programada, mas parece um grande *happening*, com projeções, músicas e até fogos de artifício. Tudo para disfarçar o desaparecimento da alegria genuína que deveria ser a tônica daquela comemoração. Sem dizer que o treino de organização da festa era uma prova concreta da capacidade de administrar o interesse coletivo, de vivenciar a ideia do condomínio, de respeitar a orientação da maioria, de saber conciliar as diferenças. Tudo essencial a quem se propõe a exercer, profissionalmente, a atividade da composição dos conflitos, rumo à obtenção da pacificação.

A oferta do ensino jurídico massificado, objeto de consumo educacional e colocado à disposição do aluno como verdadeira mercadoria, esmaeceu a sensibilidade desses contornos. Alunos de uma mesma classe não se conhecem. Passam anos ocupando o mesmo espaço físico sem trocarem palavra. Nada sabem a respeito da vida, das vicissitudes, das angústias e sonhos de seus colegas. São passageiros transitórios da nave mercantil que se propôs a dar-lhes um diploma. Quando não mercantil, pois iniciativa estatal, tem a assepsia das criações burocráticas. O oficialismo artificial a presidir as relações impessoais e robotizadas. Hoje, cada qual está interessado em sua vida, em seus horários, em seus compromissos, em suas lutas pessoais. Não há tempo para participar da vida alheia. A vitória do egoísmo, a derrota da amizade.

Um dever ético para com o colega é **conhecê-lo**. Identificá-lo pelo nome. Participar de sua vida. Ser solidário nas dores – quem não as sofre? – e nas alegrias. Não se está por acaso na mesma turma. Essa é a oportunidade de fazer amigos, de se irmanar com aqueles que estão submetidos à mesma experiência convivida em tempo idêntico. É triste respirar o mesmo ar de um semelhante dias, meses e anos seguidos, sem chegar a apreender o universo de suas qualidades e partilhar com ele as próprias angústias.

Interessar-se pelo colega leva também ao dever ético de **solidariedade**. A ausência de um companheiro durante alguns dias deve motivar a indagação da classe e a sua proposta de auxiliá-lo a enfrentar eventual problema. De maneira idêntica, a ética impõe se visite o colega acidentado ou enfermo, que se faça presente ao funeral de seu familiar, que se compareça à sua casa quando convidado. Exatamente como se faz com os amigos. Não se exclui a oportunidade de se proceder a uma coleta, sem alarde e sem constranger o beneficiado, quando algo lhe tenha ocorrido que impeça de satisfazer às mensalidades ou taxas da Faculdade.

Ao se defrontar com o colega aparentemente perturbado ou preocupado, aquele que estiver motivado por uma sadia **ética de coleguismo** deverá procurar mitigar-lhe o desconforto. Este pode ter origem na família, no trabalho, em tantas outras fontes. O angustiado gostaria de ser ouvido, mas não encontra quem se disponha a abandonar, momentaneamente, as próprias atribulações para tentar compreender o sofrimento alheio.

Esse é um fenômeno generalizado na vida contemporânea. As pessoas já não têm paciência para ouvir. Os que falam demais são considerados companhia desagradável. O único som que não perturba é o da própria voz. A única audiência que se consegue hoje, cronometrada e mediante pagamento, é a dos profissionais da psicanálise. E o ombro amigo sempre foi necessário e ainda funciona como terapia de apoio para quase todos os humanos.

Outra postura ética a ser perseguida é **respeitar as diferenças**. No universo de uma classe há muitas individualidades diversas. Pessoas que se distinguem por raça, cor, aspecto físico, origem social, preferências sexuais. Todas elas merecem respeito e compreensão. O preconceito é alguma coisa a ser banida e chega a ser intolerável numa comunidade jurídica.[23] Pois nesta se ensina

---

23. O Preâmbulo da Constituição da República propõe uma sociedade fraterna, pluralista e sem preconceitos; o seu art. 3.º, IV, prevê como objetivo fundamental da República promover o bem de todos, sem preconceitos de origem, raça, sexo, cor, idade e quais-

que o ser humano, qualquer seja ele, é titular de direitos e de igual dignidade perante a ordem jurídica.

A juventude pode ser cruel quando seleciona alguns caracteres considerados estranhos e sobre eles faz recair a ironia, o sarcasmo ou o deboche. A classe é expressão gregária e obedece a alguns condutores. Os líderes naturais, formadores de opinião, respeitados por todo o grupo, estes precisam estar atentos para impedir que os colegas martirizem outros, submetendo-os a contínuos vexames. Episódios lamentáveis uma e outra vez são registrados, em que o aluno é obrigado a se transferir, tal o clima de animosidade instaurado em sua classe. Fenômeno que tem início cada vez mais cedo, já na pré-escola, e se agudiza no ensino médio. Universidade seria lugar em que isso nunca pudesse ocorrer. Infelizmente, a imaturidade e o despreparo tornam frequente a ocorrência de condutas preconceituosas e discriminatórias entre estudantes de direito.[24]

A tolerância é o dever do universitário. O convívio é fundamental para melhor aproveitamento do curso. Ser paciente, amistoso, cordial e polido é dever do estudante de direito. A formação natural de *tribos* e as afinidades e empatias não podem impedir que a classe, em várias oportunidades, seja um todo coeso e harmônico. Há interesses comuns, há um núcleo de identidade muito superior ao das diferenças. Aliás, a identificação do DNA da raça humana comprova que os homens não são significativamente diferentes entre si. Nem o são em relação a vidas que a pretensão humana costuma considerar inferiores. Portanto, preferir a amistança em lugar da animosidade é lição científica.

A virtude é a chave para aceitar as diferenças e para considerar todas as pessoas, em primeiro lugar, um potencial amigo. O próprio direito ensina que se deve presumir a boa-fé, nunca a má-fé. Esta precisa ser provada. Aquela, é de ser presumida. Existe uma satisfação intrínseca reservada a quem se dispôs a abrir-se ao convívio. A experiência ainda mostra que envolver-se na tentativa de mitigar a carga alheia de problemas é remédio para o trato da sua própria cota de infelicidade. E o treino durante a universidade não é senão experiência adquirida para um saudável exercício profissional pouco adiante.

---

quer outras formas de discriminação, e as Leis Federais 7.716, de 05.01.1989, 8.081, de 21.09.1990, e 9.459, de 13.05.1997, se propõem a tornar efetiva a dicção do inciso XLI do art. 5.º da Carta: "A lei punirá qualquer discriminação atentatória dos direitos e liberdades fundamentais".

24. O fenômeno é universal e conhecido como *bullying* nos Estados Unidos, tema de recentes estudos de psicólogos e educadores.

11.4 A ÉTICA DO ESTAGIÁRIO

A figura do estagiário de direito costuma preocupar o estudante dos cursos jurídicos. A sensação é polarizada entre a incessante busca de um estágio e a angústia experimentada por aqueles que conseguem essa oportunidade.

O estágio é essencial para o treino profissional. Só mediante a experimentação prática, inexistente no curso, com escassas exceções, é que ele poderá provar a realidade profissional e melhor decidir-se em relação ao seu futuro.

Antigamente era fácil conseguir estágios. O incomensurável número dos acadêmicos torna a obtenção de uma chance de estágio um ganho equiparável ao acerto na loteria. Nem por isso verifica-se a felicidade plena do estagiário. Ao contrário, muitos deles se consideram desprestigiados por seus *tutores*. Uma reflexão ética a respeito é saudável não apenas para o estagiário, mas também por aquele que aceita estagiários em seu escritório, em sua repartição, em sua entidade.

O estágio profissional existe para todas as carreiras. A OAB disciplina em seu Regulamento um estágio inclusive para graduados, como requisito necessário à inscrição no quadro de estagiários da OAB e meio adequado de aprendizagem prática.[25]

O estágio pode ser oferecido pela instituição de ensino superior credenciada em convênio com a OAB e é possível a complementação da carga horária do estágio curricular com atividades práticas típicas da advocacia e de estudo do Estatuto e Código de Ética da OAB. Essas atividades devem ser exclusivamente práticas, como tais consideradas a redação de atos processuais e profissionais, as rotinas processuais, a assistência e a atuação em audiências e sessões, as visitas a órgãos judiciários, a prestação de serviços jurídicos e as técnicas de negociação coletiva, de arbitragem e de conciliação.[26]

A responsabilidade do estagiário deriva de poder ele assinar em conjunto com o advogado ou defensor público os atos de advocacia previstos no art. 1.º do Estatuto. Mas ele pode praticar isoladamente, sob a responsabilidade do advogado, os atos que seguem: I. Retirar e devolver autos em cartório, assinando a respectiva carga; II. Obter junto aos escrivães e chefes de secretarias certidões de peças ou autos de processos em curso ou findos; e III. Assinar petições de juntada de documentos a processos judiciais ou administrativos.[27]

---

25. Regulamento Geral do Estatuto da Advocacia e da OAB, publicado no *DJU* de 16.11.1994, art. 27.

26. Regulamento Geral do Estatuto da Advocacia e da OAB, art. 27, §§ 1.º a 3.º.

27. Regulamento, art. 29, § 1.º.

O estagiário está sujeito à normatividade disciplinar e pode responder por infração ética, pois constitui infração disciplinar praticar ato excedente de sua habilitação.[28] Mas não é apenas a previsão no Estatuto da OAB que deve imprimir uma orientação ética ao estágio profissional.

O estagiário deve sentir-se privilegiado quando tem acesso a escritório de renome e se vê assistido por profissionais bem sucedidos, respeitados e capazes de treiná-lo a um futuro exercício com todos os requisitos para o sucesso pretendido. Existe uma hierarquia entre o profissional que aceita estagiário e o aprendiz. Relação de subordinação que é bastante comum na história humana. Assim foi desde sempre. A literatura da Idade Média mostra o que foram as Corporações de Ofício e a relação entre os mestres oficiais e os aprendizes.

Interessante observar que o estagiário, muita vez, acredita que a liberalidade hoje existente na faculdade – o respeito foi substituído pela camaradagem, temor reverencial é desconhecido e a informalidade é a regra – também existe na vida profissional. Porque não trata mais com a polidez de antigamente o seu professor, crê poder tratar da mesma forma o chefe no escritório. Certamente, alguns mal entendidos derivam disso. A vida profissional é rígida. A competição é a regra. Grandes conglomerados profissionais têm regras rígidas de disciplina e hierarquia e não admitem o descompromisso reinante nas universidades.

Há um evidente descompasso entre a inconsequência da classe e a seriedade do estágio. Aqui as coisas são para valer. Prazo é prazo, não é como ocorre com as exigências dos mestres em relação aos trabalhos escolares. A leniência, a prorrogação, o perdão, as escusas incomprovadas e as praxes reiteradas de inconsequência. A escola deveria treinar o aluno também para isso. A fatalidade do prazo decadencial. A preclusão. A coisa julgada. Na verdade, a flexibilização dos costumes acadêmicos atua em desfavor da formação de um profissional mais atento a esses formalismos incontornáveis do mundo do direito.

Os profissionais que aceitam estagiários em seus escritórios ou as autoridades que os admitem nas repartições também precisam ter presente essa nova realidade. Em regra, quando esses titulares de postos de prestígio estavam a estudar, os costumes eram outros. Mas muitos deles têm filhos e já descobriram que certos usos decaíram e foram substituídos pelo *vale-tudo* ou pela aparente inexistência de freios inibitórios.

Verdade que, além da formação profissional, os propiciadores do estágio precisam cuidar da formação ética dos futuros colegas. Mas um pouco de

28. Estatuto da OAB, Lei 8.906, de 04.07.1994, art. 34, XXIX.

paciência também é prudencial. De lado a lado, é necessária uma franqueza paterno/filial. De parte do profissional, estimular, admoestar, aconselhar. Dizer francamente quando existem incompatibilidades que não mais permitirão a continuidade do estágio. Do lado do estagiário, abrir-se e colocar-se, humildemente, à espera e aceitação desses conselhos. Aceitar as advertências corretivas como fórmula de aprimoramento. Faz parte do aprendizado reconhecer o erro. Ser transparente para com o profissional-tutor. Não criticá-lo às escondidas. Submeter-se ao regramento do escritório, da empresa ou do setor. Ter em mente que essa é a oportunidade de ouro, almejada por muitos, obtida por muito poucos.

Entidades que se ocupam do estágio e de sua constante melhoria, como o CIEE – Centro de Integração Empresa-Escola, deveriam também se ocupar desse capítulo do relacionamento entre as partes, de maneira a eliminar muitos fatores de estranhamento entre elas e que, removidos, conferirão um nível qualitativo mais denso a essa imprescindível experiência de treino profissional.

11.5 Relacionamento com os professores

Recrutam-se professores para a faculdade de direito dentre os profissionais exitosos em suas respectivas carreiras. Os formados em direito fornecem quadros para um dos poderes do Estado – o Judiciário – e para instituições prestigiadas como o Ministério Público e a advocacia, ambas essenciais à administração da Justiça. Existe, portanto, contingente enorme de potencial mão de obra disponível para a indústria do ensino jurídico. Mercado cada vez mais amplificado, pois a cada semestre milhares de novos bacharéis estão à procura de tarefas jurídicas ou assemelhadas.

Tal circunstância vai condicionar o perfil do professor de Direito. O juiz é convidado a lecionar porque venceu o severo concurso de ingresso e tornou-se expressão da soberania estatal. É o profissional encarregado de fazer valer a Constituição e a lei. É o encarregado pelo sistema de fazer incidir a vontade concreta da norma no conflito submetido à sua apreciação. Presume-se que o juiz seja um técnico inexcedível no engenho e arte de interpretar e aplicar a lei. Daí o seu lugar assegurado na docência jurídica. O mesmo vale para o integrante do Ministério Público. Não se costumava indagar sobre seus pendores didático-pedagógicos. A exigência de uma formação para o magistério sempre foi encarada com resistência pelos operadores jurídicos. A questão é realmente polêmica. O sucesso na carreira já credencia o profissional como vitorioso, apto a demonstrar com sua experiência que a opção do estudante está no melhor caminho, vale a pena e propicia êxito. Nem sempre, contudo, a proficiência na carreira se faz acompanhar por inequívocos dotes na transmissão do conhecimento. Profissionais de reconhecido prestígio não são professores de mérito. Outros há, privilegiados, que acumulam as qualidades. Hoje, estes últimos não são raros. A proliferação de faculdades e a transformação da conduta do estudante de direito fez com que muitas personalidades consagradas no magistério, mas desprovidas de talento docente, fossem expurgados. Enquanto isso, a técnica utilizada nos *cursinhos*, o domínio de certo *marketing*, a disseminação de certas estratégias de que se servem os *showmen*, fez com que jovens mestres se tornassem idolatrados pelos alunos.

O que fazer em relação aos juízes e/ou promotores/docentes? Privilegiar o conhecimento ou a capacidade pedagógica?

Novamente se invoque o princípio do justo-termo. O operador jurídico bem sucedido, respeitado em sua profissão, reveste condições para ser um educador eficiente. Para isso, não constitui demasia reclamar-se formação específica. Não parece necessário um curso universitário regular de pedagogia, mas algumas noções de didática, de metodologia do ensino jurídico poderiam formar o formador, com reflexos evidentes na qualidade da educação do direito. As escolas deveriam ser as maiores interessadas em propiciar esse aperfeiçoamento e sua constante atualização, a todos aqueles que tivessem a intenção de permanecer no magistério superior. Estimulá-los com uma carreira também seria interessante. Deixar o amadorismo de lado, assim como as autoridades da educação já o fizeram, ao formular exigências para o credenciamento, recredenciamento e autorização de cursos.

Os alunos também precisam ter consciência de que o pluralismo é um valor abrigado pela Constituição e sua aplicação deve ser a mais ampla possível. Não é só para a atuação político-partidária que o pluralismo vale. Ele incide também para a aceitação de vários perfis de professores, na multiplicidade própria à espécie humana. Muita vez, um professor que não é exemplar na arte da comunicação tem conhecimento para elucidar dúvidas e para aconselhamento que outro, verdadeiro talento na transmissão de ideias, é incapaz de satisfazer. Assim é na vida. Não se encontra somente a perfeição, a adequação, a precisão. Mas é a variação que torna a espécie um atraente acervo de inúmeras manifestações e possibilidades.

Em virtude da especialíssima situação do corpo docente da faculdade de direito, nem sempre o convívio com o alunado é o ideal. Por um lado, as turmas ainda são muito numerosas. Isso impede o contato pessoal entre professor e aluno. É raro tenha o mestre condições de identificar por nome os estudantes de sua classe. Não lhe é permitido trabalhar em grupos, orientar estudos e privar da companhia dos seus discípulos. As faculdades consideradas *nichos de excelência* e que possuem classes menores, de menos de trinta alunos, já colheram o resultado benéfico da redução do número de alunos.

A defecção é quase nenhuma. Existe o fortalecimento de uma noção de *pertença*, de integração, saudável ao aprendizado e à criação de um verdadeiro espírito universitário.

Por outro lado, o fato de muitos professores terem outra carreira, que é a responsável por seu sustento, faz com que as aulas sejam objeto de preocupação secundária. A remuneração nas faculdades não estimula o professor a uma dedicação mais intensa. Envolvido com seus afazeres profissionais, devota-se ao ensino pelo tempo necessário à ministração das aulas. São fatores de distanciamento para os quais o aluno deve atentar, pois os mestres do direito sempre são estimulados quando o discente demonstra um interesse genuíno por sua formação.

Todo universitário que fizer chegar ao seu mestre a pretensão legítima a uma orientação intelectual direcionada a determinado concurso ou atividade sem dúvida será bem recebido. A aproximação mestre/aluno é sempre benéfica ao processo do aprendizado. Nada obsta que o passo inicial parta do discípulo, se não brotar do próprio mestre.

Algumas regras há que nem se podem dizer éticas, mas se mostram relevantes para a edificação de um clima de cordialidade e estima. São os pequenos gestos denunciadores de respeito, como prestigiar a aula, atentar para a exposição, indagar e contribuir para um debate fecundo. Os alunos de antigamente faziam saudação inicial aos professores, quando tomavam contato com eles pela primeira vez. Saudavam-nos no dia do professor e, a final, agradeciam pela oportunidade de convívio aprimorador de seus conhecimentos e experiência.

Os tempos são outros. Mas as pessoas continuam as mesmas. Suscetíveis de se sensibilizarem com gestos singelos, mas que predispõem o professor a conferir maior afinco à missão de ensinar. Um professor que não merece do aluno um cumprimento, um mero "bom dia", não pode se sentir gratificado. Hoje é comum que o aluno se encontre com o mestre fora do espaço da Escola e simplesmente o não cumprimente. Dentro da sala de aula, não é incomum que ele fale ao celular, ou fique distraído em *games* nos *tablets*, ou durma, ou converse. Quando não, permanece a mascar chicletes, a dormir, a se espreguiçar e a adotar atitudes que evidenciam que faltou mínima e imprescindível orientação materna. Entretanto, eles se originam de lares abonados. Em regra, a arrogância é típica de quem se considera superior aos demais. O aluno humilde ainda preserva um mínimo de civilidade. Prova de que educação de berço nem sempre indica origem nobre. Ao contrário. Em escolas consideradas "nicho de excelência", os pais hoje tomam a defesa do filho, mesmo que ele esteja errado. Reforçam maus hábitos. Questionam avaliações. Afirmam que o filho "não mente", se veio a ser reprovado por falta.

Uma charge recente foi emblemática. Na década de 70, diante de um boletim desfavorável, os pais questionam o filho: "Que notas são estas?". Em 2012, os pais questionam o acabrunhado e desprezado professor: "Que notas são estas?". Os filhinhos estão sempre certos. Quando algo não sai a contento, a culpa é do professor. Mentalidade predominante em que a educação é um bem de consumo e, portanto, o "cliente" (aluno) tem de estar sempre satisfeito. O fornecedor "escola" tem de treinar seus "empregados" (professores) para bem atender à clientela.

Ética é também a conduta do aluno que, ao acumular razões de queixa em relação ao professor, as expõe ao próprio interessado, antes de procurar direção ou entidade mantenedora para solicitar a substituição do docente. Essa praxe não recomendável sob a vertente ética ocorre com frequência em grandes empresas de prestação educacional, onde o consumidor é o aluno e ele deve estar sempre satisfeito com o produto. Nessas escolas, alimenta-se uma concepção pragmática de que *o professor é empregado do aluno*. Como tal, tem de satisfazer a vontade de quem paga por seu trabalho. Tratar o professor como um subalterno é praxe nociva. Afasta-se ela do ideal ético da verdade, da transparência, da lealdade e da correção. O profissional do Direito deve enfrentar todas as questões de maneira frontal, sem se abrigar no anonimato e sem recorrer a técnicas pouco preservadoras da dignidade do próximo.

A relação professor/aluno deve ser franca, amistosa, cooperativa. Se assim for, o ensino fluirá mais naturalmente, o aprendizado será um processo espontâneo. O encontro entre estudantes de direito menos experientes e mais experientes – outra coisa não é o professor – deve ser uma parcela prazenteira do período regular de estudo. O ideal seria o estabelecimento de laços de amizade entre eles. Onde existe afeição, a conduta ética virá por acréscimo, desnecessárias profundas construções de relacionamento. Só muito mais tarde o profissional terá condições de reconhecer o mérito daqueles educadores que o orientaram, que serviram de sinalizadores e de paradigmas em sua formação. Quase sempre, quando isso ocorre, a falta da presença física do Mestre já não permitirá ao discípulo agradecido a exteriorização de seu reconhecimento.

Por mais desprestigiada se encontre a função docente, aviltada em reconhecimento, em respeito e em remuneração, o mestre é sempre alguém que mergulha nessa aventura indizível de colaborar para que alguém encontre a verdade. Ele já desvendou o universo do conhecimento. Pode ser guia seguro para nele introduzir os seus alunos. Há uma vocação de sacrifício e de heroísmo na missão do magistério. O contato com vários tipos de professor habilitará o aluno a se preparar com vistas a assumir o seu compromisso futuro com a docência. É um aprendizado de que poderá extrair proveito, se tiver consciência ética e real interesse.

11.6 O ESTUDANTE E A SOCIEDADE

Todo estudante é um devedor, inicialmente insolvente, da comunidade por ele integrada. Para assegurar-lhe vaga no sistema reconhecido de educação regular, ela investiu consideravelmente. Num país de escassos recursos ante inesgotáveis necessidades, outros bens da vida foram sacrificados para garantir essa oportunidade de conclusão do ciclo normal de formação.

O estudante precisa devolver à sociedade um pouco daquilo que ela investiu nele, mediante participação efetiva no **processo político**, não deixando de se interessar por eleições, votando e podendo ser eleito, e mediante **aproveitamento efetivo** dos recursos postos à sua disposição. É engano pensar que a mensalidade atende a todas as necessidades da escola particular. A educação é subsidiada, considerando-se a participação estatal em seus projetos privados. Pagar é obrigação de quem contrata os serviços educacionais de uma empresa. Mas esta se beneficia também de recursos governamentais, resultantes de uma coleta a que acorrem todas as pessoas. Mesmo aquelas subtraídas ao processo educacional comum. Raramente alguém se detém a pensar que o excluído, aquele que não pode estudar na época mais favorável, também sustenta o sistema educacional de seu país. Se o estudante tivesse noção plena dessa realidade, saberia dedicar-se com responsabilidade maior ao seu projeto pessoal de aprendizado.

Todo estudante pode melhorar seu país, mesmo antes de se formar, participando de projetos de promoção humana, integrando-se a serviços voluntários tendentes ao resgate dos excluídos, atuando decisivamente na fixação dos rumos da conduta dos titulares de funções públicas.

A nacionalidade parece haver despertado para a vergonha da miséria e o movimento **Comunidade Solidária** precisa de todos os brasileiros para reduzir os índices de exclusão que envergonham qualquer compatriota. Inúmeras organizações não governamentais – ONGs – se prestam a motivar a comunidade a zelar por interesses descuidados e de cuja tutela pode depender a própria subsistência da humanidade. Os detentores de funções públicas são exercentes transitórios de um mandato outorgado pela cidadania. Esta tem o **dever ético** de fiscalizar o eleito, para que a sua postura parlamentar ou de governo não se afaste do ideal assinalado pela comunidade.

O estudante de direito tem grande poder e a história está pontuada de episódios heroicos em que a luta dos acadêmicos serviu à defesa da democracia, da liberdade e da ordem jurídica. O Brasil está a viver uma tênue experiência democrática, de futuro ainda condicionado ao êxito da estabilização econômica. Por isso toda atuação acadêmica tendente ao fortalecimento democrático é bem-vinda.

Frequentar aulas, estudar, fazer trabalhos, pesquisar e se submeter a avaliações é o mínimo ético reclamado ao universitário. Mais do que isso, ele precisa ingressar na vida política, num sentido bastante amplo, de maneira a favorecer com as luzes de seu conhecimento e com o entusiasmo de sua juventude, a consecução de objetivos propiciadores de um futuro cada vez mais digno à sua pátria.

O crescimento das Organizações Não Governamentais – ONGs, após o advento da Constituição de 1988, deveria estimular o estudante a participar – obrigatoriamente – de uma delas, ou de criar alguma outra para o desenvolvimento de sua área de interesse. Toda comunidade precisa de ajuda, e o estudante, idealista como devem ser os jovens – e jovens são todos os que estão atualmente numa sala de aula – pode transformar o entorno de sua escola.

Inúmeros são os projetos que poderiam ser desenvolvidos pelo alunado, em trabalho de verdadeira extensão, algo de que se descuida muito na universidade brasileira. Basta mencionar as carências dos excluídos, da educação de base, da vacinação, do meio ambiente, da educação ambiental, do treino para a cidadania, da verdadeira incursão ao objetivo primeiro da República, que é reconhecer a dignidade de cada ser humano.

Duas áreas estariam a reclamar urgente participação da juventude universitária. A devastação do meio ambiente, cada vez mais cruel, cada vez mais insensatamente submetida a uma concepção reducionista e equívoca de *progresso* e o percentual imenso de analfabetos. Quanto à primeira, a sociedade muita vez ignorante dos verdadeiros atentados perpetrados contra a natureza, por todos e em todas as suas vertentes, precisa ser alertada de que a persistir esse processo, não haverá condições de sobrevivência no planeta. Fiscalizar, cobrar, denunciar, ensinar a cidadania a participar da defesa do meio ambiente é missão de que o universitário de direito poderá se desincumbir com previsível eficiência.

A vergonha brasileira de se contar ainda com quase 20.000.0000 (vinte milhões) de analfabetos deveria motivar o compromisso de cada universitário, de cada classe, de cada centro acadêmico, de cada faculdade, de *adotar* um certo número de analfabetos e de iniciar-lhes a abertura dos olhos para a multividência só acessível ao alfabetizado. Não é possível que o Brasil, que já foi a oitava economia do mundo, ostente esse padrão vergonhoso. Cada universitário poderia se encarregar de pelo menos um analfabeto e, em pouco tempo, o índice do vexame poderia se tornar um pouco mais tolerável.

Mera proposta, que a criatividade do alunado poderá redesenhar e servir a outras causas. O importante é assumir o compromisso individual com o seu meio, com a sua comunidade, com o futuro do seu país. O mais, virá por acréscimo.

11.7 A Ética do professor de direito

Este tópico não está deslocado no capítulo dedicado à ética dos estudantes de direito. O professor de Direito não é senão um estudante qualificado, mais experiente e responsável pelo despertar de outros colegas para viver a paixão fascinante pelas ciências jurídicas.

O que leva uma pessoa a aceitar uma função de professor de Direito?

As respostas podem ser múltiplas. A menos provável delas é a de que pretende, com isso, sustentar-se e à família. A remuneração, quase sempre, chega a ser indecorosa, mesmo naqueles estabelecimentos integrados em grandes empresas educacionais, voltadas à exploração de uma atividade lucrativa como outra qualquer no desenfreado capitalismo da pós-modernidade. A sociedade brasileira adquiriu fisionomia singular, na qual o valor reside na aparência, no físico, no lazer e no entretenimento. Qualquer propagador de cultura tradicional está excluído do processo do enriquecimento. Não se premia a cultura e a erudição, mas o *show* e o circo. Pobre do docente que se vê obrigado ao ensino como única fórmula de subsistência. Estará condenado a uma vida considerada indigna, frente aos valores disseminados pela sociedade do espetáculo e do consumo, em que a divindade é o mercado e seu acólito o capital sem pudor.

Existem ainda os professores vocacionados. Aqueles que acreditam que o direito é instrumento de solução das controvérsias, de pacificação e harmonização comunitária e de realização da democracia. Estes fazem do magistério um sacerdócio e nutrem a esperança de estar a construir o futuro. São poucos, mas existem.

Mas também não se exclua, para alguns, a meta da obtenção de prestígio, favorecedor do êxito em outras atividades, nas quais o título de professor universitário ainda pode impressionar certos ambientes. Há os que pretendem conviver com a juventude e dela assimilar um pouco de ânimo para vencer os embates existenciais. Ou os que nisso enxergam oportunidade para atualizar os estudos, enfrentar o desafio de se colocar diante da mocidade e ouvir suas cobranças, sua sinceridade cruel e até, muita vez, insolente.

Há um misto de tudo isso nos quadros do magistério superior jurídico brasileiro. Parte-se de uma constatação empírica e genérica, sem contemplar alguns casos episódicos e extremados. Como o daqueles que, na cátedra, pretendem apenas criar uma clientela fixa para a compra de suas apostilas ou livros. Ou de quem precise de um argumento forte para estar fora de casa ao menos duas vezes por semana, a conviver com jovens que se tornam companheiros – mais frequentemente ainda companheiras – de noitadas, de cervejadas, de baladas e de esticadas em barzinhos de convívio. Não se excluam os espaços *singles*, dos que procuram aventuras.

O mundo do ensino jurídico é exuberante de modelos na tipologia da docência. Talvez por ter sido criada em 1827, a faculdade de direito já forneceu um folclore imenso de casos a envolver personagens inesquecíveis do ensino jurídico. A realidade é muito mais imprevisível do que a ficção e tudo o que se conta como lenda nesse terreno, com certeza terá sido realidade.

Esta reflexão não serve a caracterizar o magistério em outras carreiras e a sofrida classe do magistério do ensino básico e fundamental. Conseguiu-se, em algumas décadas, proletarizar o professor, hoje mal remunerado, sem perspectivas de carreira, sem possibilidade de continuar seus estudos e às voltas com um alunado a cada dia mais rebelde, indisciplinado e sem limites. Parcela crescente do professorado já foi alvo de violência perpetrada por alunos e o medo é uma companhia permanente dos mestres brasileiros nas pequenas ou grandes cidades. Enquanto não se conferir seriedade ao trato da educação, a começar pela remuneração, seleção e reciclagem dos professores, não haverá solução eficiente para muitos dos problemas brasileiros.

Também não existe ainda no Brasil um processo completo e real de formação pedagógica do professor de direito. A pós-graduação em sentido estrito contribui para a elaboração de dissertações e teses relevantes. Pouco investe, porém, na preparação de **educadores**. Favorece-se exclusivamente o estudo do direito, sem se deter no ensino da didática, da pedagogia, da psicologia educacional e das modernas técnicas de transmissão do conhecimento.

Como ocorre sempre no Brasil, a lei prevê uma formação do docente. A Lei de Diretrizes e Bases – art. 66 da Lei 9.394/1996 – prevê que a preparação para o exercício do magistério superior far-se-á em nível de pós-graduação, prioritariamente em programas de mestrado e doutorado. Já em seu art. 61 preceituara que a formação de profissionais da educação, de modo a atender aos objetivos dos diferentes níveis e modalidades de ensino e às características de cada fase do desenvolvimento do educando, terá como fundamentos: I – A associação entre teorias e práticas, inclusive mediante a capacitação em serviço; II – Aproveitamento da formação e experiências anteriores em instituições de ensino e outras atividades. No dizer de Horácio Wanderlei Rodrigues, "a profissionalização para a docência se faz, no que se refere a conteúdos, competências e habilidades, com dupla abrangência: a) a necessária formação didático-pedagógica; e b) o domínio dos conteúdos das disciplinas a serem ministradas".[29] À exigência legal não corresponde uma adaptação dos cursos de pós-graduação. Eles não propiciam aos pós-graduandos a necessária formação didático-pedagógica. Quem acorre a se inscrever na disciplina *Metodologia*

29. Op. cit., p. 271.

do Ensino Científico receberá um arsenal de teorias sobre o ensino do direito, sem a menor possibilidade de treino prático ou de mero acesso, o que não dizer de domínio de técnicas eficazes de se transmitir conhecimento.

Não são muitos os professores preocupados com isso. Raros aqueles que se propõem a uma reciclagem ou a um aprendizado de tais saberes, sem os quais grande parte da cultura jurídica do docente deixa de chegar ao discente. Um pouco de **técnica de ensino** auxiliaria notáveis juristas a um salto qualitativo no desempenho docente, com reflexos favoráveis no processo formativo das novas gerações de estudantes do direito.

O primeiro cânone ético do professor de Direito é conscientizar-se de que, na cátedra, ele não é juiz, nem promotor, nem advogado ou qualquer outro profissional do direito. Ele é **professor**, é alguém cuja incumbência é **formar** um colega, é fazer com que os quadros jurídicos de reposição sejam preparados com **ciência** e com **ética**.

Tornar-se cada vez melhor professor não é impossível. Quem gosta de ensinar ou aprecia o convívio com a juventude não encontrará dificuldades em desobstruir os canais impeditivos de uma eficiente transmissão do conhecimento.

Exigências éticas também residem no compromisso de oferecer ao educando não somente préstimos de ensino **técnico**, senão de orientação **moral**, pois não há verdadeiro progresso se não houver progresso moral. Mais do que um compilador de jurisprudência, alguém proficiente no manuseio dos códigos e na assimilação da doutrina, o mundo precisa de um jurista **eticamente** engajado num projeto de redenção de seus semelhantes. O profissional do direito é aquele que poderá fornecer alternativas à violência, à competição, ao menosprezo à dignidade humana. Somente uma alma bem formada terá condições de contribuir para uma nova era, mais sensível aos verdadeiros valores, menos oprimida pela necessidade de vencer a qualquer preço.

O professor desta era, salvo exceções honrosas, já não se considera responsável pela **moral** de seus alunos. Principalmente na faculdade, eles chegam cidadãos feitos, de caráter e personalidade praticamente acabada. São os filhos da TV, dos *videogames*, das salas de *chat* da conversa virtual, da liberação dos costumes, da permissividade, das mães que abdicaram das tarefas domésticas e não encontraram quem as substituísse, de pais assustados com o avanço do feminismo, todos adeptos da teoria do *é proibido proibir*. Para culminar e arrematar esta jornada rumo à degradação foi editada a "lei da palmada". Os pais que vierem a corrigir seus filhos poderão ser processados. Estímulo eloquente para a perpetuidade da tirania da infância mal educada. Que vai se tornar uma juventude desrespeitosa, acintosa, relaxada, irresponsável e destrutiva.

Alguém precisa ter a coragem de dizer a esses jovens em que se deve acreditar, no prazer de redescobrir a singeleza das coisas essenciais – o valor da família, da solidariedade, da lealdade –, a finitude da vida e a sua fragilidade, o destino de transcendência da humanidade, o compromisso de contínuo aperfeiçoamento na breve aventura terrestre.

Ainda é tempo de o professor resgatar as qualidades de uma carreira que já teve concretamente reconhecida a sua nobreza na hierarquia das profissões liberais. Basta aceitar que sua missão envolve mais do que ensinar direito. Do autêntico mestre se aguarda transmita lições e prática do respeito, da moral, da amizade, da tolerância e da compreensão.

Para desincumbir-se de um compromisso de tamanha abrangência, não basta **conhecer ética**. Antes, é preciso **acreditar na ética** e **viver eticamente**.

Impregnando-se de consciência ética, o docente jurídico de imediato reconhecerá que a escola de direito deve formar bons profissionais, tecnicamente preparados, mas, antes disso, deve preocupar-se com a formação de **cidadãos conscientes**. A escola não pode se limitar a transmitir algum conhecimento jurídico e lançar à competição do mercado profissionais que encontram dificuldade nos exames da OAB, demonstram resultados sofríveis nos concursos públicos às carreiras forenses e, em sua imensa maioria, continuam a desempenhar as funções e a ocupar os empregos anteriores à colação de grau. Ela também tem o **dever ético** de tornar útil o diploma de direito, de conscientizar o aluno sem vocação de que deverá procurar um curso compatível com suas aptidões e de que aqueles que permanecerem deverão demonstrar **paixão** pelo direito.

As escolas, em geral, não estão a educar para a vida. Transmitem conhecimento de que o aluno não extrairá proveito em sua subsistência, pois divorciado das exigências concretas postas à pessoa. Quem é que pode advertir o aluno desse quadro triste, mas verdadeiro? A função seria da instituição educacional. Mas a **escola**, a **mantenedora**, a **universidade**, a **reitoria**, a **direção** constituem realidades abstratas para o aluno. A pessoa que, **concretamente**, ocupa o seu dia a dia é o **professor**. Este não pode deixar de se imbuir da responsabilidade de alertar o educando de todos os desafios que encontrará a partir da conclusão do curso. A relação que se estabelece entre professor e aluno é **pessoal**, palpável e duradoura. Ela gera efeitos cuja qualidade está condicionada ao senso crítico do docente. Dele depende tornar-se alguém que exerça influência permanente sobre a formação do aluno, ou ocupar sem convicção um lugar no professorado universitário.

Aquele que não se incutir dessa responsabilidade não estará a bem desempenhar sua missão docente. Se incapaz de aceitar o desafio, deveria resignar às aulas. Não se é professor compulsoriamente. Devem permanecer no quadro do magistério aqueles capazes de oferecer um pouco mais do que o reflexo pálido do conhecimento amealhado no estudo e na experiência. O corpo docente da faculdade de direito é integrado por profissionais competentes e pessoas idôneas em suas carreiras. Embora o sistema esteja todo comprometido com a inércia, a omissão e a resistência ao novo, a reforma do ensino jurídico para valer, pode partir de uma reforma da consciência do professor. Ele poderá transformar o mundo se iniciar uma conversão de sua consciência, pondo-a a serviço da **formação integral** do jovem perante ele colocado para com ele aprender o que é direito.

11.8 A Ética da universidade

Muitos falam que a universidade já morreu, ou vislumbram sua morte próxima. Algo que nasceu há mais de mil anos deveria continuar a existir com idêntica estrutura?

Ricardo Henry Marques Dip, notável magistrado e educador, analisa o que poderia ser *a morte da universidade*: "Quando autores de variada geografia e diversa doutrina falam, numa linguagem comum e atual, na Universidade moribunda (**Vargas Llosa**), na Universidade que agoniza (**Allan Bloom**), na Universidade que reclama socorro para não morrer (**Pierre Aubenque**), parece que cabe ver nesses alardes em uníssono uma perspectiva até então não vislumbrada para o século XXI: **o desaparecimento da Universidade**".[30] Conclua-se ou não como esses autores, a universidade vive uma crise. E em Estado-Nação de desenvolvimento heterogêneo como o Brasil, uma crise angustiante, pré-comatosa. "Mera fábrica de habilitações (**Patricio Randle**), supermercado de guloseimas (**Bernardino Montejano**), a Universidade dos nossos tempos, apoiada na cosmovisão da **aparência**, abdicou, senão inteiramente, em muita parte, de sua autoridade moral e intelectual, permitindo que, com um poder extraordinário, os meios de comunicação ocupassem o espaço e a tarefa que à Universidade estavam destinados pela sociedade que a nutre. Apartada da tradição de sua cultura, alheia de uma filosofia que a pudesse alimentar, cerrada aos problemas de seu tempo, a Universidade agoniza, faz-se moribunda, pede um socorro que não se pode predizer chegue a ponto de recobrá-la."[31]

Entretanto, a universidade é uma ideia-força de incomensurável importância. "A notável continuidade institucional da universidade, sobretudo no

30. Para a retificação do ensino jurídico no Brasil, *Temas atuais de direito*, p. 59.

31. Idem, p. 60.

mundo ocidental, sugere que os seus objetivos sejam permanentes."[32] E qual seria a missão eterna da universidade? Para Karl Jaspers, a universidade "é o lugar onde, por concessão do Estado e da sociedade, uma determinada época pode cultivar a mais lúcida consciência de si própria. Os seus membros congregam-se nela com o único objetivo de procurar, incondicionalmente, a verdade e apenas por amor à verdade".[33]

A sociedade não se mostra satisfeita com sua universidade. A própria comunidade universitária também já não se aceita nos moldes como funciona. Seus alunos não se conformam com o distanciamento entre as necessidades do mundo e o acervo de conhecimentos que lhes é transmitido. Seus professores vivenciam desalento, e assistem ao triste espetáculo da derrota do saber. O país a remunerar com generosidade os apresentadores de TV, os jogadores de futebol, as dançarinas do sensualismo, as anoréxicas habitantes das passarelas e a eles – docentes universitários – reservar uma carreira medíocre, sem garantia de subsistência digna quando da aposentadoria. Quem se dedica à pesquisa, depois de uma vida toda empenhada em estudos e análises, não percebe o suficiente para sustentar uma velhice digna. Não há estímulo para o estudo. Os prêmios para a cultura são simbólicos. O Governo, em fase de enxugamento, pretende sacrificar ainda mais as dotações para a universidade. A cada reforma, acentua-se o sucateamento.

De situação tal não escapam nem as Universidades Católicas, "nascidas no coração da Igreja" e inseridas "no sulco da tradição que remonta à própria origem da Universidade como instituição", revelando-se "sempre um centro incomparável de criatividade e de irradiação do saber para o bem da humanidade".[34]

A educação é necessidade a mais premente para um país de terceiro mundo. O terceiro milênio será a *era do saber*, erigida sobre o capital único do conhecimento. Essa constatação é um truísmo, reiterado e recorrente em solenes proclamações. A implementação de um programa consistente de educação para todos – sem contemplar idade, pois o projeto ideal é continuado e para sempre – esbarra em alguns óbices de índole ética.

A educação é direito de todos e dever do Estado e da família e será promovida e incentivada com a colaboração da sociedade.[35] A coexistência de ins-

---

32. Boaventura de Sousa Santos. *Pela mão de Alice* – O social e o político na pós-modernidade, São Paulo, Cortez, 1997, p. 187.
33. Apud Boaventura de Sousa Santos, idem, p. 188.
34. João Paulo II. *Constituição apostólica sobre as universidades católicas*, de 15.08.1990.
35. Art. 205 da CF/1988.

tituições públicas e privadas de ensino[36] permite o desenvolvimento de significativo número de iniciativas. Nem todas podem ser consideradas *padrões éticos* de instituições educacionais.

Os *proprietários* de escolas precisam acudir a límpida admoestação de Miguel Reale: "A educação tem, em verdade, como fim primordial a formação e a realização da personalidade, o que significa a constituição de um sujeito consciente de sua própria valia e, por conseguinte, em condições de afirmar e salvaguardar sua própria liberdade".[37] Não há perversão em se obter lucro com educação. Perverso é pensar **apenas** em lucro, em detrimento da excelência nos sistemas de aprendizado e ensino.

O novo currículo jurídico[38] representa significativa intenção de avanço no estudo do Direito. Ele também gerou uma **cultura de qualidade total** no ensino, preocupando-se as mantenedoras em qualificar o pessoal docente, em dotar as bibliotecas de elementos de consulta e em preparar os alunos para as provas de avaliação. Ética e Filosofia integram o *eixo de formação fundamental* e se preordenam a fazer o alunado refletir, pensar, meditar. Operações mentais diversas da memorização, epicentro de todo o ensino jurídico tradicional.

Está em causa, todavia, algo muito mais relevante. A universidade foi chamada a uma contínua renovação, pois "está em causa o **significado da investigação científica e da tecnologia**, da convivência social, da cultura, mas, mais profundamente ainda, está em causa o próprio significado do homem".[39] Embora destinadas às instituições **católicas** de ensino superior, as disposições contidas na Constituição Apostólica de João Paulo II sobre as Universidades Católicas podem representar um parâmetro seguro de atuação dos institutos de ensino superior em um Estado-Nação como o Brasil.

Toda universidade, "enquanto **Universidade**, é uma comunidade acadêmica que, dum modo rigoroso e crítico, contribui para a defesa e o desenvolvimento da dignidade humana e para a herança cultural mediante a investigação, o ensino e os diversos serviços prestados às comunidades locais, nacionais

---

36. Art. 206, III, da CF/1988.

37. Miguel Reale. Variações sobre a educação, 2. ed. São Paulo, Gumercindo Rocha Dorea F. Ind, 2000, p. 123.

38. A Portaria 1.886, de 30.12.1994, do Ministro de Estado de Educação e do Desporto, que fixou as diretrizes curriculares e o conteúdo mínimo do curso jurídico, foi substituída pela Resolução CNE/CES 9/2004, de 29.09.2004, publicada no *Diário Oficial da União* em 01.10.2004.

39. João Paulo II, Alocução ao Congresso Internacional sobre as Universidades Católicas, 25.04.1989.

e internacionais".[40] Para bem desempenhar sua tarefa, precisa de **autonomia institucional** e de garantia de **liberdade acadêmica** preordenada à salvaguarda dos direitos do indivíduo e da comunidade, no âmbito das exigências da verdade e do bem comum.[41]

A consciência das finalidades de uma universidade que pretenda subsistir no terceiro milênio conduzirá a uma coesão de princípios, com o trabalho em comunhão dos dirigentes, dos professores, dos alunos e do pessoal administrativo. E a universidade imbuída de sua responsabilidade ética é solicitada a ser instrumento cada vez mais eficaz de desenvolvimento cultural para os indivíduos e para a sociedade. "As suas atividades de investigação, portanto, incluirão o estudo dos **graves** problemas **contemporâneos**, como a dignidade da vida humana, a promoção da justiça para todos, a qualidade da vida pessoal e familiar, a proteção da natureza, a procura da paz e da estabilidade política, a repartição mais equânime das riquezas do mundo e uma nova ordem econômica e política, que sirva melhor a comunidade humana em nível nacional e internacional. A investigação universitária será dirigida a estudar em profundidade as raízes e as causas dos graves problemas do nosso tempo, reservando atenção especial às suas dimensões éticas e religiosas."[42]

A responsabilidade ética da universidade num Estado-Nação de miséria crescente é de evidência palmar.[43] Essa a Instituição especificamente destinada

---

40. *La Magna Charta delle Università Europea*, Bolonha, Itália, 18.09.1988, Princípios fundamentais, citada na alocução de João Paulo II ao Congresso Internacional sobre as Universidades Católicas, em 25.04.1989.

41. Concílio Vaticano II, *Constituição pastoral sobre a igreja no mundo contemporâneo,* n. 59, AAS-58, 1966, p. 1.080; *Gravissimum educationis,* n. 10, AAS-58, 1966, p. 737. *Autonomia institucional* significa que o governo de uma instituição acadêmica é e permanece interno à instituição; *liberdade acadêmica* é a garantia, dada a quantos se dedicam ao ensino e à investigação de poder procurar, no âmbito do seu campo específico de conhecimento e de acordo com os métodos próprios de tal área, a verdade em toda parte onde a análise e a evidência as conduzam, e de poder ensinar e publicar os resultados de tal investigação, tendo presentes os critérios de salvaguarda dos direitos do indivíduo e da comunidade, das exigências da verdade e do bem comum.

42. João Paulo II, *Constituição apostólica sobre as Universidades Católicas*, de 15.08.1990.

43. O relatório do Banco Interamericano de Desenvolvimento – BID, intitulado *Enfrentando a desigualdade na América Latina*, divulgado em novembro de 1998, constata que a América Latina é a região do mundo que exibe a maior desigualdade de renda e o Brasil é o campeão absoluto da categoria. Os 10% mais ricos do país detêm 47% da renda nacional, ou 58 vezes mais do que os 10% mais pobres. E o fenômeno está intimamente vinculado à educação. O tempo da escolaridade entre os 10% mais ricos é de 10,53 anos, enquanto entre os 10% mais pobres é de 1,98. Apenas 19% dentre os

a reformar o mundo, assegurando a verdade que liberta e promovendo a consecução dos objetivos nacionais rumo à edificação de uma comunidade justa, fraterna e solidária. É da universidade que poderia provir a alternativa ao *esvaziamento da cidadania*, fenômeno reiteradamente constatado por José Eduardo Faria: "(...) a simbiose entre a erosão da ordem estatal e a conversão do mercado em árbitro das decisões finais desarticula os mecanismos de formação das vontades coletivas, mina a efetividade da ação redistributiva dos governos, dissolve a distinção entre público e privado e esvazia o papel transformador das práticas políticas. Como nesse contexto a cidadania simplesmente se esvanece, ao impedir a democracia de assegurar padrões mínimos de igualdade material e integração social, a simbiose entre Estados fracos, governos impotentes e mercados cada vez mais desregulamentados e autônomos também liquida todo um padrão ético e todo um sistema de direitos construídos em torno de valores como o respeito à dignidade humana e às liberdades públicas".[44]

Abandone-se a sua destinação episódica de legitimadora de requisitos para o exercício profissional ou de mera mercadora de diplomas, para assumir-se como instância privilegiada de repensamento do pacto social. Afinal, a universidade é a fábrica da educação. E a ideia da educação foi concebida como "condição imprescindível para que a história, tal como foi postulado pelo filósofo Benedetto Croce, seja efetivamente a **façanha da liberdade**, fruto da educação, outrora momento inicial da formação do homem e, já agora, exigência perene que acompanha o homem ao longo de toda a sua existência. Vivemos, com efeito, num mundo tão marcado pelas constantes mudanças que, dia a dia,

---

mais pobres completam o curso primário. E quem são os mais ricos? São principalmente empregados e profissionais que recebem uma alta taxa de retorno por sua educação e experiência. As diferenças de escolaridade são transmitidas de uma geração a outra pela família, pela transferência de recursos que os pais fazem quando limitam seu consumo para pagar pela educação dos filhos, que gozarão dos benefícios do capital humano acumulado no mercado de trabalho futuro. As informações necessárias estão na página do BID da internet: <http://www.iadb.org>.

44. *O direito na economia globalizada*. A visão do sociólogo e Mestre da USP é pessimista: "Por ironia, tudo isso vem ocorrendo justamente quando a **Declaração Universal dos Direitos do Homem**, forjada como resposta simbólica às barbáries da 2.ª Guerra, completa seu primeiro cinquentenário. Com a exclusão social trivializando o desrespeito sistemático de seus princípios, comprometendo o futuro imediato das novas gerações por falta de oportunidades profissionais, tornando os mecanismos representativos manipuláveis pela demagogia, pelo messianismo, pela xenofobia e pelo cinismo, abrindo caminho para formas tardias de fascismo e levando à banalização da violência autodefensiva por parte dos incluídos, há motivos para alguma comemoração?"

nos reciclamos, isto é, nos educamos, tanto para enriquecimento interior como para nos tornarmos aptos a viver com a virtude da contemporaneidade".[45]

A universidade brasileira tem uma hipoteca a resgatar junto aos excluídos. Se o não fizer, terá decretada a sua *insolvência moral*, apressando o seu destino rumo ao nada, como antevêem não poucos pensadores contemporâneos.

É preciso compreender que se vive uma "fase de transição paradigmática, da ciência moderna para uma ciência pós-moderna. Trata-se de uma fase longa e de resultados imprevisíveis. A universidade só sobreviverá se assumir plenamente esta condição epistemológica (...). A universidade que se quiser pautada pela ciência pós-moderna deverá transformar os seus processos de investigação, de ensino e de extensão segundo três princípios: a prioridade da racionalidade moral-prática e da racionalidade estético-expressiva sobre a racionalidade cognitivo-instrumental; a dupla ruptura epistemológica e a criação de um novo senso comum; a aplicação edificante da ciência no seio das comunidades interpretativas".[46]

A sanha avaliatória não resolve todas as deficiências da Universidade. Ao contrário: a preocupação em apurar performance faz com que os responsáveis pela educação releguem a um terceiro plano a missão de *formar*. O que interessa é obter bons índices no *ranking* e se servir disso como *marketing* para o recrutamento de clientela ampliada. Educar já foi um projeto inicial. Hoje substituído por objetivos mais pragmáticos.

11.9 O FUTURO ÉTICO DA UNIVERSIDADE

A comunidade foi despertada para a reivindicação participativa e tem adquirido treino social progressivo. Já se reivindica mais, já se fiscaliza a atuação do homem público e das instituições, já se cobram coerência e transparência. Parece chegado o momento de inverter a perversa equação reinante, traduzível por uma insensibilidade quanto à coisa pública, considerada *res nullius* (coisa sem dono).

A universidade poderá colher os frutos dessa participação consciente da cidadania. A conquista de estágio mais condigno para a nação brasileira, aspiração de um Estado de Direito de índole democrática, está condicionada a um salto qualitativo na educação. E um projeto consistente de educação integral se subordina à formação de quadros, tarefa indelegável da Universidade.

---

45. Miguel Reale, Variações... cit, p.124.

46. Boaventura de Sousa Santos, op. cit., p. 223.

A preocupação com uma educação mais consistente, otimizadora de seus instrumentos e resultados, não é apenas brasileira. Mas o Brasil é um país que necessita muito mais do que os outros de um tratamento sério para o tema. Todos os males brasileiros residem na educação. Miséria, exclusão, corrupção, maltrato da coisa pública, destruição da natureza, violência, nada existe de ruim que não possa ser atribuível à falência do projeto educativo de uma sociedade heterogênea.

A educação para o presente século, o século XXI, se assenta sobre quatro pilares: aprender a ser; aprender a fazer; aprender a viver juntos; e aprender a conhecer.[47] Na visão de Basarab Nicolescu, Presidente do Centro Internacional de Estudos e Pesquisas Transdisciplinares – CIRET, "há uma trans-relação que liga os quatro pilares do novo sistema de educação e que tem sua origem em nossa própria constituição como seres humanos. Uma educação só pode ser viável se for uma educação integral do ser humano. Uma educação que se dirige à totalidade aberta do ser humano e não apenas a um de seus componentes".[48] Depende de toda a sociedade brasileira investir nesses quatro pilares, para converter a universidade em um centro de transformação do mundo, muito mais do que um espaço fechado de diletantismo e esgrima entre intelectualidades vaidosas.

A educação do futuro precisa ser transdisciplinar. Estão superadas as compartimentalizações. Antes da multiplicação preservada de formulações medievais – esse o modelo universitário ainda vigente e reproduzido sem criatividade – é mister oferecer um novo paradigma de ensino neste século.

Edgar Morin aceitou o desafio de aprofundar a visão transdisciplinar da educação, atendendo a uma solicitação da UNESCO. Produziu um texto instigante, que denominou *Os sete saberes necessários à educação do futuro*, e este pode ser um roteiro para os atuais estudiosos da questão educacional.

O primeiro dos *saberes* contempla as cegueiras do conhecimento: o erro e a ilusão. Segundo o próprio Morin, "é impressionante que a educação que visa a transmitir conhecimentos seja cega quanto ao que é o conhecimento humano, seus dispositivos, enfermidades, dificuldades, tendências ao erro e à ilusão, e não se preocupe em fazer conhecer o que é conhecer".[49] É essencial

---

47. Estes *quatro pilares* são aqueles indicados pelo Relatório Delors, assim chamado porque coordenado por Jacques Delors, pela Comissão Internacional sobre a Educação para o Século XXI. Ler *Os sete saberes necessários à educação do futuro*, Edgar Morin, p. 11.

48. Apud Edgar Morin, idem, p. 11.

49. Idem, p. 13-14.

introduzir e desenvolver no processo educacional o estudo das características mentais e culturais do conhecimento, com vistas a evitar o erro ou a ilusão.

O segundo *saber* diz com os princípios do conhecimento pertinente. A técnica da compartimentalização na transmissão do conhecimento impede a apreensão do conjunto, rompe o vínculo entre partes e totalidade. Cumpre fazer com que sejam apreendidos os objetos em seu contexto, sua complexidade e seu conjunto.

Como terceiro *saber* está o ensino da condição humana. "O ser humano é a um só tempo físico, biológico, psíquico, cultural, social, histórico. Esta unidade complexa da natureza humana é totalmente desintegrada na educação por meio das disciplinas, tendo-se tornado impossível aprender o que significa ser humano."[50] Investindo nesse saber, capacitar-se-á o indivíduo a reconhecer a unidade e a complexidade humana. O ser educando poderá, a partir dele, tomar consciência de sua identidade complexa e de sua identidade comum a todos os outros humanos.

Ensinar a identidade terrena é o objeto do quarto *saber*. A chamada globalização, que teve início muito antes do que se convém afirmar, mas já existia no século XVI, deve ser encarada sob a ótica da solidariedade. A humanidade partilha de um destino comum. Basta examinar as agressões causadas à natureza. O *efeito estufa* não interessa apenas aos mais agressivos dentre os emissores de carbono. O suicídio da humanidade é obra coletiva e ninguém se salvará sozinho se a Terra vier a perecer.

O quinto *saber* é enfrentar as incertezas. Se as ciências permitem que tenhamos hoje muitas certezas, ainda perduram as zonas de incerteza. Nossa educação tradicional se preocupa com a transmissão das *certezas* e se descuida de abordar as *incertezas*. Estas são muito maiores. Os teoremas estão quase todos resolvidos. Mesmo assim, insiste-se em submeter os alunos ao suplício de resolvê-los, assim como às equações e logaritmos. Ainda existe preocupação com a memorização das fórmulas químicas e com a classificação sintática das palavras e das expressões na frase.

Será que isso contribui, efetivamente, para tornar o educando um ser mais crítico, consciente e, a final, mais feliz?

A escola precisa preparar para a vida. E a vida oferece mais imprevistos do que o previsível. A universidade repete o conhecimento já mastigado e sedimentado, sem fornecer ao alunado as estratégias hábeis ao enfrentamento do inesperado. Lembra Morin, "é preciso aprender a navegar em um oceano

50. Idem, p. 14-15.

de incertezas em meio a arquipélagos de certeza".[51] E completa: "A fórmula do poeta grego Eurípedes, que data de vinte e cinco séculos, nunca foi tão atual: **o esperado não se cumpre, e ao inesperado um deus abre o caminho**. O abandono das concepções deterministas da história humana, que acreditavam poder predizer nosso futuro, o estudo dos grandes acontecimentos e desastres de nosso século, todos inesperados, o caráter doravante desconhecido da aventura humana devem-nos incitar a preparar as mentes para esperar o inesperado, para enfrentá-lo. É necessário que todos os que se ocupam da educação constituam a vanguarda ante a incerteza de nossos tempos".[52]

O sexto *saber* é o ensino da compreensão. Embora sendo meio e fim da comunicação humana, a compreensão é ignorada pela educação convencional. Dela apenas se ocupam as confissões religiosas e essa transmissão é considerada propagandística, vinculada a objetivos salvíficos e, como regra, pouco respeitada pela comunidade científica. Adverte Edgar Morin que "o planeta necessita, em todos os sentidos, de compreensão mútua".[53] Sem compreensão não haverá espaço para a verdadeira democracia, nem para a edificação de uma sociedade menos iníqua. Para haver compreensão, haverá necessidade de reforma de mentalidades. Este um dos principais objetivos da educação do presente.

À compreensão só se chegará se houver conhecimento mais preciso do que é a incompreensão. Mergulhando no estudo das causas e raízes da incompreensão humana, saber-se-á imunizar o homem contra o preconceito, o racismo, a xenofobia, o desprezo, a indiferença, a insensibilidade. Haverá, com isso, condições mais propícias para o reconhecimento do *outro*, de seu espaço e de seus direitos, um dos dramas da vida democrática. Conhecendo-se a incompreensão e suas causas, estar-se-á educando para a paz, destino ao qual a humanidade precisa estar vinculada, por essência e ínsita destinação.

O último dos *saberes* é o mais importante para estas reflexões, pois incide sobre **a ética do gênero humano**. Explica-o, com palavras muito lúcidas, o formulador Edgar Morin: "A educação deve conduzir à **antropo-ética**, levando em conta o caráter ternário da condição humana, que é ser ao mesmo tempo indivíduo/sociedade/espécie. Nesse sentido, a ética indivíduo/espécie necessita do controle mútuo da sociedade pelo indivíduo e do indivíduo pela sociedade, ou seja, a democracia; a ética indivíduo/espécie convoca, ao século XXI, a cidadania terrestre".[54]

---

51. Idem, p. 16.
52. Idem, ibidem.
53. Idem, p. 17.
54. Idem, p. 17.

A educação ética é a alternativa mais eficaz de tornar cada indivíduo um zeloso controlador da vida democrática. O melhor termômetro dos índices democráticos é a vigilância ativa por parte de uma cidadania consciente. Não se ensinará tal ética apenas mediante lições de moral. Será mais eficiente semeá-la nas mentes juvenis – não necessariamente juvenis em termos cronológicos, mas em vista da vontade de transformar o mundo – com fundamentos na consciência de que o homem não é um ser uno e isolado. Cada homem é, simultaneamente, indivíduo, cidadão e parcela da espécie. A tríplice realidade impõe um desenvolvimento também complexo. O desenvolvimento verdadeiramente humano precisa abranger o crescimento em plenitude e conjunto das autonomias individuais, das participações comunitárias e da consciência de pertença à espécie humana, a mais nobre dentre as criadas.

Uma universidade fundada sobre os quatro *pilares* e empenhada em desenvolver esses novos *saberes* será um laboratório de vida democrática e uma usina produtora da compreensão. O campo está aberto para tentar essa nova utopia. Há lugar para isso. Não apenas porque o projeto de expansão educacional promovido pelas autoridades brasileiras acredita num processo de decantação natural, com futura sobrevivência das boas escolas e sufocamento das más, todavia por um outro motivo mais profundo.

É que as utopias estão na moda. Estão sendo revigoradas. "Normalmente a mudança de ideias precede as mudanças sociais, não o contrário. Assim, uma descoberta científica acontece às vezes por acaso, mas uma visão nova (uma **revolução científica**, no dizer de Thomas Kuhn) anterior tornou-a possível. (...) Deste modo, é possível definir o sentido atual de utopia. Antes de ser o produto de uma mente genial trancada em um gabinete, ela é resposta a uma situação e a um problema comum, ela é uma aspiração partilhada."[55]

Essa *aspiração partilhada* já está disseminada. Todos os seres lúcidos se preocupam com a universidade brasileira, com suas falhas e suas carências. Divide-se, no sentido exato de partilha, o sonho de uma universidade essencialmente ética. A etapa essencial é a primeira. Depois dela, inexoravelmente, virá o agir.

Muitos há que estão desesperançados com o elevado número de faculdades de direito. Será que, efetivamente, os "nichos de excelência" vão suplantar as más escolas, aquelas que na verdade estão a "vender diplomas" a seu alunado, geralmente o alunado mais pobre e menos preparado a obter uma vaga em universidade pública?

---

55. Philippe J. Bernard. *Perversões da utopia moderna*, p. 16.

O tema da deficiência do ensino jurídico não é novo. Já em 1955, em aula inaugural da Faculdade Nacional de Direito, no Rio de Janeiro, San Tiago Dantas salientava a perda de credibilidade do direito como técnica de controle social. Recomendava a reforma do ensino como alternativa a essa derrocada: "O ponto de onde, a meu ver, devemos partir, nesse exame do ensino que hoje praticamos, é a definição do próprio objetivo da educação jurídica. Quem percorre os programas de ensino das nossas escolas, e sobretudo quem ouve as aulas que nelas se proferem, sob a forma elegante e indiferente da velha aula-douta coimbrã, vê que o objetivo atual do ensino jurídico é proporcionar aos estudantes o conhecimento descritivo e sistemático das instituições e normas jurídicas. Poderíamos dizer que o curso jurídico é, sem exagero, um curso de institutos jurídicos, apresentados sob a forma expositiva de tratado teórico-prático".[56]

Aparentemente pouco teria mudado. Muitos especialistas se detêm a formular propostas de renovação do ensino jurídico e continuam a se frustrar. Paulo Luiz Netto Lobo, ao prefaciar alentada obra de Horácio Wanderley Rodrigues, observa: "A reforma curricular, por si só, não resolve o problema da elevação da qualidade".[57] Todavia, também ao aperfeiçoar currículo se investe na renovação do ensino jurídico. Hoje, as diretrizes curriculares devem contemplar: "a) perfil do formando/egresso/profissional – conforme o curso, o projeto pedagógico deverá orientar o currículo para um perfil profissional desejado; b) competência, habilidades/atitudes; c) habilitações e ênfases; d) conteúdos curriculares; e) organização do curso; f) estágios e atividades complementares; g) acompanhamento e avaliação".[58]

Examinar se a sua faculdade de direito está a contemplar cada uma dessas diretrizes é um bom começo para o aluno que pretender um ensino de qualidade. Para a finalidade desta obra, interessante anotar que hoje a ética geral e profissional surge no novo texto normativo de forma autônoma. Corrigiu-se o equívoco epistemológico da revogada Portaria MEC-1886/94 que, ao integrá-la na filosofia, confundia as esferas muito diversas. Estudar ética passou a ser obrigatório desde 1997, "e sua manutenção é fundamental dentro de uma proposta que visa trabalhar competências e habilidades, tendo por base um perfil proposto para o formando".[59]

---

56. San Tiago Dantas, A educação jurídica e a crise brasileira, *Revista de Ensino Jurídico*, Brasília, 1978-1979, Encontros da Universidade de Brasília-UNB, p. 52.

57. Horácio Wanderlei Rodrigues e Eliane Botelho Junqueira. *Ensino do direito no Brasi: Diretrizes Curriculares e avaliação das condições de ensino*, Florianópolis, Fundação Boiteux, 2002, p. IX.

58. Idem, p. 60.

59. Idem, p. 79.

Mais ainda, precisaria o alunado se inteirar do que acontece no mundo jurídico em que as desigualdades não são tão graves e nefastas como as existentes no Brasil. Já passou o momento de nossa comunidade se ajustar ao clamor universal por um pensamento jurídico distanciado do anacronismo ainda reinante em todos os setores. Quando chegará o Brasil ao "sistema aberto, móvel, heterogêneo e cibernético"[60] proposto por Claus-Wilhelm Canaris? "Aberto no duplo sentido de extensivo e intensivo; extensivo por oposição a pleno, que admite questões a ele exteriores, que terão de encontrar saídas; intensivo por oposição a contínuo; que se compatibiliza no seu interior, com elementos materiais a ele estranhos. Móvel por seu seio, que não postule proposições hierarquizadas, antes surgidas intermutáveis. Heterogêneo por apresentar, no seu corpo, áreas de densidade diversa: desde coberturas integrais por proposições rígidas até às quebras intrassistemáticas e às lacunas rebeldes a analogia. Cibernético por atentar nas consequências de decisões que legitime, modificando-se e adaptando-se em função desses elementos periféricos".[61]

Como a inércia é uma regra geral para todo o pensamento jurídico, as Faculdades de Direito parecem contaminadas pela falta de criatividade. Não se invoque a *camisa de força* da regulamentação, que imporia Diretrizes Curriculares rígidas. A flexibilidade nesse campo é viável e foi objeto de acurado estudo da educadora e jusfilósofa Mônica Tereza Mansur Linhares.[62] Em lugar de engessar a Escola de Direito, as diretrizes curriculares devem atuar como instrumentos para uma sólida formação básica, de forma a preparar o profissional para enfrentamento dos desafios das mutações sociais, do mercado de trabalho e das requisições para a sua área de atuação. Por isso é viável a flexibilização na gestão dos programas, que "vai da simples adaptação dos programas aos contextos locais até a diferenciação curricular, no sentido de dar respostas diversificadas às diferentes populações escolares".[63] O que é preciso é inovação, criatividade e coragem para mudar.

---

60. Claus-Wilhelm Canaris, *Pensamento Sistemático e Conceito de Sistema na Ciência do Direito*, Lisboa, Fundação Calouste-Gulbenkian, 2002, p.CXIII.

61. Claus-Wilhelm Canaris, op. cit., idem, ibidem. O ranço da cultura jurídica ministrada nas Faculdades de Direito do Brasil é de tal dimensão, que poucos alunos estarão habilitados a compreender o que significa a proposta ora reproduzida.

62. Mônica Tereza Mansur Linhares, *Ensino Jurídico. Educação, Currículo e Diretrizes Curriculares no Curso de Direito*, São Paulo, Editora Iglu, 2010. Tive a honra de integrar sua Banca de Doutorado em Filosofia do Direito na PUC-SP, sob a orientação do Prof. Gabriel Chalita. A tese, aprovada com louvor, transformou-se no livro ora recomendado à leitura pela lucidez pátria.

63. Mônica Tereza Mansur Linhares, op. cit., p. 381.

Seja qual for a proposta das novas escolas de direito – formação de advogados para empresas, formação de advogados para as relações internacionais, ALCA, Mercosul – ou formação de profissionais para as carreiras públicas – Magistratura, Ministério Público, Procuradorias, Defensorias, Polícias –, a contemporaneidade reclama um operador jurídico essencialmente ético. Sob a vertente ética, é fundamental investir-se em projetos consistentes e consequentes de uma educação jurídica *não adversarial*. Nem tudo precisa ser levado aos Tribunais. Ao contrário, o Judiciário só deve ser invocado como ***ultima ratio***. O direito existe para pacificar, harmonizar, conciliar. As faculdades precisam desenvolver projetos para a formação de profissionais da pacificação. As novas alternativas de resolução dos conflitos devem ser a meta. O processo não esgota, nem é a mais ética das possibilidades de solução das controvérsias.

A universidade ética possui todas as condições para implementar esse novo estágio do ensino. Ela conquistou uma dimensão simbólica significativamente densa. Dimensão que "é um recurso inestimável, mesmo que os símbolos em que se tem traduzido devam ser substituídos. Numa sociedade desencantada, o reencantamento da universidade pode ser uma das vias para simbolizar o futuro".[64] Um futuro mais ético, pois o Brasil merece e precisa de mais ética em seu futuro.

A ética é muito mais importante do que o conhecimento jurídico, pois, se o profissional tiver ética, sem dúvida cuidará de suprir suas deficiências técnicas. Já o contrário assusta: a técnica desprovida de ética só o tornará mais insensível, cruel, nocivo e realmente lesivo aos interesses do desenvolvimento moral do Brasil.

Ainda ressoam as palavras do pensador José Eduardo Campos de Oliveira Faria ao tomar posse como Professor Titular da Faculdade de Direito da USP: "O desenvolvimento histórico... não se dá apenas com base no fundamento das ideias, mas também, e acima de tudo, a partir de políticas inovadoras, de forças materiais e de transformações sociais. Mergulhado na ilusão da imobilidade e da segurança, o ensino jurídico desprezou esse ensinamento. Por isso, não soube enfrentar a crescente complexidade de seu mundo circundante. Como consequência, acabou sendo atropelado por uma institucionalidade nova e por uma normatividade inédita e pluralista, surgidas, ambas, à revelia de seus paradigmas teóricos e fora do alcance de seu domínio técnico".[65]

---

64. Boaventura de Sousa Santos (op. cit., p. 230), ao reconhecer que esse papel é, "assumidamente, uma micro-utopia", o sociólogo português termina por afirmar que, "sem ela, a curto prazo, a universidade só terá curto prazo".

65. José Eduardo Campos de Oliveira Faria, discurso de posse como Professor Titular, *Revista da Faculdade de Direito da Universidade de São Paulo*, n. 97, 2002, Serviço Técnico de Imprensa, p. 705.

Se o centro de excelência da erudição jurídica não teve condições de perceber o isolamento e a inadequação de seu curso com as necessidades e aspirações contemporâneas, é bem provável que também não saiba – sozinho – encontrar alternativa para a correção de rumo.

A busca de novos caminhos para novos tempos é uma tarefa coletiva. O estudante não está dispensado de atuar nesse projeto.

Para reflexão em grupo

1. A base da educação ética deve ser ministrada no lar ou na escola?
2. A utilização de "cola" ou outros meios de obter boas notas, considerada a facilidade de aprovação na escola particular, ainda constitui falta ética?
3. Representa infração ética a contratação de profissional para a elaboração de trabalhos científicos e para organizar a monografia exigível para encerramento do curso de direito?
4. Existe alguma falha ética na concepção de que é legítima a multiplicação das Escolas de Direito, pois no futuro as boas escolas sobreviverão e sufocarão as deficientes?
5. A Universidade brasileira caminha rumo a um despertar ético ou a um anestesiamento da consciência, diante do volume e intensidade de suas deficiências?
6. As "Semanas Jurídicas" constituem a única fórmula de fazer o alunado participar de uma atividade de extensão? Para que elas servem?
7. Qual a valia do *Júri Simulado*, se 99% dos crimes são submetidos a julgamento do juiz singular?
8. Como se deve propiciar ao aluno de Direito a prática para adquirir consciência sobre o que seja a realização do "justo concreto"?
9. O ensino do direito deve continuar a ser baseado no processo, na postura adversarial, ou abrir-se para outras alternativas de realização do justo?
10. Quais seriam as perspectivas do profissional do direito no século XXI?

A Ética do Advogado[1] 12

Sumário: 12.1 O Código de Ética da OAB – 12.2 Deveres para consigo mesmo – 12.3 Das relações com o cliente – 12.4 Do sigilo profissional – 12.5 Da publicidade – 12.6 Dos honorários profissionais – 12.7 Relações com os colegas – 12.8 Relações com o juiz – 12.9 Relações com o Ministério Público – 12.10 Relações com a polícia – 12.11 Relações com os peritos – 12.12 Relações com os cartorários – 12.13 Relação com o estagiário 12.14. A punição do advogado faltoso – 12.15 A Ética dos procuradores públicos – 12.16 A Ética dos defensores públicos – 12.17 O futuro da advocacia.

12.1 O Código de Ética da OAB

A advocacia é uma das profissões que primeiro se preocupou com sua ética, então concebida como a parte da filosofia disciplinadora da moralidade dos atos humanos. Para Rafael Bielsa, "o atributo do advogado é sua moral. É o *substratum* da profissão. A advocacia é um sacerdócio; a reputação do advogado se mede por seu talento e por sua moral".[2] E, segundo o grande Ruy de Azevedo Sodré, "a ética profissional do advogado consiste, portanto, na persistente aspiração de amoldar sua conduta, sua vida, aos princípios básicos dos valores culturais de sua missão e seus fins, em todas as esferas de suas atividades".[3]

Os advogados têm facilitada a regulação de sua conduta ética, pois contida, em sua essência, no *Código de Ética e Disciplina da OAB*.[4] Esse instrumen-

1. Sobre o tema, ver José Renato Nalini, A ética nas profissões jurídicas, *RT* 731/455, e *A rebelião da toga*.

2. *La abogacia*, Buenos Aires, 1934, p. 146, apud Ruy de Azevedo Sodré, *O advogado, seu estatuto e a ética profissional*.

3. Idem, p. 3.

4. O atual Código de Ética e Disciplina da OAB foi editado pelo Conselho Federal da Ordem dos Advogados do Brasil, com fundamento nos arts. 33 e 54, V, da Lei 8.906, de 04.07.1994, e publicado no *Diário da Justiça da União* de 01.03.1995, p. 4000-4004.

to normativo é a síntese dos deveres desses profissionais, considerados pelo constituinte como essenciais à administração da justiça.[5] Além de regras deontológicas fundamentais, a normativa contempla capítulos das relações com o cliente, do sigilo profissional, da publicidade, dos honorários profissionais, do dever de urbanidade e do processo disciplinar. Dentre as linhas norteadoras do Código incluem-se o aprimoramento no culto dos princípios éticos e no domínio da ciência jurídica.

As regras deontológicas fundamentais impõem conduta compatível com os preceitos do Código, do Estatuto da OAB, do Regulamento Geral, dos Provimentos e dos demais princípios da moral individual, social e profissional.[6] Além de ser defensor do Estado democrático de direito, da cidadania, da justiça e da paz social, o advogado é também responsável pela tutela da *moralidade pública*.[7]

Preceitua o Código de Ética serem deveres do advogado: "I – preservar, em sua conduta, a honra, a nobreza e a dignidade da profissão, zelando pelo seu caráter de essencialidade e indispensabilidade; II – atuar com destemor, independência, honestidade, decoro, veracidade, lealdade, dignidade e boa-fé; III – velar por sua reputação pessoal e profissional; IV – empenhar-se, permanentemente, em seu aperfeiçoamento pessoal e profissional; V – contribuir para o aprimoramento das instituições, do Direito e das leis; VI – estimular a conciliação entre os litigantes, prevenindo, sempre que possível, a instauração de litígios; VII – aconselhar o cliente a não ingressar em aventura judicial; VIII – abster-se de: *a*) utilizar de influência indevida, em seu benefício ou do cliente; *b*) patrocinar interesses ligados a outras atividades estranhas à advocacia, em que também atue; c) vincular o seu nome a empreendimentos de cunho manifestamente duvidoso; *d*) emprestar concurso aos que atentem contra a ética, a moral, a honestidade e a dignidade da pessoa humana; *e*) entender-se diretamente com a parte adversa que tenha patrono constituído, sem o assentimento deste; IX – pugnar pela solução dos problemas da cidadania e pela efetivação dos seus direitos individuais, coletivos e difusos, no âmbito da comunidade".[8]

Relevante reflexo do princípio da isonomia foi assimilado pelo Código de Ética e Disciplina da OAB. Exterioriza-se em dispositivo que postula, para o advogado, consciência de que o Direito é meio de mitigar as desigualdades

5. Art. 133 da CF/1988.

6. Art. 1.º do Código de Ética e Disciplina da OAB.

7. Art. 2.º do Código de Ética e Disciplina da OAB.

8. Art. 2.º, parágrafo único, IX, do Código de Ética e Disciplina da OAB.

para o encontro de soluções justas e que a lei é instrumento para garantir a igualdade de todos.[9]

A independência do advogado deve ser continuamente perseguida, mesmo quando ele se vincule ao cliente mediante relação empregatícia ou por contrato de prestação permanente de serviços. Para assegurar sua independência, é legítima a recusa de patrocínio de pretensão a que também faça jus ou que contrarie expressa orientação sua, anteriormente *manifestada*.[10]

Procura-se distinguir de maneira muito nítida a prestação de serviços de advogado e a *mercantilização* da profissão,[11] vedando-se ao advogado a captação de clientela.[12] E o dever da *verdade* está explicitado no Código, defeso ao advogado expor os fatos em juízo falseando deliberadamente a verdade ou estribando-se na má-fé.[13]

O codificador da ética profissional dos advogados entendeu ser conveniente a enunciação dos vários preceitos aplicáveis à categoria. "Os cânones de ética profissional justificam-se por si mesmos, pois, como bem observou Gleason Archer, em sua excelente obra *Ethical obligations of the lawyers*, 'não é possível deixar esse assunto ao critério de cada profissional. Boas intenções, altos ideais de moralidade, nem sempre bastam para produzir soluções acertadas'."[14] A adoção de regras positivadas num ordenamento propicia ao profissional condições de balizar a própria conduta diante das exigências morais, constituindo-se em parâmetro valioso de atuação.

Vive-se um momento trágico nas carreiras jurídicas. Há um sentimento disseminado de que existe uma irreconciliável divisão entre o legal e o moral. E isso elimina a fé pública na lei. Alguns advogados parecem desdenhar essa percepção popular e reforçam a impressão de que a ética e a moral não têm lugar na lei. O fenômeno é universal. Thane Rosenbaum, em instigante obra, *The myth of moral justice*, com o sugestivo subtítulo *Por que nosso sistema legal falha ao fazer o que é certo*, menciona a perplexidade dos alunos de direito perante a indagação: o sistema legal é moral? Preocupações morais têm lugar na consciência de advogados e juízes?[15]

---

9. Art. 3.º do Código de Ética e Disciplina da OAB.
10. Art. 4.º e parágrafo único do Código de Ética e Disciplina da OAB.
11. Art. 5.º do Código de Ética e Disciplina da OAB.
12. Art. 7.º do Código de Ética e Disciplina da OAB.
13. Art. 6.º do Código de Ética e Disciplina da OAB.
14. Citação de Antão de Morais, em discurso de posse no Tribunal de Ética de São Paulo, *A Gazeta*, 11.06.1948, apud Ruy de Azevedo Sodré, op. cit., p. 11.
15. *The myth of moral justice – Why our legal system fails to do what's right*, p. 30.

Essa dúvida, a permear o destinatário da atuação jurídica e a inibir os próprios futuros profissionais do direito, certos de que a advocacia atua com uma lógica própria, muito distante da ética e da moral comuns, é muito séria. No momento em que o Brasil assiste, aturdido, a um vendaval de denúncias de corrupção, malversação de dinheiro público, negociatas, a hegemonia da criminalidade organizada, com a aparente participação de profissionais do direito, o tema adquire urgência e realce.

A notícia de que as organizações criminosas mantêm estudantes de direito destinados a servir à criminalidade depois de formados, a tênue linha distintiva entre o defensor de alguns infratores e a cumplicidade, o uso de estratégias pouco éticas para impedir julgamentos e para procrastinar a prestação jurisdicional – já em si tão morosa – são fatos que só podem comprometer o apreço e o respeito que deveriam ser devotados a uma profissão constitucionalmente privilegiada.

Somente um retorno consequente e deliberado à reflexão e à vivência ética poderão resgatar o patrimônio lesado das profissões jurídicas, principalmente da advocacia, que é aquela provida do maior número de integrantes.

12.2 Deveres para consigo mesmo

Quem escolhe a profissão de advogado deve ser probo. Nada mais trágico do que o advogado ímprobo. A probidade, frisa Ruy de Azevedo Sodré, "é mais que dever. É condição essencial, inerente mesmo à pessoa do advogado. A probidade, na reza da Ordenação, L.LI, título 48, § 1.º, consiste na boa fama e consciência, 'além das letras e suficiência'".[16] E, ao invocar o magistério de João Monteiro, completa que o primeiro dever do advogado é "ser probo, diligente, delicado e discreto".[17] Quem procura um advogado está quase sempre em situação de angústia e desespero. Precisa nutrir ao menos a convicção de estar a tratar com alguém acima de qualquer suspeita.

Outro dever é esmerar-se para se tornar instrumento insubstituível na concretização da defesa dos interesses jurídicos de seu constituinte. A matéria-prima do advogado é a palavra. Precisa conhecê-la e dominá-la, para que sirva adequadamente às estratégias da atuação profissional.[18] No momento em que se constata a existência de imensa percentagem de analfabetos funcionais a

16. Op. cit., p. 178.

17. João Monteiro, *Teoria do processo civil e comercial*, 3. ed., p. 273, apud Ruy de Azevedo Sodré, idem, p. 178.

18. O art. 45 do Código de Ética e Disciplina da OAB dispõe: "Impõe-se ao advogado lhaneza, emprego de linguagem escorreita e polida, esmero e disciplina na execução dos serviços".

cursar direito, fica difícil acreditar que haja recuperação próxima dos níveis de utilização do português. A *última flor do Lácio* está cada vez mais inculta e cada dia menos bela.

O domínio do idioma constitui empreitada complexa e reclama incessante empenho de qualquer profissional. Para o advogado essa obrigação é enfatizada. O mau uso do vernáculo põe em risco direito alheio. É inadmissível o advogado com falhas no exprimir-se, por escrito ou verbalmente. O processo de globalização em que todos se encontram submersos impõe ainda proficiência ao menos em mais um idioma. Para o brasileiro, o inglês serve como língua universal, qual o esperanto. E o espanhol se faz necessário para o trato das questões jurídicas da parceria estabelecida com o Mercosul.

Além da utilização correta do vernáculo, o advogado há de perseguir contínuo aprimoramento do estilo. Carvalho Neto aconselha: "Falando ou escrevendo, o advogado não deve esquecer as virtudes principais de estilo: 1. a clareza e 2. a pureza"; enquanto Reinach adverte: "A desordem da palavra, a impropriedade dos termos, a deselegância das frases, a hesitação custosa dos desenvolvimentos são sempre marcas de incerteza e dos desfalecimentos do pensamento".[19] É oportuna a menção a esse aspecto da profissão. A prática demonstra que parcela considerável dos bacharéis partícipes dos concursos públicos demonstra sofrível conhecimento de português, pois fruto da geração que não lê e não escreve. Quem não lê e não escreve, não tem condições de pensar. As atuais gerações cresceram confortadas pela imagem da TV e satisfeitas com a utilização de um código de linguagem caracterizado por signos e monossílabos. É o gestual e a mais escancarada indigência vernacular.

A preocupação com a linguagem não é recente, nem apenas brasileira. Angel Ossório já constatava: "Prestamos pouca atenção à ferramenta do nosso ofício, que é a palavra escrita ou falada. Produzimos com desalinho, com descuido. Redigimos nosso trabalho como um mero cumprimento de mera necessidade ritual. Consideramos os escritos como operações aritméticas, às quais somente se exige que sejam exatas. Ainda naqueles casos em que a redação é correta, sempre falta o hálito de vida, o matiz da paixão, o lance crítico, o que é condimento, espécie e salsa dos trabalhos literários. Não é a palavra nossa única arma? Descuidá-la é como o artilheiro deixar oxidar-se o canhão, o médico permitir que perca o gume o bisturi ou o arquiteto perder o compasso e as réguas".[20]

---

19. Apud Ruy de Azevedo Sodré, op. cit., p. 179.

20. *El abogado*, v. 2, Buenos Aires, 1956, p. 36, apud Ruy de Azevedo Sodré, op. cit., p. 180. O bom uso da palavra não prescinde da contínua leitura e do permanente exer-

O advento das novas tecnologias faz com que o advogado também tenha desenvoltura na utilização da Internet, das infovias, das redes e de todo o acervo posto à disposição do direito nesta era. Opor-se à utilização do computador é algo que não se admite no século XXI. A Justiça convencional só poderá tornar-se o serviço público eficiente que dela se requer, se houver familiaridade do profissional com suas técnicas. Ao contrário de resistir à crescente *virtualização* do processo, o advogado deveria ser o primeiro a se posicionar a favor de sua implementação. Sem prejuízo de propor novas alternativas para a consecução mais eficiente do justo possível.

O processo eletrônico é uma realidade exigida pela sociedade brasileira. O legislador fez sua parte, ao editar a Lei 11.419, de 19.12.2006. O CNJ, o segundo órgão na hierarquia do Poder Judiciário, estabeleceu metas a que os Tribunais estão sujeitos: 1. Informatizar todas as unidades judiciárias e interligá-las ao respectivo Tribunal e à rede mundial de computadores (Internet); 2.Informatizar e automatizar a distribuição de todos os processos e recursos; 3. Implantar sistema de gestão eletrônico da execução penal e mecanismo de acompanhamento eletrônico das prisões provisórias; 4. Tornar acessíveis as informações processuais nos portais da rede mundial de computadores (Internet), com andamento atualizado e conteúdo das decisões de todos os processos, respeitado o segredo de justiça; 5. Implantar o processo eletrônico em parcela de suas unidades judiciárias.

O advogado atento à realidade deverá colaborar para que essa exigência contemporânea seja viável. A duração interminável dos processos tem várias causas, mas uma delas é o burocratizado sistema de comunicações. Para atender à vontade do legislador – e do constituinte, que pretende processo resolvido em tempo razoável – o juiz deverá priorizar "a utilização de meios eletrônicos para abreviar etapas, evitar discussões indevidas, e ainda poderá consultar as partes sobre a manutenção dos documentos originais. O acesso sempre será

---

cício da escrita. Ruy de Azevedo Sodré alinha uma série de conselhos que continuam válidos e atuais. George Polya: controle-se se tem, por acaso, mais de uma coisa a dizer: expresse primeiro uma, logo a outra; não procure dizer ambas ao mesmo tempo; Benjamin Cardozo: que o receptor tome conhecimento do conteúdo da expressão *com um mínimo de esforço mental*; Arthur Brisbane: há de enviar tuas ideias através da mente do leitor como vagões de carga através de um túnel. Não mais de uma ideia de uma vez; A. M. O'Neil: a oração curta tem sempre vantagem psicológica para transportar pensamentos ao leitor; e Angel Ossório: no advogado há, antes de tudo, um *historiador*, porque a primeira tarefa do advogado é *narrar fatos*. De um escritor, este conselho: escrever bem é, ao mesmo tempo, pensar bem, sentir bem e explicar-se bem. É ter, às vezes, talento, coração e gosto. O estilo é o modo particular com que um homem expressa suas ideias por meio da linguagem.

feito pela via tecnológica mais acessível e de menor custo, padronizando-se o critério da eficiência".[21] Não custa, portanto, ao advogado, desde logo fornecer ao foro e ao Tribunal o seu endereço eletrônico, para que a comunicação a partir daí se faça virtualmente, dispensando-se a utilização do papel e o deslocamento físico de um profissional para intimá-lo, notificá-lo ou mesmo chamá-lo a um desempenho.

Postula a ética advocatícia que o advogado, quando nomeado, conveniado ou dativo, desempenhe suas funções com o mesmo zelo com que as exerce na condição de contratado. O patrocinado deve se sentir amparado e ter a expectativa de que não é pelo fato de contar com advogado dativo que sua causa será impulsionada de maneira diversa, menos eficiente porque desprovida do incentivo da remuneração.[22] Para o verdadeiro advogado, não há causas grandes e pequenas, nem processos importantes e singelos, clientes que remuneram ou aqueles assim tornados por nomeação judicial. Todos merecem igual proteção da justiça, e, se o advogado é essencial à administração dela, deverá se comportar de idêntica forma em todos os feitos em que atuar.

Outros deveres decorrem dos princípios éticos aplicáveis às profissões forenses e já examinados. Convém apenas enfatizar novamente aquele decorrente do *princípio do desinteresse*. O Código de Ética Profissional do Instituto dos Advogados de São Paulo, em seu art. 24, dispunha: "Manda a ética que se estimem os honorários profissionais com moderação, tendo-se em vista que a advocacia é ramo de administração pública e não comércio para fazer dinheiro".[23] A moderação é sempre recomendada, e Milton Campos, relator do projeto do antigo Estatuto da OAB, inseriu em seu relatório: "Faz-se preciso procurar a linha de equilíbrio entre a necessidade de subsistência do profissional e o dever de moderação que tranquilize o cliente e estabeleça entre ele e o patrono o clima de repousada confiança, sem a qual a advocacia perde a nobreza e a dignidade a ela inerentes".[24] Os tempos são outros. A cupidez se acentuou e, lamentavelmente, não constituem exceção os queixumes quanto ao exagero na fixação dos honorários, com razões ponderáveis de ambos os polos. Pois os clientes também procuram o advogado em situação de desespero, prontos a qualquer sacrifício para restaurar seu patrimônio jurídico. À medida

21. Carlos Henrique Abrão, *Processo eletrônico - Processo digital*, 3. ed., São Paulo, Editora Atlas, 2011, p. 22.
22. Art. 46 do Código de Ética e Disciplina da OAB.
23. Ruy de Azevedo Sodré, op. cit., p. 188.
24. Relatório inserto, *Diário do Congresso Nacional*, Secção I, 13.11.1948, p. 6902, apud Ruy de Azevedo Sodré, op. cit., p. 188.

que a solução se encaminha, o trabalho prestado pelo advogado vai tendo o seu valor diluído perante o cliente, chegando a final a considerar-se lesado pela remuneração pretendida.

Numa sociedade de consumo a deletéria influência do dinheiro se faz sentir em todas as profissões. Não seria diferente em relação ao advogado. Uma das infrações disciplinares comuns na advocacia é o locupletamento à custa do cliente ou da parte adversa. Paulo Luiz Netto Lobo observa que "locupletamento é o benefício ou enriquecimento indevido do advogado. Dá-se: a) quando obtém proveito desproporcional com os serviços prestados; b) quando cobra honorários abusivos, colocando o cliente em desvantagem exagerada; c) quando participa vantajosamente no resultado financeiro ou patrimonial do caso; d) quando obtém vantagens excedentes do contrato de honorários nele não previstas; e) quando se apropria ou transfere para si, abusando do mandato, bens ou valores que seriam do cliente ou a ele destinados; f) quando promove o levantamento de dinheiro depositado em nome do cliente, com a agravante de postular benefício de justiça gratuita para o cliente com quem celebrou contrato de honorários, quando recebe honorários do cliente para intentar a ação e não a promove, sem lhe dar explicações, quando recebe do cliente quantia destinada à propositura da ação trabalhista e se recusa a devolvê-la quando, no dia seguinte, o cliente lhe comunica que desistiu de ajuizá-la, quando recebe, em penhor do constituinte, veículo de propriedade deste e o vende, a pretexto de pagar-se pelos serviços profissionais, quando entrega o valor ao cliente mediante cheque sem fundos, quando recebe procuração e adiantamento do cliente e não ajuíza a ação".[25] Algumas dessas práticas também constituem tipos penais. A devolução do valor indevidamente apropriado pelo advogado reclama atualização monetária e não é excludente da falta. Ou seja, a infração não desaparece com a devolução depois de instaurado o processo disciplinar. Além da esfera disciplinar e penal, o advogado se submete ao Código de Defesa do Consumidor, pois é fornecedor de serviços.

12.3 Das relações com o cliente

O advogado está, primeiro lugar, a serviço da Justiça, mas, direta e secundariamente, a serviço de quem o constitui. O primeiro dever posto pelo Código de Ética é informar o cliente, de forma clara e inequívoca, em relação

25. *Comentários ao Estatuto da Advocacia e da OAB*, p. 202-203. Cada exemplo mencionado está acompanhado do número do respectivo processo junto ao Conselho Federal, hipóteses apreciadas entre 1994 e 1999 e evidenciadoras de que essas práticas lamentáveis na verdade ocorrem, para desprestígio da categoria.

aos eventuais riscos da sua pretensão e das consequências que poderão advir da demanda.[26]

Pode-se pensar que o advogado, por depender de trabalho, deverá estimular quem o procure a iniciar um processo perante a justiça. Muitas vezes isso é de fato necessário. Ninguém pode ser aconselhado a desistir da defesa de seus direitos. Viver injustiçado é viver indignamente. Outras vezes a solução passa ao largo da justiça convencional. Pode haver entendimento direto entre as partes, e nesse sentido o advogado deverá encaminhar a questão posta.

Quando a resolução da controvérsia há de se buscar em juízo, o advogado tem o dever de alertar o cliente das eventuais consequências dessa demanda. A justiça é imprevisível, pois tarefa humana. A fraqueza – ou beleza – do direito está na multiplicidade de interpretações possíveis sobre o mesmo tema. O advogado não pode garantir ao cliente que o seu direito será reconhecido e, se o for, na plenitude pretendida. E esse dever da *verdade* há de ser conciliado com o dever de aconselhar o cliente a não ingressar em aventura judicial e estimular a conciliação entre os litigantes, evitando, sempre que possível, a instauração de litígios.[27]

Nessa fase, principalmente, há de o advogado inocular-se de grande humildade e tolerância para com as idiossincrasias humanas: "Uma inalterável e inesgotável paciência é por vezes necessária para ouvir longas e fastidiosas exposições, na sua maior parte inúteis, mas o advogado deve escutá-las atentamente e delas destacar o principal, sem obstar a que o cliente prossiga nas suas considerações, pois difícil coisa é, a quem desconhece o mister e não tem o hábito de resumir, destacar, por si, o que é principal do que é acessório".[28] A pessoa que se considera injustiçada não percebe o quão cansativo é, para o profissional, ouvir relatos minuciosos, plenos de detalhes insignificantes. Ela perde a noção das conveniências. Torna-se muita vez irritante. Todavia, para o advogado a paciência há de permanecer durante todo o andamento da causa – no sistema brasileiro, isso pode se prolongar por muitos anos, até por duas décadas –, pois é natural que a parte, aflita em relação ao destino de seu pleito, procure amiúde pelo advogado. E o advogado é alguém que deve ser encontrado sempre, que não pode se recusar a escutar o cliente. Quando atingir um estágio em que o cliente o aborreça ou cause irritação, deverá renunciar ao mandato.

---

26. Art. 8.º do Código de Ética e Disciplina da OAB.

27. Incisos VI e VII do parágrafo único do art. 2.º do Código de Ética e Disciplina da OAB.

28. Silva Ribeiro, *A profissão do advogado*, 2. ed., 1925, p. 74, apud Ruy de Azevedo Sodré, op. cit., p. 237.

Se o cliente já tem patrono constituído, o advogado só aceitará sua procuração depois de conversar com o colega. Apenas serviços urgentes e inadiáveis justificarão atuar nessas circunstâncias, impondo-se ao procurador se entender com o antigo patrono assim que possível.[29]

A relação com o cliente perdura não só até a conclusão da causa, quando se presume cumprido e cessado o mandato.[30] Não é raro que o constituinte necessite de esclarecimentos posteriores, e o advogado não há de recusar-se a prestá-los.

Concluída a causa ou desistindo o constituinte de sua continuidade, o advogado se obriga à devolução de bens, valores e documentos recebidos no exercício do mandato e à pormenorizada prestação de contas.[31] O advogado também pode renunciar ao patrocínio independentemente de motivo, responsabilizando-se por eventuais danos causados a clientes ou terceiros.[32] Em contrapartida, a revogação do mandato por vontade do cliente não o desobriga do pagamento das verbas honorárias contratadas, bem como não retira o direito do advogado de receber o quanto lhe seja devido em eventual verba honorária de sucumbência, calculada proporcionalmente, em face do serviço efetivamente prestado.[33]

Na questão de prestação de contas, não é incomum surgir desentendimentos entre advogado e cliente. Variadas ocorrências têm sido submetidas aos Tribunais de Ética e Disciplina. Mencione-se, para ilustrar: "o advogado, nas hipóteses de conclusão ou desistência da causa, com ou sem extinção do mandato e, também, na de revogação deste por parte da cliente, obriga-se a pormenorizada prestação de contas, não excluindo outras prestações, solicitadas pela cliente, a qualquer momento (art. 9.º do CED). Na respectiva prestação de contas, cumpre discriminarem-se, sob a forma contábil, as despesas e os honorários, indicando o critério de cálculo segundo a previsão contratual. Eventual compensação de valores pressupõe previsão contratual ou anuência da cliente. A prestação de contas e o pagamento do saldo existente, à cliente, poderão ser feitos no escritório do advogado ou, não se verificando o comparecimento daquela, ser encaminhada ao endereço que consta do contrato de prestação de serviços. Existindo valores a crédito da cliente, poderá o Consulente proceder

29. Art. 11 do Código de Ética e Disciplina da OAB.

30. Art. 10 do Código de Ética e Disciplina da OAB.

31. Art. 9.º do Código de Ética e Disciplina da OAB.

32. Art. 13 do Código de Ética e Disciplina da OAB.

33. Art. 14 do Código de Ética e Disciplina da OAB.

ao depósito em conta da titularidade daquela, mesmo porque tal procedimento se assemelha àquele legalmente previsto para a ação de consignação em pagamento, na fase extrajudicial, presente uma das hipóteses previstas em lei".[34]

O Código de Ética veda ao advogado patrocinar causa contrária à ética, à moral ou à validade de ato jurídico em que tenha colaborado, que tenha orientado ou conhecido em consulta. Da mesma forma, deve declinar seu impedimento ético quando tenha sido convidado pela outra parte, se esta lhe houver revelado segredos ou obtido seu parecer.[35] As duas primeiras causas de recusa são genéricas. Toda e qualquer causa atentatória da ética ou da moral deve ser recusada pelo advogado – preceito que confere enorme discricionariedade ao profissional, pois de sua consciência provirá o comando, após avaliar a eticidade ou moralidade da demanda, segundo seus próprios critérios.

A relação de confiança do cliente e do advogado é personalíssima. Sem concordância do cliente, o advogado não pode substabelecer o mandato, ou seja, atribuir a um colega poderes iguais aos que recebeu do constituinte. Há duas espécies de substabelecimento: aquele que se faz *sem reservas de poderes*, ou seja, o substabelecente abandona o patrocínio da causa, deixando-a inteiramente ao substabelecido; e o substabelecimento *com reservas de poderes*, em que ele atribui as prerrogativas recebidas com o mandato a um colega seu, conservando-as também para si. Neste caso, faz-se necessário convencionar previamente o ajuste de honorários entre ambos.[36]

O advogado não é obrigado a aceitar a imposição de seu cliente quanto a trabalhar em conjunto com outros advogados. A prestação de serviços é individual e personalíssima. Representa dever ético do advogado recusar-se a atuar com outros colegas, quando isso não resulte de sua própria vontade. Pois a exigência do cliente está a demonstrar sua escassa confiança no profissional, necessitado do amparo de colegas mais capazes.[37]

Todos os aspectos mencionados se fundam na relação entre o advogado e o cliente que o constituiu livremente. Muitas vezes, o advogado é *nomeado* pelo juiz ou indicado pela OAB para patrocinar a defesa de réu pobre. Naquilo que se mostrar aplicável, a normativa ética se mostra inteiramente exigível.[38]

---

34. Proc. E-4.073/2011, v.u. em 15.12.2011, rel. Luiz Francisco Torquato Avolio, mencionando os precedentes E-2.628/2002, E-2.668/2002, E-3.236/2005, E-3.621/2008, E-3.645/2008, E-3.769/2009 e E-3.999/2011.

35. Art. 20 do Código de Ética e Disciplina da OAB.

36. Art. 24, *caput* e § 2.º, do Código de Ética e Disciplina da OAB.

37. Art. 22 do Código de Ética e Disciplina da OAB.

38. Ver, novamente, o art. 46 do Código de Ética e Disciplina da OAB.

Quando se tratar de defesa criminal, constituído ou nomeado, o advogado tem o dever de exercê-la sem considerar sua própria opinião sobre a culpa do acusado.[39] Esse dever é decorrência do *direito de defesa* a todos assegurado pela Constituição.[40] O acusado do crime mais hediondo e repulsivo à consciência comunitária merece, como criatura humana, ser defendido por um advogado. É um direito *fundamental*, inserto em todas as Constituições dos Estados de Direito de índole democrática da civilização ocidental.

A síntese dos deveres éticos do advogado para com o cliente poderia ser resumida na *lealdade* para com o constituinte. Por essa *lealdade* o advogado há de se inteirar da causa, conferir-lhe o melhor tratamento técnico, empenhar-se para fazer jus à confiança do cliente, representando-o da melhor maneira técnica e estratégica, sem prejudicar sua *independência*, recordando-se de que ao advogado o cliente não dá ordens. Profissionais liberais há que, vinculados contratualmente a uma *obrigação de resultado*, podem receber ordens de quem os contratou. Já os advogados, subordinados a uma *obrigação de meios*, não recebem ordens. Estão eticamente sujeitos a desenvolver o melhor de si na boa representação dos clientes, procurando a justiça em primeiro lugar, o interesse do constituinte em seguida, mas nada podendo prometer quanto ao resultado de sua lide. Algo que precisa ser lembrado. Embora o advogado seja *indispensável à administração da justiça*,[41] o STF, em decisão do Min. Paulo Brossard tornou ineficaz parte do art. 1.º do EAOAB, a dispor sobre o monopólio da capacidade postulatória do advogado, quanto aos Juizados Especiais, Justiça do Trabalho e Justiça de Paz. "Tal decisão fundamenta-se nos casos em que a figura indispensável do advogado poderia restringir a faculdade do livre exercício do cidadão, de pleitear seus direitos perante o Judiciário."[42]

Embora não seja obrigatória a participação do advogado nesses casos, ele não está impedido de orientar a parte, aconselhá-la, acompanhá-la a juízo. Principalmente, tentar obter uma solução na via conciliatória. Atender a quem necessite de orientação, embora não precise contratar advogado, atende ao princípio do desinteresse e é uma postura ética altruísta. No mais, tal proceder pode ser um investimento na credibilidade e respeito ao profissional da advocacia que, em caso de necessidade, será lembrado por aquele que mereceu orientação espontânea.

---

39. Art. 21 do Código de Ética e Disciplina da OAB.

40. Art. 5.º, LV, da CF/1988.

41. Art. 133 da Constituição Federal.

42. Haroldo Cardella; José Antonio Cremasco, *Manual de ética profissional do advogado*, Campinas, Millennium, 2005, p. 8.

12.4 Do sigilo profissional

O cliente não deveria guardar reserva alguma para com seu advogado. Confiar nele plenamente. Sabe que o sigilo profissional é inerente à profissão.[43] Não precisa pedir segredo ao seu procurador, pois o advogado que revelar, sem justa causa, segredo de que tem ciência em razão de profissão, e cuja revelação possa produzir dano a outrem, pratica crime.[44] O advogado sempre deve se recusar a depor, poupando-se de ter de revelar segredo profissional. O Código de Processo Penal o proíbe de depor, salvo se, desobrigado pela parte interessada, quiser dar seu testemunho.[45] Enquanto isso, o Código de Ética da OAB dilarga as exceções ao sigilo, permitindo-o quando houver grave ameaça ao direito à vida, à honra ou quando o advogado se veja afrontado pelo próprio cliente e, em defesa própria, tenha que revelar segredo.[46] Esta última hipótese é considerada por Gonzales Sabathié e assim justificada: "A obrigação do segredo profissional cede às necessidades da defesa pessoal do advogado, quando for objeto de perseguições por parte do seu cliente. Pode revelar então o que seja indispensável para a sua defesa e exibir no caso os documentos que aquele lhe haja confiado".[47] De qualquer forma, a revelação sempre estará restrita ao interesse da causa.

A recomendação ética é no sentido de recusa do advogado a depor como testemunha judicial, ainda que solicitado pelo constituinte.[48] As confidências que este fizer ao advogado só podem ser utilizadas no limite da necessidade da defesa e desde que autorizado pelo constituinte. Mesmo as comunicações epistolares – aqui incluídas as transmitidas por telegrama, telex, *fac-símile* ou por qualquer outro meio eletrônico ou informatizado – entre advogado e cliente são consideradas confidenciais.[49] Tais fatos não podem ser levados a conhecimento de terceiro, sob pretexto algum.

A temática do *sigilo profissional* é das mais árduas na ética do advogado. A recomendação de Ruy de Azevedo Sodré aos jovens advogados é a de, em caso de dúvida, recorrerem aos colegas mais antigos ou submeterem a consulta ao

---

43. Art. 25 do Código de Ética e Disciplina da OAB.
44. Art. 154 do Código Penal.
45. Art. 207 do Código de Processo Penal.
46. Art. 25, parte final, do Código de Ética e Disciplina da OAB.
47. Apud Ruy de Azevedo Sodré, *O advogado...* cit., p. 305, citando também Appleton como tratadista que legitima a quebra do segredo nessa circunstância especialíssima.
48. Art. 26 do Código de Ética e Disciplina da OAB.
49. Art. 27 do Código de Ética e Disciplina da OAB.

Tribunal de Ética.[50] Uma das finalidades desse organismo é justamente atender às solicitações dos advogados, orientando-os quanto a dúvidas éticas.[51]

Caso interessante foi apreciado pelo Tribunal de Ética da OAB-SP, em que se discutia se era dever profissional ou ético do advogado prestar informações, fornecer documentos ou emitir pareceres sobre o andamento de causas a seu cuidado, a pedido de associação de classe de seus constituídos. Considerou-se potencial a possibilidade de quebra do sigilo, cujo dever, por força do mandado recebido, se opera plenamente em relação aos mandantes, aos quais o advogado prestará sempre as informações que requererem.[52] Em regra, os processos são públicos e qualquer advogado tem acesso às suas peças. A exceção é o segredo do processo, que não se confunde com o dever de sigilo profissional do advogado. Tudo o que este vier a conhecer, em virtude de sua profissão, está protegido pelo dever do resguardo, cuja quebra significa grave infração ética.

Também já se decidiu que "o dever de guardar sigilo sobre fatos que chegam ao conhecimento do advogado em virtude do exercício da advocacia é um dos princípios fundamentais da profissão e, só excepcionalmente, pode ser abrandado. Não se incluem nesse dever, contudo, os fatos presenciados pelo advogado que nenhuma relação tenham com o exercício de seu mister e nem tenham sido objeto de consulta ou de aconselhamento, razão pela qual nessa hipótese e sobre esses específicos fatos poderá o causídico depor em juízo".[53]

A questão do sigilo é uma das mais controvertidas na tópica jurisprudencial. Chega-se a sustentar que "o sigilo profissional deve ser resguardado eternamente, de modo que, se for necessária a utilização de qualquer dado sigiloso para a defesa dos interesses do novo constituinte contra o antigo cliente, ou se desse fato resultar qualquer vantagem ilegítima, a advocacia, neste caso, é proibida, independentemente do lapso temporal decorrido. Caso em que o consulente tomou conhecimento de dados acerca das regras internas do condomínio, condução de assembleias e, principalmente, orientação na prestação das contas do síndico. Ações cíveis e trabalhistas em que existe potencial risco

---

50. Op.cit., p. 308. Interessante, ainda, a consulta às conclusões do Instituto dos Advogados do Brasil sobre o princípio do segredo profissional, reproduzidas por Ruy de Azevedo Sodré em sua obra, p. 314-317.

51. Art. 49 do Código de Ética e Disciplina da OAB.

52. Carlos Aurélio Mota de Souza, op. cit., p. 184.

53. Processo E-4.061/2011, votado em 15.12.2011 no TED-SP, ementa de Ricardo Cholbi Tepedino, vencido o relator sorteado Fábio Kalil Vilela Leite.

de utilização de informações conhecidas no exercício da advocacia. Vedação. Inteligência do art. 19 do EAOAB".[54]

12.5 Da publicidade

A sociedade de massa, também considerada a *sociedade da informação* e da *comunicação*, fortaleceu os meios de divulgação das profissões. O serviço profissional é bem de consumo e, para ser consumido, há de ser divulgado mediante *publicidade*.

Em relação à advocacia, é necessária uma postura prudencial. Não se procura advogado como se busca um bem de consumo num supermercado. A contratação do causídico está sempre vinculada à ameaça ou efetiva lesão de um bem da vida do constituinte. Ele precisa de um profissional que atue tecnicamente, mas em quem confie suficientemente para entregar a ele informações íntimas sobre a família, bens e haveres, honra e deslizes.

Não está o advogado proibido de anunciar os seus serviços. Mas precisa fazê-lo com *discrição* e *moderação*. A finalidade da publicidade é apenas *informativa* e é vedada a divulgação em conjunto com outra atividade.[55]

O modelo de uma publicidade discreta e moderada já vem enunciado pelo Código de Ética. O anúncio deve mencionar o nome completo do advogado, seu número de inscrição na OAB, podendo fazer referência a títulos ou qualificações profissionais, especialização técnico-científica e associações culturais e científicas, endereços, horário do expediente e meios de comunicação. Essa publicação só pode ser feita na mídia *impressa*, vedada a sua veiculação pelo rádio e televisão e a denominação de fantasia.[56] Tudo para dar cunho de seriedade à divulgação dos atributos do bacharel, de maneira a que se o não considere um *mercador jurídico*, um *negociante* do foro, um *mascate* das soluções do direito.

As placas na sede profissional ou residência do advogado também devem observar discrição. Essa discrição se afere quanto ao conteúdo, forma e dimensões e precisa evitar qualquer aspecto mercantilista. Os *outdoors* são vedados, assim como qualquer outro meio equivalente.[57]

---

54. Proc.E-4.084/2011, v.u., j.15.12.2011, Rel.Fábio de Souza Ramaciotti, citando precedente do TEDI-SP, Proc.E-4.020/2011.
55. Art. 28 do Código de Ética e Disciplina da OAB.
56. Art. 29, *caput*, do Código de Ética e Disciplina da OAB.
57. Art. 30 do Código de Ética e Disciplina da OAB.

À postura essencialmente ética repugna a utilização de fotos, ilustrações, cores, figuras, desenhos, logotipos, marcas ou símbolos incompatíveis com a sobriedade da advocacia. Também é proibido o uso dos símbolos oficiais e dos que sejam utilizados pela OAB.[58] O padrão recomendável é aquele condigno com a elegância e dignidade da profissão, pautada por um comportamento ético exemplar.

Os anúncios não devem conter referência a valores dos serviços, tabelas, gratuidade ou forma de pagamento facilitada, assim como informações suscetíveis de serem interpretadas como forma de captação de clientela. A remessa de correspondência a toda uma coletividade é considerada anúncio imoderado, assim como a inserção do nome e do escritório em partes externas de veículo e do nome do advogado em anúncio relativo a outras atividades não advocatícias, ainda que destas não tome parte.[59]

Maneira subliminar de propaganda é a presença permanente do advogado em programas de TV ou rádio, assim como a participação em manifestação pública visando ao esclarecimento de tema jurídico de interesse geral. Nessas oportunidades, o advogado há de visar objetivos exclusivamente ilustrativos, educacionais e instrutivos, sem propósito de promoção pessoal ou profissional. Além disso, deverá evitar o caráter sensacionalista do debate, a crítica a outros profissionais forenses e a seus métodos de trabalho.[60]

Insere-se na mesma linha de raciocínio a publicação, em órgãos de difusão não especializados, de artigos que, sob a aparência de doutrina, estão na verdade difundindo as qualidades do advogado que os subscreve. O advogado eticamente irrepreensível deve abster-se de responder, com habitualidade, consulta sobre matéria jurídica nos meios de comunicação social, com intuito de promover-se profissionalmente, assim como de debater causa sob seu patrocínio ou patrocínio de colega. Não é admissível abordar tema de modo a comprometer a dignidade da profissão e da instituição que o congrega, divulgar ou deixar que seja divulgada a lista de clientes e demandas e insinuar-se para reportagens e declarações públicas.[61]

É legítimo que o profissional do direito sinta orgulho por seus êxitos. Essa vaidade profissional não pode se sobrepor ao interesse por fazer o bem, ganhar divulgação exagerada e transformá-lo em *vedete jurídica*, ouvido sempre e ine-

58. Art. 31 do Código de Ética e Disciplina da OAB.

59. § 2.º do art. 31 do Código de Ética e Disciplina da OAB.

60. Art. 32 e parágrafo único do Código de Ética e Disciplina da OAB.

61. Art. 33, I a V, do Código de Ética e Disciplina da OAB.

vitavelmente em todas as ocasiões, de maneira a canalizar para seu escritório parcela considerável de clientela gerada pela mídia. Em tema de publicidade, conviria ao advogado lembrar-se da passagem bíblica a respeito de desconhecer a mão esquerda o bem que a mão direita faz.

O reconhecimento espontâneo nem sempre surge. Mas quando é provocado pelo próprio interessado, não reveste valor algum. Apenas reflete, melancolicamente, a vulnerabilidade do ser humano vaidoso.

Paulo Luiz Netto Lobo fala a respeito da *mala direta*. Controverteu-se quanto à sua utilização. "Ou se admite ou se proíbe ou se limita. Depois de longos debates havidos no Conselho Federal, optou-se pela terceira alternativa, ou seja, a mala direta é admissível apenas para comunicar a clientes e colegas a instalação do escritório ou mudança de endereço."[62] Existe um Provimento 94/2000 do Conselho Federal da OAB que disciplina a publicidade informativa e cuja consulta é elucidativa a quem ainda detiver dúvidas a respeito dos limites éticos postos à publicidade do advogado. Prevalece a orientação de que o Código de Ética e Disciplina da OAB rejeita a mercantilização do exercício da advocacia, através do oferecimento de serviços profissionais para inculcação ou captação de clientela - arts. 5.º e 7.º. O advogado que convida clientes, através de mala direta, com exaltação do escritório e de seus merecimentos, transgride regras básicas de discrição e moderação e incorre na inculcação ou captação desleal de clientela, vedadas expressamente pelo Código de Ética e Disciplina da OAB.[63] Ainda que moderada em seus termos, mensagem contida em mala direta ofende as normas éticas se convida diretamente os mutuários do Sistema Habitacional a procurarem o advogado. A mala direta só pode ser utilizada para comunicar a clientela e interessados e mudança de endereço, telefone, razão social do escritório ou sociedade de advogados e informações similares.[64]

A tópica dos julgamentos do Tribunal de Ética de SP mostra que a publicidade imoderada, em veículo de divulgação comercial, ao lado de oferta de serviços e produtos de consumo, infringe o Código de Ética e Disciplina e ofende a classe dos advogados. A conduta é passível de punição por infringência do disposto nos arts. 29, § 5.º e 3' do Código de Ética, bem como da Res. 2/1992.[65] Da mesma forma, advogados que enviam cartas aos moradores de um condomínio, alertando sobre ilegalidade na cobrança de prestação pelos agentes do

62. Paulo Luiz Netto Lobo, *Comentários*... cit., p. 182.

63. Carlos Aurélio Mota de Souza, op. cit., p. 208.

64. Idem, p. 227.

65. Idem, p. 205-206.

Sistema Financeiro Habitacional e se oferecem para a defesa de seus interesses, promovem concorrência desleal – art. 7.º do CED. Tal prática significa anúncio de serviços jurídicos suscetíveis de captar causas ou clientes - art. 31, § 1.º - com imoderada remessa de correspondência a uma coletividade - § 2.º - e com insinuação à promoção profissional - art. 32.[66]

Maneiras mais sutis de autopropaganda também já foram censuradas pelo Tribunal de Ética da OAB-SP. Assim, a gravação de espera em telefone de advogado, a constituir uma espécie de publicidade interna do escritório. Ela deve obedecer às mesmas regras adotadas para o anúncio escrito, de discrição, moderação, simplicidade e decoro. A exaltação de merecimentos, sobre ser falta de modéstia, deve seguir as regras do art. 29, §§ 1.º e 2.º do CED, que se referem a títulos conferidos por universidades ou instituições de ensino superior. A condição de "especializando em Direito do Trabalho" não constitui título a ser anunciado mesmo em gravação telefônica e infringe o Código de Ética e Disciplina.[67] Já a divulgação ou informação discreta e moderada, via Internet, desde que adstrita aos regramentos do Código de Ética e Disciplina – arts. 28 a 34 – não vulnera os preceitos incidentes sobre a conduta profissional do advogado.[68] Assim, já se decidiu que "o Código de Ética e Disciplina permite a publicidade dos serviços profissionais do advogado por meio de site na Internet, desde que respeitados os termos dos arts. 28 a 34 do CED, do Provimento 13/1997 deste E. Tribunal Deontológico e do Provimento 94/2000 do Conselho Federal da OAB, sendo vedada, expressamente, a veiculação do exercício da advocacia em conjunto com outra atividade. Impossível, portanto, a publicidade dos serviços profissionais do advogado em conjunto com outras atividades. A advocacia, considerando o seu relevante papel na administração da justiça, não se compatibiliza com atividades outras relacionadas com a venda de bens ou serviços, o que viola os arts. 28 a 34 do CED, o Provimento 13/1997 do TED e o Provimento 94/2000 do Conselho Federal da OAB".[69]

Bem diferente é a remessa de correspondência a famílias enlutadas com oferta de assessoria advocatícia para ressarcimento de seguro obrigatório ou facultativo e serviços conexos. É procedimento antiético, a caracterizar captação de clientela, a configurar publicidade imoderada e de feição mercantilizada.[70]

66. Idem, p. 207.

67. Idem, p. 213.

68. Idem, p. 215.

69. Proc. E-4.083/2011, v.u. em 15.12.2011, rel. Célia Maria Nicolau Rodrigues, com a citação dos precedentes E-2874/2003, E-3.3489/2007, E.3958/2010, E-4.036/2011, E-40.43/2011 e E-3.779/2009, todos do Tribunal de Ética e Disciplina I, da OAB/SP.

70. Carlos Aurélio Mota de Souza, op. cit., p. 216.

Uma publicidade em outdoor afixado na parede de edifício, com propaganda associada a atividades imobiliárias, à evidência, constitui infração ética.[71] Deve prevalecer é o bom senso, o bom gosto, a moderação, a elegância. Propaganda agressiva pode até sugerir ao destinatário que a qualidade dos préstimos profissionais deixa a desejar. A excelência do profissional fala por si e se consolida por meios informais de comunicação, na lenta edificação da boa fama, como sempre ocorreu na profissão jurídica.

12.6 Dos honorários profissionais

O advogado é um profissional que trabalha e precisa receber por seus préstimos. A denominação *honorários advocatícios* consagrou-se tradicionalmente e é a usual. "Não há critérios definitivos que possam delimitar a fixação dos honorários advocatícios, porque flutuam em função de vários fatores, alguns de forte densidade subjetiva, tais como o prestígio profissional, a qualificação, a reputação na comunidade, o tempo de experiência, a titulação acadêmica, a dificuldade da matéria, os recursos do cliente, o valor da demanda etc."[72] Há um sem número de fatores, o que não impede que surjam recorrentes discussões a respeito da tormentosa questão remuneratória.

Desentendimentos gerados quanto à fixação e cobrança de honorários profissionais constituem campo fecundo nas discussões éticas dos advogados. É o problema mais grave da profissão, advertia Ruy de Azevedo Sodré, que encimava o capítulo destinado a seu trato com a candente proclamação: "A profissão do advogado é uma árdua fadiga posta ao serviço da Justiça. A missão do advogado não consiste na venda dos seus conhecimentos, por um preço chamado honorários, senão na luta diária pela atuação da justiça nas relações humanas! Esta missão não tem equivalente pecuniário e, por ela, a remuneração que se paga não é o preço da paz que se procura, senão o das necessidades de quem se consagra a esta nobre forma de vida".[73]

Mostra-se necessário o *contrato escrito* para a fixação dos honorários, sua correção – quando o caso – e sua majoração. Esse contrato deverá prever todas as especificações e formas de pagamento, inclusive no caso de acordo. Os honorários da sucumbência, devidos a quem perde a causa, não excluem os contratados. No acerto final hão de ser levados em conta, tendo sempre presente o que se ajustou na aceitação da causa.[74]

---

71. Idem, p. 229.
72. Paulo Luiz Netto Lobo, *Comentários*...cit.,, p. 128.
73. Op. cit., p. 409.
74. Art. 35 e § 1.º do Código de Ética e Disciplina da OAB.

Não é conveniente que o advogado faça compensação ou desconto dos honorários com os valores que devam ser entregues ao constituinte. Quando isso for inevitável, tem-se de inserir cláusula específica no contrato de honorários, contemplando-se autorização do cliente.[75] Como condições gerais do contrato devem constar também os encargos gerais, judiciais e extrajudiciais, inclusive eventual remuneração de outro profissional, advogado ou não, para desempenho de serviço auxiliar ou complementar técnico e especializado.[76] Tudo há de estar perfeitamente delineado no contrato de honorários, pois será fonte de dissabores para ambas as partes. É comum que a parte, depois de resolvido o problema, considere singela a sua causa e exagerada a pretensão remuneratória do advogado. E também não são raras as hipóteses em que o advogado é o único protagonista que não sofreu perdas patrimoniais com o processo, muito ao contrário disso.

Os honorários hão de ser fixados com *moderação* e os critérios para seu estabelecimento são previstos no Código de Ética: "I – a relevância, o vulto, a complexidade e a dificuldade das questões versadas; II – o trabalho e o tempo necessários; III – a possibilidade de ficar o advogado impedido de intervir em outros casos, ou de se desavir com outros clientes ou terceiros; IV – o valor da causa, a condição econômica do cliente e o proveito para ele resultante do serviço profissional; V – o caráter da intervenção, conforme se trate de serviço a cliente avulso, habitual ou permanente; VI – o lugar da prestação dos serviços, fora ou não do domicílio do advogado; VII – a competência e renome do profissional; VIII – a praxe do foro sobre trabalhos análogos".[77]

Tantos índices ensejariam adequada fixação da honorária advocatícia. Não é o que ocorre: inúmeros são os problemas surgidos nesse campo de atuação profissional. Por isso a OAB, para auxiliar a classe, fornece tabelas estabelecendo o mínimo que se pode cobrar por espécie de atuação, de maneira a não comprometer a dignidade da profissão. Esses valores mínimos não podem ser ainda mais reduzidos pelo advogado. Isso significaria captação de clientela, e os casos peculiares que importem nessa diminuição, quase sempre celebrados mediante convênios, precisam ser previamente autorizados pelo Tribunal de Ética e Disciplina,[78] pois é dever ético do advogado não aviltar os valores de seus préstimos.[79]

---

75. Art. 35, § 2.º, do Código de Ética e Disciplina da OAB.
76. Art. 35, § 3.º, do Código de Ética e Disciplina da OAB.
77. Art. 36, I a VIII, do Código de Ética e Disciplina da OAB.
78. Art. 39 do Código de Ética e Disciplina da OAB.
79. Art. 41 do Código de Ética e Disciplina da OAB.

O advogado também pode contratar sua remuneração de acordo com a cláusula *quota litis*, ou seja, extraí-la do resultado econômico-financeiro da causa. Quando assim fizer, os honorários hão de ser necessariamente representados por pecúnia e, quando acrescidos da verba de sucumbência, não podem ser superiores às vantagens advindas em favor do constituinte.[80] É salutar a previsão de uma tal cláusula, para evitar a cupidez de profissional que eventualmente venha a amealhar a maior parcela do êxito da demanda, em detrimento do titular do direito que ele apenas representou, mas nunca titularizou.

A participação do advogado em bens particulares de cliente sem recursos deveria ser vedada. Cuida-se de real sociedade entre cliente e advogado, em causa que este patrocine. Era preceito expresso do antigo Código de Ética.[81] Mas o Código de Ética a admite como exceção e sempre a ser contratada por escrito.[82]

Nem sempre a satisfação dos honorários é tranquila. É frequente a necessidade de arbitramento e cobrança judicial dos honorários. Nesse caso, o advogado deve renunciar ao patrocínio da causa, fazendo-se representar por colega. Fica eticamente impedido de pleitear seus próprios honorários, atuando em causa própria.[83] Surgem questões interessantes quando o advogado se vê forçado a cobrar judicialmente seus honorários. "Posto na contingência de ajuizar demanda para haver honorários devidos por cliente, deve o advogado, forçosamente, renunciar a outros mandatos por ele antes confiados. Possibilidade, no entanto, de exigir honorários porventura devidos nas causas a cujo patrocínio renunciar, proporcionalmente ao trabalho desenvolvido".[84]

Em qualquer caso, o crédito por honorários advocatícios não autoriza o saque de duplicata ou qualquer outro título de crédito de natureza mercantil, exceto a emissão de fatura, desde que constitua exigência do constituinte, decorrente de contrato escrito. Mesmo nessa hipótese, é vedada a tirada de protesto.[85] Essa vedação contempla o caráter honroso da remuneração do advogado, tanto que denominada *honorários*. A propósito, a longeva e hoje inaplicável lição de Cresson: "A ciência do advogado, a eloquência, a probidade não são uma mercadoria; quando a desgraça e a pobreza as invocam, elas se

---

80. Art. 38 do Código de Ética e Disciplina da OAB.
81. Seção VIII, n. II, do antigo Código de Ética: o advogado não se associará com o cliente, em causa que patrocine.
82. Art. 38, parágrafo único, do Código de Ética e Disciplina da OAB.
83. Art. 43 do Código de Ética e Disciplina da OAB.
84. Proc. E-4.082/2011, v.u., 15.12.2011, rel. Ricardo Cholbi Tepedino.
85. Art. 42 do Código de Ética e Disciplina da OAB.

dão liberalmente; não se vendem (...). O honorário deve ser um presente livre, um tributo voluntário de reconhecimento do cliente. Em nenhum caso ele pode ser exigido".[86]

Na verdade, a denominação *honorários*, conferida à remuneração própria ao profissional liberal de qualificação honrosa, constitui mero eufemismo. O advogado vive dessa remuneração. Muitos deles são, na verdade, assalariados, de onde não advém desonra alguma. Já no início do século passado observava Alcântara Machado: "Repugna a certos espíritos a equiparação dos *operae liberales* aos serviços manuais, e há quem não se conforme com a ideia de constituírem ofícios mercenários as profissões de cunho intelectual. Esquecem-se de que hoje o salário é, na frase de Ihering, o nível determinante de todo o comércio jurídico: aluídos os velhos preconceitos, ninguém se julga diminuído em sua própria estima ou na estima alheia pela circunstância de exercer uma profissão assalariada".[87] Na verdade, concluía o eminente paulista, "o único vestígio que sobrevive da antiga discriminação é pura e simplesmente verbal. Por um lado, o locatário dos serviços recebe o nome de cliente. Por outro lado, o salário das profissões liberais conserva a denominação de honorários, ou de honorária, como dizem outros. À diferença de palavras não corresponde diferença de substância. Os honorários representam o salário que vencem os locadores de serviços imateriais, a contraprestação devida pelo trabalho em cuja realização tem parte primacial a inteligência. Um eufemismo e nada mais".[88]

O Superior Tribunal de Justiça sumulou o entendimento de que os honorários do advogado não podem ser fixados em salários mínimos (Súmula 201). O Código de Processo Civil estabelece a regra na proporção variável de 10% a 20% sobre o valor da condenação no caso da sucumbência, de acordo com os critérios que seguem: a) grau de zelo do profissional; b) lugar da prestação de serviços; c) natureza e importância da causa, trabalho realizado pelo advogado e tempo exigido para o serviço. A regra geral é excepcionada para as causas de pequeno valor, de valor inestimável, naquelas em que não houver condenação ou for vencida a Fazenda Pública. Incide nestas hipóteses excepcionais o juízo de equidade do julgador. Equidade, já se examinou, é a possibilidade de flexibilizar, pela experiência comum do juiz, o rigor estrito da lei, adequando-a ao caso concreto.

Os Tribunais de Ética enfrentam inúmeras questões derivadas de desentendimento entre o cliente e o advogado contratado. Muitas delas têm perti-

---

86. Apud Ruy de Azevedo Sodré, op. cit., p. 413.

87. *Honorários médicos*, p. 7, 11 e 12, apud Ruy de Azevedo Sodré, op. cit., p. 410.

88. Idem, p. 410-412.

nência com a cobrança de honorários. A casuística é rica e fornece uma noção do ponto nevrálgico desse tema no relacionamento entre a parte e o profissional por ela constituído. Mencione-se, apenas como exemplo e material de discussão, a possibilidade que o advogado tem de socorrer-se das vias legais para cobrar honorários resultantes de seus trabalhos profissionais, cabendo-lhe a livre escolha dos meios mais adequados.[89] Além dos critérios de moderação recomendados pelo art. 36 do Código de Ética e Disciplina da OAB, devem ser levadas em consideração as condições pessoais do cliente, para que os honorários sejam dignos, compatíveis e equitativos. Se a remuneração atinge percentuais de 50% sobre o resultado, a hipótese é de locupletamento. O advogado auferiria vantagem superior à do cliente e isso vulneraria os arts. 35 e § 1.º, 36, 37 e 38 do Código de Ética e Disciplina da OAB.[90] Da mesma forma, age temerariamente o profissional que, em relação a trabalho prestado e não pago pontualmente, protesta títulos de crédito que detém e ajuiza pedido de falência do devedor. O Tribunal de Ética da OAB-SP considerou abuso a exposição do cliente a ridículo, constrangimento ou ameaça.[91]

12.7 Relações com os colegas

O Código de Ética e Disciplina da OAB dedica apenas um dispositivo para as relações do advogado com os colegas, que estão colocados ao lado do público, autoridades e funcionários do juízo. Esse preceito abriga o dever de o advogado tratar todas essas pessoas com respeito, discrição e independência, exigindo igual tratamento e zelando pelas prerrogativas a que tem direito.[92]

Sobre o relacionamento entre colegas, a deontologia das carreiras forenses oferece regramento abrangente. Existe mesmo um dever de *coleguismo*, já mencionado anteriormente, a exteriorizar conduta de companheirismo entre integrantes da mesma profissão. Antigo regulamento da Ordem chegava a tipificar como infração disciplinar a falta, de modo inequívoco e injustificado, aos deveres de *confraternidade* com os demais colegas.

Os advogados não devem *competir* entre si, menos ainda se referir desairosamente à atuação do colega. Nesse ponto, era mais preciso o Código de

89. Carlos Aurélio Mota de Souza, *Ética profissional da advocacia - 10 anos de pareceres - Tribunal de Ética e Disciplina OAB/SP*, São Paulo, Editora Juarez de Oliveira, 2006, p. 88.

90. Idem, p. 90.

91. Idem, p. 92.

92. Art. 44 do Código de Ética e Disciplina da OAB.

Ética do Instituto dos Advogados de São Paulo, cujo art. 50 dispunha: "Devem os advogados observar, na discussão dos pleitos, a mais perfeita cortesia e urbanidade, abstendo-se de alusões à vida privada ou a peculiaridades do patrono adverso, bem como de tudo quanto possa distrair o debate para o terreno pessoal".[93]

Esse o verdadeiro sentido da *confraternidade*, que, para os clássicos Duchaine e Picardi, "é salvaguarda da dignidade e da independência do foro; ela empresta suas forças à moderação, à delicadeza; ela esparge sobre o exercício da profissão um *encanto que falta a quase todas as outras;* ela facilita as relações e anula as dificuldades que, sem elas, seriam insuportáveis; ela é a auxiliar da Justiça porque ela espalha sobre os negócios uma docilidade que elimina as animosidades. Com elas, o advogado não é apenas um homem honrado; ele se torna um homem afável e cortês".[94]

Há regras, todavia, que vão além do mero tratamento pessoal. O advogado não pode aceitar procuração de quem já tinha advogado constituído, sem prévio entendimento com o colega. É-lhe vedado, ainda, entender-se diretamente com a parte adversa que tenha patrono constituído, sem o assentimento deste. São deveres do advogado para com o colega, expressamente postos pela norma ética positivada, conforme já se examinou.[95]

A grandeza de um causídico se avalia também pela sua postura em relação aos colegas. Relacionar-se com eles de maneira ética, ser leal e prestativo, apenas evidencia a segurança do advogado e aumenta seu prestígio. É própria dos incapazes a insegurança que se traduz em agressões gratuitas, ainda que sob a simulação de tenacidade natural ao encargo advocatício.

12.8 Relações com o juiz

Não existe hierarquia entre juiz, promotor e advogado. Isso não significa estar o advogado liberado de se portar de maneira respeitosa em relação ao titular da função estatal de dizer o direito.

O advogado não pode perder de vista que o juiz é responsável por milhares de processos, não se resumindo a impulsionar e a decidir aquele de seu interesse. Nem sempre o juiz é o responsável pela lentidão do Judiciário, chaga

93. Ruy de Azevedo Sodré, op. cit., p. 336-337.

94. Citação de Appleton, *Traité de la profession d'avocat*, n. 246, apud Ruy de Azevedo Sodré, idem, p. 337.

95. Art. 2.º, parágrafo único, VIII, *e*; e art. 11, ambos do Código de Ética e Disciplina da OAB.

contra a qual pouco se tem feito de efetivo. O juiz merece compreensão sob esse aspecto.

Os tempos de massificação – mais de um milhão de advogados para cerca de dez mil juízes – fizeram praticamente desaparecer a era do convívio e do conhecimento pessoal entre ambos os protagonistas da cena judicial. Foram-se os dias em que o juiz podia conversar tranquilamente com o advogado, inteirar-se de sua vida e até conhecer sua família. Os contatos forenses de hoje são instantâneos, impessoais, polidos. A polidez formal é um simulacro de moral, não chegando, na verdade, a ser uma virtude. Ela pasteuriza e torna impessoais as relações, padronizando-as sob o signo da pressa e da objetividade. E a justiça perde quando se torna uma operação formal.

Calamandrei, que escreveu o *Elogio aos juízes*, na condição de advogado, em conferência pronunciada na Universidade Nacional do México, abordou as relações entre juízes e advogados: "Mesmo nas relações entre advogados e juízes volta-se sempre ao que é o segredo de toda solução democrática: devem ser relações entre homens livres, guardas cada um deles da própria independência e da própria dignidade, mas ao mesmo tempo cônscios da solidariedade social que os une a todos para o fim comum. No processo, juiz e advogado são como espelhos, cada um deles olhando para o interlocutor, reconhece e saúda, espelha em si mesmo a própria dignidade".[96]

A *estrutura cooperatória* do processo proclama serem todos os seus protagonistas igualmente responsáveis pela concretização do justo. E postula, para que se instaure essa concepção, nova postura dos operadores jurídicos. Todos envolvidos na missão de realizar justiça, despidos de sensibilidades exacerbadas ou de melindres corporativistas.

A advocacia brasileira tem sido sempre lhana com a magistratura, como que atenta à antiga peroração de Pedro Lessa: "Tratai bem os juízes, tendo sempre em mente as contínuas injustiças com que eles são julgados, devido às paixões e aos interesses contrariados pelas sentenças, e a leviandade e precipitações que presidem as apreciações dos interessados".[97] A severidade para com os juízes procede antes da mídia do que dos advogados, agora talvez desavisados da continuidade da recomendação: "Mas, quando verificadas com segurança, com o espírito perfeitamente isento de todos os elementos subjetivos que perturbam a exata visão da realidade, que as suas decisões foram inspiradas pela amizade, pela gratidão, pela vingança, pelo ódio, pelo in-

96. Vicenzo Chieppa, Principi di etica del magistrato, *Verbum*, Fasc. 2, p. 145, jun. 1961, apud Ruy de Azevedo Sodré, op. cit., p. 358.

97. Pedro Lessa, *Discursos e conferências*, apud Ruy de Azevedo Sodré, idem, p. 359.

teresse ou pela subserviência aos poderes, zurzi-os desapiedadamente, sede implacáveis, sede cruéis, por amor à Justiça".[98] O advogado *que já foi juiz* precisa se acautelar para que a sua condição não venha a sugerir fruição de benesses inacessíveis para outros advogados. Porta-se eticamente se poupar os companheiros de toga, que ainda não a desvestiram, de assédio contínuo ou efusões que possam ser confundidas por quem as observe. Quando precisar conversar com juízes que o não conheçam, constitui deslize ético se apresentar como *juiz, desembargador* ou *colega*. Da mesma forma, os advogados *familiares de juízes* devem se abster de propalar a condição, seja com vistas a evitar a ideia de que estejam a captar clientela ou a se imporem perante os demais magistrados, seja para não causarem constrangimento aos próprios familiares invocados.

Houve um tempo em que o juiz era tão próximo ao advogado que não hesitava em solicitar a ele para que servisse como *ad hoc* em algumas audiências ou se encarregasse do patrocínio de causas dos desvalidos sem condições de custear um profissional da postulação. Com o advento da CF/1988, a consagrar a imprescindibilidade da defensoria pública, esse relacionamento tende a desaparecer. Cresce uma espécie de desconforto entre a atuação da defensoria pública e a OAB. O defensor público se desvincula da OAB ou permanece um profissional cujo ofício é disciplinado pela autarquia?

Enquanto não se define em definitivo a questão, defronta-se a Justiça com alguns problemas. A advocacia *pro bono*, em si altruísta, às vezes se vê obstada de patrocinar interesses dos necessitados, por força de compreensão autárquica do que devam ser suas finalidades. Assim, "advogado de ONG não pode atender os necessitados com base na Resolução *Pro Bono*. A Resolução *Pro Bono* destina-se, exclusivamente, a pessoas jurídicas sem fins lucrativos. Advogar na ONG, para seus associados, pode ser interpretado como benemerência travestida de captação de clientela, concorrência desleal, práticas condenadas pelo Estatuto da Advocacia e pelo Código de Ética e Disciplina. Deverão os hipossuficientes necessitados de assessoria jurídica ser encaminhados aos inúmeros serviços gratuitos existentes, como o Convênio OAB/PGE, existente em todo o Estado de São Paulo, os centros Acadêmicos das diversas faculdades de Direito, a Procuradoria Geral do Estado e a Defensoria Pública do Estado de São Paulo".[99]

---

98. Idem, ibidem.

99. Proc. E-4.085/2011, v.u. em 15.12.2011, rel. Márcia Dutra Lopes Matrone, com citação dos precedentes E-3.765/2009, E-3.542/2007, E-3.330/2006, E-2.278/2000, E-2.392/2001 e E-2954/2004.

Em síntese, advogado e magistrado devem se imbuir da relevância da missão que o sistema atribuiu a ambas as funções. Parceiros na realização da justiça, acorrentados às mesmas deficiências do sistema judicial, frutos de única formação jurídica, arcaica e obsoleta, juízes e advogados têm o dever ético de compartir angústias e tentar construir a justiça ideal. E se isso possível não for, ao menos deverão esquecer mesquinharias no relacionamento para a edificação da justiça possível, deixando a surdez moral, que não é sensível ao clamor do povo, por uma justiça ágil, célere e efetiva, à qual todos tenham acesso e na qual todos possam confiar.

12.9 Relações com o Ministério Público

Dentre as instituições brasileiras, aquela que mais se desenvolveu neste século foi o Ministério Público. Também considerada essencial à administração da justiça, a instituição viu suas atribuições dilatadas pelo constituinte. Tornou-se responsável por parcela imensa de direitos difusos, coletivos e homogêneos e ocupou espaço considerável na cena judicial.

O promotor de justiça merece o mesmo respeito devotado ao juiz e a tais operadores deve idêntica postura. O advogado, não raro, tem no Ministério Público parceiro qualificado, auxiliando com argumentos tecnicamente consistentes o seu pleito. Quando o promotor atua na condição de parte, o advogado deve com ele contender com lealdade e lhaneza.

Certo estranhamento faz-se notar no momento em que o *Parquet* exercita com destemor o seu protagonismo em defesa do ambiente, das minorias, da cidadania, do consumidor e de outros estamentos confiados à sua atuação institucional. Não é raro que os advogados atribuam ao Ministério Público um excesso ou abuso, coisa que também acontece quando os réus são ímprobos administradores que não se compadecem do Erário e se valem de sua condição de transitórios *donos do poder* para a prática de ilicitudes.

O advogado não deve se imbuir do mesmo espírito das partes que represente no processo – grandes infratores ambientais ou os notórios ímprobos – e deve manter um tratamento lhano, respeitoso, polido e cordial. Civilizado, enfim, com o Ministério Público. A cada qual o seu papel na *arena de astúcias* chamada processo.

12.10 Relações com a polícia

A sabedoria popular caracteriza com algum menoscabo a figura do *advogado de porta de cadeia*. O relacionamento da advocacia com a polícia precisa se pautar por parâmetros éticos também irrepreensíveis, para resgate da imagem dessa instituição e preservação do prestígio dos causídicos especializados em processo criminal.

A solução dos problemas policiais é de ser buscada no Direito. Partir do pressuposto de que sempre se poderá *dar um jeitinho* em nada contribui para a elevação ética dos serviços públicos. O advogado tem o dever de libertar seu patrocinado, fazendo-o mediante recurso aos instrumentos previstos na lei, assim como tem o dever de reagir juridicamente contra quem lhe solicite ou sugira atuar de forma não condigna com o seu parâmetro ético.

A polícia é titularizada, em seu comando, por bacharéis de formação idêntica à do advogado. Essa constatação presidirá o respeito a ser mantido entre profissionais de mesmo nível, encarregados de atribuições distintas. Da inteireza ética no procedimento de tais operadores poderá advir o aprimoramento moral sempre necessário a todas as instituições. Como entendia Calamandrei, elas constituem vasos comunicantes. Não existe possibilidade de redução de nível de uma sem que a outra também venha com isso a perder.

12.11 Relações com os peritos

O perito é um profissional sempre necessário à realização da justiça. Na era da especialização e do aprofundamento científico em áreas cada vez mais reduzidas do conhecimento, especialistas em determinados campos precisam ser chamados para esclarecer o juiz.

O sistema brasileiro convencionou utilizar-se, em cada processo, de pelo menos três peritos. Existe o *experto judicial*, o perito de confiança do juiz. Oferecerá seu trabalho em regra acompanhado de dois outros, elaborados pelos peritos das partes. Cada parte indica o seu assistente técnico, perito que fará laudos tendentes ao convencimento da superioridade da argumentação de quem o contratou.

O advogado nunca deve procurar o perito do juízo, tentando com isso obter laudo favorável às suas pretensões. Toda proposta de auxílio deverá ser feita mediante petição despachada pelo juízo e inserta nos autos, para conhecimento da parte adversa. Nem deve converter o seu assistente técnico em profissional que, no afã de satisfazer quem o remunera, deixa de lado o caráter científico do trabalho para se converter em mera peça de persuasão judicial.

E já que se aborda a atuação do perito, parece eticamente conveniente que aquele que sirva ao juízo na condição de *experto oficial* não venha a aceitar em outro processo a função de *assistente técnico*. É natural, quando da indicação de assistentes, a tendência a favorecer a tese da parte contratante. E isso pode comprometer a imparcialidade exigível a um qualificado auxiliar da justiça.

12.12 Relações com os cartorários

O servidor da justiça – notadamente o da esquecida Justiça Estadual, a mais ampla das Justiças – é um funcionário público hoje mal remunerado, desestimulado pela ausência de uma carreira racional e ainda designado *cartorário*, o que não é pouco num país em que *cartório* e *cartorialismo* passaram a revestir significado pejorativo.

Longe vai o tempo em que o pessoal do foro era recrutado dentre a elite das famílias tradicionais e formava um quadro tecnicamente adequado e de inexcedível qualidade humana. A massificação do Judiciário, a criação de inúmeras novas unidades judiciais e o crescimento vegetativo do quadro funcional mudaram os atributos do pessoal recrutado. O excesso de trabalho dos juízes também os impede de contato pessoal e aperfeiçoador do pugilo de servidores que os auxiliam.[100]

É natural que o tratamento a ser dispensado ao advogado possa não condizer com o merecido por esse profissional do direito. É dever ético do advogado manter o padrão de urbanidade, tratando o servidor de cartório com a mesma lhaneza endereçada ao juiz e demais protagonistas da cena judiciária. Esse tratamento é poção miraculosa no resgate da dignidade funcional. O funcionário a que se confere um trato humano e digno portar-se-á também humana e dignamente.

Nem se mencione a falta ética – resvalando até para o campo da criminalidade – que seria a praxe de o advogado oferecer propina ao oficial de justiça, para cumprir ou retardar o cumprimento de mandado, ou ao cartorário, para impulsionar ou reter o andamento do processo. Índice vergonhoso da falta de ética de um País conviver com as chamadas *taxas de urgência* ou *por fora*. Nada seria mais calamitoso do que o profissional considerado essencial à administração da justiça vir, com essa conduta, a estimular a descrença do servidor nos caminhos do Judiciário. Caminhos retos, como devem ser os do Direito, não tortuosos, como sói ocorrer em outras esferas.

12.13 Relação do advogado com o estagiário

A obrigatoriedade do estágio profissional faz com que muitos advogados se credenciem a receber esses *trainees* que necessitam da permanência tran-

---

100. Essa é, ao menos, a situação de São Paulo. Mais de cinquenta mil servidores do Judiciário, com pessoal de baixa remuneração, crescendo nele o número de favelados. O saudoso e legendário Desembargador Marcos Nogueira Garcez, acolitado por grupo de outros magistrados sensíveis, criou a Fundação da Fraternidade Judiciária, com o objetivo de reduzir as carências materiais e espirituais dessa legião de funcionários, dentre os quais ainda sobrevivem alguns apóstolos da Justiça.

sitória ao lado de alguém capacitado para aprender a profissão. Se há os que se preocupam com a efetiva formação – notadamente ética – do estagiário, há aqueles que se descuidam ou mesmo dão péssimo exemplo.

O advogado que aceitar estagiário assume a responsabilidade de ser um *formador* do futuro colega. Tem de ter paciência para esclarecer suas dúvidas, aceitar seus erros ou equívocos. Saber que o início é difícil para todos. Ninguém nasceu a dominar os segredos de um mister.

A insensibilidade é nefasta, assim como inadmissíveis maus tratos. Explorar os serviços do estagiário como se ele fosse *office boy* ou estafeta é indigno de um bacharel. Nem se diga daqueles que procuram assediar estagiários procurando se valer de favores outros que não os decorrentes do puro estágio. Já houve quem insinuasse à estagiária para se apresentar com trajos e modos mais sensuais perante algumas autoridades, em busca de um despacho favorável. A crítica destrutiva é uma arma poderosa de demolição da autoestima.

Disponibilizar biblioteca, atender de boa vontade à consulta, propiciar benefícios de direito, não sacrificar em demasia, exercer com certo paternalismo a função orientadora do futuro colega é *obrigação* de quem aceita estagiário. Se não for assim, é melhor não se credenciar junto à OAB para receber tais praticantes da profissão. O mesmo vale para juízes, promotores e outros profissionais do direito em contato com a experiência do estágio.

12.14 A PUNIÇÃO DO ADVOGADO FALTOSO

Ao contrário de muitos outros profissionais, cujas faltas éticas podem restar impunes, o advogado criou para si um sistema para punir infrações a princípio ou norma de ética profissional. O poder de punir disciplinarmente os inscritos na OAB compete exclusivamente ao Conselho Seccional em cuja base tenha ocorrido a infração, salvo se a falta for cometida perante o Conselho Federal.[101] O julgamento dos processos disciplinares compete ao Tribunal de Ética e Disciplina do Conselho Seccional.[102] É um *Tribunal Deontológico*, expressão que surge mesmo nos julgados pronunciados pelo Tribunal de Ética e Disciplina. Sua competência é apreciar questões éticas, desde que não estejam anteriormente submetidas à jurisdição. Quando isso ocorre, o TED – Tribunal de Ética e Disciplina declina de emitir apreciação: "Hipótese em que é vedada a manifestação por Este Tribunal, conforme arts. 49 do Código de Ética e Disciplina, 136, § 3.º, I, do Regimento Interno da OAB/SP, 3.º do Regimento Interno

101. Art. 70 do Estatuto da OAB, Lei Federal 8.906, de 04.07.1994.

102. Art. 70, § 1.º, do Estatuto da OAB, Lei Federal 8.906, de 04.07.1994.

do Tribunal de Ética e Disciplina e Res. 7/1995. Não conhecimento da consulta por tratar-se de caso concreto".[103]

O poder disciplinar se fundamenta na teoria da instituição. A instituição, empresa humana que permanece no meio social animada de uma ideia-força, é a principal interessada em conferir certa *higidez* aos seus quadros. A corporação é autônoma para punir os seus integrantes que pratiquem deslizes éticos, pois "nem à sociedade em seu conjunto, nem ao Estado pode ser atribuída a missão de regulamentar moral e juridicamente a profissão. A atividade de uma profissão só pode ser regulamentada eficazmente por um grupo que viva constantemente bem próximo desta profissão para conhecê-la em seu pleno funcionamento e sentir todas as suas necessidades, seguindo-lhe em todas as variações".[104]

A Ordem dos Advogados do Brasil prevê, em seu estatuto, um Tribunal de Ética e Disciplina, competente para orientar e aconselhar sobre ética profissional, respondendo às consultas em tese, e julgar os processos disciplinares.[105] Além disso, o Tribunal de Ética deve organizar cursos e demais eventos concernentes à ética profissional, inclusive junto aos cursos jurídicos, com vistas à formação da consciência dos futuros profissionais para os problemas fundamentais da Ética.[106]

O processo disciplinar se instaura de ofício ou mediante representação – não anônima – de interessado. É nomeado um relator que pode propor arquivamento sumário da representação, quando desconstituída dos pressupostos de admissibilidade. Caso contrário, o relator determinará a notificação dos interessados para esclarecimentos ou do representado para a defesa prévia em 15 dias.[107]

O procedimento tem seus trâmites em tudo semelhantes ao processo-crime. A diferença é que o relator profere parecer preliminar, a ser submetido ao Tribunal, e o Presidente do Tribunal de Ética, após recebimento do processo devidamente instruído, designa relator para proferir o voto. O advogado processado pode opor defesa oral por si ou por advogado.

---

103. Proc. E-4.065/2011, v.u., 15.12.2011, Rel. Beatriz M. A. Camargo Kestener.

104. Evaristo de Moraes Filho, *O problema do sindicato único no Brasil*, Rio de Janeiro, 1952, p. 77, apud Ruy de Azevedo Sodré, op. cit., p. 370.

105. Art. 49 do Código de Ética e Disciplina da OAB.

106. Art. 50, II, do Código de Ética e Disciplina da OAB.

107. Arts. 51 e 52 do Código de Ética e Disciplina da OAB.

Quando a repercussão da falta for prejudicial à dignidade da advocacia, o Conselho de Ética pode suspender preventivamente e por 90 dias o advogado acusado, após ouvi-lo em sessão especial.[108]

O Tribunal de Ética pode aplicar ao advogado faltoso as sanções de censura, suspensão, exclusão e multa.[109] A censura pode ser convertida em advertência, que constará de ofício reservado, sem registro nos assentamentos do inscrito, quando presente circunstância atenuante.[110] Das decisões do Tribunal de Ética pode ser tirado recurso ao Conselho Seccional. E das decisões dos Conselhos Seccionais cabe recurso ao Conselho Federal da OAB.

Bastante oportuna é a disposição do art. 59 do Código de Ética. Ela permite a suspensão temporária da aplicação das penas de advertência e censura. Essa possibilidade é prevista para a hipótese em que o infrator primário, dentro do prazo de 120 dias, passe a frequentar e conclua, comprovadamente, curso, simpósio, seminário ou atividade equivalente sobre Ética Profissional do Advogado, realizado por entidade de notória idoneidade. Também deve ser considerada a natureza da infração ética cometida, pois a frequência ao evento não poderá servir para deixar impune alguém responsável por falta de considerável gravidade.

O preceito é interessante porque pressupõe a capacidade de regeneração do infrator ético. Dispondo-se a aprender ética, já estará o advogado faltoso demonstrando certo arrependimento e o propósito de vir, a partir de então, a comportar-se de maneira irrepreensível.

Essa é a melhor concepção da conduta ética aplicada às profissões. O comportamento moralmente idôneo é uma prática a ser continuamente estimulada. Converter ao ideário ético todos os profissionais deve ser o objetivo da pregação deontológica. É mais importante o resgate da consciência de alguém que não se comportava eticamente do que a reiteração de punições disciplinares de outros profissionais também faltosos.

Parece desnecessário enfatizar que a jurisdição disciplinar não exclui a comum. Quando o fato constituir delito, o Tribunal de Ética e Disciplina deverá comunicá-lo à autoridade competente.[111] No caso, tanto pode ser o juízo como o Ministério Público.

---

108. Art. 70, § 3.º, do Estatuto da OAB, Lei Federal 8.906, de 04.07.1994.

109. Art. 35 do Estatuto da OAB, Lei Federal 8.906, de 04.07.1994. A tipificação de cada sanção está prevista nos artigos subsequentes: arts. 36 a 39 do Estatuto da OAB.

110. Art. 36, parágrafo único, do Estatuto da OAB, Lei Federal 8.906, de 04.07.1994.

111. Art. 71 do Estatuto da OAB, Lei Federal 8.906, de 04.07.1994.

Para os estudantes de direito, importante assinalar que o estagiário também pode cometer falta ética, prevista no inciso XXIX do art. 34 do Estatuto da OAB: praticar ato excedente de sua habilitação, conforme já se assinalou no capítulo destinado à ética do estudante.

Não é demais enfatizar o caráter cogente das obrigações éticas dos advogados. "A ética profissional impõe-se ao advogado em todas as circunstâncias e vicissitudes de sua vida profissional e pessoal que possam repercutir no conceito público e na dignidade da advocacia. Os deveres éticos consignados no Código não são recomendações de bom comportamento, mas normas jurídicas dotadas de obrigatoriedade que devem ser cumpridas com rigor, sob pena de cometimento de infração disciplinar punível com a sanção de censura (art. 36 do EAOAB) se outra mais grave não for aplicável. Portanto, as regras deontológicas são regras providas de força normativa; a lei (o Estatuto), o Regulamento Geral, o Código de Ética e Disciplina e os provimentos são suas fontes positivas, às quais se agregam, como fontes secundárias, a tradição, a interpretação jurisprudencial e administrativa, a doutrina, os costumes profissionais."[112] Mais uma evidência de que o aprendizado da ética, para o futuro advogado, não é sofisticação desprovida de significado concreto, mas preparação ao exercício consciente de uma profissão cada vez mais questionada, sobretudo diante de infrações éticas perpetradas por alguns de seus integrantes.

12.15 A Ética dos procuradores públicos

O advogado pode ser chamado a desempenhar seu mister junto a entidades públicas. A consultoria jurídica é essencial para aconselhamento das autoridades estatais previamente às suas deliberações. E quando o Estado comparece a juízo, desveste-se de sua soberania para subordinar-se às regras por ele mesmo editadas, garantindo a paridade de armas, contida na cláusula do contraditório.

Quando o profissional da advocacia desempenha seus misteres remunerado pelos cofres públicos e especialmente nas tarefas de consultoria e representação, é chamado tradicionalmente *Procurador*. Existem procuradores da União e de suas entidades, do Estado, do Distrito Federal e dos Municípios.

A relevância das funções por eles exercidas fez com que fossem também distinguidos na Constituição. O art. 132 da Carta de 1988 dispõe: "Os Procuradores dos Estados e do Distrito Federal, organizados em carreira, na qual o ingresso dependerá de concurso público de provas e títulos, com a participação

---

112. Paulo Luiz Netto Lobo, *Comentários ao Estatuto da Advocacia e da OAB*, p. 165.

da Ordem dos Advogados do Brasil em todas as suas fases, exercerão a representação judicial e a consultoria jurídica das respectivas unidades federadas".

A circunstância de *orientar* ou de *representar judicialmente* o Estado não retira do procurador os seus compromissos éticos de advogado. Todos os cânones éticos voltados aos advogados têm também como destinatários os procuradores. Algumas singularidades éticas podem ser apontadas, entretanto. Quando no exercício da representação judicial das pessoas jurídicas de direito público, Dárcio Augusto Chaves Faria salienta, como suscetíveis de exame atento, questões como "a aceitação, a suspeição e o abandono da causa, a verdade e o segredo profissional, o direito aos honorários e o dever de indenizar".[113]

Examine-se, ainda que superficialmente, cada uma delas.

Quanto à *aceitação da causa,* o procurador tem verdadeiro poder-dever, de caráter indelegável, de representar judicialmente a pessoa jurídica de direito público. Não lhe é dado recusar, como poderia fazê-lo, ao menos em tese, fora advogado. Mas diante de causa ilegal, injusta, ilícita ou imoral, se o ente público é réu, deverá alertar a autoridade sobre a inevitabilidade da decisão desfavorável, com proposta de acordo ou de reconhecimento do pedido do autor. Se a entidade pública é autora, embora o procurador não tenha poderes para deixar de mover a causa, pode, excepcionalmente, recusar-se a fazê-lo. Para Dárcio Faria, "não há, portanto, qualquer possibilidade de ingresso do ente público em juízo para formular pedido incompatível ou contrário à lei ou à moral, mesmo porque são a moralidade e a legalidade princípios constitucionais que norteiam a atividade pública. A recusa do Procurador, nesse caso, além de juridicamente amparada, dá a exata noção de seu papel de formador da vontade estatal no âmbito de suas atribuições, o que corrobora o entendimento de ser ele um agente político".[114]

No concernente à *suspeição*, vários motivos podem conduzir o procurador a ela. O mais comum é sua convicção quanto à injustiça da causa. Outros são o interesse direto ou indireto no objeto da lide, o interesse direto de pessoa de suas relações, a vinculação a pronunciamento anterior e a orientação externa da causa. Em todos eles, deve declarar-se suspeito. Já lhe não é permitido *abandonar a causa.* Mesmo sob alegação de motivo justo, ele não pode fazê-lo. Além da responsabilização disciplinar, poderia incorrer em responsabilização penal, configurando-se a prática de prevaricação ou abandono de cargo público.

---

113. Dárcio Augusto Chaves Faria, A ética profissional dos procuradores públicos, *RF* 321/31.

114. Idem, p. 33.

O procurador público teria também o dever de guardar sigilo quanto aos assuntos atinentes ao ente público que representa? Ente que, a teor de dispositivo constitucional, está submetido ao princípio da publicidade? Não. A transparência é dever do Estado em todas as suas exteriorizações. O procurador deve levar a juízo todos os fatos e circunstâncias de seu conhecimento em virtude do exercício do cargo, assumindo o seu papel na estrutura cooperatória do processo.

Os honorários são devidos ao procurador público, assim como aos advogados. Mas os procuradores já percebem para representar judicialmente o ente público. É justo o rateio da verba da sucumbência sem considerar a proporcionalidade do trabalho desenvolvido? Dárcio Faria situa a questão no terreno da ética: "É certo que os Procuradores Públicos fazem jus aos honorários quando a Fazenda Pública sai vencedora em juízo. Entretanto, essa é sua missão precípua – defender o bem público –, e para tanto estão equiparados, em vencimentos, aos Membros do Ministério Público e da Defensoria Pública. O tempo despendido e o serviço prestado decorrem da própria função que exercem. Não seria justo beneficiarem-se da imposição do art. 20 do CPC para aumentar seus ganhos de forma desproporcional, visto que o erário já arca com seus vencimentos".[115]

Por último, o *dever de indenizar* o prejuízo que causar à entidade, por negligência, erro inescusável ou dolo também deve ser titularizado pelo Procurador Público. "O que se apresenta de peculiar no caso é que, em tendo agido com culpa grosseira, má-fé ou abuso de poder, mais do que a indenização, o Procurador sujeita-se ainda às penalidades disciplinares cabíveis, que podem levar à perda do cargo."[116]

Em síntese, o procurador público não é apenas um advogado, essencial à administração da justiça, leal à Constituição e ao ordenamento jurídico. Ele se preordena a defender o interesse coletivo. O Estado *somos todos nós*. Ele é remunerado pelo povo. Mais do que os profissionais liberais que são contratados livremente pelo interessado, ele deve se portar com o máximo de ética exigível. Atua na defesa dos interesses do povo. Por isso é recrutado por concurso público, de igual seriedade daqueles realizados para recrutamento de juízes e promotores.

Essa preocupação já se tem verificado nas cúpulas das Procuradorias, que elaboram concursos sérios e severos. Cabe indagar, como o faz o *paradigma* de

115. Idem, p. 36.

116. Idem, p. 37.

Procuradora do Estado que é Norma Kyriakos: afinal, qual o perfil do advogado que compõe a Instituição Jurídica responsável pela advocacia do Estado e da qual se desmembrou a Defensoria Pública, criada por comando fundante a partir do dever do Estado de garantir o acesso dos necessitados à Justiça? A quem se devem atribuir essas funções essenciais na construção do Estado de Direito Democrático?[117]

E somente ela, com a autoridade de quem dedicou uma vida à Procuradoria do Estado de São Paulo, é que pode responder: "Há de ser homem ou mulher de seu tempo. Seu papel é resgatar o sentido mais profundo das instituições jurídicas e por esta via resgatar o exercício da cidadania. Seu material de trabalho é o Direito Público, mesmo quando por dever do Estado garante o acesso à Justiça das pessoas carentes e lhes defende os direitos individuais, de natureza civil, penal ou administrativa. Ator ou atriz privilegiado num Estado hipertrofiado pelo excesso de regulamentação e ineficácia das leis, sua bíblia é a Constituição, a sua meta a Justiça. Sabe que a dialética entre a prática da Justiça e a Lei é permanente. É parcial, defende a parte como os demais advogados. Cabe-lhe defender o interesse do Estado. Sua preocupação, portanto, é a *res publica* e o bom funcionamento do Estado. Tem por tarefa jurídica resgatar o conceito de interesse público e espargir a apropriação por interesses privados dessa pessoa jurídica de direito público, sua cliente".[118]

No momento em que a nacionalidade se vê premida por inúmeros escândalos, em que as altas esferas dão espetáculo deprimente de corrupção e de leniência, os procuradores podem ser uma esperança para o brasileiro desalentado. Não esmorecer, atuar com destemor e eficiência, pode fazer renascer a esperança do povo que às vezes parece haver perdido a capacidade de se indignar. Um exemplo é exercer com presteza a atuação de apurar irregularidades, de cobrar as multas que hoje prescrevem diante da disfuncionalidade das estruturas e que incentivam os infratores ambientais a prosseguirem na sanha dendroclasta e poluidora da natureza pátria.

12.16 A Ética dos defensores públicos

A Defensoria Pública já fora prevista pelo constituinte de 1988 como instituição essencial à função jurisdicional do Estado, incumbindo-lhe a orienta-

117. Norma Kyriakos, Procuradores do Estado: função essencial à justiça. *Formação jurídica*, p. 156.

118. Idem, p. 156-157.

ção jurídica e a defesa, em todos os graus, dos necessitados.[119] Ao ser promulgada a Constituição, previu-se a edição de lei complementar para organizar a Defensoria Pública da União e do Distrito Federal e dos Territórios, com a prescrição de normas gerais para sua organização nos Estados.[120]

A Emenda Constitucional n. 45, de 08.12.2004, enfatizou e fortaleceu o papel das Defensorias Públicas, pois converteu o parágrafo único em § 1.º e acrescentou um § 2.º, de dicção que segue: "Às Defensorias Públicas Estaduais são asseguradas autonomia funcional e administrativa e a iniciativa de sua proposta orçamentária dentro dos limites estabelecidos na lei de diretrizes orçamentárias e subordinação ao disposto no art. 99, § 2.º".[121]

A autonomia das Defensorias Públicas Estaduais foi um dos cinco *pontos de honra* do Governo, levados por sua Secretaria da Reforma do Poder Judiciário, para apreciação no Parlamento.[122] A relevância do tratamento conferido às Defensorias reflete a convicção de que elas representam instrumento insubstituível para ampliar o acesso à Justiça.

O Judiciário, convertido em alternativa à perpetuação da situação de iniquidade reinante num Brasil de profundos antagonismos, mantinha suas portas praticamente cerradas para a pobreza. O povo miserável conhece da Justiça a sua face cruel – a Justiça Criminal, representada por todos os equipamentos que a população chama *justiça:* polícia, Ministério Público e Judiciário. A sofisticação do sistema estatal de realização do justo concreto, a intermediação sob a forma de monopólio de um profissional provido de capacidade postulatória, os custos, o hermetismo, a morosidade, tornavam a Justiça um *artigo de luxo*. Sofisticação impensável para os não incluídos.

A Defensoria Pública se propõe a levar ao Estado-juiz as postulações da miséria. A ninguém será recusada a prestação jurisdicional, sob argumento de inexistir profissional da advocacia que traduza a pretensão perante os tribunais.

Essa vocação densifica e dramatiza a ética do Defensor Público. Ele não é mais o *defensor do Estado*, como pode ser designado o *Procurador das Fazendas*,

---

119. Art. 134, *caput*, da CF/1988.

120. Art. 134, § 1.º, da CF/1988.

121. Art. 134, § 2.º, da CF/1988, acrescentado pela Emenda Constitucional n. 45, de 08.12.2004.

122. Os demais *pontos de honra* foram: Conselho Nacional de Justiça (controle externo do Judiciário), homogeneização dos critérios de concurso público para seleção de juízes e promotores, federalização dos crimes praticados contra direitos humanos e quarentena para juízes advogarem no mesmo foro de que saíram.

sejam elas da União, do Estado e dos Municípios ou do Distrito Federal. O *defensor público é o advogado do povo.*

Como tal, precisa ser provido de uma ética muito sensível. Capaz de penetrar na sensibilidade e no recato do popular, suscetível de melindres, tímido porque até agora relegado ao abandono. Verdade que a experiência dos Procuradores Públicos que optaram pela Defensoria poderá servir para a área criminal. Mas a experiência na esfera familiar e civil em geral parece menor.

Sabem os advogados que emprestam o seu grau para as atuações estatais que a maior parte dos problemas que o povo apresenta não são jurídicos, mas sociais. São questões de exclusão ou de não inclusão, de pobreza, de miséria, de indigência, de saúde física e mental. Terão de investir na sua capacidade de desvendar os mistérios da mente, ainda que desprovidos de formação psicológica, no seu talento de assistentes sociais, na sua parcela de compreensão dos dramas humanos para o bom desempenho da função.

A Defensoria Pública não pode ser uma repartição burocrática, insensível às misérias da condição humana e presa à burocracia e à esterilidade do ritualismo judicial. Terá de atuar na formulação de procedimentos novos, no aproveitamento de tudo aquilo que o ordenamento já permite de celeridade, singeleza, oralidade, com vistas à obtenção rápida da restauração das situações de lesão, sob pena de comprometimento dessa missão que lhe outorgou o constituinte, pois ainda há esperança de que esta Pátria possa vir a transformar-se naquela nação justa, fraterna e solidária, conforme sonhou o povo ao postular por um novo pacto. Também não pode se imbuir de certas ideologias que a levem a obstaculizar a urgência de adoção de novas práticas, quais a videoconferência ou a audiência à distância. A tecnologia disponível legitima tais fórmulas de realização de coletas de testemunho, interrogatórios e outros procedimentos processuais que ganham em rapidez, confiabilidade e eficiência diante das praxes tradicionais. Não se concebe que no atual estágio da Federação haja necessidade de dispendiosa remoção física de encarcerados em estabelecimentos de segurança máxima, com a utilização de recursos e de quadros pessoais exíguos para as necessidades comunitárias, apenas para que o juiz o tenha fisicamente próximo. A medicina faz cirurgias de precisão à distância, mediante utilização de robôs. A população faz operações financeiras com cartões magnéticos ou por computador. Por que se perpetuar uma prática medieval, incompatível com a necessidade de segurança dos terceiros que nada têm a ver com a apuração da ilicitude, de forma a tumultuar o já caótico trânsito das grandes cidades, a ocupar pessoas cuja utilidade é potencializada se postas a desempenhar um trabalho de proteção à cidadania, desde que liberadas de escoltar presos?

Tais temas precisam merecer a consideração tranquila e serena dos defensores públicos, aos quais se sugere o cotejo do mal menor, ponderados os prós e contras dessa e de outras urgências da Justiça brasileira.

12.17 O FUTURO DA ADVOCACIA

Toda a comunidade jurídica tem o dever ético de ampliar as fronteiras para os milhares de bacharéis que se formarão daqui por diante.

A perspectiva aterradora da insuficiência de mercado de trabalho para novos advogados não resistirá à criatividade, alimentada pela esperança. Afinal, o direito é um instrumento eficiente para solucionar conflitos. Nem sempre necessariamente submetidos ao Judiciário.

Para o estudante em pleno curso, é essencial recordar que o talento sempre encontrará seu espaço. O estudo incessante, o aprofundamento conceitual, o domínio do vernáculo e de mais de um idioma, a familiaridade com as TCIs – Tecnologias de Comunicação e Informação, a formação interdisciplinar, a vontade de vencer desafios, a capacidade de se adaptar a novas realidades, são valores agregados ao diploma. Em si inócuo e insuficiente, conforme já se tentou demonstrar.

Existe, assim, lugar reservado para a advocacia judicial, a todos aqueles que sobressaírem aos demais. Numa era de competitividade, vence o mais provido de substância que o distinga dos demais. Compenetrar-se de que o estudo contínuo é a melhor receita ainda produz resultados.

O nicho reservado às primícias do gênero está garantido. Verifique-se o sucesso de alguns dos grandes nomes da advocacia brasileira neste início de século. Eles provam que o talento, o conhecimento, o tirocínio, o descortino – e alguma autopromoção – respondem às expectativas de quem de fato se entregou à carreira de advogado.

O talento assegura também o aproveitamento dos melhores junto aos grandes conglomerados que são os escritórios de advocacia com centenas de profissionais. Não podem ser chamados de empresa, mas constituem verdadeiras empresas de advocacia. Tanto que seguem o padrão norte-americano e propiciam bons salários e excelente retorno aos seus integrantes.

Mas há uma tendência à proletarização da advocacia. Todas as empresas, bancos, instituições financeiras, precisam de advogados. É comum a existência dos Departamentos Jurídicos onde os bons profissionais terão seu espaço. A OAB já definiu os direitos básicos desses advogados assalariados, como piso salarial, honorários de sucumbência e jornada de trabalho. Sempre com o intuito de preservar sua independência técnica, inviolável diante do vínculo empregatício.

Outra vertente de atuação está na advocacia preventiva e extrajudicial. Cada vez mais, é necessário empenho na obtenção de acordos, na conciliação dos interesses e, por que não admitir, na subtração das discussões à infindável duração dos processos judiciais. Pior do que não ter direitos é vê-los submetidos a uma interminável análise, com propensão a perdurarem por décadas, com a indefinição angustiante e a sensação de desconforto que os necessitados da Justiça convencional sabem descrever.

Felizmente, parcela crescente de advogados já despertou para essa realidade e se dedica à atuação preventiva e subtraída à burocracia enervante e estiolante das esperanças que é o Judiciário, com seus anacronismos, com seu medievalismo, com suas quatro instâncias e multiplicados recursos. Anota Paulo Lobo que em 1996 a OAB fez uma pesquisa e constatou que 31% dos entrevistados declararam atuar na prevenção e não em juízo. "Os tipos mais comuns são a assessoria e a consultoria jurídicas, voltadas principalmente para entidades públicas, empresariais e associativas. A assessoria é atividade permanente, que procura estabelecer orientação legal para a tomada de decisões e para os procedimentos. A consultoria é permanente ou episódica, respondendo a questões específicas, tendo força de persuasão proporcional à reputação de quem emite o entendimento. Ambas têm por fito prevenir o conflito e evitar a demanda judiciária. Na atividade empresarial são elas indispensáveis, ante um ordenamento jurídico complexo e variável."[123]

A Democracia Participativa permite o surgimento de inúmeros movimentos populares, ONGs, organizações da sociedade civil, cooperativas e outros grupos. Efetivação concreta do princípio da subsidiariedade, após compreensão de que a onipotência do Estado existe apenas para tributar, não para resolver problemas da cidadania. Esses grupamentos necessitam da orientação jurídica, da interpretação da vontade da Constituição, e muitos advogados se especializam nessa área. Crescente a influência desses movimentos e, portanto, também ampliada a possibilidade de muitos profissionais do direito se dedicarem a essas causas.

O advogado também é necessário para implementar as alternativas à resolução de conflitos que preferem soluções mais rápidas e racionais do que as emitidas pelo Poder Judiciário. A Lei de Arbitragem, por exemplo – Lei 9.307, de 23.09.1996 –, estabelece mecanismos viáveis para a obtenção de decisão arbitral sobre direitos patrimoniais disponíveis. Atuação que libera a discussão do monopólio conferido no medievo a uma pessoa física responsável pelos atos de comunicação do processo, dispensa as partes de ritualismos e de burocracia

123. Paulo Luiz Netto Lobo, *Comentários*... cit., p. 10.

e submete as questões a quem possui *saber de experiência* feito para decidi-las. O advogado é de grande valia para acompanhar o processo arbitral e conferir-lhe segurança.

Mas não é só a arbitragem que já está disciplinada no Brasil. Existe mediação, conciliação, reuniões para ajustes de conduta mediante acordo de cavalheiros, além de outras iniciativas que a necessidade imporá, tudo para permitir à cidadania opte por meios mais expeditos e eficientes de resolução das questões humanas do que o flagelo do processo judicial.

Existe ainda a larga porta aberta para a advocacia dos interesses transindividuais, pois hoje as questões não envolvem indivíduos contra indivíduos, senão grandes grupos contra outros ou contra o Estado. Os grandes temas são a proteção do meio ambiente, bem de uso comum de todos e essencial à sadia qualidade de vida, em suas versões natural, artificial e cultural, com inclusão do patrimônio histórico, artístico, turístico ou paisagístico, a defesa do consumidor, os direitos da criança e do adolescente, os direitos das minorias.

A questão ambiental não pode prescindir de advogados sensíveis e ligados ao comando fundante do art. 225 do pacto federativo. A tutela da natureza é relevantíssima e se impõe à de outros interesses. O constituinte originário estabeleceu um direito fundamental a ser fruído pelas *futuras gerações*. O que está em jogo é a própria subsistência da vida humana sobre o planeta degradado. Se o Direito não se conscientizar disso, a Terra poderá continuar a existir, mas vai prescindir da participação da raça do homem na sua aventura sobre o planeta. O perigo que ameaça a única espécie que se autoconsidera racional é iminente. Só não enxerga aquele que, premeditadamente, fechou os olhos aos contínuos, desesperados e intensos pedidos de socorro desta sofrida Terra.

Os bacharéis ainda são necessários para prover funções as mais relevantes no Estado de Direito. Há um dos poderes do Estado que tem de recrutar seus integrantes dentre os formados em Direito. Além do Poder Judiciário, existe o Ministério Público, as Defensorias Públicas, as Procuradorias Judiciais das Fazendas, as Polícias, as Inspetorias Fiscais, os Auditores, os Diplomatas. Além disso, esquece-se de uma atividade extrajudicial que é privativa de bacharéis em ciências jurídicas: os serviços públicos notariais e de registro, antigamente chamados cartórios.

A delegação dessa função pública ao particular não prescinde de conhecimentos técnicos de alicerce eminentemente jurídico. Os concursos públicos para essa área são disputados por aqueles que perceberam que a função registral – exercida pelos Serviços de Registro Civil das Pessoas Naturais, Registro Civil das Pessoas Jurídicas, Registro de Títulos e Documentos e Registro de Imóveis – e a função tabeliã – Notas e Protestos – são mais independentes e, como regra, propiciam remuneração mais condigna do que as carreiras tradicionalmente procuradas, como Magistratura e Ministério Público.

Novas áreas estão a exigir formação muito específica dos bacharéis do presente e do futuro. A Informática, a Eletrônica, as Comunicações, o Comércio Exterior, as questões decorrentes da globalização, com a debilitação das fronteiras e esmaecimento da soberania, tudo reclama nova perspectiva do ensino jurídico.

A OAB, como autarquia independente e encarregada de disciplinar o exercício da advocacia, precisa estar atenta aos rumos que uma nova sociedade já tomou e contribuir para abrigar em seus quadros e tutelar com os seus comandos normativos todas as expressões dessa profissão, advindas de uma profunda transformação do mundo, ainda em curso e longe de terminar.

Para reflexão em grupo

1. O advogado deve se preocupar com a indiscriminada criação de novas Faculdades de Direito?
2. Quais os deveres éticos do *advogado empregador* diante do *advogado assalariado* contratado por seu escritório ou empresa?
3. Constitui dever ético do advogado denunciar aos órgãos competentes, notadamente ao Tribunal de Ética da OAB, uma conduta eticamente repreensível de um colega?
4. A publicidade exagerada poderia ser considerada *propaganda enganosa*, quando patrocinada por advogado, anunciando os seus serviços profissionais?
5. Constitui infração ética admitir estagiários sem remuneração em escritório de advocacia e valer-se de seus serviços como *office boys*?
6. O advogado que postula controle externo para a magistratura deveria se preocupar com a ausência de controle externo para a OAB?
7. Constitui falta ética prestar consultoria e aconselhamento para comunidades carentes? O que você sabe sobre a Resolução *Pro Bono*?
8. Comete infração ética o advogado que cobrar antecipadamente consulta jurídica?
9. O advogado deveria se submeter a reciclagem para realizar sustentações orais nos Tribunais Superiores?
10. Qual a responsabilidade do advogado em relação ao progresso moral do Brasil?

A Ética do Promotor de Justiça 13

Sumário: 13.1 Funções institucionais do Ministério Público no Brasil – 13.2 Distinção entre a Ética do promotor e a dos demais operadores – 13.3 A Ética e o novo Ministério Público – 13.4 O código deontológico do Ministério Público – 13.5 Postura ética do promotor ante o juiz – 13.6 O futuro do Ministério Público.

13.1 Funções institucionais do Ministério Público no Brasil

O Ministério Público é uma instituição permanente, considerada pelo constituinte como essencial à função jurisdicional do Estado. Incumbe-lhe a defesa da ordem jurídica, do regime democrático e dos interesses sociais e individuais indisponíveis.[1]

A profissão de **promotor de justiça**, que já foi chamado de **promotor público**, mercê de sua consolidação institucional, já não se defronta com o **absurdo psicológico** a que se referia Calamandrei.[2] O constituinte explicitou suas funções e ampliou-lhe, significativamente, o campo de ação. A instituição tem princípios próprios, dentre os quais a independência e a autonomia funcionais,

1. Art. 127, *caput*, da CF/1988.

2. Em *Elogio dos juízes*, Piero Calamandrei (Elogio aos juízes, *Eles os juízes, vistos por nós, os advogados*, p. 59) observava: "Entre todos os cargos judiciários, o mais difícil, segundo me parece, é o do Ministério Público. Este, como sustentáculo da acusação, deveria ser tão parcial como um advogado; e, como guarda inflexível da lei, deveria ser tão imparcial como um juiz. Advogado sem paixão, juiz sem imparcialidade, tal o absurdo psicológico, no qual o Ministério Público, se não adquirir o sentido do equilíbrio, se arrisca – momento a momento – a perder por amor da sinceridade a generosa combatividade do defensor ou, por amor da polêmica, a objetividade sem paixão do magistrado".

podendo propor ao Legislativo a criação e extinção de seus cargos e serviços auxiliares.

O Procurador Geral da República é nomeado pelo Presidente da República dentre integrantes da carreira, após aprovação de seu nome pela maioria absoluta dos membros do Senado Federal, que deverá também autorizar a sua destituição. Os Ministérios Públicos dos Estados e do Distrito Federal e Territórios terão seu Procurador Geral escolhido pelo Chefe do Executivo, dentre os nomes de uma lista tríplice eleita pelos integrantes da carreira. A destituição só poderá provir de deliberação da maioria absoluta do Poder Legislativo.[3]

Os promotores gozam das mesmas garantias atribuídas aos magistrados e as vedações são atenuadas, pois há exceção no concernente ao exercício de atividade político-partidária.[4]

A enunciação constitucional de suas funções institucionais evidencia a poderosa ascensão dessa carreira que já não se resume a formular a acusação perante a Justiça Criminal. Embora ao Ministério Público incumba promover, privativamente, a ação penal pública, avoluma-se o rol das demais atribuições. É seu dever institucional zelar pelo efetivo respeito dos Poderes Públicos e dos serviços de relevância pública aos direitos assegurados na Constituição, promover o inquérito civil e a ação civil pública, para a proteção do patrimônio público e social, do meio ambiente e de outros interesses difusos e coletivos. É-lhe ainda conferido promover a ação de inconstitucionalidade ou representação para fins de intervenção da União e dos Estados, defender judicialmente os direitos e interesses das populações indígenas, exercer o controle externo da atividade policial e outras funções que ainda lhe possam ser atribuídas, desde que compatíveis com sua finalidade.[5]

As atribuições que o constituinte conferiu ao Ministério Público brasileiro foram de tal ordem, que os interesses mais relevantes e emergentes numa sociedade em transformação passaram a ser titularizados pelos Promotores. A defesa do meio ambiente em juízo, por exemplo, é quase que exercida com exclusividade pelo Ministério Público. Tenho afirmado que *o único tutor do Ambiente* no Brasil é o Promotor de Justiça.[6] Embora as organizações tenham

3. Art. 128, §§ 1.º a 4.º, da CF/1988.

4. Art. 128, § 5.º, I e II, da CF/1988.

5. Art. 129, I, II, III, IV, V, VII e IX, da CF/1988.

6. Tal asserto consta de inúmeros votos meus na Câmara Reservada ao Meio Ambiente do Tribunal de Justiça de São Paulo, que integrei desde a sua criação em 2005. Mas também reafirmo em aulas, palestras e manifestações públicas. É admirável a coragem do Promotor de Justiça, pressionado pelo poder econômico devastador, a pro-

titularidade para propor ação civil pública, ainda é o Promotor de Justiça quem a inicia na maior parte dos casos. A defesa da cidadania, do consumidor, das minorias, tornou-se também rotina nos Tribunais, mercê da atuação ministerial. Evidente que essa exposição perante uma sociedade informacional acarreta consequências. Uma delas é o reforço na responsabilização moral de cada membro do Ministério Público brasileiro. Cobrança que a mídia exercita e, às vezes, de forma bastante contundente.

O fenômeno é natural. Ao acréscimo e reforço de atribuições ao Ministério Público deve corresponder uma responsabilização equivalente, ou seja, também reforçada. Essa tem sido a regra, em todo o mundo civilizado: "A maior importância de poderes, hierarquia e atribuições conferidas corresponde maior severidade no regime de responsabilidades e consequentes com estas, a aplicação da sanção".[7] O próprio Ministério Público, por suas vozes categorizadas, reconhece a intensificação das exigências comunitárias em relação ao *Parquet*. Assim, Hugo Nigro Mazzilli, a voz brasileira mais presente nas reflexões ministeriais, já acentuou: "Mas, em correspondência a esse engrandecimento conceitual e funcional da instituição, há a necessidade de a sociedade **cobrar** mais do Ministério Público: exigir-lhe uma atuação mais eficiente, menos voltada para o aspecto burocrático dos pareceres processuais e mais direcionada para, com o uso dos instrumentos que a lei lhe confere, buscar atacar os problemas sociais. Não se quer dizer que a atuação processual não seja necessária nem que não seja importante (...). O que se quer dizer é que as funções do Ministério Público moderno não se resumem nem se limitam a isso".[8]

A multiplicada parcela de encargos do Ministério Público postula uma **nova ética** dos promotores. Os desafios postos à carreira, a partir da vigente realidade constitucional, oferecem também a vertente do enfrentamento dessas novas exigências éticas.

13.2 Distinção entre a Ética do promotor e a dos demais operadores

A cada carreira, dentre as jurídicas, incumbe uma atribuição diferente. Essa distinção vai também condicionar a ética exigida a cada integrante delas.

---

teger um patrimônio ambiental que foi extremamente relegado pelo Poder Público e pela comunidade. Consultar, a respeito, meu *Ética ambiental*, 3. ed., Millennium Ed. e *Juízes doutrinadores*, da mesma editora.

7. José V. San Martin, *Responsabilidade notarial por assessoramento*, p. 91.

8. Visão crítica da formação profissional e das funções do promotor de justiça, in José Renato Nalili (coord.), *Formação jurídica*, p. 59.

O juiz é ainda considerado um operador **inerte**, age quando provocado. Não tem iniciativa para realizar a justiça ou para coibir injustiças. Dessa visão, resulta uma instituição permeada pela inércia e pelo conservadorismo.

O advogado é um profissional liberal que, na busca da subsistência, muita vez se vê na contingência de patrocinar causas em que não acredita. Por isso é que a ambigüidade ética está à mostra. É muito tênue a barreira entre uma postura exemplar e a defesa a todo custo do patrocinado. O repertório de questões práticas em que o tema transparece avoluma-se e se presta a um saudável exercício de reflexão sobre a ética no processo.

Já o promotor é o **mais independente** dentre os operadores jurídicos. Ele tem o poder de iniciativa, tem o dever de impulsionar a justiça, está sob sua responsabilidade aperfeiçoar a prestação jurisdicional, transformar a sociedade e realizar a pacificação social. Está diante de sua consciência atuar ou não atuar, considerada a possibilidade de múltiplas interpretações a que se presta um ordenamento prolixo e resultante de prolífica e incessante produção normativa. Os promotores nunca desconheceram tal singularidade de sua função: "No drama judiciário, o papel do Promotor é eminentemente dinâmico. Enquanto o Juiz se mantém estático na sua cátedra decisória à espera de que o solicitem, o Promotor está sempre em ação. Daí aquele designativo aplicado ao membro do *Parquet*, na França: **Magistrat debout**".[9]

O protagonismo do Ministério Público, por força mesmo das funções institucionais que o constituinte a ele reservou, implica numa evidente ampliação de poder. O Ministério Público "pode tudo", dizem os políticos. Alvo certo de uma Instituição zelosa e atenta aos descalabros impróprios a uma Repúbica Democrática.

Dessa diferença básica entre as funções, deriva uma constatação: do promotor deve ser exigido um apuro ético **superior** àquele reclamado ao juiz. O magistrado, de qualquer forma, será impulsionado pelas partes. A parte interessada é a melhor corregedora do juiz. Está atenta ao que acontece no processo. Os jurisdicionados fiscalizarão sua conduta no decorrer do processo. O sistema recursal é pródigo. Há mais de cinquenta oportunidades de se pleitear reapreciação do mesmo tema. Já para o promotor, o confronto inicial é com ele mesmo. Quase sempre depende exclusivamente de sua consciência perseguir a realização de alguns valores, interessar-se efetivamente pela concretização da

---

9. Francisco Bueno Torres, O Ministério Público e a ética, *Justitia* 43/127. A expressão significa *Magistrado de pé*, ainda hoje utilizada para designar o Ministério Público. Na França, hoje, se fala em *Magistrat du Parquet* e *Magistrat de siège*, para distinguir entre promotor e juiz, ambos integrando uma única e mesma Magistratura.

justiça e exaurir o imenso rol de suas incumbências, para o que se pede considerável esforço e disposição ao sacrifício.

O comando do Ministério Público brasileiro precisa estar muito atenta ao crescimento da importância dessa Instituição que, há pouco, estava em busca de um destino. Hoje, não fora o Ministério Público, muito do que se faz de execrável na vida pública brasileira estaria sob o tapete. O Ministério Público tem de ser extremamente zeloso no recrutamento de seus quadros, para que a seriedade continue a imperar em suas hostes e não se deslegitime o relevante trabalho que ele concretiza na edificação da Democracia renascente.

A instituição dispõe de quadros notáveis. A história do Ministério Público é uma história de heroísmo. O organismo tradicionalmente vinculado ao Executivo precisava conquistar seu espaço institucional. E isso se fez mediante a seleção dos mais combativos dentre os eruditos. A lucidez de seus próceres contribuiu para que o sistema de recrutamento fosse mais racional do que o ainda vigente na Magistratura. Pois o Ministério Público depende, essencialmente, da qualidade humana de seus integrantes. O engrandecimento institucional resulta dessa excelência. A conservação das amplas e ambiciosas funções constitucionais também dependerá da preservação de tais atributos. Daí a importância de se investir no aprimoramento ético dos promotores brasileiros.

13.3 A Ética e o novo Ministério Público

Esse promotor pleno de poderes, que a Constituição de 1988 desenhou, se quiser se desincumbir a contento de suas tarefas, enfrentará conflitos éticos visíveis. Admitindo-se que, além de intervir nos processos em que se discuta interesse indisponível, deva também oficiar em hipóteses em que se contenda **interesse disponível**, será ele o juiz ético do cabimento da iniciativa ou intervenção. Na prática, essa opção toma rumos que podem debilitar a instituição.

A vinculação do Promotor a grupos ou a expressões de força na comunidade pode tolher sua independência para a persecução em termos penais e de improbidade. As Corregedorias precisam estar atentas para o excesso e também para a leniência. A Comarca que não dispuser de um Promotor atuante está desguarnecida. Alvo fácil dos desmandos que se multiplicam na grande e na pequena política.

Os prejudicados com a atuação ministerial sabem que é impossível a sua remoção, como se fora um funcionário subalterno. Por isso mesmo, investem num assédio sutil, na exploração da vaidade, no envolvimento aparentemente afetivo. Até que o Promotor fique enredado e não enxergue o que acontece naqueles ambientes por ele frequentados, mas que reclamariam sua atuação mais firme, liberta de quaisquer laços de dependência. Seja afetiva, seja financeira, revista qualquer outra forma de cortar sua liberdade plena.

Isso não acontece apenas nas comarcas diminutas. Funções como as Curadorias devem estar imunes a qualquer suspeição. É no mínimo estranho que um Curador de Fundações, por exemplo, seja funcionalmente subordinado a uma das fundações por ele fiscalizadas. Estar na "folha de pagamento" de uma Fundação compromete a lisura do Curador de Fundações. Ainda que ele seja uma pessoa correta. Vale também para o Promotor a velha concepção de que "não basta *ser* honesto; é preciso também *parecer* honesto".

Na segunda instância está a vulnerabilidade maior do Ministério Público. Se no primeiro grau o Promotor é o exemplo de combatividade e destemor, ao exarar pareceres reduz-se a sua relevância. Esse um tema a merecer séria, consistente e urgente reflexão das cúpulas e dos pensadores do *Parquet*. Reclama-se um protagonismo efetivo para os Procuradores de Justiça. Eles não podem ser irrelevantes pareceristas, cuja ausência não comprometeria o julgamento. O parecer não pode ser mera formalidade. E se não é possível conferir ao parecer relevância maior do que aquela que já possui – nível fraco – a urgência é conferir novas atribuições à Procuradoria.

Mesmo hoje, grande parte da Procuradoria não colabora para conferir um salto qualitativo à sua atuação junto aos Tribunais. Exemplo disso é a praxe de a participação ou não do Ministério Público no processo ser discricionária ou seletiva. Deixa a desejar, para quem pretenda uma instituição respeitada, combativa, presente e participativa, a leitura de pareceres padronizados em que se conclui pela desnecessidade de atuação do Ministério Público. Além da decepção de quem aguardaria a contribuição de um foco novo para a melhor solução do conflito, existe o aspecto da vulneração à celeridade. Para emitir esse parecer-padrão, o processo permaneceu alguns meses à disposição do parecerista. É um fator de agravamento do drama da morosidade, considerado o maior da Justiça brasileira.

A voz autorizada de Hugo Mazzilli já se posicionou a respeito: "Não parece correto que uma instituição de largo potencial de serviços à coletividade, não identifique razão para intervir em prol do zelo de um interesse de tal forma disperso pela comunidade. Invoquemos ainda as medidas econômicas que atinjam a economia popular, que alterem a estabilidade e credibilidade do sistema de captação pública de poupança. É possível dizer que o Ministério Público não tem nada com isto?"[10] O promotor deve atentar para esse compro-

10. Hugo Nigro Mazzilli, Questões atuais de Ministério Público, *RT* 698/34.

misso e verificar até que ponto a tendência natural ao comodismo não o inclina a evitar uma lide complexa. Em outro extremo, a vaidade natural a qualquer criatura – e a algumas mais do que a outras – pode atuar no sentido inverso, ou seja, transformar toda e qualquer questão em objeto de demanda, apenas pelo gozo inefável de ocupar espaço e tempo na mídia.

A vaidade é uma companhia indesejável, mas muito próxima a determinada espécie de pessoa. O promotor pode ser atingido por ela. Compreende-se que, detentor de bandeiras as mais simpáticas – a defesa do ambiente, da cidadania, do patrimônio público, dos consumidores, das minorias indígenas e de todas as outras minorias –, dispensem-lhe privilegiado tratamento os profissionais da comunicação. Isso não pode converter-se em estímulo para um atuar às vezes temerário, mas garantidor da fama transitória reservada aos heróis descartáveis. O fenômeno não é recente. César Salgado já advertia: "Nunca deve o promotor valer-se do infortúnio alheio para a conquista de lauréis, no palco das competições forenses. A desgraça do réu, mais do que piedade, merece respeito. Que os sentimentos de nobreza, inerentes ao caráter de um verdadeiro promotor, jamais se deixem vencer pela vaidade, quando o preço do sucesso almejado implicar danos a bens alheios".[11]

A vaidade pode se tornar institucional e isso explica o volume de cargos de promotores, praticamente idêntico ao de juízes, quando um número mais reduzido asseguraria qualidade acrescida. Fator que não deixou de ser observado pelo descortino de Hugo Mazzilli: "(...) não vejo a necessidade de tantos promotores, o que torna cada vez mais difícil acomodá-los fisicamente no Fórum, lutar por vencimentos condignos, com quadros cada vez mais inchados, com dois ou mais concursos por ano. Para cada promotor novo que ingressasse no Ministério Público, poderíamos estar colocando cinco servidores qualificados".[12] Uma reflexão detida sobre o tema poderia conduzir à conclusão de que nem sempre o prestígio da instituição acompanha o crescimento vegetativo do quadro. Reside mais na eficiência com que se desincumbem de suas funções institucionais, na seriedade conferida ao trato do interesse público e na qualidade intrínseca de seus integrantes. Decorrência desse crescimento é o número de episódios lamentáveis que envolvem promotores. Uma instituição que se torna gigantesca vê-se diante da dificuldade de suprir seus quadros com a excelência desejável. A seleção torna-se menos rigorosa. A clientela de concursandos é aquela produzida pelas mais de duas mil Faculdades de Direito do Brasil, responsáveis por cerca de 20 mil novos bacharéis a cada semestre. E,

---

11. *Boletim da Associação Paulista do Ministério Público*, v. 4, p. 2.
12. Hugo Nigro Mazzilli, Questões... cit., p. 37.

para um concurso que avalia memorização, o risco de se admitir pessoa inapta ao desempenho das funções ministeriais é cada vez mais presente.

O excessivo protagonismo do Ministério Público não poderia deixar de causar algumas reações, principalmente dos segmentos pretensamente prejudicados. Contra ele se ameaça editar a *Lei da Mordaça*, destinada a fazer silenciar o promotor, hoje acusado de se aliar à mídia para divulgar informações temerárias. A partir das publicações pela grande imprensa, o membro do Ministério Público se acredita autorizado a requisitar inquérito policial e a iniciar um procedimento investigatório que não teria lugar não fora o auxílio por ele suscitado junto à imprensa.

A *Lei da Mordaça* tem um componente ético de bastante relevo. De um lado, interessa à sociedade dispor de um agente independente, desenvolto para proceder às investigações tão necessárias à apuração de infrações, num país movido a denúncias constantes. De outro, a Constituição consagra a *presunção de inocência*, postulado inspirador de todo o ordenamento infraconstitucional pertinente ao processo penal e critério de interpretação para o procedimento administrativo investigatório.

Propalar acusações temerárias vulnera os interesses do presumível inocente. Manietar o Ministério Público desprotege a sociedade. A busca do equilíbrio não tem sido fácil na implementação de uma democracia incipiente, depois de longo período autoritário, com um Ministério Público atrelado à vontade do Governo.

Outra das ameaças é impedir o Ministério Público de atuar na investigação. A tendência é vedar a qualquer Promotor de Justiça fazer algumas diligências para verificar se há base concreta a fundamentar uma denúncia. O tema é extremamente complexo, diante da realidade constitucional que comete à polícia civil a função de investigar. Mas seria interessante a conciliação de interesses entre a polícia e o Ministério Público, para que a possibilidade de averiguação permitisse ao Promotor atuar com rapidez maior, sob um sigilo mais efetivo, de maneira a coibir as práticas nefastas que ocorrem com frequência cada vez mais preocupante para um Brasil tão necessitado de resgate de sua moral. Notadamente na área pública.

13.4 O código deontológico do Ministério Público

A preocupação ética não é recente para uma instituição de trajetória de tão reconhecido êxito. Já em 1956, quando do II Congresso Interamericano do Ministério Público, realizado em Havana, aprovou-se o Decálogo do Promotor, elaborado por José Augusto César Salgado, um dos maiores nomes da instituição em São Paulo.

O **decálogo** reza:

I – Ama a Deus acima de tudo, e vê no homem, mesmo desfigurado pelo crime, uma criatura à imagem e semelhança do Criador.

II – Sê digno de tua grave missão. Lembra-te de que falas em nome da Lei, da Justiça e da Liberdade.

III – Sê probo. Faze de tua consciência profissional um escudo invulnerável às paixões e aos interesses.

IV – Sê sincero. Procura a verdade, e confessa-a, em qualquer circunstância.

V – Sê justo. Que teu parecer dê a cada um o que é seu.

VI – Sê nobre. Não convertas a desgraça alheia em pedestal para teus êxitos e cartaz para tua vaidade.

VII – Sê bravo. Arrosta os perigos com destemor, sempre que tiveres um dever a cumprir, venha o atentado de onde vier.

VIII – Sê cortês. Nunca te deixes transportar pela paixão. Conserva a dignidade e a compostura que o decoro de tuas funções exige.

IX – Sê leal. Não macules tuas ações com o emprego de meios condenados pela ética dos homens de honra.

X – Sê independente. Não te curves a nenhum poder, nem aceites outra soberania senão a da lei.[13]

Para as atuais gerações, um texto como o decálogo soa anacrônico. É que a mutação de valores excluiu Deus do discurso, na alegação simplista de que o *Estado é laico*. Verbetes como Liberdade e Justiça já não seduzem os frutos de uma sociedade hedonista, consumista, materialista e desafeiçoada de transigir com o que já não reveste significado. Mas a leitura atenta desse texto é sugestiva para evidenciar se os rumos tomados pela nacionalidade nas últimas décadas foi rumo ao *crescimento ético* ou ao evidente *retrocesso moral*.

Para os que guardaram respeito pela tradição, o decálogo poderia se aplicar a qualquer profissão jurídica, pois encerra normas deontológicas bastante genéricas. Não deixa de ser oportuno demonstrar que, há quase meio século, os promotores paulistas se preocupavam com tema que emergiu de forma enfática no final do milênio, constituindo hoje um núcleo nevrálgico nas discussões de qualquer carreira. Se hoje a ética equivale à *eficiência*, diante da disfuncionalidade do direito para resolver problemas humanos com a pressa que a contemporaneidade exige, ela não deixa de guardar um apelo *moral*, diante da prática identidade conceitual.

13. *Boletim da Associação Paulista do Ministério Público*, v. 4, p. 2-3.

Com o passar do tempo, além dos deslizes intensificados, viu-se que o único freio para a ganância e a insensatez é certa armadura moral. A ética adquiriu importância ainda maior. Embora necessária, é insuficiente a mera proclamação retórica. É preciso tipificar condutas. Erigir padrões de comportamento ético. Assim é que todo um capítulo é reservado aos deveres dos membros do Ministério Público na Lei Orgânica Nacional editada em 12.02.1993.[14] Ele contém os mandamentos éticos positivados a que estão sujeitos todos membros do Ministério Público. A saber, os promotores, que atuam em primeiro grau de jurisdição, e os procuradores de justiça, de atuação junto aos Tribunais.

O primeiro dever é o de manter ilibada conduta pública e particular.[15] Sobre o conceito de **conduta ilibada** já se fez menção no Capítulo 6.[16] Acrescente-se apenas que o atributo do comportamento sem mácula deve preceder o ingresso do bacharel à carreira do Ministério Público, pois para ele constitui requisito.

Zelar pelo prestígio da Justiça, por suas prerrogativas e pela dignidade de suas funções é o segundo dever.[17] Também aqui em nada o preceito ético faz distinguir o promotor de justiça dos demais operadores jurídicos. Seu zelo há de contemplar o prestígio da **Justiça**, e não o prestígio apenas do **Judiciário**. Com isso, fica o promotor também eticamente comprometido com a eficiência e a credibilidade de outros organismos considerados integrantes da **Justiça**, como a polícia. Esta, por sinal, sujeita à sua fiscalização externa e corregedoria permanente.

Um dever que é próprio ao promotor de Justiça, e corresponde com o dever do juiz de **fundamentar** a decisão jurisdicional, é o de indicar os fundamentos jurídicos de seus pronunciamentos processuais, elaborando relatório em sua manifestação final ou recursal.[18] Assim como não se concebe decisão judicial desmotivada, a manifestação ministerial há de ser consistente. A elaboração do relatório imprime certeza de que os autos foram efetivamente examinados e o profissional fez a apreensão de todos os elementos essenciais ao conhecimento da demanda.

Obedecer aos prazos processuais é outra obrigação do promotor e do procurador.[19] Esse dever não pode ser negligenciado. O promotor também integra

---

14. Lei 8.625, de 12.02.1993, publicada no *DOU* de 15.02.1993.
15. Art. 43, I, da Lei 8.625, de 12.02.1993.
16. Ver Capítulo 6, item 6.4.1.
17. Art. 43, II, da Lei 8.625, de 12.02.1993.
18. Art. 43, III, da Lei 8.625, de 12.02.1993.
19. Art. 43, IV, da Lei 8.625, de 12.02.1993.

o complexo denominado **Justiça** e é corresponsável pelo pecado da lentidão, o mais severamente repudiado, se depender da avaliação popular.

Deve ainda o promotor assistir aos atos judiciais, quando obrigatória ou conveniente a sua presença.[20] Esse compromisso é o da *presença física*, não da *presença virtual*. O bom promotor não precisa ser lembrado de que sua presença é essencial às audiências e sempre conveniente. Deve possuir **pauta própria**, em que as audiências designadas sejam anotadas para que, independentemente de provocação, se faça presente. Um episódio que pode chocar a parte ou o advogado é o juiz se ver obrigado a mandar chamar o promotor para a audiência e permanecer à espera, pois esse atendimento não se faz com a necessária presteza.

Negligenciar o promotor nessa presença faz com que o espaço institucional reservado à sua atuação seja preenchido pela discricionariedade do juiz. Não é incomum, principalmente em unidades judiciais menores, o juiz ditar ao escrevente ou secretário de sala a fala ministerial nos debates. Não é excessivo formalismo considerar errônea e perigosa essa praxe. Cada parte deve exercer o seu papel no processo. Se o juiz supre a lacuna do Ministério Público, isso desequilibra o contraditório. Esvazia a dialética processual. Em claro desprestígio do Ministério Público. Como também não é certa a postura de juízes que outorgam ao promotor a prerrogativa que é dele – juiz – de impulsionar o processo criminal. Em comarcas do interior, a carga de serviço fez surgir uma prática inadmissível. O juiz se encarrega da pauta cível e delega – oficiosamente – ao promotor desincumbir-se da pauta criminal. O promotor interroga, inquire testemunhas, abre espaço para os debates, faz a sua parte e a do juiz. Este se limita a assinar o termo de audiência. Os advogados não podem concordar com esse costume, pois há inegável prejuízo para a defesa. Mesmo que se reconheça o acúmulo de serviço, a boa-fé do promotor, a concordância dos demais envolvidos, não é para essa teatralização que existe o processo criminal.

A virtude é uma exigência legal imposta ao promotor. Ele deve desempenhar, com zelo e presteza, as suas funções.[21] Virtude que deve ser a de todos os profissionais, não apenas dos operadores jurídicos. Mas que precisa ser mais intensamente perseguida por aqueles profissionais remunerados pelo povo, entidade coletiva na qual inserta a legião de miseráveis sem as menores condições de subsistência digna, por alegada falta de recursos financeiros públicos.

Declarar-se suspeito ou impedido, nos termos da lei, é outro dever imposto ao promotor.[22] Antes de ser dever legal é dever ético. Há situações que im-

20. Art. 43, V, da Lei 8.625, de 12.02.1993.
21. Art. 43, VI, da Lei 8.625, de 12.02.1993.
22. Art. 43, VII, da Lei 8.625, de 12.02.1993.

pedem o promotor de atuar, outras que o tornam suspeito. O operador jurídico estatal não pode oficiar quando impedido ou suspeito. Comprometeria toda a credibilidade no aparelhamento estatal encarregado de administrar justiça.

Dever ético de consistência e alcance é o de adotar, nos limites de suas atribuições, as providências cabíveis face à irregularidade de que tenha conhecimento ou que ocorra nos serviços a seu cargo.[23] A segunda função institucional do Ministério Público é zelar pelo efetivo respeito dos Poderes Públicos e dos serviços de relevância pública aos direitos assegurados na Constituição, promovendo as medidas necessárias a sua garantia.[24] O constituinte converteu o Ministério Público em verdadeiro **corregedor** dos poderes estatais, quanto à observância dos direitos fundamentais. E não só dos direitos estritamente fundamentais, assim considerados os também chamados **direitos humanos**, mas **de todos os direitos** consagrados na Constituição, nas mais diversas intensidades jurídicas nela contempladas.

Embora o dever de adoção de providências tenha sido limitado com a adoção das expressões "nos limites de suas atribuições", ele deve ser interpretado em consonância com a função institucional expressa no texto maior. Toda irregularidade – expressão de amplitude a ser edificada pelo compromisso ético do promotor ao exaurir o cumprimento de seu dever – suscita a reação da **providência cabível** por parte do Ministério Público.

Esse dever ético e legal de **coibir irregularidades** é um campo fecundo de atuação ministerial, que poderá – se bem aplicado – colaborar para o aprimoramento das instituições brasileiras e para o resgate de milhões de nacionais da situação subumana em que se encontram.

Preceito de comezinha educação, assim como posto para a Magistratura, é destinado ao promotor: tratar com urbanidade as partes, testemunhas, funcionários e auxiliares da justiça.[25] Um reparo se põe de imediato. A Lei Orgânica da Magistratura, ao endereçar dever idêntico ao juiz, destinou menção expressa aos "membros do Ministério Público".[26] A Lei Orgânica do Ministério Público não incluiu os juízes como destinatários do tratamento urbano dos promotores. Como não se pode concluir que o juiz desmereça tratamento polido, a exclusão se torna incompreensível e em nada contribui para aprimorar

23. Art. 43, VIII, da Lei 8.625, de 12.02.1993.
24. Art. 43, VIII, da Lei 8.625, de 12.02.1993.
25. Art. 43, IX, da Lei 8.625, de 12.02.1993.
26. Art. 35, IV, da Lei Orgânica da Magistratura, Lei Complementar Federal 35, de 14.03.1979.

o relacionamento entre os integrantes das duas carreiras. Aspecto que, por sua relevância, será objeto de abordagem autônoma.

Paralelamente ao dever de o juiz residir na comarca, a mesma obrigação é atribuída ao promotor titular.[27] A justificativa é idêntica: a autoridade precisa ser encontrada a qualquer momento, se é que Justiça deve ser considerado serviço público essencial. Para o promotor, com razão ainda maior. O elenco de atribuições institucionais cometidas pelo constituinte não se compatibiliza com o promotor em trânsito, sempre apressado e querendo vencer rapidamente a carga de trabalhos e que, em suas reiteradas ausências, deixa de ser ouvido pelo juiz antes de suas decisões.

O dever de prestar informações solicitadas pelos órgãos da instituição[28] não parece cânone ético, nem mereceria inserção em diploma legal. É atribuição administrativa, cuja enunciação parece decorrer de dificuldade concreta que os órgãos da instituição possam ter enfrentado na rotina dos serviços.

Impõe-se ao promotor identificar-se em suas manifestações funcionais,[29] o que, sendo de cautela e conveniência, não afronta o princípio da unidade e parece revestir sentido ético. O membro do Ministério Público deve peticionar, requerer, recorrer, lançar cotas nos autos, sempre de forma transparente. Fá-lo na condição de integrante do *Parquet*, mas deve identificar-se sempre, até para eventual responsabilização e principalmente porque, atuando com zelo e probidade, não precisa ser promotor **sem face**.

Um dos comandos éticos mais relevantes para o Ministério Público está no dever de atender aos interessados, a qualquer momento, nos casos urgentes.[30] Essa é a tarefa que nobilita e dignifica o Ministério Público, a distingui-lo dos demais operadores pagos pelo Erário. É a única autoridade – a relevância dos poderes institucionais do *Parquet* confere a seus integrantes o *status* de autoridade – que, por dever de ofício, precisa estar sempre disponível ao povo. A maior força, a maior expressão, a maior riqueza da instituição está nessa tarefa do contato direto com o semelhante, sem intermediação, sem o monopólio da capacidade postulatória, sem necessidade de designação de audiência. Sob essa vertente, muito antes das ADR,[31] as populares alternativas de resolução

---

27. Art. 43, X, da Lei 8.625, de 12.02.1993.

28. Art. 43, XI, da Lei 8.625, de 12.02.1993.

29. Art. 43, XII, da Lei 8.625, de 12.02.1993.

30. Art. 43, XIII, da Lei 8.625, de 12.02.1993.

31. ADR é a sigla resultante da expressão norte-americana: *Alternative Dispute Resolutions*, que inclui todas as fórmulas de pacificação excluídas do Judiciário conven-

de conflitos que parecem acenar com dias melhores para a Justiça, os promotores já pacificavam os desafetos e conseguiam realizar o mais adequado justo concreto.

O verdadeiro **promotor** de Justiça, aquele que **promove** justiça efetiva, não encara com displicência, indiferença, com enfado ou mesmo com irritação essa missão institucional. No convívio diuturno com o comarcano, o Promotor aprende a conhecer a comunidade e se torna o para-raios jurídico da população. Enfrenta os poderosos, resolve questões, pacifica os contendores, desarma os espíritos. Realiza a justiça concreta. Evita lides. Descongestiona o Judiciário.

E isso requer talento. Talento na postura, pois o pobre não abrirá seu coração nem fará confidências a uma autoridade arrogante, de linguagem hermética e que, com sua postura, delimita nitidamente os espaços sociais de cada um dos atores. Talento pessoal, com disponibilidade para ouvir e paciência para aguardar o exaurimento da versão, nem sempre objetiva. Despojamento e desinteresse, pois é um trabalho que não repercute nem acarreta elogios dos procuradores e dos Tribunais. É trabalho autenticamente humano, missão de apostolado jurídico, devotamento de quem, privado embora de formação específica, é chamado a fazer o papel de assistente social, psicólogo e sacerdote a um tempo.

As lideranças ministeriais devem insistir para que o promotor não tergiverse nem reduza a importância dessa prerrogativa da função. Aparentemente banal, para uma sociedade que prestigia a erudição e a técnica, ela é a válvula de escape na pressão conflitiva que se agiganta. O preparo do jovem promotor, a metodologia do concurso, as reciclagens a que o agente ministerial vier a se submeter na carreira, devem levá-lo a conferir relevância a esse mister. Para o qual não se pode admitir negligência. Pois essa missão é, talvez, a mais importante: a oportunidade de ouvir as partes, nesta sociedade em que ninguém mais tem ouvidos, tempo ou paciência para auscultar o próximo. Ninguém tem tempo para escutar lamúrias. Mas o promotor foi escolhido pelo sistema para essa fase primordial à harmonização verdadeira. Adequada formação ética saberá mostrar ao promotor que essa é a tarefa de real consistência em sua carreira. Poderá não ser bem sucedido na ação civil pública promovida; poderá ter de recorrer de inúmeras sentenças; mas ninguém o substituirá no encargo de resolver, em definitivo, problemas às vezes aparentemente insignificantes, mas de relevo e de enorme potencial de angústia para o interessado.

---

cional, reconhecidamente congestionado e em gravíssima crise de funcionalidade e eficiência.

Quem não tem inclinação pessoal ou temperamento para tratar com o povo não pode ser promotor. Deve ser advogado, que pode, em tese, selecionar seus clientes. Ou se endereçar à Magistratura e tornar-se juiz, a cuja presença só o advogado tem acesso. Para os demais, desprovidos de capacidade postulatória, é muito difícil o acolhimento. Em regra, o acesso à autoridade judiciária é quase sempre limitado.[32] Mas o promotor é a autoridade jurídica preordenada a estar ao lado do povo, não em sentido figurado, mas com o povo fisicamente próximo, o bastante para, de viva voz, trazer seus pleitos e desesperos, como não lhe é dado fazer com qualquer outro agente público.

O último dever legal do promotor é acatar, no plano administrativo, as decisões dos órgãos da Administração Superior do Ministério Público.[33] O promotor é independente. Mas os órgãos da Administração Superior, em assuntos administrativos, podem deliberar. Tais deliberações hão de ser acatadas pelos demais membros do Ministério Público que os não integrem. A hierarquia administrativa é necessária para a preservação de uma ordem, sem a qual não haverá eficiência.

Embora o tema revista menor interesse ético, justificou-se a explicitação da norma para coibir eventuais excessos no individualismo. Alguns integrantes do *Parquet*, por imaturidade ou deformação funcional – o excesso de poder é capaz de gerar anomalias –, poderiam em tese resistir à observância do ordenamento administrativo, e este se presume editado a benefício da instituição.

Em síntese, verifica-se que o rol dos deveres dos membros do Ministério Público tem núcleo comum idêntico aos deveres dos demais operadores jurídicos. Em toda a ética profissional forense os mesmos preceitos são encontrados, sejam eles direcionados a estudantes de direito, a advogados, a juízes, a promotores, a delegados, procuradores, defensores ou consultores. A ênfase dos comandos éticos, em relação ao Ministério Público, há de ser creditada ao notório engrandecimento institucional, conjugado à intensificação das exigências éticas postas a seus integrantes.

Não existe forma de maior eficiência para desprestigiar uma instituição do que cumulá-la de atribuições abrangentes, absorventes e intensas. A preser-

---

32. Afirmação cada vez mais relativizada. Já não se mostra admissível encontrar-se à porta do gabinete do juiz o aviso que já foi encontrado em algumas unidades judiciais: *Este juiz não é órgão de consulta.* O Conselho Nacional de Justiça e o próprio Superior Tribunal de Justiça têm salientado a necessidade de o magistrado sempre atender as partes, dever que se encontra inscrito na LOMAN – Lei Orgânica da Magistratura Nacional, a Lei Federal Complementar 35, de 14.03.1979, ora em pleno vigor, pois recepcionada pela Constituição da República, de 05.10.1988.

33. Art. 43, XIV, da Lei 8.625, de 12.02.1993.

vação do equilíbrio institucional está indissoluvelmente vinculada ao redobrado empenho ético de seus integrantes.

Impõe-se considerar que o objetivo do fortalecimento institucional consolidado pelo constituinte de 1988 não foi redobrar o prestígio dos promotores, mas a realização do bem comum e, notadamente, o resgate dos semelhantes excluídos à cidadania. Um país que conseguiu a façanha de multiplicar a legião dos desvalidos, hoje contados aos milhões, precisa de instituições fortes para reverter esse quadro de iniquidade. O Promotor de Justiça, a partir do nome atribuído ao seu cargo e função, é o operador predestinado a transformar a nação. Talvez sobre ele repouse a esperança posta pelo constituinte no pacto político: edificar a pátria justa, fraterna e solidária, sem preconceitos e sem desigualdades.

13.5 Postura Ética do promotor ante o juiz

Consequência da corrosão do *sagrado* é a banalização das funções exercidas por bacharéis em direito. No momento em que o direito atendia a uma vocação quase transcendente, os integrantes das funções clássicas se comportavam como iniciados numa ciência revestida de um halo quase sobrenatural. Juízes eram figuras respeitadíssimas e promotores também. Não maculariam a toga e a beca em desentendimentos, brigas, incompreensões. A honorabilidade era um atributo do cargo e a ela se conformavam até os espíritos mais impulsivos.

Hoje o mundo é outro. A aura de sacralidade desapareceu. A maior parte dos que procuram a Magistratura ou o Ministério Público estão em busca de *emprego*. Tanto que são conhecidos como "concurseiros". Frequentadores habituais dos exitosos Cursinhos de Preparação, ávidos por disputarem uma vaga, qualquer seja ela, em toda e qualquer localidade em que haja concurso aberto.

Resultado disso é que o relacionamento juiz – promotor já não é aquele padrão de elegância de áureos tempos. As Corregedorias e Órgãos Especiais são obrigados a enfrentar processos que sequer existiriam, se os envolvidos tivessem uma *boa educação de berço*. Por isso é que a ética – mesmo nas carreiras jurídicas – tem de começar com a reiteração das elementares regras de polidez que em alguns lares foram esquecidas.

Em todos os cursos promovidos para iniciantes das carreiras judicial e ministerial um módulo é reservado à discussão do relacionamento promotor-juiz. A experiência demonstra que, no convívio saudável entre ambos, o melhor proveito é o da justiça. Promotor e juiz sem rivalidades e conscientes de suas atribuições conseguem a mais talhada realização do justo. Ao revés, da animosidade ou confronto advém queda de qualidade não apenas do relacionamento humano, mas da excelência do produto justiça. Justiça é produto humano e, portanto, sempre vulnerável às imperfeições dessa condição.

Já se acentuou que entre promotor, juiz e advogado não existe hierarquia. As **autoridades** da cena judiciária, entretanto, são juiz e promotor. A nítida distinção entre as atribuições não tem sido suficiente, em alguns casos, para garantir um convívio respeitoso e ameno desses operadores.

O promotor, na função de titular da ação penal pública, é **parte** como o é a defesa. Depois de examinar a posição da doutrina, Hugo Mazzilli preleciona: "Assim, o Ministério Público, sobre ser parte no sentido material, é também parte formal ou instrumental. Sua imparcialidade é meramente moral, não é referida em sentido técnico. Ser parte é ser titular de ônus e faculdades processuais. Seu dever de buscar a verdade, sua liberdade de acusar ou de pedir a absolvição, por certo não desnaturam sua posição de órgão do Estado, que concentra nas mãos a titularidade exclusiva de promover o direito de punir do Estado".[34] Situar-se em condição de privilégio desequilibra a paridade de armas e desatende ao contraditório. Essa é sempre uma fonte de desentendimentos.

É sadio que promotor e juiz conversem sobre processo. O assunto primeiro entre ambos é esse. Mas os dois devem saber traçar uma linha entre a amizade e o dever funcional. Cada qual tem sua função e, se qualquer deles sentir-se constrangido para poder cumpri-la, estará falhando com seus compromissos básicos. Lição de grande sabedoria é desvincular o convívio do trabalho, cada qual a exercer em plenitude sua função, sem preocupação de ferir suscetibilidades. Pedir arquivamento ou denunciar, pedir condenação ou absolvição, recorrer ou conformar-se com a decisão é questão de foro íntimo do promotor. Receber a denúncia ou rejeitá-la, absolver ou condenar, sem se preocupar com a interposição de recurso, é assunto de interesse estrito do juiz. Promotor requer, postula, denuncia, recorre. Juiz recebe ou rejeita, absolve ou condena. O juiz não pode denunciar, nem o promotor condenar. O óbvio, muitas vezes, precisa ser lembrado.

Quando o mero exercício do dever de ofício de um está a irritar o outro, o irritadiço deve pensar seriamente se não está na carreira errada. E quando se aperceber disso, o remédio é submeter-se a novo concurso. O certame é ótima oportunidade para reciclar os conhecimentos e para mostrar se os preparos técnico e psicológico são suficientes. Ou então aventurar-se na profissão liberal, para a qual não há *concurso formal*, senão a avaliação diuturna dos clientes, dos colegas, da mídia e de todo o meio social em que atua.

---

34. Hugo Nigro Mazzilli, Funções institucionais do Ministério Público, p. 22.

Ambos – juiz e promotor –, para um bom convívio, devem eliminar pruridos de sensibilidade extremada. A fogueira das vaidades chamusca as virtudes de um e de outro. O sol nasceu para todos, há espaço para inúmeros talentos. Juiz e promotor são **parceiros**, pode-se dizer até **cúmplices** na realização da Justiça. Dependem dessa **cumplicidade saudável**, também do advogado, da polícia, da comunidade e até do réu. Profissionais conscientes disso podem ser compadres, podem ser consogros, e nada impedirá uma hígida realização da justiça humana, em sua contingente adequação.

Estados como a França e a Itália possuem uma só carreira para o Ministério Público e para a Magistratura. Carreira que permite contínuo intercâmbio, não só nos primeiros, mas nos graus finais de jurisdição. Alguém ousaria dizer que a Justiça francesa e a Justiça italiana padecem de maiores imperfeições em virtude dessa unidade?[35] A germinação univitelina de ambas as instituições está a demonstrar que devem caminhar juntas, sem que os conjunturais antagonismos as desviem do principal: fazer justiça. O direito não perde com as visões diversas de um idêntico fenômeno jurídico. Apenas mostra a sua exuberância, a sua riqueza e a sua força.

Pensar menos em si e mais no povo. Pensar na realidade nacional, cruel para com legiões e generosa para com escasso rol de privilegiados. Pensar que o direito é instrumento de realização da dignidade humana e que os operadores, se irmanados nessa missão, poderão converter o mundo. São preceitos que de nada exterior dependem, senão da vontade de cada qual. Refletir neles pode gerar o fruto de uma conduta eticamente irrepreensível, a traduzir-se em exercício mais profícuo da missão de livrar a Terra de toda injustiça.

13.6 O FUTURO DO MINISTÉRIO PÚBLICO

O fortalecimento institucional do Ministério Público, propiciado pelo constituinte de 1988, veio a gerar um protagonismo bifronte. De um lado, o *Parquet* levou a sério sua renovada missão e empalmou todas as bandeiras sensíveis à cidadania. Passou, na verdade, a desempenhar o papel de um eficiente *defensor da coletividade*. Foi ele quem deu início à proteção do meio ambiente, do consumidor e da cidadania, e assumiu a tutela de questões emergentes e até então parcialmente descuidadas no sistema de justiça.

Por outra face, protagonismo tal causou muitas reações. O espaço reservado pela mídia ao Ministério Público foi sensivelmente ampliado. Os demais

35. A utopia de uma **carreira única**, integrada pela Magistratura assentada – o juiz tradicional – e a Magistratura em pé – o promotor de justiça –, é objeto de minhas reflexões na obra *A rebelião da toga*.

operadores se ressentiram. O Governo também sentiu desconforto diante da autonomia ministerial, quando as investigações recaíram sobre membros do Executivo ou autoridades ligadas a empresas estatais.

Integrar num sistema arcaico uma instituição remodelada, mais forte e mais poderosa suscita desconforto. Os membros do Ministério Público da chamada *velha guarda*, dos tempos heroicos, também sentiram os ventos novos, e alguns os estranharam. Jovens ainda jejunos na tradição institucional logo incorporaram os robustecidos poderes e passaram a ostentar desenvoltura até então inexistente. Houve arroubos e exageros, certo exibicionismo, chegou-se até à transmissão de uma quase arrogância institucional. Postura impertinente para quem é servidor público, remunerado pela comunidade e preordenado a prestar-lhe serviços. Nada que uma boa reflexão ética e um equilíbrio das lideranças não possa conter. Afinal, o Ministério Público prossegue a prover os seus quadros com os melhores dentre os egressos das Faculdades de Direito no Brasil.

Outro ponto a merecer meditação é o exercício, por membros do Ministério Público, de cargos ou funções distintas às tipicamente institucionais. Carreira equiparada ao Judiciário, sempre mereceu as mesmas prerrogativas, mas resistiu às vedações impostas à Magistratura. A garantia aos membros do Ministério Público de direito adquirido ao desempenho de cargo público sem a necessidade de se aposentar é tema de alta indagação ética. A justificação é juridicamente irrepreensível: está reservada essa faculdade ao promotor que ingressou na carreira sob outro regime jurídico. Esse direito ingressou em seu patrimônio e dele não pode a lei privá-lo. Mas a tensão ética não é eliminada diante do argumento de direito. Isso porque o desempenho de cargos junto ao Executivo propicia ao Ministério Público intimidade muito próxima ao real – ou seria *imperial*? –, poder que é, em última instância, aquele que detém a chave do Erário.

O Ministério Público obteve, junto ao constituinte, todos os direitos e prerrogativas doutrinariamente proclamados, fruto de uma luta árdua e longa da instituição, hoje independente e provida de condições para o eficiente exercício de suas funções. Tem pago um preço por isso. O Parlamento acena com reformas, ameaça com a *Lei da Mordaça*, pretende coibir aos promotores mais afoitos a desenvoltura com que encaram as câmeras de TV e os fotógrafos dos jornais. Recrudesce a discussão a respeito da investigação que seria privativa da polícia judiciária. Ou seja: a tentativa é a de reduzir poderes, de manter o Ministério Público na condição de uma burocratizada carreira jurídica, afeita a formalismos e a procedimentalismos, sufocada pelo ritualismo e, portanto, inapta a exercer a missão que o constituinte preceituou no pacto de 1988.

É preciso estar atento para isso. Para onde se encaminhará o Ministério Público brasileiro neste século que teve início tão turbulento?

Ao lado da mídia, foi o Ministério Público o autor das denúncias que escancararam a promiscuidade entre autoridades e autoridades, entre estas e as empresas, numa atuação evidentemente moralizadora.

Resta avaliar se a democratização interna do Ministério Público, vantagem inegável diante de um Judiciário avesso a qualquer forma de participação das bases na fixação dos rumos da instituição, foi fator ponderável nesses avanços ou se tornou sua cúpula muito vulnerável às postulações da linha de frente. Também é mister encarar o esvaziamento das funções de segundo grau, esmaecida a atuação da Procuradoria, se cotejada com os poderes atribuídos ao Promotor de Justiça. Outra questão em que a ética teria lugar é a preservação do Quinto Constitucional, modalidade de acesso aos Tribunais que leva alguns dos mais eminentes membros do Ministério Público a abandonar a instituição. Não sem, antes disso, se subordinar aos *ritos de passagem*, que, num retrospecto meramente empírico, nem sempre têm primado por um excessivo rigor ético.

A postura ministerial mereceria também análise ética em relação ao exagerado zelo institucional por conservar faculdades que contribuem para a procrastinação dos processos. A forma de intimação do Ministério Público, quando parte privilegiada no crime, a utilização dos prazos de maneira a impedir a brevidade no trâmite das ações penais, parecem mais resquício de certo corporativismo do que inserção na *estrutura cooperatória* que deve existir também para a instituição, exigível não apenas para os advogados.

A Instituição não se encontra inerte. Muito pelo contrário. A ação civil pública abriu um campo imenso de atuação para o Ministério Público. Em regra, qualquer Promotor de Justiça pode ingressar com uma ação civil pública.[36] E elas são muitas. Hugo Nigro Mazzilli fez um levantamento e encontrou 107 ações públicas diferentes, todas de iniciativa do Ministério Público. São elas fundadas na Constituição da República, no Código Civil, no Código de Processo Civil, no Código de Processo Penal, no Estatuto da Criança e do Adolescente, na legislação trabalhista, na Lei de Registros Públicos, na Lei de Loteamentos e em leis diversas.[37]

---

36. Lembra Hugo Nigro Mazzilli que a ressalva está nas ações cíveis cuja iniciativa caiba, por expresso, a membros do Ministério Público integrantes de Promotorias de Justiça especializadas. Exemplo: ação de nulidade de casamento, às promotorias de família; a ação destinada à proteção do patrimônio público e social, às promotorias da cidadania, etc. (Hugo Nigro Mazzilli, *A defesa dos interesses difusos em juízo – Meio ambiente, consumidor, patrimônio cultural, patrimônio público e outros interesses*, 25. ed., São Paulo, Saraiva, 2012, p. 74.

37. Idem, p. 75-82.

O Ministério Público já não é o *acusador* da ação penal pública incondicionada clássica. Avulta hoje o seu papel de autor, por legitimação ordinária, por substituição processual, interveniente em razão da natureza da lide ou da qualidade da parte e mesmo réu no Processo Civil. Sempre que houver interesse indisponível ligado a uma pessoa, a uma relação jurídica ou existência de um interesse, ainda que não propriamente indisponível, mas suscetível a uma análise de repercussão social que afete toda a sociedade, legitima-se a participação do Ministério Público no processo cível.[38] É importante que a comunidade saiba da *obrigatoriedade* da ação civil pública por parte do Ministério Público. Lembra Hugo Mazzilli que "para o Ministério Público, há antes *dever* que *direito* de agir. Por isso é que se afirma a obrigatoriedade e a consequente indisponibilidade da ação pelo Ministério Público".[39] Isso não significa que o Promotor se veja impedido de não propor ação civil pública. A Lei da Ação Civil Pública o prevê expressamente.[40]

Muitas as hipóteses em que isso pode se dar. Detre elas: "a) falta de indisponibilidade total ou parcial do bem em questão, ou falta de expressão social da lesão; b) solução extrajudicial satisfatória (v.g., tomada de compromisso de ajustamento de conduta); c) ocorrência de hipótese em que a própria lei lhe permita agir sob critérios de oportunidade e conveniência; d) falta de demonstração da existência de dano ou risco de dano, ou falta de identificação do responsável".[41] De qualquer forma, o Ministério Público está sob controle da sociedade a que serve. Hugo Mazzilli recorda os dois meios de aferição da regularidade/legitimidade da não propositura da ação civil pública pelo Ministério Público: "a) sob pena de falta funcional, o membro que promoveu o arquivamento deve remeter de ofício, no prazo de três dias, os autos do inquérito civil ou as peças de informação ao Conselho Superior do Ministério Público (nos Estados) ou a uma das Câmaras de Coordenação e Revisão (nos ramos do Ministério Público da União), para reexame da decisão de arquivamento; b) Como não detém o Ministério Público legitimação exclusiva para a ação civil pública, outros colegitimados podem concorrentemente propor a ação que ele entendeu não devesse ajuizar".[42]

---

38. Idem, p. 89.

39. Idem, p. 91.

40. Art. 9.º da LACP – Lei 7.347/1985: Se o órgão do Ministério Público, esgotadas todas as diligências se convencer da inexistência de fundamento para a propositura da ação civil, promoverá o arquivamento dos autos do inquérito civil ou das peças informativas, fazendo-o fundamentadamente.

41. Hugo Nigro Mazzilli, op. cit., idem, p. 97.

42. Idem, ibidem, citando art. 9.º e §§, do LACP e art.129, § 1.º da CF, art. 5.º da LACP e art.82 do CDC.

Nesse ponto, seria interessante que o Ministério Público, após esse período desde 1985 e, notadamente, após a Constituição, de intenso desempenho em novas e relevantes funções, procurasse disseminar seu *know how* com a comunidade. Ainda é tímida a participação das associações na defesa de valores esgarçados nesta República de ética em naufrágio. Reconhecida a valia extrema de seu protagonismo, não é conveniente para a consolidação da Democracia – e, principalmente, para a edificação da *Democracia Participativa* prometida pelo constituinte – que o Ministério Público continue, *ad aeternum*, como único tutor desses direitos, interesses e valores.

Outro ponto que está sendo revisitado é o da responsabilidade do Ministério Público. Nas hipóteses de abuso, erros, omissões ou fraudes, o *membro* do Ministério Público se sujeita à responsabilização *pessoal*. Isso na esfera administrativa – ético/disciplinar – civil ou penal. Como existe a distinção e separação de esferas, nada impede que a responsabilização seja cumulativa. A responsabilidade é da *pessoa*, não da *instituição*. "A ação ou omissão do membro do Ministério Público, mesmo quando ilegais ou abusivas, nunca responsabilizarão o próprio Ministério Público, que não tem personalidade jurídica e sim é órgão do Estado. Este sim é o responsável pelos atos do Ministério Público".[43]

Por último – e com ênfase que não desconhece a dificuldade extrema de se propor a sério a questão –, cumpre repensar a necessidade de continuarem separadas duas instituições que, unidas, confeririam força nova ao equipamento público denominado Justiça. Em Estados-Nação mais desenvolvidos, como a França e a Itália, Judiciário e Ministério Público constituem uma única magistratura. Quando se ameaça de separação o corpo único de juízes e promotores na Itália – e cabe lembrar que a famosa operação *mãos limpas* foi protagonismo de promotores, não de juízes –, ambas as carreiras nutrem consenso contrário. Todos os profissionais da Magistratura e do Ministério Público italiano consideram a unificação uma tentativa de se enfraquecer a Justiça. Pois é óbvio que muitos dos interessados na perpetuidade de algumas situações injustas se valem do corporativismo e de certo antagonismo natural entre duas carreiras tão semelhantes para mantê-las envolvidas em questões particulares e menores. A perda é para a Democracia e para o Estado de Direito. Enquanto isso, a ilicitude e a corrupção ganham espaço maior para perseverar na desenvoltura nefasta com que dilapidam valores.

Apego a posturas conservadoras, a preocupação corporativista de preservação de espaços políticos, uma concepção arcaica da expressão *autoridade*, a natural resistência à mudança, tudo impede uma discussão séria tendente a se

---

43. Hugo Nigro Mazzilli, op. cit., idem, p. 679.

encarar a conveniência de unificação das duas instituições. Não se pode deixar de reconhecer que, eticamente, tal proposta e outras, voltadas ao aperfeiçoamento dos serviços, à eficiência do desempenho e ao mais completo atendimento ao interesse público, não podem ser descartadas de plano.

Para terminar e propor uma reflexão ao Ministério Público, nada como recorrer a ensinamentos provindos de um paradigma do *Parquet*, que alia sólida convicção ética a uma atuação criativa, construtiva e inovadora. Rogério Schietti Machado Cruz, membro do Ministério Público Federal desde 1987, foi Procurador Geral de Justiça do Distrito Federal e faz uma concitante indagação: "Como te identificas, Promotor de Justiça?", que produziria enorme benefício, viesse a ser respondida por todos os membros do *Parquet*, em todos os níveis.

O questionamento de Rogério Schietti Machado Cruz se fraciona em inúmeras perguntas, algumas das quais merecem reprodução:

"És um burocrata encastelado dentro de teus processos, unicamente preocupado em eliminar papéis, ou te dedicas a procurar a realidade que eles ocultam?

"Tens consciência do alcance de tua palavra e de tuas ações?

"Promoves o quê? Tua particular satisfação ou a Justiça?

"A quem persegues? Ao réu ou à verdade?

"Serves a quem? A ti próprio, aos interesses de uns poucos, ou ao bem comum?

"Usas a lei como ferramenta útil à felicidade humana, ou a ela te apegas para aplicá-la incondicionalmente?

"Contentas-te em ser apenas um operário a mais na linha de produção, ou procuras esforçar-te para que teu tirocínio jurídico, tua experiência e teu poder engendrem uma solução mais criativa e inteligente para o conflito em que intervéns?

"Permites que as emoções momentâneas e oscilantes determinem tuas ações, ou colocas a razão como o senhor seguro de teu agir funcional?

"Em tuas elevadas missões, és rigoroso com os mais fracos e generoso com os poderosos, ou és igualmente austero, porém respeitoso, com todos os que violam a lei?

"Arrostas os perigos da profissão e te imunizas contra as injunções dos fortes, ou abres espaço para que te explorem as fraquezas do comodismo?

"Inebrias-te pelo poder e pela tua autoridade, ou desta e daquele te utilizas para prestar teu serviço impessoal e desinteressado?

"Imaginas-te, com o açoite de teu pensamento, a destruir opiniões contrárias às tuas, ou de tua inteligência te vales para, convencido do erro alheio, fazer emergir, pelo saudável diálogo, a verdade em que acreditas, sem vilipêndio e prepotência sobre teu oponente?"[44]

São questões recorrentes e perfeitamente aplicáveis a todos os integrantes de qualquer carreira jurídica, mas destinadas à meditação do Promotor de Justiça. Autoridade em quem o constituinte mais acreditou quando da elaboração da *Constituição cidadã* e que depende de sua convicção e vivência ética para preservar o elevado acervo de atribuições institucionais e dele se servir para reduzir as iniquidades num Brasil de tantos paradoxos.

Para reflexão em grupo

1. A *Lei da Mordaça* prejudica a atuação do Ministério Público ou é imprescindível à proteção da cidadania?
2. O excesso de protagonismo midiático do Promotor de Justiça é fator de incremento da Democracia ou reflete conduta ética discutível de quem se serve da exposição da mídia para perseguir projetos pessoais?
3. A unificação das carreiras da magistratura e do Ministério Público, exatamente conforme a solução francesa e italiana, serviria melhor à edificação do Estado de Direito?
4. O Ministério Público vem refletindo sobre a redução de suas funções, à proporção em que a cidadania vier a se revestir de condições plenas para a defesa de seus interesses, tornando desnecessária a tutela do *Parquet?*
5. A democratização interna do Ministério Público foi implementada de modo eticamente irrepreensível ou ainda pode ser aperfeiçoada?
6. O Ministério Público deveria, efetivamente, assumir o controle externo da polícia?
7. Por que o Ministério Público não pode investigar?
8. Qual deve ser o parâmetro do relacionamento do Ministério Público com a mídia?
9. A função de Procurador de Justiça não serviria melhor à administração do justo se reservasse a maior parte de seus integrantes para compor os tribunais?
10. Quais as hipóteses que o ordenamento brasileiro prevê de ações civis públicas de iniciativa do Ministério Público?

---

44. Rogério Schietti Machado Cruz, *Processo penal pensado e aplicado*, p. 13.

A Ética do Juiz[1] 14

Sumário: 14.1 O Código de Ética da Magistratura Nacional – 14.2 Fundamentos éticos constitucionais – 14.3 Fundamentos éticos legais – 14.4 O juiz e a Ética no processo: 14.4.1 Poderes éticos do juiz no processo; 14.4.2 O juiz e o tempo da justiça – 14.5 Sanções às infrações éticas – 14.6 O juiz do futuro – 14.7 Para quem pretende ser juiz.

14.1 O Código de Ética da Magistratura Nacional

O juiz brasileiro já possui seu **código de ética.**[2] Não é tranquila a tese da codificação ética. O tema suscita críticas bastante conhecidas.[3] Conhecida a

---

1. Ver, de José Renato Nalini, os livros: Ética da magistratura, Ética para um judiciário transformador, *A rebelião da toga*; *Curso de deontologia da magistratura*; *Uma nova ética para o juiz*; *O juiz e o acesso à justiça*; e os artigos: A consciência moral do juiz; O juiz e a ética no processo; Ética: propulsão da qualidade; O juiz e seu modo ético de ser; A postura do magistrado e o acesso à justiça; Insurreição ética do juiz brasileiro; A gestão de qualidade na justiça, dentre outros. Uma relação mais completa da produção do autor em relação ao tema *educação de juízes* encontra-se no v. 7 do livro *ENFAM Subsídios à implantação da Escola Nacional de Formação e Aperfeiçoamento de Magistrados*, de Darcy Closs e Virginia Daudt Prieto, p. 268-270.
2. A sugestão de edição de um Código de Ética para o juiz brasileiro constou de trabalho apresentado pelo autor (Proposta concreta para um novo Judiciário, *Lex-Jurisprudência do STF* 208/5) e foi aproveitada pelo Deputado Jairo Carneiro, um dos vários relatores da Emenda Constitucional que veio a ser promulgada sob n. 45, em 08.12.2004, mediante a intercessão do des. Régis Fernandes de Oliveira, então Deputado Federal. O Conselho Nacional de Justiça aprovou e editou o Código de Ética da Magistratura Nacional na 68.ª Sessão Ordinária do CNJ, de 06.08.2008, nos autos do Processo 200820000007337, e o texto foi publicado no *Diário da Justiça*, p. 1 e 2, de 18.09.2008. A RT já publicou a 2.ª edição das primeiras anotações a esse Código de Ética, feitas pelo autor desta obra: Código de Ética da Magistratura, São Paulo, Ed. RT, 2011. O livro Ética para um Judiciário Transformador é uma revisita à Ética da Magistratura, com foco no princípio constitucional da eficiência, imposto a toda a Administração Pública, à qual o Poder Judiciário não pode ser subtraído.
3. À codificação das normas éticas costumam-se oferecer objeções. Elas se traduzem: na impossibilidade de abarcar todas as possíveis hipóteses de violação das normas deonto-

intenção de se elaborar um Código de Ética do Juiz Brasileiro pelo Conselho Nacional de Justiça, a resistência ressurgiu. As críticas hoje pertencem à arqueologia. Servem somente para alimentar reflexões. O Código de Ética da Magistratura Nacional encontra-se em vigor e é norma cogente para os juízes brasileiros.

Ao aprová-lo, o Conselho Nacional de Justiça explicitou a pertinência da iniciativa. Invocou o exercício da competência atribuída ao colegiado pela Constituição,[4] pela ainda vigente Lei Orgânica da Magistratura Nacional[5] e por seu próprio Regimento Interno.[6]

---

lógicas; na insuscetibilidade destas, por sua própria natureza, de uma precisa identificação e classificação, pois essencialmente morais; a codificação geraria maior contenciosidade, identificando plúrimas hipóteses de violações disciplinares e suscitando, nos terceiros, direitos e expectativas que a categoria teria interesse em não reconhecer. Nenhuma das críticas parece insuperável para R. Danovi, *Saggi sulla deontologia e professione forense*, Milano, 1987, p. 47-48. Primeiro, porque é suficiente introduzir normas de salvaguarda final para eliminar toda lacuna. Depois, ainda não se demonstrou que as normas deontológicas não são normas jurídicas. E a individualização de regras específicas envolve, normalmente, eficácia preventiva. Danovi alinha argumentos para sustentar a oportunidade de uma codificação de regras deontológicas: 1. a codificação garante a certeza das normas e constitui afirmação de existência do poder disciplinar dos órgãos profissionais; 2. a codificação satisfaz a exigência de se respeitar o princípio da legalidade, que importa a obrigação de não infligir sanções que não sejam expressamente consideradas no ordenamento profissional e fora dos casos previstos em suas normas; 3. a codificação permite o conhecimento imediato e preventivo das regras deontológicas, sem passar pela experiência, como ocorreria se cada um devesse criar um próprio sistema, de per si fragmentário e subjetivo. A utilidade de um elenco codificado é evidente para os mais jovens, que não poderiam derivar o conhecimento das regras da experiência por definição faltante. E a codificação consentiria em criar uma consciência ética comum que assegurasse não apenas a conservação dos valores atuais, mas também a tensão moral suficiente para garantir o aperfeiçoamento da atividade profissional no futuro. A deontologia não deve ser considerada *limite ao próprio comportamento* para a afirmação dos interesses pessoais, mas *sistema de direitos e deveres para o melhoramento e evolução* da atividade profissional. Tais argumentos, alinhados por Danovi, na obra citada e no *Corso di ordinamento forense e deontologia*, Milano, 1989, p. 228, apud Pasquale Giannitì, Principi di deontologia forense. I grandi orientamenti della giurisprudenza civile e commerciale, p. 15, até o momento satisfazem o autor. Tanto que se propôs a sugerir ao Deputado relator da Emenda Constitucional de Reforma do Judiciário a adoção de um *Código de Ética* do juiz brasileiro.

4. O Conselho Nacional de Justiça é órgão do Poder Judiciário, previsto no art. 103-B da CF/1988. A competência para editar o Código de Ética é fundada no § 4.º, I e II.

5. A LOMAN é a Lei Complementar Federal 35, de 14.03.1979, e seu art. 60 foi citado quando o CNJ aprovou e editou o Código de Ética da Magistratura Nacional. A atri-

Os "considerandos"[7] são eloquentes e merecem especial menção. O CNJ proclama a adoção do Código de Ética da Magistratura como instrumento essencial para os juízes incrementarem a confiança da sociedade em sua autoridade moral. Para o CNJ, esse código traduz compromisso institucional com a excelência na prestação do serviço público de distribuir Justiça e, assim, mecanismo para fortalecer a legitimidade do Poder Judiciário.

Merece detida atenção o propósito do Conselho Nacional de Justiça. A sociedade brasileira precisa nutrir confiança em seus juízes, a partir de sua autoridade moral. No momento em que o descrédito no Poder Público é manifesto, em que o mau exemplo é a regra e o deboche o comportamento natural de quem é surpreendido em práticas eticamente reprováveis, importante que pelo menos o juiz seja um agente público de confiança.

A mídia explora certo desencontro de concepção do que deva ser atribuição do CNJ, entre a Corregedoria Nacional de Justiça e o Presidente do STF, que é também Presidente do CNJ. A questão é apenas de estilo e de linguagem. Não há diferença ontológica entre ambas as visões. O objetivo de todo o

---

buição conferida ao STF de editar novo Estatuto da Magistratura ainda não mereceu respaldo do Parlamento. Enquanto isso, o juiz brasileiro fica jungido a uma lei no mínimo polêmica, pois produzida no período autoritário, consequência do chamado "Pacote de Abril", a Emenda Constitucional n. 7, de 13.04.1977. À época de sua elaboração, a LOMAN foi considerada "a camisa de força do juiz brasileiro". Rotulada de "resquício autoritário", foi recepcionada pela nova ordem fundante instituidora de um Estado de Direito de índole democrática e subsiste um quarto de século depois de instaurada a democracia na República Federativa do Brasil.

6. O CNJ dispõe de competência para expedir atos regulamentares ou recomendar providências pertinentes ao cumprimento dos deveres funcionais dos magistrados – art. 4.º, I, de seu Regimento Interno, aprovado na 79.ª Sessão Ordinária, de 03.03.2009, publicado no *DOU*, Seção I, em 06.03.2009, p. 183-188, e republicado no *DOU*, Seção I, de 09.03.2009, p. 165-171.

7. Adoto a posição de Newton De Lucca, em sua obra *Da ética geral à ética empresarial*,, São Paulo, Quartier Latin, p. 247. Afirma o notável magistrado e professor: "Embora tenha me utilizado algumas vezes, em minhas obras, no passado, da palavra latina '*consideranda*' para fazer o plural de '*considerandum*' – dado seu emprego recorrente no meio jurídico –, não mais dela me sirvo, desde quando, influenciado pelas considerações de alguns autores, entre os quais Eduardo Martins e Napoleão Mendes de Almeida, passei a optar pela expressão vernaculizada, segundo a razão apresentada pelo Prof. Napoleão, para quem '*considerando*' é o aportuguesamento, legítimo e cada vez mais generalizado, da forma latina '*considerandum*', com a vantagem de eliminar possível dificuldade de pluralização: '*um considerando*', '*dois considerandos*' (...). Também no dicionário *Aurélio* já se encontra, em vernáculo, o referido substantivo" p. 245).

Judiciário é aprimorar a função, conferir consciência ética a seus integrantes e oferecer à população brasileira a melhor resposta judicial que a falibilidade humana possa produzir.

Sublinha o CNJ o compromisso institucional com a excelência na distribuição do justo concreto. *Excelência* passa a significar *eficiência* mais *confiabilidade*. Algo bem diferente de *produção em massa* e ausência de controle de qualidade. Não o mero eficientismo desacompanhado de consistência moral. Mas uma eficiência adicionada de crédito na lisura do comportamento judicial. O CNJ ainda explicitou que Justiça não é esotérica "expressão de soberania estatal", discurso que serve para exacerbar o corporativismo e para impor à Nação reivindicações nem sempre compreensíveis para a massa dos destinatários da atuação judicial. Justiça é "serviço público". O juiz brasileiro é um servidor posto à disposição da sociedade. Qualificado, sim, diferenciado, também, recrutado – em tese – por concurso árduo, a conciliar aspectos democráticos e aristocráticos.[8] Mas *prestador de serviço*. Serviço pago pelo povo e que precisa funcionar a contento.

Só com esse compromisso institucional em relação à excelência é que o serviço público de distribuir justiça alavancará a legitimidade do Poder Judiciário. A doutrina estrangeira costuma questionar mais o tema da legitimidade do Poder Judiciário do que a brasileira. Em outros países indaga-se qual a fonte de legitimação do juiz, se ele não é eleito pelo povo e não se submete à regra saudável da periódica renovação dos quadros estatais. A resposta é que o sufrágio não representa a única maneira de se conferir consentimento ao exercício de um poder estatal. O juiz não é eleito, mas recrutado por concurso público. A OAB participa do processo seletivo em todas as suas fases. É uma participação da sociedade civil na escolha de quem a julgará. Depois, a legitimação virá mediante a fundamentação das decisões e pela excelência na prestação do serviço.

Ao fundamentar toda e qualquer decisão, o juiz estará a "prestar contas" à sociedade que o remunera, quanto aos fatores que formaram o seu convencimento. Permitirá a qualquer pessoa acompanhar seu raciocínio, aferir se ele se fundamenta no ordenamento e se não conflita com a intuição do justo que é imanente à comunidade nacional. Essa é uma efetiva forma de legitimação.

---

8. O concurso público de provas e títulos consegue aliar uma feição democrática – todos os bacharéis em ciências jurídicas podem acorrer ao certame – a uma fisionomia aristocrática, no melhor sentido do verbete. Apenas os melhores, os que demonstrarem conhecimento e aptidão, serão aprovados. Essa, pelo menos, é a filosofia do concurso público. Na prática, muito há para ser aperfeiçoado. Tarefa da qual a Escola Nacional de Formação e Aperfeiçoamento dos Magistrados não está a se descuidar.

Mas, ao cumprir sua missão com observância de todos os deveres impostos a uma prestação estatal revestida de simbolismo e de sensível expectativa de conduta, o juiz também auferirá o consentimento da comunidade a que serve.

Não é preciso que o juiz confira provimento a todas as pretensões. Nem isso é possível, diante da complexidade do convívio, a gerar demandas inviáveis, fruto quanta vez de uma insaciável "fome de direitos". O importante é que o juiz se faça compreender. Se ele se esforça para chegar ao mérito da lide, não se satisfaz com o exacerbado exercício do formalismo ou do procedimentalismo burocrático e estéril, ainda que decida contra o postulante, este poderá legitimar até a decisão judicial desfavorável. Isso é o que se chama legitimidade ou consentimento do Poder Judiciário.

Reconhece ainda o CNJ que o juiz brasileiro exerce uma função pedagógica. Perde sentido a proclamação bombástica de alguns magistrados, que abominam o exercício do magistério, de que "são apenas juízes, nunca deram aulas". Como se dar aulas fosse prejudicial à formação de um convencimento mais consistente do julgador. Lecionem ou não, os juízes exercitam uma função educativa. Cada julgamento, mas também cada conduta, é uma lição. Servidor do povo, sim. Mas, servidor qualificado, do juiz se espera um comportamento exemplar.[9]

O Código de Ética não poderia ignorar o que o ordenamento já prevê quanto ao procedimento exigível ao juiz. Por isso recorda o destinatário da codificação dos preceitos contidos na Lei Orgânica da Magistratura Nacional: "procedimento incompatível com a dignidade, a honra e o decoro de suas funções" e o dever de "manter conduta irrepreensível na vida pública e particular".[10] Por último, observa a necessidade de minudenciar os princípios erigidos nas normas positivadas com o fito de disciplinar o comportamento do juiz.

De sua elevada estatura de Órgão do Poder Judiciário Nacional, o Conselho Nacional de Justiça *exorta* todos os juízes brasileiros à fiel observância do Código de Ética da Magistratura Nacional. Optou por não contemplar sanções por infração ética. Entendeu suficientes as sanções já previstas na LOMAN.

---

9. O simbolismo da função judicial prevalece, porque resultante de milhares de anos de consolidação dessa *persona*. A sabedoria popular reconhece uma expectativa de conduta em relação ao juiz que não se detecta em outros espaços. Daí a sapiência de ditados como "quem usa estilingue não pode ter telhado de vidro", a justificar um verdadeiro patrulhamento da conduta do magistrado.

10. Lei Complementar Federal 35, de 14.03.1979, arts. 56, II, e 35, VIII. Mais adiante se voltará ao tema.

A estrutura do Código é desenvolvida em doze capítulos: Disposições gerais, Independência, Imparcialidade, Transparência, Integridade pessoal e profissional, Diligência e dedicação, Cortesia, Prudência, Sigilo profissional, Conhecimento e capacitação, Dignidade, honra e decoro e Disposições finais.[11] Nestas, o CNJ impõe a todos os Tribunais brasileiros, por ocasião da posse de todo juiz, a entrega de um exemplar do Código de Ética da Magistratura Nacional, para fiel observância durante todo o tempo de exercício da judicatura. Quanto ao CNJ, cabe promover ampla divulgação do Código de Ética.

Desde 18 de setembro de 2008, portanto, a Magistratura tem um elenco de deveres de observância estrita, cuja inobservância poderá suscitar o exercício das funções correcionais cometidas ao novo órgão do Judiciário no Brasil: o Conselho Nacional de Justiça, chamado de "controle externo da Magistratura" e introduzido no Pacto Republicano por força da Emenda Constitucional n. 45/2004.

Conhecer esse rol de obrigações deontológicas não é dever de ofício apenas dos juízes. Todos os candidatos a juiz deveriam examinar os preceitos nele contidos, até para avaliar se revestem as condições exigíveis a quem pretenda ingressar na Magistratura. Esse quadro de condutas reforça a concepção de Judiciário como função bem distinta das exercidas por outros agentes estatais. O juiz não é um burocrata, alguém que se satisfaz com a incidência dos preceitos do Estatuto do Funcionalismo Público. Exige-se-lhe muito mais. Somente as verdadeiras vocações é que saberão identificar a razão de estipulações aparentemente gravosas e despiciendas no estágio atual de comportamento dos exercentes de funções estatais. Para o juiz brasileiro, a liberação de condutas, a flexibilização de padrões morais nem sempre se mostra cabível. Aqueles que concluírem ser demasia o que se aguarda de um magistrado devem escolher outra carreira. Ainda resta um leque enorme de opções para os cursistas de uma Escola de Direito. A Magistratura está reservada a quem possua condições de enfrentar desafios, resistir a pressões, aptidão para produzir atos concretos de justiça e ânimo para ver sua atitude confrontada em inúmeros cenários. Pois as denúncias contra juízes estão na mídia, chegam aos órgãos correcionais e, com facilidade, à instância suprema do Conselho Nacional de Justiça. Exatamente o órgão que editou o Código de Ética da Magistratura brasileira e que tem autoridade para corrigir excessos ou desvios de rota na carreira.

O fato de hoje se questionar a iniciativa da Corregedoria Nacional quanto a processos contra magistrados, observada a primazia das Corregedorias locais,

---

11. Comentário menos superficial sobre cada um dos capítulos está na obra *Código de Ética da Magistratura* , de José Renato Nalini, 2. ed, RT, 2011.

não invalida a *avocatória* do CNJ, expressamente contemplada no pacto federativo pelo constituinte derivado.[12]

14.2 Fundamentos éticos constitucionais

Todavia, se o CNJ não tivesse editado o Código de Ética, nem por isso estariam os juízes liberados de uma conduta pautada por preceitos deontológicos. Existem normas éticas **positivadas** na Constituição da República. O constituinte emitiu comandos destinados ao juiz, dos quais sempre se pode extrair o lineamento básico de seu comportamento moral profissional.

O art. 93 da CF/1988 é pródigo em preceitos éticos. Ao contemplar a necessidade de uma **lei complementar**, de iniciativa do Supremo Tribunal Federal, que disporá sobre o Estatuto da Magistratura, enunciou os princípios desse verdadeiro Código dos Juízes, que tanto custa a ser editado.[13]

Resultou de uma preocupação ética o acréscimo de um requisito para quem pretenda ingressar na Magistratura pela porta natural de acesso, ou seja, o concurso: a experiência de três anos de atividade jurídica.[14] Essa inclusão decorreu da convicção dos reformadores de que após três anos de prática o candidato chegaria à jurisdição mais experiente, ou seja, mais acostumado com as lides forenses e, portanto, mais ético. Não existe consenso a respeito. O Desembargador paranaense José Maurício Pinto de Almeida analisa o tema e observa: "De qualquer modo, das críticas e loas a respeito, pode-se extrair que a maturidade é o ponto forte para o ingresso na magistratura, e esses três anos servirão, minimamente, para a contínua reflexão sobre a carreira que o bacharel em Direito pretende seguir, independentemente da prática jurídica".[15] A nova exigência também é louvada por Bruno Freire e Silva, que procura responder em que consistiria, na prática, essa *atividade jurídica*.[16]

---

12. Art. 103-B, § 4.º, III, da CF/1988.

13. Desde 1988 a Magistratura aguarda seu Estatuto, que deve substituir a LOMAN – Lei Complementar Federal 35, de 14.03.1979, editada sob os auspícios do chamado "Pacote de Abril", Emenda Constitucional 7/1977 e considerada, à época, verdadeira "camisa de força" do juiz brasileiro. Paradoxalmente, ela prossegue vigente, um quarto de século depois da superveniência da "Constituição Cidadã", à qual foi incorporada pelo fenômeno da recepção. 33 anos depois de sua edição, 26 anos depois da redemocratização, 7 anos depois da EC 45/2004, pode-se afirmar que o Judiciário brasileiro continua o mesmo?

14. Art. 93, I, da CF/1988, com a redação da Emenda Constitucional 45, de 08.12.2004.

15. José Maurício Pinto de Almeida e Márcia Leardini, *Recrutamento e formação de magistrados no Brasil*, p. 70.

16. Bruno Freire e Silva, A exigência de três anos de atividade jurídica para ingresso na magistratura, *Reforma do Judiciário* Análise interdisciplinar e estrutural do primeiro

Dentre os comandos éticos enunciados pelo constituinte para conferir ética à Magistratura destaque-se o valor do **merecimento** como um dos pilares da carreira judicial, juntamente com a **antiguidade**.[17] A meritocracia é um dos pilares democráticos mais decantados. Pressuposta a igualdade de oportunidades, aqueles que mais se empenharem obterão melhor resultado em seu aperfeiçoamento pessoal. Justo se premie o esforço com o reconhecimento do mérito para favorecer a escala progressiva na carreira. A estruturação do Judiciário em *carreira*[18] obriga se estabeleçam condições e requisitos para a caminhada ascensional, característica a esse agrupamento de classes da mesma profissão. O juiz progride nesse trajeto por **merecimento** ou por **antiguidade**. Se a antiguidade é mera **cronologia**, o merecimento é uma avaliação subjetiva de atributos. Como mensurar o verdadeiro merecimento do magistrado? A procura de critérios objetivos é uma luta permanente da categoria.

O mérito dos juízes era aferido pelos critérios da **presteza** e **segurança** no exercício da jurisdição e pela **frequência** e **aproveitamento** em cursos reconhecidos de aperfeiçoamento.[19] A Emenda Constitucional n. 45/2004 acrescentou o *desempenho* e o critério objetivo da *produtividade*. Reflexo de uma Reforma do Judiciário que enfatizou a necessidade de se oferecer uma *justiça célere*, pois intolerável a lentidão resultante de quatro instâncias, excessivo formalismo, burocracia e ausência de gestão administrativa otimizadora das praxes e rituais.

Ao estabelecer tais critérios, o constituinte remeteu aos deveres éticos da **presteza**, qualidade de quem é presto, rápido, célere. O juiz não pode, eticamente, retardar a outorga da prestação jurisdicional. Deve ser diligente ao impulsionar o feito, ao decidir as questões iniciais, ao sanear o processo, ao instruí-lo devidamente e ao julgá-lo.

Essa a primeira qualidade que se exigiu ao juiz logo à promulgação da Carta de 1988, exatamente porque a **lentidão** continua a ser a maior mácula de que o Judiciário brasileiro se ressente. Deficiência consensualmente reconhe-

---

ano de vigência, p. 329-339. Várias Escolas da Magistratura conseguiram que seus cursos de preparação sirvam para atender a essa exigência.

17. Art. 93, II, da CF/1988.

18. *Carreira* é "o agrupamento de classes da mesma profissão ou atividade, escalonadas segundo a hierarquia do serviço, para acesso privativo dos titulares dos cargos que a integram, mediante provimento originário. O conjunto de carreiras e de cargos isolados constitui o **quadro permanente do serviço** dos diversos Poderes e órgãos da Administração Pública. As carreiras iniciam-se e terminam nos respectivos **quadros**" (Hely Lopes Meirelles, *Direito administrativo brasileiro*, p. 404).

19. Art. 93, II, *c*, da CF/1988.

cida até mesmo pelos juízes. Há um clamor generalizado por uma justiça mais célere, até em detrimento do valor *segurança jurídica*. Na verdade, o que significa "segurança"? Esta era é a da incerteza. A ciência, antes todo-poderosa, hoje reconhece sua falibilidade. Acabou a prepotência do cientista: "Tanto na dinâmica clássica, quanto na física quântica, as leis fundamentais exprimem agora possibilidades e não mais certezas. Temos não só leis, mas também eventos que não são dedutíveis das leis, mas atualizam as suas possibilidades... Chegamos aí às fronteiras de nossos conhecimentos, numa área em que raciocínio físico e especulação dificilmente se demarcam".[20] No mundo da insegurança, por que priorizar o dogma da "*segurança jurídica*"? Se a insegurança é a regra, como exigir-se de uma atuação humana, calcada em sentimentos, seja um padrão de segurança?

Esse é mais um desafio posto ao juiz contemporâneo. "A ciência é hoje radicalmente diferente. Adquiriu consciência de seus limites como geradora de saber e apela à ética e à estética para valorizar as descobertas da racionalidade. Sabemos hoje quanto os conhecimentos podem ser ambíguos, simultaneamente prometedores e perigosos".[21]

Priorizar-se – no mundo da *insegurança total* – a ficção de uma ilha denominada *segurança jurídica* nutre a sensação de algo revestido de hipocrisia. Em lugar de insistir na busca desse ideal intangível, por que não reconhecer que o *justo absoluto* é uma utopia? Por que não procurar outras formas concorrentes de se pacificar a sociedade? Quanto à Justiça convencional, feita pelo Judiciário, ela só trará mais segurança se houver mais apuro na formação de seus quadros. Não seria melhor investir na qualidade do elemento humano encarregado de produzir o justo concreto?

O preparo técnico-jurídico da Magistratura é mais do que razoável. Após vencer a barreira do concurso, o magistrado é obrigado a estudar cada caso concreto, circunstância que o converte num especialista em direito. Falta é convencê-lo de que tal especialização deve resultar em efetiva solução de problemas concretos, não em formular respostas processuais ou procedimentais que põem termo ao processo, mas não resolvem os conflitos. Aqui entra a imprescindibilidade da ética.

É urgente intensificar o treino do julgador para ser também um bom gestor. Todos se dão conta de que a gestão é a maior deficiência do Judiciário. O juiz mais operoso, se não conseguir administrar sua unidade e gerir fluxos e

---

20. Ilya Prigogine, *O fim das certezas* – Tempo, caos e as leis da natureza, p. 13.
21. Francisco Sagasti, Ciência, tecnologia e mundialização, in Jérôme Bindé (coord.), *Para onde vão os valores?* p. 170.

seu pessoal para a obtenção do melhor resultado, comprometerá a atividade-fim da Justiça. A incapacidade de absorver novas estratégias de gestão é a responsável imediata pela disfuncionalidade da justiça convencional. Lamentavelmente, pouco ainda se faz para afastar a miopia administrativa de muitos dos responsáveis pelo comando dos inúmeros Tribunais. As Escolas da Magistratura já produziram bastante em termos de aperfeiçoamento jurídico. Necessitam abrir-se para as novas urgências. O juiz que só conhece direito será um profissional incompleto, de evidente insuficiência para bem cumprir a sua missão.

Esse o enfoque merecedor de reflexão neste início do século XXI. Contemple-se a eficiência com seriedade maior, relegue-se a segurança ao plano subalterno da relatividade. Por sinal que **segurança**, como o segundo critério aferidor do merecimento, na primeira versão do dispositivo, foi eliminada do texto fundante reformado. A Emenda Constitucional n. 45/2004 não reiterou essa exigência para considerar o mérito do juiz. Sinal indicativo da percepção de um constituinte empenhado em prover o Judiciário de *eficiência* é o de que o conceito de *segurança* na prestação jurisdicional está cada vez mais relativizado. O que seria uma *decisão judicial segura*? Seria aquela exatamente conforme a lei? Pode-se falar hoje, com o Parlamento contemporâneo mais interessado em *julgar*, pelo número de CPIs em curso, em *lei como expressão da vontade geral*? Não se viu o juiz obrigado a *suprir as imperfeições da lei* mediante uma *interpretação construtiva*? O conceito de *segurança* precisa ser objeto de mais detida reflexão. Não se afirme que a prestação jurisdicional deva, necessariamente, ser **insegura**. Não é isso. Quem procura pela Justiça pretende obter um **mínimo de segurança**. Mas **segurança** passa a significar a **adequação** da prestação jurisdicional ao problema concreto submetido à apreciação do julgador. O juiz seguro no exercício da jurisdição é aquele juiz antenado com a realidade brasileira, atento às necessidades dos destinatários da justiça, afeiçoado aos estudos, continuamente empenhado em se aperfeiçoar.

A segurança deriva do **consequencialismo** e do **conhecimento**. O **consequencialismo** passa a ser cada vez mais relevante para o juiz. Há um preceito do Código de Ética destinado a prestigiá-lo: "*Especialmente ao proferir decisões, incumbe ao magistrado atuar de forma cautelosa, atento às consequências que pode provocar*".[22] A Justiça foi chamada a um protagonismo ímpar neste início de século. Todas as questões – sejam elas políticas, familiares, sociais, econômicas, culturais, históricas, psicológicas –, *seja o que for*, chegam aos Tribunais. O juiz precisa ter consciência de que a sua decisão repercutirá no meio

22. Art. 25 do Código de Ética da Magistratura Nacional.

social e ele necessita ter noção precisa dessas consequências. Por isso é que a **sensibilidade** para avaliar as consequências da decisão, o **conhecimento da realidade** e o **amor ao estudo** constituem algumas das faces do compromisso ético do juiz brasileiro.

Ao eliminar o requisito **segurança**, pretendeu o constituinte evidenciar ao juiz brasileiro que o binômio *presteza-segurança* deve ser desequilibrado em favor do primeiro critério. Em nome da **segurança jurídica**, sempre se reprimiu ao juiz que pretendeu realizar a justiça mais rapidamente adotar qualquer iniciativa que representasse um *risco* para a prestação jurisdicional.

Fez bem o constituinte derivado ao eliminar a **segurança** e ao incluir a **produtividade**. É uma falácia acreditar que a justiça humana seja perfeita. Não há certeza absoluta nas decisões judiciais. É tarefa realizada por pessoas falíveis, com suas imperfeições, insuficiências e idiossincrasias. Era pretensioso enfatizar o valor da **segurança jurídica**, no mundo das incertezas que as pessoas enfrentam e no qual a lentidão da justiça acaba por afligi-las ainda mais. Todos aqueles que têm uma pendência no Judiciário preferem receber uma resposta, uma solução, ainda que incompleta, a aguardar por décadas até que sobrevenha uma decisão com pretensão de absoluta. E não é exagero falar-se em *décadas* de duração do processo. Com *quatro instâncias* e uma Constituição analítica, não é raro que os processos tenham início no primeiro grau de jurisdição, passem pelos Tribunais – *instâncias de passagem* e cheguem ao Superior Tribunal de Justiça – ou ao TST – e, finalmente, ao Supremo Tribunal Federal. O prestígio conferido ao *duplo grau de jurisdição* fez com que o Brasil chegasse a um verdadeiro *quádruplo grau de jurisdição*.[23]

A **produtividade** está a reclamar do juiz brasileiro um labor compatível com o número de questões submetidas ao Judiciário. Uma sociedade de massa, que gera conflitos também massivos, não pode continuar a oferecer os préstimos de uma *justiça artesanal*. Houve uma sofisticação indesejável da justiça, que criou formalismos excessivos, bem explorados pelos tecnicistas e que – a rigor – não contribuem para a pacificação das controvérsias.

A cultura judicial impunha ao juiz brasileiro esmerar-se na **qualidade** e desprezar a **quantidade**. Quantos juízes considerados **gênios** se notabilizaram

23. Louve-se o empenho da atual composição do STF, a adotar iniciativas nem sequer imaginadas há algumas décadas, de atenuar os efeitos perversos do demandismo com julgamentos temáticos, prévia seleção dos recursos repetitivos, implementação consequente do instituto da repercussão geral e edição de súmulas vinculantes. Mas ainda há muito a ser feito para que a Justiça se torne em serviço público efetivamente eficiente.

por elaboração de **uma** sentença brilhante, ao custo de abandonarem centenas de outros processos. O que interessava era *notabilizar-se*, tornar-se *respeitado*, passar por *erudito*, principalmente sob a lupa das instâncias superiores. Enquanto isso, aguardassem – com infinita paciência – todos aqueles sedentos e famintos por justiça que esse *gênio judicial* tivesse condições de conferir aos seus processos o mesmo nível qualitativo que se autoimpôs. Não com o intuito de fazer a melhor justiça, mas com a intenção de consagrar-se perante os Tribunais e de semear fama de sábio. Verdade que são casos raros estes ora enfatizados. Mas eles existiram e em qualquer Judiciário eles podem continuar a existir.

A opção do constituinte reformador foi outra. Preferiu priorizar a **produtividade. Multiplicar sua produção** é alguma coisa com que o juiz deverá se preocupar daqui por diante. Nem deve se angustiar pela possível inadequação de suas decisões com o padrão considerado *ótimo* de excelência. Num país com quatro instâncias, das quais as duas primeiras são consideradas *passo inicial* da maioria expressiva das lides, haverá oportunidade de correção e de aperfeiçoamento da prestação jurisdicional nos Tribunais Superiores.

O Brasil precisa mais de *obreiros*, que respondam às urgências de uma justiça que se perdeu no tempo e que se tornou uma instituição burocratizada, resistente à modernidade, incapaz de adotar tecnologias contemporâneas para oferecer um serviço à altura das necessidades. Necessidades prementes de uma população cada vez mais espoliada, oprimida, cujos direitos fundamentais são retumbantemente proclamados e escancaradamente ultrajados. Procurar *gênios* na Magistratura, missão dos bem intencionados membros das comissões examinadoras dos concursos de ingresso, não trará vantagens maiores à performance desse serviço público que está em déficit em relação ao seu povo.[24] Saudável constatar que o aproveitamento das infovias se torne cada vez mais frequente no âmbito da Justiça. Os Tribunais virtuais já existem na Justiça Federal e se disseminam na Justiça Estadual.

---

24. A preocupação do constituinte com a *celeridade* da Justiça está ainda na inclusão de mais um direito fundamental à longa enunciação dos incisos ao art. 5.º. O inc. LXXVIII assegura a todos, no âmbito judicial e administrativo, a razoável duração do processo e os meios que garantam a celeridade de sua tramitação. Também previu no inc. XII do art. 93 que a atividade jurisdicional será ininterrupta, vedadas as férias coletivas nos juízos e tribunais de segundo grau, e exigiu plantão permanente nos dias em que não houver expediente forense normal. Além disso, no inc. XV, acrescentado ao mesmo art. 93, determinou a distribuição imediata de processos, em todos os graus de jurisdição. Com isso, aboliu o sistema de *cotas semanais* e o inadmissível *represamento de recursos*, forma cruel de *denegação de justiça*.

A ousadia está sendo chamada a ir além. Por que não reduzir o fetiche do julgamento colegiado em sessões preservadoras da teatralidade? Com a disseminação do uso da comunicação intranet, o voto do relator é encaminhado por rede ao revisor e também ao terceiro juiz da turma julgadora. Se houver unanimidade, por que não considerar suficiente essa metodologia e já publicar eletronicamente o resultado? A necessidade da teatralização tradicional demanda tempo e é onerosa. Compromete a eficiência do sistema.

Dir-se-á que o novo sistema prejudicaria a amplitude de defesa, pois o advogado poderá pretender valer-se da *sustentação oral* em sessão pública de julgamento. Aqui também cabe ponderar: quantas vezes a sustentação oral modifica o julgamento? Não é suficiente viabilizar às partes a apresentação de memoriais também na via virtual? Ou então se confira ao relator a discricionariedade para aceitar ou não a pertinência da sustentação, e, para os casos considerados ensejadores dessa providência, far-se-ia a sessão clássica previamente agendada. Abolida a regra da obrigatória sessão semanal para os órgãos colegiados, a Justiça ganharia em celeridade, o que significa eficiência e efetividade. Justamente o que o constituinte derivado exigiu dela na Reforma do Judiciário trazida pela Emenda Constitucional n. 45/2004.

Esse é um dos caminhos para vencer a demanda crescente, até que a população tenha maturidade suficiente para redescobrir sua autonomia e despertar para a solução ética da autocomposição e outras fórmulas de resolução dos conflitos. Fórmulas alternativas ao Judiciário convencional. Não haverá futuro exitoso para a Justiça brasileira se persistir a tendência à multiplicação de cargos, de unidades judiciais, de tribunais e de outros equipamentos convencionais. Burocratizados, dispendiosos e disfuncionais.[25] A Justiça não pode se olvidar de que os *recados* do constituinte são claros. O povo quer *eficiência* e *efetividade*, sem prejuízo da *celeridade*. A esperança de que os *Juizados Especiais* iriam contaminar o velho esquema da Justiça tradicional dilui-se rapidamente. Em lugar de o Judiciário assumir a singeleza, a oralidade, a priorização dos esquemas de conciliação, parece que os *Juizados Especiais* adquirem os vícios da

25. A impunidade nas altas esferas estatais leva a propostas imaginosas, como a de criação de mais um Tribunal Superior: o Tribunal da Improbidade. Solução natimorta, mas que iria onerar ainda mais o orçamento da República, estimular os apetites por cargos, gerar conflitos de competência, quando a receita já foi adotada por Justiças Estaduais como as do Rio Grande do Sul e São Paulo, mediante criação de câmaras especializadas em crimes de autoridades e para julgamento da improbidade administrativa. O caminho da multiplicação de novas estruturas é sempre o preferido ao da singela e menos onerosa invocação à criatividade.

velha Justiça: pautas longas, peças escritas, lentidão exasperante. Como corrigir isso, senão com vontade política e audácia?

O constituinte continua a mostrar ao juiz como é que ele tem de se aperfeiçoar: exige-lhe **frequência** a cursos reconhecidos de aperfeiçoamento. A escolaridade convencional é estimulada, ao lado da inevitável formação continuada sob a forma de **autodidatismo**. O integrante do Judiciário não pode considerar encerrada a sua carreira discente com o ingresso na Magistratura. É nesse momento que ele assume o compromisso de nunca mais parar de estudar. O estudo dos **casos**, dos **processos**, das **causas**, o levará à especialização. Queira ou não, se tornará um **experto em soluções judiciais**. Isso não o exime de se matricular e efetivamente comparecer aos cursos que as Escolas da Magistratura e a Universidade propiciam para o seu crescimento intelectual. Cursos que podem ser virtuais. O ensino à distância é uma realidade e permite o melhor uso do tempo. Com a sua oferta e disponibilidade, faz cessar o argumento surrado de que o juiz não tem condições de se locomover até os centros de especialização continuada. A transmissão do conhecimento se faz no horário mais conveniente para o cursista, em seu gabinete ou em sua casa. Reduz-se bastante a possibilidade de se argumentar com a falta de condições de se aprimorar sem se afastar da carreira.

Além da frequência, o juiz precisa obter **aproveitamento** nesses cursos de reciclagem. Palavra semanticamente enferma, hoje utilizada mais para sinalizar o destino dos resíduos da sociedade de consumo do que para evidenciar que o processo de aprendizado é contínuo e o conhecimento estático significa retrocesso. A presença do juiz nos cursos de aperfeiçoamento é condição necessária, mas não suficiente, para a obtenção de merecimento. Dele também se postula assimile o conteúdo do curso, de forma a extrair efetivo proveito a refletir-se na prestação jurisdicional. Aproveitar-se dos cursos de aprimoramento equivale a conferir um salto qualitativo ao serviço judicial a ele confiado.

Preocupado com o desenvolvimento cultural do juiz brasileiro, o constituinte reiterou o tema quando incumbiu o Supremo Tribunal Federal de prever, quando da elaboração da Lei Orgânica, os **cursos oficiais** de preparação e aperfeiçoamento de magistrados. O primeiro, como **requisito para ingresso** na carreira. O segundo, como **requisito para promoção**, depois de nela haver ingressado.[26]

A previsão foi ampliada com a Reforma do Judiciário, que explicitou o alcance da intenção. Hoje, a previsão de cursos oficiais de preparação, aperfeiçoamento e promoção é acompanhada de exigência de que o processo de

---

26. Art. 93, IV, da CF/1988.

vitaliciamento do juiz seja antecedido por participação em curso oficial ou reconhecido pela Escola Nacional de Formação e Aperfeiçoamento de Magistrados.[27] O constituinte tudo faz para tornar efetiva a opção pelo contínuo aprimoramento do juiz, após um período de *preparação* consistente, que deve ser prévio ao concurso de ingresso. Não deixa à discricionariedade do próprio Judiciário contemplar em um futuro Estatuto da Magistratura, quando oportuno lhe pareça, a instalação dos cursos oficiais. Atribui a Tribunal Superior que especifica a missão de concretizar uma providência de que depende a renovação do Poder Judiciário.

Prenúncio de que o universo do Judiciário pode sofrer saudáveis alterações foi a edição da Resolução 75/2009 pelo CNJ. Ao dispor sobre a homogeneização dos Concursos de Ingresso à Magistratura, incluiu disciplinas até então relegadas pelo conservadorismo da Justiça. Hoje, aquele que pretender se tornar magistrado adentrando ao Judiciário pela porta democrática e saudável do concurso público de provas e títulos, deverá se preocupar com Ética, notadamente aquela contida no Código de Ética da Magistratura editado pelo CNJ, Sociologia do Direito, Psicologia Judiciária, Filosofia do Direito, Teoria Geral do Direito e da Política, Gestão Administrativa do Poder Judiciário e outros temas. Foi necessário que um órgão considerado *Controle Externo do Judiciário* viesse impor mudança que a Justiça brasileira relutava a fazer. Os concursos de ingresso baseados na memorização de textos legais, doutrinários e jurisprudenciais não produziram o juiz de que a nacionalidade necessita. Finalmente alguém se apercebeu que a urgência brasileira é de um profissional que *solucione problemas*, não que se devote à elaboração de peças eruditas, sofisticadas e sem qualquer compromisso com a realização do justo concreto. Mero exercício de deleite de seu produtor, descomprometido com a redução das iniquidades.[28]

---

27. Art. 93, IV, da CF/1988, com a redação da Emenda Constitucional n. 45/2004.

28. Após 182 Concursos de Ingresso realizados nos moldes tradicionais, o Tribunal de Justiça de São Paulo passou a adotar as diretrizes do CNJ – e nem poderia deixar de fazê-lo, pois elas são cogentes para todo o Judiciário Brasileiro – contidas na Resolução 75/2009. O 183.º Concurso de Ingresso à Magistratura de São Paulo observa os parâmetros editados pelo Conselho Nacional de Justiça como segundo órgão na hierarquia da Justiça Brasileira, tendente a priorizar outros atributos, que não a exclusiva capacidade mnemônica para abrigar uma enciclopédia de conhecimentos numa consciência que nem sempre estará habilitada a realizar o justo concreto. Alguns ajustes se fazem necessários, pois as minúcias contidas na Res. 75/2009 prolongam, demasiadamente, o exaustivo percurso do recrutamento. Dezoito meses parece um período longo demais, até mesmo para recrutar um agente qualificado como o juiz de direito.

Depois de 16 anos de vigência da Constituição, ao *reformar o Judiciário*, o constituinte derivado não só insistiu na mesma tecla, mas impôs uma responsabilidade à justiça. Agora ordena, de maneira cogente, que o Superior Tribunal de Justiça instale a Escola Nacional de Formação e Aperfeiçoamento de Magistrados, com a incumbência de regulamentar os cursos oficiais para ingresso e promoção na carreira.[29]

Era enorme a expectativa de que tanto o STJ como o TST instalassem com brevidade essas Escolas, destinadas ambas a elaborar uma nova doutrina do Poder Judiciário, a partir de um recrutamento que privilegie mais as qualidades da pessoa chamada a ser juiz e menos a sua *capacidade mnemônica*.[30] Hoje a ENFAM é uma realidade, e sua criação foi antecedida por substanciosos estudos a partir da contribuição de todos os pensadores que se preocuparam com o assunto. A leitura desse material é relevante para quem pretenda ser juiz[31] ou tenha a intenção de colaborar para que a Justiça brasileira alcance melhores índices em credibilidade e eficiência.[32] Os concursos que privilegiam o conhecimento decorado de lei, doutrina e jurisprudência nem sempre conseguem selecionar os capazes de uma atuação jurisdicional célere, sem prejuízo de uma produtividade mínima para a multiplicidade de demandas submetidas

---

29. Art. 105, parágrafo único, I, da CF/1988, acrescentado pela Emenda Constitucional n. 45, de 08.12.2004. Observe-se que a Justiça do Trabalho obteve autonomia em relação à sua Escola Nacional de Formação e Aperfeiçoamento de Magistrados do Trabalho, a funcionar junto ao Tribunal Superior do Trabalho – art. 111-A, § 2.º, I, da CF/1988, acrescentado pela Emenda Constitucional n. 45/2004.

30. O TST – Tribunal Superior do Trabalho – antecipou-se à Justiça Comum – tanto estadual como federal, ambas abrangidas pelo STJ – e criou a ENAMAT, *como órgão autônomo e com o fim de promover a seleção, a formação e o aperfeiçoamento dos magistrados do trabalho*, de acordo com a Resolução Administrativa do TST 1.140, de 01.06.2006. Sobre o tema, examinar o artigo, de José Renato Nalini, O desafio de criar juízes, *Recrutamento e formação de magistrados no Brasil*, p. 94.

31. No item 12.7 serão abordados alguns pontos de interesse para quem pretenda se tornar juiz de carreira no Brasil e se disponha a enfrentar o Concurso de Ingresso à Magistratura na sua nova conformação, a partir da normativa do CNJ – Resolução 75/2009 e posteriores alterações e também aquela editada pela ENFAM – Escola Nacional de Formação e Aperfeiçoamento de Magistrados.

32. O Superior Tribunal de Justiça publicou oito volumes sob o título *ENFAM – Subsídios à implantação da Escola Nacional de Formação e Aperfeiçoamento de Magistrados*. O v. 7 oferece a análise da bibliografia sobre o desenvolvimento histórico da implantação das Escolas da Magistratura do Brasil e do exterior, e o v. 8 a relação de dissertações de mestrado, teses de doutorado e monografias de cursos de especialização com referências na área do Direito e do Judiciário, obra do pesquisador Darcy Closs e de Virginia Daudt Prieto.

ao Judiciário.Constatada a deficiência na seleção de candidatos a juiz, o STJ e a ENFAM assumiram o compromisso de uma reformulação no sistema de recrutamento.

Dentre as posturas éticas reclamadas pelo constituinte – e sempre com a ênfase na celeridade e na produtividade – está a exigência de *não atrasar o serviço*. Pois "não será promovido o juiz que, injustificadamente, retiver autos em seu poder além do prazo legal, não podendo devolvê-los ao cartório sem o devido despacho ou decisão".[33]

Depois disso, a Constituição impôs ao juiz titular o dever de **residir** na comarca.[34] Essa obrigação não é **matéria constitucional**, mas reflete a preocupação da nacionalidade com o fato de o juiz, de quando em vez, não residir na sede da comarca. Ao morar fora da comunidade a que está preordenado a servir, ele frustra o ideal de uma justiça permanentemente pronta a ser acionada. Por consequência, o destinatário corre o risco de não vê-la assegurada. A população tem direito ao seu juiz e a encontrá-lo quando dele precisar. Há providências que reclamam conhecimento instantâneo de situações de evidente injustiça. Para isso, haverá um juiz a postos, pronto para exercer o seu *múnus* e a restaurar a ordem vulnerada.

A exigência tem sido temperada ante a análise tópica de situações bastante específicas. Estabelecer um limite para a distância não parece o melhor. Com a informatização que ingressou irreversivelmente no Judiciário, o que interessa é saber se o juiz será encontrado para decidir, mesmo à distância. Não é a *presença física* a exclusiva garantia de que o Judiciário solucionará a contenda quando vier a ser chamado.

Ao contemplar as vedações do juiz, o constituinte veio a considerar outros postulados éticos.[35] O dever da **dedicação exclusiva**, para que mergulhe na tarefa de realizar o justo, abandonando qualquer outra, ressalvado o magistério. O dever do **desinteresse**, para que todas as causas sejam igualmente examinadas com imparcialidade, eliminando qualquer apego que o juiz pudesse ter em conhecer e impulsionar determinado processo. Busca-se eliminar favoritismo ensejador de tratamento especial ou garantia de vantagem. E o **dever da abstenção política**, corolário da imparcialidade, para que o magistrado, longe das pugnas partidárias, decida de acordo com o direito e sua consciência, e não sob o impulso de orientação do partido.

33. Art. 93, II, *e*, da CF/1988, acrescentado pela Emenda Constitucional 45/2004.

34. Art. 93, VII, da CF/1988.

35. Art. 95, parágrafo único, I a III, da CF/1988.

Este último dever há de ser bem compreendido. Inegável que a função judicial é uma função política. Dalmo Dallari, em instigante obra, preleciona: "Os juízes exercem atividade política em dois sentidos: por serem integrantes do aparato de poder do Estado, que é uma sociedade política, e por aplicarem normas de direito, que são necessariamente políticas. Mas, antes de tudo, o juiz é cidadão, e nessa condição exerce o direito de votar, o que não é desprezível quando se analisa o problema da politicidade de suas decisões judiciais. Não há como pretender que o juiz, fazendo uma escolha política no momento de votar, fique indiferente ao resultado da votação. Ele deve querer, como é óbvio, que sejam vencedores o candidato e o partido de sua preferência, aqueles que, segundo sua avaliação política, são os mais convenientes para representar o povo, por defenderem, quanto aos direitos fundamentais, as ideias mais compatíveis com a justiça".[36] O ser humano juiz é político, assim como qualquer outra criatura da espécie. Exerce função política e as decisões judiciais constituem **opção política** inconfundível. Mesmo sob o aparato da **apoliticidade**, elas podem refletir a política do conservadorismo, a postura reacionária e arcaica, impermeável a qualquer mudança.

Do pacto fundamental, portanto, surgem os primeiros **deveres éticos** do juiz brasileiro. O dever de **presteza**, impondo-lhe conferir ritmo racional ao serviço a seu cargo, compatível com as exigências de justiça formuladas pelo povo. O dever de **coragem**,[37] para oferecer uma prestação pronta e segura, adequada às finalidades a cuja satisfação foi invocada. O dever do **estudo permanente**, para poder outorgar a prestação segura. O dever da **frequência** a cursos reconhecidos de aperfeiçoamento, não interrompendo o processo de formação educacional convencional, cujo início se deu com a pré-escola e cujo termo não está previsto, pois equivalente à duração da própria vida. E o dever do **aproveitamento** nesses cursos, para que, assimilado o seu conteúdo, ele se reflita em grau superior de excelência da prestação jurisdicional.

Adicione-se a tais deveres o **dever de residir na comarca**, propiciando ao destinatário da Justiça contar, permanentemente, com o juiz à sua disposi-

---

36. *O poder dos juízes*, p. 85.

37. Está-se a falar da *boa coragem*, pois, em si, "a coragem não é uma virtude, mas uma qualidade comum aos celerados e aos grandes homens" (Voltaire, citado por André Comte-Sponville, *Pequeno tratado* das grandes virtudes, p. 52). Na verdade, Voltaire teria afirmado: "Uma coragem indômita, no coração dos mortais, faz ou os grandes heróis ou os grandes criminosos" (*Oeuvres complètes*, t. 5, Garnier-Frères, 1877, p. 264). Um homem de alma forte, lê-se em Spinoza, "esforça-se por agir bem e manter-se alegre", quando confrontado com os obstáculos, que são muitos. Esse esforço, diz André Comte-Sponville, é a própria coragem. A boa coragem que se exige do juiz.

ção, como já se examinou. O dever do **desinteresse**, da **dedicação exclusiva** e da **abstenção política**, já mencionados, completam os postulados éticos explicitados na Carta Magna e diretamente endereçados aos juízes. Estes ainda recebem do constituinte o comando ético genérico, cujos destinatários são todos os agentes da autoridade e integrantes dos poderes. A partir de 5 de outubro de 1988, a administração pública brasileira está subordinada ao princípio da **moralidade**. Todos os atos estatais devem ser avaliados sob o aspecto ético, não podendo gerar efeitos aqueles que não resistam a essa aferição. A inclusão desse preceito à ordem fundante no Brasil amplia e intensifica a responsabilidade dos juízes. Todo ato administrativo deve ser apreciado pelo Judiciário também sob a ótica da **moralidade**. Se os juízes se compenetrarem de tal dever, haverá uma oportunidade de renovação dos valores na Pátria moral combalida.

No momento histórico em que a ética na Administração Pública naufraga em vendaval de denúncias, imprescindível que o juiz se conscientize de que ele representa a última esperança de dignidade na atuação estatal. Imperdoável, portanto, chafurdar também ele em práticas lamentavelmente frequentes nos demais poderes. Sua responsabilidade enfatizada encontrará eco no recrudescimento da fiscalização e controle a cargo da mídia, da sociedade cada vez mais exigente em termos de compostura e que saberá acionar as Corregedorias Gerais e o Conselho Nacional de Justiça.

14.3 Fundamentos éticos legais

A Lei Orgânica da Magistratura Nacional ainda em vigor, nada obstante produzida em período autoritário, também explicita os deveres do juiz em oito incisos de seu art. 35.[38] O primeiro deles preceitua constituir dever do magistrado **cumprir e fazer cumprir, com independência, serenidade e exatidão, as disposições legais e os atos de ofício**.

A lei deve ser cumprida, primeiramente, com **independência**. O juiz não é mero aplicador de textos. Para isso o computador o substituiria com vantagens. Já afirmei, a respeito, não se conceber juiz incapaz de discernir, no emaranhado legislativo de um Estado burocrático e cartorial, se legítimo o diploma na hierarquia normativa. Não é juiz aquele que o não for com independência. Desvinculado de qualquer interesse, corajoso para inovar, pois independência também significa se afastar do imobilismo jurisprudencial, sempre que cir-

38. Lei Complementar Federal 35, de 14.03.1979.

cunstâncias novas o justifiquem, seguro de sua missão imprescindível de concretizar a produção do justo.[39]

A lei requer ao juiz seja também **sereno**. Do julgador se espera que seja pessoa equilibrada e sensata. Impõe-se-lhe treino sério para vencer eventuais características de temperamento incompatíveis com o equilíbrio judicial. Personalidade bipolar – ou multipolar –, humor oscilante, irascibilidade acentuada, tudo que o torne vulnerável deve ser controlado. O juiz não pode confundir a sua escassa reserva de paciência com seriedade ou temperança. Nem sempre o destempero verbal caracteriza o magistrado destemido, assim como as feições sombrias podem não acompanhar o juiz impoluto. A higidez de caráter não é xifópaga da amargura. Cara feia não é sinal de honestidade. Sorrir não é distintivo evidenciador de fraqueza. Juízes e juízas devem ser pessoas normais, confiáveis, equilibradas. Capazes de restituir a paz e a harmonia e serenar os ânimos. Se eles próprios não conseguirem na sua postura refletir essas qualidades, com que autoridade o farão no contato com os problemas alheios?

A **exatidão** exigida ao juiz novamente o remete ao dever de estudo continuado. Somente o juiz tecnicamente preparado, conhecedor da lei, da doutrina e da orientação pretoriana, poderá tentar exercer sua função de maneira exata. Tudo isso sem perder contato com a vida real. Essa exatidão é exigida para o cumprimento da lei e também para a observância dos chamados **atos de ofício**. São aqueles que, embora não constando de lei alguma, guardam pertinência com o que é próprio ao mister judicial. Juiz existe para decidir. Apenas de uma visão calcada na realidade se pode extrair o dever comezinho de **decidir mesmo**, não procrastinar o feito, nem procurar nele um pretexto processual para deixar de conhecer o **cerne** da controvérsia.[40]

O inciso II do art. 35 da Lei Orgânica da Magistratura impõe ao juiz o dever de não exceder injustificadamente os prazos para sentenciar ou despachar. É praxe comum, diante do excesso de trabalho, invocá-lo como justificativa para os atrasos. Essa postura deve ser evitada. A preocupação da comunidade com a lentidão na outorga da prestação jurisdicional passou da inércia a uma verdadeira revolta. Ela ecoou junto ao constituinte e ele procurou responder ao justo reclamo daqueles que necessitam da Justiça. Exigiu do juiz rapidez no julgamento. Obrigação enfatizada ao eleger a presteza como critério de merecimento do juiz. Só terá mérito, por vontade constitucional, aquele juiz que conseguir superar a proverbial demora com que a prestação jurisdicional é

---

39. José Renato Nalini, *Curso* de deontologia da magistratura, p. 2.

40. Sobre as causas processuais da crise do Judiciário contemporâneo, consultar José Renato Nalini, *A rebelião*... cit., p. 14-15.

entregue ao seu destinatário. Essa a exteriorização clara da vontade do elaborador do pacto fundamental, ante a qual toda tentativa de tergiversação será inconsistente.

Continuo a acreditar que "trabalhar dentro dos prazos depende mais de uma postura do juiz do que de fatores exógenos. Incumbe-lhe adequar a pauta às suas condições de trabalho e racionalizar a realização de audiências. Salutar é a fixação dos pontos controvertidos, a obviar tergiversações estéreis. Mesclar lides complexas com as mais singelas, passíveis de um julgamento em audiência. Decidir no estado da lide o que for possível e não deixar de sanear o feito de forma real. As preliminares não apreciadas no momento certo poderão impedir o conhecimento da substância da controvérsia a final. O juiz que examina com atenção as iniciais não deixa que a inépcia venha a ser reconhecida em momento inoportuno, permitindo se conclua pela desatenção do condutor do processo".[41]

O juiz não é um funcionário público burocrata, mas precisa pautar sua atuação de maneira a melhor servir à comunidade aflita dos que nele acreditam. Saudável refletir em termos de verdadeira reengenharia do Judiciário. Será que a Justiça não pode ser melhor do que hoje é? O que falta a ela? Um novo paradigma de administração? Desburocratizar-se? Espelhar-se em gestões eficientes no serviço público ou na iniciativa privada? Talvez seja o momento de se buscar um modo mais simples de liderar organizações.[42] Não é preciso ser um especialista ou perspicaz observador para constatar que o Judiciário tem problemas homéricos em seu funcionamento. Não é o único setor público a merecer conserto. Daí o cabimento das indagações: "Por que tantas organizações estão desvitalizadas? Por que os projetos demoram tanto tempo para serem postos em prática, ficam cada vez mais complexos e, ainda assim, costumam fracassar em termos da obtenção de resultados verdadeiramente significativos? (...) E por que as nossas expectativas de sucesso se reduziram a ponto de, muitas vezes, só nos restar a esperança de conseguir manter o vigor e a paciência necessários para suportar as forças destrutivas que aparecem com frequência nas nossas organizações e na nossa vida?".[43] Será que é preciso

---

41. Idem, p. 5. Sobre as formas de o próprio juiz abreviar a prestação jurisdicional e superar a questão do acúmulo de processos, ler José Renato Nalini, *O juiz e o acesso à justiça* e *A rebelião da toga*.

42. "Em busca de um modo mais simples de liderar organizações" é justamente o nome do capítulo introdutório do livro de Margaret J. Wheatley, *Liderança e a nova ciência* – Descobrindo ordem num mundo caótico, p. 25. Sua leitura não faria mal aos juízes e aos responsáveis por planejar a Justiça do futuro.

43. Idem, ibidem.

concluir que mudar as coisas está além do nosso controle ou que a civilização malogrou ao conceber estratégias de harmonização entre as pessoas? Ou um bom começo é olhar as coisas de modo diferente?

O presente estágio mostra-se propício a ensejar nova compreensão das coisas. Se a concepção do próprio Estado sofre mutações, por óbvio que um de seus Poderes – o Judiciário – não restaria incólume à deterioração. Não existem "ilhas morais" num oceano de indignidades. O naufrágio da moral chega às praias da Justiça. É o momento em que o aspecto deontológico assume um caráter demiúrgico. "Problemas relacionais surgem em toda parte. As questões de ética e de moral já não são nebulosos conceitos religiosos, mas elementos essenciais no relacionamento de qualquer organização com as empresas associadas, com os acionistas e com as comunidades".[44] A empresa despertou para isso. Assumiu responsabilidade social. O Judiciário também pode fazê-lo. Mas isso se o juiz também despertar para a insuficiência do conhecimento meramente jurídico.

O Judiciário está no seu ponto de bifurcação. O CNJ assumiu o papel de auto-organizador do sistema. Suas decisões suscitam perplexidade e polêmicas. Amplificam-se as discussões. Sabe-se que a Justiça não será a mesma. É a transformação ou o perecimento. "As organizações e os seus ambientes evoluem simultaneamente rumo a uma maior adequação mútua. Nessa visão da evolução, o sistema muda, o ambiente muda e mesmo as regras da evolução se alteram: a evolução é o resultado da autotranscendência em todos os níveis... É basicamente aberta. Ela determina sua própria dinâmica e sua própria direção... Por intermédio dessa interconexidade dinâmica, a evolução determina igualmente seu próprio significado".[45] Não se costuma travar esse tipo de discussão nos encontros judiciais. Já passou da hora de encará-la.

O juiz não pode estar surdo a tais apelos de adaptação à contemporaneidade. Além do cumprimento de seu dever fundamental, que é decidir controvérsias, pedem os tempos auxilie a modernizar a função. Mediante redução de trâmites, racionalização de fluxos, singeleza nos atos decisórios. Pense, reflita, sonhe. Só não fique neutro. Adote e implemente alguma estratégia propiciadora de otimização dos recursos materiais e pessoais disponíveis. Os tempos exigem do juiz produção compatível com a relevância de sua função. Mais do que decidir bem, ele precisa incrementar a produtividade e ainda conferir um salto qualitativo à prestação jurisdicional. Diz-se que se um antepassado, desaparecido há duzentos anos, ressuscitasse hoje e visitasse uma casa bancária, não saberia dizer onde se encontrava. De igual maneira, surpreender-se-ia diante dos super-

---

44. Idem, p. 35.

45. Idem, p. 105, citando William Starbuck e Janusch.

mercados, dos computadores, dos automóveis e do ritmo frenético das cidades. Espantar-se-ia com as comunicações, com as infovias, com os *i-pods* e toda a parafernália contida num celular cada vez menor. Mas se visitasse um Tribunal, com certeza estaria em seu ambiente. Não teria dificuldades em identificar o palco do arcaísmo na realização do justo concreto. Isso precisa continuar assim?

Cada juiz pode e deve formular estratégias próprias para intensificar e acelerar sua capacidade de decisão. Basta possuir consciência ética sensível para ouvir o clamor por Justiça provindo de uma comunidade insatisfeita com esse serviço público. Inúmeros sinais a população e a sociedade já endereçaram aos Tribunais. A fuga do capital para a arbitragem. A eleição de foros em Estados-membros diferentes da sede empresarial, pois extremamente lenta e burocratizada a justiça local. A multiplicação das alternativas de solução dos conflitos. O retorno à barbárie, pois outra coisa não é a subordinação do fraco à lei do mais forte ou à lei da selva – seja ela a favela, a empresa, a corporação ou o conglomerado capitalista sem pátria –, a justiça pelas próprias mãos. São sinais eloquentes de que a Justiça precisa melhorar. Tudo isso deve atormentar o juiz eticamente afinado com os ideais da Justiça. Pois se o Judiciário não se aparelhar para os novos desafios deste século, poderá aprofundar o fosso existente entre ele e a comunidade e marchar para a sua substituição por esquemas de maior eficiência na resolução das controvérsias.

Se algo já se faz em termos de modernização, tudo ainda é pouco. O papel das Escolas da Magistratura deveria ser focado na *gestão estratégica*. Reclama-se de falta de recursos financeiros, mas não há projetos factíveis. O único discurso é o da carência de estruturas. Mas os juízes são recrutados sem o mínimo conhecimento de administração e o funcionário concursado sequer tem noção da relevância de suas funções. É preciso valer-se da experiência do segmento empresarial e adaptá-lo às necessidades do Judiciário. Nesse ponto, a obra *Administração judiciária – Gestão cartorária*, de Marcos Alaor Diniz Grangeia, é uma contribuição valiosa para fazer o juiz e o funcionário pensar em melhorar sua performance e em atender ao princípio da eficiência imposto pelo constituinte a toda a Administração Pública. Bem adverte o prefaciador, experiente experto em Justiça e ex-Conselheiro do CNJ, que esse livro não é dogmático: "É livro pragmático. Não é livro de reflexão. Aliás, é falsa a hierarquia dicotômica que valoriza a reflexão mais do que a ação. Aquela, não é melhor do que esta. A construção e o funcionamento das instituições jurídicas de uma nação precisa de ambas".[46]

---

46. Joaquim Falcão, ao apresentar o livro de Marcos Alaor Diniz Grangeia, Administração judiciária – Gestão cartorária, Brasília, Enfam, 2011, p. 5.

Antonio Ermírio de Moraes, um dos brasileiros mais respeitados por sua lucidez, descortino, empreendedorismo e responsabilidade social – atitudes adotadas muito antes de que tais expressões ganhassem atual notoriedade –, contempla *a modernização da Justiça* em um de seus livros. Faz análise percuciente: "Até bem pouco tempo, avaliar a Justiça era um empreendimento impensável. Ninguém ousava. Nem mesmo os pesquisadores. Hoje, felizmente, o assunto começa a fazer parte do cotidiano. A imprensa destaca seguidamente as ineficiências dos tribunais. Magistrados mais lúcidos apontam as mazelas do Poder Judiciário. O próprio Congresso Nacional criou um organismo para fazer um certo monitoramento da Justiça – o Conselho Nacional de Justiça".[47]

Empresário vitorioso, patriota que enfrentou todas as vicissitudes postas a quem quer produzir e é submetido à instabilidade da economia, à voracidade do fisco e à imprevisibilidade das políticas governamentais, tem credenciais para analisar a Justiça. Recorre a pesquisa do IDESP, a identificar "um quadro dramático. Para 95% dos entrevistados, o mau funcionamento da Justiça brasileira foi considerado altamente prejudicial ao desenvolvimento da nossa economia. Para 91%, a Justiça foi classificada como má em relação à velocidade; 68% julgaram-na mediana quanto à imparcialidade; e 41%, demasiadamente onerosa".[48] Pese embora o esforço do CNJ, impondo metas a serem cumpridas pelos Tribunais Brasileiros, a população sabe que recorrer à Justiça é adentrar ao imponderável. Ninguém pode assegurar que, mesmo coberto de razões, verá o seu direito reconhecido pela Justiça. Notadamente por uma Justiça que é a única no mundo a dispor de quatro instâncias.[49]

47. Antonio Ermirio de Moraes, *Somos todos responsáveis*. De que tipo de juventude o Brasil precisa? De que tipo de país a juventude precisa?, p. 145.

48. Idem, p. 154, a invocar a pesquisa realizada pelo IDESP, Custos da ineficiência judicial no Brasil, de 1997. Em catorze anos teria havido substancial mudança nesse quadro?

49. O Presidente do STF e do CNJ, Ministro Cezar Peluso, reconheceu , em janeiro de 2011, que o Brasil é o único país no mundo a dispor de quatro instâncias. A sentença de primeiro grau é mero projeto de decisão, que passará pelo Tribunal imediatamente acima – Tribunal de Justiça, Tribunal Regional Federal ou Tribunal Regional do Trabalho – chegará depois ao STJ ou ao TST – e, com um pouco de talento advocatício, mais o fenômeno de uma Constituição da República analítica e que cuida de tudo e de todos os assuntos, chegará ao Supremo Tribunal Federal. É um dos fatores que explicam a longevidade das lides no Brasil, não raro ultrapassando vinte ou trinta anos até decisão definitiva. Tudo complicado em razão da multiplicidade de oportunidades recursais em todas as instâncias. Lamentavelmente, não se vislumbra a possibilidade de mudança. O conservadorismo, aliado ao interesse pela eternização das lides, ful-

Tal avaliação é praticamente um consenso no mundo empresarial. Do qual o Judiciário não aproveitou as experiências para sobreviver no mundo da incerteza gerado pela velocidade das descobertas e do avanço tecnológico. O juiz brasileiro não pode desconhecer essa realidade como se lhe não dissesse respeito. A Justiça está cada vez mais presente na cultura demandista que impregnou a sociedade. Se ela continuar disfuncional, ela será uma âncora a impedir o Brasil de se alinhar junto às nações em que a qualidade de vida propicia dignidade a seus cidadãos. Acordar para esse quadro, procurar contribuir para a redução das deficiências do Judiciário, ousar em inovação e criatividade é um imperativo ético de cada juiz brasileiro.

A preocupação com os prazos – tema que não é tão trivial quanto possa parecer – deve incomodar toda a Magistratura, não apenas a primeira instância. A demora está em todos os graus de jurisdição. E, além dos juízes, promotores, advogados, defensores, procuradores, envolve também o funcionalismo forense. Classe sofrida e abandonada. Tudo gravita em torno ao juiz e o funcionário é relegado a um plano subalterno. O servidor merece outro tratamento, a partir de uma carreira atraente, de respeito às suas reivindicações, de uma política mais consistente de recursos humanos. Tudo isso não prescinde da colaboração dos advogados, essenciais à administração da Justiça. Corporação poderosa, cuja autarquia de classe é uma das instituições mais respeitadas no País e deu mostras de maturidade na reconquista da democracia.

Todavia, o encaminhamento das estratégias, a ousadia para vencer a inércia e a adoção de soluções factíveis reside, principalmente, nos órgãos colegiados e na cúpula dos Tribunais. Os mais experientes e aqueles eleitos ou proclamados dirigentes devem suscitar fórmulas criativas. Por que não se aproveitar mais da tecnologia disponível e já bem sucedida na vida privada? Estabelecer parcerias, por exemplo. Pois a indelegabilidade da função jurisdicional evita a criação do parceiro-juiz, mas não impede o parceiro prestador de serviços da *atividade-meio* do Poder Judiciário.[50] A sociedade é dinâmica, e para se ajustar às novas exigências e tensões não pode dispensar novas fórmulas de administração pública. Também o Judiciário é chamado a atentar para o conceito de *Administração Pública Consensual*, marcada pela "passagem da Administração

---

minou a ideia de redução e simplificação do sistema recursal. Enquanto a sociedade não se mobilizar, a Justiça atenderá apenas aos interesses do poder. Principalmente do poder econômico, aliado inseparável do poder político.

50. Luiz Tarcísio Teixeira Ferreira, *Parcerias público-privadas* Aspectos constitucionais, p. 55.

autoritária à Administração soberana consensual".[51] A soberania é um conceito de crescente relativização e, se os demais Poderes já se adequaram aos cânones de uma *Democracia participativa*, a Justiça precisa ampliar as modalidades de *participação popular* em sua administração. É mais uma porta de ingresso à gestão negociada ou contratual, em que o acordo substitui os tradicionais atos unilaterais de autoridade. Chegou o momento em que a cultura do diálogo deve substituir o monólogo judicial, com ênfase maior nas negociações, insistência na conciliação como solução efetiva, não mera tentativa formal ou retórica. As trocas e concessões mútuas, o balanceamento dos interesses envolvidos, uma justiça em que o aspecto da autonomia dos envolvidos a torne mais *ética* do que a anacrônica solução resultante da heteronomia do julgado. Nem sempre bem assimilado pelos partícipes do processo e, pior ainda, quase nunca inteligível diante do hermetismo de linguagem.[52]

Além de pensar na *macrorreforma* do Judiciário, o juiz não se libera da rotina burocrática. Ele ainda deve determinar as providências necessárias para que os atos processuais se realizem nos prazos legais. É o conteúdo do inciso III do art. 35 da Lei Orgânica da Magistratura. O magistrado é o presidente do processo, o responsável por seu curso. Pela regra do impulso oficial, depois de iniciada a demanda, incumbe ao juiz impulsioná-la de ofício, para que ela alcance o objetivo do processo: a obtenção da sentença de mérito.[53]

A responsabilidade do magistrado quanto à fiscalização dos prazos é suscetível de dúplice apreciação. Como condutor do processo, deve despachar nos prazos e com explícita fixação dos lapsos temporais conferidos às partes e auxiliares. O juiz diligente não tem processos paralisados em sua secretaria. De outro lado, como corregedor permanente da serventia e funcionários, deve zelar para que os comandos processuais sejam cumpridos a tempo e a hora. O sistema confere ao juiz poderes para imprimir ao processo o ritmo compatível com o ideal de celeridade. Basta a ele exercitá-los de maneira adequada. Juiz não é mais a autoridade estatal inerte, a ser provocada pelos interessados, mas o realizador de justiça, responsável pela concretização do ideal do justo no universo em que atua.

---

51. Dinorá Adelaide Musetti Grotti, A experiência brasileira nas concessões de serviço público, in Carlos Ari Sundfeld (coord.), *Parcerias público-privadas*, p. 187.

52. Para aprofundar essa tendência, examinar a obra *A fuga para o direito privado* – Contributo para o estudo da atividade de direito privado da administração pública, de Maria João Estorninho.

53. A regra do *impulso oficial* está no art. 262 do Código de Processo Civil.

O dever de urbanidade é também positivado no inciso IV do art. 35 da Lei Orgânica da Magistratura Nacional. Além de conceder esse tratamento às partes, aos membros do Ministério Público, advogados, testemunhas, funcionários e auxiliares da justiça, enfim, a todos, ele deve atender aos que o procurarem, a qualquer momento, quando se trate de providência que reclame e possibilite solução de urgência.

É um dever mais atinente à boa educação de berço do que à formação moral. Parece truísmo dizer que um juiz deve ser polido, tratar com urbanidade as pessoas que dele se aproximam. Mas é um dever bastante negligenciado. A prática do julgamento dos processos disciplinares movidos contra juízes comprova que a falta de polidez é a origem de muitos incidentes que inexistiriam houvera o cultivo de atributos como tolerância, paciência, capacidade de ouvir e de dialogar. Reitero que o ensino da ética – e seu aprendizado contínuo – mesmo da ética destinada à Magistratura, tem de começar com o resgate da velha, antiquada, mas infalível educação que a mãe ideal deve propiciar a seu filho.

Mas há complicadores para o juiz. O dogma da imparcialidade gerou um protótipo de juiz hermético, assepticamente distanciado das partes, como se o contato com elas o contaminasse. Isso não é fazer justiça. Contribui também para isso a decadência da educação. Não apenas a escolarização formal, porém a falta de *educação moral e cívica* antigamente ministrada no lar pelos pais desejosos de que seus filhos fossem paradigmas no meio social. Hoje, com a sociedade consumista, individualista, narcisista, materialista que domina o mundo, as regras do "salve-se-quem-puder" e do "primeiro-eu, depois os outros" contaminam todos os ambientes.

O juiz tem de atender as partes. Dever reafirmado pelo Conselho Nacional de Justiça e pelos Tribunais Superiores. Cumpre evitar, sim, que apenas uma das partes seja atendida, enquanto a outra é negligenciada. Mas, desde que assegurado idêntico tratamento a ambas, atendê-las é dever legal do juiz. E, segundo a lei, o juiz deve atender pessoalmente todos quantos o procurem. Sem atender, não saberá se a providência reclamada admite solução de urgência.

Depois, o juiz deve ser pessoa sensata. A circunstância de atender a quem o procura não acarreta a perda da independência do julgador. Presume-se que o juiz revista a condição de ser humano qualificado que, depois de vencer concurso severo, reveste condições técnicas e de experiência da vida para afastar contatos que influenciem negativamente seu julgamento. Raras as vezes em que isso ocorre com um juiz de bem. Um profissional equilibrado, sereno e confiante em seus atributos de conhecedor do direito e da natureza humana. O interesse do particular, como regra, é obter informação que o juiz pode fornecer sem comprometimento da equidistância. A Justiça não precisa continuar a ser o território indevassável, a *Arca da Aliança*, o *Sacrário* ou o *Santo dos Santos* que faça perecer quem se aproxime de seus sumos sacerdotes. A Justiça é uma necessidade humana, propiciada por seres humanos, para reduzir a aflição dos aflitos. Não há temer o contato com o desvalido. Afaste-se o perigo de contágio com as partes. Todos são feitos do mesmo material: a fragilidade da condição humana. O juiz só tem maiores responsabilidades. Mas não pode ser inacessível, menos ainda intocável.

Já observei que o tratamento urbano e cordial ajuda mesmo a reabilitar a confiança na Justiça. O respeito que se tributa à instituição não deriva dos berros, dos sobrecenhos contraídos, da rispidez de fala ou dos maus modos. Só a insegurança, provinda da falta de conhecimentos ou do descrédito nas qualidades pessoais próprias, é que costuma se exteriorizar como falta de polidez. Não é inconciliável a força com a candura. As pessoas querem ser julgadas por um homem de bem. E nada impede – ao contrário, tudo reclama – que um homem de bem seja um homem bem-educado.[54]

Outro dos deveres contidos na Lei Orgânica da Magistratura é o de residir na comarca, já anteriormente contido na Constituição, no inciso VII do seu art. 93. Esse trato da mesma obrigação em duas fontes, a lei fundamental e a lei orgânica, reflete a intenção da comunidade de resolver o problema da **falta de juízes**. Nem sempre a comarca está acéfala **de direito**, pois existe juiz nomeado para ela. Mas encontra-se acéfala **de fato**, já que o juiz raramente permanece ali.

O juiz deve ser alguém disponível todo o tempo. A necessidade de uma providência judicial de urgência não pode esbarrar no entrave da ausência ou da distância. O cumprimento estrito a deveres outros, também contidos na lei, não se compadece com a circunstância de o juiz residir fora da comarca.[55] A Constituição incumbe o juiz de examinar **de imediato** algumas situações, e isso só será possível se ele estiver na unidade judicial.[56] Ou a justiça é serviço público **essencial**, e então precisa de agentes à disposição dos destinatários de forma **ininterrupta**, ou então é serviço **não essencial**, que pode ser substituí-

54. José Renato Nalini, *Curso*... cit., p. 8.

55. Assim o dever do inciso V do art. 35 da Lei Complementar Federal 35/79, acima examinado.

56. Assim os incisos LXI, LXII e LXV do art. 5.º da CF/1988. A rigor, o exato cumprimento desses deveres imporia o funcionamento ininterrupto da Justiça, que não pode cerrar suas portas nos feriados e fins de semana, como se fosse algum serviço não essencial.

do por alternativas outras de resolução dos problemas humanos. Finalmente, depois de quase vinte anos de vigência da *Constituição cidadã*, o Judiciário começa a responder aos novos compromissos atribuídos à Justiça. Não é crível que em tempos de celular, de *e-mail*, de bip, de fac-símile, de telefones cujo número ultrapassa o número da população não se encontre um juiz no momento em que alguém dele necessite. A criação de plantões em todas as instâncias é obrigação de um Poder da República. O juiz é servidor público e precisa permanecer à disposição de seu patrão: o povo.

Pareceria desnecessária uma regra a impor ao juiz o dever da pontualidade e o de não se ausentar, injustificadamente, antes do término do expediente. Mas a experiência brasileira exigiu que o legislador contemplasse tal comando no inciso VI do art. 35 da Lei Orgânica da Magistratura.

Não se desconhece que o juiz diligente, para vencer sua carga de trabalho, deve levar processos para casa. Gerações de magistrados, em tempos menos difíceis, passaram seus fins de semana a elaborar decisões. Hoje a geração informatizada tem condições de produzir mais e de maneira mais facilitada. Verifica-se, mesmo assim e ainda hoje, alguma queixa dos advogados quanto à rapidez com que os juízes querem vencer seu expediente, reservando o restante dele para outras ocupações.

Outra queixa frequente é o atraso do juiz em comparecer ao fórum ou em iniciar os atos designados. Inconcebível a ausência do juiz no momento por ele próprio determinado para início das audiências. Menos ainda intervalo para lanche que se prolongue em demasia. Ou telefonemas particulares, enquanto as partes e advogados o aguardam. Ou saídas antecipadas. Ou o sistema de rodízio, pelo qual o titular trabalha um dia e o auxiliar o outro. Tudo isso debilita ainda mais a já comprometida crença da comunidade na Justiça e a confiança atribuída ao juiz.

O penúltimo dos deveres diz com a fiscalização assídua sobre os subordinados, especialmente no concernente à cobrança de custas e emolumentos, ainda que não haja reclamação das partes.

O juiz, além de ser eticamente comprometido com a realização da justiça, deve zelar pela ética de seu funcionalismo, aí incluído o pessoal das serventias não oficializadas da justiça, aquelas que trabalham, fundamentalmente, com dinheiro da parte. Os *delegados de serviços públicos* atuam sob o regime de concessão e exercem suas atividades em caráter privado.[57]

No exercício dessa função correcional, o magistrado pode advertir, aplicar suspensão ou propor demissão ou dispensa do servidor, sempre mediante

57. Art. 236 da CF/1988.

utilização de procedimento administrativo em que se assegure ao acusado o contraditório e ampla defesa. O juiz não pode se resignar a suportar o mau funcionário, deixando de promover sua responsabilização, se possui arsenal de instrumentos aptos a extirpá-lo do corpo funcional. E a fiscalização há de ser constante, inadmissível seja episódica ou se resuma à correição anual. Ela tem de ser incessante, ininterrupta, permanente.

Por último, **a virtude como dever legal**. A lei exige que o juiz brasileiro mantenha conduta irrepreensível na vida pública e particular. Conduta **irrepreensível** é conceito que não se encontra na doutrina.[58] Seria a conduta insuscetível de repreensão, aqui entendida como admoestação, repúdio, reprovação ou censura de parte da comunidade. O legislador retomou, para o Judiciário no Brasil, a noção desprestigiada de *virtude*, como qualidade que deveria alçá-lo a uma condição de melhor julgar os seus semelhantes. Espera-se daquele que julga que se acautele para não dar maus exemplos. Quem faz incidir sobre os outros a rigidez da lei deveria situar-se num patamar condigno, senão incólume, ao menos aparentemente blindado por seus atributos de *pessoa de bem*. A qualidade da justiça está indissoluvelmente vinculada à qualidade dos que receberam a atribuição legal de concretizá-la. Por isso é que o deslize praticado por juiz recai, de forma injusta, mas compreensível, sobre toda a Magistratura.

No momento histórico em que vale mais a aparência, o poder material, a versão do que o fato, no país em que a honra é enxovalhada e continua a merecer respeito menor do que o devotado ao patrimônio, não é simples reclamar virtude para os homens públicos. Notadamente quando a política parece haver se apartado da ética, assim como previra Maquiavel há 500 anos. O poder se exerce para gerar mais poder. Para perpetuar-se num moto contínuo.

Soa natural subsista desconfiança e não fruam as instituições de credibilidade inequívoca, se as denúncias escabrosas se adicionam à ufania dos êxitos econômicos. Além disso, a sociedade brasileira é das mais heterogêneas dentre as do planeta. Reitere-se: o Brasil é um arquipélago em que convivem ilhas medievais, ilhas pré-modernas, ilhas modernas, ilhas contemporâneas e ilhas do futuro avançado. Todas convivem, até num espaço físico de promiscuidade. Por isso as múltiplas formulações de valores, cada qual delas imperante num determinado grupo ou estamento. A moral da favela não é a mesma da família tradicional dos microcosmos. Assim como as elites costumam nutrir outro conceito do que é certo ou errado. A cultura se reflete na conceituação de moral, em inúmeras gradações e matizes. O moralmente permitido pela mídia

---

58. Sobre as qualidades exigidas ao juiz, consultar, de Edgard de Moura Bittencourt, *O juiz*; de José Renato Nalini, *A rebelião da toga*.

– notadamente a TV – não é aquilo que as confissões religiosas aceitam como compatível com seus códigos. Há uma luta desigual entre as crenças e seu núcleo comum de moral e a devassidão não apenas tolerada, mas propalada e incentivada pela mídia.

Para satisfazer a toda essa gama de culturas, a irrepreensibilidade da conduta do juiz há de considerar o universo em que atua. Essa regra já tem sido empiricamente aplicada pelos tribunais. O juiz da microcomunidade apresenta certa conduta que o tradicionalismo considera exótica, e o remédio será sua remoção para a capital, onde as diferenças ou são ignoradas ou são mais assimiladas. O juiz do interior há de sempre considerar a comunidade em que vai atuar, sua cultura e seus valores, para imbuir-se de conduta compatível. Convém lembrar que a expectativa de comportamento em relação ao juiz é sempre mais conservadora, quando não retrógrada. Qualquer pessoa claudica e a falta é relevada. O juiz claudica e o fato vira manchete.

É natural seja assim. O direito exerce na história o papel de mantenedor da situação reinante. Reage tardiamente às necessidades surgidas da transformação social. O protagonista essencial no processo de sua aplicação é o juiz. A parte nunca espera encontrar um juiz revolucionário, à frente de seu tempo, mas cultiva a esperança de que o aplicador da lei seja alguém contemporâneo aos valores que ela abriga. Nos países da *common law*, o juiz é o sábio experiente, quase sempre adentrado em anos. Nos países emergentes, o fenômeno é a *infantilização* do juiz, em paralelo com a *feminilização* da carreira.

Algo que deverá permear a conduta do juiz na comunidade é a sua situação de agente privilegiado do sistema. O juiz recebeu formação esmerada, foi aprovado em concursos rigorosos, percebe a mais elevada – embora sempre considerada insuficiente – remuneração dos cofres públicos. Muito nele se investiu. Não se alegue que sua família pagou por seus estudos. A educação no Brasil é subsidiada. Os mais pobres sempre *pagam a conta*, de uma forma ou de outra. A legião dos miseráveis, abandonada em suas carências, vê o Governo carrear para a formação universitária a maior parcela de seus recursos.[59] O juiz,

59. Pesquisas realizadas em 2007 e divulgadas pela mídia comprovam que o Brasil investe 127% do PIB *per capita* em cada estudante universitário. Enquanto isso, destina apenas 18% ao aluno do ensino fundamental. Uma diferença entre 13 mil reais e 1,9 mil reais. É por esse motivo que aumenta a percentagem dos *analfabetos funcionais*, aqueles que leem e não sabem o que leram, não conseguem reproduzir a ideia ou conceito contido no texto que acabaram de ler. Como o Brasil é pobre em estatísticas e o Ministério da Educação enfrentou seguidos problemas com a realização do ENEM, as pesquisas posteriores não foram divulgadas. Mas não se pode esperar nenhum milagre em termos de educação brasileira. Os resultados do PISA, que é uma avaliação

egresso da universidade, é um privilegiado do sistema e tem perfil singularmente valorizado na escala sociocultural brasileira. Na condição de detentor desses atributos, mais do que legítimo se espere dele correspondente retorno, seja em qualidade de serviços, seja em participação na comunidade.

O equilíbrio é a qualidade básica. Por isso o Desembargador Edgard de Moura Bittencourt já assinalava, há algumas décadas: "A Magistratura precisa seduzir os jovens física, moral e mentalmente sadios; mas necessita, também e sobretudo, orientá-los e conhecê-los previamente, a fim de que não seja conquistada por simples carreiristas e por neuróticos que, na função, venham compensar com complexo de superioridade a inferioridade de sua compleição íntima".[60] O juiz vocacionado, em paz com a opção profissional e convicto de que sua atuação interessa à preservação da harmonia e à construção do Estado de Direito e da Democracia brasileira, saberá portar-se de maneira a não chocar a comunidade a que serve. Se puder ser virtuoso, melhor. Se isso se mostrar impossível, ao menos não prejudique, com seu mau exemplo, a já combalida imagem do Judiciário.

"O homem ou é consciência, ou não é homem", pregava Alceu Amoroso Lima.[61] O juiz deverá exercitar diariamente sua consciência para se autoindagar se tem sido fator de remoção de entraves à felicidade das pessoas ou se tem colaborado para afligi-las ainda mais. Se a sua postura como julgador tem sido útil, ou se poderia exigir-se mais. Se a sua conduta como cidadão privilegiado pelo sistema tem retransmitido à comunidade os bons exemplos, ou se tem sido causa de escândalo ou descrença.

Da Lei Orgânica da Magistratura ainda se extrai o dever de **continência de linguagem**.[62] O juiz deve se utilizar de linguagem própria e não excessiva, evitando expressões chulas e vulgares. A limpidez da sentença não equivale à sua vulgarização. Embora livre para manifestar qualquer opinião e para decidir conforme lhe pareça, a impropriedade e o excesso de linguagem poderão ser punidos.[63] Magistrados de outros tempos, que aliavam erudição à elegância, se surpreenderiam com a derrocada vernacular de alguns de seus sucessores.

---

internacional que o digam. O Brasil está num dos últimos lugares. Depois dele, só países assolados por guerra civil e dizimados por inclementes epidemias.

60. V. José Renato Nalini, *A rebelião*... cit., p. 187.

61. *Adeus à disponibilidade e outros adeuses*, p. 198.

62. O parágrafo único do art. 22 do Código de Ética da Magistratura Nacional preceitua: "Impõe-se ao magistrado a utilização de linguagem escorreita, polida, respeitosa e compreensível".

63. Art. 41 da Lei Orgânica da Magistratura, Lei Complementar Federal 35, de 14.03.1979.

A análise de algumas faltas comportamentais encontra significativa simetria entre o juiz que infringe a ética e a pobreza, quando não inadequação e verdadeiro mau uso de sua linguagem.

14.4 O juiz e a Ética no processo

O hábitat natural do juiz é o processo. Nele exerce sua principal atividade, rumo à outorga da prestação jurisdicional. Natural a construção de uma **ética no processo**, a indicar posturas ao juiz e demais partícipes, todos envolvidos numa verdadeira **estrutura cooperatória** desse instrumento de realização de justiça.

Já se assinalou que, no processo, o juiz deve procurar manter a **imparcialidade**, empenhar-se na busca da **verdade real**, zelar pelo efetivo **cumprimento dos prazos** e atuar, enfim, com **devotamento**.[64]

A **imparcialidade** consiste em postar-se o juiz em situação de equidistância das partes. Mas é mais do que isso. Imparcial é o juiz que procura compensar a debilidade de uma das partes, para garantir o equilíbrio de oportunidades a cada qual conferidas. Imparcial é o juiz que se sensibiliza com o hipossuficiente, perante cuja fragilidade o atuar equidistante é sinônimo de injustiça. Imparcial é o juiz que não teme reconhecer ao poderoso a sua razão, quando ela é evidentemente superior à do mais fraco.

A melhor concepção do contraditório é a capacidade de o juiz imaginar-se em lugar de cada um dos interesses postos em questão na demanda submetida a seu exame. Um contraditório apenas garantidor da paridade de armas é insuficiente para realizar a justiça. Principalmente no cipoal normativo que desmente o brocardo *narra mihi factum, dabo tibi jus*.[65]

É defeso ao juiz atuar mecanicamente, de maneira a artificializar a distribuição da Justiça. A prestação jurisdicional não é ofício burocrático. O juiz tem de acreditar no que faz e deve adentrar na previsão das consequências de sua

64. José Renato Nalini, *Uma nova ética...* cit., p. 85 e ss.

65. Narre-me o fato e eu entregarei a você o direito. Significa a presunção de que o juiz conhece o direito. Outra versão é *jura novit curia* – o juiz conhece o direito. Ambas são relativas ao momento em que a normatização prolífica é produtora de situações legais kafkianas, com a edição de medidas provisórias destinadas a resolver problemas concretos, tópicos, conjunturais, tudo prejudicado com o uso daquele derradeiro artigo em todas as leis: *Revogam-se as disposições em contrário*. Essa disposição faz com que o juiz seja obrigado a uma garimpagem e prospecção para concluir, nem sempre acertadamente, sobre o que está a viger ou não no ordenamento brasileiro.

decisão. A disciplina *consequencialismo* deveria ser obrigatória em todo curso de preparação à Magistratura. Foi-se o tempo em que se podia afirmar *Faça-se justiça e pereça o mundo*. Hoje, o Judiciário exerce um protagonismo fundamental, e seu desempenho afeta não só a Democracia, mas tem profundas repercussões na rede de vínculos do mundo globalizado. Existem inúmeros diagnósticos a demonstrar que o trato judicial de questões econômicas estimula ou inibe o investimento internacional.[66] O juiz precisa atentar para essa realidade. Pois, na visão dos pensadores influentes, "o Judiciário brasileiro é uma instituição com problemas sérios (...) (e) mais recentemente, um conjunto de trabalhos tem focado exclusivamente no papel do Judiciário, reconhecendo que dentro de um mesmo sistema legal a qualidade com que as leis são aplicadas pode variar significativamente, com consequências relevantes para o funcionamento da economia".[67]

Assim como tem obrigação ética de avaliar qual será a reação da comunidade quando condenar, quando absolver, quando se limitar a acolher preliminares, admitir exceções ou dar respostas meramente processuais – e ininteligíveis ao prejudicado – em lugar do enfrentamento do conflito.

Ser juiz é estressante e angustiante. O descompasso entre as expectativas das partes e da comunidade e a resposta judicial não assimilada gera fissura que pode torná-lo infeliz agente de um drama destituído de sentido. A repetição automática de formalismos estéreis e incompreendidos, a mera institucionalização dos conflitos, não responde aos anseios por justiça. O juiz burocrata e insensível troca a função de solucionador de conflitos pela de multiplicador de injustiças. Isso prejudica a comunidade, mas também prejudica a higidez mental do próprio juiz.

Daí a importância do aprendizado no autoconhecimento. O juiz precisa saber identificar o móvel de sua decisão em cada caso concreto. Ele precisa saber ocupar – ao menos intuitivamente – o papel reservado a cada parte no processo. Esse o verdadeiro sentido do contraditório, repita-se. Deve nutrir a consciência de que se lhe postula desenvolver a paciência, a prudência, o interesse pelos dramas humanos. É um pobre ser humano aquele juiz que considera ter cumprido o seu dever com a repetição de fórmulas estratificadas, sem adentrar, conhecer e tentar resolver o drama contido nos autos.

A verdade a ser perseguida em qualquer processo é a **real**. Costuma-se distinguir entre o processo penal – em que a verdade **real** é a que interessa – e o

---

66. Consultar Antonio Ermírio de Moraes, op. cit.

67. Armando Castelar Pinheiro (org.), *Reforma do Judiciário* Problemas, desafios, perspectivas, p. 141.

processo civil – em que bastaria uma verdade **formal** e, portanto, fictícia. Aqui valeria o brocardo: *o que não está nos autos não está no mundo*. Não é suficiente, mesmo para o processo civil, a busca da verdade meramente formal. Também o processo civil se destina à pacificação. Precisa o magistrado imbuir-se da deliberação interior de detectar a verdade, sem ilusão quanto àquela que lhe é oferecida de plano. Pondo-se em guarda "ante a tentação de absolutizar suas crenças e se fazer consciente do fato de que sua verdade nunca é uma verdade **total**".[68] Se assim o fizer, poderá talvez se imunizar contra a intolerância, mas aprenderá "a respeitar as opiniões dos demais, inclusive quando discrepam das suas, disposto a um diálogo civilizado e construtivo que, para ser realmente assim, não deve ser o entrecruzamento de dois monólogos, nem deve ocultar a resistência apriorística a modificar, se for o caso, suas convicções ideológicas e a aceitar o ponto de vista do interlocutor".[69] Saber reformular suas posições é próprio do sólido caráter. Não apenas porque os erros, quando reconhecidos, devem ser eliminados. Mas ainda porque admitir o erro é lição de humildade, virtude de que se não deve descuidar o ser humano juiz.

O cumprimento dos prazos já foi devidamente examinado quando dos deveres legais. O **devotamento** é o mergulho intenso na carreira, o entusiasmo no seu cultivo, a alegria com que se a exerce, a certeza do dever cumprido quando se lhe oferece tempo, saúde, sangue e alma.

Devotamento parece inconciliável com **neutralidade**. Esta é um mito a envolver a Magistratura. Inexiste o juiz **neutro**, asséptico, insensível. O juiz é ser humano suscetível de emoções e idiossincrasias. O desempenho de seu mister não pode estar imune às influências que elas exercem. E o entusiasmo é o que distingue o juiz ético do juiz neutro. O juiz ético pretende transformar o mundo com o exercício de sua missão. Ela é encarada sob inspiração ética, não como desempenho técnico.

Na dimensão técnica predominam "a eficiência e o interesse. Este prioriza valores ligados estritamente ao utilitarismo, servindo a eficiência como meio para se atingirem objetivos nem sempre éticos, tais como os respeitantes à remuneração, à fama, ao carreirismo profissional. Desprovido de valores deontológicos, o profissional pensa apenas no seu êxito pessoal, nos seus interesses particulares, onde a profissão se apresenta como mera ponte para sua afirmação social. Dentro dessa concepção egoística, reduz-se o trabalho à sua mais acanhada perspectiva, que é a de suprir as necessidades materiais, quando há de ser concebido como uma 'fonte de prazer e de inspiração criadora, motivo de honra, valor e heroísmo'

68. Giuseppe Lumia, *Principios de teoria e ideología del derecho*, p. 144.
69. Idem, p. 145.

no dizer de Rosental e Iudin. Já com os valores deontológicos, enquadrar-se-á na poética concepção que Kalil Gibran, no seu **O Profeta**, expõe: 'O trabalho é o amor feito visível. E se não podeis trabalhar com amor, mas somente com desgosto, melhor seria que abandonásseis vosso trabalho e vos sentásseis à porta do templo a solicitar esmolas daqueles que trabalham com alegria'".[70]

Cada magistrado precisa compenetrar-se de sua missão, cada vez mais relevante no país que aprofunda a miséria e assiste ao vicejar das iniquidades. Sem perder a coragem e o entusiasmo na busca da felicidade. Repetir à exaustão que "ser juiz deve ser a **minha** maneira de ser feliz". A procura da felicidade insere-se na ética pessoal de todo o ser humano. "O assegurar a própria felicidade é um dever para cada homem; pois a ausência do contentamento com a própria situação, num torvelinho de muitos cuidados e de necessidades insatisfeitas, poderia tornar-se numa grande tentação para a transgressão dos deveres".[71] O juiz ou é apaixonado, ou não pode ser juiz. Não é proclamação juridicamente herética. É algo que se verifica apenas depois de algum tempo de carreira. Ou o ser humano desabrochou, sentiu-se realizado e tem ainda vontade de permanecer na carreira, ou cultivou deformações profissionais explícitas ou não, ostentando desequilíbrio, angústia e depressão.

14.4.1 Poderes éticos do juiz no processo

Talvez seja o processo o campo fértil em que germinará, naturalmente, o gérmen ético de que o ser humano juiz deve ser provido. Carlos Aurélio Mota de Souza, juiz e professor, elaborou importante trabalho, considerado por Cândido Rangel Dinamarco "de grande valia para o estudioso e para o profissional. Não somente valia para a interpretação dos textos e exigências ético-deontológicas do sistema, ou para a aplicação, escolha ou dimensionamento das sanções. Acima de tudo, o correto entendimento dos deveres dos sujeitos processuais concorrerá para que o processo possa cumprir com exação aquela sua missão pacificadora".[72] Depois de analisar os preceitos éticos do Código de Processo Civil brasileiro, examina os deveres do juiz, área eminentemente deontológica, para chegar até os **poderes éticos do juiz**.

Para o autor, "quando a lei fala que o juiz deve agir segundo seu **prudente arbítrio**, sem dúvida lhe está atribuindo qualidades que eram exigidas do ***pru-***

---

70. Jauro Ghelem, Deontologia do magistrado, *Caderno de Deontologia Jurídica*, p. 80-81.

71. Immanuel Kant, *Fundamentação da metafísica dos costumes*, p. 207.

72. Carlos Aurélio Mota de Souza, *Poderes éticos do juiz*, prefácio de Cândido Rangel Dinamarco, p. 13.

dens romano, o ***juris prudens***, o conhecedor do direito, por experiência da vida, conhecimento do concreto (...). Homem egrégio, de escol, é o juiz a substância humana dentro do processo, atuada livremente, com dignidade e hierarquia, como o comandante de uma nave, porém limitado aos seus contornos, que é a lei".[73] Esses poderes éticos são o **poder discricionário**, o ***arbitrium judicis***, a **equidade** e o **poder criador**. Sobre a discricionariedade já se afirmou caracterizar-se pela liberdade conferida ao juiz de autoformular-se uma norma de atuação.[74] O **arbítrio judicial** não é delimitado pela lei, mas pelo caráter do juiz: "É mais prudência ético-jurídica de conduta que regra específica de atuação".[75] A **equidade**, no seu significado de **humanização da justiça**, é a utilização, pelo juiz, de critérios de aplicação, interpretação e integração do direito, de maneira a torná-lo adequado às necessidades e aspirações dos destinatários. Para Vicente Ráo, as regras fundamentais de equidade "se traduzem, em última análise, no princípio da igualdade no trato das relações jurídicas concretas e, como consequência desse princípio, no preceito segundo o qual deve o direito ser aplicado por modo humano e benigno".[76] O Código de Processo Civil de 1939 dispunha de regra explícita a respeito da equidade: "Quando autorizado a decidir por equidade, o juiz aplicará a norma que estabeleceria, se fosse legislador". O art. 127 do Código de Processo Civil restringe a utilização da equidade pelo juiz. Ele só poderá se servir da equidade nos casos previstos em lei. Todavia, ao restringi-la reconhece a sua existência e imprescindibilidade. Ela continua a integrar as categorias essenciais ao desempenho da judicatura.

As requisições que a vida contemporânea impõe ao juiz podem torná-lo vulnerável a uma série de fatores hábeis a dificultar o exercício da jurisdição. A irritabilidade, a impaciência, o estresse, a angústia, o desconforto, o mal estar, o desalento. Há processos que perturbam seu condutor, tantas as artimanhas entrevistas ou intuídas. O juiz sente-se um partícipe excluído da verdade pela qual se justifica sua atuação e a qual deve buscar. O Brasil ainda não tem meca-

---

73. Idem, p. 87.

74. Alessandro Raselli, *Il potere discrizionale del giudice civile*, v. 1, p. 194, apud Carlos Aurélio Mota de Souza, idem, p. 90.

75. Idem, p. 92. Os exemplos de *arbitrium judicis* do CPC brasileiro, para o autor, estão nos arts. 13, 126, 131, 342, 363, V, 432, 620 e 915, § 3.º, além de figurar nos arts. 4.º e 5.º da Lei de Introdução ao Código Civil brasileiro e no momento em que o juiz se vê diante da necessidade de precisar conceitos *vagos* ou *indeterminados*, como boa-fé, bons costumes, razões relevantes, justo impedimento, fraude, diligência devida, ilicitude, necessidade, impossibilidade, fatos essenciais, uso manifestamente reprovável, fins claramente ilegais etc.

76. *O direito e a vida dos direitos*, v. 1, t. I, p. 56.

nismos de enfrentamento dessa questão que é humana, de saúde mental, antes de ser jurídica. Uma das blindagens do juiz que não sabe identificar a necessidade de um apoio psicoterápico é tecnificar-se ao extremo. Por isso é "tempo de revisitar o distanciamento do processo ainda praticado por uma gama considerável de juízes, que se escoram no mito da imparcialidade e terminam involuntariamente valorizando mais o instrumento do que o resultado".

Manter o equilíbrio, a ponderação e, principalmente, o *humanismo*, é dever do juiz consciente. Pode auxiliá-lo o exercício de um saudável **poder criador ou formulador de novas alternativas.** Um juiz criativo pode revisitar velhos conceitos, dos quais os de discricionariedade, prudente arbítrio, equidade e outros, de forma a ampliar seus poderes, desnecessária qualquer reforma legislativa e sem renunciar à observância do ordenamento.

O observador atento à sua época levará em conta que, "no desempenho de suas funções jurisdicionais, deve o juiz manter-se sintonizado com a realidade social que o envolve, procurando, a cada demanda que lhe toca, decidir de forma criativa, aplicando a lei abstrata de modo mais amplo e inteligente e interpretando com largueza formas estáticas do processo, que, por sua rigidez, levam à ineficiência das instituições e ao desprestígio da Justiça".[77]

A urgência na solução das demandas que afligem os homens impôs a necessidade dos Juizados Especiais. Estes não constituem uma *justiça de segunda classe* ou de *segunda categoria*. Para a pessoa que se considera injustiçada, por menor que seja o valor material em jogo, o sentimento de injustiça é causador de inequívoca moléstia. Há necessidade de talento dos seres humanos encarregados dessa importantíssima atribuição de solucionar as causas consideradas *menores*. A ética recomenda que o juiz nunca se afaste dos princípios inspiradores dos Juizados: oralidade, singeleza, preferência pela conciliação.[78] Todos aqueles que prezam essa criação da CF/1988 precisam atuar para que o microuniverso dos Juizados contamine o macrouniverso da Justiça Convencional e não ocorra o contrário. É lamentável a verificação de que as pautas nos Juizados são tão longas quanto as existentes na Justiça ordinária.

O juiz ético não hostilizará as formas alternativas de realização do justo, mas compreenderá que é lícito e legítimo à comunidade procurar fórmulas menos sofisticadas e mais eficientes de resolver seus problemas. O convívio com a arbitragem, a mediação, a conciliação e outras experiências será enriquecedor

---

77. Carlos Aurélio Mota de Souza, op. cit., p. 101.

78. Sobre o surgimento dos Juizados Especiais, consultar José Renato Nalini, Juzgados especiales en el Brasil, *Reforma Judicial en América Latina* Una tarea inconclusa, p. 299-313.

para o juiz melhor compreender os dramas humanos e para adotar estratégias mais racionais para o seu desempenho.

O processo se tornou uma ciência tão densa, tão sofisticada, que muita vez acarreta o risco de distanciamento de seu verdadeiro objetivo. É instrumento de realização do justo. É ferramenta para solucionar problemas humanos. O juiz dotado de verdadeira ética judicial será um solucionador, mais do que um técnico. E porá em ação sua criatividade, seu gênio, seu engenho e arte, para encontrar alternativas que otimizem a realização mais rápida e eficiente da melhor Justiça humana possível.

Cumpre não esquecer que o constituinte incluiu o princípio da *eficiência* dentre os fundamentais à administração pública brasileira – e o juiz integra a *administração pública* – justamente a pensar no Judiciário.

14.4.2 O juiz e o tempo da justiça

Em quase todos os Estados-nação desenvolvidos, a justiça é julgada com severidade por sua lentidão e a condenação tem sido a regra. *Justiça tardinheira é injustiça*, já proclamava Rui Barbosa. Na União Europeia, o Tribunal de Direitos Humanos de Estrasburgo já condena há vários anos, alguns países que se notabilizam por excepcional e indesejável duração das demandas. Independentemente de quem tenha a razão nos autos, há um direito a uma solução oportuna.

Desde a Emenda Constitucional n. 45/2004, esse direito fundamental à "razoável duração do processo" e aos "meios que garantam a celeridade de sua tramitação" está explicitado no texto fundante.[79] Ainda não existe consenso a respeito do que significa *razoável duração do processo*. Mas já existe quem sustente que *razoável duração* seria observar os *prazos legais*.

Outra opinião recomenda "a análise de cada caso concreto, tal qual o excelente critério da posta *in gioco*, estabelecido pela Corte Europeia dos Direitos do Homem, que julga a infração ao direito do término do processo em prazo razoável e sem dilações indevidas e o próprio valor da indenização com base nos seguintes critérios: a) complexidade do caso, b) comportamento das partes; c) atuação dos juízes, dos auxiliares e da jurisdição".[80]

Uma coisa é certa. A explicitação de um novo direito fundamental à longa enunciação do artigo 5.º – algo que não seria necessário, pois decorrente

---

79. Inciso LXXVIII ao art. 5.º, acrescentado pela Emenda Constitucional 45, de 08.12.2004.

80. Paulo Hoffman, *Razoável duração do processo* cit., p. 219.

do regime ou implícito na Constituição – escancara a intenção do constituinte na direção de uma justiça mais eficiente. Não se recusa a possibilidade de o cidadão brasileiro recorrer a Cortes Internacionais para ver o Brasil no polo passivo de uma demanda por desarrazoada duração do processo. Pois "é forçoso concluir que, apesar do não reconhecimento expresso pelo Brasil da competência da Corte Interamericana, o cidadão brasileiro que sofrer prejuízos materiais ou morais em decorrência da duração exagerada do processo (art. 8.º) tem o direito de denunciar tal violação à Comissão Interamericana (art. 44), uma vez que não há no ordenamento brasileiro legislação específica de proteção e reparação desse direito (art. 46, item 2, letra *a*), cabendo à Comissão adotar o procedimento previsto (art. 48), e, concluindo pela violação e não havendo solução amigável, nem aceitação expressa da Corte pelo Brasil, relatar o caso e encaminhá-lo aos demais Estados-membros (arts. 41, letras *a* e *g*, 50 e 51)".[81]

Na mundialização dos fenômenos, as expectativas dos povos passam a se identificar. A duração excessiva de um processo judicial causou reação na Europa e não deixaria de repercutir no Brasil. Pois, em termos de justiça lenta, o Brasil não vive realidade diversa. O crescimento da demanda multiplicou as lides. E estas se prolongam por quatro instâncias – juízo de primeiro grau, tribunal de segundo grau, ambos convertidos em *instância intermediária*, Superior Tribunal de Justiça e Supremo Tribunal Federal.[82] A própria existência de *quatro instâncias* é fator que agrava a situação. Os embargos declaratórios quase sempre se preordenam ao *prequestionamento* da matéria, para possibilitar a interposição de *recurso especial* ao STJ e de *recurso extraordinário* ao STF.

Muitas providências foram tomadas pelo legislador. Uma série de leis processuais recentes abre oportunidade a um protagonismo novo para o juiz bra-

---

81. Idem, p. 218.

82. Poder-se-á dizer que não são **quatro** as instâncias do Judiciário brasileiro, pois nem tudo chega a ser apreciado no Superior Tribunal de Justiça ou no Supremo Tribunal Federal. Não é o que ocorre na realidade. O bom técnico em direito processual saberá fazer chegar suas demandas até os Tribunais Superiores em Brasília, pois o **recurso especial** e o **recurso extraordinário** dependem de inserção adequada, com menção expressa e invocação a dispositivos federais e constitucionais. As lides acabam se eternizando, sem contar com o prolífico sistema recursal, a permitir não apenas apelos, mas diversos agravos, embargos de declaração e infringentes, recursos em sentido estrito, sem falar em rescisórias, revistas e revisões, *habeas corpus* e mandados de segurança. O sistema recursal brasileiro reflete nítido desapreço ao juiz de primeiro grau, cuja decisão é, no mínimo e com alguma benevolência, uma resposta provisória.

sileiro.[83] Dependerá dele se valer desses instrumentos para tornar o processo efetivo e célere, ou esvaziá-los como já ocorreu em relação a outras propostas.

Tudo, na verdade, depende do juiz. Ele é o impulsionador do processo. Ele sabe e tem consciência de que, a despeito das deficiências estruturais, da falibilidade do ordenamento, das carências materiais crônicas, mesmo assim há condições de se realizar uma justiça melhor. A chave da mudança está na ética. E se algo se pode fazer para que o juiz abrevie o tempo dos processos é levar a sério o compromisso ético de solucionar as lides postas sob sua apreciação, na certeza de que revestem aflições humanas. O Judiciário conhece apenas uma dimensão do tempo: o passado. Ante uma ocorrência qualquer, busca-se reconstituí-la mediante a utilização de uma ciência reconstrutiva – o processo –, e a melhor decisão será a capaz de reconstituir o *status quo*.

Talvez por isso o Judiciário não compartilhe da aflição das partes por uma solução célere. E, pior ainda, a imersão no passado impediu o Judiciário de atuar prospectivamente, programando-se e planejando-se como poder do Estado.

É importante que o juiz se conscientize dessa realidade quando empossado e nunca mais venha a perdê-la de vista. É conveniente temperar a velha advertência que procura incrementar o antagonismo entre a **celeridade** e a **segurança**, como se não fora possível uma decisão adequada proferida em prazo

83. Mencionem-se as Leis 11.187, de 19.10.2005, que confere nova disciplina ao cabimento dos agravos retido e de instrumento; 11.232, de 22.12.2005, sobre um novo conceito de sentença; 11.276, de 07.02.2006, que altera a forma de interposição de recursos, saneamento de nulidades processuais e outras questões; 11.277, de 07.02.2006, a facultar a resolução imediata do processo; 11.280, de 16.02.2006, quanto ao reconhecimento de ofício da incompetência relativa; 11.419, de 19.12.2006, a explicitar o uso das tecnologias das comunicações e informações no processo, além da saudável edição da Lei 11.672, de 08.05.2008, com o fito de enfrentar o desafio dos recursos repetitivos. Para maiores detalhes, consultar o livro *Reforma do CPC*, de Daniel Amorim Assumpção Neves, Glauco Gumerato Ramos, Rodrigo da Cunha Lima Freire e Rodrigo Mazzei. Acena-se com um novo Código de Processo Civil, resultante de estudos realizados por Comissão coordenada pelo Ministro Luiz Fux, do STF. Algumas das perspectivas já estão no livro coordenado pelo Min. Luiz Fux, já citado neste livro e constante de sua bibliografia. Verdade que, em relação à imprescindível simplificação do sistema recursal, articulam-se os setores mais conservadores e mesmo corporativistas para detonar a tentativa de reduzir recursos e de conferir maior poder ao juiz na condução do processo, com sólidos argumentos doutrinários. Mas a resultante será fulminar a tentativa de reduzir a interminável peregrinação dos justiciáveis rumo à decisão definitiva, hoje só obtida mediante dispêndio de uma imensidão de tempo e de finanças, sem calcular o custo da angústia e do desalento.

razoável. Decisão **adequada**, muito diferente de decisão **perfeita**. A perfeição não é obra da falível contingência humana.

Também pode ser considerada postura **ética** do juiz o preocupar-se com a lentidão dos julgamentos. Certa humildade há de ser especialmente cultivada para reconhecer-se um profissional, não um semideus, do qual se espera uma solução imodificável. Os destinatários da Justiça apenas precisam de uma **decisão**. Editada com bom senso, com pertinência para a causa, mas, naturalmente, imperfeita, como ocorre com qualquer tarefa humana.

Atuará de maneira irrepreensivelmente ética o juiz que procurar contribuir com a aceleração na prestação jurisdicional. Não apenas em seu espaço funcional, mas tentando auxiliar o aprimoramento do sistema. E também que fizer uso efetivo de todos os mecanismos postos à disposição de sua discricionariedade para tornar mais rápido o processo decisório. Não é por outro motivo que se insistiu tanto no aumento do poder discricionário do juiz. "Na maioria das causas, a celeridade é um elemento que coadjuva a realização da justiça, já que os atrasos costumam ser causa de novas complicações jurídicas, alargando-se, assim, o tempo do cumprimento das legítimas expectativas do inocente (ou do que tem melhor direito) e de terceiros".[84] À medida que o senso ético vai impregnando a atuação judicial, o magistrado já não se sentirá satisfeito com o mero cumprimento de seu dever de ofício. Ele procurará converter-se em condição de aperfeiçoamento da Justiça. E muito aprimorará o equipamento judicial quem se dedicar a abreviar o tempo das decisões, reduzindo as etapas de tramitação e o fluxo do andamento dos feitos, que em alguns casos chega a ser irracional.

Também nos Tribunais o juiz pode acelerar a prestação jurisdicional. A avalanche de processos não impede que o julgador adote algumas táticas para conferir rapidez à decisão. Uma delas já foi sufragada pelo legislador. O art. 557 do CPC abre um leque de opções para abreviar a solução da demanda. O relator pode negar seguimento a recurso manifestamente inadmissível, improcedente, prejudicado ou em confronto com súmula ou com jurisprudência dominante do respectivo tribunal, do STF ou de Tribunal Superior.[85]

84. Rafael Gómez Pérez, *Deontologia jurídica*, p. 118.

85. O relator ainda pode prover o recurso, de acordo com o § 1.º-A do art. 557 do CPC, e, se o agravo for manifestamente inadmissível ou infundado, o tribunal condenará o agravante a pagar ao agravado multa entre 1% e 10% do valor corrigido da causa. A interposição de qualquer outro recurso resta condicionada ao depósito dessa quantia, prevê o § 2.º do mesmo art. 557 do CPC. Regra destinada a persuadir a parte a não fazer uso de agravo temerário.

Recomendável, ainda, que o relator adote fórmulas menos sofisticadas de utilização do art. 557 do CPC, bastante a referência ao *leading case* ou paradigma para o tema. Outros estratagemas de racionalização não são vedados, mas estimulados. Condicionam-se à criatividade e ao interesse do julgador do colegiado em realmente revestir de presteza o seu julgamento.[86]

14.5 Sanções às infrações éticas

A sanção por infração a normas éticas não positivadas é praticamente inexistente. Mesmo após a edição do Código de Ética da Magistratura Nacional, resta ausente de previsão a consequência para a inobservância de seus preceitos. Todavia, quando as condutas não toleradas estão insertas em preceito legislativo, como ocorre com o Estatuto da Magistratura, elas podem ensejar uma retribuição.

A própria Lei Orgânica da Magistratura – LOMAN explicita as penalidades nos arts. 40 a 48 do Capítulo II do seu Título III, consagrado à Disciplina Judiciária.

A atividade censória de Tribunais e Conselhos é exercida com o resguardo devido à dignidade e à independência do magistrado, correndo em segredo de justiça o processo disciplinar movido contra ele.[87]

O juiz pode ser punido com **advertência, censura, remoção compulsória, disponibilidade com vencimentos proporcionais ao tempo de serviço, apo-**

86. Uma praxe constatável em grandes Tribunais é a persistência do famigerado "conflito de competência" ou da "dúvida de competência". A competência é uma regra para melhor distribuição do volume de processos e também garantia do juízo natural. Mas não pode ser transformada em **dogma absoluto**, ensejador de discussões estéreis e procrastinadoras da outorga da prestação jurisdicional. A praxe de **declinar da competência** mediante acórdão, em casos pacificados, em nada contribui para a restauração da credibilidade no funcionamento da Justiça. Uma pesquisa séria forneceria números traumatizantes para qualquer racionalidade em gestão administrativa. Quanto tempo gastam os magistrados em discussões sobre quem vai decidir o processo? Qual a percentagem de decisões colegiadas que não chegam a apreciar o mérito e permanecem no debate sobre competência? A competência é mais importante do que solucionar o conflito que fez com que a parte fosse obrigada a contratar advogado e recorrer ao Estado-juiz? As discussões sobre competência colaboram para conferir maior credibilidade ao Judiciário? À parte interessa quem vai decidir ou está mais empenhada em obter uma decisão judicial, venha de que magistrado ou colegiado que vier? O formalismo dirá que competência é tão ou mais importante do que solucionar o cerne da questão. Será que é isso que o povo espera de sua Justiça?

87. Art. 40 da Lei Orgânica da Magistratura Nacional, Lei Complementar Federal 35, de 14.03.1979.

sentadoria compulsória com vencimentos proporcionais ao tempo de serviço e demissão.[88] A aplicação dessas penas dependerá da gravidade da infração cometida.

Assim, a advertência será aplicada reservadamente, por escrito, no caso de negligência no cumprimento dos deveres do cargo. E a pena de censura, sob a mesma forma, no caso de reiterada negligência no cumprimento dos deveres do cargo ou no de procedimento incorreto. Ambas são penas exclusivamente aplicadas a juízes de primeira instância.[89]

A remoção compulsória e a disponibilidade com vencimentos proporcionais serão aplicadas pelo Tribunal ou por seu Órgão Especial, por motivo de interesse público, em escrutínio secreto e pelo voto de dois terços de seus membros efetivos, para hipóteses de maior gravidade no descumprimento dos deveres do cargo.[90]

Finalmente, a pena de demissão será aplicada sob as mesmas formalidades, para juízes condenados em ação penal por crime comum ou de responsabilidade ou em procedimento administrativo para a perda do cargo, em três hipóteses: a) exercício, ainda que em disponibilidade, de qualquer outra função, salvo em cargo de magistério superior, público ou particular; b) recebimento, a qualquer título e sob qualquer pretexto, de percentagens ou custas nos processos sujeitos a seu despacho e julgamento; e c) exercício de atividade político-partidária.[91]

O órgão disciplinar primariamente encarregado da fiscalização e controle da atividade funcional e da conduta particular dos juízes é a **Corregedoria Geral da Justiça**. As Corregedorias recebem as denúncias formuladas contra os magistrados e as processam, ouvindo o interessado e a ele concedendo plenitude de defesa.

O ano de 2011 caracterizou-se por uma discussão nacional a respeito da possibilidade de o CNJ iniciar procedimento disciplinar contra magistrado, antes mesmo que a Corregedoria local o faça. Parece que a discussão é inócua. O procedimento do CNJ, quando recebe denúncias contra juiz, é primeiro solicitar informações à sua Corregedoria, ou seja, ao órgão correcional a que o denunciado está sujeito. Só depois de apurada a denúncia pelo *juiz natural correcional* é que a Corregedoria do CNJ faz incidir a sua apreciação. Mas ine-

88. Art. 42 da Lei Complementar Federal 35, de 14.03.1979.

89. Arts. 42, parágrafo único, 43 e 44 da Lei Complementar Federal 35, de 14.03.1979.

90. Art. 45 da Lei Complementar Federal 35, de 14.03.1979.

91. Arts. 47 e 26 da Lei Complementar Federal 35, de 14.03.1979.

quívoca a competência de *avocar* processos disciplinares, por força de explícito preceito constitucional.[92] O controle múltiplo não é nefasto, mas existe em favor da comunidade jurisdicionada. Presume-se que os órgãos correcionais sejam titularizados por magistrados sensatos, experientes, que se utilizem da prudência em lugar do abuso. E assim tem sido na História recente do Judiciário no Brasil.

Uma nova concepção de Judiciário postula atuação menos **punitiva** e mais **orientadora** das Corregedorias Gerais de Justiça. Tais organismos hão de contribuir no aprimoramento da carreira, mediante orientação contínua, acompanhamento próximo aos juízes necessitados e disseminação de conhecimentos éticos.

A experiência vem demonstrar que a mera punição é insuficiente para elevar a consciência ética dos juízes. Eles precisam de exemplos e de renovados apelos à sua postura moral. Um país onde a falta de ética se reflete em todos os setores não poderia acreditar que sua Magistratura restasse imune às transformações morais, impostas por uma cultura erigida à sombra do egoísmo, do hedonismo e do consumismo.

Discutiu-se a respeito da eficácia do **ensino ético**, ou da possibilidade de um **aprendizado ético**. A transmissão de conceitos, de doutrinas e de exemplos – até da casuística das denúncias, geradoras ou não de providências correcionais e punição – pode auxiliar o jovem juiz a ser despertado para maior **escrúpulo ético**. Depois, **aprender ética** se insere no processo de **formação continuada** ou de **educação permanente** dos juízes, ideal reconhecido por todos os especialistas.

Conforme já se manifestou Boaventura de Sousa Santos, "é necessário aceitar os riscos de uma magistratura culturalmente esclarecida. Por um lado, ela reivindicará o aumento de poderes decisórios, mas isso, como se viu, vai no sentido de muitas propostas e não apresenta perigos de maior monta, se houver um adequado sistema de recursos. Por outro lado, ela tenderá a subordinar a coesão corporativa à lealdade a ideias sociais e políticas disponíveis na sociedade. Daqui resultará uma certa fratura ideológica que pode ter repercussões organizativas. Tal não deve ser visto como patológico, mas sim como fisiológico. Essas fraturas e os conflitos a que elas derem lugar serão a verdadeira alavanca do processo de democratização da justiça".[93] Juízes eticamente preparados sempre contribuirão para o aprimoramento da instituição,

---

92. Art. 103-B, § 4.º, III, da CF/1988.

93. Introdução à sociologia da administração da justiça, apud José Eduardo Faria, *Direito e justiça* A função social do Judiciário, p. 60.

enquanto juízes tecnicamente adequados, mas eticamente descomprometidos, não se empenharão em reformas, salvo aquelas destinadas ao fortalecimento da corporação.

Desde a Reforma do Judiciário, existe o Conselho Nacional de Justiça, órgão encarregado do controle da atuação administrativa e financeira do Poder Judiciário e do cumprimento dos deveres funcionais dos juízes.[94] O funcionamento desse organismo gerou algumas consequências consideradas saudáveis pela comunidade, embora objeto de resistência por parcela da Magistratura e da comunidade jurídica. O CNJ, considerado o *controle externo* do Poder Judiciário, enfrentou a questão do nepotismo, do teto remuneratório, da democratização interna dos Tribunais. A agenda é muito ampla e crescente, diante do despertar de uma cidadania que já não se detém ante setores anteriormente considerados inexpugnáveis.

Se vier a exercer em plenitude a sua função de verdadeiro *Ministério do Planejamento da Justiça*, o CNJ atenderá aos objetivos para os quais preordenado e poderá, efetivamente, redesenhar o Judiciário brasileiro. O risco do CNJ é ser vencido pelo acúmulo de denúncias contra juízes e servidores, muitas das quais resultantes de insatisfação com o resultado do processo. A composição com pessoas de reconhecida proficiência e conhecimento dos problemas da Justiça é garantia de que ao CNJ estará reservada missão fundamental na renovação do Poder Judiciário.

Importante que ele assuma a missão de orientar a preparação dos candidatos à Magistratura e de obrigar ao contínuo aprimoramento, com a tônica na formação **ético-moral** do magistrado. Só assim se imprimirá rumo compatível com as expectativas de uma nacionalidade sequiosa de uma Justiça eficiente, eficaz e efetiva, eticamente comprometida com a promessa de edificação de uma pátria justa, fraterna e solidária. E isso, felizmente, ele já sinalizou, com a edição da Resolução 75/2009, que disciplina os Concursos de Ingresso à Magistratura. A formação anacrônica resistirá à implementação dessa normatividade. É natural. Mas o CNJ não pode declinar de suas atribuições e deve fazer valer a sua autoridade de órgão do Poder Judiciário previsto na Constituição da República, logo após o Supremo Tribunal Federal.[95] O Judiciário brasileiro é

94. Art. 103-B, § 4.º, introduzidos pela Emenda Constitucional n. 45, de 08.12.2004. Saliente-se que o Ministério Público também possui um Conselho Nacional, previsto no art. 130-A da Constituição e introduzido pela mesma Emenda da Reforma do Judiciário.

95. O CNJ em 2011 foi presidido por um juiz de carreira, o Ministro Cezar Peluso, de prestigiada trajetória na Justiça bandeirante. A Corregedoria da Justiça Nacional está

uno, nacional e o Estado Brasileiro tem uma Federação *assimétrica*, para dizer o mínimo. Não existe motivo a não se padronizar o funcionamento de um Poder Nacional.

14.6 O JUIZ DO FUTURO

Nunca se mostrou tão necessário um novo protagonismo ao juiz brasileiro. A *ética em frangalhos* na política, o mau exemplo das cúpulas, o descompromisso com a moral, tornam inadiável um investimento consistente na densificação ética do integrante do Judiciário. Não se diga que a justiça é o reflexo da sociedade e da sua falta de valores. Que estes se encontrem numa escala caótica parece inquestionável. "Já não existe uma escala fixa de valores, de medida estável e absoluta, pois todos os valores flutuam num vasto mercado, com as suas cotações a aumentarem ou a descerem ao sabor dos entusiasmos, dos pânicos e das apostas mais subjetivas".[96] Visão que não deve paralisar o empenho para o resgate do axiologicamente recuperável. A sociedade pode ser melhor do que aparenta ser: "Parece-me particularmente nefasta a ideia, tantas vezes expressa, de que a justiça está tão boa ou tão má quanto o resto da sociedade e de que é irrealista aspirar a uma justiça melhor e mais moderna do que o sistema produtivo, a educação ou a administração pública. Por muitas e boas razões, a justiça tem de estar melhor do que o resto da sociedade e dos serviços públicos".[97]

A justiça abarca tudo. Diz a última palavra. Garante ou destrói o Estado de Direito. É imprescindível para que a sociedade não se torne um caos. Impede a barbárie. E é concretizada mediante implementação da ciência mais próxima à moral, de intimidade maior com a ética, a ciência do direito. "A justiça zela pelas condições de dignidade, de igualdade e de democraticidade

---

confiada a uma das mulheres mais corajosas e lúcidas que o Brasil já produziu, a Ministra Eliana Calmon. Ela concretizou o prenúncio de que o CNJ poderia surpreender a nacionalidade com as medidas tendentes a promover aquela profunda reforma estrutural da Justiça brasileira, até agora prometida e não cumprida. O projeto Justiça em Números é promessa de que a gestão no Judiciário não precisa ser a acanhada preservação de praxes arcaicas e reducionistas, mas poderia reduzir o fosso que existe hoje entre a Justiça que se espera e a Justiça de que efetivamente se dispõe. Coragem e criatividade não faltaram à Min. Eliana Calmon, que a nacionalidade aplaudiu quando resolveu revolver as entranhas de um poder o menos corrupto da República, mas que em suas entranhas pode abrigar um ou outro corpo estranho.

96. Jérôme Bindé, op. cit., p. 23.

97. António Barreto, *Justiça em crise?* Crises da justiça, p. 20.

dos cidadãos, atributos que não lhes devem ser negados por serem pobres ou analfabetos. Pode viver-se em comum com alguma pobreza, um certo atraso, educação insuficiente: mal, mas é possível. Mas, sem justiça eficiente e sem regras de direito, não".[98]

Nada obstante a intensificação da demanda por justiça, os milhões de processos em curso, o sistema judiciário não é adequadamente conhecido, menos ainda estimado pela cidadania. Em sua maior parte por responsabilidade dele próprio. Ao tornar o Direito uma ciência para iniciados, ao sofisticar o processo, ao se condenar ao hermetismo e distanciamento, o Judiciário ocultou-se. A população não lhe devota apreço. Considera-o responsável por desmandos, pela impunidade, pela corrupção, por tantas outras mazelas de um país desigual. Pese embora alguns bons tentos, fruto de preservação de um governo que debelou a inflação, privatizou e controlou o câmbio, a desigualdade no Brasil ainda é flagrante. Tanto que um dos primeiros atos da Presidente Dilma Russef ao assumir a Presidência foi ordenar um PAC – Programa de Aceleração do Crescimento, exclusivamente voltado à eliminação da miséria. O Programa de Erradicação da Pobreza Extrema terá metas, cronogramas e prestação de contas anual, além de comitê gestor específico. Seu foco estará em três frentes: inclusão produtiva, ampliação da rede de serviços e da rede de benefícios de programas como o Bolsa Família.[99]

O juiz não pode estar excluído das iniciativas de exclusão da miséria, pois é *servo da Constituição* e precisa perseguir os mesmos objetivos traçados pelo formulador do pacto federativo como intuitos permanentes da Nação. O constituinte é o único poder autêntico. Aquele que *pode tudo* e cada juiz, ao assumir o seu cargo, promete observar a Constituição e as leis. Mas para isso, além de ser um técnico habilitado em direito, o juiz precisa ser *humano*.

A cultura jurídica gerou uma justiça blindada pelo mais ortodoxo positivismo. E, "enquanto o legalismo positivista se mantiver instalado como doutrina dominante, o juiz continuará a ser um mero aplicador da lei com escassa atividade juridicamente criadora, e todos nós, quase sempre, glosadores e glosadores de glosadores".[100]

---

98. Idem, ibidem.

99. O anúncio do lançamento desse Programa ocorreu logo após à primeira reunião ministerial do novo governo, realizada em 6.1.2011 (Contra Miséria, Dilma lança "PAC da pobreza", O Estado de São Paulo, de 7.1.2011, p. A5, reportagem de Lisandra Paraguassu e Leonêncio Nossa.

100. António Almeida Simões, O distanciamento brechtiano na justiça, in António Barreto (coord.), op. cit., p. 61.

Atribua-se a crise do Judiciário a causas externas ou a causas entrópicas. O certo é que sobre um personagem só recai, e com toda a força, a fatura por essa anemia de legitimidade da Justiça: o juiz. Ele é o intérprete das regras do jogo. Regras cada vez mais imprecisas, ambíguas e incompletas. Fruto do compromisso possível no momento histórico em que editadas. A lei contemporânea não é mais a expressão da vontade geral. Muito menos a relação necessária extraída da natureza das coisas. É uma vontade tendencial, aproximada, plasmável de acordo com a interpretação. Por isso é que "as novas características das leis determinam, ainda, que os magistrados, quando da sua aplicação, se vejam obrigados, hoje, a opções necessariamente complexas e discutíveis, não já e só do ponto de vista técnico-jurídico, mas também jurídico-político. Não se pode, pois, pretender continuar a imaginar o magistrado simplesmente como **a voz da lei**, como reclamava Montesquieu, porque ela – **uma só e mesma lei** – fala hoje frequentemente a várias vozes. Inventar **um novo paradigma de magistrado** é, pois, urgente".[101]

Esse novo paradigma é o juiz **essencialmente ético**.

Até agora, priorizou-se o **juiz técnico**. Resultado do concurso aferidor da acumulação de informações, o juiz técnico esmera-se em produzir decisões que passem pelo *controle técnico de qualidade*. A preocupação com a justiça é algo bastante secundário, de acordo com a velha concepção de Magistratura. Atividade ancilar à lei, fruto da atuação do mais relevante dos Poderes. Ao menos no século XVIII, a função primordial era a parlamentar. Afinal, o Legislativo se encarrega de formular as regras do jogo. Em suas mãos conformar a sociedade e o Estado. Pois o Estado de Direito não é senão o *Estado sob as leis*.

Servo da lei, muito juiz não foi fiel à Justiça. A contemporaneidade reclama o resgate dessa missão. E isso será possível por um culto incondicionado à ética. A ética deve ser a religião jurídica do juiz brasileiro. Pois é só de ética que o Brasil verdadeiramente precisa. O mais virá por acréscimo.

A devoção à ética poderá edificar o **juiz do futuro**, o juiz do terceiro milênio, o operador sensível e humano, desapegado de interesses materiais, pois indignado com a multiplicação dos excluídos, pronto à mais adequada realização do justo, que nem sempre reside na rígida aplicação da lei. Mesmo porque acima da lei encontra-se o *fundamento de validade* de todo o ordenamento. O juiz não pode se esquecer de que prometeu cumprir a Constituição. Texto histórico, político, jurídico e econômico elaborado pelo Poder Constituinte e determinado a edificar nesta Nação uma Pátria justa, fraterna e solidária.

---

101. António Cluny, Uma justiça dúctil para um país normal, in António Barreto (coord.), op. cit., p. 100.

O juiz ético tem condições de transformar a sociedade. Para isso, precisa de certa rebeldia. Saudável rebeldia, consistente em partir da interpretação constitucional para, só depois, verificar o que diz a portaria, a ordem de serviço, a resolução, o regulamento, o decreto, a medida provisória, a lei. A *rebelião da toga* é a única esperança de renovação dos costumes no solo brasileiro.[102]

A visão de Jacques Charpentin,[103] sempre mencionada, pode estar mais próxima se a preocupação com a **formação continuada** dos juízes, pregação apologética do inexcedível educador e Ministro Sálvio de Figueiredo Teixeira, ex-Diretor da Escola Nacional da Magistratura da AMB, vier a merecer efetiva implementação. Sua ideia de um *organismo criador de uma doutrina do Poder Judiciário* encontrou eco no constituinte. A Emenda n. 45/2004 já criou a Escola Nacional de Formação e Aperfeiçoamento de Magistrados. O Superior Tribunal de Justiça converteu-a em realidade. Cumpre agora implementar essa usina criadora de um novo Judiciário, de maneira a irradiar esse novo *design* da Magistratura, a partir de um recrutamento mais adequado à contemporaneidade, por todo o Brasil.

O Ministro Sálvio de Figueiredo Teixeira sempre propugnou a **educação permanente** da Magistratura. Desde seus primeiros passos na carreira, identificou-se com a causa do **aperfeiçoamento** dos juízes, devotou-se a ela e não cessou de proclamar: "Ainda hoje, e cada vez com mais convicção, trazemos conosco a imagem que formulamos no início da nossa atividade jurisdicional, do Juiz ideal, a saber: honesto e independente; humano e compreensivo; firme e corajoso; sereno e dinâmico; culto e inteligente; justo sobretudo".[104]

Não existem fórmulas consagradas para se construir o **juiz ideal**. Mesmo porque não existe um **modelo** pronto e acabado de juiz. A humanidade se caracteriza pela absoluta individualidade de cada criatura e cada ser humano pode se realizar, na plenitude de suas potencialidades, de múltiplas maneiras.

---

102. Consultar José Renato Nalini, *A rebelião...*, onde as ideias do autor a respeito do protagonismo dos juízes encontram-se mais consistentemente desenvolvidas.

103. Jacques Charpentin, em Colóquio Internacional da Magistratura, afirmou: "Não é proibido sonhar com o Juiz do futuro, cavalheiresco, hábil para sondar o coração humano, enamorado da ciência e da Justiça, ao mesmo tempo que insensível às vaidades do cargo, arguto para descobrir as espertezas dos poderosos do dinheiro, informado das técnicas do mundo moderno no ritmo desta era nuclear, onde as distâncias se apagam e as fronteiras se destroem, onde, enfim, as diferenças entre os homens logo serão simples e amargas lembranças do passado" (Sálvio de Figueiredo Teixeira, *Mensagem aos novos juízes*, apud Waldir Vitral, *Deontologia do magistrado, do promotor de justiça e do advogado*, p. 188).

104. Idem, ibidem.

O pluralismo e a tolerância permitirão a convivência de inúmeros paradigmas de **juiz ideal**. O núcleo comum que deve uni-los é a preocupação com a efetiva realização de justiça. E ela só se fará de forma completa se instaurada uma ordem social justa. Ordem justa que reduza as diferenças materiais, já que a eliminação das diferenças ontológicas é contra a natureza. Ordem justa que permita a cada qual idênticas oportunidades, a dependerem de seu talento, de sua vontade e de sua força de trabalho.

O juiz não é responsável por toda a injustiça. Mas é responsável pela **remoção da injustiça**. Não a removerá sozinho. Mas lhe é dado posicionar-se na direção correta. Atuar no universo que lhe foi reservado.[105] Trabalhar no limite de suas atribuições e capacidade. Não esmorecer. Acreditar na justiça. Acreditar-se capaz de transformar a vida e o futuro das pessoas.

Essa consciência pode ser desenvolvida solitariamente. E também pode ser desenvolvida nas **Escolas da Magistratura**, organismos produtores de verdadeira **doutrina judicial**, cujo surgimento recente não impede a constatação de resultados auspiciosos.

As Escolas já propiciam reciclagem técnica. Devem investir agora na **reciclagem ética**, pois é de coragem moral que os operadores jurídicos necessitam, dentre eles o protagonista essencial à realização da justiça humana, o juiz.

A **reengenharia ética** poderia contribuir para que o juiz se aproximasse do ideal do **juiz justo**. Muito mais do que do **juiz legalista**, ou do **juiz jurisprudencial**, ou do **juiz doutrinador**. A lei não consegue abarcar toda a justiça. É por isso que, em seu ápice, justiça para Aristóteles era **equidade**. Para ele "o equitativo, embora sendo justo, não é o justo de acordo com a lei, mas um corretivo da justiça legal",[106] e por isso ele permite se amolde o espírito da lei à complexidade cambiante das circunstâncias e à irredutível singularidade das situações concretas.

---

105. A questão é polêmica. O juiz é o inerte aplicador da lei ou o transformador da realidade? Para Régis Fernandes de Oliveira, "o magistrado não pode voltar as costas a sua realidade. Já dizia Fernando Pessoa: '**Arre, estou farto de semideuses! Onde é que há gente no mundo?**'" (*O juiz na sociedade moderna*, p. 65). Na visão da juíza Heliana M. de A. Coutinho, "tem o juiz agente político a oportunidade de criar, dentro de seu âmbito de atuação, diretrizes de políticas públicas que possibilitem novas modalidades de comportamento social, embasadas em um modelo jurídico assecuratório da convivência harmônica e da solução pacífica dos conflitos, para se atingir o ideal de uma sociedade democrática" (*O juiz agente político*, p. 161).

106. Aristóteles, *Ética a Nicômaco*, V, 2-5, 1129a, 131a, apud André Comte-Sponville, *Pequeno tratado*... cit., p. 94.

O juiz justo é o juiz equitativo. Uma justiça até certa forma independente da lei. Justiça aplicada, viva, concreta e, se possível, verdadeira. Uma justiça que "não dispensa a misericórdia ('a equidade', dizia Aristóteles, 'é perdoar o gênero humano'), não no sentido de que se renuncie sempre a punir, mas de que, para ser equitativo, o juízo precisa ter superado o ódio e a cólera".[107]

Não é coisa simples chegar a ser equitativo. Além de não dispensar a misericórdia, a equidade também não dispensa "a inteligência, a prudência, a coragem, a fidelidade, a generosidade, a tolerância (...). É nisso que coincide com a justiça, não mais como virtude particular, (...), mas como virtude geral e completa, aquela que contém ou supõe todas as outras, aquela de que Aristóteles dizia tão belamente que a consideramos 'a mais perfeita das virtudes e que nem a estrela da noite, nem a estrela da manhã são tão admiráveis'".[108]

O destino do juiz neste milênio é liberar-se dos contornos de um agente estatal escravizado à letra da lei, para imbuir-se da consciência de seu papel social. Um solucionador de conflitos, um harmonizador da sociedade, um pacificador. A trabalhar com categorias abertas, mais próximo à equidade do que à legalidade, mais sensível ao sofrimento das partes, apto a ouvi-las e a encaminhar o drama para uma resposta consensual. Enfim, um agente desperto para o valor **solidariedade**, a utilizar-se do processo como instrumento de realização da dignidade humana e não como rito perpetuador de injustiças.

Recai sobre os ombros do juiz brasileiro uma responsabilidade que nem ele ainda percebeu ou consegue avaliar. Iniciamos o século XXI e o terceiro milênio sob impactos os mais surpreendentes. Nunca houve tanto progresso material, nem tanta distância entre ricos e pobres. Violência e fundamentalismos adquirem expressões inesperadas. Preocupantes questões atormentam a humanidade. Dentre elas, mencionem-se o sacrifício imposto à natureza por uma egoísta e cruel exploração de seus recursos. A não inclusão de legiões e o crescimento da desigualdade. A eterna procura pelo mais adequado conhecimento das ciências, dos outros e de nós próprios.

Não se desconhece "que a complexidade da nossa época e dos problemas que nos põe exige maior informação, mais esclarecimento, mais comunicação, mais participação, mais ciência, mais consciência. O próprio destino das sociedades democráticas depende, em larga medida, disso mesmo. Não podemos aceitar um mundo ou uma sociedade atravessada por um novo e ainda mais terrível dualismo – de um lado os poucos que possuiriam tudo, poder, saber,

---

107. Idem, ibidem.

108. André Comte-Sponville, idem, ibidem, citando Aristóteles, *Ética a Nicômaco*, V, 3, 1129b, 27-29, p. 219, referindo-se ainda a uma citação de Eurípedes.

tecnologia, informação, dinheiro, capacidade de decidir, de escolher, de manipular; do outro, os muitos que nada teriam e nada poderiam. Nessa sociedade, que constituiria uma nova e mais perversa versão da profecia de Orwell, não haveria nem liberdade, nem progresso, nem cidadania, nem participação".[109]

No mundo sem rumo definido e sem futuro programado, o direito é o referencial que não pode ser desprezado. E quem o conhece e vive de o aplicar desempenhará insubstituível função ao tentar restaurar as injustiças e devolver a esperança aos que dela foram obrigados a se desprender.

Advirta-se já não existir espaço para a *cultura do repasse*, tão em voga há algumas décadas e sustentada por boa parte da Magistratura. Ela consiste em repassar para o Legislativo – que produz as leis – e para o Executivo – que *tem a chave do cofre* e é sovina para com a Justiça – todos os problemas do Judiciário. Não é assim. O Legislativo, a despeito de seus desvios de conduta, cumpriu o seu papel em relação à Justiça. Promoveu a Reforma do Judiciário e o dotou de novos mecanismos processuais hábeis a tornar mais eficiente a prestação jurisdicional. A Reforma apenas começou. "É necessário ressaltar que a Emenda Constitucional n. 45 não encerra os debates, não finaliza as discussões sobre a atividade de realização de justiça. A reforma constitucional representa uma parte das ações que podem trazer resultados importantes para a melhoria do funcionamento do Judiciário e ampliação do acesso das pessoas aos serviços jurisdicionais prestados pelo Estado. Não há medida isolada que possa solucionar os problemas do Judiciário no País".[110] É urgente continuar a adequação da Justiça para melhor servir aos seus destinatários. Ela não existe para os juízes. Premente dotar os magistrados dessa consciência. Como adverte Dalmo de Abreu Dallari, "muitos juízes temem a responsabilidade que decorre desse novo papel, preferindo apegar-se a concepções formalistas e comportar-se como aplicadores automáticos da lei escrita, em seu sentido literal. É inegável que a nova exigência posta perante os juízes implica uma nova concepção do próprio Judiciário, mas, de fato, as origens históricas e a fundamentação sociológica e filosófica da magistratura não justificam e nunca justificaram o apego ao estrito formalismo. Agora, mais do que nunca, é indispensável que os juízes participem ativamente das discussões a respeito de seu papel social e procurem, com serenidade e coragem, indicar de que modo poderão ser mais úteis à realização da justiça".[111]

---

109. Jorge Sampaio, Perspectivas do direito no início do século XXI, *Studia Juridica* 41, p. 193-194.

110. Sérgio Rabello Tamm Renault e Pierpaolo Bottini, *Reforma do Judiciário Comentários* à Emenda Constitucional n. 45/2004, p. 11.

111. Dalmo de Abreu Dallari, *O poder dos juízes* cit., p. 166.

Imergir na ética, refletir sobre ela, vivenciá-la de acordo com os valores de sua consciência, após cotejados com aqueles cultivados pela comunidade a cujo serviço está preordenado, é um bom início para a saudável *rebelião judicial* que insisto em disseminar, rumo à concretização da mais adequada justiça humana por que se possa aspirar.

14.7 Para quem pretende ser juiz

Ser juiz no Brasil no século XXI é promessa de sedutora aventura. A carreira espelha um paradoxo: a aura do simbolismo de quem consegue **mudar o mundo** desvestida da sacralidade que a acompanhou durante séculos. As decisões judiciais são noticiadas, questionadas, confrontadas, criticadas e repudiadas.

A instantaneidade das comunicações dissemina o chocante e são elásticos os parâmetros, submetidos a tendências curtas. Oscila a opinião pública, subordinada a múltiplos indicadores passageiros. A informação instantânea substitui o sentido da história.

Fruto da anacrônica formação jurídica, o candidato a juiz raramente se apercebe da nova realidade. Nítida a urgência de um consistente projeto de ***educação judicial***. Proposta já em si desafiadora: "Como é que a questão central da educação, num mundo flutuante, flexível, marcado pela influência emocional e intelectual de imagens efêmeras, consegue encontrar o seu lugar? O século XXI pode estar preso numa estranha contradição: nunca o efêmero foi tão valorizado; contudo, a emergência de sociedades do saber, que tende a fazer da educação para todos, ao longo da vida, já não um simples sonho, mas um projeto, parece prefigurar o lançamento de um novo dispositivo de valores a longo prazo, simultaneamente sérios, lúdicos e juvenis. Sempre que se esbatem as fronteiras entre as três idades da vida, novos valores, simultaneamente cognitivos e prospectivos, parecem emergir. São menos herdados do que inventados, menos reproduzidos do que criados, menos recebidos do que transmitidos".[112]

A universidade não está pronta para entregar à sociedade os julgadores de que ela necessita. Nem é esse o seu papel. É a **Escola da Magistratura** o espaço propício a essa discussão. Nela se exercerá aquilo que Jacques Derrida propõe em sua "universidade sem condição": não apenas um princípio de resistência, mas uma força de resistência e de dissidência.

O que significa isso?

---

112. Jérôme Bindé, op. cit., p. 23-24.

Resistir à superada concepção do Direito como conjunto de compartimentos estanques – Direito Constitucional, Direito Civil, Direito Penal, Direito Processual etc. – ou à classificação Direito Público/Direito Privado, cujas fronteiras estão cada vez mais tênues. Dissentir da visão ultrapassada de *dicção do direito como expressão de soberania estatal*. Onde está a soberania no mundo imerso nas mesmas angústias, submetido às mesmas ameaças e escravo das incertezas? A chuva ácida respeita fronteiras? As epidemias ou pandemias cedem a tais convenções? O tráfico de drogas, de armas e de pessoas se submete às alfândegas?

O juiz que se contentar com o seu mister de **expressão da soberania estatal** será um profissional equivocado. É inegável que "a desconstrução do conceito de soberania incondicional é sem dúvida necessária e está em curso, pois se trata nesse caso da herança de uma teologia que mal acabou de ser secularizada. No caso mais visível da pretensa soberania dos Estados-nação, mas também noutra parte (pois ela se sente à vontade em todo lugar, sendo mesmo indispensável, nos conceitos de sujeito, de cidadão, de liberdade, de responsabilidade, de povo etc.), o valor da soberania está hoje em plena decomposição".[113]

Derruído o conceito-chave do exercício da jurisdição, sobre que se apoiará o seu agente? A resposta está no ensino, aprendizado e dedicação permanente das **Humanidades**. Conceito que deve ser ampliado e reelaborado, à luz do pensamento instigante de Derrida: "Em meu espírito, não se trata mais somente do conceito conservador e humanista a que se associam com frequência as Humanidades e seus antigos cânones – os quais, não obstante, a meu ver, devem ser protegidos a todo custo. Permanecendo ao mesmo tempo fiel à tradição, esse novo conceito das Humanidades deveria incluir ainda o direito, as teorias da tradução, além do que se chama, em cultura anglo-saxã, da qual é uma das formações originais, a '**theory**' (articulação original de teoria literária, de filosofia, de linguística, de antropologia, de psicanálise etc.), mas também, certamente, em todos esses lugares, as práticas desconstrutivas".[114]

Há de se desconstruir o modelo de recrutamento de juízes que surtiu resultados, não se negue. Mas que foi sobrepujado pelo desequilíbrio de um mundo aberto à mudança. O fluxo constante das coisas, comprovado pela ciência, importa em adaptação evolutiva. Conhecer os códigos, mergulhar na doutrina e perfilhar a jurisprudência não é o bastante para **fazer justiça**. Faz falta ao juiz deste século administrar a informação, para dela extrair as soluções mais adequadas, caso a caso.

---

113. Jacques Derrida, *A universidade sem condição*, p. 22.

114. Idem, p. 24-25.

O Judiciário demorou a descobrir que não é um nicho indevassável e liberto daquilo que ocorre no cosmos. Hoje, mercê de algum protagonismo que viceja em vários espaços, liderado pela nova composição do STF e pela onipresença do CNJ, concebe-se e desenha-se uma nova Justiça. Assim é que ela permanecerá viva. "Para que um sistema permaneça vivo, para que o universo continue a crescer, deve haver um contínuo processo de geração de informações. Se não houver nada de novo, ou se a informação apenas confirmar o que já existe, o resultado será a morte. Sistemas fechados se desgastam e entram em declínio, vítimas da Segunda Lei da Termodinâmica (a entropia). A fonte da vida são as informações novas – a novidade – ordenadas em novas estruturas".[115]

A percepção dessa nova realidade ressuma, de forma nítida, nos atos normativos da Escola Nacional de Formação e Aperfeiçoamento de Magistrados. Ao assumir a sua função precípua de **formar** o juiz, a ENFAM editou várias Resoluções e Instruções Normativas, com delineamento do perfil de magistrado que se pretende preparar.[116]

A ENFAM torna obrigatório o Curso de Formação para Ingresso na Magistratura, e, para os juízes que o não tenham cursado – a pretexto da pressa em suprir os quadros sempre carentes de juízes –, o curso de aperfeiçoamento para o vitaliciamento deverá observar as diretrizes traçadas para os conteúdos programáticos mínimos do curso de formação.[117]

A ENFAM só credenciará os cursos de formação e de aperfeiçoamento que atenderem às diretrizes definidas para os conteúdos programáticos mínimos.[118] Para tal efeito, não serão considerados seminários, conferências, palestras ou similares propostos na forma de eventos isolados.[119] Tais modalidades serão aceitas para tal finalidade exclusivamente quando constituírem meios ou estratégias metodológicas, integrantes do programa dos cursos, observada a adequação aos objetivos e aos conteúdos programáticos.

115. Margaret J. Wheatley, op. cit., p. 112.

116. Dentre elas salientem-se a Resolução 1, de 17.09.2007, que estabelece o conteúdo programático mínimo e obrigatório para o curso de formação inicial , as Instruções Normativas 1 e 2, de 06.02.2008, e, principalmente, a Resolução 2, de 16.03.2009, que estabelece diretrizes para os conteúdos programáticos mínimos dos cursos de formação para ingresso na magistratura e de aperfeiçoamento.

117. Art. 2.º da Res. 2, de 16.03.2009.

118. Art. 3.º da Res. 2, de 16.03.2009.

119. Parágrafo único do art. 3.º da Res. 2, de 16.03.2009.

Os cursos de formação foram previstos como etapa final do concurso público para ingresso na carreira da magistratura federal e estadual, conforme preceitua a Carta Política. Período mínimo de 480 horas-aulas, distribuídas em quatro meses, cujos conteúdos mínimos de pelo menos metade da duração já constam do Anexo 1 à Resolução 2/2009. Os temas obrigatórios são: a) elaboração de decisões e sentenças e a realização de audiências; b) relações interpessoais e interinstitucionais; c) deontologia do magistrado; d) ética; e) administração judiciária, incluindo gestão administrativa e de pessoas; f) capacitação em recursos da informação; g) difusão da cultura de conciliação como busca da paz social; h) técnicas de conciliação; i) impacto econômico e social das decisões judiciais; j) psicologia judiciária.

Os conteúdos programáticos deverão priorizar o tratamento de casos concretos atinentes aos temas e não revestir a mesma superada fórmula de transmissão teórica de conceitos. Evidencia-se a intenção da ENFAM de produzir um juiz muito distinto daquele modelo calcado na capacidade mnemônica. Ao contrário, o magistrado será alguém provido de aptidões para efetivamente **resolver problemas**, de uma **consciência ética sensibilizada** pelo real conhecimento da realidade brasileira.

As diretrizes direcionadas à formação deontológica e ética contemplam o aprofundamento de valores, princípios e compromissos postos pelo contemporâneo sistema jurídico nacional e internacional. A ênfase da formação residirá em refletir sobre os marcos normativos dos fundamentos éticos da magistratura democrática, os quais geram vinculação do Judiciário aos valores, princípios, objetivos e finalidades do Estado Democrático de Direito e da República Federativa. Ainda se levarão em conta a relação umbilical existente entre democracia constitucional e jurisdição e os compromissos institucionais do Judiciário e a repartição de poderes. A moral e a ética não representam sofisticação distanciada do *fazer judicial*, mas constituem elementos formadores da decisão judicial. A ENFAM mostrou a opção inquestionável de considerar o direito como **o mínimo ético**, aquelas normas morais exatamente positivadas para que a sociedade não pereça no caos e na barbárie. A tentativa de se banir a implementação do **mundo hobbesiano**, em que os homens se transformam em lobos de seus semelhantes, impõe deveres éticos do magistrado em relação aos servidores, às partes, aos advogados e aos membros do Ministério Público.

A contemporânea *teoria de formação do juiz* ganhou força e intensidade com a lucidez do Conselho Nacional de Justiça, preocupado com o ranço no recrutamento de juízes brasileiros. A Resolução 75/2009 do CNJ não é outra coisa, senão reconhecimento de que o Brasil precisa de um novo juiz: humano, sensível, empenhado em *solucionar problemas* e não em *elaborar teorias*. O juiz pode escrever, sim, mas primeiro precisa *decidir*. É pago para isso. E decidir não é dar *resposta processual* e desinteressar-se pelas consequências dessa decisão inócua. Nem sempre inócua, pois quase sempre é um fator de *aflição maior* para o aflito que procurou pela Justiça. Decidir é resolver. É solucionar. É remover injustiças. É equalizar, restituir a esperança, que acompanha o patrimônio, a liberdade, a honra e todos os bens da vida que levaram alguém a confiar na Justiça.

O juiz do século XXI não deve se envergonhar por procurar uma solução, ainda que à margem do processo. O importante é *fazer justiça*, não produzir obras primas prenhes de citações doutrinárias e jurisprudenciais. O consequencialismo deve estar sempre nas cogitações do *decideur*, pois a Justiça não é gratuita. Custa muito dinheiro ao povo sofrido de um País com tantas carências. Por isso é que a Justiça precisa *funcionar*. *Resolver*. *Pacificar*.

Abandone-se a *cultura da decisão* para se adotar, sem receios, o modelo da *conciliação*. Não é preciso insistir na cultura do confronto e na postura adversarial adquirida nos cursos jurídicos. O magistrado será treinado a tratar o conflito e as possibilidades de sua gestão/resolução mediante adoção de alternativas à jurisdição. A facilitação por terceiro pode ocorrer – e é superiormente ética esta solução – sem que haja postura judicatória. O conflito passa a ser fenômeno natural em relacionamentos saudáveis e apresenta possibilidades positivas de tratamento. O juiz será treinado a enfrentar as principais características de cada processo heterocompositivo e autocompositivo mediante uso de ferramentas conciliatórias.

Acena-se com verdadeira *revolução* no preparo dos futuros julgadores. A regra que prevaleceu durante muito tempo na Magistratura foi no sentido diametralmente oposto: recomendar ao jovem juiz produzisse decisões bem elaboradas, para se fazer conhecido das superiores instâncias e, com isso, aplainar sua carreira. O foco agora é a solução de problemas concretos. Para isso o juiz existe. Com a finalidade de solucionar questões humanas é que o Estado mantém o equipamento da Justiça.

O tema *impacto político, econômico e social* das decisões judiciais sacramenta o *consequencialismo* como alicerce na formação do juiz. Ainda que suas decisões sejam juridicamente corretas, o juiz pode produzir graves turbulências na sociedade. Confere-se novo enfoque à responsabilidade judicial. O magistrado não pode desconhecer o que sua decisão causará em termos políticos, econômicos e sociais.

Para conscientizá-lo disso é que a ENFAM considera de vital importância a abordagem sobre questões que envolvam: a) análise econômica do Direito Público, do Direito Privado e do Processo; b) relação entre as decisões judiciais e o orçamento público; c) jurisdição, incerteza e Estado de Direito; d) impacto das decisões judiciais nas áreas de saúde pública e privada, educação, transportes, comunicação, energia, reforma agrária, economia formal e informal, entre outras; e) cumprimento efetivo das decisões judiciais e suas consequências econômicas; f) impacto econômico das decisões judiciais na efetivação de direitos fundamentais; g) dimensões teóricas das relações entre política, Direito e Judiciário; h) justiça social, democracia e Judiciário: problemas e desafios.[120]

A enunciação há de ser considerada meramente exemplificativa, pois a dinâmica de uma sociedade complexa e desigual é pródiga em gerar conflitos inesperados. Como resolver questões ambientais que sugerem falacioso antagonismo entre desenvolvimento e preservação? Ou coibir o adensamento de disputas de terras, o alcance da função social da propriedade em face das reservas indígenas, populações quilombolas e ocupações de terras devolutas? Poderá o juiz restabelecer a ordem nas regiões em que o Estado não entra e a criminalidade organizada impõe suas próprias regras?

O século denso de transformações imprevistas não poderia deixar de impactar a Justiça. O indivíduo moderno é móvel, fluido, plasmável. Os paradigmas sobre os quais se erigiu a ideia de justiça humana são insustentáveis. Urgem novos modelos de intervenção. Ocorreu com a Justiça o que sói acontecer com instituições humanas. A inércia foi levada ao paroxismo e paralisou a administração da justiça. O princípio processual da inércia deveria garantir o mito da imparcialidade, não contaminar a Administração de um poder estatal que precisa ser ágil, célere, efetivo e eficaz. A reação precisa ser estimulada por um centro produtor de ideias, por um espaço de reflexão séria e grave, como é a Escola da Magistratura. Ela tem condições – e é predestinada a exercitá-las – de liderar a resistência ao declínio da credibilidade na Justiça. "No mais das vezes os homens, com o objetivo de poupar energia, vivem inconscientemente num universo de repetitividade, de hábitos: 'Isso deriva do fato de que (...) todo conhecimento e todo hábito, uma vez adquiridos, permanecem tão solidamente firmes em nós e tão indiscerníveis dos outros elementos de nossa pessoa quanto um trilho numa ferrovia. Eles não têm necessidade de a cada vez ser renovados e tornados conscientes, pois afundam, pelo contrário, nos estratos do subconsciente'. Os empreendedores subvertem esta atitude".[121]

---

120. Anexo 1 à Res. 2, de 16.03.2009, Diretrizes dos Conteúdos Programáticos Mínimos do Curso de Formação para Ingresso na Carreira da Magistratura.

121. Remo Bodei, *A filosofia do século XX*, p. 32, com citação de J. Schumpeter, *Teoria dello sviluppo economico*, Florença, Sansoni, 1971, p. 103, 94.

O empreendedorismo da ENFAM vislumbra uma formidável reconstrução do modelo da Magistratura brasileira. Para alavancá-la, o CNJ não nega a sua contribuição corajosa. No diálogo de surdos que procura resistir a tais saudáveis influxos, que suas vozes se ancorem na lucidez e seus projetos prosperem. O Brasil tem direito a um juiz mais humano e, por isso, consciente e comprometido com os resultados de sua responsabilidade histórica. O que a nacionalidade não precisa é de mais um *técnico* desprovido de sensibilidade. Alguém à procura de emprego e que está à procura de ser aprovado em qualquer concurso público, para depois repousar na estabilidade do cargo e não se preocupar mais com o resgate da dignidade de seu semelhante.

Esse não é o juiz adequado para o século XXI. Nem para os que virão.

Para reflexão em grupo

1. As Corregedorias Gerais da Justiça constituem instrumento eficiente de apuração das faltas éticas do juiz brasileiro?
2. Qual a principal função a ser exercida pelo Conselho Nacional de Justiça? Quais as perspectivas de atuação do CNJ depois destes anos iniciais de protagonismo?
3. O povo brasileiro sabe distinguir a *pessoa* da *função* por ela exercida e relevar faltas éticas cometidas pelos juízes como *pessoas*, sem reflexo necessário no desempenho funcional?
4. Em que consiste a *conduta irrepreensível na vida pública e na vida particular*, exigível ao juiz brasileiro, pela Lei Orgânica da Magistratura?
5. As decisões judiciais têm conteúdo ético identificável? É fácil localizar nas decisões a sua feição ética ou depende de mera análise subjetiva?
6. Como é que a cidadania pode contribuir para aperfeiçoar a magistratura?
7. A criação de ouvidorias aprimoraria o funcionamento da Justiça?
8. Como demolir as resistências à implementação de um novo perfil de juiz brasileiro, conforme pretende a ENFAM – Escola Nacional de Formação e Aperfeiçoamento de Magistrados?
9. O Poder Judiciário deve conviver com as demais alternativas de resolução dos conflitos, subtraídas à administração convencional da Justiça?
10. Quais os principais conflitos enfrentados pelo juiz brasileiro neste início de século XXI?

A ÉTICA E OS SERVIÇOS EXTRAJUDICIAIS 15

15.1 POR QUE SERVIÇOS *EXTRAJUDICIAIS*?

A Justiça é tarefa humana. O desempenho do Poder Judiciário se faz por intermédio de pessoas. O juiz, que existe para *solucionar* problemas, à luz do direito vigente, não conseguiria executar sua tarefa se não pudesse contar com um quadro funcional eficiente. Esse quadro integra uma unidade que era chamada *cartório*, aos poucos substituída por *secretaria*, *unidade judicial* e ainda comumente chamada *serventia*.

Os serviços afetos diretamente à prestação jurisdicional são chamados *judiciais*. A recepção das petições iniciais, a autuação, que é o capeamento dos pedidos feitos ao juiz pelo advogado que representa a parte, a juntada de peças, a *conclusão* – nome que se dá ao ato de submissão de um documento ou ato suscetível de decisão ao juiz –, tudo isso é feito pelos servidores do foro judicial. Eles ainda guardam a denominação tradicional: escrivão, ou diretor, chefe da serventia, escrevente, encarregado dos demais atos, auxiliar judiciário, oficial de justiça ou meirinho, a *longa manus* do juiz para atos externos. Aos poucos, o Judiciário ganha novos quadros. A *virtualização* do processo obrigará a contratação de *analistas* e de programadores. Sem o aporte de especialistas nas novas tecnologias de informação e comunicação – TICs ou TCIs – não haverá futuro para a modernização da Justiça.

Ao lado dessa atuação, destinada a alavancar a produção de *atos decisórios* – pois o Judiciário existe para *decidir conflitos* – existe o chamado *foro extrajudi-*

cial: um conjunto de serviços de íntima vinculação com a realização da justiça, mas nos quais não existe conflito. Uma espécie de *jurisdição voluntária*[1] é aquela exercida pelos servidores dessas funções. E são muitas: lavrar escrituras, atos de conteúdo jurídico insuscetíveis de serem elaborados por leigos; assentar nascimentos, emancipações, casamentos e mortes; certificar a titularidade dominial – identificar o "dono" do imóvel – e também as demais ocorrências possíveis nos *direitos reais*; lavrar protestos; aconselhar e orientar juridicamente as partes; conferir segurança jurídica a inúmeras situações impostas pela necessidade do convívio e do relacionamento social.[2]

Até há pouco tempo, em todo o território brasileiro, ambas as funções – *judiciais e extrajudiciais* – eram cumuladas e simultaneamente exercidas pelo mesmo corpo funcional. A distinção era interna e a especialização não impedia que as tarefas fossem desempenhadas pelos mesmos funcionários. Elas eram intercambiáveis e não se pode dizer que o sistema fosse mais disfuncional do que hoje.[3] Por uma série de razões, os serviços judiciais foram *estatizados*, e passaram a ser exercidos por funcionários públicos. Houve separação entre o *foro judicial* e o *foro extrajudicial*, embora seja praticamente impossível eliminar a proximidade ontológica entre ambos e romper o rígido cordão umbilical a uni-los como gêmeos xifópagos.

Os antigos "cartórios", que se encarregavam dos serviços judiciais e também dos atos do chamado "foro extrajudicial", foram substituídos – agora liberados da função *judicial* – por serviços outorgados a profissionais por delegação do Poder Público.

Profundas as transformações a que se submeteram essas "serventias" nas duas últimas décadas. A Constituição de 1988 optou por um modelo *sui gene-*

---

1. *Jurisdição voluntária* é modalidade anômala de atuação do Judiciário, na administração de interesses a cuja tutela não antecede o conflito.
2. O intuito eminentemente **ético** da abordagem sacrifica a exatidão conceitual do Direito Registrário e Notarial, objeto de sofisticada produção literária, à qual se remete o interessado em conhecer melhor o sistema. Recomenda-se a leitura de Venicio Salles, *Direito registral imobiliário*, São Paulo, Saraiva, 3. ed., 2012 e da obra coletiva coordenada por Alexandre Guerra e Marcelo Benacchio, *Direito imobiliário brasileiro – Novas fronteiras na legalidade constitucional*, São Paulo, Quartier Latin, 2011.
3. Pessoalmente acredito que a presença do notário ou registrador à testa da serventia judicial era um fator de preservação da ordem, da disciplina, da hierarquia e do controle sobre os serviços do foro, hoje em parte depauperados com a estatização. O retorno – ao menos experimental e em projetos-piloto – do sistema antigo pode ser uma alternativa na busca de eficiência do Judiciário, obsessão do constituinte ao refletir o anseio da nacionalidade por uma prestação jurisdicional efetiva, eficaz e segura, sem deixar de ser célere.

ris, cuja experiência está a surtir efeitos benéficos para a comunidade. O art. 236 da Carta Cidadã dispõe: "*Os serviços notariais e de registro são exercidos em caráter privado, por delegação do Poder Público*".

15.2 Em que consistem os serviços extrajudiciais?

Continuam a ser conhecidos como *serviços extrajudiciais* aqueles prestados à comunidade por profissionais chamados *notários* ou *tabeliães* e por *registradores*.

Serviços notariais são os oferecidos pelos notários ou tabeliães, profissionais providos de fé pública encarregados de configurar juridicamente atos de interesse das partes que não precisam de intervenção judicial. Todos sabem o que é uma escritura: um ato que contém uma procuração outorgada a alguém para atuar em nome de outrem, ou uma venda e compra de imóvel, uma doação, além de outras operações que necessitam de forma jurídica para surtir efeitos. O tabelião é também aquele que lavra testamentos, os atos de disposição de última vontade: a intenção de quem se preocupa com seus valores após a morte, de conferir uma destinação a seus bens ou de encarregar os sobreviventes de fazer com que o seu voluntarismo sobreviva ao próprio desaparecimento.

O notário é ainda o *conselheiro jurídico* das pessoas que têm questões a serem solucionadas e que não necessitam, para isso, ingressar nos tribunais. É muito relevante a atuação desse profissional para harmonizar a sociedade. Pois a "forma jurídica" elimina, ou ao menos reduz, a insegurança jurídica e a potencialidade de geração de conflitos.

É também o tabelião quem faz os *protestos*. Esse instituto, que certifica o inadimplemento de uma obrigação de cunho financeiro contraída por alguém que não quer – até por motivos justificáveis – ou não pode cumpri-la, é atuação longeva no Direito Comercial e entregue à atividade dos tabelionatos.

O registrador é aquele que publiciza atos jurídicos cuja produção de efeitos não pode prescindir de publicidade para a segurança jurídica. O primeiro e principal deles é o registrador civil das pessoas naturais. Toda pessoa só *existe* perante a sociedade e o direito se está civilmente registrada. O Registro Civil das Pessoas Naturais faz o assento de nascimento de todo ser humano que vem à luz. Mesmo os natimortos são por ele registrados. Ele certifica a *existência jurídica* da criatura que integra a espécie considerada racional.

Os demais fatos da chamada *vida civil* também são levados ao Registro Civil das Pessoas Naturais. A emancipação, que é a possibilidade de se conferir responsabilidade civil a alguém cronologicamente ainda considerado imaturo.

Mais comum é a lavratura do assento de casamento, pois o destino considerado natural às pessoas é que "elas não vivam sós". As separações e os divórcios são averbados no Registro Civil. Finalmente, o registrador se encarrega dos assentos de óbito. A morte, a ceifadeira implacável, não poupa ninguém. Quando de sua chegada, é o registrador quem lavra a ocorrência e expede as certidões imprescindíveis a que a morte produza os efeitos jurídicos dela decorrentes: a abertura da sucessão; a possibilidade futura de que o cônjuge colhido pela viuvez contraia novas núpcias.

Assim como existe o Registro Civil das Pessoas Naturais, existe o Registro Civil das Pessoas Jurídicas. O Direito atribuiu *personalidade jurídica* a conjuntos de pessoas que se unem para objetivo comum. Assim as empresas, as associações, as entidades gregárias tão prestigiadas pelo constituinte de 1988.[4] Essa *ficção jurídica* facilita o relacionamento entre esses grupos e as pessoas, dos grupos entre si e deles com o onipresente Estado.

Pois é o Registrador Civil das Pessoas Jurídicas o encarregado de *trazer à luz* esses entes providos de personalidade. É o registro civil que os faz nascer, anota as modificações por que podem passar no decorrer de seu funcionamento e registra também a morte. Pois associações, empresas e outros organismos, tal como ocorre com as pessoas físicas, também deixam de existir.

Existem outros registros igualmente importantes. O Registro de Imóveis é o serviço público encarregado da segurança jurídica dos direitos reais. A irradiação dominial da propriedade só vai surtir efeitos jurídicos se a titularidade estiver registrada na circunscrição imobiliária competente. O sistema brasileiro de registro de imóveis é *matricial*, ou seja, a cada imóvel corresponde uma *matrícula*. A Lei de Registros Públicos – Lei Federal 6.015/73 – inaugurou essa metodologia, que aos poucos tende a regularizar a questão fundiária, um dos problemas aparentemente insolúveis de um Estado complexo como o Brasil, onde a origem da propriedade privada se embaraça por provir de múltiplas fontes. Quem não se lembra que no início da colonização houve a divisão do território de Santa Cruz em "capitanias hereditárias"? Depois houve concessão de "cartas de sesmarias". Invasão estrangeira no Rio e Maranhão – pelos franceses – e em Pernambuco – pelos holandeses. Exploração territorial levada a efeito pelos bandeirantes paulistas, que praticamente rasgaram o Tratado de

---

4. Consulte-se, por exemplo, o teor dos incisos XVI, XVII, XVIII, XIX, XX e XXI do art. 5.º da CF/1988. É nítida a intenção do constituinte de estimular o associativismo, por reconhecer que o indivíduo é muito frágil, perante a onipotência do Estado, para obter todos os *bens da vida* essenciais ao seu crescimento em dignidade, até à plenitude possível.

Tordesilhas. Ocupações indiscriminadas, regime de terras devolutas, territórios indígenas, reservas quilombolas, invasões de MST, reforma agrária, e muitas outras situações que levarão algumas gerações para o alcance de um quadro tranquilo quanto à propriedade.

O registrador imobiliário tem a hercúlea missão de conferir *segurança jurídica* à propriedade e aos direitos dela decorrentes, missão da qual se desincumbe com inequívoco êxito, ao menos nas unidades da Federação em que tais serviços foram levados a sério e nunca deixaram de ser acompanhados pela firme atuação correcional do Poder Judiciário.

Outra espécie de registro é o de *títulos e documentos*. Ele se encarrega de conferir publicidade aos atos que não se enquadram nas funções típicas dos demais serviços extrajudiciais. O objetivo é a *documentação*, no sentido de *preservação* desses papéis. Ao lado disso, ocupam-se das *notificações extrajudiciais*, sistema de comunicação utilizado na prevenção de litígios e no aclaramento de situações.

Essa brevíssima incursão pelos afazeres confiados aos serviços extrajudiciais é superficial e incompleta. Recomenda-se ao interessado a leitura de obras especializadas, em abundante produção que remonta aos primórdios da literatura jurídica luso-brasileira,[5] mas que é enriquecida com a doutrina extraída de uma consistente prática notarial e registrária e também com aquela derivada de atuação correcional dos órgãos judiciários encarregados da fiscalização dos serviços.

15.3 A opção do constituinte de 1988

O constituinte de 1988 dispôs que os serviços notariais e de registro serão exercidos em *caráter privado*, por *delegação do Poder Público*.

Não há dúvida que essa prestação é *serviço público*. Ao garantir a publicidade, autenticidade, segurança e eficácia dos atos jurídicos, os serviços notariais exercem efetiva *função pública*. Assim como *públicos* são todos os atos de

---

5. O volume de obras produzidas pelos cultores do Direito Notarial e Registral justifica a criação de uma *Universidade para o Notariado e Registrador*, com reconhecimento das autoridades educacionais – *v.g.*, MEC – não meramente corporativas. Apenas para mencionar algo que já se produziu, anote-se a existência dos seguintes livros: Ricardo Dip (coord.), *Estudos em homenagem a Gilberto Valente da Silva*; idem, *Registros públicos e segurança jurídica*; Anoreg, *Serviços notariais e de registro*, teses apresentadas no 1.º Simpósio Nacional de Serviços Notariais e Registrais; José Renato Nalini e Ricardo Dip, *Registro de imóveis e notas* – Responsabilidade civil e disciplinar; e, principalmente, Luís Paulo Aliende Ribeiro, *Regulação da função pública: notarial e de registro*.

registro. Para ambas as atividades, tal configuração de *serviço público* está na essencialidade, organização, regulamentação orgânica e caráter – signo, sinal identificador – da prestação.

A solução de se entregar tal prestação a profissionais *oficiais*, exercentes de *profissões públicas independentes*, não é criação brasileira. Idêntica situação é constatável em inúmeros países, notadamente nos de tradição jurídica romano-germânica. Assim ocorre na Itália, em Portugal e na Espanha, modelos que serviram à edificação do nosso.

A atividade confiada a esse desempenho é regulada pelo Direito Administrativo, pois não há antagonismo entre o *caráter público* – administrativo – da função e os *fins privados* a cuja tutela os serviços notariais se preordenam. E não se veja nisso um paradoxo: *exercício privado* de funções públicas, ou exercício de poderes públicos de autoridade por *entidades privadas*, com funções administrativas. Cuida-se de original arranjo institucional, uma opção política de entrega, pelo Estado, de tais incumbências a atores privados.

O Estado teve de se convencer de que sua onipotência é falaciosa. Assenhoreou-se de tantas tarefas que não teve condições de se desincumbir delas a contento. Com esse *arranjo institucional*, o Estado passa a ser um *observador vigilante*. Ocupa a posição privilegiada de *garante* da persecução do interesse público. Desvencilha-se da obrigação, mas preserva o controle. Situação de maior privilégio não se mostrou factível.

A delegação é uma figura conhecida do Direito Administrativo e, desde que prevista na Constituição, dela o Estado pode se servir sem qualquer obstáculo. A função continua a ser pública. Mas é exercida em caráter privado. Por conta e risco do delegado.

15.4 De que ferramenta o Estado se valerá?

Preservado o caráter *público* da prestação confiada a notários e registradores, o Estado se servirá de um instrumento denominado *regulação*. Ela propiciará o cumprimento do dever de *assegurar* que os atores privados cumpram as incumbências que lhes são cometidas para atingir a satisfação do interesse público e das necessidades da coletividade.

O que vem a ser a *regulação*?

Regulação é o estabelecimento de regras para um determinado setor de atividade (*regulação normativa*), a respectiva implementação, a vigilância do seu acatamento pelos destinatários e a punição dos infratores (*regulação administrativa*). De tudo isso o Estado se encarregou. A *regulação normativa* é editada pelo Poder Judiciário. A familiaridade com os serviços públicos exercidos por notários e registradores facilita o exercício dessa função. Também o Estado-juiz se encarrega do controle e da fiscalização.[6] Foi a vontade explícita da Nação, quando da elaboração de um novo pacto jurídico na Constituinte de 1988. Acertadamente, recaiu sobre o Poder Judiciário essa missão, com a qual os outros Poderes não poderiam arcar com idêntica desenvoltura e proficiência. Mas isso não impede que a própria profissão notarial e registrária assuma papel relevante de *autorregulação*.

Ao supervisionar e regular a atuação exercida com fisionomia privada, o Estado busca um ponto de equilíbrio: tanto evitar a *ação privada desregulada*, como estimular uma *autorregulação privada publicamente regulada*. O novo paradigma imposto pela insuficiência de a máquina estatal vencer todos os desafios postos por uma sociedade cada vez mais exigente inspirou a solução atual: uma atuação estatal crescentemente chamada a coordenar, a regular, a disciplinar e a coibir abusos. Mas sem dispensar a coparticipação dos próprios fiscalizados.

Esse fenômeno é chamado, por Floriano Peixoto de Azevedo Marque Neto, de *republicização do Estado*.[7] Exprime a superação dos pressupostos conformadores do Estado moderno e consiste na assunção, pelo Estado contemporâneo, da função primacial de tutor e viabilizador das necessidades, inclusive direitos, daqueles que não encontram guarida em espaços institucionais de representação e mediação de interesses.

15.5 Os caminhos da autorregulação

Pense-se na *autorregulação* genérica, antes de se adentrar no seu interesse para os profissionais da notaria e do registro.

A ideia de se regular uma conduta costuma se vincular à heteronomia. Ou seja: a regulação vem de fora, não brota da autonomia. Mas ganha corpo, e mostra-se mais apropriado refletir em termos das vantagens da autorregulação, aquela disciplina cuja origem é o próprio setor destinatário da normatividade.

Antes de se adentrar nos aspectos éticos superiormente prestigiados na opção autorreguladora, importante observar a existência de um pressuposto fundante que a autoriza. O preâmbulo da Constituição da República, de 05.10.1988, faz alusão a uma *sociedade fraterna, pluralista e sem preconceitos,*

---

6. A *fiscalização* prevista no § 1.º do art. 236 da CF/1988 consubstancia a opção constituinte pela *regulação*, do qual me servi para a maior parte destas reflexões.

7. Floriano Peixoto de Azevedo Marques Neto, *Regulação estatal e interesses públicos*, p.34.

fundada na harmonia social e comprometida, na ordem interna e internacional, com a solução pacífica das controvérsias.

Nítida a escolha de alternativas cuja legitimidade resida na autonomia da vontade dos interessados. No texto constitucional encontram-se outros dispositivos propiciadores dessa direção. Assim o próprio art. 1.º da Carta Política, a priorizar os valores da cidadania, da dignidade da pessoa humana e aqueles sociais do trabalho e da livre iniciativa. E também o inciso VII do art. 4.º da Constituição, com adesão explícita ao princípio da solução pacífica dos conflitos.

Corolário de que a ordem constitucional brasileira estimula a adoção dessa via disciplinadora é o próprio princípio da legalidade. No Brasil, tudo o que a lei não proíbe é permitido. A clareza na explicitação do que isso significa está na dicção do inciso II do art. 5.º da Carta: "*Ninguém será obrigado a fazer ou deixar de fazer alguma coisa senão em virtude de lei*".

Na verdade, essa é uma irradiação do princípio da liberdade. Após o pressuposto de fruição de todo e qualquer direito – a vida –, a liberdade é o primeiro bem enunciado na declaração de direitos fundamentais. Consta do rol dos cinco direitos básicos e se consolida na enunciação do inciso IV do art. 5.º ("*é livre a manifestação do pensamento*"), assim como em outros preceitos, tais como o inciso IX ("*é livre a expressão da atividade intelectual, artística, científica e de comunicação, independentemente de censura ou licença*"), inciso XIII ("*é livre o exercício de qualquer trabalho, ofício ou profissão*") e inciso XIV ("*é assegurado a todos o acesso à informação*").

Mais não é necessário para se concluir que a autorregulação é perfeitamente possível no sistema jurídico brasileiro. O arcabouço legal é mais do que suficiente para propiciar a autorregulação em todos os setores. No mais, ela contribui para consolidar o modelo adotado pelo constituinte de 1988: a opção constitucional pela Democracia Participativa.

Antes da Constituição Cidadã, o poder – que emana do povo – era exercido em seu nome por representantes. Hoje a proposta é diversa: continua a representação, mas também ocorre a oportunidade de exercício direto do poder, nas hipóteses previstas no próprio pacto fundamental.

Se o constituinte foi tímido ao acolher apenas a *iniciativa popular* como forma de participação da cidadania no processo legislativo, isso não inibe a prática democrática de alargar a senda explicitada pelo formulador do contrato essencial. Toda fórmula que confere às pessoas a possibilidade de dilatarem a esfera de sua participação no convívio democrático atende aos objetivos visados pelo constituinte.

Quais as vantagens da autorregulação?

A primeira delas é confiar ao especialista a condução dos termos em que se exprimirá a disciplina do setor. A elaboração normativa entregue a jejuno desatende aos interesses específicos do segmento contemplado. Somente quem domina a esfera de conhecimento a ser disciplinada é que poderá oferecer as alternativas mais adequadas. Falará com experiência, com domínio da causa, e se utilizará de linguagem familiar aos destinatários.

Os pactos firmados entre pares têm condição maior de serem observados. O controle recíproco é mais efetivo quando consensual. A autorregulação pressupõe discussão, debate, diálogo e transigência mútua para a obtenção do consenso possível. O produto dela é resultado de maturação que nem sempre acompanha a norma elaborada pelo sistema convencional.

Todavia, o aspecto mais nítido a ser considerado quando se estimula a prática da autorregulação é a sua vertente ética. A ética da autorregulação sobrepuja em muito a ética da regulação tradicional. Isso é facilmente observado. O centro de decisão para se chegar à disciplina é autônomo, enquanto o centro de decisão regulamentar clássico é heterônomo. Ou seja: quem autorregula participa da discussão para obter uma norma à qual se submeterá convencido de que se chegou ao melhor patamar possível. Ele atuou, decisivamente, para alcançar o resultado. Não foi excluído da discussão. Não se sentirá totalmente alienado do processo de elaboração, surpreso e perplexo por se ver obrigado a se submeter a algo em que pode não acreditar.

Esse procedimento de formulação da norma favorece a discussão, a reflexão, a capacidade de argumentação e de persuasão. Os partícipes têm condições de exprimir o que consideram a melhor diretriz para o tema, após reiteradas tentativas de convencer o interlocutor. O exercício do debate favorece o próprio convencimento e reforça a convicção de se estar perseguindo a solução mais adequada. O resultado é legitimado pelo consentimento, o que nem sempre a disciplina heterônoma é capaz de conseguir.

Outro fator a ser considerado é que a autorregulação representa verdadeira *quebra de algemas*, ou seja, os que a adotam podem fugir aos esquemas da justiça convencional. E por que é interessante subtrair-se à Justiça?

Por vários motivos. Ela é lenta, complexa, dispendiosa e imprevisível. Quem poderia negar tais características do equipamento estatal denominado Justiça no Brasil?

A lentidão do Judiciário é a mácula consensualmente aceita por todos os integrantes da cena forense. Deriva do excesso de demandas, pois o Brasil adotou o modelo americano de litigar sempre. Há quem considere o acúmulo de processos um confiável índice de vivência democrática. Se o número de ações em curso é termômetro democrático, não existirá real interesse em reduzir tal situação. Afinal, ela servirá também para sustentar a imensa cadeia da atividade jurídica: desde a criação e funcionamento de mais de 1.200 faculdades de direito até a indústria da especialização, pós-graduação e eventos jurídico-turísticos ainda em alta. Estimula-se a *judicialização* de todas as questões – com a submissão de qualquer tema aos tribunais, multiplica-se a atividade jurídica para que o País bata todos os recordes de números das várias profissões.

Mais de um milhão de advogados, milhares de juízes, promotores, defensores públicos, procuradores, delegados de polícia, oficiais de justiça e outras carreiras, motor que preserva o modelo priorizador de um concurso baseado em capacidade de memorização de textos. Isso também explica o surgimento da concepção empresarial dos concursos públicos, realizados às centenas e aptos a atrair milhares de candidatos que movimentam a máquina dos cursinhos, das apostilas, das publicações específicas e até do transporte e da hospedagem dos concurseiros.

A justiça também é lenta porque o Brasil, de tamanho apreço ao princípio do duplo grau de jurisdição, chegou ao ideal do quádruplo grau de jurisdição. A sentença de primeiro grau é praticamente desconsiderada. Os tribunais locais ou regionais são casas de passagem de processos que, por um bem elaborado sistema recursal, chegarão aos Tribunais Superiores e à instância máxima do Judiciário: o Supremo Tribunal Federal.

Mas a Justiça não é só lenta. É também complexa. Isso em virtude da inflação normativa. Nunca se legislou tanto e de forma tão esdrúxula. Hoje é falaciosa a afirmação romana *narra mihi factum, dabo tibi jus*, ou a pretensiosa prédica *jura novit curia*. Ninguém tem condições de conhecer todo o ordenamento, o que está ou não em vigor, o que foi revogado ou não.

O Brasil não leu, e se leu não absorveu a lição de Jean Cruet em sua obra *A vida do direito e a inutilidade das leis*. A epígrafe do livro já diz tudo: "Sempre se viu a sociedade modificar as leis; nunca se viu as leis modificarem a sociedade".

O cipoal normativo garante sobrevida às demandas, tantas e tão variadas podem ser as soluções conferidas aos pleitos, após a infindável marcha de obstáculos dos processos judiciais. Mas não é só. Dentro do excesso normativo prioriza-se a ciência processual. O processo, que seria instrumento de realização do justo, acabou por ser finalidade em si mesmo. É mais importante do que o direito substancial, e isso explica por que grande parte das questões submetidas a juízo são resolvidas apenas processualmente.

Padece ainda a Justiça brasileira de certa deformação decorrente de uma sofisticação corporativista. Não existe intenção de simplificar, pois isso poderia corresponder a uma noção de desimportância da prestação jurisdicional.

A Justiça precisa ser hermética, inatingível, complicada e restrita a iniciados, pois, se as pessoas descobrissem que poderiam elas mesmas chegar à solução, o equipamento estatal correria o risco de tornar-se dispensável.

A Justiça também é dispendiosa. Não se calcula com exatidão o que custa ao Brasil a duração do processo. O talento também está a serviço do capital. O dinheiro pode pagar os melhores profissionais. Estes podem nutrir o interesse, em algumas causas, de prolongar as lides, para a obtenção de favores como a prescrição. Ou mesmo obter naturalmente a diluição das provas, o cansaço por força do ritualismo estiolante. Formas de fabricação oblíqua de resultados nem sempre compatíveis com a melhor concepção do justo.

A Justiça é imprevisível, porque o Brasil, de mais de uma centena de tribunais com seus cinco ramos do Judiciário, forma um arquipélago de ideologias. A lei, produto falível de inúmeras fontes das quais jorram normas de todos os gêneros, é sempre ambígua e depende de interpretação. Há hermenêutica para todos os gostos e todas as predileções, pois *cada cabeça, uma sentença*.[8]

Por tudo isso, vale a pena fugir à Justiça convencional. Quem descobriu os caminhos da autorregulação sabe daquilo que se livrou em termos de indefinição, de custo e de burocracia.

Em compensação, a autorregulação pode ser célere, simples, acessível e previsível. Não precisa adotar os ritos e o tempo do Judiciário. Tem de se afastar de sua complexidade e sofisticação. Não pode colocar barreiras a quem dela se queira valer. Será a resposta dos expertos a questões específicas e tem tudo para refletir o consenso geral sobre o tema.

Como subproduto, a autorregulação evidencia a maturidade de um setor que não precisa a todos os momentos invocar o Estado protetor, onipotente e onisciente. Ela permitirá a elaboração de uma doutrina consistente e atuará de maneira pedagógica, a impor naturalmente a orientação a todos os integrantes do segmento. Estes conseguirão maior coesão, pois afinados com a diretriz adotada. Menor instabilidade permitirá ao setor crescer, investir em desenvolvimento, em lugar das extenuantes batalhas judiciais que afligem, solidificam inimizades, trazem o dissenso, o desconforto, a angústia e a falência.

Quais seriam as metas a serem atingidas na disseminação dessa vereda promissora da autorregulação?

---

8. Verdade que a *súmula vinculante* e os *julgamentos temáticos* implementados pelo STF começam a surtir efeitos. Mas o Brasil continental resiste em se valer desses esquemas de padronização – naquilo que é possível – e da aceleração dos préstimos jurisdicionais. Ainda há um longo caminho a ser percorrido.

Deve-se investir em estratégias de convencimento de outros setores, de maneira a evidenciar as vantagens da autorregulação, cotejada com o anacronismo e as desvantagens da Justiça convencional. O tema deve ser desenvolvido com aprofundamento das ideias básicas, mediante interlocução de todos os atores e envolvimento da sociedade, para assimilar a ideia.

Grande esforço deverá ser feito para intensificar o aspecto ético, a valorizar o acordo de cavalheiros e a observância das regras do jogo. Para solidificar o pacto entre os parceiros e também para evitar o uso indiscriminado do inciso XXXV do art. 5.º da Constituição: "*A lei não excluirá da apreciação do Poder Judiciário lesão ou ameaça a direitos*".

De nada valerá adotar-se outro esquema para o encaminhamento das controvérsias, se tudo continuará a desaguar no Judiciário.

Este o desafio posto às boas cabeças. Aos que não temem o enfrentamento de novos reptos. Criar um jeito diferente de catalisar a evolução da sociedade. Um jeito que funcione. Que signifique uma evolução genuína. No objetivo de se viabilizar o que até agora tem se mostrado como impossível: a edificação de uma sociedade fraterna, justa e solidária.

Se as pessoas ou grupos não se mostrarem aptos a resolverem seus problemas, sempre serão entes subalternos, imaturos, puerilizados e insuscetíveis de crescer. Nunca atingirão o estágio possível para quem acredita na perfectibilidade do espírito humano. Nunca alcançarão a plenitude de suas potencialidades.

Tais ponderações, válidas para uma *concepção geral de autorregulação*, tornam-se vitais para os registradores e notários. Pois o controle intrínseco, espontaneamente exercitado, poupará a intervenção do Estado-juiz na sua função correcional. Sempre traumática, assim como a História tem evidenciado.

Mais ainda: se os notários puderam receber parcela da *jurisdição voluntária* exercida pelo Poder Judiciário sob a forma de separação judicial, divórcio, inventário e arrolamento,[9] por que não podem receber outras tarefas? Há uma dúplice vertente na autorregulação: a adoção de estratégias que reduzam a necessidade de fiscalização estatal e a absorção de práticas jurisdicionais da chamada *jurisdição voluntária*, que fortaleça a imprescindibilidade dos serviços delegados. Com vantagem múltipla, não apenas dúplice: a) prevenção de conflitos sem os custos do processo; b) economia para o Poder Público, pois a tarefa será exercida em caráter privado, por aqueles profissionais com os quais o Estado nada despende nem investe, mas até se beneficia com polpuda par-

9. Lei Federal 11.441/2007.

cela de sua percepção; c) economia indireta, pois o Estado ficará dispensado de ampliar, até ao infinito, o número de serventias judiciais, de criar cargos de juízes, de funcionários, logo seguidos por mais cargos de promotores, defensores, procuradores, policiais e demais séquitos funcionais.

Em termos de *heterorregulação*, aquela exercida pelas Corregedorias de Justiça e pelo Conselho Nacional de Justiça, os notários e registradores já foram bem contemplados. Agora é investir numa autorregulação responsável.

É aqui que a ética do notário e do registrador assumem preponderância inaudita.

15.6 Da responsabilidade acrescida à ética redentora

Cresceu a responsabilidade dos notários e registradores com a nova previsão constitucional de seus ofícios. Responsabilidade nos três níveis – disciplinar, civil e criminal –, expressamente mencionada pelo constituinte originário.

Inegável que a independência jurídica do notário e do registrador é pressuposto para o exercício de sua função qualificadora, a ser cumprida com liberdade decisória, sem nenhum tipo de condicionamento, seja de ordem política, econômica, burocrática ou corporativa. O único limite é o da ordem jurídica e o de sua consciência ética.

Na arguta observação de Luís Paulo Aliende Ribeiro, tributa-se a Ricardo Dip a consolidação de uma verdadeira doutrina da independência jurídica do notário e do registrador brasileiro. Modelo que se ajusta ao direito posto: notário e registrador são profissionais do direito dotados de fé pública, a fruir de independência no exercício de suas atribuições.

Em contrapartida, a nacionalidade reclama uma contínua *profissionalização* e *especialização* desse *ator jurídico*. A realidade é dinâmica e os desafios são crescentes. Basta lembrar a *cibercultura*, a instantaneidade das comunicações pelas infovias, a manipulação genética, os avanços científicos. Quem parar de estudar não estaciona: regride aceleradamente em marcha a ré. Compreensível que os primeiros concursos públicos levados a efeito para a outorga das delegações de tais serviços notariais e registrais tenham primado por exigências compatíveis ou até superiores às constantes das seleções de juízes e de promotores.

Somente uma consciência ética muito atilada proverá os profissionais do notariado e dos registros públicos de condições ao enfrentamento dos progressivos reptos já postos e ainda por vir.

É preocupante recordar que, além das exigências morais já estudadas em relação às outras carreiras jurídicas – e aqui vale notadamente a assimilação de tudo o que se expôs nos capítulos anteriores, de maneira principal a partir do oitavo –, ainda se espera mais do notário e do registrador. Sobre ele está a pairar a nuvem sombria da ambiguidade, que já acometeu outras profissões e que agora o escolheu para mirar sua presa. O Judiciário continua sob a alça de mira da mídia, dos demais Poderes, do empresariado e da sociedade em geral. Os serviços chamados *extrajudiciais*, mas que nasceram e se desenvolveram no mesmo berço, não poderiam ser poupados.

Assim é que se costuma atribuir a esse nicho da atividade jurídica uma remuneração exagerada. O exercício de atividade *pública* em *caráter privado* pressupõe remuneração suficiente à garantia do *melhor serviço*. Ao titular do serviço incumbe o gerenciamento administrativo, financeiro e de pessoal de cada unidade delegada de serviço.[10] Cumpre lembrar que a fórmula do art. 236 da CF não foi liberar o Estado de destinar recursos para a efetivação dessa prestação pública e se desinteressar do equilíbrio da equação econômica.

A maior parte dos serviços não percebe a remuneração propalada na mídia e que leva a intermitentes investidas de estatização, de imposição de teto ou de escancarada redução de percepção por outras fórmulas. O registrador civil das pessoas naturais trabalha em regime deficitário e só sobrevive graças a um *fundo* alimentado pelas demais delegações. Mas não fogem estas da tendência de se fazer *cortesia com chapéu alheio*. Sabe-se que *não existe almoço grátis*... A tendência à gratuidade, ao assistencialismo, e a disseminação de uma cultura *free* atuam para debilitar os serviços notariais e de registro. Não se pode pretender redução das desigualdades à custa da ruína de instituições e valores. As políticas públicas precisam ser responsáveis e reconhecer que há custos e que o Poder Público é um sócio privilegiado nessa atuação: apenas *delega* e já percebe 37,5% do valor de cada ato pago ao delegado.

Conforme expôs a registradora Patrícia André de Camargo Ferraz em réplica a mais um pleito de estatização, esse percentual, "somado aos 27% de Imposto de Renda, encargos sociais e tributários (...) ultrapassa facilmente os 60%".[11] Quem sustenta a unidade extrajudicial é o seu titular. Funcionários, alugueres, equipamentos, computadores, *softwares* e a obsolescência natural dessa parafernália que veio para ficar.

---

10. Art. 20 da Lei 8.935/94.

11. Patrícia André de Camargo Ferraz, Cartórios brasileiros em constante mudança, *Folha de S. Paulo*, 30 jun. 2009, p. A-3. A registradora respondia ao artigo Cartórios brasileiros: por que não mudar, assinado pelo Procurador da República em Minas Gerais no mesmo espaço da *Folha de S. Paulo* de 15 jun. 2009. No mesmo dia, o jornal *O Estado de S. Paulo* publicava editorial sob título O fim dos feudos cartoriais. Sintoma de que os "cartórios" continuam na ordem do dia.

É preciso responsabilidade governamental para coibir o advento de uma espécie de *direito pelo avesso* para semear a falácia de uma *democracia sem ordem, sem autoridade e sem limites*. O modelo brasileiro mostra-se exitoso, porque garante bons préstimos, sem investimento algum por parte do Erário. Mas é preciso cautela para não sufocá-lo. A quem interessa a devolução desses serviços ao Estado? Em unidades da Federação em que são oficializados, além da atecnia, do descontrole e da corrupção, nem se acredita estar no mesmo País. Praticamente não existe registro imobiliário, o que estimula ocupações clandestinas, o incremento da violência que sempre acompanhou – desde que o mundo é mundo – o uso e a partilha da terra.

Se a atuação direta do Estado é sempre menos eficiente do que a resultante de uma atuação indireta, sob seu controle, neste campo a previsão é trágica. A ruptura do modelo institucionalizado no pacto fundante será um desastre de proporções inimagináveis. É praticamente o regresso à barbárie, com a dissolução de um patrimônio jurídico-político-social edificado ao longo de séculos, sedimentado por uma experiência que até agora garantiu o predomínio do direito e a resolução pacífica dos conflitos. Ideal que tantos povos anseiam e a que o Brasil parece não atribuir o valor devido.

Acuados por essa ameaça de *retorno ao caos*, notários e registradores são chamados a um heroico protagonismo ético.

Além da observância ética de todos os preceitos incidentes sobre as demais profissões jurídicas, o notário e o registrador poderão criar um *Código de Ética* e organismos endógenos encarregados da disciplina ética. Se a OAB tem seus Tribunais de Ética, por que os serviços delegados, presentes em todos os municípios do Brasil, não podem contar com esse instrumento aperfeiçoador da conduta profissional?

Mas a ética precisa adquirir outros contornos. Não seria excessivo investir num saudável *marketing* institucional. É urgente mostrar-se essencial. Assim como interagir com a população. Evidenciar a importância dos serviços. O que eles representam em garantia de direitos e segurança jurídica. A tão decantada *segurança jurídica* reside nos serviços públicos delegados e quase nunca é associada ao seu desempenho.

Queira-se ou não, vive-se a *sociedade espetáculo*. *Quem não aparece não existe*. E os serviços notariais e registrários só têm aparecido nas menções críticas. Quem é que já viu, na grande mídia, um elogio ao trabalho por eles desempenhado?

O mais do mesmo é insuficiente: seminários, congressos, publicações especializadas não se mostram capazes de reverter o quadro ameaçador da subsistência digna dos profissionais. É um exercício de deleite, o convívio entre os pares, a inócua missão de *converter os convertidos*... A urgência recomenda outras práticas. Algumas delas têm sido levadas a efeito, mas com certa timidez. Os mutirões de regularização registral, seja no âmbito da pessoa física, seja no âmbito fundiário, pode contribuir para o resgate da imagem. Invista-se de forma intensa em atuação constante e pró-ativa.

As parcerias podem ser um bom caminho. Aproximar-se da mídia, da universidade, do empresariado, das ONGs, Ossips e outros entes gregários. Institucionalizar cursos de notariado e de registros públicos. Convencer a sociedade de que a Democracia Participativa pode ser acelerada mediante a disseminação da *cultura dos direitos*, no esclarecimento individual e coletivo, tarefa do notário *pacificador*, *aquele que pode prevenir conflitos*.

Enfim, a palavra de ordem é *criatividade*. Se o notário pode exercer uma *jurisdição voluntária*, nas separações, nos divórcios, nas sucessões, o que mais poderá fazer para *desafogar a Justiça Convencional*? Poderá desincumbir-se de algumas outras alternativas de resolução de conflitos? Não poderia, por exemplo, encarregar-se das *execuções fiscais* e com isso mostrar ao Executivo que ele tem condições de arrecadar tributos e alavancar as políticas públicas?

O registrador não poderia se incumbir das usucapiões, utilizadas como singela formalização dominial de quem não possui título? São ideias que podem ser multiplicadas por aqueles que se devotaram a essa profissão e que enxergam com clareza maior o que pode vir a ser protagonizado por uma categoria experiente em *fazer justiça*.

15.7 A LIDERANÇA ÉTICA

Tempos difíceis reclamam coragem. As crises resultam de fatores conjunturais insuscetíveis de controle, mas se intensificam se encontram a imoralidade a campear impune. "Como pragas modernas do Egito, o abuso, a soberba e a impunidade, alimentadas e legitimadas por uma ideologia tecnocrática, calculista e utilitária, colocada a serviço da ganância sem limites, intoxicaram a sociedade e colocaram em xeque muitos valores humanos que sustentavam a convivência decorosa dos indivíduos. A ética foi deslocada pelo pragmatismo dos números".[12]

O quadro melancólico da corrupção sem freios varreu a credibilidade que as pessoas deveriam nutrir nas lideranças. Qual a instituição que hoje frui de inabalável confiança?

---

12. Emiliano Gómez, *Liderança ética – Um desafio do nosso tempo*, p. 21.

O que se pode fazer? O escritor espanhol Bernabé Tierno é quem responde: "Alguém pode argumentar que não está a nosso alcance, simples cidadãos do povo, a possibilidade de redigir normas, tomar as medidas que acabem com a situação pública que nos engolfa; não está a nosso alcance pôr fim à falta de honradez demonstrada por alguns personagens... Isto quer dizer que não podemos fazer nada? É claro que podemos fazer, e muito. Temos que começar a transformar a nós mesmos, a trabalhar em prol da nossa melhora pessoal; se fizermos isto a sociedade irá se modificando, porque nós somos a sociedade".[13]

Traga-se a receita para o âmbito de profissionais tão experientes como os notários e registradores. A sua ética não está em persuadir, por métodos tradicionalmente utilizados, os políticos que ameaçam a continuidade ou a sobrevivência digna de seus serviços. Será mais ético – embora mais difícil – persuadir a população que será afetada se as medidas pretendidas forem implementadas.

É hora da mutação. Tudo se submete a um processo contínuo de evolução e mudança. A natureza, a sociedade, o indivíduo estão sujeitos e imersos nele. O processo pode ser lento ou acelerado. As calotas polares derretiam lentamente. Hoje o fenômeno resultante do aquecimento global e do *efeito estufa* é mais perceptível. Mas nada escapa à regra geral: poucas coisas na vida humana mudam e melhoram espontaneamente. Elas se alteram quando são fruto de ação ou reação.

O responsável que assume o desafio da liderança ética não pode fugir ao risco de fazer as mudanças acontecerem. "O dirigente que aspira ser um líder deve revisar e renovar, caso necessário, suas crenças, seu modo de ver a realidade, seu discurso e seu modo de agir. Assim que estiver disposto a fazê-lo e começar a fazê-lo, estará em condições de levar as mudanças a toda a organização. Não antes!"[14]

Não é missão singela. Precisa haver autoconhecimento, capacidade para interpretar a realidade, domínio de si, autocontrole, autoridade. Mas não dispensa questionar verdades indiscutíveis, rever rotinas imemoriais, aceitar o novo e o diferente. Ousar. É preciso ser aberto, flexível, privado de preconceitos, mas pleno de ousadia.

O mundo conservador dos "cartórios" – hoje ao menos formalmente substituído pelas "delegações" – produziu muitos profissionais responsáveis, tecnicamente irrepreensíveis, mas ainda tangidos pelo argumento de autori-

---

13. Idem, p. 25, sem indicação de maiores referências sobre o livro de Bernabé Tierno, do qual o trecho foi extraído.

14. Idem, p. 76.

dade. À excelência dos serviços, não corresponde um aperfeiçoamento em Recursos Humanos. Não conseguem cooptar uma colaboração espontânea e autêntica do subalterno. Ainda são extremamente rigorosos e severos e deixam de implementar – ao lado da informatização, de boas práticas de gestão, um clima favorável ao surgimento de convívio gratificante. Nem sempre o rigor e a severidade produzem bons frutos. "Há indivíduos inseguros e temerosos que por razões de posição hierárquica mostram-se intolerantes e autoritários para marcar distâncias e apontar sua posição. Em geral, ganham a animosidade das pessoas, e o pior é que, depois de certo tempo, aqueles que trabalham com eles terminam descobrindo suas verdadeiras personalidades".[15]

Cumpre abandonar esse ranço. Administrar de forma amistosa. Envolver o servidor na convicção de que todos são importantes para atingir a meta prevista. Está na consciência de cada qual – e em suas mãos – a capacidade de identificar os fatores que impedem de progredir ou de se relacionar positivamente com os demais. Assim como rejeitá-los e adotar outros diferentes.

É conveniente, ainda, repensar o conceito de honestidade. Todos se consideram pessoas honestas. Mas honestidade existe quando a própria ética torna a pessoa incorruptível e intransigente em relação à corrupção. A pessoa honesta não tergiversa em denunciar corrupção. Mas se conduz de forma consequente com seu discurso.

A responsabilidade é companheira da humildade. "O soberbo, o orgulhoso, o autossuficiente, não admite sua responsabilidade quando se trata de erros, falhas ou resultados negativos. Como ele se considera perfeito e incapaz de cometer erros, sempre os ineficientes ou incompetentes são os outros, nunca ele. Para ser responsável há que ter a valentia de enfrentar as consequências do fato. O covarde não é capaz de reconhecer sua responsabilidade, porque o medo o impede".[16]

O patrimônio gerado pela atuação multissecular dos serviços notariais e registrais é eloquente. Não há necessidade de se evidenciar o apuro técnico, o conhecimento jurídico, o deslinde das sofisticadas questiúnculas produzidas por aqueles que só percorrem o universo do direito. As investidas contra as delegações não brotam na inaptidão profissional, que esta inocorre. São questões pessoais, fruto do caráter humano, do ressentimento pelo retorno financeiro de algumas poucas serventias e muito pelo desconhecimento do que representa uma atuação tabeliã e registral.

15. Idem, p. 87.

16. Idem, p. 101-102.

Vislumbrado esse conjunto de circunstâncias, a reação não poderá se contentar com outros cursos e seminários sobre temas legais, doutrinários e jurisprudenciais. Há que se repensar o quadro de valores básicos da organização. Valores éticos, dos quais a honestidade, relações na base da confiança, respeito à dignidade da pessoa humana, lealdade, tenacidade e otimismo, prédica refletida no exemplo pessoal, tolerância e independência de critérios, solidariedade, calor humano e senso de humor, responsabilidade e iniciativa pessoal. E também redobrar a responsabilidade sobre os valores operativos da liderança ética: harmonia e cooperação, disciplina, trabalho com objetivos bem definidos, qualidade na produção, rapidez no serviço, abertura às mudanças, ótima atenção ao cliente, reconhecimento ao trabalho bem feito, capacitação e aprendizagem permanentes, crítica construtiva, igualdade de oportunidades.[17]

No momento em que se consagra o regime da delegação por concurso público de provas e títulos, é importante que mais brasileiros conheçam a realidade, as perspectivas e desafios da atividade notarial e de registros públicos. Do êxito na assimilação deste arranjo institucional que preserva a publicidade da prestação, mas outorga sua exploração à iniciativa privada, dependerá a permanência e o futuro de tais serviços. Aliás, uma permanência que se vislumbra propícia à agregação de novas e relevantes funções àquelas já desempenhadas pelos delegados.

Ao analisar com percuciência as novas alternativas para o complexo problema da regularização fundiária, hoje confiada diretamente ao titular do registro de imóveis e a prescindir atuação do juiz, o especialista Venicio Salles não divisa inconstitucionalidade na usucapião administrativa, "até porque não estabelece forma coercitiva de transferência patrimonial, na medida em que preserva o percurso judicial em havendo resistência ou disputa dominial entre possuidores e proprietários. Trata-se de hipótese similar à desapropriação determinada por acordo amigável ou da nova retificação de divisas por mútuo acordo entre os proprietários confrontantes, que são formas não contenciosas que permitem a transferência imobiliária a conquista original do domínio".[18] De fato, "a usucapião administrativa não envolve lide, por não admitir contenda. Representa mera *declaração* do direito ao possuidor e o perecimento do direito do titular dominial em razão do não uso ou descaso de seu titular".[19]

De igual forma, a regularização fundiária de interesse social transfere legalmente ao delegado registral uma carga acrescida de trabalho e de responsa-

---

17. Idem, p. 141.
18. Venicio Salles, *Direito registral imobiliário*, 3. ed, São Paulo, Saraiva, p. 243.
19. Idem, ibidem.

bilidade. Mas como o seu "propósito primeiro (é) fazer superar dificuldades da população de baixa renda, não há como se cobrar maior rigor na confecção do projeto ou no atendimento das exigências. Portanto, as disposições legais devem ser pensadas e lidas com uma carga de flexibilização, própria do sentido da 'função social da propriedade', relativizando o cumprimento das posturas urbanísticas e prescrições ambientais, em atenção ao propósito da regularização que é o de obter a *melhoria ou o aprimoramento* dos núcleos habitacionais consolidados".[20]

Neste e em outros campos, verifica-se uma ampliação efetiva das possibilidades abertas aos *serviços extrajudiciais*, para repartir, com o Poder Judiciário, parcela da carga excessiva de trabalho gerada por questões não conflituosas. Ninguém melhor do que essa instituição que nasceu dentro do Fórum, que possui a tradição haurida na melhor consecução do justo concreto humano possível – aquele que se fazia em fase de estabilidade e de predomínio do *brio* em lugar da *volúpia demandista* – para absorver toda a jurisdição voluntária do Judiciário brasileiro.

O subproduto será aliviar a Justiça de um acúmulo irreal, pois a maior parte das demandas poderia ser resolvida mediante aconselhamento, maturidade e sensatez. Mas o melhor está no preparo da cidadania para exercer o seu protagonismo participativo, sem o que não se edificará o Estado de Direito de índole democrática acenada pelo constituinte. Prometeu ele uma *Democracia Participativa* e para isso é urgente se estimule o cidadão a *participar*, a conhecer melhor seus direitos e, melhor ainda, os seus deveres.

Na construção desse novo Brasil os delegados dos serviços notariais e registrais desempenharão missão relevante. Mas ele tem de estar consciente de que reclamará dele uma *conduta ética irrepreensível*, assim como a exigida do juiz, com o qual repartirá funções. E é também por isso que uma reflexão ética mais aprofundada não fará mal ao adequado delinear da problemática.

Para reflexão em grupo

1. Quais os aspectos favoráveis ao *arranjo institucional* do art. 236 da Constituição da República?
2. Quais as inconveniências desse modelo?
3. A ética dos notários e dos registradores tem alguma peculiaridade em relação à ética dos demais profissionais do Direito?

---

20. Idem, p. 246.

4. A ética dos notários tem alguma peculiaridade em relação à ética dos registradores?
5. Existem outros modelos de prestação desses serviços? Quais suas vantagens e desvantagens?
6. É saudável que os serviços públicos de notas e de registro desempenhem funções judiciais?
7. Quais as vantagens de se atribuir aos serviços notariais a realização de atos de jurisdição voluntária, conforme prevê a Lei 11.441/2007?
8. Quais as desvantagens que podem ser apontadas na transferência de atividades de jurisdição voluntária aos serviços notariais, de acordo com a experiência da Lei 11.441/2007?
9. Quais os outros encargos judiciais que podem ser transferidos aos serviços públicos delegados de notas e de registro?
10. Seria conveniente que os serviços extrajudiciais delegados se encarregassem também dos serviços judiciais, conforme ocorria no passado recente?

Ética Ambiental 16

16.1 A Ética e a ecologia[1]

Por que encerrar um livro de Ética Geral e Profissional com a Ética Ambiental?

O motivo é plenamente justificável. A natureza foi a dimensão mais sacrificada pela falta de ética da humanidade. Ao menos, é aquela cujas fraturas estão mais expostas. A intensidade dos atentados perpetrados contra o planeta agravou-se nas últimas décadas. Situação emblemática no Brasil, que era uma esperança em termos de maturidade ecológica.

Não custa relembrar, uma vez mais, que este País-continente era uma exuberante mata tropical no século XVI. Os portugueses chegaram a acreditar que haviam *redescoberto o Éden*. Vigorava na Idade Média – e perdurou na Idade Moderna – a concepção de que o Paraíso Terrestre seria um espaço físico concreto. Daí as visões idílicas de uma ilha edênica, à espera de que os *deserdados filhos de Eva* a redescobrissem.

Pode-se imaginar qual foi o espetáculo das primeiras caravelas adentrando à Baía de Todos os Santos. Mata estupenda e virgem. Colorida com árvores em plena florescência de abril, múltiplas tonalidades de verde, pontilhado de orquídeas e bromélias. Pássaros de todas as cores, bandos de araras, papagaios, periquitos e maritacas. Tudo intocado, nativo, original.

1. Ler José Renato Nalini, *Ética ambiental*, e Luc Ferry, *Le nouvel ordre écologique*.

Em pouco tempo começa a destruição. Primeiro o *pau-brasil*, que implicou na derrubada do verde litorâneo. Depois vem o cultivo da cana-de-açúcar e do algodão. Alguém duvida de que o sertão árido e desertificado foi fruto de uma exploração inconsequente? A mineração não foi, propriamente, um processo ecológico. As fissuras no solo ainda existem e testemunham como a terra foi aviltada.

Durante o Império, o Patriarca José Bonifácio de Andrada e Silva começou a se preocupar com o desaparecimento da floresta. Já havia se interessado pelo tema em Portugal, quase transformado num deserto. Surgiram as primeiras estratégias de defesa do verde.

Mas foi no século XX que o mundo inteiro se preocupou com a ecologia. E o Brasil esteve na dianteira. Na Reunião da ONU de 1970 teve participação e em 1987, foi voz ativa na elaboração do conceito de *desenvolvimento sustentável*, contida no famoso Relatório Brundtland. Em 1992, sediou a ECO-92, grande reunião de chefes de Estado que resultou na Agenda 21 e no Protocolo de Kyoto, com vistas à redução das emissões de gás carbônico até 2015.

O retrocesso foi acelerado a partir daí. Além dos crimes perpetrados contra aqueles que o mundo considerou *amigos da natureza* – Chico Mendes, Irmã Dorothy Stang – em 2002, na *Rio + 20*, realizada em Joanesburgo, o Brasil mostrava timidez até mesmo na principiologia. Princípios como o da prevenção e da precaução passaram a ser negligenciados. Logo em seguida começou uma discussão falaciosa a respeito da necessidade de alteração do Código Florestal. 410 Deputados Federais contra 63 aprovaram a *revogação do Código Florestal*. A floresta foi condenada ao desaparecimento.

Na reunião da ONU de 2012, a chamada *Rio + 20*, o Brasil não terá o que mostrar. Valeu-se dos créditos de carbono, as novas *commodities* ecológicas, mediante promessa de *deixar a floresta em pé* e de regenerar áreas degradadas. Infelizmente, descumpriu o compromisso e continuou na sanha dendroclasta, a permitir desmatamento, a anistiar infratores ambientais, a desrespeitar leis naturais e a rasgar compromissos internacionais.

No momento em que o Brasil retrocede na tutela ecológica, é importante que a juventude – principalmente a juventude – se interesse pelo meio ambiente. Ele é direito fundamental, singularíssimo, titularizado pelas gerações viventes e pelas que ainda nascerão. Se a natureza desaparecer, com ela desaparecerá também a criatura humana. Reitere-se que não é a Terra que está a correr perigo. É o ser humano. Pois o nosso planeta hospedeiro continuará a existir, embora desnecessite da Humanidade para tanto. A constatação do retrocesso impõe uma reflexão mais consistente em relação ao nosso papel frente ao meio ambiente.

A História recente é uma crônica do aprofundamento e intensificação do maltrato à natureza. A velocidade da destruição das matas, da poluição das águas, do solo, do ar, o ritmo da extinção das espécies, tudo faz com que a **ecologia** passe a representar uma das maiores – senão a maior – preocupação da humanidade neste início de milênio.

Paradoxal que o Brasil, simultaneamente a um trato constitucional pioneiro e avançado em relação à tutela do meio ambiente, se notabilize por uma sanha destrutiva disfarçada sob incremento do progresso. Progresso concebido à luz reducionista de sua significação monetária. Em favor de melhores índices da balança comercial, pactua-se com a eliminação da floresta tropical, permite-se que madeira nobre e condenada à extinção deixe o País, que a mata seja substituída por pasto ou ceda lugar à monótona – mas lucrativa – plantação de cana-de-açúcar ou soja. No futuro não remoto, sobre a terra dizimada – pois enfraquecida pela monocultura – sobrarão os pastos. A pecuária também é a vocação colonialista de um Brasil que continua a servir para abastecer o mundo. Já o fez em relação aos vários ciclos de nossa economia: extração do pau-brasil, açúcar dos engenhos, mineração, e agora volta a exportar etanol – combustível limpo para o Primeiro Mundo. E carne para saciar a fome de mercados que possam pagá-la. Para os brasileiros sobra a poluição das queimadas, a redução da biodiversidade, a administração do gás metano produzido pelo gado.

Impõe-se, portanto, para aqueles que pensam no futuro e não no prazo ínfimo de uma gestão ou de um plano governamental, reagir à sanha devastadora que já conseguiu fazer da Mata Atlântica uma amostragem quase insignificante da exuberância verde aqui encontrada pelos descobridores e que os fizeram acreditar que a Terra de Santa Cruz já fora o Paraíso Terreal, conforme já se enfatizou. Sanha devastadora que vai converter em breve a Floresta Amazônica – a última grande floresta tropical do mundo – numa zona desertificada, pobre e imprópria a caracterizar o sonho do *desenvolvimento sustentável*.

O descaso para com a natureza não atinge apenas a cobertura vegetal que desaparece a ritmo alucinante. Não é menor o grau de infrações ambientais perpetradas nas cidades. O verde desaparece em nome de insensato parcelamento do solo, que não reserva áreas institucionais senão à força da atuação do Ministério Público, mas insiste em egoísta aproveitamento de cada centímetro quadrado de terreno. A leniência das autoridades, a invocação a uma pervertida concepção de "progresso", a teoria do "fato consumado", a legitimar os maiores atentados contra o natural, todos anistiados em nome de interesses sociais ditos "superiores", converte as zonas urbanas em cinzentos amontoados de construções habitadas por pessoas que não têm direito à qualidade de vida saudável. As propriedades rurais, submetidas à lógica do mercado egoísta e burro, resistem à preservação da *reserva florestal* mínima. Incentivados pelos apelos do consumismo, seus proprietários destroem, repudiam a fiscalização, organizam-se para impor revisão de texto legal cuja vulneração é a regra. Em nome de melhor performance dos índices da agroindústria, propõe-se a eliminação da reserva legal, sedutora para quem pensa nos próximos cinco anos e se desinteressa pelo destino das futuras gerações.

A água, de que o Brasil dispunha como capital infindável e que garantiria potencial estratégico para converter-se no *País do Futuro*, não merece melhores cuidados. Os mananciais sofrem toda sorte de agressões. Cursos d'água são canalizados para pretenso melhor aproveitamento do espaço, destinado a adensar ainda mais os já sofríveis índices de ocupação demográfica. A clandestinidade invade áreas de preservação permanente e o clamor social, vinculado à necessidade de boa imagem do administrador, converte a invasão em licitude. Os parlamentos locais, não rara vez, se convertem nas filiais – ou até em matrizes – dos interesses imobiliários. Dessa forma, e com o intuito de obtenção de vantagens – políticas ou financeiras –, ressetorizam áreas e rasgam os Planos Diretores. A constatação empírica evidencia a praxe rotineira de se considerar por lei local uma área de interesse ambiental – quais as destinadas à preservação da flora e fauna silvestre – como se fora urbana e submetida à crueldade do parcelamento insano. Regulariza-se formalmente o resultado nocivo dos delitos perpetrados contra os rios, depósito natural de esgotos e de poluentes produzidos pela indústria, como se não houvera alternativa à cruenta eliminação de várias espécies de vida, até comprometimento irreversível da continuidade de sua existência no Planeta.

Até mesmo o Aquífero Guarani, reserva considerável de água sob o solo brasileiro e de outros países ao sul do continente, encontra-se sob sérias ameaças. É a estudiosa mestra Luciana Cordeiro de Souza quem o adverte: "há alguns anos já temos notícias de superexplotação e contaminação das águas do Guarani. Sobre a superexplotação, Achucarro afirma que jamais imaginou que já estavam registradas no país 4.716 empresas para explorar esse vital líquido considerado o petróleo do futuro".[2] Além do uso abusivo e indiscriminado dessa reserva para todos os fins, o Aquífero está condenado à contaminação: "Somente a presença de pesticidas e fertilizantes agrícolas em zonas de recarga do aquífero com a água da chuva constitui uma ameaça. E a atividade agropecuária pode, além disso, compactar os solos e impedir a infiltração".[3]A

2. Luciana Cordeiro de Souza, *Águas subterrâneas e a legislação brasileira*, Curitiba, Juruá, 2009, p. 71-72.

3. Luciana Cordeiro de Souza, op. cit., p. 72, citando Luiz Amore, então Secretário Geral do Projeto Sistema Aquífero Guarani.

perfuração do solo em busca de água gratuita e mais pura, já que insuficientes os sistemas de captação para atender aos grandes centros, contamina os lençóis freáticos. Multiplicam-se os poços artesianos, e o licenciamento e controle de extração, a fiscalização de uso e o sancionamento, como tantas outras atividades no Brasil, constam do ordenamento mas funcionam de maneira precária e falível.É lamentável constatar que o meio ambiente, no Brasil – ao menos para o governo –, é um discurso destituído de consequências. A retórica alimenta as proclamações. Na prática, legitima-se a rápida destruição desse patrimônio que permaneceu durante séculos intocado. Mas bastou a "colonização" para desenhar-se a concreta perspectiva de seu fim.

De que adiantou o Brasil sediar em 1992 a Eco-92, grande encontro de países interessados na preservação, se foram suficientes 20 anos para evidenciar – uma vez mais – a distância entre o discurso e a prática. A retórica avançou, a tutela efetiva regrediu. Vive-se evidente retrocesso na tutela ambiental, e só a ética das novas gerações, sensibilizadas por uma educação ecológica responsável, poderá refrear o ritmo do aniquilamento deste bem de uso comum de todos e essencial à sadia qualidade de vida que é o meio ambiente.[4]

Entretanto, no final do século passado ainda havia razões para nutrir esperanças. O homem parecia haver despertado, naquele final de milênio, para o valor da **ecologia**. Finalmente a natureza fora erigida à condição de *sujeito de direito*. Singelamente, **ecologia** é a ciência das relações dos organismos vivos e seu ambiente. Existe nítida dependência entre ambos. O objeto da ecologia é o "mútuo influxo entre uma espécie de organismo e o que se chama seu nicho ecológico, isto é, os fatores edáficos, climáticos e hidrográficos do lugar em que vive. Tem-se então o que se denomina **autoecologia**. Posto que um determinado nicho ecológico não se encontra isolado, senão em simbiose com outros situados em seu contorno, o estudo se pode ampliar ao conjunto de todos estes nichos e das espécies que o povoam, o que é objeto da **sinecologia**. Finalmente, se pode proceder a contemplar a totalidade dos seres vivos, suas mútuas relações e as relações que guardam com os fatores abióticos, o que constitui a biosfera".[5]

Enquanto os demais seres se adaptam ao ambiente, o homem **transforma** o ambiente. E, nessa transformação, o agride de maneira tal que chega a ameaçar

---

4. O *caput* do art. 225 da CF/1988 dispõe: "Todos têm direito ao meio ambiente ecologicamente equilibrado, bem de uso comum do povo e essencial à sadia qualidade de vida, impondo-se ao Poder Público e à coletividade o dever de defendê-lo e preservá-lo para as presentes e futuras gerações".

5. Emilio García Estébanez, El ámbito para la vida: ecologia. *Violencia e respeto a la vida*, p. 190.

a própria continuidade da existência vivente no Planeta. Se os ataques à natureza procedem do homem, a ecologia é tema eminentemente ético.[6] Cabe, assim, refletir em termos de uma **ética ecológica**.

Quando se fala em uma **ética ecológica**, está-se a pensar numa postura mais consciente das criaturas em relação ao mundo físico. Não é o respeito à natureza em si, como uma **religião ecológica**, senão o respeito à natureza como forma de se respeitar o semelhante. Há quem sustente que a natureza é um **fim em si** e não é apenas o ser humano a **única finalidade**. Outros pretendem revigorar a ideia do *Contrato Social*, agora sob a forma de um Contrato Natural entre a humanidade e o ambiente. A natureza oferece tudo ao homem e de maneira gratuita. Já passou o momento da reciprocidade. A natureza exige essa reciprocidade, pois é hoje *sujeito de direito*. A Constituição quis assim. E "para que a vida permaneça possível, para que o gênero humano se perpetue, derrubemos a ética humanista ou antropocêntrica clássica, elaboremos um contrato natural, remetendo finalmente, como o próprio Serres nos diz, à ideia de uma ética 'objetiva', centrada sobre o real".[7]

O sacrifício do ambiente se reflete não apenas em relação aos contemporâneos. Compromete a própria posteridade. E o ser humano presente não está desvinculado de compromissos éticos em relação aos que o sucederão. As gerações futuras dependem do uso saudável dos atuais recursos naturais. O homem não é **dono da natureza**. Ele a recebeu por empréstimo e prestará contas pela sua malversação.

Nunca se exigiu do ser humano tanta **prudência**. Prudência que leva em consideração o futuro, pois seria perigoso e imoral esquecê-lo. "A prudência é essa paradoxal **memória do futuro** ou, para dizer melhor (pois que a memória, enquanto tal, não é uma virtude), essa paradoxal e necessária **fidelidade ao futuro**."[8] Aqui a inequívoca vinculação entre a ecologia e a prudência. Virtude

---

6. Frei Nelson Mueller quer lembrar: "O mundo é a grande casa onde mora a pessoa humana, mas onde moram também tantas outras criaturas de Deus: os animais, as plantas, a água, a terra, o ar. Todas têm igual direito de viver! A criatura humana, por ser dotada de dons especiais, como a inteligência, recebeu de Deus a tarefa de *organizar* esta 'casa' e de *administrar* seus bens e as enormes e diversificadas riquezas. Na verdade, por causa da ganância humana, por causa da má administração desta 'casa', ela se encontra em perigo, ameaçada. A extinção de muitas espécies e a exagerada poluição condenam progressivamente o próprio ser humano à morte. Toma juízo, irmão, irmã".
7. Jacqueline Russ, *Pensamento ético contemporâneo*, p. 156-157.
8. André Comte-Sponville, *Pequeno tratado de grandes virtudes*, p. 43.

que André Comte-Sponville considera "a mais moderna de nossas virtudes, ou, antes, aquela de nossas virtudes que a modernidade torna mais necessária".[9]

Não se cuida de uma utópica e romântica **volta à natureza**. "Com frequência se entende em alguns círculos a questão ecológica apenas como volta à vida pastoral, sóbria e oxigenada, de épocas anteriores da humanidade. (...). Um retorno sem mais a um **hábitat** são e a costumes parcos significaria um transtorno físico e psicologicamente insuportável por muitos homens, a perda de excelentes conquistas culturais e técnicas, a renúncia à apaixonante aventura do progresso técnico e científico. Uma vida humana sossegada e sem criatividade em uma natureza esplendorosa não resulta um objetivo desejável."[10] Reclama-se, isto sim, uma **racionalização do progresso**. A devastação do mundo físico, a poluição da terra e do mar, a destruição das florestas e da fauna, a deterioração das paisagens e dos vestígios históricos, não pode ser o projeto humano para o Planeta.

Diante da escassez dos recursos naturais, tem-se de pensar em sua exploração **autossustentável**. O mundo não é supermercado barato, de onde se extrai o que se quer, debitando-se à providência o encargo de reposição. Esta é tarefa do homem. O animal racional tem condições de se utilizar com frugalidade dos já escassos bens da vida postos à sua disposição.

Há um debate falso que ilude os nacionalistas, sob argumento de que os países desenvolvidos, depois de reduzirem drasticamente seu **capital natural**, pretendem agora paralisar o desenvolvimento dos países não desenvolvidos, pregam alguns que a devastação continue. O raciocínio deles é simplista demais. Se os povos mais adiantados tiveram a sua cota de saque contra o mundo físico, os mais atrasados também podem continuar com sua experiência saqueadora? Quem pagará a conta?

Esse é um argumento egoístico e inconvincente. Erros anteriores não justificam os posteriores. A falta de consciência dos países que alcançaram seu desenvolvimento mediante sacrifício da natureza não legitima postura idêntica dos situados em etapas anteriores. A continuidade dos danos alcançará limites intoleráveis para a vida. Serão justamente os mais pobres os primeiros prejudicados. O Brasil já sente os efeitos dessa devastação. Seca prolongada na maior parte do País e inundações em outra. Epidemias que parecem o retorno à Idade das Trevas. O retorno de enfermidades que já se consideravam debeladas. Tudo resposta da natureza que, após haver lançado inúmeros pedidos de socorro, vinga-se conforme pode.

---

9. Idem, p. 44.
10. Emilio García Estébanez, op. cit., p. 191-192.

É paradoxal que a humanidade tenha atingido tal estágio de risco. "A ética-política, em meio a uma oferta ilimitada de objetos de consumo, ao som estridente de tantas tendências políticas, econômicas e tecnológicas, sugere uma ordem política que: a) trabalhe algumas prioridades básicas com as quais as pessoas, instituições científicas e sociais se comprometam e se responsabilizem; b) proponha soluções globais que alcancem todos os lugares do nosso Planeta, todas as pessoas e comunidades, acabando com odiosos privilégios de alguns grupos e de algumas regiões. A ética-política, instruída pela experiência histórica, mostra ser impossível que, por muito tempo, uma nação ou uma região do mundo seja próspera e feliz, cercada de povos infelizes e miseráveis desprovidos das condições mínimas de vida."[11] Essa advertência tem sido reiterada e já não surpreende. Como fazer para que, de uma constatação aparentemente consensual, se alcance uma postura nova por parte de cada ser humano?

A humanidade há de partir para novas alternativas quanto às fontes de recursos. Planejar o crescimento da espécie é dever de todos. O Planeta tem limites. Estes devem ser respeitados. Não faz sentido inflar o globo com vida humana que não se desenvolverá em plenitude. Retome-se o tema do *planejamento familiar* e da *paternidade responsável*, já examinado nesta obra. Se isso não for levado a sério, o adensamento demográfico implicará em condenação da humanidade a se manter aquém e abaixo do nível da dignidade proclamado nas declarações de direitos.

Ao mesmo tempo, a ciência deverá contribuir para uma utilização ótima das espécies. As plantas hoje cultivadas pelo homem são as mesmas por ele selecionadas e adaptadas no neolítico.[12] O plantio intensivo de trigo e arroz se faz ao custo de extinção de numerosas espécies selvagens, erradicadas por substâncias químicas. É óbvio que a produção abastece a humanidade. Mas o faz a custo incalculável. Pois as plantas domésticas foram obtidas mediante seleção das silvestres. Se estas forem respeitadas, é possível recorrer a elas um dia, como a uma despensa, para selecionar outras para uso humano. Não se exclui a possibilidade de degeneração e perda de algumas das espécies hoje cultivadas. Pois "a capacidade de resistência e adaptação de qualquer ser vivo depende da plasticidade de seus genes; em uma planta selecionada, e, portanto, **especializada**, dita plasticidade é muito menor. Ante mudança de ambiente, está menos preparada para responder adequadamente que uma espécie em estado selvagem".[13]

11. Olinto A. Pegoraro, *Ética é justiça*, p. 116.

12. Faustino Cordón, apud Emilio García Estébanez, op. cit., p. 195.

13. Idem, ibidem.

O mesmo raciocínio é válido para os animais domésticos. A manipulação genética poderá fazer desaparecer alguns espécimes, assim como o desmatamento e a destruição dos hábitats de outras. E a perda de testemunhos vivos tornará indecifrável a história da vida e de sua evolução biológica, com riscos para a evolução e a subsistência da vida sobre a Terra.

Não é apenas de solidariedade internacional no espaço e no tempo que se está a necessitar. A nave espacial Terra está emitindo sinais de socorro. Está no limite de sua capacidade: não admite mais pessoal, nem conta com reserva suficiente de víveres.[14] É preciso a mudança de consciência de cada qual. Se ninguém é capaz, individualmente, de reverter o processo destrutivo, todos são capazes, em pessoa, de uma correção de rumos. Respeitar a natureza, respeitar a vida, empenhar-se na reposição das espécies, plantar uma árvore, cuidar de um jardim, não poluir, alimentar os pássaros, libertar-se do **consumismo**.

Esse o grande pecado ético desta era: acumular bens materiais, substituí-los sem necessidade, navegar na ilusão de que a multiplicação da posse e propriedade de objetos desnecessários constitui remédio para o vazio existencial e para a angústia da morte.

O egoísmo gera frutos amargos para a civilização. Os exemplos dos Estados mais desenvolvidos são elucidativos. O lucro da empresa privada ou multinacional pode representar grandes custos para a comunidade. A indústria poluente multiplica o número dos enfermos a serem atendidos pela seguridade social. O bairro sem espaços verdes, com densidade populacional intensa, é bom investimento para a construtora, mas, em longo prazo, aumentará o rol dos delinquentes e serão mais frequentes os transtornos psíquicos. Haverá queda da qualidade de vida de seus moradores. Todos perderão com isso.

Nem se costuma computar o dispêndio da cidadania com atenuar as consequências nefastas do progresso. O *stress*, a paralisação no trabalho, o deslocamento a longas distâncias para encontrar praia despoluída ou ar puro, a compra de água engarrafada para evitar aquela contaminada. E, "finalmente, não é a ganância econômica que propriamente dá a medida do bem-estar. O que importa é que a felicidade dos homens aumente. Daí que muitos economistas falem hoje de **Felicidade Nacional Bruta** como o medidor cabal do progresso social. Esta medida da prosperidade contempla como perdas reais as deteriorações ecológicas produzidas pela indústria".[15] No preço do objeto

---

14. A expressão é de Boulding e é mencionada por Emilio García Estébanez (idem, p. 196).

15. A expressão é de Boulding e é mencionada por Emilio García Estébanez (idem, p. 200).

contaminado ou que causa contaminação deve ser incluído o custo ecológico. Estados civilizados já trabalham com esse conceito de CR (do inglês *clean and recycling* – limpo e reciclável).

Além da reflexão pessoal e da atitude individual direcionada a contrariar essa tendência egoística, da qual deriva o esgotamento dos recursos naturais, o ser humano tem o dever de consciência de procurar soluções comuns.

Há de se repensar os critérios da ocupação do solo urbano, hoje direcionados ao automóvel, que reina tirano sobre o pedestre. Há de se meditar sobre a escassez de áreas verdes, de parques e jardins, de lugares onde a infância e a velhice possam usufruir dos bens de uso comum do povo. O próprio utilizar-se desses bens merece correção. As praias devem ser de todos. As florestas a todos devem servir. Há de se questionar quanto à falta de comunicação entre os habitantes da mesma cidade, concentração humana que nasceu para facilitar a convivência e que, paradoxalmente, a vem eliminando.

Dentro da ocupação urbana, merece ser repensado o conceito de **moradia** e de **adensamento populacional**. Não é recente o fenômeno do esvaziamento do campo. Famílias que ali poderiam viver de maneira mais completa o abandonam e rumam para o isolamento e a segregação nas periferias dos grandes centros.

As condições de trabalho, a situação da seguridade social, principalmente dos velhos e dos pobres, estão a reclamar pronta reação. Só se considera vida de pleno direito a vida dos economicamente ativos. Os mais fracos têm direito a uma sobrevivência digna. O comportamento ético dos mais fortes não pode ignorar a situação dos desvalidos de toda ordem.

A reflexão social também há de considerar a situação do meio cultural e espiritual, integrado no moderno conceito de ecologia. A regulação da vida social tem sido disciplinada no decorrer da história por tradições, leis, mitos, princípios morais e religiosos. Esse acervo de valores garante a convivência, dá estabilidade à sociedade, segurança ao indivíduo e modela sua compreensão do mundo.

Um costume ou tradição equivale a um órgão biológico. "Nasceu para servir a uma finalidade; cristalizou-se quando, mediante o método do ensaio e do erro, se mostrou útil; não se pode relegá-lo sem antes havê-lo substituído por outro igualmente oportuno. E que seja oportuno não se demonstra em curto espaço de tempo. Por isso, ao recusar uma tradição, ou destruir as estruturas morais e religiosas de uma comunidade, se a está praticamente mutilando, privando dos órgãos que a permitiram funcionar."[16] Não se agride apenas o ambiente físico,

16. Lorenz, apud Emilio García Estébanez, op. cit., p. 205.

mas também o cultural, o espiritual. A **poluição cultural** e a **poluição moral** são mais graves do que a poluição da atmosfera ou das águas. Mesmo porque, em síntese, são **a causa** da poluição ambiental. Mentes puras e bem intencionadas não mergulhariam no consumismo narcisista e estiolante dos demais valores.

Nossas sociedades se notabilizam por perpetrarem uma série de atentados aos costumes naturais e longevos. Tolera-se e – consciente ou inconscientemente – estimula-se uma conduta irresponsável. Que o digam a disseminação da droga, a delinquência em todos os níveis, a insensibilidade e o descompromisso com o destino alheio. Sintomas dessa enfermidade ética são o vazio existencial, a falta de perspectivas de vida, principalmente para a juventude, que é a principal destinatária das mensagens midiáticas do consumismo egoísta.

A ecologia, como ciência do ambiente, não pode ignorar o **meio espiritual** em que as criaturas desempenharão os seus papéis na tragédia vital. Todas as circunstâncias externas e interiores que condicionam o homem no seu convívio com os demais devem ser objeto de cogitação dos verdadeiros humanistas.

O início trágico e turbulento de um milênio que se acreditava propiciador do ócio, do lazer e do bom convívio está a reclamar um homem mais solidário com os demais. **Solidariedade** é a palavra de ordem neste limiar do terceiro milênio e deste século já no final de sua primeira década. Mediante o cultivo da solidariedade, atenuar-se-á a preocupação com as próprias atribulações. Não há ser vivente a elas imune. Compartilhá-las relembra o destino comum à criatura humana.

A lucidez ainda existente deverá se preocupar com a transmissão, às novas gerações, de um novo paradigma comportamental em relação ao meio ambiente. Nisto a **ética** pode auxiliar. "De um modo geral, a ética do meio ambiente estuda o significado ético das relações do homem com o meio. Sinaliza, com insistência e clareza, a responsabilidade moral do homem a respeito da natureza em geral e das outras formas de vida, em particular. Chama a atenção sobre a ameaça que representa o apetite humano desenfreado no uso de técnicas predatórias do meio ambiente para satisfazer necessidades induzidas pelos meios de propaganda."[17] Somente o homem pode escolher entre o bem e o mal. Somente ele pode ser ético ou aético. E essa opção definirá o futuro da civilização e o da própria humanidade.

16.2 Ecologia é lucrativa

A palavra de ordem neste século é **mercado**. Em seu nome se sacrificam ideais e valores. Só importa o que der lucro. O dinheiro supre todas as

17. Olinto A. Pegoraro, op. cit., p. 123-124.

deficiências. Compra reputação, posições, *status* e honra. Para quem acredita nisso e segue tal ideário, falar em **ética ambiental** é esoterismo estéril. Ou histérico, se houver contundência do locutor em relação a quem agride a natureza. A pregação ecológica é nefelibatice a que o capital resta incólume. Daí a folclorização dos ambientalistas, a sua desconsideração pelos detentores do poder – sobretudo econômico, mas político também – e a irrelevância conferida ao tema nas práticas negociais.

Para quem é tangido pelo lucro imediato e na sua mais singela exteriorização, talvez o discurso ecológico pudesse revestir conotação econômica. A valia da floresta é mensurada a partir dos produtos dela extraíveis e diretamente comercializados. Madeira, frutos e resinas resumiriam a expressão monetária do verde. Indague-se, contudo: quanto vale um hectare de floresta intocada? Esse hectare capta água da chuva, absorve carbono da atmosfera, auxilia o controle de temperatura, mantém o capital da biodiversidade e representa um apelo turístico diante de seu valor paisagístico. Por que não são contabilizados esses valores?

Não há quem emita a fatura em nome da Natureza. Mas se ela cobrasse pelos serviços prestados ao homem, não haveria quem conseguisse pagá-la. A revista *Nature*, em 1997, publicou o resultado de um estudo sobre o valor total dos serviços ambientais prestados pelos principais biomas do Planeta e chegou à soma de US$ 33 trilhões. Estão incluídos nesse total fatores como regulação climática, produção de alimentos e reciclagem de água.

O cálculo é antigo. Hoje, a natureza teve de fazer horas extras para compensar o ritmo avassalador da destruição. A conta deve ser muito maior. É por isso que os ambientalistas conscientes sustentam a necessidade de se pensar em *pagamentos por serviços ecológicos* como opção econômica de incentivo à conservação. Assim, o fazendeiro que derruba a floresta para vender a madeira poderia receber dinheiro para mantê-la. Talvez essa providência seja mais eficaz – pois o dinheiro fala mais alto – do que a ameaça de punições por delitos ambientais.

A falta de consciência ambiental, derivada da ignorância da maior parte dos detentores do capital tradicional, faz com que haja uma *cadeia de crueldade* em relação ao ambiente indefeso. Destrói-se e polui-se a partir de concepções clássicas, quais a propriedade como direito absoluto, propiciador ao seu titular não só de fruir e dispor, mas de destruir o seu bem. Isto é superado por uma *função social* imposta à propriedade. Se ela não servir à sua função social, pode ser até subtraída – e de forma legítima – ao seu descuidado titular. Esse é um dos primeiros elos da cadeia da insensatez.

Outro elo é a *falsa concepção de progresso*. Em nome de um desenvolvimento material, nem de longe comparável ao *desenvolvimento sustentável*, legitima-se a destruição. A mentalidade das elites é seletiva. Só é crime aquele que atenta contra a vida individualmente considerada ou contra o patrimônio. Valor este muito mais prestigiado do que a inefável e indescritível **honra**. Basta verificar qual é a punição, no Código Penal brasileiro, reservada a quem lesa o patrimônio ou a honra alheia. Com isso, os crimes ambientais não são considerados verdadeiros crimes. Existe pouco empenho em punir o infrator da natureza, ao contrário do devotamento com que se procura não deixar impune quem lesa um valor mais tangível e de titular identificável.

É óbvio que isso resulta de inexata compreensão da densidade dos valores em cotejo. O infrator ambiental não lesa apenas *uma* pessoa. Ele atinge uma *comunidade difusa* de seres humanos. Sua conduta pode impedir a vida no Planeta. O sujeito protegido reflexamente pela tutela ao meio ambiente é um *sujeito futuro*. Pela primeira vez, o constituinte do Brasil explicitou a existência de um *direito intergeracional*. Uma geração está obrigada a preservar o patrimônio sem o qual as gerações subsequentes não poderão existir. Por isso, a delinquência ambiental é muito mais grave do que a bandidagem comum e tradicional. Deveria merecer repúdio e repressão muito mais eficientes.

Não é o que acontece, pese embora a intensificação do ritmo destrutivo dos dendroclastas. Seria conveniente lembrar que a eliminação da biodiversidade, do verde e das águas, comprometerá as atuais gerações se a insânia não tiver cobro. Enquanto isso não ocorrer, a leniência, a tolerância, a invocação ao "progresso" e uma versão adulterada de antropocentrismo continuarão a prevalecer.

Adquire interesse, por isso, tentar a utilização do *dialeto economês* em relação a quem só entende e só se comunica a partir dessa linguagem. Os ecossistemas florestais são imprescindíveis para a manutenção dos recursos hídricos. Manutenção qualitativa e quantitativa. Além disso, a mata evita a erosão e o assoreamento dos cursos d'água. Isso é muito mais valioso do que tábuas serradas, tonelagens de soja exportadas ou cana-de-açúcar para conversão em álcool. Será preciso demonstrar que o Brasil pode obter maior lucro – e lucro permanente – se conservar suas florestas, do que se vier a converter-se num grande canavial, entremeado de plantações de soja e de pastos.

Uma floresta não é algo improdutivo, como alguns consideram. O proprietário rural sente-se espoliado ao se ver obrigado a destinar apenas 1/5 de suas terras – vinte por cento – para a cobertura vegetal nativa. Sente-se injustiçado quando compelido a reflorestar uma área. Invoca irresponsabilidade, seja porque a área já se encontrava devastada, seja porque entende ser obrigação do Poder Público promover a regeneração. Será imprescindível inverter o discurso e convencê-lo de que a preservação pode garantir remuneração contínua, permanente e sedutora. Enquanto a plantação demanda gastos, a preservação só acarreta vigilância e cuidados. Basta impedir que se dilapide e a natureza continuará a fazer sua parte. Gratuitamente. Sem investimentos. Sem reclamações trabalhistas. Sem incompreensões.

A Avaliação Ecossistêmica do Milênio, promovida pela ONU, indicou os serviços ambientais essenciais prestados pelas florestas e bosques. Fornecem alimentos, medicamentos, madeira – desde que racionalmente extraída e reposta –, água limpa, controla as enchentes, as enfermidades, sequestra o carbono, regula o clima, representa opção de lazer e oferece valores paisagísticos e espirituais. Mesmo nos ecossistemas urbanos, as áreas verdes e parques auxiliam o controle da qualidade do ar e dos recursos hídricos, favorecem o microclima local, asseguram valores culturais, lazer e educação. Os ecossistemas aquáticos, formados pelos rios, lagos e pântanos, fornecem água limpa, alimentos, controle de poluição e de enchentes, controle de doenças, retenção e transporte de sedimentos, reciclagem de nutrientes, além do lazer e dos valores paisagísticos.

Cumpre ao Poder Público fazer a sua parte para tornar realidade legal aquilo que a ciência já constatou. Depende de ele incentivar o proprietário ainda inconsciente, mas sensível à sedução dos ganhos financeiros, a reflorestar e a manter intocável suas matas. Não é difícil extrair das obrigações constitucionais em relação ao meio ambiente o encargo de tornar atrativa a preservação. Basta mencionar sua primeira incumbência explicitada no pacto para verificar a viabilidade de um projeto que remunere o proprietário pela preservação. Pois ao Poder Público incumbe "preservar e restaurar os processos ecológicos essenciais e prover o manejo ecológico das espécies e ecossistemas".[18]

Existem exemplos no Planeta alarmado com a gravidade da situação, que podem inspirar a criatividade brasileira. Na França, a empresa de água Perrier-Vitel paga US$ 230 por hectare/ano a fazendeiros das proximidades para que mantenham suas nascentes protegidas com vegetação. No México, o governo federal paga comunidades e proprietários de terras para que preservem suas

---

18. O § 1.º do art. 225 da CF/1988 enuncia os deveres do Poder Público para assegurar a efetividade do direito fundamental ao meio ambiente ecologicamente equilibrado e inicia com o inciso I, acima reproduzido textualmente. A Lei 9.985, de 18.07.2000, regulamenta o disposto no parágrafo e em seus incisos I, II, III e VII, bem como cria o SNUC – Sistema Nacional de Unidades de Conservação da Natureza. A Lei 11.284, de 02.03.2006, dispõe sobre a gestão de florestas públicas para a produção sustentável; institui, na estrutura do Ministério do Meio Ambiente, o Serviço Florestal Brasileiro – SFB; cria o Fundo Nacional de Desenvolvimento Florestal – FNDF; e altera as Leis 10.683, de 28.05.2003, 5.868, de 12.12.1972, 9.605, de 12.02.1998, 4.771, de 15.09.1965, 6.938, de 31.08.1981, e 6.015, de 31.12.1973.

florestas em áreas de mananciais. Na Costa Rica, impostos cobrados sobre água e gasolina são revertidos para proprietários de florestas em troca da preservação de recursos hídricos e do sequestro de carbono da atmosfera feito pela vegetação.

No Brasil, as iniciativas ainda são tímidas e mais vinculadas à consciência ambiental dos particulares. Em Itacaré, sul da Bahia, três hotéis pagam meio salário mínimo a 20 proprietários de terras do entorno, para que mantenham suas áreas de floresta preservadas. Além disso, são estimulados a aderir a práticas de produção sustentável, como a agricultura orgânica. Preserva-se a paisagem e cria-se vínculo de produção ecológica de hortaliças, frutas e mudas para abastecer os hotéis. Essa é uma trilha que pode ser desenvolvida e intensificada. O Brasil possui 8 mil quilômetros de costa e nele é verão quase todo o ano. No inverno europeu e americano, as praias brasileiras poderiam receber milhões de turistas. Com isso multiplicando as perspectivas insuficientes de trabalho para a juventude que só virtualmente ingressa no mercado de mão de obra. Mas é preciso garantir qualidade ambiental e qualidade do serviço, além da segurança. Notícias sobre devastação, incêndios criminosos, violência e surgimento de focos de enfermidades, que no mundo civilizado só existem como reminiscências históricas na crônica médica, só afugentam o turista.

Aqueles que só enxergam cifrão no seu futuro e só se envolvem nos projetos garantidores de que essa visão se concretize não se comoverão com os apelos da Terra. Nem ouvirão os ambientalistas. Reagirão contra a atuação de quem se propõe a defender a natureza e a exigir deles responsabilidade ambiental. Talvez tenham ouvidos para receber essa mensagem nova: *preservar pode ser mais lucrativo do que destruir*. Se isso acontecer, as próximas gerações terão motivo para reduzirem a severidade com que as atuais serão julgadas.

16.3 A Ética e o desenvolvimento sustentável

É natural a aspiração humana ao desenvolvimento. Espontânea a intenção de alcançar metas estabelecidas, de galgar *status* e de obter bens da vida considerados essenciais à plena realização pessoal. Sem ambições, o homem vegeta. Desiste de viver aquele que não luta por nada, que não tem interesses ou objetivos. O sentimento de liberdade e a convicção da possibilidade de realizar os sonhos é o que mantém a humanidade em curso. Assim não fora e ela se conformaria com os estágios primitivos. A ânsia de desvendar os enigmas a fez filosofar. Mas não impediu, antes incitou à ação.

A história da humanidade é a narrativa das lutas para a consecução de valores. Predestinada a dominar a natureza e os seres irracionais, assumiu a criatura humana as rédeas do progresso. Talvez tenha se desviado da essência nesse percurso. A civilização engloba paradoxos inexplicáveis para justificar-se como resultado da atuação contínua do único ser provido de razão. Ao domesticar as forças naturais e colocá-las a seu serviço, o homem investiu-se de certa pretensão à onipotência. Talvez para esquecer a sua finitude, entregou-se ao labor incessante e desprovido de limites. As descobertas científicas e o incremento tecnológico fizeram-no potencializar a capacidade de transformação. Os padrões impostos sobrepujaram a imaginação e nada mais se mostra suficiente a aplacar a ânsia consumista. Tudo é descartável, tudo se torna obsoleto, e a corrida rumo ao desenvolvimento não tem linha de chegada.

Poucos, nesse percurso, tiveram condição de entrega à meditação, implausível para a sociedade das máquinas. Alguns detectaram a existência de limites ambientais à reprodução do sistema em todos os quadrantes do globo. Tais limites e seus efeitos são claros: "O esgotamento dos recursos naturais e, principalmente, a saturação da capacidade de suporte do meio ambiente impediriam a repetição e a generalização, à escala mundial, do alto nível de desperdício de recursos praticado pelas sociedades do capitalismo central".[19] Em virtude disso surgiu o conceito de *desenvolvimento sustentável*, ideia matriz de uma nova consciência de inspiração solidária. Não se mostra sensato permitir que as atuais gerações esgotem o patrimônio ambiental de forma a inviabilizar a vida no porvir. A volúpia do consumismo deveria retrair-se e a reposição dos estoques naturais seria a outra face do esbanjamento.

Relevante ressaltar um ponto relegado, "implícito nesse conceito de sustentabilidade: é que se deve incluir não apenas a dimensão ecológica, mas também as dimensões social, política, cultural e tecnológica. Essa ampliação permite relativizar a ênfase no conservacionismo da natureza, que marcou as correntes ecológicas no início do debate, fazendo com que o conceito de desenvolvimento sustentável pudesse ser aceito como meta universal, embora seu detalhamento seja ainda objeto de grande disputa".[20] A concepção do *desenvolvimento sustentável* deveria, portanto, representar um *paradigma de conduta* e servir para todas as esferas da atuação humana, sem reduzir-se à preocupação ecológica. Ressalve-se, nada obstante, o caráter *holístico* da ecologia, campo em que a integralidade dos fenômenos não pactua com a sua compartimentalização. Mencione-se que a chuva ácida não respeita fronteiras, nem os efeitos da devastação, bem exemplificados pelo *efeito estufa*, que

19. Aloisio Teixeira, Biodiversidade e políticas ambientais: renovando conceitos para a promoção do desenvolvimento, in: Irene Garay (org.). *Dimensões humanas de biodiversidade* – O desafio de novas relações sociedade-natureza no século XXI, p. 13.

20. Idem, p. 14.

ameaça todos os habitantes do globo e não apenas os principais causadores dessa catástrofe.

A racionalidade da ideia de um *desenvolvimento sustentável* não foi suficiente para obrigar todos os governos e todos os poderosos a assumirem as responsabilidades decorrentes de sua aceitação. As mensagens da natureza foram ignoradas – por mais nefastas e surpreendentes nos últimos anos – e os hábitos globais não sofreram modificação radical. Não se apreendeu adequadamente a advertência de que "nenhum ser humano deveria estar condenado a uma vida breve ou miserável apenas porque nasceu 'na classe incorreta, no país errado ou com o gênero equivocado' (PNUD, 1994). Os pilares de vida civilizada que irão outorgar governabilidade aos sistemas políticos em escala mundial ou local requerem, por isso mesmo, a materialização de um novo **paradigma** de desenvolvimento. Com efeito, a crise dos atuais paradigmas supõe que esta se refere ao **esgotamento de um estilo de desenvolvimento ecologicamente depredador, socialmente perverso, politicamente injusto, culturalmente alienado e eticamente repulsivo**".[21]

É urgente que as pessoas éticas enfatizem o óbvio. O desenvolvimento sustentável pressupõe a prioridade da felicidade humana sobre todas as coisas. É um desenvolvimento muito mais pleno do que a ideia desenvolvimentista vinculada ao crescimento quantitativo dos índices econômicos. Deve ser o desenvolvimento que satisfaz as necessidades das atuais gerações, sem comprometer a capacidade das gerações futuras de satisfazer suas próprias necessidades, sem o sacrifício da posteridade.

Mereceu certa preferência em nossa literatura ecológica a expressão *desenvolvimento sustentável*. Não é incomum encontrar-se a locução *desenvolvimento durável*. Na verdade, "o termo 'desenvolvimento durável' é uma tradução pouco satisfatória do termo inglês 'sustainable development', que é, às vezes, traduzido também como 'desenvolvimento viável'. Esse conceito é uma fórmula de compromisso que emergiu gradualmente entre os militantes ecologistas e os partidários do desenvolvimento".[22] O importante é evidenciar que progresso, desenvolvimento e tutela da natureza não são coisas inconciliáveis.

Esse o sentido a ser perseguido pelos desenvolvimentistas da sustentabilidade. Já "que os seres humanos constituem o centro e a razão de ser do processo de desenvolvimento – o novo estilo de desenvolvimento se pretende que seja **ambientalmente** sustentável no acesso e uso dos recursos naturais e

21. Roberto P. Guimarães e Aloisio Teixeira, A ecopolítica da sustentabilidade em tempos de globalização corporativa, in Irene Garay (org.), op. cit, p. 30.

22. Christian Lévêque, *A biodiversidade*, p. 207.

na preservação da biodiversidade; que seja **socialmente** sustentável na redução da pobreza e das desigualdades sociais e que promova a justiça e a equidade; que seja **culturalmente** sustentável na preservação do sistema de valores, práticas e símbolos de identidade que determinam a integração nacional através dos tempos; e que seja **politicamente** sustentável ao aprofundar a democracia e garantir o acesso e a participação de todos na tomada de decisões".[23] Sem uma verdadeira **conversão** das atuais gerações não se alcançará esse patamar. Pois "este novo estilo de desenvolvimento terá que ter como norte uma nova **ética** de crescimento, uma ética na qual os objetivos econômicos de progresso estejam subordinados às leis de funcionamento dos sistemas naturais e aos critérios de respeito à dignidade humana e de melhoria da qualidade de vida das pessoas".[24]

Imerso na cultura de *possuir sempre mais*, iludido pela premência na satisfação de necessidades cada vez mais falaciosas e artificialmente criadas pelo consumismo, o ser humano afasta de si pensamentos que tenderiam a torná-lo uma criatura mais tranquila, pois desprendida da matéria. A ascese não está na ordem do dia. Importa é consumir, pois o lema contemporâneo é *eu consumo, logo existo*. Engana-se a civilização ao pregar o antropocentrismo perverso, pois deságua na desconsideração da própria humanidade. Acredita que a natureza deve estar a serviço do homem, como se para isso fosse lícito fazê-la perecer. Não atentou para a lição contida na constatação de Clive Lewis: "O que nós chamamos de poder do Homem sobre a Natureza é o poder de alguns homens sobre outros homens, utilizando a natureza como seu instrumento".[25]

É a cobiça humana droga mais nociva do que o próprio estupefaciente. Cega pessoas escolarizadas, corrompe as elites e priva de acesso ao mínimo necessário para assegurar a vida humana digna a uma legião cada vez maior de semelhantes. O desenvolvimento sustentável é uma ideia saudável que só pode transformar o mundo se vier a ser assimilada por todo aquele que dispuser de condições – ainda que mínimas – de alterar o seu entorno. Ele passa pela educação integral, que ensinará os homens se autorespeitarem, para só então saberem respeitar seu próximo e a natureza. Para isso, é mister eliminar o fosso intransponível entre os que possuem demais e aqueles que não dispõem do mínimo. Pois "convém ter sempre presente que, em situações de extrema pobreza, os indivíduos excluídos da sociedade não possuem compro-

---

23. Roberto P. Guimarães e Aloisio Teixeira, op. cit., p. 30.

24. Idem, p. 31.

25. *The abolition of man:* how education develops man's sense of morality, New York, Macmillan, 1947, citado por Roberto P. Guimarães e Aloisio Teixeira, idem, p. 52.

misso algum para evitar a degradação ambiental, se a sociedade não é capaz de impedir sua própria degradação como seres humanos".[26] O pior é que a estrada para a degradação já está aberta e sua pavimentação avança de maneira célere. Queira Deus e a sensatez humana não se cumpra a profecia de Clive Lewis: "A natureza humana será a última parte da Natureza a render-se ao homem (...) e os submetidos ao seu poder já não serão seres humanos: serão artefatos. A conquista última do Homem será de fato a abolição do homem".[27]

16.4 A CIDADANIA ECOLÓGICA

Não erra quem disser que todos os problemas brasileiros se resumem a um só: a deficiência na educação. Povo educado sabe se autogovernar e sabe escolher seus governantes. Povo educado reivindica. Povo educado reconhece o valor da natureza, sabe avaliar esse patrimônio que é de todos, inclusive dele mesmo. Povo educado saberia reivindicar maior responsabilidade e efetiva responsabilização de todos aqueles que, obrigados a tutelar a natureza, ou dela se descuidam, ou são os primeiros a exterminá-la.

Toda a educação brasileira é falha. Ingressou-se no século XXI com quase vinte milhões de analfabetos. Dos alfabetizados, 56% não conseguem assimilar o que leram. São analfabetos funcionais. Essa mesma percentagem é a dos que não dominam as quatro operações fundamentais da mais singela aritmética. Mínima a leitura e exercida sempre pelo mesmo grupo. Os únicos livros que atingem recordes de vendagem são os didáticos, de consumo obrigatório, os de autoajuda e aqueles que o capital internacional impõe mediante inserção – explícita ou subliminar – na mídia televisiva.

As universidades estatais reclamam de sucateamento. As particulares exploraram o filão empresarial até à exaustão. Milhares de inadimplentes abandonam os cursos, de discutível densidade, após frequentarem o primeiro ano. No ensino fundamental, a escola pública não dispõe de política de remuneração estimulante para o magistério, subclasse privada do prestígio fruído nas primeiras décadas do século passado. O educador, pasmem os ainda incautos, é hoje oprimido também pela violência. Agressão de alunos e de pais de alunos é fenômeno corrente em muitos estabelecimentos de ensino. Não só das periferias, onde a permissão para a frequência às aulas é fornecida pelo comando do tráfico.

As faculdades de direito constituem expressão típica do descompromisso do ensino com a formação da cidadania. Após duas escolas, criadas pelo

---

26. Idem, ibidem.

27. Idem.

Imperador Pedro I em 1827, hoje o Brasil dispõe de 1.139 mil faculdades. Semestralmente arremessam ao mercado de trabalho milhares de bacharéis que não logram aprovação nos exames da OAB. Engrossam a fila dos pretendentes a emprego, ainda que incompatível com o grau de bacharel e a legião dos desalentados. Foram vítimas de verdadeiros estelionatos educacionais.[28] Prometeu-se a obtenção de um *lugar ao sol* no Olimpo das carreiras jurídicas e, ao final dos cinco anos, entrega-se um diploma que, para os desprovidos de uma formação básica e média de verdadeira consistência, para pouco ou nada servirá.

Por óbvio, a situação crítica do ensino jurídico deriva de várias causas. Dentre elas, "pode-se dizer, sem medo de errar, que a Ciência do Direito está, em muitos aspectos, mais de um século atrasada em relação às demais ciências. Conhecimentos fundamentais produzidos pelas Teorias da Linguagem e do Conhecimento, pela Hermenêutica, pela Filosofia, pela Sociologia, pela Antropologia, pela Ciência Política, pela Economia, pela Psicologia e pela Psicanálise, entre outras, não foram ainda por ela adequadamente assimilados. Pelo contrário, em muitos casos são simplesmente negados em nome da lei. Afinal, no Direito, com suas exceções, vige o princípio da verdade formal".[29] Não é só. Impelidos pela mentalidade consumista dominante, os estudantes de Direito querem logo se apetrechar dos conhecimentos técnicos e operativos que permitam imediata inserção na realidade judicial. Ou seja, a educação jurídica é essencialmente adversarial. Não se cultiva o Direito como fórmula de pacificação, de harmonização, de conciliação de interesses, mas como *arma* a ser desembainhada na arena do processo.

O aluno de Direito quer aprender a *redigir peças processuais*. Peticionar, arrazoar, contra-arrazoar, elaborar memoriais. Não se interessa sequer pela oralidade, pois o acesso fácil à realidade virtual permite a cópia de longos e substanciosos trechos doutrinários e jurisprudenciais que, se necessário, lerá perante o juiz ou a turma julgadora. Não aprende a pensar, a criticar, a refletir. Quer, antes de tudo, *atuar*, se possível sem o prévio raciocinar.

28. Já existe jurisprudência, no Tribunal de Justiça de São Paulo a favor de egresso de faculdade de direito que fez vestibulares, aceitou a matrícula, recebeu todas as mensalidades durante os cinco anos de curso, e o aluno não conseguiu matricular-se em concursos públicos, nem obter a credencial do exame da OAB, porque a Faculdade não estava regularizada junto ao MEC. Em primeira instância, assegurou-se ao aluno a devolução de todo o dispêndio e indenização por danos morais equivalente a 500 salários mínimos. Em segunda instância, excluiu-se a indenização por danos morais, mas foi mantida a condenação à restituição dos valores despendidos no pagamento das mensalidades e demais taxas escolares.

29. Horácio Wanderlei Rodrigues, *Pensando o ensino do direito no século XXI*, p. 43.

A preocupação de alguns estudiosos conscientes fez com que se introduzisse no currículo básico a disciplina Ética e se reintroduzisse a Filosofia. Todavia, "é insuficiente incluir conteúdos considerados críticos, como a Antropologia, a Ciência Política, a Ética, a Filosofia, a Psicologia e a Sociologia, por exemplo, se o direito positivo continuar sendo ensinado de forma dogmática. A interdisciplinaridade deve se realizar, principalmente, no ensino dos conteúdos considerados jurídicos".[30]

À evidência, frustradas as expectativas da educação formal tradicional, não houve preocupação mais séria com a implementação da vontade constituinte de 1988. O formulador do pacto fundante previu, em relação ao meio ambiente, a obrigação de o Poder Público "promover a educação ambiental em todos os níveis de ensino e a conscientização pública para a preservação do meio ambiente".[31] O Parlamento chegou a editar normatividade infraconstitucional para fazer cumprir a promessa constitucional.[32] Qual a eficácia, porém, do mandamento fundante e de sua disciplina legal?

Nunca se constatou como agora, neste País, a devastação tão escancarada das florestas. Nunca houve tantas queimadas criminosas, constatadas pelos satélites e anunciadas por toda a mídia mundial. A poluição inclemente da atmosfera, da água e do solo. A multiplicação dos *lixões*. Os vazamentos de óleo e combustível, além de produtos químicos nocivos, em rios, praias e demais recursos hídricos. O Brasil conseguiu vergonhosa citação no Livro dos Recordes (Guinness Book) no ano de 2006, em vários dos tópicos da agressão covarde à natureza. Quem ousaria dizer que em 2007 a performance foi menos catastrófica? E 2008 começou com notícias, que não causaram surpresa, de que o desmatamento é imensamente maior do que propalado ou admitido pelo Governo.

O descalabro em todas as áreas obriga a uma reação firme de parte das consciências mais sensíveis. Assim como existem alunos lúcidos em todas as escolas, aqueles que não se satisfazem com o mínimo de conhecimento que lhes é ministrado, mas procuram abeberar-se em outras fontes, nem todas as pessoas são desinteressadas em relação ao destino que a humanidade desvairada vai conferir a toda a humanidade. Destino que pode selar a sorte das crianças do porvir. O mundo, se continuar a destruir, a desperdiçar e a poluir, não será o território adequado para a continuidade da vida. Poderá ser terreno

30. Idem, p. 59.

31. Art. 225, § 1.º, VI, da CF/1988.

32. Lei de Educação Ambiental e Instituição da Política Nacional de Educação Ambiental: Lei Federal 9.795, de 27.04.1999.

dizimado, triste e inóspito, área contaminada em que surgirão epidemias e comprometimento genético de uma raça em degenerescência.

Para esses é que ainda se justifica uma pregação ecológica. E a urgência é flagrante na tomada de uma posição corajosa em defesa do meio ambiente. Pois "tal urgência se deve, sobretudo, à constatação de que, em pleno século XXI, a despeito da onda de conscientização global para a escassez de recursos naturais, nosso ecossistema vem sendo tratado, em larga escala, com interesse meramente apropriador. E, o que é ainda mais preocupante, não recebe a devida atenção de seus principais beneficiários: a população brasileira".[33]

A população brasileira não conhece o Brasil e não se conhece. Nunca houve um projeto educacional fundado nos valores locais. Até hoje é assim. "E de elefante, H de hipopótamo, Z de zebra. Ao aprender a ler e escrever, as crianças brasileiras ainda usam as espécies das savanas africanas como referência. Não importa se o Brasil está entre os três países de maior biodiversidade do mundo. Não importa se esses bichos não têm passaporte brasileiro. Na hora de soletrar, nas brincadeiras, nas páginas dos livros – didáticos, paradidáticos e de literatura, para todas as idades – ainda prevalecem os bichos exóticos, mantendo no anonimato, desvalorizadas, as numerosas espécies nativas."[34]

A educação ambiental deveria ter início com a valorização do Brasil e de suas riquezas naturais. Aqui está a maior floresta tropical do Planeta. Mas os protestos por sua destruição vêm de fora. São os estrangeiros que lamentam a morte da biodiversidade da Hileia. Os brasileiros só se manifestam quando boatos nas infovias dão conta de que a Amazônia é mostrada aos estudantes norte-americanos como território insuscetível de incidência de soberania específica. Em termos mais singelos, quando a comunidade internacional acena com a expropriação ecológica de um santuário que o Brasil não consegue salvar.

Como conseguir a adesão do povo para a proteção ambiental – e a maior parte do povo brasileiro é rústica, não teve acesso à escolaridade formal e continua não incluída no mundo fantástico do consumo – se ele não tem conhecimento sobre o tesouro natural que é de seu uso comum? Assim como o brasileiro acredita que o *público* equivale ao *sem dono*, também não sabe aquilatar a valia da natureza. E "essa lacuna de conhecimento reflete um padrão cultural perigoso. Significa que o Brasil ainda não se apropriou de seu imenso patri-

33. Tomas Zinner, O desafio de formar gerações comprometidas com a defesa de nossos recursos naturais e sustentabilidade, in Nurit Bensusan et alii. *Biodiversidade*: para comer, vestir ou passar no cabelo? Para mudar o mundo!, p. 229.

34. Liana John, Biodiversidade também é uma questão de educação, in Nurit Bensusan et alii, idem, p. 397.

mônio cultural. Pior: a grande maioria da população brasileira nem possui as necessárias referências culturais para reconhecer como seu esse patrimônio natural. Que dirá fazer dele uso sustentável".[35]

É dever do Poder Público, mas também da coletividade, mostrar que as 1.800 espécies de aves brasileiras representam quase 20% das 10.000 espécies do mundo todo. As 500 espécies de répteis fazem do Brasil o 5.º maior país em diversidade no Planeta. Há 530 espécies de mamíferos brasileiros entre os 6.500 catalogados na Terra. Aqui, valeria destacar a sabedoria tradicional do homem rural, contraposta à ignorância do seu similar urbano. A Educação Ambiental consequente não pode ignorar os *saberes tradicionais* de quem vivencia a experiência da mata e conhece por saber na vida adquirido a realidade natural. Sem desprezo ao saber científico, há que se aproveitar o acervo de conhecimentos amealhados pelos dois saberes. Pois, se "é evidente o abismo entre o caráter 'cultural' do conhecimento tradicional e o avassalador caráter de mercadoria do conhecimento cientificizado", de se ter presente não existirem "razões válidas para não reconhecer como legítimas as duas categorias de conhecimento. O conhecimento acadêmico, embora privilegiando os propósitos científicos, dispõe de capacidades para entender as experiências distantes, dentro de seu *background* social e cultural. O conhecimento tradicional, sedimentado na cultura, é pródigo na convivência sustentável entre **sociedade e natureza**. O conhecimento acadêmico seguiu uma trajetória de demarcação e ampliação de seu objeto, lançando um *zoom* sobre a realidade. Por outro lado, o conhecimento tradicional permite uma percepção mais abrangente, embora menos detalhada e precisa do mundo. O desafio é conciliar os dois tipos de visão: o particular e o geral".[36]

Conjugados os saberes tradicional e acadêmico, o resultado dessa enciclopédia de conhecimentos tornará a educação ambiental algo de instigante, sedutor e pleno de exuberância. A literatura regional servirá para evidenciar a sapiência do caboclo, assim como se extrai de conhecida citação de Gilberto Freyre: "Foi preciso que o caboclo nos fosse dizendo: isto é um pé disso; isto é um pé daquilo; isto dá um leite que serve para ferida brava; isto dá um chá que serve para as febres". Se o Brasil não se apropriar desse conhecimento de experiência feito, o capital sem pátria continuará a fazê-lo e o País se verá obrigado a pagar *royalties* por suas ervas medicinais e cosméticas, assim como já se tentou fazer recentemente com o cupuaçu.

---

35. Idem, p. 398.

36. Doris Sayago e Marcel Bursztyn, A tradição da ciência e a ciência da tradição: relações entre valor, conhecimento e ambiente, in Irene Garay (org.), op. cit., p. 103.

Se a educação ambiental não entra na cogitação do capital, é preciso fazer com que os formadores de opinião o obriguem a assumir suas responsabilidades. A triste realidade é a de que "o sistema econômico e social continua a realçar os valores que vão de encontro a uma conservação durável: lucro a curto prazo, ausência de solidariedade com as gerações futuras etc. É necessário, portanto, integrar o respeito à biodiversidade na educação escolar e extraescolar. O ensino pode ser um instrumento potente para aumentar a tomada de consciência do público em relação à proteção da biodiversidade, ao formar não só os conhecimentos, mas, da mesma forma, as percepções e as atitudes dos jovens frente à biodiversidade".[37] Biodiversidade, desenvolvimento sustentável, são alguns dos tópicos de um complexo de segmentos do abrangente e crescente domínio da Ecologia. A tutela da natureza não prescinde de um conjunto enorme de ciências, a fornecer exemplo concreto de que, na escala ambiental, há uma rede solidária de dependências e interdependências. Tudo interfere em tudo, e é por isso que a verdadeira educação ambiental, assim como a ética, deve ser preocupação transversal a todas as disciplinas. Não há questão mais global do que o meio ambiente. Os habitantes deste planeta encontram-se indissoluvelmente vinculados ao destino comum, cuja direção não está a indicar ancoragem num porto seguro.

16.5 Questões ambientais emergentes e urgentes

Arrolar todos os problemas ambientais enfrentados pelo Brasil neste início de século XXI transformaria este livro num tratado que poderia receber o título "Catástrofes". Tantas são as agressões premeditadas, contínuas e cruelmente perpetradas contra a natureza.

Apenas para propiciar a reflexão e para motivar o leitor a se empenhar em algum projeto de restauração da consciência ética ambiental, alinhem-se algumas das questões mais cruciais. Inicie-se pela incapacidade governamental de pensar na diversificação da matriz energética.

O Brasil tem sua energia prioritariamente produzida por hidrelétricas, método em si ecológico, mas cujo excesso pode ser contraproducente. Acabar com vastas áreas ecologicamente preserváveis como nicho de biodiversidade para obter mais energia pode ser a opção correta para o momento. Mas míope e até insensata para o futuro. Não se pode condenar a minoria que se opõe a megaprojetos como a Usina Belo Monte, considerado o custo benefício de sua construção.

---

37. Christian Lévêque, op. cit., p. 202.

A energia térmica não precisa ser tangida à queima de carvão vegetal, pois importa em redução ainda mais drástica do que sobrou de verde. A energia nuclear é uma opção perigosa e que foi abandonada pelos países que colheram amargos frutos por essa escolha. A última nação a relegar essa modalidade foi o Japão, depois do *tsunami* que trouxe perigo evidente ante o abalo nas Usinas de Fukushima.

Por que não explorar melhor a energia eólica, num país de tantos ventos? Ou aquela produzida pelo sol? Ou pelas marés? O aproveitamento do gás metano expelido pelo gado é inviável? E a queima de bagaço de cana de açúcar? A segurança de um país no futuro será avaliada também pela variedade de sua matriz energética. O Brasil parece não se dar conta disso.

O *aquecimento global* é outra vertente da qual o Brasil se descuida. Muita gente não leva a sério essa ameaça. "Um dos maiores obstáculos para se começar a agir em relação à mudança climática é que ela se tornou um clichê antes mesmo de ser entendida. O que precisamos agora é de boa informação e de um planejamento cuidadoso, porque nos próximos anos essa questão vai eclipsar todas as outras. Vai se tornar a *única* questão. Precisamos reexaminá-la com um espírito verdadeiramente cético – para ver sua magnitude e com que rapidez está avançando – e priorizar nossos esforços e recursos para potencializar sua eficiência".[38]

Jogamos fora o *princípio da precaução*, ao não nos acautelarmos para os efeitos do *aquecimento global* no Brasil. "Dentre as diversas temáticas ambientais que carecem da aplicação do princípio da precaução, observa-se que uma delas recebe especial atenção dos meios de comunicação em geral e que tem essa abrangência globalizada: o aquecimento global provocado pela emissão de CO^2 em grande escala e suas consequências catastróficas".[39]

Depois, o maior problema que o Brasil enfrentará daqui para diante será decorrência da nefasta *revogação do Código Florestal*. Não foi *alteração* do Código Florestal. Basta examinar o que sobrou dele. E a legislação de proteção florestal de 1965 foi simplesmente revogada pelo Parlamento. Essa insensatez, perpetrada em nome do *desenvolvimento* e para obtenção de ganhos monetários a curto prazo, compromete o destino da espécie humana no Planeta. Infelizmente, ninguém deu atenção à posição uníssona da comunidade científica, mediante a voz autorizada da Sociedade Brasileira para o Progresso da Ciência, Academia Brasileira de Ciência, todos os ex-Ministros do Meio Ambiente, des-

38. Tim Flannery, *Os senhores do clima*, Rio de Janeiro, Record, 2007, p. 29.

39. Weyermüller, André Rafael, *Direito ambiental e aquecimento global*, São Paulo, Atlas, p. 83.

de Paulo Nogueira Neto até Marina Silva, mais as vozes abalizadas de inúmeros ambientalistas.

Comprova-se aquilo que o cientista Augusto Ruschi afirmou e que foi tão bem detectado pelo escritor Ignácio de Loyola Brandão: "O meu estado, infelizmente, foi a universidade que formou os maiores especialistas em destruição de florestas, seguramente, de todo o universo. E esses especialistas, que hoje formam um verdadeiro exército de depredadores, já se encontram na Amazônia. E não são apenas cem ou duzentos. São quase trezentos mil homens, que não sabem outra coisa a não ser cortar árvores. E depois da terra arrasada, entra a multinacional com seus eucaliptais".[40] Não são apenas eucaliptais, infelizmente. É a cana de açúcar, é a soja, depois o pasto. E, finalmente, o deserto.

Sem falar na poluição globalizada. Solo, atmosfera, água. Tudo contaminado. Povo sem educação faz dos rios coletores mortos de seu lixo. A educação e a civilidade de uma nação também se avaliam pela tonelagem de resíduos sólidos que ela produz. Em que lugar se encontra o Brasil nesse quesito?

Os problemas são tantos, que não podem ser todos enfrentados aqui. Há muito material a ser consultado. Mas melhor do que ler a vasta literatura hoje produzida sobre a urgência na tutela ambiental, é mais consistente engajar-se num projeto sério de resgate da ética ecológica.

16.5.1 A cana-de-açúcar, o ambiente e o homem

Um Presidente da República chamou os usineiros da cana *os novos heróis*. Dentre estes, existem alguns conscientes, que sabem proteger o ambiente e fazem cultivo *orgânico*, mantendo a sustentabilidade. Outros continuam com práticas ecologicamente incorretas.

A monocultura da cana-de-açúcar foi uma das primeiras registradas no Brasil colônia e hoje continua, agora impulsionada pela perspectiva de se produzir etanol – combustível *verde* – para quem possa pagar por ele. Política pública hoje considerada a *salvação* da balança comercial no Brasil e motivo de significativos estímulos governamentais.

Jorge Caldeira vai aos primórdios da cultura da cana-de-açúcar e menciona a obra *Cultura e opulência do Brasil*, de André João Antonil.[41] Lê-se, nessa obra de 1711, que Portugal queimou e fez questão de ocultar, mas que foi repu-

---

40. Augusto Ruschi, entrevista a *Pau-Brasil* n. 2, de set.-out. de 1984, citada por Ignácio de Loyola Brandão, *Manifesto verde*, 7. ed, São Paulo, Global, p. 21.

41. André João Antonil, *Cultura e opulência do Brasil*, p. 12.

blicada em 1837. É da obra ressurgida este trecho: "Feita a escolha da melhor terra para a cana, roça-se, queima-se e alimpa-se, tirando-lhe tudo o que pode servir de embaraço, e logo abre-se em regos, altos palmo e meio e largos dois, com seu camalhão no meio, para que não nascendo, a cana não se abafe; e nestes regos ou se plantam os olhos em pé, ou se deitam as canas em pedaços".[42] Alfredo Bosi fez uma releitura desse texto: "Os escravos são os pés e as mãos do senhor e esta figura redutora lhes tira a integridade de atores. São construções verbais passivas e impessoais para descrever o plantio da cana: a terra roçada (quem a roça?); queima-se (quem o faz?); alimpa-se (quem?); que a cana não se abafe; que se plantem os olhos da cana em pé, ou se deite em pedaços... Dirá a gramática tradicional que em todos estes casos o sujeito é a terra ou a cana; e aqui a razão formal do gramático coincide com o economista da era mercantil. O objeto exterior ganha foros de sujeito na linguagem de Antonil. Ao mesmo tempo o agente real (o escravo que roça, alimpa, abafa, deita, cobre...) omite-se por um jogo perverso de perspectivas no qual a mercadoria é onipresente e todo-poderosa antes mesmo de chegar ao mercado".[43]

O propósito de tais citações, para Jorge Caldeira, é demonstrar que, desde o seu nascedouro, a cultura de cana-de-açúcar dependeu de trabalho escravo. Tema que a oratória do Padre Antonio Vieira celebrizou: "A paixão de Cristo parte foi de noite sem dormir, parte foi de dia sem descansar, e tais são vossas noites e vossos dias; Cristo despido, e vós despidos; Cristo em tudo maltratado, e vós maltratados em tudo. Os ferros, as prisões, os açoutes, as chagas, os nomes afrontosos, de tudo isto se compõe vossa imitação, que se for acompanhada de paciência, também terá merecimento de martírio... E que cousa há na confusão deste mundo mais semelhante ao Inferno que qualquer destes vossos engenhos, e tanto mais, quanto de maior fábrica. Por isso foi tão bem recebida aquela breve e discreta definição de quem chamou a um engenho de açúcar doce inferno".[44]

Teria ocorrido transformação profunda na produção do açúcar e do álcool entre esses tempos e os de hoje? Aparentemente não, pois a colheita da cana-de-açúcar continua a ser feita mediante prévias queimadas. Os colhedores adentram no canavial ainda em brasas para não perder o produto e para alimentar as moendas. Os usineiros mais conscientes já mecanizaram a colheita. Outros não pretendem fazê-lo. Continuam a fazer jus ao modelo que Antonil bem retrata em sua obra: "O ser senhor de engenho é titulo a que muitos aspi-

42. Jorge Caldeira, *A nação mercantilista* – Ensaio sobre o Brasil, p. 14.

43. Alfredo Bosi, *Dialética da colonização*, p. 165-166.

44. Jorge Caldeira, op. cit., p. 16, ao reproduzir Sermão do Padre Antonio Vieira.

ram, porque traz consigo o ser servido, obedecido e respeitado de muitos. E se for, qual deve ser, homem de cabedal e governo, bem se pode estimar no Brasil o ser senhor de engenho, quanto proporcionalmente se estimam os títulos entre os fidalgos no Reino".[45]

Indício de que as coisas não continuam bem é a campanha da Procuradoria Regional do Trabalho de São Paulo, veiculada em grandes periódicos.[46] O Ministério Público do Trabalho conclama a cidadania a "salvar uma pessoa do trabalho escravo com uma simples denúncia". A foto que ilustra a publicidade institucional é de um canavial. O diálogo reproduzido é eloquente:

"– Olá, eu gostaria de denunciar uma situação de trabalho escravo.

"– A senhora pode falar.

"– É uma fazenda que usa capangas para vigiar os empregados.

"– E onde fica essa fazenda?

"– Aqui em Piracicaba, interior de São Paulo.

"– A senhora tem um ponto de referência mais próximo?

"– Fica na Estrada do Pinhal, depois da primeira cancela.

"– A sua denúncia será investigada.

"– Eu tô até aliviada.

"– O Ministério Público do Trabalho agradece".[47]

"Atrás das cortinas no teatro do etanol" é o nome do artigo em que Maria Aparecida de Moraes e Silva, doutora em sociologia pela Universidade de Paris I e livre-docente da Unesp, se propõe "a trazer ao palco os atores até então deixados atrás das cortinas: os cortadores de cana dos canaviais paulistas".[48] Confirma ela o que já se sabe a respeito dos braçais dos canaviais: "Na sua grande maioria, são migrantes dos Estados do Nordeste e do norte de Minas Gerais (em torno de 200 mil, segundo a Pastoral do Migrante). São homens, jovens entre 16 e 35 anos de idade. Durante oito meses ao ano, permanecem nas cidades-dormitório em pensões (barracos) ou nos alojamentos encravados

45. André João Antonil, op. cit., p. 145.

46. *V.g.*, revista *Veja*, edição 2.030, ano 40, n. 41, de 17 out. 2007, p. 77.

47. O Município de Piracicaba é um daqueles já inteiramente cercados por canaviais e cuja população sofre com as contínuas queimadas de palha de cana-de-açúcar. A denúncia pode ser feita mediante acesso ao *site* <www.pgt.mpt.gov.br>.

48. Maria Aparecida de Moraes e Silva, autora de *A luta pela terra:* experiência e memória, em artigo intitulado Atrás das cortinas do teatro do etanol, publicado na *Folha de S. Paulo*, de 02 out. 2007, p. 3.

no meio dos canaviais. Divididos em turmas nos atuais 4,8 milhões de hectares dos canaviais paulistas, são invisíveis aos olhos da grande maioria da população, exceto pelos viajantes das estradas que os veem enegrecidos pela fuligem da cana queimada, chegando, até mesmo, a ser confundidos com elas".[49]

O relato da pesquisadora prossegue: "São submetidos a duro controle durante a jornada de trabalho. São obrigados a cortar em torno de dez toneladas de cana por dia. Caso contrário, podem: perder o emprego no final do mês, ser suspensos, ficar de 'gancho' por ordem dos feitores [*sic*] ou, ainda, ser submetidos à coação moral, chamados de 'facão de borracha', 'borrados', fracos. Vagabundos. A resposta a qualquer tipo de resistência ou greve é a dispensa. Durante o trabalho, são acometidos pela sudorese em virtude das altas temperaturas e do excessivo esforço, pois, para cada tonelada de cana, são obrigados a desferir mil golpes de facão. Muitos sofrem a 'birola', as dores provocadas por câimbras".[50]

Evidente que a remuneração é pífia. Compatível com a ausência de qualificação dos cortadores. A pesquisadora Maria Aparecida de Moraes e Silva apurou, como consequências desse sistema que ela chama de *exploração-dominação*, que, "de 2004 a 2007, ocorreram 21 mortes, supostamente por excesso de esforço durante o trabalho, objeto de investigação do Ministério Público; minhas pesquisas em nível qualitativo na microrregião de Ribeirão Preto apontam que a vida útil de um cortador de cana é inferior a 15 anos, nível abaixo dos negros em alguns períodos da escravidão. Constatei as seguintes situações de depredação da saúde: desgaste da coluna vertebral, tendinite nos braços e mãos em razão dos esforços repetitivos, doenças nas vias respiratórias causadas pela fuligem da cana, deformações nos pés em razão do uso dos 'sapatões' e encurtamento das cordas vocais devido à postura curvada do pescoço durante o trabalho".[51]

Tudo isso fica obscurecido ante o ufanismo despertado no Brasil dos índices econômicos, ante a promessa de que o etanol é a salvação do Planeta. Em nome desse *produto de exportação* que abastecerá os carros do Primeiro Mundo, o Brasil fica com a conta. Conta ambiental e uma outra, incalculável: a vulneração do decantado princípio da *dignidade da pessoa humana*. Pois, além das constatações empíricas da pesquisadora da Unesp, acrescentem-se as informações – também por ela coletadas junto ao INSS para o conjunto do Estado de São Paulo, no período de 1999 a 2005: o total de trabalhadores rurais acidenta-

---

49. Idem, ibidem.

50. Idem.

51. Idem.

dos por motivo típico nas atividades na cana-de-açúcar foi de 39.433; por motivo relacionado ao trajeto, o total correspondeu a 312 ocorrências. Quanto às consequências, os números totais para o período são: assistência médica: 1.453 casos; incapacidade inferior a 15 dias: 30.465 casos; incapacidade superior a 15 dias: 8.747 casos; incapacidade permanente: 408 casos; óbitos: 72 casos.

Pense-se que isso ocorre em São Paulo, o Estado mais desenvolvido da Federação. O que não ocorrerá nos engenhos de outras regiões brasileiras, em que a pobreza é maior e nas quais a hegemonia do coronelismo ainda impera?

A busca de resultados na balança comercial obnubila a realidade. O próprio BNDES é sócio de usina de açúcar acusada de usar trabalho escravo.[52] Para se contrapor às contínuas denúncias de que o tema ecologia não é levado a sério – e infelizmente regride no Brasil –, o Governo insiste em fornecer "notícias boas". Comemora-se, por exemplo, a "redução" do desmatamento, que entre 2007 e 2008 teria sido de "apenas" 15.455 quilômetros quadrados.[53]

Tais considerações ultrapassam a preocupação ambiental. Representam um atestado de que pouco mudou no Brasil, depois da abolição da escravatura. Afinal, os escravos eram alimentados por seus donos. Os servos atuais são obrigados a consumir junto a fornecedores que se confundem com o patrão ou são por este credenciados. Interessante como a reflexão ambiental conduz à constatação da *indigência moral*. Tema em que Arnaldo Jabor navega com desenvoltura: "Miséria não santifica nem faz heróis. Importa é entender os responsáveis por nossa desgraça histórica. Ler Sérgio Buarque ou Raimundo Faoro é muito mais esclarecedor que Florestan Fernandes. A miséria do povo não explica o País; o País que os donos do poder organizaram é que explica nossa miséria".[54]

A situação de uma categoria vinculada à destruição do meio ambiente leva à consideração de que o tema *liberdade* é mais um daqueles componentes retóricos de bombástica proclamação, mas de quase nenhum sentido para os

---

52. *Folha de S. Paulo*, 30 jun. 2009, p. B 10. Segundo a notícia, a AGU – Advocacia Geral da União recorreu à Justiça para incluir na "lista suja" do trabalho escravo a Brenco, empresa com 20% de seu capital nas mãos do BNDES – Banco Nacional de Desenvolvimento Econômico e Social. Criada em 2004 pelo Ministério do Trabalho, a "lista suja" dá publicidade a empresas e pessoas flagradas com trabalhadores em situação análoga à escravidão.

53. Fonte: Ministério do Meio Ambiente e INPE – Instituto Nacional de Pesquisas Espaciais.

54. Arnaldo Jabor, A consciência do mal no paraíso tropical, *O Estado de S. Paulo*, 02 out. 2007, p. D-12.

excluídos do idílio consumista. Para Jabor, teria razão Ernest Becker, ao definir: "A liberdade do homem é uma liberdade fabricada. E ele paga um preço por isso. Temos de defender a completa fragilidade de nossa ficção delicadamente constituída".[55] Mas ficção inocorre na situação gerada pela febre do etanol que levou o Brasil a substituir sua policultura pelo *mar verde* da cana-de-açúcar.

Qualquer voz que se levante para pedir prudência quanto à invasão das terras férteis e das florestas pelos canaviais é considerada antipatriótica. Atribui-se à ganância dos países ricos a exigência de *certificação ambiental* para o etanol brasileiro. A política externa cuida de "desfazer equívocos", mas a União Europeia já detectou a consistência dos argumentos impositivos de barreiras. São barreiras ambientais e também sociais. "No momento em que os temas ambientais ganham projeção, se tornou normal falar que a cana-de-açúcar é plantada em zonas de floresta e destrói a Amazônia."[56] Existe alguma verdade nisso?

A feérica divulgação de que o agronegócio no Brasil será a salvação da economia não permite conferir a devida seriedade ao que a mídia internacional divulga. A BBC de Londres divulgou interessante noticiário sobre as condições sofríveis dos trabalhadores brasileiros nos canaviais. A Comunidade Europeia, mais atenta do que os países periféricos à relevância dos direitos humanos, imporá restrições ambientais e sociais a produtos brasileiros que não forem ecológica e socialmente corretos. Aqueles que só enxergam uma única dimensão do desenvolvimento – a pecuniária – devem atentar para a realidade vindoura: será até mais barato ser ambientalista e explorar com sensatez os nichos econômicos da agroindústria no Brasil, sob pena de se degolar – antes da postura dos ovos – a galinácea da qual se espera a postura de ouro puro.

16.5.2 Canaviais e queimadas desafiam a Amazônia

Noticia-se que estudos técnicos a serem realizados pela Embrapa definirão se haverá intensificação do plantio de cana-de-açúcar na Amazônia. Mas há claras indicações de que o Governo pode liberar a implantação de projetos agroindustriais em áreas da Amazônia, apesar das negativas do Ministério do Meio Ambiente. A afirmação é de Frederico Durães, chefe-geral da Embrapa Agroenergia: "Há áreas de cerrado na Amazônia Legal. O bioma amazônico também não é uniforme. O zoneamento que será feito pelo governo dirá quais são as regiões proibidas e aque-

55. Ernest Becker, *A frágil ficção*, citado por Arnaldo Jabor, op. cit.

56. Elisa Ferreira, deputada do Parlamento Europeu, ex-Ministra do Meio Ambiente de Portugal, em entrevista O Brasil incomoda, no bom sentido, ao jornal *O Estado de S. Paulo*, 07 out. 2007, p. B-11.

las liberadas, e, dentre essas, informará onde há competitividade de produção de etanol para exportação ou para o atendimento de demandas locais".[57]

A sensação é a de que a indústria sucro-alcooleira, a encarnar a missão planetária da cura do "vício do petróleo", não vai respeitar o bioma de maior importância na Terra: a Amazônia. Com isso, virão o desmatamento, as queimadas e os problemas sociais. Pois 65% do trabalho canavieiro resulta do emprego de força manual. Essa opção parece equivocada em todos os sentidos. Primeiro, pela destruição do que resta da Amazônia. Depois, porque na região amazônica a produção por hectare é de 80 toneladas de cana-de-açúcar. Em tudo semelhante à região Nordeste. Enquanto isso, no Sudeste a produtividade chega a 110 toneladas. Cada tonelada rende no máximo 90 quilos de açúcar na Amazônia, enquanto no Sudeste são 135 quilos por tonelada. Produtividade reduzida, transporte caro, destruição da floresta. Qual será o lucro final?

O então Ministro da Agricultura, Reinhold Stephanes, reafirmou que o plantio de cana-de-açúcar na Amazônia será permitido e incentivado em áreas já degradadas ou devastadas. Assumiu a teoria do "fato consumado", o argumento mais utilizado pelos que legitimam a devastação. A então Ministra do Meio Ambiente, a seringalista Marina Silva, não poderia concordar. Mas o interesse econômico sempre dá a palavra final. No Congresso, a Senadora Kátia Abreu, da bancada ruralista de Tocantins, invocou a Constituição para legitimar o avanço do plantio da cana: "O produtor tem livre-arbítrio. Não tem cabimento impor restrições ao plantio da cana em áreas degradadas. É inconstitucional".[58] Parece que a Constituição de 1988 consagrou o meio ambiente como único direito intergeracional e que subordinou a livre iniciativa à tutela do meio ambiente.

Vozes sensatas apelam para o *princípio da precaução*, um dos inspiradores da proteção ecológica no pacto fundamental brasileiro. O Deputado Ivan Valente sustenta que o plantio, com ou sem incentivo, é um "erro crasso". É atentar contra o interesse público de preservação da floresta. Sabe que, na prática, os interessados vão degradar e depois plantar cana. Esse plantio é degradante e predatório. No mesmo sentido, o deputado Chico Alencar, da Frente Parlamentar Ambientalista, lamenta a "absolutização do agronegócio". Afirma que, "em nome da rentabilidade do agronegócio e dos biocombustíveis, pode-se fazer tudo, inclusive abandonar o princípio da precaução".[59]

---

57. Jornal *O Estado de S. Paulo*, A febre do etanol, 07 out. 2007, p. B-10 – Economia.

58. Biocombustível. Cana na floresta cria mal-estar entre ministros, reportagem de *O Estado de S. Paulo*, 1.º out. 2007, p. B-8 – Economia. A senadora Kátia Abreu é do DEM – ex-PFL – do Tocantins.

59. Idem, ibidem. O deputado Ivan Valente é do PSOL-SP e o deputado Chico Alencar é do PSOL-RJ.

A bancada parlamentar ambientalista sinalizou que o Ministério do Meio Ambiente virá – novamente – a perder nesse embate. As seguidas derrotas do ambiente podem ser acompanhadas na polêmica dos transgênicos, da exploração das florestas e da transposição do São Francisco. Vive-se hoje a euforia do etanol, a busca de mercados, a balança comercial, o aumento das exportações. Mesmo ao preço de se inviabilizar a vida no Planeta.

O que se vaticinava aconteceu. A Medida Provisória 458, com o intuito de disciplinar a questão fundiária na Amazônia, foi chamada pelos minoritários ambientalistas de "MP da grilagem". Há 67,4 milhões de hectares ocupados ilegalmente na Amazônia, área equivalente aos territórios da Alemanha e da Itália somados. O Governo resolveu doar ou vender por valor simbólico terras públicas na Amazônia. Mas para Adalberto Veríssimo, pesquisador sênior da ONG Imazon – Instituto do Homem e do Meio Ambiente da Amazônia, a MP foi um erro pelo qual o País pagará um preço alto no futuro, com o aumento das ocupações irregulares e dos desmates.[60]

Quanto às queimadas, estas prosseguem a todo ritmo e em todo o Brasil. Só em São Paulo, enquanto em 2008 haviam sido registradas 2.453 queimadas até 26 de junho, no ano de 2009 foram constatadas 4.979 queimadas. A Resolução 44/2009, publicada em 17 de junho pela Secretaria Estadual Paulista do Meio Ambiente, proibiu a queima das 6 às 22 horas. Mas ela não foi cumprida no interior, onde predomina a lei do mais forte. O acinte e o deboche são a resposta à pífia tentativa de se coibir a prática mais nefasta e rudimentar que se pratica em pleno século XXI. É a política do "tudo por dinheiro" e que se lixe o meio ambiente.

Infelizmente, o Poder Judiciário contribui com a devastação, quando se atêm a princípios formais que fulminam de inconstitucionalidade leis locais proibitivas de queima da palha da cana de açúcar. Se o meio ambiente interessa a todos, por que a população de uma cidade que sofre o calvário das queimadas não pode proibi-la? Aguarda-se que o método rudimentar e nefasto à natureza e ao homem seja abandonado pelo altruísmo dos que dele tiram proveito econômico?

16.5.3 Afinal, o que é a Amazônia?

O imediatismo do brasileiro gera grande desconhecimento sobre o que significa a Amazônia. Para a maior parte dos nacionais, ela é a *mancha verde* no extremo norte do País. Está distante. Pouco interessa para quase todos.

---

60. *Folha de S. Paulo*, 26 jun. 2009, MP da Amazônia desagrada lados rivais, p. A-8.

Sua densidade populacional é escassa. O assunto perde interesse e não suscita paixões. Ocorre que "a última grande floresta (do mundo!) vive a representação máxima da insustentabilidade. Na economia de ganhos rápidos e ciclos curtos, a mata dá lugar a atividades predatórias, que deixam para trás pobreza, destruição e municípios falidos – uma conta para os cofres públicos e o contribuinte pagarem".[61] É o que Adalberto Veríssimo, pesquisador sênior do Instituto do Homem e Meio Ambiente da Amazônia – Imazon, chama de "boom colapso". Ele divide a Amazônia em quatro grandes regiões. A Amazônia Legal "é um conceito fiscal e político e engloba a Região Norte mais o Mato Grosso e o oeste do Maranhão. Falamos de uma área de mais de 5 milhões de quilômetros quadrados, 59% do território nacional, 12% da população e 8% do PIB. A primeira região é chamada Amazônia Não Florestal, com mais de 1 milhão de quilômetros quadrados com cerrado, campos, campinaranas. Nos outros 4 milhões, originalmente temos floresta. Já perdemos parte dela, que é o que chamamos de Amazônia Desmatada ou Arco do Desmatamento, resultado de três décadas de ocupação. Pega todo o leste e sul do Pará, o norte de Mato Grosso e uma parte que acompanha a BR-364, ligando Cuiabá ao Acre, com alguns picos também ao longo da Transamazônica".[62]

Na área devastada só resta um pouco de pecuária. Sabe-se que a derrubada da mata, os incêndios, a mineração e a erosão constroem desertos. O risco é submeter à mesma exploração criminosa a chamada Amazônia Sob Pressão. Ela tem uma floresta em extinção. Tende a acabar. Está na região do Acre, com taxas de desmatamento elevadas e ocupação da indústria madeireira predatória. Resta a quarta parte da Amazônia, nas regiões mais remotas do norte do Pará, parte do Amazonas, Amapá, Acre e Roraima. Também sob ameaça, embora sem o perigo urgente e concreto da invasão das madeireiras, grilagem, plantio de cana-de-açúcar, mineração e queimadas.

O "boom-colapso" é o desmatamento a curto prazo que gera riqueza efêmera. Seria essencial não se legitimasse o desmatamento pelo social. Colocar assentamentos dentro da floresta é acabar com ela. 90% da madeira extraída hoje é ilegal. O trágico de um Brasil sem controles é que o setor financeiro empresta a quem desmata. "O FNO, que é o Fundo Constitucional de Financiamento do Norte, é administrado pelo Banco da Amazônia, o BASA... Boa parte desse dinheiro, que em 2006 foi quase R$ 1,5 bilhão, vai para a atividade

---

61. Amália Safatle, A Amazônia que pesa no bolso (entrevista com Adalberto Veríssimo), revista *Página* 22, p. 10.

62. Adalberto Veríssimo, entrevista a Amália Safatle, idem.

rural e para a pecuária".[63] De certa forma, o imposto de renda financia o desmatamento da Amazônia.

O mundo civilizado está mais atento à nossa displicência criminosa. A ONG Conservação Internacional denuncia que o ambicioso projeto para melhorar a infraestrutura de transportes, comunicações e energia na Amazônia acabará com a floresta em 40 anos. Quem estará vivo em 2047 para testemunhar o futuro da floresta? Tim Killeen, cientista que trabalha para a CI, analisou os projetos da Iniciativa para Integração da Infraestrutura Regional da América do Sul, financiados por vários governos. O impacto isolado de cada obra foi avaliado. Faltou a avaliação do impacto do conjunto das obras, que incluem rodovias dos Andes, atravessando o rio Amazonas e o cerrado, ligando o Pacífico ao Atlântico. "A falha em prever o impacto total dos investimentos, particularmente no contexto de mudança climática e mercados globais, produzirá uma combinação de forças que poderá levar a uma *tempestade perfeita de destruição ambiental*."[64]

O Sudeste depende mais da Amazônia do que possa pensar. Das chuvas que caem no Sudeste, de 25% a 50% são oriundas da Amazônia. Ninguém calcula esse préstimo que a natureza oferece. Houvesse uma consciência e a humanidade tosca em suas ambições egoísticas procuraria recompensar o ambiente. Interessa a todo brasileiro preservar a floresta. Ainda é incipiente a resposta concreta a tantas ameaças que pesam sobre a mata. Uma delas é a chamada "Bolsa Floresta", com escassos recursos do Fundo Estadual de Mudanças Climáticas, Conservação Ambiental e Desenvolvimento Sustentável do Amazonas. O governo procura incentivar quem preserva a floresta. 8.500 famílias receberão 50 reais mensais para zelar pelo verde. Numa segunda etapa, pretende-se a inclusão das comunidades indígenas. Na terceira, atingir 60 mil famílias moradoras nas áreas de entorno das Unidades de Conservação.

Para Virgílio Viana, então Secretário do Meio Ambiente e Desenvolvimento Sustentável do Amazonas, o caboclo que hoje põe fogo na floresta tem renda média mensal de 38 reais.[65] Por isso, é atrativa a remuneração de 50 reais para não queimar. Além disso, cada comunidade receberá 4 mil reais por ano para manejo sustentável da floresta, ecoturismo e criação de peixes. Com essa iniciativa, o governo do Amazonas pretende negociar créditos de carbono no mercado voluntário e espera arrecadar 600 milhões de dólares até 2010.

---

63. Idem, p. 15.
64. Ian Semple, Amazônia pode acabar em 40 anos, publicado em *The Guardian*, em Londres, e reproduzido em *O Estado de S. Paulo*, 5 out. 2007, p. A-19.
65. Amália Safatle, Resgate na selva, *Revista* 22, p. 24.

Nessa direção, grandes bancos adotam a prática de liberar mais recursos para empresas que explorem a mata de maneira responsável. A primeira exigência é o *selo verde* – atestado de que a exploração florestal se faz de forma sustentável. O superintendente de risco socioambiental do ABN-AMRO, Christopher Wells, afirma: "Hoje não há dinheiro para quem age sem responsabilidade com o ambiente".[66] Ele já excluiu 22 madeireiros da carteira de clientes nos últimos cinco anos. As atividades serão monitoradas via satélite. Toda intervenção na floresta deixa vestígios e será investigada. O JBIC – Japan Bank for International Cooperation selecionou 11 projetos que receberão 100 milhões de dólares para a mesma finalidade, e a tendência é tornar as instituições financeiras mais conscientes. Mesmo porque a maior parte dos bancos assinou o protocolo *Princípios do Equador*, conjunto de políticas do Banco Mundial que proíbe a liberação de recursos a empresas "inimigas do verde".

Todo brasileiro é correntista de um banco. Saber se a sua casa bancária colabora com a preservação da Floresta Amazônica é o mínimo que se pode fazer. O Planeta se interessa pela Amazônia mais do que o conjunto dos brasileiros. É *obrigação cidadã* saber cada vez mais e melhor sobre essa última grande reserva, que já agoniza na maior parte de sua extensão e que não subsistirá se não houver severa vigilância de todos, cobrança e responsabilização das autoridades, no testemunho de que ainda resta consciência ambiental nesta geração dendroclasta.

16.6 O QUE FAZER?

Contemplar apenas alguns dos temas emergentes mostra que a situação ambiental é calamitosa. E não se examinou a produção de resíduos, a poluição da atmosfera, do solo e da água, a extinção da biodiversidade. Menos ainda se incursionou pela destruição do *ambiente urbano* e do *ambiente cultural*, com a sanha demolitória que apaga os referenciais históricos e torna o homem um sonâmbulo existencial desprovido de padrões e de orientação humanística. Acotovelam-se as pessoas nas cidades e vivem num estágio de degradação. A cidade se esqueceu dos direitos e não poderia se recordar, nesse quadro, de um direito relativamente novo, como o direito ao ambiente saudável.[67] A degradação do meio ambiente é, portanto, assunto mais sério do que se pensa. Haverá o que se possa fazer?

---

66. *Folha de S. Paulo*, 7 out. 2007, Aumenta a exigência de "selo verde" para negócio ambiental, p. B-7 – Dinheiro.

67. Recomendo a leitura de meu *Os direitos que a cidade esqueceu*, São Paulo, Ed. RT, 2012, onde o tema é analisado com alguma consistência.

O alarme soou para todos os que ainda não perderam completamente o discernimento. "A degradação constante dos bens renováveis do Planeta (...) atinge hoje proporções alarmantes. Em 2005, um grupo de 1.350 cientistas de 95 países publicou, sob a égide da ONU, a Avaliação Ecossistêmica do Milênio. Alguns dados contidos nesse relatório eram assustadores e só pioraram depois disso:

"* Mais de 1 bilhão de pessoas não têm acesso a abastecimento de água potável adequado e quase 3 bilhões (ou seja, praticamente a metade da humanidade) não dispõem de infraestrutura de saneamento. O consumo de água potável aumenta em 20% a cada dez anos, desde 1960.

"* A concentração de dióxido de carbono na atmosfera cresceu 32%, de 1750 (início da Revolução Industrial) até hoje.

"* Mais terras foram convertidas em lavoura e pasto após 1945 do que durante os séculos XVIII e XIX.

"* Hoje, entre 10% e 30% de todas as espécies de anfíbios, mamíferos e aves estão ameaçadas de extinção. Pelo menos um quarto das espécies de peixes está submetido à superexploração empresarial.

"* Cerca de 20% dos recifes e 35% dos manguezais existentes no mundo foram destruídos nas últimas décadas.

"A questão da sobrevivência da nossa espécie põe-se hoje, portanto, de forma iniludível, a todos os homens de consciência e de responsabilidade. A humanidade somente terá condições de enfrentar esse formidável desafio se souber encontrar uma forma de união na qual todos os povos do mundo possam viver livres e iguais, em dignidade e direitos."[68]

Em *Colapso*, Jared Diamond se detém na análise das decisões desastrosas que sociedades tomaram no curso da História e que continuam a tomar. É próprio à coletividade humana "tomar decisões desastrosas por uma série de motivos: incapacidade de prever um problema, incapacidade de percebê-lo assim que o problema se manifesta, incapacidade de tentar resolvê-lo após ter sido identificado e incapacidade de ser bem-sucedido nas tentativas de solucioná-lo".[69] Todas as hipóteses parecem presentes na questão ambiental. É que se agravaram – rápida e intensamente – os enigmas ambientais neste início de século e de milênio. Acelerou-se a destruição ou perda de recursos naturais, os

---

68. Fábio Konder Comparato, *Ética* – Direito, moral e religião no mundo moderno, p. 430.

69. Jared Diamond, *Colapso* – Como as sociedades escolhem o fracasso ou o sucesso, p. 523.

que restam são limitados, produzimos cada vez mais coisas perigosas, temos carência de energia limpa, sofremos sérias alterações atmosféricas e vemos a população do mundo crescer mais do que seria desejável. Dentro em breve, florestas, pântanos, recifes de coral e fundo de oceano serão meras reminiscências para a memória coletiva ou o imaginário completamente desvinculado da realidade.

Se aos dados acima fossem acrescentados os delitos ambientais perpetrados no Brasil de hoje, poucas páginas seriam insuficientes para mencioná-los, sem espaço para comentário algum. O tema é grave, portanto. Cumpre à cidadania, desperta para a implementação da Democracia Participativa, torná-lo concreta preocupação de todo o povo. Sem esse despertar, o Poder Público não se comoverá com os reclamos de alguns poucos idealistas e continuará a sua política leniente, sempre amparado por aqueles que fazem questão de manter o divórcio entre progresso e preservação.

O lema ambientalista por excelência é *pensar globalmente, agir localmente*. Embora alguns já o considerem superado, pois não há tema eminentemente local para a ecologia, esse é um ponto de partida para a atuação ético-ambiental.

Ninguém poderá se considerar desavisado, após a leitura das denúncias diuturnas dos atentados perpetrados contra o meio ambiente. Ao tomar conhecimento, o cidadão deverá reagir da maneira possível. Muitos têm acesso às infovias e podem fazer chegar ao endereço eletrônico das autoridades e da mídia a sua irresignação e mesmo revolta diante dos crimes ambientais.

O gesto aparentemente singelo não é inócuo. O eleitor que tem o hábito de vigiar o eleito, de fiscalizar o exercício de seu mandato, é um formador de opinião. Idêntica a consideração que merece aquele leitor acostumado a fazer chegar aos jornais, às revistas semanais e à TV a sua mensagem. Esse é um termômetro de avaliação a que os detentores do poder político não poderão estar desatentos.

A denúncia é outro instrumento de atuação cidadã na defesa do meio ambiente. Qualquer gesto ou atitude em desrespeito à ecologia merece denúncia às autoridades encarregadas de fazer valer o ordenamento. Guarda Civil, no Município, Polícia Civil e Militar, esta com um atendimento específico para as questões ambientais, pois detém – ao menos em São Paulo – um estamento de Polícia Ambiental, devem ser os primeiros destinatários dessa contribuição para a correção dos costumes. O Ministério Público é a instituição encarregada da representação judicial dos interesses difusos e dos interesses sociais e individuais indisponíveis. A constatação presente é a de que o Ministério Público tem sido o mais eficaz guardião do meio ambiente, conforme já enfatizado. Quase todas as ações civis públicas ambientais são por ele promovidas.

As autoridades administrativas também têm sua obrigação de coibir os maus-tratos perpetrados contra o meio ambiente. Prevaricam se não cumprirem com o seu dever. Existem o Ministério do Meio Ambiente e seus organismos, as Secretarias Estaduais e Municipais do Meio Ambiente. Algumas autarquias se prestam a isso, notadamente aquelas encarregadas de tarefas delegadas pelo Estado e muito próximas à intervenção ambiental, como a coleta ou captação, tratamento e abastecimento de água, tratamento de esgoto, empresas públicas preordenadas a tutelar o bem comum de uso de todos que é a natureza.

A cidadania ambiental pode se aliar às boas iniciativas públicas e particulares. Nem todos estão cegos para o que ocorre no Brasil. Tramita pela Câmara Federal o Projeto de Lei 1.299/2007, do deputado Márcio França,[70] que cria o programa de certificação sustentável para o etanol produzido no Brasil. O objetivo é estabelecer critérios mínimos de qualidade, sustentabilidade ambiental e respeito aos direitos trabalhistas. O Brasil é o maior produtor mundial de bioetanol, com quase 13 milhões de toneladas em 2005. Há mais de cem projetos de novas usinas em curso, para elevar a produção de 3,5 bilhões de litros em 2006 para 28 bilhões de litros por ano até 2010. Já se viu, neste capítulo, a que custo ambiental se produzirá combustível para a metrópole. É necessário um mínimo de cautela para que o efêmero ufanismo não se converta em falência ambiental para as futuras gerações. Justamente aquelas confiadas ao nosso zelo pelo constituinte de 1988.

Parece invencível fazer frente à demanda por biocombustível. Até 2010, a União Europeia precisará importar 246 milhões de litros ao ano para consumo próprio. No Japão, a demanda será de 773 milhões de litros/ano. Nos Estados Unidos, 407 milhões e na China, 71 milhões. Ora, a União Europeia imporá restrições – legítimas – ao etanol brasileiro. Ela exige que os exportadores certifiquem seus produtos e garantam a qualidade e a sustentabilidade da produção. Só que isso é coisa séria. Não se admitirá tergiversação, nem prevalecerá – para acesso ao exigente e sofisticado mercado europeu – a solução do *jeitinho brasileiro*.[71] A discussão desse projeto não deixará de examinar todos os problemas que cercam a produção do álcool. Desde a devastação da mata, até às queimadas nefastas, com parada obrigatória nas condições de trabalho dos desqualificados migrantes chamados a cortar cana. A participação do maior

70. O deputado Márcio França é do PSB-SP.

71. O Brasil pressiona a OMC – Organização Mundial do Comércio para que o etanol seja incluído como *produto ambiental* e não se sujeite a barreiras, mas encontra resistências, pois não conseguiu convencer Washington e Bruxelas de que o álcool aqui produzido seja ambiental e socialmente correto. Fonte: *O Estado de S. Paulo*, 4 out. 2007, Brasil pressiona a OMC pelo etanol, p. B-12 – Economia.

número de interessados na sua tramitação e debates será saudável exercício de cidadania.

Outro projeto que merece atenção é aquele elaborado por nove organizações ambientais, com adesão de três governadores amazônicos. Batizado de *Pacto pela Valorização da Floresta e pelo Fim do Desmatamento na Amazônia*, esse plano estabelece metas de redução da expansão da fronteira agrícola. A proposta é o corte de 25% no primeiro ano, 25% no segundo, 30% no terceiro, até os 100% a partir da taxa atual de 14 mil quilômetros quadrados. O raciocínio é singelo: a agricultura brasileira pode se manter competitiva só com as terras que já foram desmatadas: cerca de 600 mil quilômetros quadrados! O desmatamento é péssimo negócio. Os 200 milhões de toneladas de carbono emitidas anualmente pelo corte raso na Amazônia agravam o aquecimento global. O Brasil já é o *quarto maior poluidor* do mundo.[72]

Integrar uma ONG é também saudável. Existem muitas que se dedicam a nobres tarefas, a suprir o descaso governamental e a controlar a atuação estatal num país em que o Poder Público – lamente-se – não é o menor entre os infratores ambientais. A soma dos interesses individuais confere representatividade significativa ao Terceiro Setor. Não se dispense a participação dos Conselhos do Meio Ambiente, em funcionamento junto a cada unidade da federação e de profunda repercussão em sua ingerência nos problemas ecológicos, legitimados pela atuação da cidadania em seus corpos deliberativos.

Estimular campanhas em defesa de bens ameaçados ou de conscientização popular, obrigar as empresas ao exercício efetivo de sua responsabilidade social, levar o tema às escolas, às empresas, aos clubes, às entidades, às cooperativas, a todos os segmentos da cidadania, tudo isso contribui para formar uma consciência ambiental coletiva.

Não existe outra alternativa. Recordar que não há inocentes nessa dilapidação – consciente ou inconsciente – de um tesouro que foi legado ao homem e pelo qual ele responderá como depositário infiel. A humanidade será severamente julgada pelos pósteros, por haver deixado a situação atingir níveis tão lastimáveis. Conscientizem-se todos de que "devastamos mais da metade de nosso país, pensando que era preciso deixar a natureza para entrar na história: mas eis que esta última, com sua costumeira predileção pela ironia, exige-nos agora como passaporte justamente a natureza".[73]

---

72. Leia na internet o estudo-base da proposta: <www.greenpeace.org/brasil/amazonia/noticias/pacto-nacional-prop-e-metas-an>.

73. Eduardo Viveiros de Castro, *O futuro, a quem pertence?*, citado por Nurit Bensusan, op. cit., p. 407.

Aquilo que era urgente parece hoje com prazo esgotado. Indaga Washington Novaes, que acompanha o comprometimento das condições ambientais do mundo há décadas: "Haverá tempo? As notícias dos desastres climáticos e correlatas são a cada dia mais graves, inclusive no Brasil: seca sem precedentes no Centro-Oeste, perda de mais de 20% na safra de café, recrudescimento das queimadas e do desmatamento na Amazônia, previsão do Inpe de que a desertificação no semiárido atingirá 400 mil quilômetros quadrados, seguradoras brasileiras pedindo um fundo anticatástrofes para cobrir prejuízos com quebras de safras. E o degelo no Ártico aumentando este ano mais de um milhão de quilômetros quadrados".[74]

O protagonismo da infância e da juventude é a derradeira esperança. Nossas gerações falharam – quase absolutamente – na sua missão de *tutores do patrimônio natural*. Elas têm de convencer os adultos de que a insensatez tem limites. Como já escreveu Ignácio de Loyola Brandão, "Escrevo para que as pessoas exclamem: 'Estamos cometendo suicídio! E temos de pensar naqueles que não querem morrer, que estão crescendo e têm o direito de prosseguir neste mundo'."[75]

A humanidade perdeu o juízo. Está difícil acreditar no futuro. Por causa dessa perda, perderá também o espaço de sobrevivência neste planeta azul que já foi um jardim e que se transforma, rapidamente, na *lata de lixo* do cosmos.

Para reflexão em grupo

1. A natureza tem direitos que devem ser assegurados pela humanidade?
2. Existe o risco de se ocultar, sob pretenso amor à Natureza, um *ódio ao homem?*
3. Os animais são titulares de direitos?
4. O antropocentrismo deve ser o único fundamento para uma efetiva tutela ambiental?
5. Como impedir que aumentem as espécies ameaçadas de extinção no território brasileiro?
6. A solução dos Parques Nacionais e Reservas Naturais é a melhor estratégia para preservar a biodiversidade?

---

74. Washington Novaes, Primeiro o faroeste e só depois o xerife? *O Estado de S. Paulo*, 5 out. 2007, p. A-2.

75. Ignácio de Loyola Brandão, *Manifesto verde* cit., p. 13.

7. Como valorizar os *saberes tradicionais*, tão desprezados pelos *saberes acadêmicos*?
8. O proprietário da área degradada é obrigado a regenerá-la ou a aguardar que a natureza a restaure sem intervenção humana?
9. A *reserva florestal* de 20% das propriedades rurais deve ser mantida, reduzida, excluída ou aumentada? O que a revogação do *Código Florestal* trouxe de modificação no tratamento legislativo do tema?
10. Quais as prioridades na tutela ambiental do Brasil neste início de século XXI?

Bibliografia

ABI-EÇAB, Pedro; GAIO, Alexandre. *Lei da Política Nacional do Meio Ambiente: 30 anos*. Campo Grande: Contemplar, 2012.

ABRÃO, Carlos Henrique. *Processo eletrônico – Processo digital*. 3. ed. São Paulo: Atlas, 2011.

ADEODATO, João Maurício. *Filosofia do direito – Uma crítica à verdade na ética e na ciência*. São Paulo: Saraiva, 1996.

ADORNO, Theodor W.; HORKHEIMER, Max. *Dialética do esclarecimento*. reimp. Rio de Janeiro: Jorge Zahar Editor, 2006.

AGOSTINHO. *Confissões*. Trad. e notas de SANTO, Arnaldo do Espírito; BEATO, João; PIMENTEL, Maria Cristina de Castro-Maia de Sousa. Lisboa: Imprensa Nacional-Casa da Moeda, 2000. Livro III.

______. *A cidade de Deus*. Trad. e prefácio de J. Dias Pereira. Lisboa: Fundação Calouste Gulbenkian, 1996. Livro XIV.

AGUILÓ, Alfonso. *Luzes e sombras na Igreja – Pontos discutidos sobre a história e a vida da Igreja*. São Paulo: Quadrante, 2011.

ALMARAZ, Maria Jesús Moro. *Aspectos civiles de la inseminación artificial y la fecundación* in vitro. Barcelona: Bosch, 1988.

ALMEIDA, Alberto Carlos. *O dedo na ferida – Menos imposto, mais consumo*. Rio de Janeiro/São Paulo: Record, 2010.

ALMEIDA, Dom Luciano Mendes de. Economia solidária. *Folha de S. Paulo*, 01.02.1997.

ALMEIDA, José Maurício Pinto de; LEARDINI, Márcia. *Recrutamento e formação de magistrados no Brasil*. Curitiba: Juruá, 2007.

ALONSO, E. Estrada. *Las uniones extramatrimoniales en el derecho civil español*. Madrid: Civitas, 1986.

ALONSO, Eduardo Serrano. El depósito de esperma o de embriones congelados y los problemas de la fecundación *post mortem*. *La filiación a finales del siglo XX*. Ponencias y Comunicaciones del II Congreso Mundial Basco. Departamento de Derecho Privado de la Universidad del País Vasco. Madrid: Trivium, 1988.

ALONSO, Félix Ruiz; LÓPEZ, Francisco Granizo; CASTRUCCI, Plínio de Lauro. *Curso de ética em administração*. São Paulo: Atlas, 2006.

ALONSO, Javier Urcelay. Televisión y disolución familiar. *Verbo*. série XXXIV. n. 339-340, 1995.

ALTAMIRANO, Alejandro C. Objeción de conciencia en materia tributaria. *Revista Ibero-Americana de Direito Público*. n. XIX. Rio de Janeiro, 2005.

ANDERS, Günther. *L'uomo è antiquato*. Considerazioni sull'anima nell'era della seconda rivoluzione industriale. Milano: Il Saggiatore, 1963.

ANOREG-SP. *Serviços notariais e de registro*. São Paulo: Escola Nacional da Magistratura/Anoreg/Assesp, 1996. (Teses apresentadas no 1.º Simpósio Nacional de Serviços Notariais e Registrais.)

ANTONIL, André João. *Cultura e opulência do Brasil*. Belo Horizonte/São Paulo: Itatiaia/EDUSP, 1982.

ANZENBACHER, Arno. *Introdução à filosofia ocidental*. Petrópolis: Vozes, 2009.

AQUINO, Tomás de. *Summa teológica*. Trad. Alexandre Corrêa. 2. ed. Caxias do Sul: Escola Superior de Teologia São Lourenço de Brindes/Universidade de Caxias do Sul/Livraria Sulina Editora/UFRS-Grafosul – Ind.Gráfica Editora Ltda, 1980.

ARENDT, Hannah. *A condição humana*. 11. ed. Rio de Janeiro: Forense Universitária, 2010.

ARISTÓTELES. *Ética a Nicômaco*. São Paulo: Abril Cultural, 1973. Coleção Os Pensadores. Livro II, 25-30.

______. *Ética a Nicômaco*. Trad. do grego e notas de António C. Caieiro. Lisboa: Quetzal Editores, 2004; São Paulo: Atlas, 2009. II, 6, 1107.ª.

ARMSTRONG, Karen. *Em defesa de Deus – O que a religião realmente significa*. São Paulo: Companhia das Letras, 2011.

ASH, William. *Marxismo e moral*. Rio de Janeiro: Zahar, 1965.

ASHLEY, Patrícia Almeida (coord.). *Ética e responsabilidade social nos negócios*. 2. ed. São Paulo: Saraiva, 2005.

ASPIAZU, Joaquin. *La moral del hombre de negocios*. Madrid: Razón y Fe, 1944.

ASSIS, Joaquim Maria Machado de. *Memórias póstumas de Brás Cubas/Dom Casmurro*. São Paulo: Abril Cultural, 1971.

AZEVEDO, Álvaro Villaça. *Estatuto da família de fato*. São Paulo: Jurídica Brasileira, 2001.

BALERA, Wagner; SAYEG, Ricardo. *O capitalismo humanista – Filosofia humanista de direito econômico*. Petrópolis: KBR, 2011.

BARBOSA FILHO, André; CASTRO, Cosette. O cenário de convergência: as inovações de modelo de negócio com o SBTVD. In: RAMOS, Murilo César; SANTOS, Suzy dos (org.). *Políticas de comunicação: buscas teóricas e práticas*. São Paulo: Paulus, 2007.

BARBOSA MOREIRA, José Carlos. O direito do nascituro à vida. In: MARTINS, Ives Gandra (coord.). *Direito fundamental à vida*. São Paulo: Quartier Latin, 2005.

BARRETO, Adalberto. Exclusão e doenças da alma. In: BINDÉ, Jérôme (coord.). *Para onde vão os valores?* Lisboa: Instituto Piaget, 2006.

BARRETO, António (coord.). *Justiça em crise?* Crises da justiça. Lisboa: Dom Quixote, 2000.

BARROSO, Luís. *Interpretação e aplicação da Constituição*. 6. ed. São Paulo: Saraiva, 2004.

BASTOS, Celso Ribeiro; TAVARES, André Ramos. *O Estado de S. Paulo*, 31.01.1998.

BAUDRILLARD, Jean. *Cool memories III – Fragmentos 1991-1995*. São Paulo: Estação Liberdade, 2000.

______. *Cool memories IV – Crônicas 1996-2000*. São Paulo: Estação Liberdade, 2002.

BAUMAN, Zygmunt. *Ética pós-moderna*. 3. ed. São Paulo: Paulus, 2006.

BENSUSAN, Nurit et alii. *Biodiversidade: para comer, vestir ou passar no cabelo? Para mudar o mundo!* São Paulo: Peirópolis, 2006.

BENTHAM, Jeremy. *Science of morality* (1834). São Paulo: Abril Cultural, 1974. Coleção Os Pensadores.

______. *An introduction to the principles of morals and legislation*. Oxford: Blackwell, 1967.

BERISTAIN, Antonio. *Crisis del derecho represivo – Orientaciones de organismos nacionales y internacionales*. Madrid: Edicusa, 1977.

______. Ética policial según las Naciones Unidas. *Justitia*. vol. 46. 1995.

BERNARD, J. *The future of marriage*. New York: Bantam Books, 1973.

BERNARD, Philippe J. *Perversões da utopia moderna*. Bauru: EDUSC, 2000.

BEVILAQUA, Clóvis. *Direito das obrigações*. 3. ed. Rio de Janeiro: Freitas Bastos, 1931.

BEVORT, Antoine. *Pour une démocratie participative*. Paris: Presses de Sciences Politiques, La Bibliothèque du Citoyen, 2002.

BINDÉ, Jérôme (coord.). *Para onde vão os valores?* Lisboa: Instituto Piaget, 2006.

BITTAR, Carlos Alberto. *O direito civil na Constituição de 1988*. São Paulo: Ed. RT, 1990.

BITTENCOURT, Edgard de Moura. *O juiz*. 2. ed. São Paulo: Leud, 1982.

BOBBIO, Norberto. *Da estrutura à função – Novos estudos de teoria do direito*. São Paulo: Manole, 2007.

______; MATEUCCI, Nicola; PASQUINO, Gianfranco. *Dicionário de política*. 5. ed. São Paulo: UNB, 2000. vol. 1.

BODEI, Remo. *A filosofia do século XX*. Bauru: EDUSC, 2000.

BONHOEFFER, Dietrich. *Ética*. São Leopoldo: Sinodal, 1988.

BOSI, Alfredo. *Dialética da colonização*. São Paulo: Companhia das Letras, 1992.

BOTTINI, Pierpaolo; RENAULT, Sérgio Rabello Tamm. *Reforma do Judiciário – Comentários à Emenda Constitucional 45/2004*. São Paulo: Saraiva, 2005.

BRANDÃO, Ignácio de Loyola. *Manifesto verde*. 7. ed. São Paulo: Global, 2001.

BRAZIL, Horus Vital. Uma ética de reconhecimento e renúncia. In: FRANÇA, Maria Inês (org.). *Ética, psicanálise e sua transmissão*. Petrópolis: Vozes, 1996.

BRITO, Adriano Naves de (org.). *Ética – Questões de fundamentação*. Brasília: UnB, 2007.

BRITTO, Carlos Ayres. *Teoria da constituição*. Rio de Janeiro: Forense, 2003.

BROSCHI, L. Trigo. *Família, representação e cotidiano – Reflexões sobre um trabalho de campo*. São Paulo: CERU/CODAC/USP, 1989.

BRUNI, Luigino. *A ferida do outro – Economia e relações humanas*. Lisboa: Cidade Nova, 2010.

CALAMANDREI, Piero. *Eles, os juízes, vistos por nós, os advogados*. 6. ed. Lisboa: Livraria Clássica, 1977.

CALDEIRA, Jorge. *A nação mercantilista – Ensaio sobre o Brasil*. São Paulo: Editora 34, 1999.

CANARIS, Claus-Wilhelm. *Pensamento sistemático e conceito de sistema na ciência do direito*. Trad. de A. Menezes Cordeiro. 3. ed. Lisboa: Fundação Calouste-Gulbenkian, 2002.

CANOTILHO, José Joaquim Gomes. *Direito constitucional*. 6. ed. Coimbra: Almedina, 1993.

CAPRIGLIONE, Laura. *Alta infidelidade*. *Família brasileira* (publicação especial da *Folha de S. Paulo*), 2007.

CARDELLA, Haroldo; CREMASCO, José Antonio. *Manual de ética profissional do advogado*. Campinas: Millennium, 2005.

CARDOSO, Ruth. A cidadania em sociedades multiculturais. In: Secretaria da Justiça e da Defesa da Cidadania (diversos autores). *O preconceito*. São Paulo: IMESP, 1996/1997.

CARNIO, Henrique Garbellini; GONZAGA, Alvaro de Azevedo. *Curso de sociologia jurídica*. São Paulo: Ed. RT, 2011.

CARVALHO, Amilton Bueno de. *Direito alternativo e processo. Lições alternativas de direito processual*. São Paulo: Acadêmica, 1995.

CARVALHO, Gisele Mendes de. A nova lei de biossegurança (Lei 11.105/2005) e a polêmica em torno à utilização de embriões humanos para fins terapêuticos. *Boletim IBCCrim*, n. 155, out. 2005.

CARVALHO, José Maurício de. Experiência moral e valores no pensamento ético de Max Scheler. In: ______ (org.). *Problemas e teorias da ética contemporânea*. Porto Alegre: Edipucrs, 2004.

CASTRO, Lídia Rosalina Folgueira; SILVA, Evani Zambon Marques da. *Psicologia judiciária para concursos da magistratura*. São Paulo: Edipro, 2011.

CASTRO, Messias Mercadante de; OLIVEIRA, Lúcia Maria Alves de. *A gestão ética, competente e consciente – Tributo à memória de E. F. Schumacher*. São Paulo: M. Books do Brasil, 2008.

CASTRO, Moacir Werneck de. *A máscara do tempo – Visões da era global*. Rio de Janeiro: Civilização Brasileira, 1996.

CASTRUCCI, Plínio de Lauro; ALONSO, Félix Ruiz; LÓPEZ, Francisco Granizo. *Curso de ética em administração*. São Paulo: Atlas, 2006.

CATTANEO, Mario A. *Pena, diritto e dignità umana – Saggio sulla filosofia del diritto penale*. Torino: Giappichelli, 1990.

CAUPERS, João. *A administração periférica do Estado – Estudo de ciência da administração*. Lisboa: Aequitas, 1994.

CHALITA, Gabriel. *Os dez mandamentos da ética*. São Paulo: Nova Fronteira, 2003.

CHORÃO, Mário Bigotte. O conceito de direito. *Introdução ao direito*. Coimbra: Almedina, 1988. vol. 1.

CHUNG, Fay. As mulheres e o futuro da educação. In: BINDÉ, Jérôme (coord.). *Para onde vão os valores?* Lisboa: Instituto Piaget, 2006.

CLOSS, Darcy; PRIETO, Virgínia Daudt. *Subsídios à implantação da Escola Nacional de Formação e Aperfeiçoamento de Magistrados*. Brasília: Superior Tribunal de Justiça, 2006/2007. vol. 1 a 8.

CLUNY, António. Uma justiça dúctil para um país normal. In: BARRETO, António (coord.). *Justiça em crise?* Crises da justiça. Lisboa: Dom Quixote, 2000.

COELHO, Marcelo. A doação de órgãos e o horror à própria morte. *Folha de S. Paulo*, 29.01.1997.

______. A família arruma a cama. *Folha de S. Paulo*, 07.10.2007, p. 9.

COELHO, Sacha Calmon Navarro. *Comentários à Constituição de 1988 – Sistema tributário*. 8. ed. Rio de Janeiro: Forense, 1999.

COLTRO, Antonio Carlos Mathias; ZIMERMAN, David (org.). *Aspectos psicológicos na prática jurídica*. Campinas: Millennium, 2002.

COMPARATO, Fábio Konder. *Ética* – Direito, moral e religião no mundo moderno. São Paulo: Companhia das Letras, 2006.

______. Sobre a legitimidade das constituições. In: BONAVIDES, Paulo; BEDÊ, Fayga Silveira; LIMA, Francisco Gérson Marques de (coord.). *Constituição e democracia – Estudos em homenagem ao Professor J. J. Gomes Canotilho*. São Paulo: Malheiros, 2006.

COMTE-SPONVILLE, André. *Pequeno tratado das grandes virtudes*. São Paulo: Martins Fontes, 1996.

CORTINA, Adela. *Ética aplicada y democracia radical*. 2. ed. Madrid: Tecnos, 1997.

COUTINHO, Heliana Maria de Azevedo. *O juiz agente político*. Campinas: Copola, 1998.

COUTURE, Eduardo J. *Fundamentos del derecho procesal civil*. Buenos Aires: Depalma, 1987.

CREMASCO, José Antonio; CARDELLA, Haroldo. *Manual de ética profissional do advogado*. Campinas: Millennium, 2005.

CRUZ, Rogério Schietti Machado. *Processo penal pensado e aplicado*. Brasília: Brasília Jurídica, 2005.

DALLARI, Dalmo de Abreu. *O poder dos juízes*. São Paulo: Saraiva, 1996; 3. ed., 2007.

DANTAS, San Tiago. A educação jurídica e a crise brasileira. Brasília: Universidade de Brasília, Encontros UNB, Ensino Jurídico Brasília, 1978/1979.

DAVID, D. *L'insemination artificielle humaine – Un nouveau mode de filiation*. Paris: ESF, 1984.

DAWKINS, Richard. *Deus, um delírio*. São Paulo: Companhia das Letras, 2007.

DE LUCCA, Newton. *Da ética geral à ética empresarial*. São Paulo: Quartier Latin, 2009.

DE STEFANO, Rodolfo. *Legge etica e legge giuridica*. Milano: Giuffrè, 1955.

DEL COLLADO, T. Herrero. *La inseminación artificial humana ante el derecho penal*. Granada, 1969.

DELEUZE, Gilles; GUATTARI, Félix. *O que é a filosofia?* São Paulo: Editora 34, 2010.

DELRUELLE, Édouard. *Metamorfose do sujeito – A ética filosófica de Sócrates a Focault*. Lisboa: Instituto Peaget, 2004.

DENNET, Daniel. *Quebrando o encanto*. Rio de Janeiro: Globo, 2006.

DERRIDA, Jacques. *Estados-da-alma da psicanálise – O impossível para além da soberana crueldade*. São Paulo: Escuta, 2001.

______. *A universidade sem condição*. São Paulo: Estação Liberdade, 2003.

______; ROUDINESCO, Elisabeth. *De que amanhã? – Diálogo*. Trad. André Telles. Rio de Janeiro: Zahar, 2004.

DIAMOND, Jared. *Colapso – Como as sociedades escolhem o fracasso ou o sucesso*. Rio de Janeiro/São Paulo: Record, 2005.

DIAS, Maria Berenice. *Manual de direito das famílias*. 4. ed. São Paulo: Ed. RT, 2007.

DIMENSTEIN, Gilberto. Artigo. *Folha de S. Paulo*, Folha-Mundo, 1.º caderno, 29.01.1997.

DINAMARCO, Cândido Rangel. Prefácio. In: SOUZA, Carlos Aurélio Mota de. *Poderes éticos do juiz*. Porto Alegre: Fabris, 1987.

DINIZ, Maria Helena. *Dicionário jurídico*. São Paulo: Saraiva, 1998. vol. 1.

______. *O estado atual do biodireito*. 3. ed. São Paulo: Saraiva, 2006.

DIP, Ricardo Henry Marques. *Da ética geral à ética profissional dos registradores*. 2. ed. atual. Porto Alegre: Fabris, 1998.

______ (coord.). *Estudos em homenagem a Gilberto Valente da Silva*. Porto Alegre: Safe, 2005.

______ (coord.). *Registros públicos e segurança jurídica*. Porto Alegre: Safe, 1998.

______. Doação *post-mortem*: a indispensável consulta à família do possível doador. *Interação – Órgão de difusão técnico-científica do Hospital das Clínicas*. n. 4. ano 2, abr.-maio 1998.

______. Para a retificação do ensino jurídico no Brasil. In: CARVALHO, Milton Paulo de (coord.). *Temas atuais de direito*. São Paulo: Ed. LTr, 1998.

______; NALINI, José Renato. *Registro de imóveis e notas – Responsabilidade civil e disciplinar*. São Paulo: Ed. RT, 1997.

DUMONT, Jean-Paul. *Elementos de história da filosofia antiga*. Trad. Georgete M. Rodrigues. Brasília: Ed. UnB, 2004.

DURAND, Guy. *A bioética. Natureza, princípios e objetivos*. 2. ed. São Paulo: Paulus, 2008.

______. *La bioéthique*. Paris/Montreal: Cerf/Fides, 1989.

ECO, Umberto. *Apocalípticos e integrados ante la cultura de masas*. Barcelona: Lumen, 1977.

EPÍCTETO. *Manual de Epícteto*. Trad. e prefácio de Pedro Alvim. Lisboa: Veneza Limitada, 1992.

EPICURO. *Cartas máximas*. Trad. francesa de M. Conche. Paris: PUF, 1987.

ESTÉBANEZ, Emilio García. *El ámbito para la vida: ecología. Violencia y respeto a la vida*. Salamanca: San Esteban, 1980.

ESTORNINHO, Maria João. *A fuga para o direito privado – Contributo para o estudo da atividade de direito privado da administração pública*. Coimbra: Almedina, 1999.

FARALLI, Carla. *La filosofia del diritto contemporaneo*. Roma-Bari: Laterza, 2002.

FARIA, C. R. S. M.; ROMERO, L. C. P. Clonagem humana: um panorama da questão. *Senado – Consultoria Legislativa*. Brasília, 2003. Disponível em: [www.senado.gov.br/web/conleg/artigos/politicasocial/ClonagemHumana.pdf]. Acesso em: 04.10.2007.

FARIA, Dárcio Augusto Chaves. A ética profissional dos procuradores públicos. *Revista Forense*. vol. 321. p. 31. Rio de Janeiro.

FARIA, José Eduardo Campos de Oliveira. *Direito e justiça – A função social do Judiciário*. São Paulo: Ática, 1989.

______. *O direito na economia globalizada*. São Paulo: Malheiros, 2004.

______. Discurso de posse como professor titular da USP. *Revista da Faculdade de Direito da USP*, n. 97, 2002.

FARREL, Martín Diego. *Métodos de la ética*. Buenos Aires: Abeledo-Perrot, 1994.

FEARN, Nicholas. *Aprendendo a filosofar em 25 lições – Do poço de Tales à desconstrução de Derrida*. Rio de Janeiro: Zahar, 2004.

FERNANDES, Ana Maria Babette Bajer; FERNANDES, Paulo Sérgio Leite. *Aspectos jurídico-penais da tortura*. São Paulo: Saraiva, 1982.

FERRAZ, Patrícia André de Camargo. Cartórios brasileiros em constante mudança. *Folha de S. Paulo*, 30.06.2009.

FERREIRA, Elisa. O Brasil incomoda, no bom sentido (entrevista). *O Estado de S. Paulo*, 07.10.2007.

FERREIRA, Luiz Tarcísio Teixeira. *Parcerias público-privadas – Aspectos constitucionais*. Belo Horizonte: Fórum, 2006.

FERRÉS, Joan. Prólogo. *Televisión y educación*. Barcelona: Paidós, Ibérica, 1994. Colección Papeles de Pedagogia.

FERRY, Luc. *Aprender a viver – Filosofia para os novos tempos*. Rio de Janeiro: Objetiva, 2007.

______. *Le nouvel ordre écologique*. Paris: Grasset, 1992.

______. *A nova ordem ecológica – A árvore, o animal e o homem*. Rio de Janeiro: Difel, 2009.

FIORILLO, Celso Antonio Pacheco. *Curso de direito ambiental brasileiro*. 10. ed. São Paulo: Saraiva, 2009.

FLANNERY, Tim. *Os senhores do clima*. Trad. Jorge Calife. Rio de Janeiro: Record, 2007.

FOLEY, John P. *Ética da publicidade*. Vaticano, 1997.

FONSECA SOBRINHO, Délcio da. *Estado e população: uma história do planejamento familiar no Brasil*. Rio de Janeiro: Rosa dos Tempos, 1993.

______. *Famílias chefiadas por mulheres*. Fundação Sistema Estadual de Análise de Dados. São Paulo: Seade, 1993.

FORTE, Bruno. *A essência do cristianismo*. Petrópolis: Vozes, 2003.

FOUCAULT, Michel. *Vigiar e punir – História da violência nas prisões*. Petrópolis: Vozes, 1987.

FRANÇA, Maria Inês (org.). *Ética, psicanálise e sua transmissão*. Petrópolis: Vozes, 1996.

FRANKL, Viktor E. *El hombre en busca del sentido último*. Buenos Aires: Paidós, 2004.

FREIRE, Rodrigo da Cunha Lima; NEVES, Daniel Amorim Assumpção; RAMOS, Glauco Gumerato; MAZZEI, Rodrigo. *Reforma do CPC*. São Paulo: Ed. RT, 2006.

FREITAS, Gilberto Passos de (org.). *A jurisprudência do Tribunal de Justiça de São Paulo em matéria ambiental*. Campinas: Millennium, 2009.

FREITAS, Vladimir Passos de. *A Constituição Federal e a efetividade das normas ambientais*. 3. ed. São Paulo: Ed. RT, 2005.

FREUD, Sigmund. *O mal-estar na civilização, novas conferências introdutórias à psicanálise e outros textos (1930-1936)*. São Paulo: Companhia das Letras, 2010.

GAIO, Alexandre; ABI-EÇAB, Pedro (orgs.). *Lei da Política Nacional do Meio Ambiente: 30 anos*. Campo Grande: Contemplar, 2012.

GAMBRA, Rafael. *El silencio de Diós*. Madrid: Prensa Española, 1968.

GANTHALER, Heinrich. *O direito à vida na medicina – Uma investigação moral e filosófica*. Porto Alegre: Fabris, 2006.

GARAUDY, Roger. *Minha jornada solitária pelo século*. São Paulo: Nova Fronteira, 1998.

GARCIA, Maria. *Limites da ciência. A dignidade da pessoa humana. A ética da responsabilidade*. São Paulo: Ed. RT, 2004.

GARCIA-ROSA, Luiz Alfredo. Ética e política em psicanálise. In: FRANÇA, Maria Inês (org.). *Ética, psicanálise e sua transmissão*. Petrópolis: Vozes, 1996.

GHELEM, Jauro. Deontologia do magistrado. *Caderno de Deontologia Jurídica*, Recife, 1989.

GIANNITI, Pasquale. *Principi di deontologia forense. I grandi orientamenti della giurisprudenza civile e commerciale*. Collana diretta da Francesco Galgano. Padova: Cedam, 1992.

GIDDENS, Anthony. *Modernidade e identidade*. Rio de Janeiro: Zahar, 2002.

GILSON, Etienne. *Introdução ao estudo de Santo Agostinho*. São Paulo: Paulus, 2007.

______; BOEHNER, Philoteus. *História da filosofia cristã*. 10. ed. Petrópolis: Vozes, 2007.

GLENN, Paul J. *Ethics – A class manual in moral philosophy*. London: B. Herder Book Co., 1965.

GOLDENBERG, Mirian. *De perto ninguém é normal – Estudos sobre corpo, sexualidade, gênero e desvio na cultura brasileira*. Rio de Janeiro/São Paulo: Record, 2005.

______. *Infiel*. Rio de Janeiro/São Paulo: Record, 2006.

______. *A outra*. Rio de Janeiro/São Paulo: Record, 2006.

GOMES, Orlando. *Direito de família*. 3. ed. Rio de Janeiro: Forense, 1978.

GÓMEZ, Emiliano. *Liderança ética – Um desafio do nosso tempo*. São Paulo: Planeta do Brasil, 2005.

GONZAGA, Alvaro de Azevedo; CARNIO, Henrique Garbellini. *Curso de sociologia jurídica*. São Paulo: Ed. RT, 2011.

GONZÁLEZ-CARVAJAL, Luis. *Ideas y creencias del hombre actual*. Santander: Sal Terrae, 1991.

GOODWIN, H. Eugene. *Procura-se ética no jornalismo*. Rio de Janeiro: Nórdica, 1993.

GOYTISOLO, Juan Vallet de. La educación en la familia. *Verbo* 339-340, 1995.

GRANGEIA, Marcos Alaor Diniz. *Administração judiciária – Gestão Cartorária*. Brasília: Enfam, 2011.

GRANZIERA, Maria Luiza Machado. *Direito ambiental*. 2. ed. São Paulo: Atlas, 2011.

GRAYSON, David; HODGES, Adrian. *Compromisso social e gestão empresarial*. São Paulo: Publifolha, 2005.

GRESPAN, Jorge. A ineficácia da dialética. *Folha de S. Paulo*, 26.10.1997.

GROTTI, Dinorá Adelaide Musetti. A experiência brasileira nas concessões de serviço público. In: SUNDFELD, Carlos Ari (coord.). *Parcerias público-privadas*. São Paulo: Malheiros, 2005.

GUARIGLIA, Osvaldo. *Una ética para el siglo XXI – Ética y derechos humanos en un tiempo posmetafísico*. 2. reimpr. Buenos Aires: Fondo de Cultura Económica de Argentina, 2006.

GUATTARI, Félix; DELEUZE, Gilles. *O que é a filosofia?* 3. ed. São Paulo: Editora 34, 2010.

GUERRA FILHO, Willis Santiago. *Para uma filosofia da filosofia*. Fortaleza: UFC-Casa de José de Alencar, 1999.

______. Teoria constitucional dos princípios jurídicos e garantismo penal: por uma atualização teórica de conceitos fundamentais. In: BONAVIDES, Paulo; BEDÊ, Fayga Silveira; LIMA, Francisco Gérson Marques de (coord.). *Constituição e democracia – Estudos em homenagem ao Professor J. J. Gomes Canotilho*. São Paulo: Malheiros, 2006.

GUIMARÃES, Roberto P.; TEIXEIRA, Aloísio. A ecopolítica da sustentabilidade em tempos de globalização corporativa. In: BECKER, Bertha K.; GARAY, Irene (org.). *Dimensões humanas da biodiversidade – O desafio de novas relações sociedade-natureza no século XXI*. Petrópolis: Vozes, 2006.

GUISAN, Esperanza. Utilitarismo. In: CAMPS, Victoria; GUARIGLIA, Osvaldo e SALMERÓN, Fernando. *Concepciones de la ética*. Madrid: Editorial Trotta S/A, 2004.

HÄBERLE, Peter, *Hermenêutica constitucional. A sociedade aberta dos intérpretes da Constituição. Contribuição para a interpretação pluralista e procedimental da Constituição*. Trad. Gilmar Ferreira Mendes. Porto Alegre: Sergio Antonio Fabris Editor, 1997.

HABERMAS, Jürgen. *Faticidade e validade*. Trad. Flávio Bueno Siebeneichler. Rio de Janeiro: Tempo Brasileiro, 1997.

______. *Historia y critica de la opinión pública:* la transformación estructural de la vida pública. Trad. António Doménech, com colaboração de Rafael Grasa. 6. ed. México: Ediciones G. Gili, AS de CV, 1999.

______. *O futuro da natureza humana*. São Paulo: Martins Fontes, 2004.

HAMMERSCHMIDT, Denise. Transgênicos e direito penal. *Revista dos Tribunais*. n. 853. São Paulo: Ed. RT, nov. 2006.

HAMMOND, Allen; PRAHALAD, C.K. Servindo aos pobres do mundo, com lucro. Ética e responsabilidade social nas empresas. Martius Vicent Rodrigues y Rodrigues (org.). Rio de Janeiro: Elsevier/Campus, 2005.

HANDY, Charles. Para que serve uma empresa. In: RODRIGUEZ Y RODRIGUEZ, Martius Vicente (org.). *Ética e responsabilidade social nas empresas*. Rio de Janeiro: Elsevier/Campus, 2005.

HARE, R. M. *A linguagem da moral*. São Paulo: Martins Fontes, 1996.

HAVARD, Alexandre. *Virtudes & Liderança – A sabedoria das virtudes aplicada ao trabalho*. São Paulo: Quadrante, 2011.

HERNÁNDEZ, Alfredo Fuentes. *Reforma judicial en América Latina – Una tarea inconclusa*. Santa Fé de Bogotá: Corporación Excelencia en la Justicia, 1999.

HERNÁNDEZ, Francisco Rivero. La investigación de la mera relación biológica en la filiación derivada de fecundación artificial. *La filiación a finales del siglo XX*. Ponencias y Comunicaciones del II Congreso Mundial Vasco. Departamento de Derecho Privado de la Universidad del País Vasco. Madrid: Trivium, 1988.

HÉRONNIÈRE, Edith de la. *Teilhard de Chardin – Une mystique de la traversée.* Paris: Albin Michel, 2003.

HESSEL, Stéphan. *Indignai-vos.* São Paulo: Leya, 2011.

HESSEN, Johannes. *Filosofia dos valores.* Trad. Cabral de Moncada. 5. ed. Coimbra: Arménio Amado Ed., 1980.

HILDEBRAND, Dietrich von. *Atitudes éticas fundamentais.* São Paulo: Quadrante, 1988.

HITCHENS, Christopher. *Deus não é grande.* Rio de Janeiro: Ediouro, 2007.

HOFFMAN, Paulo. *Razoável duração do processo.* São Paulo: Quartier Latin, 2006.

HORKHEIMER, Max. *Dialética do esclarecimento.* reimp. Rio de Janeiro: Zahar, 2006.

HORTELANO, Antonio. *Moral responsável.* São Paulo: Edições Paulistas, 1970.

INSTITUTO ANTÔNIO HOUAISS. *Dicionário eletrônico Houaiss da língua portuguesa.* São Paulo: Objetiva, 2004.

IRIBARREN, Jesus. *El derecho a la verdad.* Madrid: Biblioteca de Autores Cristianos, 1968.

JABOR, Arnaldo. A consciência do mal no paraíso tropical. *O Estado de S. Paulo,* 02.10.2007.

JAGUARIBE, Hélio. *Um estudo crítico da história.* São Paulo: Paz e Terra, 2001. vol. 2.

JOÃO PAULO II. Alocução ao Congresso Internacional sobre as Universidades Católicas, de 25.04.1989.

______. *Constituição apostólica sobre as universidades católicas*, de 15.08.1990.

______. *Cruzando o umbral da esperança.* Barcelona: Plaza & Janés, 1994.

______. Encíclica *Evangelium Vitae.* Roma: L'Osservarore Romano, 1995.

______. Mensagem. Televisión y familia: criterios para saber mirar. *Carta a las familias.* Murcia: Godoy, 1994.

JOHN, Liana. Biodiversidade também é uma questão de educação. In: BENSUSAN, Nurit et al. *Biodiversidade: para comer, vestir ou passar no cabelo? Para mudar o mundo!* São Paulo: Peirópolis, 2006.

JUNQUEIRA, Eliane Botelho; RODRIGUES, Horácio Wanderlei. *Ensino do direito no Brasil.* Florianópolis: Fundação Boiteux, 2002.

KALOUSTIAN, Silvio Manoug (org.). *Família brasileira – A base de tudo.* 3. ed. São Paulo: Cortez/Unicef, 1998.

KANT, Immanuel. *Crítica da razão prática.* Trad. de Artur Mourão. Lisboa: Edições 70, 1994.

______. *Fundamentação da metafísica dos costumes.* São Paulo: Abril Cultural, 1974.

______. *Fundamentação da metafísica dos costumes.* Trad. Paulo Quintela. Lisboa: Ed. 70, 1986.

______. *La philosophie de l'histoire.* Trad. de Piobetta. Paris: Méditation Denoiel, 1947.

KEHL, Maria Rita. Psicanálise, ética e política. In: FRANÇA, Maria Inês (org.). *Ética, psicanálise e sua transmissão.* Petrópolis: Vozes, 1996.

KELSEN, Hans. *Qué es la justicia*. Trad. E. Garzón Valdés. Córdoba: Universidad Nacional de Córdoba, 1956.

______. *A justiça e o direito natural*. Trad. João Baptista Machado. Coimbra: Arménio Amado Ed., 1979.

KOSLOWSKI, Peter. *La ética del capitalismo*. Madrid: Rialp, 1997.

KUJAWSKI, Gilberto de Mello. Nota dissonante. *O Estado de S. Paulo*, 01.03.1997.

KÜLPE, O. *Kant*. 3. ed. Trad. Domingo Miral López. Madrid: Labor, 1939.

KYRIAKOS, Norma. Procuradores do Estado: função essencial à justiça. In: NALINI, José Renato (coord.). *Formação jurídica*. São Paulo: Ed. RT, 1994.

LA CUADRA, R. de Veciana. *La eutelegenesia ante el derecho canónico*. Barcelona: Bosch, 1957.

LABENGACH, Tomaz; MENDONÇA-HAGLER, Leda C.; MINARÉ, Reginaldo. A biodiversidade e os marcos legais de biossegurança molecular. In: BECKER, Bertha K.; GARAY, Irene (org.). *Dimensões humanas da biodiversidade – O desafio de novas relações sociedade-natureza no século XXI*. Petrópolis: Vozes, 2006.

LANGAN, Thomas. El individualismo burgués y la familia. *Vuelve la familia por encima de las ideologías*. Madrid: Encuentro, 1988.

LARRAUD, Rufino. *Curso de derecho notarial*. Buenos Aires: Depalma, 1966.

LAWLER, R.; BOYLE, J. M.; MAY, W. *Ética sexual*. Pamplona: Eunsa, 1992.

LAZZARINI, Álvaro. As polícias militares e corpos de bombeiros militares como instrumento de defesa da cidadania. *A Força Policial* 1, 1994.

______. *Estudos de direito administrativo*. São Paulo: Ed. RT, 1995.

LEÃO JR., Paulo Silveira Martins. O direito fundamental à vida dos embriões e anencéfalos. In: MARTINS, Ives Gandra (coord.). *Direito fundamental à vida*. São Paulo: Quartier Latin, 2005.

LEARDINI, Márcia; ALMEIDA, José Maurício Pinto de. *Recrutamento e formação de magistrados no Brasil*. Curitiba: Juruá, 2007.

LECLERCQ, Jacques. *Leçons de droit naturel*. 4. ed. Namur: Wesmael-Charlier, 1958. vol. 3.

LEFF, Enrique. *Saber Ambiental – Sustentabilidade, racionalidade, complexidade, poder*. 8. ed. Petrópolis: Vozes, 2011.

LEGA, Carlo. *Deontologia de la profesión de abogado*. 2. ed. Madrid: Civitas, 1983.

LEJEUNE, Jerôme. Biotecnología y futuro del hombre: la resposta bioética. *Variaciones procreativas*. Madrid: Eudema, 1992.

LÉVÊQUE, Christian. *A biodiversidade*. Bauru: Edusc, 1999.

LÉVY, Pierre. *Cibercultura*. 2. ed. Trad. Carlos Irineu da Costa. São Paulo: Editora 34, 2005.

______. A revolução contemporânea em matéria de comunicação. In: MARTINS, Francisco Menezes; SILVA, Juremir Machado da (org.). *Para navegar no século 21 – Tecnologias do imaginário e cibercultura*. 2. ed. Porto Alegre: Sulina/EdiPUC-RS, 2000.

LEWIN, L. *Politics and parentela in Paraiba – A case study of family-oligarchy in Brazil*. New Jersey: Princeton University Press, 1987.

LEWIS, Clive Staples. *Mero cristianismo*. São Paulo: Quadrante, 1997.

LIBÂNIO, João Batista. *Jovens em tempo de pós-modernidade – Considerações socioculturais e pastorais*. São Paulo: Loyola, 2004.

LIMA, Alceu Amoroso. *Adeus à disponibilidade e outros adeuses*. Rio de Janeiro: Agir, 1969.

LIMA, Francisco Meton Marques de. As implicações recíprocas entre os valores e o direito. In: BONAVIDES, Paulo; BEDÊ, Fayga Silveira; LIMA, Francisco Gérson Marques de (coord.). *Constituição e democracia – Estudos em homenagem ao Professor J. J. Gomes Canotilho*. São Paulo: Malheiros, 2006.

LINHARES, Mônica Tereza Mansur. *Ensino jurídico. Educação, currículo e diretrizes curriculares no curso de direito*. São Paulo: Iglu, 2010.

LIPOVETSKY, Gilles. *A sociedade pós-moralista – O crepúsculo do dever e a ética indolor dos novos tempos democráticos*. Barueri: Manole, 2005.

______. *Les temps hypermodernes*. Paris: Bernard Grasset, 2004.

LOBO, Paulo Luiz Netto. *Comentários ao Estatuto da Advocacia e da OAB*. 3. ed. São Paulo: Saraiva, 2002.

______. Entidades familiares constitucionalizadas. *Família e cidadania – O novo CCB e a* vacatio legis. Belo Horizonte: IBDFAM, 2002.

LOPES, Mauricio Antonio Ribeiro. *Ética e administração pública*. São Paulo: Ed. RT, 1993.

LÓPEZ, Francisco Granizo; ALONSO, Félix Ruiz; CASTRUCCI, Plínio de Lauro. *Curso de ética em administração*. São Paulo: Atlas, 2006.

LÓPEZ, Manuel Santaella. *Ética de las profesiones jurídicas: textos y materiales para el debate deontológico*. Servicio de Publicaciones Facultad de Derecho Universidad Complutense Madrid. Madrid: Universidad Pontificia Comillas, 1995.

LUMIA, Giuseppe. *Principios de teoría y ideología del derecho*. Madrid: Debate, 1985. Coleção Universitária.

LUNA, Marcos. Doação de órgãos presumida. *O Estado de S. Paulo*, 04.02.1997.

LUÑO, Angel Rodriguez. *Ética general*. 3. ed. Pamplona: Eunsa, 1998.

MACEDO, Ubiratan Borges de. A Aventura da Ética Filosófica no Século XX. In: CARVALHO, José Maurício de (org.). *Problemas e teorias da ética contemporânea*. Porto Alegre: EdiPUC-RS, 2004.

MACHADO, Antonio Carlos de Castro; QUEIROZ, Carlos Alberto Marchi de. A nova polícia. *Revista Brasileira de Ciências Criminais*. vol. 13. p. 236. São Paulo: Ed. RT, jan. 1996.

MAFFESOLI, Michel. *A conquista do presente*. Rio de Janeiro: Roco, 1984.

______. Deixar de odiar o presente. *Ética e estética na antropologia*. Programa de Pós-Graduação em Antropologia Social da UFSC/CNPq, Florianópolis, 1998.

MANCINI, Roberto et al. *Éticas da mundialidade – O nascimento de uma consciência planetária*. São Paulo: Paulinas, 2000.

MANCUSO, Rodolfo de Camargo. *Acesso à justiça. Condicionantes legítimas e ilegítimas*. São Paulo: Ed. RT, 2012.

MANZINI, Vincenzo. *Trattato di diritto processuale penale*. Torino: Utet, 1968. vol. 2.

MAQUIAVEL, Nicolau. *O príncipe*. São Paulo: Abril Cultural, 1973 (Coleção *Os Pensadores*).

MARÍAS, Julian. *Tratado de lo mejor, la moral y las formas de la vida*. Madrid: Bosch – Casa Editorial, 1995.

MARINO JR., Raul. *A religião do cérebro – As novas descobertas da neurociência a respeito da fé humana*. São Paulo: Gente, 2005.

MARITAIN, Jacques. *Problemas fundamentais da filosofia moral*. Rio de Janeiro: Agir, 1977.

______. *O pensamento vivo de São Paulo*. São Paulo: Martins, 1951.

______. *Sobre a filosofia da história*. São Paulo: Editora, 1962.

MARQUES, José Frederico. *Elementos de direito processual penal*. Rio de Janeiro: Forense, 1965. vol. 1.

MARQUES, Marília Bernardes. *O que é célula tronco?* São Paulo: Brasiliense, 2006.

MARQUES NETO, Floriano Peixoto de Azevedo. *Regulação estatal e interesses públicos*. São Paulo: Malheiros, 2002.

MARTIN, Roger L. A matriz da virtude: cálculo do retorno sobre a responsabilidade social das empresas. In: RODRIGUEZ Y RODRIGUEZ, Martius Vicente (org.). *Ética e responsabilidade social das empresas*. Rio de Janeiro: Harvard Business Review/ Elsevier/Campus, 2005.

MARTÍNEZ, Pedro Mário Soares. *Filosofia do direito*. 2. ed. Coimbra: Almedina, 1995.

MARTINI, Carlo M. *O Evangelho na comunicação*. São Paulo: Paulus, 1994.

______. *Viagem pelo vocabulário da ética*. Lisboa: Edições São Paulo, 1994.

MARTINS, Francisco Menezes; SILVA, Juremir Machado da (org.). *Navegar no século 21 – Tecnologias do imaginário e cibercultura*. 2. ed. Porto Alegre: EdiPUC-RS/Sulina, 2000.

MARTINS, Ives Gandra da Silva. *O princípio da moralidade no direito tributário*. São Paulo: Ed. RT, 1996.

______. Ser cidadão. *Folha de S. Paulo*, 26.01.1997.

______. *O sistema tributário na Constituição*. 6. ed. São Paulo: Saraiva, 2007.

______ (coord.). *Direito fundamental à vida*. São Paulo: Quartier Latin, 2005.

MATTÉI, Jean-François. *A barbárie interior – Ensaio sobre o i-mundo moderno*. São Paulo: Unesp, 2002.

MÁYNEZ, Eduardo García. *El derecho natural en la época de Sócrates*. México: Jus, 1939.

______. *Ética – Ética empírica. Ética de bens. Ética formal. Ética valorativa*. 18. ed. México: Porrúa, 1970.

MAZZEI, Rodrigo; SILVA, Bruno Freire e. *Reforma do Judiciário – Análise interdisciplinar e estrutural do primeiro ano de vigência*. Curitiba: Juruá, 2006.

______; NEVES, Daniel Amorim Assumpção; RAMOS, Glauco Gumerato; FREIRE, Rodrigo da Cunha Lima. *Reforma do CPC*. São Paulo: Ed. RT, 2006.

MAZZILLI, Hugo Nigro. Funções institucionais do Ministério Público. APMP, *Cadernos Informativos*, 1991.

______. Questões atuais de Ministério Público. *Revista dos Tribunais*. vol. 698. p. 34. São Paulo: Ed. RT, dez. 1993.

______. Visão crítica da formação profissional e das funções do promotor de justiça. In: NALINI, José Renato (coord.). *Formação jurídica*. São Paulo: Ed. RT, 1994.

______. *A defesa dos interesses difusos em juízo – Meio ambiente, consumidor, patrimônio cultural, patrimônio público e outros interesses*. 25. ed. São Paulo: Saraiva, 2012.

MEDAUAR, Odete. *Direito administrativo moderno*. São Paulo: Ed. RT, 1996.

MEIRELLES, Hely Lopes. *Direito administrativo brasileiro*. 16. ed. São Paulo: Ed. RT, 1991; 30. ed. São Paulo: Malheiros, 2005.

MELE, João Leonardo. Preceitos internacionais de proteção ambiental. Ordenamento histórico-jurídico de proteção do meio ambiente natural do Brasil. Manual de fiscalização dos recursos naturais. *A proteção do meio ambiente natural*. São Paulo: Petrobras, 2006.

MELENDO, Tomás. *Metafísica do amor conjugal*. *Anthropotes*. Roma, 1991. vol. 1.

MELO, João de. *O homem suspenso*. Lisboa: Dom Quixote, 1996.

MENDES, Gilmar Ferreira. Tradutor de *Hermenêutica Constitucional*, de Peter Häberle. Porto Alegre: Sérgio Antonio Fabris Editor, 1997.

MESSNER, Johannes. *Ética social, política y económica – A la luz del derecho natural*. Madrid: Rialp, 1967.

MEZAN, Renato. O psicanalista como sujeito moral. In: FRANÇA, Maria Inês (org.). *Ética, psicanálise e sua transmissão*. Petrópolis: Vozes, 1996.

MILAN, Betty. *A força da palavra*. Rio de Janeiro: Record, 1996.

MILLÁN-PUELLES, Antonio. *Ética y realismo*. 2. ed. Madrid: Rialp, 1999.

MIRRA, Álvaro Luiz Valery. *Participação, processo civil e defesa do meio ambiente*. São Paulo: Letras Jurídicas, 2011.

MONROY, Alfonso; SADA, Ricardo. *Curso de teologia moral*. Trad. José Coutinho de Brito. Lisboa: Rei dos Livros, 1989.

MORAES, Alexandra. Moral mais-de-20. *Família brasileira*. Publicação especial da *Folha de S. Paulo*, 2007.

MORAES, Alexandre de. *Direito constitucional*. 22. ed. São Paulo: Atlas, 2007.

MORAES, Antonio Ermírio de. *Somos todos responsáveis. De que tipo de juventude o Brasil precisa? De que tipo de país a juventude precisa?* São Paulo: Gente, 2007.

MORENTE, Manuel García. *Fundamentos de filosofia – Lições preliminares*. São Paulo: Mestre Jou, 1980.

MORIN, Edgar. *Os sete saberes necessários à educação do futuro*. São Paulo/Brasília: Cortez/Unesco, 2000.

MORRA, Gianfranco. *Filosofia para todos*. 2. ed. São Paulo: Paulus, 2002.

MORUJÃO, Geraldo. *Apocalipse – Um guia de leitura para hoje*. São Paulo: Quadrante, 2010.

MOSER, Antonio; SOARES, André Marcelo M. *Bioética – Do consenso ao bom-senso*. Petrópolis: Vozes, 2006.

MOTTA, Cristina (comp.). *Ética y conflicto – Lecturas para una transición democrática*. reimpr. Bogotá: Uniandes, 1997.

NADER, Paulo. *Filosofia do direito*. 10. ed. Rio de Janeiro: Forense, 2001.

NALINI, José Renato. A consciência moral do juiz. *Revista dos Tribunais*. vol. 708. p. 257. São Paulo: Ed. RT, out. 1994.

______. A ética nas profissões jurídicas. *Revista dos Tribunais*. vol. 731. p. 455. São Paulo: Ed. RT, set. 1996.

______. A gestão de qualidade na justiça. *Revista dos Tribunais*. vol. 722. p. 367. São Paulo: Ed. RT, dez. 1995.

______. A nova lei e as demandas judiciais – Reflexos no Poder Judiciário. In: DAOUN, Alexandre Jean et al. *Estatuto do Desarmamento: comentários e reflexões – Lei 10.826/03*. São Paulo: Quartier Latin, 2004.

______. A postura do magistrado e o acesso à justiça. *Revista do TRF da 1.ª Região*. n. 4. vol. 7. p. 585.

______. *A rebelião da toga*. São Paulo: Millennium, 2006.

______. *Constituição e estado democrático*. São Paulo: FTD, 1998.

______. *Curso de deontologia da magistratura*. São Paulo: Saraiva, 1992.

______. *Direitos que a cidade esqueceu*. São Paulo: Ed. RT, 2012.

______. *Ética ambiental*. 3.ed. Campinas: Millennium, 2008.

______. *Ética da magistratura*. 2 ed. São Paulo: Ed. RT, 2011.

______. Ética: propulsão da qualidade. *Jurisprudência do STJ-Lex*. vol. 81. p. 9.

______. Insurreição ética do juiz brasileiro. *Revista dos Tribunais*. vol. 721. p. 349. São Paulo: Ed. RT, nov. 1995.

______.Juzgados especiales en el Brasil. *Reforma Judicial en América Latina – Una tarea inconclusa*. Corporación Excelencia en la Justicia, OEA. Santa Fe de Bogotá: Alfredo Fuentes Hernández/Talleres de Tercer Mundo Editores, 1999.

______. O desafio de criar juízes. In: ALMEIDA, José Maurício Pinto de; LEARDINI, Márcia. *Recrutamento e formação de magistrados no Brasil*. Curitiba: Juruá, 2007.

______. O juiz e a ética no processo. *RJDTACrim*. vol. 19. p. 19; *Lex-Jurisprudência do STJ*. vol. 54. p. 15.

______. *O juiz e o acesso à justiça*. São Paulo: Ed. RT, 1994.

______. ______. 2. ed. São Paulo: Ed. RT, 1999.

______ (coord.). *Juízes doutrinadores*. Campinas: Millennium, 2008.

______. O juiz e seu modo ético de ser. *Revista da Escola da Magistratura de Pernambuco*, vol. 1, p. 211.

______. O novo ensino do direito. *Revista dos Tribunais*. vol. 715. p. 342. São Paulo: Ed. RT, maio 1995.

______. *Por que filosofia?* 2. ed. São Paulo: Ed. RT, 2010.

______. Proposta concreta para um novo Judiciário. *Lex-Jurisprudência do STF*. vol. 208.

______. *Reflexões jurídico-filosóficas sobre a morte*. São Paulo: Ed. RT, 2011.

______. *Uma nova ética para o juiz*. São Paulo: Ed. RT, 1994.

______. (coord.). *Formação jurídica*. São Paulo: Ed. RT, 1994.

______; DIP, Ricardo. *Registro de imóveis e notas – Responsabilidade civil e disciplinar*. São Paulo: Ed. RT, 1997.

NERY JR., Nelson; NERY, Rosa Maria de Andrade. *Código Civil comentado e legislação extravagante*. 3. ed. São Paulo: Ed. RT, 2005.

NEVES, Daniel Amorim Assumpção; RAMOS, Glauco Gumerato; FREIRE, Rodrigo da Cunha Lima; MAZZEI, Rodrigo. *Reforma do CPC*. São Paulo: Ed. RT, 2006.

NINO, Carlos Santiago. *Ética y derechos humanos*. Barcelona: Ariel, 1989.

NOVAES, Washington. Primeiro o faroeste e só depois o xerife? *O Estado de S. Paulo*, 05.10.2007.

NOVAIS, Fernando A. Condições da privacidade na colônia. *História da vida privada no Brasil*. São Paulo: Companhia das Letras, 1999. vol. 1.

NOWELL-SMITH, P. H. *Ética*. Trad. Leonidas Hegenberg e Octanny S. da Mota. São Paulo: Bestseller, 1966.

OLIVECRONA, Karl. *El derecho como hecho – La estructura del ordenamiento jurídico*. Barcelona: Labor, 1980.

OLIVEIRA, Amélia de. *A ética necessária*. São Paulo: Círculo do Livro, 1989.

OLIVEIRA, Lúcia Maria Alves de; CASTRO, Messias Mercadante de. *A gestão ética, competente e consciente – Tributo à memória de E. F. Schumacher*. São Paulo: M. Books, 2008.

OLIVEIRA, Paulo Eduardo de. *Da ética à ciência – Uma nova leitura de Karl Popper*. São Paulo: Paulus, 2011.

OLIVEIRA, Regis Fernandes de. *O juiz na sociedade moderna*. São Paulo: FTD, 1997.

ONFRAY, Michel. *Tratado de ateologia*. São Paulo: Martins Fontes, 2006.

OSORIO, Luiz Carlos. *Família hoje*. Porto Alegre: Artes Médicas, 1996.

PAIM, Antonio. *A problemática do culturalismo*. Porto Alegre: EdiPUC-RS, 1995.

PECES-BARBA, Gregório. Ética, poder e direito – Reflexões ante o fim do século. *Cuadernos y Debates*. vol. 54. Madrid: Centro de Estudios Constitucionales, 1995.

PEGORARO, Olinto A. *Ética é justiça*. Petrópolis: Vozes, 1995.

PELÁEZ, M. E. Rojas de. *La inseminación artificial (fertilización terapéutica) frente al derecho*. Bogotá: Pontifícia Universidad Javeriana, 1981.

PEREIRA, Rodrigo da Cunha. *Princípios fundamentais norteadores do direito de família*. Belo Horizonte: Del Rey, 2005.

PERELMAN, Chaïm. *Ética e direito*. São Paulo: Martins Fontes, 1996.

______. *Introduction historique à la philosophie morale*. Bruxelas: Université de Bruxelles, 1980.

PÉREZ, Rafael Gómez. *Deontología jurídica*. 3. ed. Pamplona: Eunsa, 1991 (Colección Jurídica).

PERROT, Michelle. *O nó e o ninho – Reflexões para o futuro*. São Paulo: Abril Cultural, 1993.

PESTANA, Washington Luiz Gonçalves. Participação suplementar do policial militar na colheita de elementos de prova nos crimes que deixam vestígios. Monografia de conclusão do Curso de Aperfeiçoamento de Oficiais, Centro de Aperfeiçoamento e Estudos Superiores (CAES) da Polícia Militar do Estado de São Paulo, 2007.

PETRONE, Igino. *Filosofia del diritto – Con l'aggiunta di vari saggi su etica, diritto e sociologia, a cura di Giorgio Del Vecchio*. Milano: Giuffrè, 1950.

PINHEIRO, Armando Castelar (org.). *Reforma do Judiciário – Problemas, desafios, perspectivas*. Rio de Janeiro: Book-Link/Idesp, 2003.

PINOTTI, José Aristodemo. Mais uma lei equivocada. *O Estado de S. Paulo*, 28.01.1998.

PIRSIG, Robert M. *Zen e a arte da manutenção de motocicletas – Uma investigação sobre valores*. 3. ed. Rio de Janeiro: Paz e Terra, 1984.

PLANIOL, M. *Tratado elemental de derecho civil – Introducción, familia, matrimonio*. 12. ed. Puebla: Cajica, 1946.

PLATÃO. *Teeteto*. Trad. do grego de Adriana Manuela Nogueira e Marcelo Boeri. Lisboa: Fundação Calouste Gulbenkian, 2005.

______. *A República*.

POPPER, Karl R. *A sociedade aberta e seus inimigos*. Buenos Aires: Paidós, 1981.

POSSEBON, Samuel. O mercado das comunicações – Um retrato até 2005. In: RAMOS, Murilo César; SANTOS, Suzy dos (org.). *Políticas de comunicação: buscas teóricas e práticas*. São Paulo: Paulus, 2007.

PRADA, José Maria Garcia. *Vivir para la vida – Violencia y respeto a la vida*. Salamanca: San Esteban, 1980.

PRAHALAD, C. K.; HAMMOND, Allen. Servindo aos pobres do mundo, com lucro. In: RODRIGUEZ Y RODRIGUEZ, Martius Vicent (org.). *Ética e responsabilidade social nas empresas*. Rio de Janeiro: Elsevier/Campus, 2005.

PRIETO, Virgínia Daudt; CLOSS, Darcy. *Subsídios à implantação da Escola Nacional de Formação e Aperfeiçoamento de Magistrados*. Brasília: Superior Tribunal de Justiça, 2006/2007. vol. 1 a 8.

PRIGOGINE, Ilya. *O fim das certezas – Tempo, caos e as leis da natureza*. São Paulo: Unesp, 1996.

QUEIROZ, Carlos Alberto Marchi de; MACHADO, Antonio Carlos de Castro. A nova polícia. *Revista Brasileira de Ciências Criminais*, vol. 13.

RAMOS, Glauco Gumerato; NEVES, Daniel Amorim Assumpção; FREIRE, Rodrigo da Cunha Lima; MAZZEI, Rodrigo. *Reforma do CPC*. São Paulo: Ed. RT, 2006.

RÁO, Vicente. *O direito e a vida dos direitos*. São Paulo: Max Limonad, 1960. vol. 1. t. I.

RATZINGER, Joseph, Bento XVI. *Jesus de Nazaré – Da entrada em Jerusalém até a Ressurreição*. São Paulo: Planeta do Brasil, 2011.

RAWLS, John. An examination of the place of reason in ethics. *The Philosophical Review*, 60. London, 1951.

______. *História da filosofia moral*. São Paulo: Martins Fontes, 2005.

REALE, Giovanni; ANTISERI, Dario. *História da filosofia*. 7. ed. São Paulo: Paulus, 2005. vol. 3.

REALE, Miguel. *Filosofia do direito*. 19. ed. São Paulo: Saraiva, 2000.

______. Variações sobre a educação. *O Estado de S. Paulo*, 31.12.1998.

REBULLIDA, Francisco de Asís Sancho. Los estudios previos y las lineas previsibles de la futura regulación española. *La filiación a finales del siglo XX*. Ponencias y Comunicaciones del II Congreso Mundial Vasco. Departamento de Derecho Privado de la Universidad del Pais Vasco. Madrid: Trivium, 1988.

REGGIO, Pius-Aimone. *Por que a alegria?* São Paulo: Quadrante, 2010.

RENAULT, Sérgio Rabello Tamm; BOTTINI, Pierpaolo. *Reforma do Judiciário – Comentários à Emenda Constitucional n. 45/2004*. São Paulo: Saraiva, 2005.

REVORIO, Francisco Javier Diaz. *Los valores superiores en la Constitución española*. Madrid: Centro de Estudios Constitucionales, 1997.

RIBEIRO, A. C.; RIBEIRO, I. *Família e desafios na sociedade brasileira*: valores como ângulo de análise. São Paulo: Loyola, 1994.

RIBEIRO, Luís Paulo Aliende. *Regulação da função pública*: notarial e de registro. São Paulo: Saraiva, 2009.

RICUPERO, Rubens. *O Brasil e o dilema da globalização*. São Paulo: Senac, 2001.

RIZ, Roland. *Il trattamento medico e le cause di giustificazione*. Padova: Cedam, 1975.

ROBLES, Gregorio. *Los derechos fundamentales y la ética en la sociedad actual*. Madrid: Civitas, 1992 (Cuadernos Civitas).

______. *Los derechos fundamentales y la ética en la sociedad actual*. Madrid: Civitas, 1995.

ROCHA, Luiz Carlos. O delegado de polícia e a ética profissional. *Arquivos da Polícia Civil*. vol. 41. São Paulo, 1943.

ROCHA, Renato. *O direito à vida e pesquisa com células-tronco*. Rio de Janeiro: Elsevier, 2008.

RODRIGUES, Horácio Wanderlei. *Pensando o ensino do direito no século XXI*. Florianópolis: Fundação Boiteux, 2005.

______; JUNQUEIRA, Eliane Botelho. *Ensino do direito no Brasil*. Florianópolis: Fundação Boiteux, 2002.

RODRIGUEZ Y RODRIGUEZ, Martius Vicente. *Ética e responsabilidade social nas empresas*. Rio de Janeiro: Elsevier/Campus, 2005.

ROGOZINSKI. *O dom da lei – Kant e o enigma da ética*. São Paulo: Discurso Editorial/ Paulus, 2008.

ROMERO, Maria José Agra. Etica Neocontractualista. In: CAMPS, Victoria; GUARIGLIA, Osvaldo; SALMERÓN, Fernando. *Concepciones de la ética*. Madrid: Editorial Trotta, 2004.

ROSE, Steven. *O cérebro do século XXI – Como entender, manipular e desenvolver a mente*. São Paulo: Globo, 2006.

ROSENBAUM, Thane. *The myth of moral justice – Why our legal system fails to do what's right*. New York: Harper Collins, 2004.

ROSNAY, Joël de. O salto do milênio. In: RODRIGUEZ Y RODRIGUEZ, Martius Vicente. *Ética e responsabilidade social nas empresas*. Rio de Janeiro: Elsevier/Campus, 2005.

ROSO, Jayme Vita. *Anorexia da ética*. Belo Horizonte: Armazém de Ideias, 2004.

ROSTAND, J. *El hombre*. 4. ed. Madrid: Alianza, 1984.

ROTH, Philip. *Pastoral americana*. São Paulo: Companhia das Letras, 1998.

ROUDINESCO, Elisabeth; DERRIDA, Jacques. *De que amanhã? – Diálogo*. Trad. André Telles. Rio de Janeiro: Zahar, 2004.

RUIZ, Carlos Pérez. *La argumentación moral del Tribunal Supremo – 1940-1975*. Madrid: Tecnos, 1987.

RUIZ-CALDERÓN, José Miguel Serrano. A família ante a biotecnologia. *Verbo*. n. 339-340. série XXXIV. Madrid, 1995.

RUSS, Jacqueline. *Pensamento ético contemporâneo*. São Paulo: Paulus, 1999.

RUSSELL, Bertrand. *A sociedade humana na ética e na política*. São Paulo: Companhia Editora Nacional, 1956.

SADA, Ricardo; MONROY, Alfonso. *Curso de teologia moral*. Trad. José Coutinho de Brito. Lisboa: Rei dos Livros, 1989.

SAFATLE, Amália. A Amazônia que pesa no bolso (entrevista com Adalberto Veríssimo). *Revista Página 22*, out. 2007.

______. Resgate na selva. *Revista Página 22*, out. 2007.

SAGASTI, Francisco. Ciência, tecnologia e mundialização. In: BINDÉ, Jérôme (coord.). *Para onde vão os valores*? Lisboa: Instituto Piaget, 2006.

SAINT-SERNIN, Bertrand. *Le décideur*. Paris: Gallimard, 1979.

SAKATE, Marcelo. A gota da esperança. *Revista Veja*, 08.12.2010.

SALGADO, J. A. César. Artigo. *Boletim da Associação Paulista do Ministério Público*, vol. 4, 1969.

SALLES, Venicio. *Direito registral imobiliário*. 3. ed. São Paulo: Saraiva, 2012.

SAMPAIO, Jorge. Perspectivas do direito no início do século XXI. *Studia Juridica* 41, Colloquia 3, Universidade de Coimbra, 1999.

SAN MARTIN, José V. *Responsabilidade notarial por assessoramento*. Buenos Aires: Talleres Gráficos Fanetti, 1972.

SANDEL, Michael J. *Justiça – O que é fazer a coisa certa*. Rio de Janeiro: Civilização Brasileira, 2011.

SANGIRARDI, Luiz Afonso Junqueira. *A justiça e o direito natural na suma teológica de São Tomaz de Aquino*. Tese de doutorado, Universidade Mackenzie, 1995 (edição do autor).

SANTOS, Boaventura de Sousa. *Pela mão de Alice – O social e o político na pós-modernidade*. 6. ed. São Paulo: Cortez, 1999.

SANTOS, Mário Ferreira dos. *Filosofia concreta dos valores*. São Paulo: Logos, 1985. Enciclopédia de Ciências Filosóficas e Sociais. vol. 11.

SANTOSUOSSO, Fernando. *La fecondazione artificiale nella donna – Conseguenze dell'inseminazione artificiale per il diritto civile, penale e canonico*. Milano: Giuffrè, 1961.

SARMENTO, Daniel. *Livres e iguais – Estudos de direito constitucional*. 2. tir. Rio de Janeiro: Lumen Juris, 2010.

SARTI, C. A ambiguidade como regra: o divórcio à brasileira. 16.º Encontro Anual da ANPOCS, 1992.

______. *A família como espelho*. Campinas: Papirus, 1996.

SAVATER, Fernando. *Ética como amor-próprio*. São Paulo: Martins Fontes, 2000.

______. *Ética para meu filho*. São Paulo: Martins Fontes, 1996.

______. Vitalismo. In: CAMPS, Victoria; GUARIGLIA, Osvaldo; SALMERÓN, Fernando. *Concepciones de la ética*. Madrid: Editorial Trotta, 2004.

SAYAGO, Doris; BURSZTYN, Marcel. A tradição da ciência e a ciência da tradição: relações entre valor, conhecimento e ambiente. In: BECKER, Bertha K.; GARAY, Irene (org.). *Dimensões humanas da biodiversidade – O desafio de novas relações sociedade-natureza no século XXI*. Petrópolis: Vozes, 2006.

SCARPARO, Mônica Sartori. *Fertilização assistida – Questão aberta – Aspectos científicos e legais*. Rio de Janeiro: Forense Universitária, 1991.

SCIACCA, Michele Federico. *História da filosofia*. 3. ed. São Paulo: Mestre Jou, 1968. vol. 3.

SEGRE, MARCO. Definição de bioética e sua relação com a ética, deontologia e diceologia. In: SEGRE, Marco; COHEN, Cláudio (org.). *Bioética*. São Paulo: Edusp, 1995.

SEMPLE, Ian. Amazônia pode acabar em 40 anos. *O Estado de S. Paulo*, 05.10.2007.

SEN, Amartya. Utility: ideas and terminology. *Economics and Philosophy*. n. 7. 1991.

SERRA, António Truyol y. *História da filosofia do direito e do Estado*. 7. ed. Madrid: Alianza, 1982. vol. 1; 1990. vol. 2.

SHEEN, Fulton J. *O mistério do amor*. Rio de Janeiro: Agir, 1959.

SILVA, Álvaro de. *El amor o la fuerza del sino*. Madrid: Rialp, 1993.

SILVA, Bruno Freire e. A exigência de três anos de atividade jurídica para ingresso na magistratura. In: ______; MAZZEI, Rodrigo (coord.). *Reforma do Judiciário – Análise interdisciplinar e estrutural do primeiro ano de vigência*. Curitiba: Juruá, 2003.

______; MAZZEI, Rodrigo (coord.). *Reforma do Judiciário – Análise interdisciplinar e estrutural do primeiro ano de vigência*. Curitiba: Juruá, 2003.

SILVA, Dalmo. *A psicologia aplicada ao direito e à justiça*. Rio de Janeiro: BVZ, 1993.

SILVA, Edson Ferreira da. A Lei de Biossegurança e a polêmica quanto ao uso de embriões humanos em pesquisas médicas e práticas terapêuticas com células-tronco. *Cadernos Jurídicos da Escola Paulista da Magistratura*. ano 6. n. 25. São Paulo, nov.-dez. 2005.

SILVA, Evani Zambom Marques da; CASTRO, Lídia Rosalina Folgueira. *Psicologia judiciária para concursos da magistratura*. São Paulo: Edipro, 2011.

SILVA, Josué Cândido da; SUNG, Jung Mo. *Conversando sobre ética e sociedade*. 8. ed. Petrópolis: Vozes, 2001.

SILVA, Juremir Machado da; MARTINS, Francisco Menezes (org.). *Tecnologias do imaginário e cibercultura*. 2. ed. Porto Alegre: EdiPUC-RS/Sulina, 2000.

SILVA, Maria Aparecida de Moraes e. Atrás das cortinas do teatro do etanol. *Folha de S. Paulo*, 02.10.2007.

SILVA, Virgílio Afonso da. *A constitucionalização do direito – Os direitos fundamentais nas relações entre particulares*. São Paulo: Malheiros, 2008.

______. *Direitos fundamentais – Conteúdo essencial, restrições e eficácia*. São Paulo: Malheiros, 2009.

SILVEIRA, João José Custódio da. *O juiz e a condução equilibrada do processo*. São Paulo: Saraiva, 2012.

SIMMEL, Georg. O dinheiro na cultura moderna. In: SOUZA, Jessé; ÖELZE, Berthold (org.). *Simmel e a modernidade*. 2. ed. rev. Brasília: UnB, 2005.

SIMÕES, António Almeida. O distanciamento brechtiano na justiça. In: BARRETO, António (coord.). *Justiça em crise? Crises da justiça*. Lisboa: Dom Quixote, 2000.

SINGER, Paul. *Ética práctica*. 2. ed. New York: Cambridge University Press, 1995.

SINGER, Peter. *Ética prática*. 2. ed. Trad. espanhola por Rafael Herrera Bonet. Cambridge: Cambridge University Press, 1995.

SIQUEIRA, Ethevaldo. A família não educa mais. *O Estado de São Paulo*, 25.12.2011.

SODRÉ, Ruy de Azevedo. *O advogado, seu estatuto e a ética profissional*. 2. ed. São Paulo: Ed. RT, 1967.

SOLOMON, R. *A melhor maneira de fazer negócios*. São Paulo: Negócio, 2000.

SOUZA, Carlos Aurélio Mota de. *Poderes éticos do juiz*. Porto Alegre: Fabris, 1987.

SOUZA, Jessé; ÖELZE, Berthold. *Simmel e a modernidade*. 2. ed. Brasília: UnB, 2005.

SOUZA, Luciana Cordeiro de. *Águas subterrâneas e a legislação brasileira*. Curitiba: Juruá, 2009.

SROUR, Robert Henry. *Ética empresarial – A gestão da reputação*. 2. ed. Rio de Janeiro: Elsevier, 2003.

STEFANO, Rodolfo de. *Legge ética e legge giuridica*.

STÖRIG, Hans Joachim. *História geral da filosofia*. Petrópolis: Vozes, 2008.

STORK, Ricardo Yepes; ECHEVARRÍA, Javier Aranguren. *Fundamentos de antropologia*. São Paulo: Instituto Brasileiro de Filosofia e Ciência "Raimundo Lúlio", 2005.

SUTHERLAND, Arthur E. *De la Carta Magna a la Constitución norteamericana – Ideas fundamentales sobre constitucionalismo*. Buenos Aires: TEA, 1972.

TAGLIALEGNA, Gustavo Henrique Fideles; CARVALHO, Paulo Afonso Francisco de. Atuação de grupos de pressão na tramitação do projeto de lei de biossegurança. *Revista de Informação Legislativa*. n. 169. ano 43. Brasília: Senado Federal, jan.-mar. 2006.

TARDE, Gabriel. *A opinião e as massas*. São Paulo: Martins Fontes, 2005.

TAYLOR, Charles. *A ética da autenticidade*. São Paulo: É Realizações, 2011.

TEILHARD DE CHARDIN, Pierre. *Em outras palavras*. Trad. Márcia Valéria Martinez de Aguiar. São Paulo: Martins Fontes, 2006 (Textos escolhidos por Jean-Pierre Demoulin.)

______. *O fenômeno humano*. 4. ed. São Paulo: Cultrix, 1999.

______. *O meio divino: ensaio da vida interior*. 2. ed. São Paulo: Cultrix, 1987.

______. *Hino do universo*. São Paulo: Paulus, 1997.

______. *Sobre a felicidade, sobre o amor*. Campinas: Verus, 2005.

TEIXEIRA, Aloísio. Biodiversidade e políticas ambientais: renovando conceitos para a promoção do desenvolvimento. In: BECKER, Bertha K.; GARAY, Irene (org.). *Dimensões humanas da biodiversidade – O desafio de novas relações sociedade-natureza no século XXI*. Petrópolis: Vozes, 2006.

TEIXEIRA, Evilázio F. Borges. *A educação do homem segundo Platão*. São Paulo: Paulus, 1999.

THIEBAUT, Carlos. Neoaristotelismos contemporâneos. In: CAMPS, Victoria; GUARIGLIA, Osvaldo; SALMERÓN, Fernando. *Concepciones de la ética*. Madrid: Editorial Trotta, 2004.

TORRES, Francisco Bueno. O Ministério Público e a ética. *Justitia*. vol. 43. p. 127. São Paulo, 1981.

TRABUCCHI, A. Natura, legge, famiglia. *Rivista di Diritto Civile*. vol. 1, 1977.

VAINFAS, Ronaldo. Moralidades brasílicas: deleites sexuais e linguagem erótica na sociedade escravista. *História da vida privada no Brasil*. São Paulo: Companhia das Letras, 1999. vol. 1.

VALDES, Ernesto Garzón. *Derecho, ética y política*. Madrid: Centro de Estudios Constitucionales, 1993.

VÁZQUES, Adolfo Sánchez. *Ética*. 15. ed. Rio de Janeiro: Civilização Brasileira, 1995.

VEBLEN, Thorstein. *Teoria de la clase ociosa*. 2. ed. Mexico: Fondo de Cultura Económica, 1974.

VIDAL, Marciano. *Dez palavras-chave e moral do futuro*. São Paulo: Paulinas, 2003.

VIGO, Rodolfo Luis. *Interpretação jurídica – Do modelo juspositivista-legalista do século XIX às novas perspectivas*. São Paulo: Ed. RT, 2005.

VILLEY, Michel. *Filosofia do direito*. São Paulo: Atlas, 1977.

______. *Filosofia do direito – Definições e fins do direito – Os meios do direito*. São Paulo: Martins Fontes, 2003.

VITRAL, Waldir. *Deontologia do magistrado, do promotor de justiça e do advogado*. Rio de Janeiro: Forense, 1993.

WARNOCK, G. *The object of morality*. London: London University Press, 1971.

WEBER, Max. *Economía y sociedad*. Barcelona: Ariel, 1984.

WEYERMÜLLER, André Rafael. *Direito ambiental e aquecimento global*. São Paulo: Atlas, 2010.

WHEATLEY, Margaret J. *Liderança e a nova ciência – Descobrindo ordem num mundo caótico*. São Paulo: Cultrix, 2006.

WRIGHT, Robert. *O animal moral*. Rio de Janeiro: Campus, 1996.

YAGÜE, Francisco Lledó. *Fecundación artificial y derecho*. Madrid: Tecnos, 1988.

ZAVASCKI, Teori Albino. *Processo coletivo – Tutela de direitos coletivos e tutela coletiva de direitos*. São Paulo: Ed. RT, 2006.

ZINNER, Tomas. O desafio de formar gerações comprometidas com a defesa de nossos recursos naturais e sustentabilidade. In: BENSUSAN, Nurit et al. *Biodiversidade: para comer, vestir ou passar no cabelo? Para mudar o mundo!* São Paulo: Peirópolis, 2006.

ZUBIRI, X. *Sobre o homem*. Madrid: Alianza, 1986.

ZVIRBLIS, Alberto Antonio. *Democracia participativa e opinião pública*. São Paulo: RCS, 2006.

Outras Obras do Autor

A rebelião da toga. 2. ed. Campinas: Millennium, 2008.

Comentários ao novo Código Civil. In: TEIXEIRA, Sálvio de Figueiredo (coord.). Rio de Janeiro: Forense, 2007.

Constituição e Estado Democrático. São Paulo: FTD, 1998.

Curso de deontologia da magistratura. São Paulo: Saraiva, 1992. (coord.)

Direitos que a cidade esqueceu. São Paulo: Ed. RT, 2012.

Ética ambiental. 3. ed. Campinas: Millennium, 2010.

Ética e justiça. São Paulo: Oliveira Mendes, 1998.

Ética para um Judiciário transformador. São Paulo: Ed. RT, 2011.

Execução penal: a visão do TACRIM-SP. São Paulo: Oliveira Mendes, 1998. (coord.)

Filosofia e ética jurídica. São Paulo: Ed. RT, 2008.

Formação jurídica. 2. ed. São Paulo: Ed. RT, 1999. (coord.)

Juízes doutrinadores: jurisprudência da Câmara Ambiental do TJSP. Campinas: Millennium, 2008. (coord.)

Justiça. São Paulo: Canção Nova, 2008.

Manual de processo penal. 3. ed. São Paulo: Ed. RT, 2009. (Coautor: José Carlos Gonçalves Xavier de Aquino)

O futuro das profissões jurídicas. São Paulo: Oliveira Mendes, 1998.

O juiz e o acesso à justiça. 2. ed. São Paulo: Ed. RT, 1999.

Por que filosofia? 2. ed. São Paulo: Ed. RT, 2010.

Recrutamento e preparo de magistrados. São Paulo: Ed. RT, 1992.

Responsabilidade civil e disciplinar dos registradores e notários. São Paulo: Ed. RT, 1994. (Coautor: Ricardo Henry Marques Dip)

Tributo a Antonio Carlos Alves Braga. São Paulo: Ed. RT, 2001. (coord.)

Uma nova ética para o juiz. São Paulo: Ed. RT, 1994. (coord.)

Diagramação eletrônica:
Editora Revista dos Tribunais Ltda., CNPJ 60.501.293/0001-12.
Impressão e encadernação:
Assahi Gráfica e Editora Ltda., CNPJ 48.130.660/0001-13.

A.S. L7388